LEI DE IMPROBIDADE ADMINISTRATIVA

COMENTADA

COM AS ALTERAÇÕES DA LEI Nº 14.230/2021

VALTER SHUENQUENER DE ARAUJO

Prefácio
Luiz Fux

Apresentação
André Mendonça

Posfácio
Mauro Campbell Marques

LEI DE IMPROBIDADE ADMINISTRATIVA

COMENTADA

COM AS ALTERAÇÕES DA LEI Nº 14.230/2021

Belo Horizonte

FÓRUM
CONHECIMENTO JURÍDICO

2023

© 2023 Editora Fórum Ltda.

É proibida a reprodução total ou parcial desta obra, por qualquer meio eletrônico, inclusive por processos xerográficos, sem autorização expressa do Editor.

Conselho Editorial

Adilson Abreu Dallari
Alécia Paolucci Nogueira Bicalho
Alexandre Coutinho Pagliarini
André Ramos Tavares
Carlos Ayres Britto
Carlos Mário da Silva Velloso
Cármen Lúcia Antunes Rocha
Cesar Augusto Guimarães Pereira
Clovis Beznos
Cristiana Fortini
Dinorá Adelaide Musetti Grotti
Diogo de Figueiredo Moreira Neto (*in memoriam*)
Egon Bockmann Moreira
Emerson Gabardo
Fabrício Motta
Fernando Rossi
Flávio Henrique Unes Pereira

Floriano de Azevedo Marques Neto
Gustavo Justino de Oliveira
Inês Virgínia Prado Soares
Jorge Ulisses Jacoby Fernandes
Juarez Freitas
Luciano Ferraz
Lúcio Delfino
Marcia Carla Pereira Ribeiro
Márcio Cammarosano
Marcos Ehrhardt Jr.
Maria Sylvia Zanella Di Pietro
Ney José de Freitas
Oswaldo Othon de Pontes Saraiva Filho
Paulo Modesto
Romeu Felipe Bacellar Filho
Sérgio Guerra
Walber de Moura Agra

FÓRUM
CONHECIMENTO JURÍDICO

Luís Cláudio Rodrigues Ferreira
Presidente e Editor

Coordenação editorial: Leonardo Eustáquio Siqueira Araújo
Aline Sobreira de Oliveira

Rua Paulo Ribeiro Bastos, 211 – Jardim Atlântico – CEP 31710-430
Belo Horizonte – Minas Gerais – Tel.: (31) 99412.0131
www.editoraforum.com.br – editoraforum@editoraforum.com.br

Técnica. Empenho. Zelo. Esses foram alguns dos cuidados aplicados na edição desta obra. No entanto, podem ocorrer erros de impressão, digitação ou mesmo restar alguma dúvida conceitual. Caso se constate algo assim, solicitamos a gentileza de nos comunicar através do *e-mail* editorial@editoraforum.com.br para que possamos esclarecer, no que couber. A sua contribuição é muito importante para mantermos a excelência editorial. A Editora Fórum agradece a sua contribuição.

Dados Internacionais de Catalogação na Publicação (CIP) de acordo com ISBD

A663l	Araujo, Valter Shuenquener de
	Lei de Improbidade Administrativa: Comentada: Com as alterações da Lei nº 14.230/2021 / Valter Shuenquener de Araujo. - Belo Horizonte : Fórum, 2023.
	416 p. ; 17cm x 24cm.
	ISBN: 978-65-5518-506-5
	1. Improbidade Administrativa. 2. Direito Administrativo. 3. Lei nº 8.429/92. I. Título.
2023-76	CDD 341.3
	CDU 342.9

Elaborado por Odilio Hilario Moreira Junior - CRB-8/9949

Informação bibliográfica deste livro, conforme a NBR 6023:2018 da Associação Brasileira de Normas Técnicas (ABNT):

ARAUJO, Valter Shuenquener de. *Lei de Improbidade Administrativa*: comentada: com as alterações da Lei nº 14.230/2021. Belo Horizonte: Fórum, 2023. 416 p. ISBN 978-65-5518-506-5.

Há coisas na vida que a gente só percebe e se dá conta quando se torna pai.

Dedico este livro aos meus pais Valter e Ana Regina, e aos meus filhos Rodolfo e Olívia. Sem o amor e o apoio incondicional que vocês sempre me deram, tudo seria muito mais difícil.

LISTA DE ABREVIATURAS E SIGLAS

ANPC	Acordo de Não Persecução Civil
ADC	Ação Declaratória de Constitucionalidade
AgRg	Agravo Regimental
CAOPAM	Centro de Apoio Operacional às Promotorias de Proteção à Moralidade Administrativa
CC	Código Civil
CNJ	Conselho Nacional de Justiça
CNMP	Conselho Nacional do Ministério Público
CONAMP	Associação Nacional dos Membros do Ministério Público
CP	Código Penal
CPC	Código de Processo Civil
CPP	Código de Processo Penal
CRFB	Constituição da República Federativa do Brasil
DAS	Direito Administrativo Sancionador
EC	Emenda Constitucional
LGPD	Lei Geral de Proteção de Dados Pessoais
LIA	Lei de Improbidade Administrativa
MP	Ministério Público
MPF	Ministério Público Federal
PAD	Processo Administrativo Disciplinar
PGJ	Procurador-geral de Justiça
PJ	Pessoa jurídica
PM	Partido da Mobilização Nacional
PPP	Parceria Público-Privada
QO	Questão de ordem
Rcl	Reclamação
STF	Supremo Tribunal Federal
STJ	Superior Tribunal de Justiça
TCU	Tribunal de Contas da União
TRF1	Tribunal Regional Federal da 1ª Região
TSE	Tribunal Superior Eleitoral

SUMÁRIO

PREFÁCIO
A CULTURA DA PROBIDADE
COMO VIRTUDE DE UMA SOCIEDADE
Ministro Luiz Fux..21

NOTA DO AUTOR 25

APRESENTAÇÃO
Ministro André Mendonça...29

ARTIGO 1º..31
1.1) Tema central do dispositivo: Sujeito passivo e alcance da Lei de Improbidade..32
1.2) Explicação do dispositivo 32
1.3) Polêmicas e peculiaridades do artigo..36
1.3.1) Concessionárias e permissionárias privadas prestadoras de serviços públicos...36
1.3.2) Sindicatos...36
1.3.3) Notários e registradores 38
1.3.4) Partidos políticos como sujeitos passivos.....................................38
1.3.5) Entidades semiestatais (empresas público-privadas)................39
1.3.6) Entidades do terceiro setor [serviços sociais autônomos, organizações sociais (OSs), organizações da sociedade civil de interesse público (OSCIPs), organizações da sociedade civil (OSCs), entidades de apoio etc.] 39
1.3.7) Fundações privadas criadas por estatais 40
1.3.8) Conselhos de Fiscalização do Exercício Profissional 41
1.3.9) Cônjuge que pretende tornar-se parte ré na ação de improbidade para defender a sua meação 42
1.3.10) Parcerias público-privadas (PPPs)..42
1.3.11) Dolo específico...43

ARTIGO 2º..45
2.1) Tema central do dispositivo: Sujeito ativo....................................45
2.2) Explicação do dispositivo 45
2.3) Polêmicas e peculiaridades do artigo..47

2.3.1)	Constitucionalidade do rol dos sujeitos ativos	47
2.3.2)	Alcance da expressão agentes políticos	48
2.3.3)	Presidente da República	49
2.3.4)	Ministro de Estado	50
2.3.5)	Ocupantes de cargos vitalícios (Magistrados, Membros do Ministério Público e dos Tribunais de Contas)	52
2.3.6)	Estagiários	55
2.3.7)	Bolsistas (Pesquisadores e estudantes bolsistas)	56
2.3.8)	Agentes públicos e a polêmica da prerrogativa de foro	58
2.3.9)	Atuação do Procurador-Geral de Justiça (PGJ)	64
2.3.10)	Dirigentes e empregados de concessionárias e permissionárias de serviços públicos	65
2.3.11)	Inexistência da improbidade administrativa praticada por particular ou por agente público que atue no desempenho de uma função privada	66
2.3.12)	Jurisprudência em teses do STJ.	67

ARTIGO 3º		69
3.1)	Tema central do dispositivo: Particular como sujeito ativo. Pessoa física e jurídica.	69
3.2)	Explicação do dispositivo	69
3.3)	Polêmicas e peculiaridades do artigo	70
3.3.1)	Solidariedade da responsabilidade	70
3.3.2)	Litisconsórcio passivo: necessário ou facultativo?	72
3.3.3)	Pessoas jurídicas no polo passivo da ação de improbidade	74
3.3.4)	Terceirizados (empregados de empresas de cessão de mão-de-obra)	77
3.3.5)	Particular que se beneficia com a prática de uma conduta ímproba sem ter induzido ou concorrido com um agente público	77
3.3.6)	Responsabilidade dos agentes públicos situados na cúpula da Administração	78
3.3.7)	Jurisprudência em teses do STJ	80

ARTIGO 7º		81
7.1)	Tema central do dispositivo: Representação ao MP sobre a prática da improbidade administrativa.	81
7.2)	Explicação do dispositivo	81
7.3)	Polêmicas e peculiaridades do artigo	81
7.3.1)	Ramo do Ministério Público com atribuição no caso concreto	81

ARTIGO 8º		86
8.1)	Tema central do dispositivo: Responsabilidade do sucessor ou herdeiro	86
8.2)	Explicação do dispositivo	86
8.3)	Polêmicas e peculiaridades do artigo	87

8.3.1)	Limite da responsabilidade do sucessor pelo valor máximo da herança transferida	87
8.3.2)	Limite da responsabilidade do sucessor em razão do tipo de conduta praticada pelo falecido	87
8.3.3)	Limite da responsabilidade do sucessor em razão do tipo de dever ou punição	88
8.3.4)	Reserva dos bens no processo de inventário	91
8.3.5)	Inclusão do sucessor no polo passivo da ação de improbidade	91

ARTIGO 8º-A 93

8-A.1)	Tema central do dispositivo: Responsabilidade sucessória da pessoa jurídica.	93
8-A.2)	Explicação do dispositivo	93
8-A.3)	Polêmicas e peculiaridades do artigo	94
8-A.3.1)	Ausência de transferência para a pessoa jurídica sucessora das penas de proibição de contratar com a administração ou de receber benefícios ou incentivos fiscais ou creditícios	94
8-A.3.2)	Cisão total e delimitação da responsabilidade das pessoas jurídicas sucessoras nesta operação societária	94
8-A.3.3)	Responsabilidade da pessoa jurídica sucessora de uma pessoa jurídica condenada por conduta do art. 11	95

ARTIGO 9º 97

9.1)	Tema central do dispositivo: Improbidade que importa enriquecimento ilícito.	98
9.2)	Explicação do dispositivo	98
9.3)	Polêmicas e peculiaridades do artigo	101
9.3.1)	Recebimento de presentes	101
9.3.2)	Utilização de pessoal ou de bens públicos móveis em obra ou serviço particular	102
9.3.3)	Ônus da prova quanto à evolução desproporcional do patrimônio	104
9.3.4)	Prática de conduta descrita no art. 9º que, no caso concreto, não acarrete enriquecimento ilícito	109
9.3.5)	Contratação de quem deixou de ser agente público por pessoa suscetível de ser atingida por ação ou omissão do agente enquanto ele estava na atividade	109
9.3.6)	Incorporação de bem de terceiro	110
9.3.7)	Uso de bens ou de valores públicos no interesse privado	111
9.3.8)	Uso para fins privados seguido de restituição	113
9.3.9)	Enriquecimento indevido na omissão	113
9.3.10)	Terceiro que não integrou a lide	114
9.3.11)	Devolução em dobro do valor acrescido ao patrimônio	114

9.3.12)	Jurisprudência em teses do STJ.	115

ARTIGO 10 116

10.1)	Tema central do dispositivo: Improbidade que causa dano ao erário	118
10.2)	Explicação do dispositivo	119
10.3)	Polêmicas e peculiaridades do artigo	120
10.3.1)	Alcance do dano mencionado pelo art. 10 (erário e patrimônio público)	120
10.3.2)	Improbidade na modalidade culposa	121
10.3.3)	Contratação direta e dano ao erário (dano presumido ou efetivo?)	125
10.3.4)	Contratação direta e responsabilidade do parecerista	135
10.3.5)	A aferição do dolo (dolo genérico ou específico?)	139
10.3.6)	Ressarcimento ao erário e enriquecimento sem causa	141
10.3.7)	Ausência de perda patrimonial efetiva e condenação pelo art. 10	144
10.3.8)	Art. 10, inciso XX, da LIA (antigo art. 10-A) - Concessão ou Aplicação Indevida de Benefício Financeiro ou Tributário	145

ARTIGO 11 147

11.1)	Tema central do dispositivo: Improbidade que atenta contra os princípios da Administração Pública	148
11.2)	Explicação do dispositivo	149
11.3)	Polêmicas e peculiaridades do artigo	152
11.3.1)	Dolo (genérico ou específico?) e má-fé do sujeito ativo	152
11.3.2)	Ofensa ao princípio da legalidade	156
11.3.3)	Princípio da legalidade e princípio da juridicidade	157
11.3.4)	Ofensa ao princípio da legalidade desacompanhada de uma desonestidade qualificada	158
11.3.5)	Conduta mencionada pelos incisos do art. 11, mas que acarrete enriquecimento indevido ou dano ao erário	158
11.3.6)	Conduta que negue publicidade a atos oficiais	159
11.3.7)	Conduta que negue publicidade e LGPD	161
11.3.8)	Publicidade pessoal	161
11.3.9)	Ofensa aos princípios e o princípio da realidade	162
11.3.10)	Ofensa à impessoalidade e contratação sem concurso público	163
11.3.11)	A tentativa de enriquecimento ilícito ou de provocar dano ao erário como hipótese de ofensa do art. 11	164
11.3.12)	Responsabilidade por ofensa a princípios na modalidade culposa	165
11.3.13)	Omissão quanto ao dever de prestar contas, contas prestadas em atraso ou contas com informações falsas ou errôneas (art. 11, VI):	165
11.3.14)	Contratação de parentes e afins e improbidade	167
11.3.15)	Jurisprudência em teses do STJ.	168

ARTIGO 12		169
12.1)	Tema central do dispositivo: Regime jurídico das sanções.	170
12.2)	Explicação do dispositivo	171
12.3)	Polêmicas e peculiaridades do artigo	178
12.3.1)	Punição abaixo do mínimo legal	178
12.3.2)	Pena de perda da função pública de quem ocupa cargo vitalício	179
12.3.3)	Acumulação de cargos e perda da função pública	182
12.3.4)	Pena de perda de função pública diversa daquela ocupada quando da prática da conduta ímproba	184
12.3.5)	Parâmetros para a escolha das sanções	188
12.3.6)	Condenação em ação de improbidade administrativa e Lei da Ficha Limpa	190
12.3.7)	Ressarcimento ao erário como única medida imposta e danos morais	194
12.3.8)	Ressarcimento ao erário na improbidade e em razão de condenação pelo Tribunal de Contas	196
12.3.9)	Alcance da pena de proibição de contratar com o Poder Público	198
12.3.10)	Gradação do tempo da pena de proibição de contratar com o poder público ou de receber benefícios ou incentivos fiscais ou creditícios	203
12.3.11)	Pena de cassação de aposentadoria ou penas não previstas expressamente na Lei nº 8.429	206
12.3.12)	Alcance da pena da perda de bens sobre o bem de família	209
12.3.13)	Perda de bens e de valores e seu alcance em relação àqueles adquiridos antes da prática da conduta ímproba	210
12.3.14)	Pena de demissão (disciplinar) com fundamento na improbidade administrativa	211
12.3.15)	Desconsideração da pessoa jurídica para aplicação de sanção na improbidade administrativa	213
12.3.16)	Dano moral ao patrimônio público, dano moral coletivo e ressarcimento ao erário	215
12.3.17)	Parâmetros para o reconhecimento do dano moral coletivo	219
12.3.18)	Ressarcimento integral dos lucros cessantes	220
12.3.19)	Dosimetria da pena pelo STJ	220
12.3.20)	Conduta única que se amolda nas diversas espécies de improbidade administrativa	221
12.3.21)	Variedade de condutas que se encaixam nas hipóteses dos arts. 9º, 10 e 11	222
12.3.22)	Aplicação cumulativa das sanções	222
12.3.23)	Continuidade delitiva	223
12.3.24)	Destinação da multa	226
12.3.25)	Cumulação do pedido de aplicação de sanção (sentença condenatória) com outros pedidos	226
12.3.26)	Ressarcimento integral do dano e/ou restituição dos bens não geram anistia	226

12.3.27)	Termo inicial da incidência dos juros e da correção monetária incidentes sobre a multa	227
12.3.28)	Aplicação isolada e cumulativa da proibição de contratar com o poder público, da proibição de receber benefícios ou incentivos fiscais e da proibição de receber benefícios ou incentivos creditícios	228
12.3.29)	Proibição de contratar com o poder público ou de receber benefícios ou incentivos fiscais ou creditícios que atinge pessoa jurídica da qual o condenado seja sócio majoritário	229
12.3.30)	Coisa julgada parcial e execução definitiva parcial da condenação:	229
12.3.31)	Jurisprudência em teses do STJ	231
ARTIGO 13		232
13.1)	Tema central do dispositivo: Dever de apresentar declaração de imposto de renda e proventos de qualquer natureza para a Administração em que exerce atividade	232
13.2)	Explicação do dispositivo	232
13.3)	Polêmicas e peculiaridades do artigo	233
13.3.1)	Competência para legislar sobre o tema	233
13.3.2)	Declaração falsa e consequência	233
13.3.3)	Alcance da obrigação de declaração de imposto de renda e proventos de qualquer natureza aos que trabalham nas entidades do art. 1º da Lei nº 8.429	233
13.3.4)	Substituição da obrigatoriedade de apresentação da declaração por uma autorização	234
ARTIGO 14		235
14.1)	Tema central do dispositivo: Representação para comunicar a prática da improbidade administrativa.	235
14.2)	Explicação do dispositivo	235
14.3)	Polêmicas e peculiaridades do artigo:	236
14.3.1)	Representação apócrifa (delação anônima)	236
14.3.2)	Representação que não indica informações mínimas e razoáveis sobre o fato, sua autoria e as provas:	239
14.3.3)	Representação à autoridade administrativa e ao Ministério Público	240
ARTIGO 15		241
15.1)	Tema central do dispositivo: Comissão processante do procedimento administrativo para apurar a prática de ato de improbidade.	241
15.2)	Explicação do dispositivo	241
15.3)	Polêmicas e peculiaridades do artigo	241
15.3.1)	Alcance da expressão "designação para acompanhar o procedimento"	241

ARTIGO 16		243
16.1)	Tema central do dispositivo: Decretação de indisponibilidade dos bens	244
16.2)	Explicação do dispositivo	244
16.3)	Polêmicas e peculiaridades do artigo	249
16.3.1)	Diferença entre a medida cautelar do sequestro e a decretação de indisponibilidade	249
16.3.2)	Requerimento da decretação de indisponibilidade pelo Ministério Público e pela pessoa jurídica interessada	252
16.3.3)	Decretação de indisponibilidade de bens de ofício pelo magistrado	254
16.3.4)	Decretação de indisponibilidade de bens adquiridos antes da prática da improbidade ou antes mesmo da assunção da função pública	256
16.3.5)	Decretação de indisponibilidade do imóvel bem de família	257
16.3.6)	Decretação de indisponibilidade de bens impenhoráveis	259
16.3.7)	Decretação de indisponibilidade de bens no caso de condutas que apenas atentem contra os princípios da Administração Pública (condutas do art. 11 da LIA)	260
16.3.8)	Limite máximo do valor da decretação de indisponibilidade	262
16.3.9)	A (des)necessidade de comprovação do perigo da demora para o deferimento da decretação de indisponibilidade	263
16.3.10)	A (des)necessidade de comprovação da dilapidação patrimonial para o deferimento da decretação de indisponibilidade de bens	265
16.3.11)	Responsabilidade civil do Estado ou da parte autora da ação de improbidade por prejuízo resultante da decretação de indisponibilidade dos bens	266
16.3.12)	Desnecessidade de individualização dos bens a serem atingidos pela Decretação de Indisponibilidade	268
16.3.13)	Necessidade de a decretação de indisponibilidade não inviabilizar a subsistência digna do acusado	268
16.3.14)	Desnecessidade de o requerimento da decretação de indisponibilidade ser feito, apenas, após o final do processo administrativo (ou do inquérito)	271
16.3.15)	A decretação de indisponibilidade para fazer frente à responsabilidade de terceiros	271
16.3.16)	Jurisprudência em teses do STJ	273
ARTIGO 17		275
17.1)	Tema central do dispositivo: Aspectos processuais da ação de improbidade	277
17.2)	Explicação do dispositivo	278
17.3)	Polêmicas e peculiaridades do artigo	282
17.3.1)	Punição por espécie de conduta diversa da mencionada na petição inicial	282
17.3.2)	Aplicação de sanção diversa da que foi requerida na inicial	287

17.3.3)	Da controvérsia sobre a legitimidade exclusiva do Ministério Público para a propositura da ação	289
17.3.4)	Ausência de limites muito rigorosos para o ajuizamento da ação de improbidade	290
17.3.5)	Designação de advogado/procurador ou contratação de advogados pela Administração Pública para a defesa do réu agente público	292
17.3.6)	Litisconsórcio entre Ministério Público Estadual e Federal	295
17.3.7)	Recurso cabível da decisão judicial que reconhece a ilegitimidade passiva de algum(ns) dos vários réus e fungibilidade recursal:	299
17.3.8)	Necessidade de autorização do Procurador-Geral do Estado e desnecessidade de autorização do Governador do Estado para o ajuizamento da ação de improbidade:	300
17.3.9)	Jurisprudência em teses do STJ.	301

ARTIGO 17-B		303
17-B.1)	Tema central do dispositivo: Acordo de Não Persecução civil (ANPC).	304
17-B.2)	Explicação do dispositivo	304
17-B.3)	Polêmicas e peculiaridades do artigo	308
17-B.3.1)	Pessoa jurídica interessada e acordo de não persecução civil	308
17-B.3.2)	Definição do ressarcimento integral	310
17-B.3.3)	Órgão do MP competente para apreciar as promoções de arquivamento de inquéritos civis e para aprovar os acordos de não persecução civil	310
17-B.3.4)	Acordo de não persecução civil e homologação judicial	311
17-B.3.5)	Oitiva do ente federativo lesado e lesão que atinge pessoa não integrante da administração	312
17-B.3.6)	O significado da expressão ressarcimento integral	313
17-B.3.7)	Confissão e o acordo de não persecução civil (ANPC)	314
17-B.3.8)	Colaboração premiada na ação de improbidade:	315

ARTIGO 17-C		319
17-C.1)	Tema central do dispositivo: Requisitos da sentença e dosimetria	320
17-C.2)	Explicação do dispositivo	320
17-C.3)	Polêmicas e peculiaridades do artigo	322
17-C.3.1)	A efetividade da regra que determina considerar, na aplicação das sanções, a dosimetria relativa ao mesmo fato já aplicada ao agente	322
17-C.3.2)	Circunstâncias agravantes e atenuantes	323
17-C.3.3)	Antecedentes	324

ARTIGO 17-D		326
17-D.1)	Tema central do dispositivo: Ação de improbidade e ação civil pública	326

17-D.2)	Explicação do dispositivo	327
17-D.3)	Polêmicas e peculiaridades do artigo:	327
17-D.3.1)	Ajuizamento de uma ação de improbidade para o controle de legalidade de políticas públicas e para a proteção do patrimônio público e social, do meio ambiente e de outros interesses difusos, coletivos e individuais homogêneos	327
17-D.3.2)	Ação de improbidade e sua natureza civil	328

ARTIGO 18		329
18.1)	Tema central do dispositivo: Destinação do produto da condenação e sua liquidação.	329
18.2)	Explicação do dispositivo	329
18.3)	Polêmicas e peculiaridades do artigo	330
18.3.1)	Destinatário do valor da multa	330
18.3.2)	Destinação dos valores obtidos com a condenação ou acordo na improbidade a fundos públicos	331
18.3.3)	Abatimento dos serviços efetivamente prestados	332

ARTIGO 18-A		334
18-A.1)	Tema central do dispositivo: Unificação e cumulação das sanções.	334
18-A.2)	Explicação do dispositivo	334
18-A.3)	Polêmicas e peculiaridades do artigo	336
18.A.3.1)	Continuidade delitiva e unificação de penas antes da condenação	336
18-A.3.2)	Valor máximo para a pena de multa	337

ARTIGO 19		339
19.1)	Tema central do dispositivo: Representação criminosa da prática de improbidade administrativa por quem o autor da denúncia sabe ser inocente.	339
19.2)	Explicação do dispositivo	339
19.3)	Polêmicas e peculiaridades do artigo	340
19.3.1)	Dano moral decorrente da representação caluniosa	340

ARTIGO 20		342
20.1)	Tema central do dispositivo: Afastamento preventivo e eficácia das sanções.	342
20.2)	Explicação do dispositivo	342
20.3)	Polêmicas e peculiaridades do artigo	344
20.3.1)	Suspensão de liminar e afastamento temporário	344
20.3.2.)	Parcelas devidas ao agente público afastado. A situação das parcelas de natureza indenizatória e das vantagens remuneratórias de caráter *pro labore faciendo*	344

20.3.3)	Medidas cautelares atípicas	345
20.3.4)	Afastamento preventivo de prefeito e mandato	346
20.3.5)	Jurisprudência em teses do STJ.	347

ARTIGO 21 349

21.1)	Tema central do dispositivo: Comunicabilidade de instâncias e improbidade desacompanhada do dano.	349
21.2)	Explicação do dispositivo	350
21.3)	Polêmicas e peculiaridades do artigo	354
21.3.1)	Cobrança de multa pelo Tribunal de Contas e ação de improbidade	354
21.3.2)	Aplicação das sanções no caso de aprovação das contas pelo Tribunal de Contas e dolo	355
21.3.3)	Efeitos da condenação na ação de improbidade superveniente à absolvição por decisão colegiada nos autos da ação penal	355
21.3.4)	Prova emprestada e sua utilização na ação de improbidade	356

ARTIGO 22 359

22.1)	Tema central do dispositivo: Investigação da improbidade administrativa pelo Ministério Público.	359
22.2)	Explicação do dispositivo	359
22.3)	Polêmicas e peculiaridades do artigo	360
22.3.1)	Procedimentos investigativos assemelhados	360
22.3.2)	Investigação da improbidade pela pessoa jurídica interessada	360

ARTIGO 23 362

23.1)	Tema central do dispositivo: Prescrição.	363
23.2)	Explicação do dispositivo	363
23.3)	Polêmicas e peculiaridades do artigo	368
23.3.1)	Ressarcimento ao erário e sua imprescritibilidade	368
23.3.2)	Arquivamento do procedimento investigativo não autorizado pelo órgão revisor e prazo para ajuizamento da ação de improbidade	376
23.3.3)	Suspensão do prazo prescricional a partir do início das tratativas para a formalização do acordo de não persecução civil:	376
23.3.4)	Direito intertemporal e aplicação do prazo prescricional introduzido pela Lei nº 14.230 em relação a fatos anteriores	378
23.3.5)	Controvérsias do período da redação original do art. 23 da LIA	382
23.3.6)	Jurisprudência em teses do STJ.	386

ARTIGO 23-A 387

23-A.1)	Tema central do dispositivo: Capacitação em matéria de improbidade administrativa.	387

23-A.2) Explicação do dispositivo	387
23-A.3) Polêmicas e peculiaridades do artigo	387
23-A.3.1) Medidas para sanar a inércia	387
23-A.3.2) Periodicidade da capacitação contínua	387
ARTIGO 23-B	388
23-B.1) Tema central do dispositivo: Honorários, custas e demais despesas processuais na ação de improbidade	388
23-B.2) Explicação do dispositivo	388
23-B.3) Polêmicas e peculiaridades do artigo	389
23-B.3.1) Má-fé e responsabilidade da parte	389
ARTIGO 23-C	390
23-C.1) Tema central do dispositivo	390
23-C.2) Explicação do dispositivo	390
ARTIGO 24	392
24.1) Tema central do dispositivo: Vigência da Lei nº 8.429	392
24.2) Explicação do dispositivo	392
24.3) Polêmicas e peculiaridades do artigo	392
24.3.1) Aplicação retroativa da Lei nº 8.429	392
24.3.2) Improbidade praticada de forma permanente ou em continuidade delitiva	397
24.3.3) Retroatividade ou irretroatividade da reforma promovida pela Lei nº 14.230/21	398
24.3.4) Adoção das alterações da Lei nº 14.230 para desconstituir uma demissão aplicada em processo administrativo disciplinar com o fundamento da prática de improbidade	399
ARTIGO 25	401
25.1) Tema central do dispositivo: Revogação expressa de leis anteriores.	401
25.2) Explicação do dispositivo	401
POSFÁCIO **Ministro Mauro Campbell Marques.**	403
REFERÊNCIAS	405
ANEXO 1: EXPOSIÇÃO DE MOTIVOS DA LEI Nº 8.429	409
ANEXO 2: JUSTIFICATIVA DO PL Nº 2.505/2021 (NÚMERO ANTERIOR: PL Nº 10.887/2018) – PL QUE ORIGINOU A LEI Nº 14.230/2021	411

PREFÁCIO

A CULTURA DA PROBIDADE COMO VIRTUDE DE UMA SOCIEDADE

No mundo contemporâneo, o emprego eficiente do Direito para o enfrentamento da corrupção exsurge como medida primordial contributiva para a evolução do nosso processo civilizatório. Nas palavras de Susan Rose-Ackerman, características como confiança, honestidade e altruísmo são extremamente valiosas em algumas áreas da vida, mas elas não prosperam se a desonestidade for tolerada em outros nichos de maneira generalizada.[1] Sociedade alguma evolui quando aquilo que é errado protagoniza e encontra suporte para se difundir.

Nessa perspectiva, o combate incessante e inteligente à corrupção descortina-se como providência, deveras, proveitosa, na medida em que evita, a um só tempo, o desmantelamento dos serviços públicos prestados pelo Estado, como, também, fortalece a compreensão de que a existência digna de uma sociedade pressupõe uma atuação honesta dos seus indivíduos.

Como efeitos práticos deletérios do desvio de recursos públicos, há menos leitos nos hospitais, menos vagas nas escolas, menos recursos públicos para uma séria política de assistência social e menos oportunidades para quem está em busca de empreender. Assim, a corrupção fecha portas, premia quem não merece e desiguala injustamente os iguais.

A eliminação ou mesmo redução da corrupção não é algo simples e depende de um conjunto variado de ações. Por isso é que o caráter multidisciplinar do problema justifica um novo olhar sobre as suas causas. E as soluções dependem de medidas que não estão adstritas exclusivamente ao campo do Direito.

Foi-se a época em que o Direito Penal era lembrado como a única resposta estatal capaz de eliminar práticas corruptas. A ameaça de privação da liberdade de quem realiza um comportamento desonesto produz efeitos práticos, mas, se ela for considerada isoladamente, não resolverá o problema da corrupção de maneira eficiente. É preciso pensar no desenvolvimento de um sistema punitivo estatal

---

[1] Rose-Ackerman, Susan. *Corruption*: a study in political economy. London: Academic Press, p. 8.

capaz de induzir condutas honestas e de convencer o cidadão de que fazer o errado não compensa.

Consectariamente, o interesse social de conhecimento dos detalhes dos episódicos escândalos de corrupção noticiados pela imprensa não deve ser maior do que a luta perene por um sistema punitivo cotidianamente equilibrado e desincentivador daquilo que é errado e desonesto. Por essas razões, a adequada harmonia entre as funções retributiva e dissuasória do Direito Administrativo Sancionador é inspiração a ser atingida pelo arcabouço normativo punitivo de um Estado de Direito.

Precisamos, assim, abandonar a equivocada compreensão de que o enfrentamento à corrupção é mais eficiente quando o castigo é muito mais enaltecido do que a prevenção em relação aos indesejados comportamentos ilícitos. O interesse maior da sociedade é – e deve ser – o de que as pessoas não se corrompam e não sejam estimuladas a se corromper, e não apenas o de que os corruptos sejam punidos. Países em que os índices de corrupção são baixos não são países com números elevados de condenação por práticas corruptas.

Nesse contexto, o atual perfil da Lei de Improbidade Administrativa vai ao encontro de uma política sancionadora mais proporcional, mais racional, em que o objetivo maior é o de punir corretamente o corrupto, e não o inábil.

A ação de improbidade administrativa é uma ferramenta extremamente relevante para o combate à corrupção e não pode ser banalizada, sob pena de perder sua envergadura. O incremento da preocupação da redação atual da Lei nº 8.429 com a dosimetria da sanção, com a comunicabilidade de instâncias e com a presença do dolo específico se alinha, *verbi gratia*, com o que temos sustentado no campo da Análise Econômica do Direito, porquanto se evita que a sanção atinja desproporcionalmente quem não deveria ser por ela alcançado.

Nesse diapasão, a justa medida de uma punição deve ser aquela adequada para desestimular a prática de um ilícito, mas não pode ser tão contundente, de modo a gerar o propalado apagão das canetas, em que todos os agentes públicos passam a ter receio de realizar qualquer tipo de função pública. E o risco de engessamento administrativo pode ser tão sério e danoso em uma dada circunstância quanto o resultado de uma prática desonesta.

O autor deste livro é professor associado de Direito Administrativo da faculdade de Direito da UERJ e tem realizado um notável trabalho no magistério e na magistratura. Neste seu novo livro, Valter Shuenquener de Araujo analisa cada artigo da Lei de Improbidade Administrativa com profundidade e apresenta os principais temas e controvérsias sobre o objeto de sua pesquisa. Ao apreciar as novidades introduzidas pela Lei nº 14.230/21, sua abordagem é simultaneamente sofisticada e de fácil compreensão. O leitor não fica perdido no meio do caminho. Um texto atual que nos permite refletir seriamente sobre os limites e possibilidades da ação de improbidade administrativa no enfrentamento à corrupção.

A leitura do livro é agradável e o texto certamente se tornará uma referência e de consulta obrigatória para todos aqueles que pretendam estudar ou trabalhar com a temática da improbidade administrativa. Fica o convite à leitura de uma obra que nos faz perceber como a cultura da probidade administrativa é fundamental para o crescimento saudável, justo e fraterno de uma nação.

Ministro Luiz Fux
Ministro do Supremo Tribunal Federal
Professor Titular de Direito Processual Civil da UERJ

NOTA DO AUTOR

Este livro tem como objetivo permitir ao leitor o conhecimento de como a Lei de Improbidade Administrativa, Lei nº 8.429/92, tem sido interpretada no meio acadêmico e pelos tribunais brasileiros. O texto foi pensado para propiciar uma descomplicada compreensão do seu objeto de estudo, sem o abandono do necessário aprofundamento teórico e de uma visão crítica das polêmicas existentes sobre o tema. Espera-se que a publicação represente uma contribuição para aqueles que precisam estudar e trabalhar com a matéria, notadamente após as profundas alterações promovidas pela Lei nº 14.230/21.

Nos últimos anos, a temática da improbidade administrativa ganhou amplo destaque no cenário brasileiro e passou a ser uma importante ferramenta de trabalho do profissional do Direito.

Improbidade administrativa não é crime. Não se trata de um ilícito penal, mas de uma conduta que revela um ilícito cível e político. Ímproba não é qualquer conduta imoral. E a necessidade de não se vulgarizar a compreensão do que é improbidade administrativa recomenda o seu enquadramento como uma imoralidade de gravidade elevada, uma imoralidade juridicamente qualificada.

O combate à corrupção tornou-se objeto de uma expressiva preocupação internacional que inspirou a criação de normas jurídicas brasileiras para a repressão a condutas ímprobas. O Brasil reprime a prática de improbidade administrativa por pressões internas, mas, também, sob a inspiração de diplomas internacionais. Umas das mais famosas convenções internacionais responsáveis pelo estímulo do combate à corrupção no Brasil é a Convenção Interamericana contra a Corrupção da OEA de 1996. Referido texto foi internalizado no ordenamento jurídico brasileiro por meio do Decreto nº 4.410/02, que, em seu artigo 2º, apresenta os seguintes propósitos:

> 1. promover e fortalecer o desenvolvimento, por cada um dos Estados Partes, dos mecanismos necessários para prevenir, detectar, punir e erradicar a corrupção; e
>
> 2. promover, facilitar e regular a cooperação entre os Estados Partes a fim de assegurar a eficácia das medidas e ações adotadas para prevenir, detectar, punir e erradicar a corrupção no exercício das funções públicas, bem como os atos de corrupção especificamente vinculados a seu exercício.

Em 1997, foi criada a Convenção sobre o Combate à Corrupção de Funcionários Públicos Estrangeiros em Transações Comerciais da OCDE (Organização de Cooperação e Desenvolvimento Econômico). Esse documento internacional foi incorporado pelo Brasil por meio do Decreto nº 3.678/00 e se propõe a detalhar medidas a serem adotadas em regime de cooperação para o enfrentamento da corrupção. Pouco tempo depois de ter firmado a Convenção da OCDE, o Brasil aderiu à Convenção de Mérida, Convenção da ONU contra a Corrupção assinada em dezembro de 2003. Sua internalização se materializou por meio do Decreto nº 5.687/06.

No âmbito interno, mesmo antes da entrada em vigor da Lei nº 8.429/92, já havia uma preocupação com a repressão de condutas desonestas praticadas por agentes públicos. Tímida e difusa, é verdade, mas algumas sementes foram plantadas para chegarmos ao cenário atual.

No DL nº 3.240 de 1941, aquele que praticasse uma conduta corrupta ou desonesta ficaria sujeito "a seqüestro os bens de pessoas indiciadas por crimes de que resulta prejuízo para a fazenda pública". Por seu turno, a Constituição de 1946 previa, em seu art. 141, §31, 2ª parte que: "A lei disporá sobre o seqüestro e o perdimento de bens, no caso de enriquecimento ilícito, por influência ou com abuso de cargo ou função pública, ou de emprego em entidade autárquica".

Em 1957, foi editada a famosa Lei Pitombo Godói-Ilha (Lei nº 3.164/57) que também teve como foco o combate a condutas desonestas. Em seu artigo 1º, previa que:

> São sujeitos a sequestro e à sua perda em favor da Fazenda Pública os bens adquiridos pelo servidor público, por influência ou abuso de cargo ou função pública, ou de emprêgo em entidade autárquica, sem prejuízo da responsabilidade criminal em que tenha aquêle incorrido.

No ano seguinte, foi aprovada a Lei Bilac Pinto (Lei nº 3.502/58), diploma que, como os demais de sua época, voltava sua atenção essencialmente para a recomposição do prejuízo sofrido pelo erário. Confira-se o seu art. 1º:

> O servidor público, ou o dirigente, ou o empregado de autarquia que, por influência ou abuso de cargo ou função, se beneficiar de enriquecimento ilícito ficará sujeito ao sequestro e perda dos respectivos bens ou valores.

Na década de 1960, surgiu a Lei de Ação Popular, Lei nº 4.717/65, que se destina a possibilitar a invalidação de atos lesivos ao patrimônio público. Contudo, a grande mudança de paradigma no enfrentamento à corrupção para além do Direito Penal e da desconstituição da lesão ao erário adveio da Carta de 1988. A transformação sobreveio com a regra do art. 37, §4º, da CRFB que possibilita a aplicação de variadas sanções àqueles que praticarem uma conduta ímproba. Alteração profunda na lógica punitiva. Em lugar de apenas invalidar o ato lesivo ao erário e de determinar a recomposição do prejuízo, o citado preceito constitucional passou a legitimar a aplicação de severas sanções ao sujeito ativo da conduta ímproba, senão vejamos:

CRFB
Art. 37
§4º – Os atos de improbidade administrativa importarão a suspensão dos direitos políticos, a perda da função pública, a indisponibilidade dos bens e o ressarcimento ao erário, na forma e gradação previstas em lei, sem prejuízo da ação penal cabível.

A leitura do texto acima nos permite perceber que a Constituição da República não definiu improbidade, mas, apenas, enumerou as possíveis sanções a serem aplicadas àquele que praticar essa conduta. A enumeração é meramente exemplificativa, na medida em que o legislador está autorizado a ampliar as sanções constitucionalmente estabelecidas. E isso foi o que efetivamente ocorreu na prática, tendo em vista que a Lei nº 8.429 estipulou outras penas além das previstas no texto constitucional, tais como a de multa e de proibição de contratar com o poder público.

O avanço foi tamanho que, nos dias de hoje, passou a ser, em alguns casos, mais grave tornar-se réu em uma ação de improbidade do que em uma ação penal. E isso ocorre por três principais razões. Em primeiro lugar, porque os mais diversos institutos do Direito Penal que asseguram a aplicação de uma pena justa em um modelo contemporâneo predominantemente garantista ainda não são, infelizmente, adotados na prática no âmbito da ação de improbidade administrativa. Em segundo lugar, porque as condutas ímprobas são vagas e muito abertas, o que dificulta a defesa processual de quem se torna investigado ou réu. Em terceiro lugar, porque as sanções previstas na Lei nº 8.429 podem produzir efeitos muito mais drásticos na vida de uma pessoa do que as estampadas no Código Penal, especialmente se considerarmos o regime brasileiro de progressão de penas e as possibilidades de transação penal e de colaboração premiada.

O Brasil precisa urgentemente de um sistema punitivo estatal racional, coerente e, acima de tudo, justo. Um modelo que incentive bons comportamentos e que seja capaz de reprovar, de maneira eficiente, os que apostarem na prática do que é errado. Nesse contexto, a lei de improbidade administrativa desponta, ao lado da legislação penal, mas com ela não se confundindo, como uma eficiente aliada para a prevenção de condutas desonestas.

Encerro esta breve nota com o sincero desejo de uma leitura prazerosa e que ela seja capaz de originar reflexões sobre os variados tópicos apresentados ao longo deste livro.

Valter Shuenquener de Araujo
Professor de Direito Administrativo da Faculdade de Direito da UERJ

APRESENTAÇÃO

A Lei nº 8.429, de 1992, veio cumprir o mandamento constitucional vertido no art. 37, § 4º, da Constituição da República de 1988, segundo o qual *"[O]s atos de improbidade administrativa importarão a suspensão dos direitos políticos, a perda da função pública, a indisponibilidade dos bens e o ressarcimento ao erário, na forma e gradação previstas em lei, sem prejuízo da ação penal cabível"*. Concretizou-se, então, sob o prisma da eficácia jurídica, um sistema autônomo de responsabilização estatal, de natureza extrapenal, concebido especialmente para combater, com inédito rigor, e independentemente de outros instrumentos e instâncias, as condutas desonestas praticadas em desfavor da *res* pública.

Entretanto, no decorrer dos anos subsequentes, não foram poucas as críticas endereçadas à Lei de Improbidade Administrativa por respeitados estudiosos da matéria, seja ao seu texto, seja à sua aplicação, envolvendo, *exempli gratia*, o caráter aberto dos seus tipos, a figura controversa da improbidade culposa, a ausência de critérios seguros para diferenciar o ato ímprobo de meras irregularidades ou ilegalidades, a possibilidade de haver punições desproporcionais, e até mesmo o efeito colateral de afastar agentes públicos que, conquanto capacitados e íntegros, temiam assumir funções públicas importantes, ante o indiscutível risco de sofrerem, injustamente, graves prejuízos patrimoniais e reputacionais.

Embora a jurisprudência dos tribunais superiores, notadamente a do Superior Tribunal de Justiça, incumbido de uniformizar a interpretação da legislação infraconstitucional, tenha promovido alguma calibragem na aplicação da Lei nº 8.429/1992, e pontuais ajustes legais tenham ocorrido, como a superação do seu vetusto § 1º, do art. 17, que vedava de modo peremptório transação, acordo ou conciliação, foi com o advento da Lei nº 14.230, de 2021, que os principais pontos controversos da lei foram reformulados, estabelecendo-se, praticamente, uma nova configuração do sistema protetivo da probidade administrativa no país, tal a magnitude das alterações.

Daí porque não poderia vir em melhor hora a presente produção do Dr. Valter Shuenquener de Araújo, destacado juiz federal e professor da Universidade do Estado do Rio de Janeiro, detentor de prodigiosa folha de serviços prestados a diversas instituições jurídicas do país, em especial nas funções de Conselheiro do CNMP (Conselho Nacional do Ministério Público) e de Secretário-Geral do CNJ (Conselho Nacional de Justiça), consistente em comentários à Lei de Improbidade Administrativa, sob a égide agora das relevantes modificações trazidas pela Lei nº 14.230/2021.

Para além de expor o tema central e apresentar meticulosa explicação dos artigos, a obra nos presenteia com um rico e didático conjunto de *polêmicas* e *peculiaridades* dos dispositivos, trazendo subsídios da doutrina especializada e da jurisprudência atual que certamente representam o *estado da arte* da matéria relacionada à defesa da probidade administrativa. Assim, com didática, profundidade e capacidade de síntese, o autor põe em foco não somente as principais controvérsias que se pretendeu superar com a nova legislação, mas também aquelas outras inauguradas justamente com a reforma normativa de 2021.

Ressalto, nesse ponto, que diversos dispositivos da novel legislação têm sido submetidos ao filtro da jurisdição constitucional, *(i)* seja por meio de recursos que já tramitavam no âmbito do Supremo Tribunal Federal, como o Recurso Extraordinário com Agravo nº 843.989, afetado à sistemática de repercussão geral (Tema nº 1.199) e julgado em agosto de 2022; *(ii)* seja pela via da ação direta, como ilustra, entre outras, a Ação Direta de Inconstitucionalidade nº 7.236, proposta pela CONAMP – Associação Nacional dos Membros do Ministério Público.

Nesse contexto, os abalizados comentários trazidos pelo eminente autor, fruto de profícua pesquisa acadêmica e vasta experiência profissional, constituem firme contributo não apenas para o entendimento atualizado do sistema sancionador estatal regido pela Lei de Improbidade Administrativa, mas também para o aperfeiçoamento desse sistema, ante uma nova quadra de debates, na doutrina e nos tribunais, descortinada a partir da inovação legislativa de 2021.

Não tenho dúvida, portanto, de que o exame segmentado dos dispositivos da Lei nº 8.429/1992 trazido neste livro, desde logo leitura indispensável para todos os que se debruçam sobre o tema improbidade administrativa, terá o grande mérito de provocar importantes reflexões sobre como se alcançar o justo equilíbrio do *jus puniendi* estatal, nessa importante esfera de responsabilização, consistente em prevenir e sancionar condutas desonestas que, historicamente, vitimam o Brasil e seu povo. Ademais, as reflexões do autor também trazem consigo a qualidade de buscar equilibrar a efetividade da norma com as garantias próprias ao justo processo e à justa aplicação da lei, a fim de se evitar punições injustas, desarrazoadas ou desproporcionais, absolutamente incompatíveis com os valores, princípios e garantias fundamentais do Estado Democrático de Direito, para o qual nenhum fim é apto a justificar o uso de qualquer meio.

Ministro André Mendonça
Ministro do Supremo Tribunal Federal

ARTIGO 1º

CAPÍTULO I
Das Disposições Gerais

Art. 1º O sistema de responsabilização por atos de improbidade administrativa tutelará a probidade na organização do Estado e no exercício de suas funções, como forma de assegurar a integridade do patrimônio público e social, nos termos desta Lei. (Redação dada pela Lei nº 14.230, de 2021)

Parágrafo único. (Revogado). (Redação dada pela Lei nº 14.230, de 2021)

§1º Consideram-se atos de improbidade administrativa as condutas dolosas tipificadas nos arts. 9º, 10 e 11 desta Lei, ressalvados tipos previstos em leis especiais. (Incluído pela Lei nº 14.230, de 2021)

§2º Considera-se dolo a vontade livre e consciente de alcançar o resultado ilícito tipificado nos arts. 9º, 10 e 11 desta Lei, não bastando a voluntariedade do agente. (Incluído pela Lei nº 14.230, de 2021)

§3º O mero exercício da função ou desempenho de competências públicas, sem comprovação de ato doloso com fim ilícito, afasta a responsabilidade por ato de improbidade administrativa. (Incluído pela Lei nº 14.230, de 2021)

§4º Aplicam-se ao sistema da improbidade disciplinado nesta Lei os princípios constitucionais do direito administrativo sancionador. (Incluído pela Lei nº 14.230, de 2021)

§5º Os atos de improbidade violam a probidade na organização do Estado e no exercício de suas funções e a integridade do patrimônio público e social dos Poderes Executivo, Legislativo e Judiciário, bem como da administração direta e indireta, no âmbito da União, dos Estados, dos Municípios e do Distrito Federal. (Incluído pela Lei nº 14.230, de 2021)

§6º Estão sujeitos às sanções desta Lei os atos de improbidade praticados contra o patrimônio de entidade privada que receba subvenção, benefício ou incentivo, fiscal ou creditício, de entes públicos ou governamentais, previstos no §5º deste artigo. (Incluído pela Lei nº 14.230, de 2021)

§7º Independentemente de integrar a administração indireta, estão sujeitos às sanções desta Lei os atos de improbidade praticados contra o patrimônio de entidade privada para cuja criação ou custeio o erário haja concorrido ou concorra no seu patrimônio ou receita atual, limitado o ressarcimento de prejuízos, nesse caso, à repercussão do ilícito sobre a contribuição dos cofres públicos. (Incluído pela Lei nº 14.230, de 2021)

§8º Não configura improbidade a ação ou omissão decorrente de divergência interpretativa da lei, baseada em jurisprudência, ainda que não pacificada, mesmo que não venha a ser posteriormente prevalecente nas decisões dos órgãos de controle ou dos tribunais do Poder Judiciário. (Incluído pela Lei nº 14.230, de 2021) (Vide ADI nº 7236)[1]

1.1) Tema central do dispositivo: Sujeito passivo e alcance da Lei de Improbidade. O artigo 1º trata, principalmente, do **sujeito passivo** na improbidade administrativa. Detalha, portanto, quem pode ser vítima de uma conduta ímproba consoante o que previsto na Lei nº 8.429/92. Demais disso, também se preocupa em anunciar que, ao início do texto legal, unicamente as condutas dolosas serão tidas como improbidade administrativa.

1.2) Explicação do dispositivo: Nem toda conduta desonesta será punida de acordo com o rigor da Lei de Improbidade Administrativa (LIA). Para que ela seja empregada numa hipótese específica, a vítima precisa ter sido mencionada pelo artigo primeiro. A depender de quem foi atingido pela conduta ímproba, o evento poderá ensejar responsabilidade civil, disciplinar e, até mesmo, criminal, mas não será caracterizado como improbidade administrativa. E, no dizer de Marçal Justen Filho, essa noção decorre da percepção de que "a corrupção apresenta uma relevância mais significativa quando envolve agentes e recursos públicos, porque implica o comprometimento de funções políticas e a violação a direitos fundamentais".[2]

Em sua redação original, o artigo primeiro possuía duas regras bem distintas em relação ao sujeito passivo: a do *caput* e a do seu parágrafo primeiro. De acordo com a redação original do **artigo 1º, *caput***, a LIA teria lugar em relação a três espécies de vítimas: *i)* quando a vítima fosse pessoa da Administração Pública, direta ou indireta, *ii)* quando fosse sociedade empresária incorporada ao patrimônio público, ou *iii)* quando fosse entidade para cuja criação ou custeio o erário houvesse concorrido ou concorresse com mais de 50% do patrimônio ou da receita anual.

A menção à Administração Pública "fundacional" decorria da redação original do artigo 37, *caput*, da Constituição da República, que, ainda, previa essa expressão. Contudo, a Emenda Constitucional nº 19/98 suprimiu a citada referência, em virtude do entendimento de que as fundações públicas já estariam inseridas no conceito de Administração Pública indireta. Em relação à segunda hipótese, havia no texto uma impropriedade técnica. A incorporação é uma operação societária que acarreta a extinção da pessoa jurídica incorporada, e o

---

[1] Ao apreciar o pedido de medida liminar, o relator da ADI nº 7.236 entendeu que estariam presentes os requisitos para a suspensão do §8º do art. 1º da LIA. STF. ADI nº 7.236. Rel. Min. Alexandre de Moraes. Decisão de 27 de dezembro de 2022. Em suas razões de decidir, o relator destacou que "A excludente imaginada pelo legislador depende um critério seletivo em relação a quais precedentes judiciais permitiriam ao gestor público a sua adoção em situações concretas. Do contrário, a inovação legislativa em foco, ao invés de proteger o administrador que age de boa-fé, estaria fornecendo ao gestor ímprobo a ocasião de encontrar pretextos para afastar a aplicação correta da legislação administrativa".

[2] JUSTEN FILHO, Marçal. *Reforma da Lei de improbidade Administrativa*: Comparada e Comentada: Lei 14.230, de 25 de outubro de 2021. Rio de Janeiro: Forense, 2022. Comentários ao art. 1º, Item 3.1.

seu patrimônio passa a fazer parte do patrimônio da incorporadora. Vejamos o que dispõe o art. 219 da Lei nº 6.404/76:

> Art. 219. Extingue-se a companhia:
> (...)
> II – pela incorporação (...)

Assim, se uma determinada sociedade empresária teve de ser incorporada, isso significa que ela deixou de existir. Daí não faria sentido falar de sua condição de vítima de uma conduta ímproba, porque ela já não mais existe. Após a incorporação "ao patrimônio público", os bens da sociedade extinta tornar-se-ão públicos, o que, naturalmente, justificará a plena incidência da LIA.

Caso, por outro lado, se considere um sentido não jurídico para a expressão "empresa incorporada ao patrimônio público", ela poderia designar as sociedades privadas que passaram a ser controladas pelo poder público.

Quanto à terceira situação, a vítima também poderia ser uma entidade não integrante da Administração Pública, para cuja criação ou custeio o erário houvesse concorrido ou concorresse com mais de 50% do patrimônio ou da receita anual. O texto original do *caput* do art. 1º da LIA focava nas situações em que a Administração exerce uma expressiva influência na sociedade privada, caracterizada pela substancial participação no seu patrimônio ou receita anual. Assim, mesmo que a entidade não tivesse sido criada com observância dos requisitos para ser considerada uma sociedade de economia mista ou empresa pública, o controle da entidade pelo Poder Público atrairia a LIA. Ainda que se possa debater se a entidade controlada pelo Estado é ou não, em um dado caso concreto, integrante da Administração Pública indireta, isso não afastaria a incidência da LIA. Portanto, mesmo que uma pessoa jurídica atingida pela prática de improbidade não faça parte da Administração Pública, os atos que ela afetarem poderão ser reprimidos na forma da LIA.

Por sua vez, a redação original do revogado *parágrafo único do art. 1º* previa que as normas da LIA, também, seriam empregadas, quando: *i)* a vítima recebesse subvenção, benefício ou incentivo, fiscal ou creditício, de órgão público; *ii)* para a criação ou custeio da vítima, o erário haja concorrido ou concorra com menos de 50% do patrimônio ou da receita anual, limitando-se, nesses casos, a sanção patrimonial à repercussão do ilícito sobre a contribuição dos cofres públicos.

Subvenção, benefício ou incentivo são espécies de fomento do poder público à iniciativa privada. A transferência de recursos públicos para uma pessoa privada, a fim de que a atividade se torne viável, atrai a LIA. Se a atividade privada depender de recursos públicos para o seu custeio, e houver lesão à pessoa privada subsidiada, a LIA poderá ser empregada para reprimir as condutas desonestas praticadas.

Subvenção significa uma transferência corrente de recursos públicos para pessoas públicas ou privadas com o objetivo de cobrir despesas de custeio. São dotações de despesas desacompanhadas de uma contraprestação direta em bens ou em serviços. No direito positivo brasileiro, a Lei nº 4.320/64 divide, em seus arts. 16 a 18, as subvenções em sociais e econômicas.[3] As primeiras têm como objetivo auxiliar na prestação de serviços essenciais de assistência social, médica e educacional. As subvenções econômicas, por sua vez, são concedidas para suprir déficits para a manutenção de estatais e de empresas privadas. De acordo com o art. 12 da Lei nº 4.320, as duas espécies de subvenções são, assim, definidas:

> §3º Consideram-se subvenções, para os efeitos desta lei, as transferências destinadas a cobrir despesas de custeio das entidades beneficiadas, distinguindo-se como:
> I – Subvenções sociais, as que se destinem a instituições públicas ou privadas de caráter assistencial ou cultural, sem finalidade lucrativa;
> II – Subvenções econômicas, as que se destinem a empresas públicas ou privadas de caráter industrial, comercial, agrícola ou pastoril.

O **benefício** é proporcionado pelo poder público ao particular, enquanto que o **incentivo** é um estímulo concedido pelo poder público ao particular, a fim de que esse último adote um comportamento que lhe trará vantagens. Contudo, as palavras benefício e incentivo devem ser equiparadas para os objetivos da LIA e interpretadas como algum tipo de vantagem proporcionada pelo poder público. Tais medidas podem ter uma natureza **fiscal**, capaz de, por exemplo, isentar o contribuinte do dever de pagar um tributo, ou mesmo de reduzir o seu montante, ou possuir um caráter **creditício**. Nesse último caso, o beneficiário goza de alguma vantagem no crédito contratado. Isso ocorre, por exemplo, quando ele figura como tomador de créditos com taxas de juros inferiores ao custo de captação pelo governo. Assim, caso um particular contrate um empréstimo com instituição financeira com taxas subsidiadas pelo governo, isto é, em uma circunstância em que o custo de captação do dinheiro pelo Estado é mais elevado do que o percentual de juros cobrados, eventual conduta desonesta relacionada ao empréstimo contratado atrairá as regras da LIA.

A regra do parágrafo único previa, contudo, que a sanção patrimonial deveria ficar limitada à repercussão do ilícito sobre a contribuição dos cofres

---

[3] I) Das Subvenções Sociais
Art. 16. Fundamentalmente e nos limites das possibilidades financeiras a concessão de subvenções sociais visará a prestação de serviços essenciais de assistência social, médica e educacional, sempre que a suplementação de recursos de origem privada aplicados a esses objetivos, revelar-se mais econômica.
Parágrafo único. O valor das subvenções, sempre que possível, será calculado com base em unidades de serviços efetivamente prestados ou postos à disposição dos interessados obedecidos os padrões mínimos de eficiência previamente fixados.
Art. 17. Somente à instituição cujas condições de funcionamento forem julgadas satisfatórias pelos órgãos oficiais de fiscalização serão concedidas subvenções.
II) Das Subvenções Econômicas
Art. 18. A cobertura dos déficits de manutenção das empresas públicas, de natureza autárquica ou não, far-se-á mediante subvenções econômicas expressamente incluídas nas despesas correntes do orçamento da União, do Estado, do Município ou do Distrito Federal.
Parágrafo único. Consideram-se, igualmente, como subvenções econômicas:
a) as dotações destinadas a cobrir a diferença entre os preços de mercado e os preços de revenda, pelo Governo, de gêneros alimentícios ou outros materiais;
b) as dotações destinadas ao pagamento de bonificações a produtores de determinados gêneros ou materiais.

públicos. Assim, havendo uma participação do poder público não tão expressiva quanto a que ocorria na hipótese do *caput* do art. 1º, haveria limitação dos efeitos, da sanção patrimonial. Por sanção patrimonial, se entende como aquela que possa repercutir no patrimônio do condenado, como é o caso da multa e do ressarcimento ao erário. Vamos supor um exemplo em que a contribuição dos cofres públicos à entidade foi de R$5 milhões de reais e o dano ao erário alcançou a cifra de R$3 milhões de reais. Nesse caso, a multa não poderia, à luz da redação original da LIA, ser superior a R$2 milhões de reais.

Com a reforma da LIA promovida pela Lei nº 14.230/2021, o artigo primeiro sofreu uma profunda modificação e ganhou, em lugar de apenas um, um total de oito parágrafos. A redação atual do art. 1º preserva a lógica de que a vítima da conduta ímproba pode ou não fazer parte da Administração Pública. Contudo, abandona a regra do percentual de participação do poder público na entidade. Em se tratando de ato contra uma entidade privada que receba subvenção, benefício ou incentivo, fiscal ou creditício, de entes públicos ou governamentais, as sanções previstas na LIA se aplicam na sua inteireza (art. 1º, §6º). Quando, por outro lado, o erário tiver concorrido para a criação ou custeio da entidade privada, ou quando concorrer no seu patrimônio ou receita atual, haverá limitação do ressarcimento dos prejuízos sofridos pela entidade privada à repercussão do ilícito sobre a contribuição dos cofres públicos (art. 1º, §7º). Atualmente, portanto, referida limitação legalmente imposta alcança unicamente a medida de ressarcimento dos danos/prejuízos sofridos.

Quanto ao que devemos entender por dolo, a nova redação da lei procurou delimitar o alcance dessa expressão, de maneira a evitar a punição por improbidade de quem não intencionou alcançar o resultado ilícito. Nesse contexto, o §2º do art. 1º da LIA conceitua o dolo como sendo, apenas, o específico, e não o genérico. Dessa forma, e a despeito de eventuais entendimentos em sentido contrário, a mensagem na porta de entrada da lei é a de que só é punível por improbidade administrativa aquele que intencionalmente praticar a conduta tipificada na LIA nos seus artigos 9º a 11 e cumulativamente planejar alcançar o resultado ilícito. A mera intenção de praticar o comportamento descrito na lei não é suficiente para a persecução estatal por improbidade administrativa.

O art. 1º, §4º, reforça a compreensão de que há um sistema na LIA e que nele devemos aplicar os princípios do direito administrativo sancionador (DAS). Tivemos um avanço muito relevante com a referida previsão, especialmente porque ela nos revela, a um só tempo, que a as sanções pela prática de improbidade administrativa, ainda que aplicadas por autoridade judicial, estão compreendidas no escopo do DAS, e que o sistema punitivo estatal precisa observar, tal como já ocorre no Direito Penal, alguns princípios basilares. São de destaque os princípios da legalidade, da irretroatividade da norma mais gravosa, da segurança jurídica, da proteção da confiança, da proporcionalidade, da vedação da autoincriminação, do contraditório e da ampla defesa, da intranscendência da pena, da proibição do *bis in idem*, dentre outros.

Por seu turno, o art. 1º, §8º, reafirma a noção de que a ação ou omissão decorrente de divergência interpretativa de lei não pode caracterizar improbidade administrativa, mesmo que a jurisprudência não esteja pacificada e ainda que não venha prevalecer nos tribunais ou órgãos de controle. Se a conduta foi realizada com amparo em um posicionamento técnico resultante de uma interpretação legítima e razoável, não há como caracterizar o dolo a justificar eventual persecução estatal pela prática de improbidade. Nessa perspectiva, seria ilógico o ajuizamento de uma ação de improbidade, sob o fundamento de que o administrador público, mesmo tendo decidido tecnicamente, não adotou a mesma interpretação que a do autor da referida ação.[4] Tal circunstância poderia provocar, no dizer de Daniel Assumpção Neves e Rafael Oliveira, uma "paralisia administrativa gerada pelo medo do agente de público decidir em uma sociedade cada vez mais marcada por complexidades, riscos e incertezas".[5]

1.3) Polêmicas e peculiaridades do artigo:

1.3.1) Concessionárias e permissionárias privadas prestadoras de serviços públicos: As pessoas físicas ou jurídicas delegatárias de serviços públicos nem sempre integram a Administração Pública. Podem ser pessoas privadas que, vitoriosas em uma licitação, tornam-se prestadoras de serviços públicos. O patrimônio dessas pessoas é, via de regra, exclusivamente privado, e, nesses casos, serão menos intensamente controladas pela Administração Pública do que uma estatal. Tanto é verdade que a própria Lei nº 8.987/95 estabelece que a delegação de um serviço público é exercida por conta e risco da delegatária (art. 2º, IV, da Lei nº 8.987/95). A ausência de um amplo e denso controle pelo Poder Público e a natureza privada do patrimônio dessas pessoas privadas afasta a incidência da LIA. No entanto, há casos em que o poder concedente confere subsídios para viabilizar o equilíbrio econômico-financeiro do contrato firmado com a concessionária. Nessas hipóteses, em que recursos públicos são transferidos para a delegatária, a fim de viabilizar a execução do serviço público de forma superavitária, a LIA terá emprego e poderá punir condutas ímprobas envolvendo os recursos transferidos.

1.3.2) Sindicatos: Os sindicatos não fazem parte da Administração Pública. São pessoas jurídicas criadas independentemente de autorização legal com o objetivo de proporcionar a defesa dos direitos e interesses coletivos ou individuais de uma determinada categoria, seja no âmbito judicial ou administrativo.[6] Podem ser criados para representar tanto os empregados quanto os empregadores, mas

---

[4] Sem embargo de nossa concordância com o teor do art. 1º, §8º, da LIA, notadamente por ele concretizar o princípio da eficiência, ao empoderar o administrador público honesto e permitir que ele decida de forma célere e com tranquilidade, o relator da ADI 7.236 no STF proferiu decisão monocrática suspendendo os seus efeitos. A decisão é firme no fundamento de que referido parágrafo "estaria fornecendo ao gestor ímprobo a ocasião de encontrar pretextos para afastar a aplicação correta da legislação administrativa". STF. ADI nº 7.236. Rel. Min. Alexandre de Moraes. Decisão de 27 de dezembro de 2022.

[5] NEVES, Daniel Amorim Assumpção; OLIVEIRA, Rafael Carvalho Rezende. *Comentários à reforma da lei de improbidade administrativa*: Lei 14.230, de 25.10.2021 comentada artigo por artigo. Rio de Janeiro, 2022. Item 6.

[6] Art. 8º, III, da CRFB.

ninguém pode ser obrigado a ele se filiar.[7] E nunca é demais rememorar que o Estado não está autorizado a interferir ou mesmo intervir na organização sindical.[8]

O caráter obrigatório do pagamento da contribuição sindical era o principal motivo para os atos praticados contra o seu patrimônio serem punidos na forma da LIA. Nesse sentido, confira-se Emerson Garcia e Rogério Pacheco Alves:

> Públicos serão, igualmente, os recursos que determinados setores da população, por força de preceitos legais e independentemente de qualquer contraprestação direta e imediata, estão obrigados a repassar a certas entidades. Essa conclusão, aliás, que deflui da natureza tributária das contribuições sindicais, está em total harmonia com o disposto no art. 552 da CLT "os atos que importem em malversação ou dilapidação do patrimônio das associações ou entidades sindicais ficam equiparados ao crime de peculato julgado e punido na conformidade da legislação penal. (...) Estando os sindicatos enquadrados no art. 1º da Lei de Improbidade, conclui-se que os seus dirigentes e as demais pessoas que com eles mantenham algum tipo de vínculo (...) são sujeitos ativos em potencial dos atos de improbidade (...)[9]

Atualmente, contudo, a Lei nº 13.467/2017[10] retirou da anuidade cobrada pelos sindicatos o seu caráter compulsório. O artigo 579 da CLT passou a ter a seguinte redação:

> Art. 579. O desconto da contribuição sindical está condicionado à autorização prévia e expressa dos que participarem de uma determinada categoria econômica ou profissional, ou de uma profissão liberal, em favor do sindicato representativo da mesma categoria ou profissão ou, inexistindo este, na conformidade do disposto no art. 591 desta Consolidação.

---

[7] Art. 8º, V, da CRFB.
[8] Art. 8º, I, da CRFB
[9] GARCIA, Emerson; ALVES, Rogério Pacheco. *Improbidade Administrativa*. 4. ed. Revista e ampliada. Rio de Janeiro: Lumen Juris, 2008. p. 188.
[10] Na ADI nº 5.794, o STF julgou improcedente o pedido de declaração de inconstitucionalidade da regra legal que torna a contribuição sindical facultativa. Trecho da ementa da ADI nº 5.794: Ementa: Direito Constitucional e Trabalhista. Reforma Trabalhista. Facultatividade da Contribuição Sindical. Constitucionalidade. Inexigência de Lei Complementar. Desnecessidade de lei específica. Inexistência de ofensa à isonomia tributária (Art. 150, II, da CRFB). Compulsoriedade da contribuição sindical não prevista na Constituição (artigos 8º, IV, e 149 da CRFB). Não violação à autonomia das organizações sindicais (art. 8º, I, da CRFB). Inocorrência de retrocesso social ou atentado aos direitos dos trabalhadores (artigos 1º, III e IV, 5º, XXXV, LV e LXXIV, 6º e 7º da CRFB). Correção da proliferação excessiva de sindicatos no Brasil. Reforma que visa ao fortalecimento da atuação sindical. Proteção às liberdades de associação, sindicalização e de expressão (artigos 5º, incisos IV e XVII, e 8º, caput, da CRFB). Garantia da liberdade de expressão (art. 5º, IV, da CRFB). Ações Diretas de Inconstitucionalidade julgadas improcedentes. (...) 4. A Lei nº 13.467/2017 emprega critério homogêneo e igualitário ao exigir prévia e expressa anuência de todo e qualquer trabalhador para o desconto da contribuição sindical, ao mesmo tempo em que suprime a natureza tributária da contribuição, seja em relação aos sindicalizados, seja quanto aos demais, motivos pelos quais não há qualquer violação ao princípio da isonomia tributária (art. 150, II, da Constituição), até porque não há que se invocar uma limitação ao poder de tributar para prejudicar o contribuinte, expandindo o alcance do tributo, como suporte à pretensão de que os empregados não-sindicalizados sejam obrigados a pagar a contribuição sindical. 5. A Carta Magna não contém qualquer comando impondo a compulsoriedade da contribuição sindical, na medida em que o art. 8º, IV, da Constituição remete à lei a tarefa de dispor sobre a referida contribuição e o art. 149 da Lei Maior, por sua vez, limita-se a conferir à União o poder de criar contribuições sociais, o que, evidentemente, inclui a prerrogativa de extinguir ou modificar a natureza de contribuições existentes. 6. A supressão do caráter compulsório das contribuições sindicais não vulnera o princípio constitucional da autonomia da organização sindical, previsto no art. 8º, I, da Carta Magna, nem configura retrocesso social e violação aos direitos básicos de proteção ao trabalhador insculpidos nos artigos 1º, III e IV, 5º, XXXV, LV e LXXIV, 6º e 7º da Constituição. (...). ADI nº 5794, Relator: Min. EDSON FACHIN, Relator p/ Acórdão: Min. LUIZ FUX, Tribunal Pleno, julgado em 29.06.2018.

Deixando de ser uma prestação pecuniária compulsória, a contribuição para o sindicato perde, inexoravelmente, a sua natureza de tributo. Assim, salvo se presente alguma circunstância mencionada pelos §§6º e 7º do art. 1º da LIA, condutas desonestas praticadas contra sindicatos não geram responsabilidade de acordo com as regras da LIA.

1.3.3) Notários e registradores: De acordo com o art. 236 da Constituição da República, a função notarial e registral é desempenhada por pessoas físicas em caráter privado, por delegação do Poder Público, e a fiscalização é realizada pelo Poder Judiciário. O regime jurídico no que tange à responsabilidade civil e criminal dos notários, dos oficiais de registro e de seus prepostos é aquele disciplinado pela Lei nº 8.935/94.

A receita que viabiliza o funcionamento das serventias extrajudiciais é privada. O usuário da atividade realizada pelo notário ou registrador é o responsável pelo seu pagamento. Contudo, há casos em que o Estado oferece um subsídio para compensar as despesas contraídas, em razão da gratuidade inerente a alguns dos serviços. Esse apoio estatal é fundamental para a subsistência de serventias que são ordinariamente deficitárias. Nesses casos específicos, em que ocorre o repasse de recursos públicos ao tabelião ou registrador para o custeio do serviço, a LIA poderá ser empregada.

1.3.4) Partidos políticos como sujeitos passivos: Os partidos políticos são agremiações privadas; são pessoas jurídicas não integrantes da Administração Pública e administrados sob o regime privado. De acordo com o que dispõe o art. 1º da Lei nº 9.096/95:

> Art. 1º O partido político, pessoa jurídica de direito privado, destina-se a assegurar, no interesse do regime democrático, a autenticidade do sistema representativo e a defender os direitos fundamentais definidos na Constituição Federal.

Contudo, os partidos políticos recebem recursos oriundos do Fundo Especial de Assistência Financeira aos Partidos Político, mais conhecido como fundo partidário. Esses recursos são públicos e, na medida em que foi proibido o financiamento das campanhas por pessoas jurídicas privadas, tornaram-se imprescindíveis para viabilizar a campanha eleitoral dos candidatos dos partidos. O seu caráter público decorre do que previsto no art. 38 da Lei nº 9.096/95 que, ao estipular as origens das receitas do referido fundo, prevê que ele também é constituído por dotações orçamentárias da União. Assim, os partidos políticos deveriam, pela lógica, ao se tornarem vítimas de uma conduta ímproba, ser abrangidos pela Lei nº 8.429/92, tendo em vista que parte expressiva de sua receita anual tem origem pública. Entretanto, a reforma da LIA promovida pela Lei nº 14.230/21 previu em seu artigo 23-C, expressamente, e de maneira inusitada, que:

> Art. 23-C. Atos que ensejem enriquecimento ilícito, perda patrimonial, desvio, apropriação, malbaratamento ou dilapidação de recursos públicos dos partidos políticos, ou de suas fundações, serão responsabilizados nos termos da Lei nº 9.096, de 19 de setembro de 1995.

Ao que tudo indica, a intenção da nova redação foi a de que as condutas descritas no dispositivo legal acima transcrito não mais pudessem ser punidas na forma da LIA, mas unicamente de acordo com os termos da Lei dos Partidos Políticos, Lei nº 9.096/95.[11] Acaso essa interpretação prevalecesse, o art. 23-C seria responsável por criar uma hipótese muito específica de afastamento da LIA em relação a uma categoria de pessoas e de despesas, contrariando o espírito da lei de ser a mais abrangente possível no que diz respeito aos agentes públicos, notadamente quando atuam como gestores de recursos públicos. Nesse cenário, veio em boa hora a liminar concedida monocraticamente pelo relator da ADI nº 7.236 que, interpretando o art. 23-C conforme à Constituição, decidiu que os atos desonestos nele descritos "poderão ser responsabilizados nos termos da Lei 9.096/1995, **mas sem prejuízo da incidência da Lei de Improbidade Administrativa**".[12] Um retrocesso que foi evitado.

1.3.5) Entidades semiestatais (empresas público-privadas):[13] Esta expressão designa a pessoa jurídica privada que, a despeito de ser controlada por particulares, tem a participação da Administração Pública na composição do seu capital social de modo a exercer uma significativa influência. Trata-se de uma entidade, cujo perfil mais se aproxima das coligadas previstas pela Lei nº 6.404/76, *verbis*:

> Art. 243
> §1º São coligadas as sociedades nas quais a investidora tenha influência significativa.

Atualmente, a Administração Pública tem se aproximado empresarialmente de agentes econômicos privados, a fim de tornar sua operação mais eficiente. Por mais que não sejam estatais, vale dizer, por mais que não sejam integrantes da Administração indireta, há participação de capital público no seu capital social e patrimônio, o que atrai a incidência da LIA, nos termos do ar. 1º, §7º, da LIA.

1.3.6) Entidades do terceiro setor [serviços sociais autônomos, organizações sociais (OSs), organizações da sociedade civil de interesse público (OSCIPs), organizações da sociedade civil (OSCs), entidades de apoio etc.]: O terceiro setor é integrado por pessoas jurídicas privadas que, sem fins lucrativos, colaboram com a Administração Pública. Desempenham funções que são típicas do Estado e, para tanto, são amplamente incentivadas.

Os serviços sociais autônomos são pessoas jurídicas privadas criadas com autorização legislativa para o desempenho de atividades em colaboração com o Poder Público. Por mais que não se submetam predominantemente ao regime

---

[11] Os artigos 37 e 37-A preveem a responsabilidade nos casos de desaprovação e de falta da prestação das contas dos partidos políticos.
[12] STF. ADI nº 7.236. Rel. Min. Alexandre de Moraes. Decisão de 27 de dezembro de 2022.
[13] Sobre o tema, c. LIMA, Mário Marcio Saadi. *Empresa Semiestatal*. Belo Horizonte: Fórum, 2019; SUNDFELD, Carlos Ari; SOUZA, Rodrigo Pagani de; PINTO, Henrique Motta. Empresas semiestatais. *Revista de Direito Público da Economia*, Belo Horizonte, Ano 9, n. 36, out./dez. 2011. Disponível em: https://edisciplinas.usp.br/pluginfile.php/1780793/mod_resource/content/1/carlos%20ari%20sundfeld%3B%20rodrigo%20pagani%20de%20souza%3B%20henrique%20motta%20pinto.%20empresas%20semiestatais.pdf. Acesso em: 30 mar. 2020.

jurídico de direito público, as condutas desonestas que afetem essas entidades poderão ser punidas na forma da LIA, caso elas recebam recursos públicos.

As Organizações Sociais são entidades privadas regidas pela Lei nº 9.637/98 e, nos termos do seu art. 1º, suas atividades podem ser dirigidas ao ensino, à pesquisa científica, ao desenvolvimento tecnológico, à proteção e preservação do meio ambiente, à cultura e à saúde. Por sua vez, as OSCIPs são pessoas jurídicas regulamentadas pela Lei nº 9.790/99, e, consoante previsto no seu art. 3º, destinam-se à promoção da assistência social, da cultura, defesa e conservação do patrimônio histórico e artístico, promoção gratuita da educação; promoção gratuita da saúde; promoção da segurança alimentar e nutricional dentre outros temas. A Lei nº 13.019/14, por sua vez, disciplina regras fundamentais sobre o regime jurídico do terceiro setor. Trata do chamamento público, do fortalecimento da participação social, de regras sobre transparência, sobre o procedimento de manifestação de interesse e acerca do controle no âmbito do terceiro setor. Ademais, cria a figura das Organizações da Sociedade Civil, instituições que podem celebrar um pacto com a Administração para o fomento.

Todas essas entidades recebem, usualmente, repasses de recursos públicos, o que é motivo suficiente para o emprego da LIA. Para o STJ, por exemplo, a prática de condutas ímprobas contra essas entidades deve ser reprimida nos termos da LIA, *verbis*:

> RECURSO ESPECIAL. PROCESSUAL CIVIL. ADMINISTRATIVO. AÇÃO CIVIL PÚBLICA. IMPROBIDADE ADMINISTRATIVA. (…) IEL. ENTIDADE INTEGRANTE DO SISTEMA FIEP. FINANCIADO POR RECURSOS ADVINDOS DO SESI/SENAI. INCIDÊNCIA DA LEI N. 8.429/92 AO CASO. POSSIBILIDADE. DIRIGENTES SUJEITOS ATIVOS DE ATO DE IMPROBIDADE. DIVERGÊNCIA JURISPRUDENCIAL NÃO DEMONSTRADA. (…) 2. Aplicáveis as regras da Lei n. 8.429/92 à hipótese, uma vez que as conclusões da Instância Ordinária foram firmadas no sentido de que o Instituto Euvaldo Lodi – IEL é mantido com recursos parafiscais, os quais correspondem a valor superior a 50% de sua receita anual. 3. Esta Corte Superior já decidiu pela aplicabilidade da Lei de Improbidade Administrativa às entidades que, apesar de não incluídas na Administração Indireta, recebam investimento ou auxílio de ordem pública superior a 50% de seu patrimônio ou renda anual, sendo seus administradores considerados, para os fins da Lei n. 8.429/92, agentes públicos (REsp 1.081.098/DF, Rel. Ministro LUIZ FUX, PRIMEIRA TURMA, julgado em 04.08.2009, DJe 03.09.2009). 4. Recurso especial a que se nega provimento. (*In*: STJ; Processo: REsp 1195063/PR; Relator: Min. Og Fernandes; Órgão Julgador: Segunda Turma; Julgamento: 16.06.2015; Publicação: DJe, 25.06.2015)

1.3.7) Fundações privadas criadas por estatais: As empresas públicas e sociedades de economia mista têm o hábito de patrocinar fundações privadas para a gestão de bens e de interesses de seus empregados. Ainda que a fundação criada não pertença à Administração Pública e adote uma gestão integralmente privada, os atos a ela ofensivos serão punidos nos termos da LIA. Nesse mesmo sentido, confiram-se os dois precedentes abaixo do STJ:

> PROCESSUAL CIVIL. RECURSO ESPECIAL. ADMINISTRATIVO. AÇÃO CIVIL PÚBLICA. MINISTÉRIO PÚBLICO. INTIMAÇÃO. COMEÇO DO PRAZO PARA

FLUÊNCIA DO RECURSO. DIVERGÊNCIA JURISPRUDENCIAL NÃO DEMONSTRADA. ACÓRDÃOS PARADIGMAS QUE SE AMOLDAM AO ENTENDIMENTO DO ACÓRDÃO PARADIGMÁTICO. *FUNCEF*. FUNDAÇÃO PRIVADA INSTITUÍDA E PATROCINADA POR EMPRESA PÚBLICA – CAIXA ECONÔMICA FEDERAL. DIRIGENTES SUJEITOS ATIVOS DE ATO DE IMPROBIDADE. (...) os agentes privados são equiparados aos agentes públicos para o fim de melhor resguardar o destino atribuído à receita de origem pública, estando passíveis de sofrer as mesmas sanções a estes cominadas e que estejam em conformidade com a peculiaridade de não possuírem vínculo com o Poder Público. **Assim, também poderão ser sujeitos passivos dos atos de improbidade as entidades, ainda que não incluídas dentre as que compõem a administração indireta, que recebam investimento ou auxílio de origem pública,** o que pode ser exemplificado com o auxílio financeiro prestado pelo Banco Central do Brasil a instituições financeiras em vias de serem liquidadas, erigindo seus administradores à condição de agentes públicos para os fins da Lei nº 8.429/1992. Justifica-se a previsão legal, pois se o Poder Público cede parte de sua arrecadação a determinadas empresas, tal certamente se dá em virtude da presunção de que a atividade que desempenham é de interesse coletivo, o que torna imperativa a utilização do numerário recebido para este fim. (Emerson Garcia e Rogério Pacheco Alves, in Improbidade Administrativa, Editora Lumen Juris, 4ª Edição, págs. 185/186). (...) (STJ; Processo: REsp 1081098/DF; Relator: Min. Luiz Fux; Órgão Julgador: Primeira Turma; Julgamento: 04.08.2009; Publicação: DJe, 03.09.2009) (Grifamos)
(...) A *FUNCEF* é uma entidade de previdência privada instituída pela Caixa Econômica Federal, com personalidade jurídica própria, que exerce função complementar ao sistema oficial de previdência social. 2. **Muito embora possua natureza de Direito Privado, é certo que a CEF, além de instituir a fundação, também a mantém, uma vez que figura como patrocinadora de recursos. 3.** A prática de atos lesivos ao patrimônio da FUNCEF se subsume às disposições da Lei nº 8.429/92. (...) (STJ; Processo: REsp. nº 1137810/DF; Relator: Min. Eliana Calmon; Órgão Julgador: Segunda Turma; Julgamento: 03.12.2009; Publicação: DJe, 15.12.2009) (Grifamos)

1.3.8) Conselhos de Fiscalização do Exercício Profissional: De acordo com o entendimento do STF exteriorizado na ADI nº 1.717,[14] os Conselhos de Fiscalização Profissional são entidades autárquicas. Assumem, na realidade, o caráter de autarquias corporativas. Cuidam-se de pessoas jurídicas administradas por particulares, mas que desempenham funções estatais típicas de autarquias. Assim, realizam concursos públicos, observam a legislação federal em matéria de licitações e são fiscalizados pelo Tribunal de Contas da União.[15] O caráter compulsório das receitas arrecadadas pelos Conselhos de Fiscalização Profissional, que possuem natureza tributária,[16] e o seu regime fazendário justificam a incidência da LIA para as condutas desonestas praticadas contra essas entidades.

---

[14] STF. ADI nº 1717, Relator: Min. SYDNEY SANCHES, Tribunal Pleno, julgado em 07.11.2002, DJ 28-03-2003.

[15] Na ADI nº 3.026, o STF decidiu que a OAB não integra a Administração Indireta federal *et pour cause* a afastou do regime aplicável aos demais conselhos de fiscalização profissional. STF. ADI nº 3026, Relator: Min. EROS GRAU, Tribunal Pleno, julgado em 08.06.2006, DJ 29.09.2006.

[16] Nesse mesmo sentido, o STF já reconheceu que as contribuições arrecadadas pelos Conselhos de Fiscalização Profissional possuem natureza tributária. Ementa: AÇÃO DIRETA DE INCONSTITUCIONALIDADE. LEI FEDERAL 10.795/2003, QUE ALTEROU A LEI FEDERAL 6.530/1978 PARA ESTABELECER A ELEIÇÃO DA TOTALIDADE DOS MEMBROS DOS CONSELHOS REGIONAIS DE CORRETORES DE IMÓVEIS E FIXAR VALORES MÁXIMOS PARA AS ANUIDADES DEVIDAS A ESSAS ENTIDADES, COM CORREÇÃO ANUAL. (...) ESTABELECIMENTO DE LIMITES MÁXIMOS PARA A FIXAÇÃO DOS VALORES DAS ANUIDADES. INEXISTÊNCIA DE OFENSA AO PRINCÍPIO DA LEGALIDADE TRIBUTÁRIA. AÇÃO DIRETA DE

1.3.9) Cônjuge que pretende tornar-se parte ré na ação de improbidade para defender a sua meação: Por mais que eventualmente tenha interesse na tutela de sua meação, o cônjuge da parte ré na ação de improbidade não está autorizado a requerer o seu ingresso no feito. Isso porque a esposa ou o marido que não figure como réu na ação de improbidade poderá tutelar os seus bens por outros meios processuais sem tumultuar a ação de improbidade. Referida ação tem como escopo avaliar a prática da conduta desonesta pelo demandado e decidir, em caso de procedência do pedido, sobre quais sanções devem ser aplicadas. Nela não se deve discutir se os bens integrantes da meação serão utilizados para a recomposição do erário. Sobre o tema, merece leitura a seguinte decisão do STJ:

> (…) O art. 1º e parágrafo único da Lei nº 8.429/92 delimita as pessoas que integram a relação processual na condição de réus da ação civil pública por ato de improbidade, de maneira que a circunstância de ser cônjuge do réu na demanda não legitima a esposa a ingressar na relação processual, nem mesmo para salvaguardar direito que supostamente seria comum ao casal. 4. Existem meios processuais apropriados para questionar o direito do cônjuge que, não sendo parte na ação civil pública por improbidade administrativa, possa defender sua meação. (…) (REsp nº 900783 PR, Rel. Ministra ELIANA CALMON, SEGUNDA TURMA, julgado em 23.06.2009, DJe 06.08.2009)

1.3.10) Parcerias público-privadas (PPPs): A Lei nº 11.079/04 estipula, em seu art. 2º, que a PPP é o contrato administrativo de concessão, na modalidade patrocinada ou administrativa. Na modalidade patrocinada, temos a concessão de serviços públicos ou de obras públicas em que há, adicionalmente à tarifa cobrada dos usuários, uma contraprestação pecuniária do parceiro público ao parceiro privado. O serviço público aqui é deficitário, o que impõe o repasse de recursos públicos ao parceiro privado na forma de subvenção econômica para viabilizar a prestação do serviço objeto da PP.

Na PPP na modalidade administrativa, há, por outro lado, um contrato de prestação de serviços de que a Administração Pública se torna a usuária direta ou indireta, ainda que envolva execução de obra ou fornecimento e instalação de bens. Nesse caso, a Administração Pública irá remunerar o parceiro privado pelos serviços prestados. Aqui não há uma subvenção, mas o pagamento pelos serviços

---

INCONSTITUCIONALIDADE CONHECIDA E JULGADO IMPROCEDENTE O PEDIDO. (…) 4. As anuidades devidas aos conselhos de fiscalização profissional possuem natureza jurídica de tributo, da espécie contribuição de interesse das categorias profissionais, sujeitando-se, por conseguinte, ao regime tributário. Precedentes: ADI nº 1.717, rel. min. Sydney Sanches, DJ de 28.03.2003; MS 21.797, rel. min. Carlos Velloso, Plenário, DJ de 18.05.2001. (…) 12. Ação direta de inconstitucionalidade conhecida e julgado improcedente o pedido. ADI 4174, Relator: Min. LUIZ FUX, Tribunal Pleno, julgado em 04.10.2019. O tema, contudo, está em repercussão geral no STF, consoante a seguinte ementa: "EMENTA DIREITO ADMINISTRATIVO E TRIBUTÁRIO. AÇÃO DE INEXIGIBILIDADE DE ANUIDADE DE CONSELHOS DE FISCALIZAÇÃO PROFISSIONAL. DISCUSSÃO ACERCA DA NATUREZA JURÍDICA DESSA ANUIDADE E DA POSSIBILIDADE DE FIXAÇÃO DE SEU VALOR POR MEIO DE RESOLUÇÃO INTERNA DE CADA CONSELHO. NECESSIDADE DE COMPOSIÇÃO DE PRINCÍPIOS E REGRAS CONSTITUCIONAIS. MATÉRIA PASSÍVEL DE REPETIÇÃO EM INÚMEROS PROCESSOS, A REPERCUTIR NA ESFERA DE INTERESSE DE MILHARES DE PESSOAS. TEMA COM REPERCUSSÃO GERAL". (ARE nº 641243 RG, Relator: Min. DIAS TOFFOLI, julgado em 19.04.2012, ACÓRDÃO ELETRÔNICO DJe-083 DIVULG 27.04.2012 PUBLIC 30.04.2012).

que o parceiro privado prestou. Por outro lado, essa receita do parceiro privado é oriunda do erário, o que também atrai a LIA.

Nas PPPs, há, assim, um esforço conjunto do parceiro público (Administração Pública que celebra a PPP) e do parceiro privado (particular contratado por meio de uma licitação na modalidade concorrência para a execução de um serviço público) envolvendo vultosas quantias de recursos públicos. Na PPP na modalidade patrocinada, condutas desonestas serão punidas com amparo na regra do art. 1º, §6º, por estarmos diante de uma subvenção recebida pelo parceiro privado. Em se tratando de uma PPP na modalidade administrativa, incidirá a regra veiculada pelo art. 1º, §7º, tendo em vista que o erário concorre na sua receita. Nesse último caso, o ressarcimento dos prejuízos ficará limitado à repercussão do ilícito sobre a contribuição dos cofres públicos. Práticas desonestas que afetem os termos do que contratado justificam, de forma inequívoca, o manejo da Lei nº 8.429/92, seja porque ocorreu uma subvenção, na modalidade patrocinada, seja porque parcela da receita anual do parceiro privado é de origem pública.

1.3.11) Dolo específico: Como já comentado anteriormente, a reforma da LIA restringiu a tipificação da improbidade aos comportamentos dolosos e, mais ainda, exigiu a demonstração de que o dolo seja específico. Portanto, a condenação por improbidade demanda a aferição do elemento subjetivo do agente, a fim de ser verificar se a conduta foi praticada com o intuito de produzir o resultado ilícito. A mera prática do comportamento definido como improbidade desacompanhada do *animus* de obter o resultado ilícito não configura improbidade, porque isso o legislador não quis, e tal preceito segue a tendência de reservar o tema da improbidade administrativa para condutas intencionalmente desonestas e mais sérias.

É preciso, todavia, rememorar que a jurisprudência encontrada em muitos tribunais antes da reforma da LIA não está em harmonia com essa exigência da presença do dolo específico. No STJ, por exemplo, há decisões do período anterior ao da reforma de 2021 que reconhecem a improbidade pela mera presença do dolo genérico. Como exemplo, transcrevemos a seguinte ementa:

> Ementa
> ADMINISTRATIVO E PROCESSUAL CIVIL. AGRAVO REGIMENTAL NO AGRAVO EM RECURSO ESPECIAL. AÇÃO CIVIL PÚBLICA. IMPROBIDADE ADMINISTRATIVA. LAUDO MÉDICO EMITIDO POR PROFISSIONAL MÉDICO, SERVIDOR PÚBLICO, EM SEU PRÓPRIO BENEFÍCIO. CONDENAÇÃO EM MULTA CIVIL. REDUÇÃO. PRINCÍPIOS DA PROPORCIONALIDADE E RAZOABILIDADE.
> (...) o elemento subjetivo necessário à configuração de improbidade administrativa previsto pelo art. 11 da Lei 8.429/1992 é o dolo eventual ou genérico de realizar conduta que atente contra os princípios da Administração Pública, não se exigindo a presença de intenção específica, pois a atuação deliberada em desrespeito às normas legais, cujo desconhecimento é inescusável, evidencia a presença do dolo. Nesse sentido, dentre outros: AgRg no AREsp 8.937/MG, Rel. Ministro Benedito Gonçalves, Primeira Turma, DJe 02.02.2012.
> 3. O acórdão recorrido, sobre a caracterização do ato ímprobo, está em sintonia com o entendimento jurisprudencial do STJ, porquanto não se exige o dolo específico na prática

do ato administrativo para caracterizá-lo como ímprobo. Ademais, não há como afastar o elemento subjetivo daquele que emite laudo médico de sua competência para si mesmo. (…) 6. Agravos regimentais não providos. (AgRg no AREsp 73968 / SP AGRAVO REGIMENTAL NO AGRAVO EM RECURSO ESPECIAL 2011/0261049-5 Relator: Ministro BENEDITO GONÇALVES PRIMEIRA TURMA Data do Julgamento: 02/10/2012. Data da Publicação/Fonte: DJe 29.10.2012)

Em nossa opinião, decisões judiciais nesse sentido devem ser consideradas superadas pela redação atual da LIA e a ela não podem se sobrepor, especialmente porque o texto constitucional não adentra o detalhe do tema: se o dolo precisa ser genérico ou específico. Sobre o tema, o STJ também tem ajustado o seu entendimento ao novo texto da LIA:

Ementa
(…)
2. A questão central objeto deste recurso, submetido ao regime dos recursos repetitivos, é saber se a contratação de servidores temporários sem concurso público, baseada em legislação municipal, configura ato de improbidade administrativa, em razão de eventual dificuldade de identificar o elemento subjetivo necessário à caracterização do ilícito administrativo.
(…)
4. O afastamento do elemento subjetivo de tal conduta dá-se em razão da dificuldade de identificar o dolo genérico, situação que foi alterada com a edição da Lei n. 14.230/2021, que conferiu tratamento mais rigoroso, ao estabelecer não mais o dolo genérico, mas o dolo específico como requisito para a caracterização do ato de improbidade administrativa, ex vi do seu art. 1º, §§2º e 3º, em que é necessário aferir a especial intenção desonesta do agente de violar o bem jurídico tutelado.
(…)
7. Recurso especial desprovido. (REsp 1913638 / MA RECURSO ESPECIAL 2020/0343601-2. RECURSO REPETITIVO. Relator: Ministro GURGEL DE FARIA. Órgão Julgador: PRIMEIRA SEÇÃO. Data do Julgamento: 11.05.2022. Data da Publicação/Fonte: DJe 24.05.2022.)

ARTIGO 2º

Art. 2º Para os efeitos desta Lei, consideram-se agente público o agente político, o servidor público e todo aquele que exerce, ainda que transitoriamente ou sem remuneração, por eleição, nomeação, designação, contratação ou qualquer outra forma de investidura ou vínculo, mandato, cargo, emprego ou função nas entidades referidas no art. 1º desta Lei. (Redação dada pela Lei nº 14.230, de 2021)

Parágrafo único. No que se refere a recursos de origem pública, sujeita-se às sanções previstas nesta Lei o particular, pessoa física ou jurídica, que celebra com a administração pública convênio, contrato de repasse, contrato de gestão, termo de parceria, termo de cooperação ou ajuste administrativo equivalente. (Incluído pela Lei nº 14.230, de 2021)

2.1) Tema central do dispositivo: Sujeito ativo. O artigo 2º *caput* tem como objetivo nuclear apresentar o conceito de agente público, isto é, a definição de um dos **sujeitos ativos** da prática de improbidade administrativa, na medida em que o particular também poderá praticar a referida conduta.

O parágrafo único do art. 2º anuncia, por sua vez, que o particular, pessoa física ou jurídica, também poderá responder por improbidade administrativa quando tiver firmado um ajuste com a Administração Pública que envolva o repasse de recursos de origem pública.

2.2) Explicação do dispositivo: A expressão agente público utilizada pela LIA substituiu a antiga locução "funcionário público" disseminada no Direito Administrativo para designar o gênero de quem atua em alguma função pública. Todos aqueles que desempenhem algum tipo de função pública, ocupantes ou não de um cargo efetivo, serão, para os fins da Lei nº 8.429/92, considerados agentes públicos. Existem as mais diversas espécies de agentes públicos: servidores públicos, militares, contratados temporariamente, empregados públicos, particulares colaboradores com a administração e agente políticos. Todos foram abrangidos pela lei e a reforma promovida pela Lei nº 14.230/21 acabou por, expressamente, prever o agente político, a fim de evitar qualquer dúvida e reforçar a compreensão, correta e predominante, de que tal categoria de agente público também responde por improbidade administrativa.

O art. 2º da LIA apresenta uma definição bem ampla de quem seriam os agentes públicos, de modo que é muito difícil alguém que exerça uma função para o poder público escapar do referido conceito legal. A percepção de remuneração não é imprescindível para o enquadramento do infrator como agente público. Pode ser, portanto, um jurado, um mesário ou um particular investido, ainda que temporariamente, em qualquer outra função pública.

Os que trabalham nas entidades do terceiro setor (serviços sociais autônomos, organizações sociais, organizações da sociedade civil de interesse público, fundações de apoio a universidades públicas, organizações da sociedade civil) não são tradicionalmente considerados pelos administrativistas como agentes públicos. São empregados privados que exercem uma atividade de caráter privado em colaboração com o Estado. Contudo, também são considerados agentes públicos para os fins da LIA, em virtude de os trabalhadores das entidades previstas no art. 1º da referida lei serem considerados agentes públicos pelo *caput* do seu art. 2º.

Há, também, situações em que um agente público desempenha simultaneamente funções na Administração Pública e no terceiro setor. É o caso, por exemplo, do professor de uma universidade pública que esteja atuando em uma entidade de apoio.[17] Por mais que, nesse caso, ele aja como particular, não é possível desprezar a sua qualidade de agente público. Aliás, a Primeira Seção do STJ já reconheceu que o servidor que esteja atuando como gestor de uma entidade de apoio poderá responder a um processo administrativo disciplinar, senão vejamos:

> ADMINISTRATIVO. SERVIDOR PÚBLICO. DIRETOR PRESIDENTE DE FUNDAÇÃO DE NATUREZA PRIVADA. PROCESSO DISCIPLINAR. PRESCRIÇÃO. INOCORRÊNCIA. ATOS ILÍCITOS. RECURSOS PÚBLICOS. (…)
> 3. As fundações de apoio às instituições federais de ensino superior, que podem ser de natureza pública ou privada, surgiram com a finalidade de facilitar a flexibilização das tarefas acadêmicas, nas dimensões de ensino, pesquisa, extensão e gestão.
> (…)
> 5. Ausência da necessidade de que a conduta do servidor tida por ímproba esteja necessariamente vinculada com o exercício do cargo público. 6. Relação intrínseca entre a UnB e a FEPAD, o que implica a observância dos deveres impostos ao servidor público, esteja ele exercendo atividade na universidade federal ou na própria fundação de apoio, concomitantemente ou não, de forma que eventuais irregularidades praticadas no ente de apoio irão refletir necessariamente na universidade federal, causando dano ao erário.
> 7. Hipótese em que, embora os atos ilícitos, apurados no PAD, tenham sido perpetrados em uma fundação de apoio de natureza privada, é perfeitamente legal a instauração do procedimento disciplinar, o julgamento e a sanção, nos moldes da Lei n. 8.112/1990, mormente porque a acusação imputada ao impetrante durante a gestão da presidência da FEPAD – que, na época dos fatos, exercia concomitantemente o cargo de professor adjunto da UNB e o cargo comissionado de Vice-Diretor da Faculdade de Estudos Sociais Aplicados – envolveu desvios de recursos públicos oriundos da Universidade de Brasília e/ou da FUB, o que contraria os princípios basilares da administração pública. (…)10. Mandado de segurança denegado. (MS nº 21.669/DF, Rel. Ministro GURGEL DE FARIA, PRIMEIRA SEÇÃO, julgado em 23.08.2017, DJe 09.10.2017)[18] (Grifamos)

Assim, nessas circunstâncias em que um servidor atua na entidade de apoio e, também, exerce uma função na Administração Pública gerindo recursos de origem pública, ele deverá responder no âmbito disciplinar pela prática de

---

[17] As fundações de apoio são regidas pela Lei nº 8.958/94.
[18] Publicado no Informativo nº 613 do STJ.

improbidade. Pelas mesmas razões que levaram o STJ a esse entendimento, o referido servidor também poderá ser réu em ação de improbidade na qualidade de agente público.

De acordo com o art. 2º da LIA, portanto, para ser considerado agente público, é:

i) irrelevante a duração do exercício da função;
ii) irrelevante se a função é gratuita ou remunerada;
iii) irrelevante a forma de provimento (eleição, nomeação, designação, contratação ou qualquer outra forma de vínculo), e
iv) irrelevante que a pessoa esteja simultaneamente exercendo atividade em uma entidade do terceiro setor.

Quanto aos particulares, o parágrafo único do art. 2º deixa bem claro que também poderão responder por improbidade administrativa os particulares, pessoas físicas ou jurídicas, que celebrem com a Administração Pública um convênio, contrato de repasse, contrato de gestão, termo de parceria, termo de cooperação ou um ajuste administrativo equivalente. A lei menciona instrumentos em que não há partes, mas partícipes; em que não há obrigações antagônicas, mas um esforço unidirecional; em que não há pagamentos, mas repasses de recursos de origem pública ao particular. Não estamos diante de contratos, mas de uma espécie de ajuste em que os valores recebidos pelo particular devem ser alocados nas obrigações do próprio pacto.

Em um acordo dessa natureza, o particular poderá, ainda que nenhum agente público participe ou esteja envolvido, praticar condutas tidas como ímprobas. Isso ocorreria, por exemplo, na hipótese de o particular, sem o conhecimento de qualquer agente público, desviar os recursos recebidos e não os empregar integralmente nos compromissos assumidos por meio do ajuste firmado. Por sua vez, o parágrafo único do art. 2º da LIA não menciona, como faz o artigo terceiro *caput*, a exigência de que o particular induza ou concorra com o agente público para a prática do ato de improbidade administrativa. Esse quadro normativo nos leva a sustentar que, nas hipóteses do art. 2º parágrafo único da LIA, o particular poderá responder como réu em uma ação de improbidade administrativa mesmo que nenhum agente público esteja respondendo em conjunto com ele. O entendimento da necessidade de o particular responder ao lado do agente público no polo passivo da ação de improbidade só teria lugar, na nossa avaliação, nas hipóteses do art. 3º da LIA, e não nas situações mais específicas do art. 2º parágrafo único da LIA.

2.3) Polêmicas e peculiaridades do artigo:

2.3.1) Constitucionalidade do rol dos sujeitos ativos: Na ADI nº 4.295, relator Min. Marco Aurélio, a parte requerente alegou que seria inconstitucional a ampliação dos sujeitos ativos tal como resultante do modelo previsto na LIA. A tese sustentada pelo Partido da Mobilização Nacional (PMN), parte autora da citada ADI, é a de que o Legislador teria introduzido termos excessivamente vagos na redação original da LIA e que não se poderia incluir, dentre os sujeitos ativos, os agentes políticos, por serem regidos por normas especiais e só responderem por crime de responsabilidade, conforme decidido na Rcl. nº 2.138. Ademais, o PMN também questiona a possibilidade de um particular, que tenha se beneficiado, de alguma forma, responder por improbidade, sob o fundamento de que isso permitiria que a LIA fosse aplicada a praticamente qualquer pessoa.[19]

Quanto à controvérsia, pensamos que nenhum dispositivo constitucional proíbe a regra contida no art. 2º da LIA. A escolha do rol dos sujeitos passivos deve ser feita pelo legislador. A Constituição da República apenas previu sanções a serem possivelmente aplicadas aos condenados por improbidade administrativa. Nada mais do que isso. Em relação especificamente aos agentes políticos, a Rcl nº 2.138, como se verá adiante, apenas cuidou de Ministros de Estado, e não de todos os agentes políticos. E a citada reclamação foi superada pela Pet nº 3.240, ocasião em que o STF, em maio de 2018, decidiu que Ministros de Estado também podem figurar como réus em uma ação de improbidade. Comentaremos a situação específica dos Ministros de Estado mais à frente. A reforma da LIA pela Lei nº 14.230/21, que previu expressamente os agentes políticos como sujeitos ativos, teve o objetivo de colocar um ponto final na polêmica sobre o tema.

2.3.2) Alcance da expressão agentes políticos: Não há, como acabamos de ver, qualquer previsão na LIA ou mesmo na Constituição da República que proíba todos os agentes públicos de responderem por improbidade administrativa. A redação do art. 2º é hiperinclusiva e abrange, de forma inequívoca, os agentes políticos que desempenham mandato. A única ressalva, que resulta do próprio texto constitucional, fica adstrita ao Presidente da República, conforme adiante comentaremos.

No entanto, é importante chamar a atenção para o fato de que não há unanimidade na literatura quanto ao alcance da expressão agentes políticos, havendo profunda controvérsia sobre aqueles que poderiam ser enquadrados nesse conceito.

Na perspectiva de José dos Santos Carvalho Filho, por exemplo, magistrados, membros do MP e do Tribunal de Contas não seriam agentes políticos. Para ele, para uma pessoa ser considerada agente político não basta que ela tenha sido mencionada pela Constituição da República, mas que o agente público "efetivamente (e não eventualmente) [exerça] função política, de governo e administração, de comando e, sobretudo, de fixação de estratégias de ação (...)".[20]

Divergimos, com todo o respeito, desse ponto de vista. Entendemos que agentes políticos são aqueles agentes públicos de todos os poderes do Estado que atuam com independência funcional. Seria difícil sustentar tecnicamente que os membros dos Poderes Legislativo e Executivo são agentes políticos e que os do Poder Judiciário não o são. Todos os membros dos Poderes do Estado, do Ministério Público e do Tribunal de Contas atuam de forma independente e com uma parcela de liberdade

---

[19] Há parecer do MPF nos autos pela improcedência do pedido, mas, até a presente data, a ADI nº 4.295 ainda não havia sido julgada.
[20] CARVALHO FILHO, José dos Santos. *Manual de Direito Administrativo*. 31. ed. São Paulo: Gen/Atlas, 2017. p. 630.

política. Parece-nos, assim, que a melhor compreensão é aquela que considera como agentes políticos os que exercem suas competências com independência funcional para decidir sobre matérias capazes de influenciar os rumos que o Estado deve seguir. Em sentido semelhante, temos as lições de Hely Lopes Meirelles:

> Esses agentes [agentes políticos] atuam com plena liberdade funcional, desempenhando suas atribuições com prerrogativas e responsabilidades próprias, estabelecidas na Constituição e em leis especiais. (...) Os agentes políticos exercem funções governamentais, judiciais e quase judiciais, elaborando normas legais, conduzindo os negócios públicos, decidindo e atuando com independência nos assuntos de sua competência.[21]

De todo modo, o enquadramento de um agente público como agente político não é um escudo para impedir que a autoridade responda pela prática de improbidade administrativa. No mesmo sentido, confira-se o seguinte precedente do STJ:

> 2. (...) consoante a jurisprudência do STJ, ressalvada a hipótese dos atos de improbidade cometidos pelo Presidente da República, aos quais se aplica o regime especial previsto no art. 86 da Carta Magna, os Agentes Políticos sujeitos a crime de responsabilidade não são imunes às sanções por ato de improbidade previstas no art. 37, §4º da CF. (...)
> 5. Dá-se provimento ao Recurso Especial *para reconhecer a incidência da Lei de Improbidade Administrativa aos Agentes Políticos* e assentar que o recorrido não faz jus ao foro especial, em razão de não mais exercer o cargo de Desembargador Federal. Retornem os autos ao Juízo de origem para processar e julgar o feito. (STJ. 1ª Turma. REsp 1.205.562 / RS. Rel. Min. Napoleão Nunes Maia Filho. DJ 17.02.12)

2.3.3) Presidente da República: Em relação ao cargo de Presidente da República, há uma peculiaridade que o impede de se tornar réu em ação de improbidade administrativa. Enquanto exerce seu mandato, o Presidente da República não poderá, *ex vi* do art. 86, §4º da CRFB, ser responsabilizado por atos estranhos ao exercício da sua função, *verbis*:

> §4º O Presidente da República, na vigência de seu mandato, não pode ser responsabilizado por atos estranhos ao exercício de suas funções.

Portanto, se a conduta ímproba não disser respeito à função como Chefe do Poder Executivo Federal, a ação de improbidade só poderá ser proposta após o término do mandato. Por outro lado, na hipótese de a improbidade administrativa ter relação com as funções do cargo de Presidente da República, a regra prevista no art. 85, V, da CRFB terá lugar, *verbis*:

> Art. 85. São crimes de responsabilidade os atos do Presidente da República que atentem contra a Constituição Federal e, especialmente, contra:
> (...)
> V – a probidade na administração;

---

[21] MEIRELLES, Hely Lopes. *Direito Administrativo Brasileiro*. 42. ed. São Paulo: Malheiros, 2016. p. 80-82.

Nesse caso, o Presidente da República não integrará o polo passivo de uma ação de improbidade, mas poderá responder pela conduta ímproba praticada sob a forma de crime de responsabilidade. Tendo praticado improbidade administrativa no exercício das suas funções, o Presidente poderá ser impedido, nos termos do que prevê a Lei nº 1.079/50, que define os crimes de responsabilidade e regula o respectivo processo de julgamento.

Essa regra excepcional é aplicável exclusivamente para o Presidente da República, que exerce simultaneamente as funções de Chefe de Estado e Chefe de Governo. Os chefes do Poder Executivo dos demais entes da federação, Governadores e Prefeitos, podem, assim, responder simultaneamente como réus em uma ação de improbidade administrativa e por crime de responsabilidade, em razão de uma única conduta desonesta praticada. Inaplicável, portanto, a tese da simetria nesse caso.

Caso a conduta ímproba praticada pelo Presidente da República tenha relação com as funções do cargo e ele não tenha sido objeto de qualquer persecução estatal nesse período, admite-se que, após o mandato, o ex-Presidente responda como réu a uma ação de improbidade. É que o texto constitucional não procura deixar impune o Presidente da República por condutas ímprobas. Apenas direciona, durante o exercício do mandato, a sua responsabilidade para o processo de *impeachment*.

2.3.4) Ministro de Estado: Ministros de Estado também são agentes políticos e, por isso, devem, em tese, responder por improbidade administrativa em conjunto com sua eventual responsabilidade por crime de responsabilidade. Em relação a eles, não há preceito constitucional como o que previsto para o Presidente da República.

Entretanto, quando do julgamento da Rcl nº 2.138, o que se deu em junho de 2007, o Plenário do STF reconheceu que o Ministro de Estado não poderia, por se tratar de agente político que pode responder por crime de responsabilidade, tornar-se simultaneamente réu pelo mesmo fato em uma ação de improbidade administrativa. Seguem abaixo alguns trechos relevantes da ementa do julgado:

> II.1. Improbidade administrativa. Crimes de responsabilidade. Os atos de improbidade administrativa são tipificados como crime de responsabilidade na Lei nº 1.079/1950, delito de caráter político-administrativo.
> II.2. Distinção entre os regimes de responsabilização político-administrativa. O sistema constitucional brasileiro distingue o regime de responsabilidade dos agentes políticos dos demais agentes públicos. A Constituição não admite a concorrência entre dois regimes de responsabilidade político-administrativa para os agentes políticos: o previsto no art. 37, §4º (regulado pela Lei nº 8.429/1992) e o regime fixado no art. 102, I, "c", (disciplinado pela Lei nº 1.079/1950). Se a competência para processar e julgar a ação de improbidade (CF, art. 37, §4º) pudesse abranger também atos praticados pelos agentes políticos, submetidos a regime de responsabilidade especial, ter-se-ia uma interpretação ab-rogante do disposto no art. 102, I, "c", da Constituição.
> II.3. Regime especial. Ministros de Estado. Os Ministros de Estado, por estarem regidos por normas especiais de responsabilidade (CF, art. 102, I, "c"; Lei nº 1.079/1950), não se

submetem ao modelo de competência previsto no regime comum da Lei de Improbidade Administrativa (Lei nº 8.429/1992). (...)
III. RECLAMAÇÃO JULGADA PROCEDENTE.²²

O entendimento do STF exteriorizado na Rcl nº 2.138 merece críticas, na medida em que considera *bis in idem* a persecução envolvendo duas instâncias punitivas distintas. Outro problema que resulta desse julgamento é que não há clareza quanto à extensão do que ficou decidido. A lógica do julgado poderia, por exemplo, ser estendida para Prefeitos e Governadores? É que tais governantes, além de serem agentes políticos, também respondem, em tese, por improbidade administrativa e por crime de responsabilidade. Ocorre que a eventual ampliação do que reconhecido na Rcl nº 2.138 para outros agentes políticos, especialmente para prefeitos, comprometeria, sobremaneira, a efetividade da LIA.

Em virtude dos possíveis efeitos deletérios para a LIA que a decisão proferida na Rcl nº 2.138 poderia provocar, caso o seu alcance fosse ampliado, e em razão das críticas que surgiram na literatura,²³ a matéria voltou ao STF e a Corte acabou por revisitar o entendimento acerca da responsabilidade de Ministro de Estado por improbidade administrativa. Em maio de 2018, o Plenário do STF, ao julgar o agravo regimental na Pet nº 3.240, reconheceu que o Ministro de Estado pode responder simultaneamente por crime de responsabilidade e por improbidade administrativa. Segue o trecho da ementa do julgado na parte que toca ao tema:

> Direito Constitucional. Agravo Regimental em Petição. Sujeição dos Agentes Políticos a Duplo Regime Sancionatório em Matéria de Improbidade. (...) 1. Os agentes políticos, com exceção do Presidente da República, encontram-se sujeitos a um duplo regime sancionatório, de modo que se submetem tanto à responsabilização civil pelos atos de improbidade administrativa, quanto à responsabilização político-administrativa por crimes de responsabilidade. Não há qualquer impedimento à concorrência de esferas de responsabilização distintas, de modo que carece de fundamento constitucional a tentativa de imunizar os agentes políticos das sanções da ação de improbidade administrativa, a pretexto de que estas seriam absorvidas pelo crime de responsabilidade. A única exceção ao duplo regime sancionatório em matéria de improbidade se refere aos atos praticados pelo Presidente da República, conforme previsão do art. 85, V, da Constituição. (...) 3. Agravo regimental a que se nega provimento.²⁴

Como consequência do julgamento do STF na Rcl nº 2.138, a dúvida sobre se a referida decisão seria aplicável a prefeitos foi submetida à sistemática

---
²² STF. Plenário. Rcl. 2.138. Rel. Min. Nelson Jobim, Relator p/ Acórdão: Min. Gilmar Mendes (ART.38, IV,b, DO RISTF), Tribunal Pleno, julgado em 13.06.2007.
²³ Para parte majoritária da doutrina, a aplicação da Lei nº 1.079/50 não impediria a incidência da Lei nº 8.429/92. Nesse sentido, Wallace Paiva Martins Jr, para quem: "Em nenhum momento a Constituição reservou à instância do julgamento político-administrativo [por crime de responsabilidade] o caráter de jurisdição exclusiva dos agentes políticos, na medida em que respondiam e respondem pelo fato também civil e criminalmente. Prevalece no direito brasileiro o sistema de pluralidade ou concorrência de instâncias para repressão da improbidade administrativa (...)".MARTINS JR., Wallace Paiva. *Probidade administrativa*. 4. ed. São Paulo: Saraiva, 2009. p. 310.
²⁴ STF. Tribunal Pleno. Pet 3.240 AgR, Relator: Min. Teori Zavascki, Relator p/ Acórdão: Min. Roberto Barroso. Julgado em 10.05.2018.

da Repercussão Geral. Cuida-se do Tema 576 da Repercussão Geral (RE nº 976.566), cujo julgamento do mérito ocorreu em setembro de 2019, vale dizer, após o Plenário do STF já ter apreciado a Pet nº 3.240. Por ser relevante para o conhecimento do atual entendimento do STF sobre a matéria, no sentido de que prefeitos podem responder simultaneamente por crime de responsabilidade e por improbidade administrativa, vale transcrever os seguintes trechos da ementa do RE 976.566, *verbis*:

> CONSTITUCIONAL. AUTONOMIA DE INSTÂNCIAS. POSSIBILIDADE DE RESPONSABILIZAÇÃO PENAL E POLÍTICA ADMINISTRATIVA (DL 201/1967) SIMULTÂNEA À POR ATO DE IMPROBIDADE ADMINISTRATIVA, DEVIDAMENTE TIPIFICADO NA LEI 8.429/92. INEXISTÊNCIA DE BIS IN IDEM. (...) 3. A Constituição Federal inovou no campo civil para punir mais severamente o agente público corrupto, que se utiliza do cargo ou de funções públicas para enriquecer ou causar prejuízo ao erário, desrespeitando a legalidade e moralidade administrativas, independentemente das já existentes responsabilidades penal e político-administrativa de Prefeitos e Vereadores. 4. Consagração da autonomia de instâncias. Independentemente de as condutas dos Prefeitos e Vereadores serem tipificadas como infração penal (artigo 1º) ou infração político-administrativa (artigo 4º), previstas no DL 201/67, a responsabilidade civil por ato de improbidade administrativa é autônoma e deve ser apurada em instância diversa. 5. NEGADO PROVIMENTO ao Recurso Extraordinário. TESE DE REPERCUSÃO GERAL: "O processo e julgamento de prefeito municipal por crime de responsabilidade (Decreto-lei 201/67) não impede sua responsabilização por atos de improbidade administrativa previstos na Lei 8.429/1992, em virtude da autonomia das instâncias.[25]

2.3.5) Ocupantes de cargos vitalícios (Magistrados, Membros do Ministério Público e dos Tribunais de Contas): Nada há no ordenamento jurídico brasileiro que obstaculize os ocupantes de cargos vitalícios de figurarem como réus em uma ação de improbidade. Magistrados, membros do Ministério Público e do Tribunal de Contas podem, assim, tornar-se réus em uma ação de improbidade administrativa.

O que se deve evitar, a fim de que o sistema punitivo brasileiro funcione com uma mínima racionalidade, é a vulgarização da inclusão desses agentes políticos no polo passivo de ações de improbidade, quando forem ajuizadas com fundamento exclusivo no exercício da atividade ministerial ou jurisdicional. Magistrados, membros do MP e do Tribunal de Contas gozam de vitaliciedade, porque os seus ofícios devem ser exercidos com total independência. No desempenho da função jurisdicional, por exemplo, magistrados invariavelmente desagradam uma das partes. Muito embora seja possível que essas autoridades respondam por condutas ímprobas no desempenho da atividade jurisdicional, esse reconhecimento deve ser muito criterioso e excepcional e ficar adstrito aos casos de evidente e comprovado dolo.

Na realidade, as circunstâncias que mais facilmente justificariam os agentes públicos ocupantes de cargos vitalícios a responderem por improbidade seriam

---

[25] STF. Plenário. RE 976.566. Relator: Min. Alexandre de Moraes, julgado em 13.09.2019.

aquelas excepcionais em que atuam como verdadeiros administradores públicos. O caso, por exemplo, de um presidente de Tribunal de Contas que, no exercício dessa função administrativa, pratique uma improbidade administrativa retrata uma situação mais fácil de ser identificada do que quando a mesma autoridade exerça suas funções previstas constitucionalmente com independência funcional no julgamento das contas públicas.

Nessa altura, cumpre salientar que o STJ permite que ocupantes de cargos vitalícios respondam por improbidade administrativa e que sejam alcançados, até mesmo, pela pena de perda da função pública.

> DIREITO ADMINISTRATIVO E PROCESSUAL CIVIL. APLICAÇÃO DA PENA DE PERDA DA FUNÇÃO PÚBLICA A MEMBRO DO MP EM AÇÃO DE IMPROBIDADE ADMINISTRATIVA.
> *É possível, no âmbito de ação civil pública de improbidade administrativa, a condenação de membro do Ministério Público à pena de perda da função pública prevista no art. 12 da Lei 8.429/1992.* Inicialmente, deve-se consignar que é pacífico o entendimento jurisprudencial do STJ no sentido de que a Lei 8.429/1992 é aplicável aos agentes políticos, dentre os quais se incluem os magistrados e promotores (REsp 1.249.531-RN, Segunda Turma, DJe 05.12.2012; REsp 1.205.562-RS, Primeira Turma, DJe 17.02.2012; e AIA 30-AM, Corte Especial, DJe 28.09.2011). *O fato de a LC 75/1993 e a Lei 8.625/1993 preverem a garantia da vitaliciedade aos membros do MP e a necessidade de ação judicial para aplicação da pena de demissão não induz à conclusão de que estes não podem perder o cargo em razão de sentença proferida na ação civil pública por ato de improbidade administrativa.* Isso porque, conquanto a lei estabeleça a necessidade de ação judicial específica para a aplicação da perda do cargo, as hipóteses previstas nas referidas normas dizem respeito a fatos apurados no âmbito administrativo, daí porque se prevê a necessidade de autorização do Conselho Superior do Ministério Público para o ajuizamento da ação judicial (art. 57, XX, da LC 75/1993 e §2º do art. 38 da Lei 8.625/1993). Nesse sentido, a ação civil específica acima mencionada em nada interfere nas disposições da Lei 8.429/1992, até mesmo porque o §2º do art. 2º do Decreto-Lei 4.657/1942 (LINDB) dispõe que: "A lei nova, que estabeleça disposições gerais ou especiais a par das já existentes, não revoga nem modifica a lei anterior". Com efeito, a previsão legal de que o Procurador-Geral de Justiça ou o Procurador-Geral da República ajuizará ação civil específica para a aplicação da pena de demissão ou perda do cargo, nos casos elencados na lei, dentre os quais se destacam a prática de crimes e os atos de improbidade, não obsta que o legislador ordinário, cumprindo o mandamento do §4º do art. 37 da CF, estabeleça a pena de perda do cargo do membro do MP quando comprovada a prática de ato ímprobo, em ação civil pública própria para sua constatação. Na legislação aplicável aos membros do MP, asseguram-se à instituição as providências cabíveis para sancionar o agente comprovadamente ímprobo e, nos exatos termos das garantias que prevê, exige o ajuizamento de ação judicial específica para tanto. Na nominada Lei de Improbidade Administrativa (Lei 8.429/1992), o legislador amplia a legitimação ativa, ao prever que a ação será proposta "pelo Ministério Público ou pela pessoa jurídica interessada" (art. 17). Não há, portanto, competência exclusiva do Procurador-Geral. Dessa forma, não há somente uma única via processual adequada à aplicação da pena de perda do cargo a membro do MP. Assim, a demissão ou perda do cargo por ato de improbidade administrativa (art. 240, V, "b", da LC 75/1993) não só pode ser determinada por sentença condenatória transitada em julgado em ação específica, cujo ajuizamento deve ser provocado por procedimento administrativo e é da competência do Procurador-Geral, conforme se extrai da Lei 8.429/1992, c/c com o parágrafo único do art.

208 da LC 75/1993, como também pode ocorrer em decorrência do trânsito em julgado da sentença condenatória proferida em ação civil pública prevista na Lei 8.429/1992. Essa conclusão é decorrência lógica do comando inserto no *caput* do art. 12 da Lei 8.429/1992: "Independentemente das sanções penais, civis e administrativas previstas na legislação específica, está o responsável pelo ato de improbidade sujeito às seguintes cominações, que podem ser aplicadas isolada ou cumulativamente, de acordo com a gravidade do fato". (STJ, REsp 1.191.613-MG, Primeira Turma, Rel. Min. Benedito Gonçalves, julgado em 19.03.2015, DJe 17.04.2015)[26]

Também não vemos qualquer razão para impedir que ocupantes de cargos vitalícios respondam por improbidade administrativa. Em um Estado Democrático de Direito, é muito difícil encontrar argumentos favoráveis à criação de uma espécie de blindagem em relação a determinadas autoridades. Mesmo a tese de que essas autoridades já respondem por crime de responsabilidade não é convincente, pois essas instâncias punitivas são distintas. Por outro lado, entendemos, a despeito da posição do STJ acima transcrita, que as sanções de perda da função pública e de suspensão dos direitos políticos previstas na LIA não podem ser aplicadas a ocupantes de cargos vitalícios como consequência de uma condenação por improbidade administrativa. É que, por mais que a conduta ímproba seja grave, essas sanções comprometem o desempenho das funções do cargo de quem é vitalício, e por uma forma que não a prevista constitucionalmente para que essas autoridades percam o seu cargo.

A vitaliciedade não é vantagem indevida, mas uma prerrogativa assegurada a determinados agentes para que possam decidir com independência, imparcialidade e que está prevista constitucionalmente em benefício da coletividade. É indesejável enfraquecer a vitaliciedade por meio da facilitação da perda da função pública por meio de uma condenação por improbidade. E nunca é demais lembrar a vagueza das condutas previstas na LIA, bem como que o juiz da ação de improbidade escolherá, dentre o cardápio de sanções que a lei prevê, a pena que entender seja a mais razoável. Um cenário comprometedor daquilo que a vitaliciedade pretende tutelar. O elevado risco do emprego das ações de improbidade para se perseguir quem decide com independência e imparcialidade é razão suficiente para não aceitarmos a possiblidade de aplicação das penas de perda da função pública e de suspensão dos direitos políticos em uma ação de improbidade. Caso o agente público vitalício mereça perder o seu cargo, que isso decorra do procedimento constitucionalmente previsto para tanto.

---

[26] Em 2011, o STF ainda não havia concluído o julgamento dos Embargos de Declaração da ADI 2797 e também não havia julgado a Pet 3240, processos em que a referida Corte reconheceu definitivamente a inexistência de prerrogativa de foro em matéria de improbidade administrativa. De todo modo, vale registrar que, em 2011, o STJ decidiu que a ação de improbidade administrativa movida em face de um magistrado deve observar a prerrogativa de foro, tendo em vista a possibilidade de ser aplicada uma pena capaz de ensejar a sua demissão. Confira-se um trecho da ementa do julgado: "2. O Superior Tribunal de Justiça, alterando entendimento jurisprudencial que vinha sendo externado, **tem entendido que o foro privilegiado dos magistrados também deve ser observado nas ações civis pública por ato de improbidade administrativa**, cujo resultado possa levar *à pena de demissão do réu*". STJ. 1ª Turma. EDcl no AgRg no Ag 1323633/SP. Rel. Min. Benedito Gonçalves. DJ 18.11.11. (Grifamos)

Essa solução intermediária, que reconhece a possibilidade de ocupantes de cargos vitalícios responderem por improbidade administrativa, desde que não possam ser punidos com a perda da função pública ou a suspensão dos direitos políticos também é acolhida por José dos Santos Carvalho Filho, *verbis*:

> Advoga-se o entendimento de que as Leis n°s 1.079/1950 e 8.429/1992 convivem harmoniosamente no sistema, sendo independentes as vias respectivas, mas será incabível formular na ação de improbidade pedido de aplicação de sanções de natureza política (perda do cargo, suspensão dos direitos políticos), já que elas emanam naturalmente da ação penal de apuração de crime de responsabilidade. Em compensação, subsistiriam outras sanções sem tal natureza (como, *v. g.*, multa civil, reparação de danos, proibição de benefícios creditícios ou fiscais etc.)[27]

Mais adiante, ao analisarmos o artigo 12 da LIA, fazemos comentários adicionais ao tema da perda da função pública de quem ocupa cargo vitalício.

2.3.6) Estagiários: Atualmente a Administração Pública tem feito largo uso de estagiários para viabilizar o funcionamento regular de suas atividades. O estágio de estudantes é regulado pela Lei nº 11.788/08 que, no seu artigo 1º, define a atividade como um:

> Ato educativo escolar supervisionado, desenvolvido no ambiente de trabalho, que visa à preparação para o trabalho produtivo de educandos que estejam frequentando o ensino regular em instituições de educação superior, de educação profissional, de ensino médio, da educação especial e dos anos finais do ensino fundamental, na modalidade profissional da educação de jovens e adultos.

Muito embora o estagiário que atue na Administração Pública ainda seja um estudante e não haja qualquer vínculo de emprego, ele passa a assumir, no ambiente de trabalho, uma função pública. E, de acordo com o art. 2º da LIA, basta o desempenho de uma função pública para que o estagiário possa ser réu em uma ação de improbidade administrativa. Esse também é o entendimento do STJ, *verbis*:

> Segunda Turma
> DIREITO ADMINISTRATIVO. POSSIBILIDADE DE APLICAÇÃO DA LEI DE IMPROBIDADE ADMINISTRATIVA A ESTAGIÁRIO.
> *O estagiário que atua no serviço público, ainda que transitoriamente, remunerado ou não, está sujeito à responsabilização por ato de improbidade administrativa (Lei 8.429/1992).* De fato, o conceito de agente público, constante dos artigos 2º e 3º da Lei 8.429/1992 (Lei de Improbidade Administrativa), abrange não apenas os servidores públicos, mas todo aquele que exerce, ainda que transitoriamente ou sem remuneração, por eleição, nomeação, designação, contratação ou qualquer outra forma de investidura ou vínculo, mandato, cargo, emprego ou função na Administração Pública. Assim, na hipótese em análise, o estagiário, que atua

---

[27] CARVALHO FILHO, José dos Santos. *Manual de Direito Administrativo*. 31. ed. São Paulo: Gen/Atlas, 2017. p. 1.155. Sobre o tema, Rafael Oliveira e Daniel Assumpção defendem que os ocupantes de cargos vitalícios podem ser punidos por decisão do juízo de primeiro grau, mas não com a pena de perda da função pública. NEVES, Daniel Amorim Assumpção; OLIVEIRA, Rafael Carvalho Rezende. *Improbidade Administrativa*. Direito Material e Processual. 8. ed. Revista e atualizada. São Paulo: Gen-Forense, 2020. p. 60.

no serviço público, enquadra-se no conceito legal de agente público preconizado pela Lei 8.429/1992. Ademais, as disposições desse diploma legal são aplicáveis também àquele que, mesmo não sendo agente público, induza ou concorra para a prática do ato de improbidade ou dele se beneficie sob qualquer forma, direta ou indireta. Isso porque o objetivo da Lei de Improbidade não é apenas punir, mas também afastar do serviço público os que praticam atos incompatíveis com o exercício da função pública. (STJ, 2ª Turma, REsp 1.352.035-RS, Rel. Min. Herman Benjamin, julgado em 18.08.2015, DJe 08.09.2015). (Grifamos)[28]

No mesmo sentido:

Jurisprudência em teses do STJ. Edição nº 187: Improbidade Administrativa – IV
2) É possível o enquadramento de estagiário no conceito de agente público para fins de responsabilização por ato de improbidade administrativa.

2.3.7) Bolsistas (Pesquisadores e estudantes bolsistas): O beneficiário de uma bolsa de estudos não é estagiário, e nem mesmo possui vínculo empregatício com o órgão ou entidade da Administração Pública que a concede. O pesquisador ou estudante que recebe uma bolsa deve, no entanto, observar as condições estipuladas para o recebimento do referido auxílio e prestar contas do que foi realizado com o recurso público. Nesse contexto, o bolsista precisa dar a destinação específica dos valores exigida pelo pacto firmado com a Administração. Deverá, assim, comprovar, quando for o caso, a compra de equipamentos, apresentar os comprovantes de emissão das passagens aéreas, demonstrar quantos dependentes possui nos casos em que o valor pago variar pelo número de familiares, e provar que regressou ao país após o período no exterior. Eventual prática desonesta em relação às obrigações assumidas com a entidade concessora da bolsa de estudos ou de pesquisa pode caracterizar improbidade administrativa.

O fato de o bolsista possuir um vínculo temporário com a entidade que concede a sua bolsa não retira dele o caráter de agente público para os fins do art. 2º da LIA. Em razão da bolsa, os estudos e as pesquisas são realizados no interesse público e podem ser caracterizados como função pública, ainda que temporária. E essa conclusão independe da eventual circunstância de o bolsista também ser professor de uma universidade pública. A função como pesquisador ou estudante bolsista é função pública para a sua caracterização como agente público, nos termos do art. 2º da LIA. Dessa forma, o bolsista desempenha, ainda que temporariamente, a função pública de atuar como estudante ou pesquisador no interesse e em nome da instituição que concede o benefício. Entretanto, o tema não é pacífico nos tribunais. A matéria ainda oscila na jurisprudência. Há decisões que consideram o bolsista um terceiro e outras que fazem com que ele responda nos termos do art. 2º da LIA, como se agente público fosse.

No TRF da 5ª Região, encontramos precedente no sentido de que o bolsista é terceiro, e não agente público, o que o impediria, de acordo com o que decidido e

---

[28] Decisão publicada no Informativo nº 568 do STJ.

abaixo transcrito, de responder por improbidade administrativa sem a companhia de um agente público no polo passivo da ação, *verbis*:

> ADMINISTRATIVO. APELAÇÃO. AÇÃO CIVIL PÚBLICA. IMPROBIDADE ADMINISTRATIVA. IRREGULARIDADES EM CONCESSÃO DE BOLSAS DO CNPQ - CONSELHO NACIONAL DE DESENVOLVIMENTO CIENTÍFICO E TECNOLÓGICO. ARTIGO 10 DA LEI 8.429/92. EXIGÊNCIA DE PRESENÇA DE AGENTE PÚBLICO. DANO AO ERÁRIO NÃO CARACTERIZADO. TRABALHO EFETIVAMENTE REALIZADO. 1. Na hipótese, *foram concedidas bolsas pelo* Conselho Nacional de Desenvolvimento Científico e Tecnológico - *CNPq aos dois réus, como incentivo a pesquisas que seriam desenvolvidas*. Um dos promovidos reconhecidamente sequer concluiu a graduação, em que pese ter declarado possuir título de doutorado quando do preenchimento dos formulários de requerimento junto ao CNPq. O outro réu, além de ter feito parte da banca de validação do doutorado do primeiro promovido, recebeu, paralelamente ao exercício das atividades de professor, valores referentes a bolsa que exigia dedicação exclusiva. 2. Inicialmente, *no que concerne à responsabilização do professor, entendo que deve ser afastada, devendo ser mantida a sentença. Não há nos autos provas de que ele tenha participação no processo de concessão da bolsa do outro requerido junto ao CNPq*. Sua participação na banca de validação do diploma deste, bem como a realização de pesquisas e a publicação de artigos em conjunto não são o suficiente para qualquer conclusão nesse sentido. 3. Não é irrelevante que em sede de inquérito policial instaurado com o objetivo de apurar a sua responsabilidade na concessão indevida da bolsa de fomento o Ministério Público Federal tenha pugnado pelo arquivamento. Ali foi reconhecida a atipicidade da conduta (art. 386, III, CPP), bem como a inexistência material do dano (art. 386, I, CPP), uma vez que a pesquisa foi devidamente realizada. Como é cediço, o reconhecimento da inexistência do fato na esfera criminal repercute nas esferas cível e administrativa, com base no artigo 935 do Código Civil, em cujos termos não se poderá questionar mais sobre "a existência do fato ou quem seja seu autor, quando estas questões se acharem decididas no juízo criminal". 4. *No que diz respeito ao outro réu, que falseou informações curriculares objetivando fraude em concessão de bolsa de pesquisa, sua condenação se deu com supedâneo no artigo 10, caput, da Lei nº 8.429/92. Entretanto, note-se que o sujeito ativo por excelência da improbidade administrativa é o agente público que a comete em perspectiva primária. É ele quem pratica o ato, sozinho ou com a participação de terceiro. Sob tal aspecto, para que pratique ato ímprobo, deve o terceiro necessariamente estar em companhia de agente que integre a estrutura formal da Administração.* Precedente: STJ, Primeira Turma, REsp 1405748/RJ, Rel. Ministra Regina Helena Costa, DJe 17.08.2015. 5. *Na hipótese, como foi afastada qualquer possibilidade de participação do agente público, professor, nas condutas narradas, sendo reconhecida a atipicidade da conduta no que lhe diz respeito, restaria como autor daquele ato tão somente o particular, que, sozinho, não pode responder por improbidade.* 6. Dessa forma, em relação ao particular, entendo que também deve ser afastada a condenação de ressarcimento ao erário, ainda mais levando em consideração a manifestação do Ministério Público no âmbito penal, onde se concluiu pela atipicidade da conduta, bem como pela inexistência material do dano, uma vez que a pesquisa foi devidamente realizada. 7. Apelação do CNPq desprovida. Provido o recurso do particular. (Grifamos)[29]

Em sentido contrário, vale dizer, no mesmo sentido do que aqui defendemos, o mesmo TRF da 5ª Região possui precedente sugerindo a possibilidade de

---

[29] TRF5 – Quarta Turma. AC – Apelação Cível – 596806 2006.81.00.002724-6, Rel. Desembargador Federal Edílson Nobre, DJE - Data: 31.082018, Página:104.

inclusão do bolsista no polo passivo de uma ação de improbidade sem que seja feita qualquer exigência de inclusão de outro agente público no polo passivo da referida ação. Confiram-se os julgados:

> CONSTITUCIONAL. AÇÃO CIVIL PÚBLICA. **VERBA PAGA PELO CNPQ A BOLSISTA. REPETIÇÃO DE INDÉBITO**. PATRIMÔNIO SUBJETIVO DA ENTIDADE. REPRESENTAÇÃO DA UNIÃO. ILEGITIMIDADE ATIVA DO MINISTÉRIO PÚBLICO FEDERAL. – Ação Civil Pública manejada pelo Ministério Público Federal com vistas à repetição de indébito configurado em verba destinada a bolsa de pós-doutorado que não foi concluído pelo bolsista. – A verba tem natureza subjetiva, ligada aos interesses da entidade a que está afeita, não devendo ser tomada como interesse público a ensejar a atuação do parquet. – O CNPq é uma fundação ligada ao Ministério da Ciência e da Tecnologia, devendo acionar a Advocacia Geral da União para patrocinar em juízo os seus interesses. – *Ilegitimidade ativa do Ministério Público Federal para a cobrança em tela, quando seria razoável que tivesse ajuizado Ação Civil Pública mirando o enquadramento do Demandado na Lei 8.429/92 (Lei da Improbidade Administrativa).* – Apelação improvida. (Grifamos)[30]

Não há, assim, qualquer consolidação de entendimento no âmbito dos tribunais sobre o tema do bolsista ser ou não agente público para os fins da LIA. Pensamos que, sendo agente público ou não, o bolsista poderá responder por ato de improbidade administrativa independentemente da inclusão do agente público no polo passivo da ação. É que o bolsista recebe recursos de origem pública, conforme hipótese descrita pela regra contida no art. 2º parágrafo único da LIA. Vale dizer, a bolsa é um verdadeiro repasse de recursos públicos que deve ser utilizado pelo bolsista de acordo com a finalidade do ajuste firmado. E, consoante já defendemos mais acima, a hipótese do art. 2º parágrafo único permite a responsabilidadee isolada do particular.

2.3.8) Agentes públicos e a polêmica da prerrogativa de foro: A questão a ser enfrentada neste tópico e que se tornou polêmica por mais de uma década refere-se à existência ou não de prerrogativa de foro em matéria de improbidade administrativa.

A controvérsia iniciou-se em 2002, ocasião em que o art. 84 do Código de Processo Penal foi alterado pela Lei nº 10.628/02 para estabelecer, no seu §2º, a prerrogativa de foro em matéria de improbidade administrativa. A redação do citado dispositivo passou a ser a seguinte, *verbis*:

> Art. 84. A competência pela prerrogativa de função é do Supremo Tribunal Federal, do Superior Tribunal de Justiça, dos Tribunais Regionais Federais e Tribunais de Justiça dos Estados e do Distrito Federal, relativamente às pessoas que devam responder perante eles por crimes comuns e de responsabilidade.
> (...)
> §2º A ação de improbidade, de que trata a Lei nº 8.429, de 2 de junho de 1992, será proposta perante o tribunal competente para processar e julgar criminalmente o funcionário ou

---

[30] TRF5 – Segunda Turma. AC – Apelação Cível – 375171 2002.83.00.016356-6, Rel. Desembargador Federal Ivan Lira de Carvalho, DJ – Data: 20.02.2008 – Página:1394.

autoridade na hipótese de prerrogativa de foro em razão do exercício de função pública, observado o disposto no §1º.

Em razão da alteração legislativa, a CONAMP (Associação Nacional dos Membros do Ministério Público) ajuizou, em 27.12.2002, a Ação Direta de Inconstitucionalidade que recebeu o nº 2.797 para questionar a constitucionalidade da ampliação da prerrogativa de foro na improbidade. Na época, era muito forte, mais até do que nos dias de hoje, a ideia de que a prerrogativa de foro seria sinônimo de impunidade, e isso gerou uma forte mobilização contrária à ampliação da prerrogativa para os casos de improbidade administrativa. Em linhas gerais, a fundamentação jurídica contrária à prerrogativa de foro se lastreia no argumento de que a matéria improbidade não é penal, senão cível e eleitoral, e, por essa razão, não estaria sujeita à regra constitucional da prerrogativa de foro. Ademais, uma lei ordinária não poderia ampliar a competência originária do Supremo Tribunal Federal para que o referido órgão passasse a decidir originariamente casos não previstos pela Carta de 1988 como de sua competência originária.

Em setembro de 2005, a ADI nº 2.797 foi julgada procedente, por maioria, sob o fundamento de que o legislador não poderia ampliar as hipóteses de prerrogativa de foro para temas além da esfera penal. Com isso, os parágrafos 1º e 2º do art. 84 do CPP ficaram suspensos. Seguem os trechos da ementa do julgado que interessam ao tema:

> I. ADIn: legitimidade ativa: "entidade de classe de âmbito nacional" (art. 103, IX, CF): Associação Nacional dos Membros do Ministério Público – CONAMP (...) III. Foro especial por prerrogativa de função: extensão, no tempo, ao momento posterior à cessação da investidura na função dele determinante. Súmula 394/STF (cancelamento pelo Supremo Tribunal Federal). Lei 10.628/2002, que acrescentou os §§1º e 2º ao artigo 84 do C. Processo Penal: pretensão inadmissível de interpretação autêntica da Constituição por lei ordinária e usurpação da competência do Supremo Tribunal para interpretar a Constituição: inconstitucionalidade declarada. 1. O novo §1º do art. 84 CPrPen constitui evidente reação legislativa ao cancelamento da Súmula 394 por decisão tomada pelo Supremo Tribunal no Inq 687-QO, 25.8.97, rel. o em. Ministro Sydney Sanches (RTJ 179/912), cujos fundamentos a lei nova contraria inequivocamente. 2. Tanto a Súmula 394, como a decisão do Supremo Tribunal, que a cancelou, derivaram de interpretação direta e exclusiva da Constituição Federal. 3. Não pode a lei ordinária pretender impor, como seu objeto imediato, uma interpretação da Constituição: a questão é de inconstitucionalidade formal, ínsita a toda norma de gradação inferior que se proponha a ditar interpretação da norma de hierarquia superior. 4. Quando, ao vício de inconstitucionalidade formal, a lei interpretativa da Constituição acresça o de opor-se ao entendimento da jurisprudência constitucional do Supremo Tribunal – guarda da Constituição –, às razões dogmáticas acentuadas se impõem ao Tribunal razões de alta política institucional para repelir a usurpação pelo legislador de sua missão de intérprete final da Lei Fundamental: admitir pudesse a lei ordinária inverter a leitura pelo Supremo Tribunal da Constituição seria dizer que a interpretação constitucional da Corte estaria sujeita ao referendo do legislador, ou seja, que a Constituição – como entendida pelo órgão que ela própria erigiu em guarda da sua supremacia –, só constituiria o correto entendimento da Lei Suprema na medida da inteligência que lhe desse outro órgão constituído, o legislador ordinário, ao contrário, submetido aos seus ditames. 5. Inconstitucionalidade do §1º do art. 84 C. Pr.

Penal, acrescido pela lei questionada e, por arrastamento, da regra final do §2º do mesmo artigo, que manda estender a regra à ação de improbidade administrativa. IV. Ação de improbidade administrativa: extensão da competência especial por prerrogativa de função estabelecida para o processo penal condenatório contra o mesmo dignitário (§2º do art. 84 do C. Pr. Penal introduzido pela L. 10.628/2002): declaração, por lei, de competência originária não prevista na Constituição: inconstitucionalidade. 1. No plano federal, as hipóteses de competência cível ou criminal dos tribunais da União são as previstas na Constituição da República ou dela implicitamente decorrentes, salvo quando esta mesma remeta à lei a sua fixação. 2. Essa exclusividade constitucional da fonte das competências dos tribunais federais resulta, de logo, de ser a Justiça da União especial em relação às dos Estados, detentores de toda a jurisdição residual. 3. Acresce que a competência originária dos Tribunais é, por definição, derrogação da competência ordinária dos juízes de primeiro grau, do que decorre que, demarcada a última pela Constituição, só a própria Constituição a pode excetuar. 4. Como mera explicitação de competências originárias implícitas na Lei Fundamental, à disposição legal em causa seriam oponíveis as razões já aventadas contra a pretensão de imposição por lei ordinária de uma dada interpretação constitucional. 5. De outro lado, pretende a lei questionada equiparar a ação de improbidade administrativa, de natureza civil (CF, art. 37, §4º), à ação penal contra os mais altos dignitários da República, para o fim de estabelecer competência originária do Supremo Tribunal, em relação à qual a jurisprudência do Tribunal sempre estabeleceu nítida distinção entre as duas espécies. 6. Quanto aos Tribunais locais, a Constituição Federal – salvo as hipóteses dos seus arts. 29, X e 96, III –, reservou explicitamente às Constituições dos Estados-membros a definição da competência dos seus tribunais, o que afasta a possibilidade de ser ela alterada por lei federal ordinária. V. Ação de improbidade administrativa e competência constitucional para o julgamento dos crimes de responsabilidade. 1. O eventual acolhimento da tese de que a competência constitucional para julgar os crimes de responsabilidade haveria de estender-se ao processo e julgamento da ação de improbidade, agitada na Rcl 2138, ora pendente de julgamento no Supremo Tribunal, não prejudica nem é prejudicada pela inconstitucionalidade do novo §2º do art. 84 do C. Pr. Penal. 2. A competência originária dos tribunais para julgar crimes de responsabilidade é bem mais restrita que a de julgar autoridades por crimes comuns: afora o caso dos chefes do Poder Executivo – cujo impeachment é da competência dos órgãos políticos – a cogitada competência dos tribunais não alcançaria, sequer por integração analógica, os membros do Congresso Nacional e das outras casas legislativas, aos quais, segundo a Constituição, não se pode atribuir a prática de crimes de responsabilidade. 3. Por outro lado, ao contrário do que sucede com os crimes comuns, a regra é que cessa a imputabilidade por crimes de responsabilidade com o termo da investidura do dignitário acusado.[31]

Pouco tempo após o julgamento da ADI nº 2.797, mais especificamente em 2008, o Plenário do STF reconheceu existir prerrogativa de foro na ação de improbidade movida em face de ministro do próprio Supremo Tribunal Federal. A decisão foi proferida quando do julgamento de uma Questão de Ordem na Pet nº 3.211, cuja ementa segue abaixo:

> Questão de ordem. Ação civil pública. Ato de improbidade administrativa. Ministro do Supremo Tribunal Federal. Impossibilidade. Competência da Corte para processar e julgar seus membros apenas nas infrações penais comuns. 1. Compete ao Supremo

---

[31] STF. Plenário. ADI nº 2797, Relator: Min. Sepúlveda Pertence, Tribunal Pleno, julgado em 15.09.2005, DJ 19.12.2006.

Tribunal Federal julgar ação de improbidade contra seus membros. 2. Arquivamento da ação quanto ao Ministro da Suprema Corte e remessa dos autos ao Juízo de 1º grau de jurisdição no tocante aos demais.[32]

Em razão do que decidido na QO da Pet nº 3.211, o STJ se curvou ao entendimento do STF, e, em 2009, passou a também reconhecer a prerrogativa de foro em matéria de improbidade administrativa. Tal conclusão pode ser extraída mediante a análise dos seguintes dois julgados oriundos da Corte Especial do STJ: Rcl nº 2.790 e AgRg na Rcl. nº 2.115. Na Reclamação nº 2.790, reconheceu-se a prerrogativa de foro em uma ação de improbidade movida em face de um Governador de Estado. No outro processo, Agravo Regimental na Reclamação nº 2.115, o STJ decidiu pela prerrogativa de foro em ação de improbidade movida em face de um Desembargador da Justiça do Trabalho. Seguem as ementas:

> CONSTITUCIONAL. COMPETÊNCIA. AÇÃO DE IMPROBIDADE CONTRA GOVERNADOR DE ESTADO. DUPLO REGIME SANCIONATÓRIO DOS AGENTES POLÍTICOS: LEGITIMIDADE. FORO POR PRERROGATIVA DE FUNÇÃO: RECONHECIMENTO. USURPAÇÃO DE COMPETÊNCIA DO STJ. PROCEDÊNCIA PARCIAL DA RECLAMAÇÃO.
> 1. Excetuada a hipótese de atos de improbidade praticados pelo Presidente da República (art. 85, V), cujo julgamento se dá em regime especial pelo Senado Federal (art. 86), não há norma constitucional alguma que imunize os agentes políticos, sujeitos a crime de responsabilidade, de qualquer das sanções por ato de improbidade previstas no art. 37, §4.º. Seria incompatível com a Constituição eventual preceito normativo infraconstitucional que impusesse imunidade dessa natureza.
> 2. Por decisão de 13 de março de 2008, a Suprema Corte, com apenas um voto contrário, declarou que "compete ao Supremo Tribunal Federal julgar ação de improbidade contra seus membros" (QO na Pet. 3.211-0, Min. Menezes Direito, DJ 27.06.2008). Considerou, para tanto, que a prerrogativa de foro, em casos tais, decorre diretamente do sistema de competências estabelecido na Constituição, que assegura a seus Ministros foro por prerrogativa de função, tanto em crimes comuns, na própria Corte, quanto em crimes de responsabilidade, no Senado Federal. Por isso, "seria absurdo ou o máximo do contra-senso conceber que ordem jurídica permita que Ministro possa ser julgado por outro órgão em ação diversa, mas entre cujas sanções está também a perda do cargo. Isto seria a desestruturação de todo o sistema que fundamenta a distribuição da competência" (voto do Min.Cezar Peluso).
> 3. Esses mesmos fundamentos de natureza sistemática autorizam a concluir, por imposição lógica de coerência interpretativa, que norma infraconstitucional não pode atribuir a juiz de primeiro grau o julgamento de ação de improbidade administrativa, com possível aplicação da pena de perda do cargo, contra Governador do Estado, que, a exemplo dos Ministros do STF, também tem assegurado foro por prerrogativa de função, tanto em crimes comuns (perante o STJ), quanto em crimes de responsabilidade (perante a respectiva Assembléia Legislativa). É de se reconhecer que, por inafastável simetria com o que ocorre em relação aos crimes comuns (CF, art.
> 105, I, a), há, em casos tais, competência implícita complementar do Superior Tribunal de Justiça.

---

[32] STF. Plenário. Pet nº 3211 QO, Relator: Min. Marco Aurélio, Relator p/ Acórdão: Min. Menezes Direito, Tribunal Pleno, julgado em 13.03.2008.

4. Reclamação procedente, em parte.[33]
RECLAMAÇÃO. AÇÃO DE IMPROBIDADE CONTRA DESEMBARGADOR DE TRIBUNAL REGIONAL DO TRABALHO. FORO POR PRERROGATIVA DE FUNÇÃO. USURPAÇÃO DE COMPETÊNCIA DO STJ. PRECEDENTE DO STF EM CASO ANÁLOGO. PROCEDÊNCIA DA RECLAMAÇÃO.
1. Por decisão de 13 de março de 2008, a Suprema Corte, com apenas um voto contrário, declarou que "compete ao Supremo Tribunal Federal julgar ação de improbidade contra seus membros" (QO na Pet. 3.211-0, Min. Menezes Direito, DJ 27.06.2008). Considerou, para tanto, que a prerrogativa de foro, em casos tais, decorre diretamente do sistema de competências estabelecido na Constituição, que não se compatibiliza com a viabilidade de conferir a juiz de primeira instância competência para processar e julgar causa promovida contra ministro do Supremo Tribunal Federal cuja procedência pode acarretar a sanção de perda do cargo. Esse precedente afirma a tese da existência, na Constituição, de competências implícitas complementares, deixando claro que, inobstante a declaração de inconstitucionalidade do art. 84 e parágrafos do CPP, na redação dada pela Lei 10.628, de 2002 (ADI 2.860-0, Min. Sepúlveda Pertence, DJ 19.12.2006), a prerrogativa de foro, em ações de improbidade, tem base para ser sustentada, implicitamente, na própria Carta Constitucional.
2. À luz dessa orientação, impõe-se a revisão da jurisprudência do STJ sobre o tema. Com efeito, as mesmas razões que levaram o STF a negar a competência de juiz de grau inferior para a ação de improbidade contra seus membros, autorizam a concluir, desde logo, que também não há competência de primeiro grau para julgar ação semelhante, com possível aplicação da pena de perda do cargo, contra membros de outros tribunais superiores ou de tribunais de segundo grau, como no caso.
3. Agravo regimental provido para julgar procedente a reclamação.[34]

Em 2012, o STF concluiu o julgamento da ADI nº 2.797, reconhecendo parcialmente a procedência dos embargos de declaração interpostos, e decidiu modular no tempo os efeitos da sua decisão. De acordo com o STF, os efeitos do julgamento na ADI nº 2.797 no sentido da inconstitucionalidade do foro por prerrogativa só teriam início a partir da data do julgamento do seu mérito pelo Plenário, o que ocorreu em 2005. Segue a ementa do julgamento dos Embargos de Declarção na ADI nº 2.797:

> EMBARGOS DE DECLARAÇÃO EM AÇÃO DIRETA DE INCONSTITUCIONALIDADE. PEDIDO DE MODULAÇÃO TEMPORAL DOS EFEITOS DA DECISÃO DE MÉRITO. POSSIBILIDADE. AÇÕES PENAIS E DE IMPROBIDADE ADMINISTRATIVA CONTRA OCUPANTES E EX-OCUPANTES DE CARGOS COM PRERROGATIVA DE FORO. PRESERVAÇÃO DOS ATOS PROCESSUAIS PRATICADOS ATÉ 15 DE SETEMBRO DE 2005. (…) 4. Durante quase três anos os tribunais brasileiros processaram e julgaram ações penais e de improbidade administrativa contra ocupantes e ex-ocupantes de cargos com prerrogativa de foro, com fundamento nos §§1º e 2º do art. 84 do Código de Processo Penal. Como esses dispositivos legais cuidavam de competência dos órgãos do Poder Judiciário, todos os processos por eles alcançados retornariam à estaca zero, com evidentes impactos negativos à segurança jurídica e à efetividade da prestação jurisdicional. 5. Embargos de declaração conhecidos e acolhidos para fixar a data de 15 de setembro de 2005 como

---
[33] Rcl nº 2.790/SC, Rel. Ministro Teori Albino Zavascki, CORTE ESPECIAL, julgado em 02.12.2009, DJe 04.03.2010.
[34] AgRg na Rcl nº 2.115/AM, Rel. Ministro Teori Albino Zavascki, CORTE ESPECIAL, julgado em 18.11.2009, DJe 16.12.2009.

termo inicial dos efeitos da declaração de inconstitucionalidade dos §§1º e 2º do Código de Processo Penal, preservando-se, assim, a validade dos atos processuais até então praticados e devendo as ações ainda não transitadas em julgado seguirem na instância adequada.[35]

Logo em seguida, o STJ, curvando-se ao posicionamento acima do STF, passou a decidir que não mais haveria prerrogativa de foro em improbidade. Ao julgar o Agravo Regimental interposto na Rcl nº 12.514, por exemplo, a Corte Especial do STJ decidiu, em setembro de 2013, pela inexistência de foro por prerrogativa de função para o julgamento de Conselheiros de Tribunais de Contas dos Estados. Segue a ementa:

> PROCESSO CIVIL. COMPETÊNCIA. AÇÃO DE IMPROBIDADE ADMINISTRATIVA.
> A ação de improbidade administrativa deve ser processada e julgada nas instâncias ordinárias, ainda que proposta contra agente político que tenha foro privilegiado no âmbito penal e nos crimes de responsabilidade.
> Agravo regimental desprovido.
> (AgRg na Rcl nº 12.514/MT, Rel. Ministro Ari Pargendler, CORTE ESPECIAL, julgado em 16.09.2013, DJe 26.09.2013)

Passados alguns anos, em 2018, o STF decidiu a Pet nº 3.240 que, ao que tudo indica, encerrou ocasional dúvida que pudesse ser suscitada em relação ao tema da prerrogativa de foro na ação de improbidade administrativa. Por mais uma vez, e agora de forma muito clara e aparentando ser definitiva, o STF corroborou a inconstitucionalidade de prerrogativa de foro nessa matéria. Abaixo transcrevemos a parte da ementa que interessa ao tema:

> Direito Constitucional. Agravo Regimental em Petição. (...) Impossibilidade de Extensão do Foro por Prerrogativa de Função à Ação de Improbidade Administrativa. (...) 2. O foro especial por prerrogativa de função previsto na Constituição Federal em relação às infrações penais comuns não é extensível às ações de improbidade administrativa, de natureza civil. Em primeiro lugar, o foro privilegiado é destinado a abarcar apenas as infrações penais. A suposta gravidade das sanções previstas no art. 37, §4º, da Constituição, não reveste a ação de improbidade administrativa de natureza penal. Em segundo lugar, o foro privilegiado submete-se a regime de direito estrito, já que representa exceção aos princípios estruturantes da igualdade e da república. Não comporta, portanto, ampliação a hipóteses não expressamente previstas no texto constitucional. E isso especialmente porque, na hipótese, não há lacuna constitucional, mas legítima opção do poder constituinte originário em não instituir foro privilegiado para o processo e julgamento de agentes políticos pela prática de atos de improbidade na esfera civil. Por fim, a fixação de competência para julgar a ação de improbidade no 1º grau de jurisdição, além de constituir fórmula mais republicana, é atenta às capacidades institucionais dos diferentes graus de jurisdição para a realização da instrução processual, de modo a promover maior eficiência no combate à corrupção e na proteção à moralidade administrativa. 3. Agravo regimental a que se nega provimento.[36]

---

[35] ADI nº 2797 ED, Relator: Min. Menezes Direito, Relator p/ Acórdão: Min. Ayres Britto, Tribunal Pleno, julgado em 16.05.2012.

[36] Pet 3240 AgR, Relator: Min. TEORI ZAVASCKI, Relator p/ Acórdão: Min. ROBERTO BARROSO, Tribunal Pleno, julgado em 10/05/2018.

Nessas circunstâncias, é possível concluir que STF e STJ reconhecem, atualmente, não haver prerrogativa de foro em matéria de improbidade administrativa. E, em razão desse entendimento, certamente surgirão algumas dificuldades práticas. O que fazer, por exemplo, quando magistrados e membros do MP se tornarem réus em uma ação de improbidade administrativa? Haverá situações, um tanto quanto inusitadas, em que um juiz de primeiro grau poderá presidir processo que tenha como réu, por exemplo, o Desembargador que oficie como Corregedor em seu tribunal. Ou, então, situação em que haja pedido de afastamento preventivo de um ministro de um Tribunal Superior formulado em ação de improbidade capaz de ensejar a aplicação da pena da perda da função pública. São problemas que, ainda, terão de ser equacionados diante do reconhecimento judicial da inconstitucioalidade da prerrogativa de foro em matéria de improbidade adminsitrativa.

2.3.9) Atuação do Procurador-Geral de Justiça (PGJ): A Lei nº 8.625/93, Lei Orgânica Nacional do Ministério Público, estabelece ser atribuição do Procurador-Geral de Justiça atuar quando a autoridade a ser demandada em juízo, em razão de suas funções, for o Governador do Estado, o Presidente da Assembleia Legislativa ou os Presidentes de Tribunais, vejamos:

> Art. 29. Além das atribuições previstas nas Constituições Federal e Estadual, na Lei Orgânica e em outras leis, compete ao Procurador-Geral de Justiça:
> (...)
> VIII – exercer as atribuições do art. 129, II e III,[37] da Constituição Federal, quando a autoridade reclamada for o Governador do Estado, o Presidente da Assembleia Legislativa ou os Presidentes de Tribunais, bem como quando contra estes, por ato praticado em razão de suas funções, deva ser ajuizada a competente ação;

O citado artigo não faz distinção da atribuição do PGJ ou do promotor de justiça, em razão da matéria, se criminal ou de improbidade. Em matéria penal, como existe previsão expressa da prerrogativa de foro, não há dificuldades de se aceitar a juridicidade do art. 29, VIII, da Lei nº 8.625/93. É razoável e coerente que a autoridade máxima do *parquet* estadual tenha competência para ajuizar ações nos casos em que haja prerrogativa de foro.

Em matéria de improbidade administrativa, por outro lado, o tema não é, como já vimos, tão simples. A ausência de previsão expressa na Constituição da República sobre a existência ou não de prerrogativa de foro em matéria de improbidade faz com que a decisão sobre essa questão fique com o Poder Judiciário.

Naturalmente que o reconhecimento da inconstitucionalidade da prerrogativa de foro em matéria de improbidade, tal como resulta do que decidido na

---

[37] Art. 129. São funções institucionais do Ministério Público:
(...)
II – zelar pelo efetivo respeito dos Poderes Públicos e dos serviços de relevância pública aos direitos assegurados nesta Constituição, promovendo as medidas necessárias a sua garantia;
III – promover o inquérito civil e a ação civil pública, para a proteção do patrimônio público e social, do meio ambiente e de outros interesses difusos e coletivos.

ADI nº 2.797, implica a inconstitucionalidade, por arrastamento, do art. 29, VIII, da Lei nº 8.625/93. Assim, esse artigo 29 só pode ser considerado constitucional em um cenário em que o Poder Judiciário legitime a regra da prerrogativa de foro em matéria de improbidade.

Se, independentemente de quem for o réu, a ação de improbidade administrativa tiver de ser proposta no primeiro grau de jurisdição, a competência para o ajuizamento será, por razões naturais, do promotor de justiça com atribuição na matéria, observadas as regras internas de distribuição do próprio Ministério Público. A supressão de atribuição do promotor de justiça nessa matéria ofenderia o princípio do promotor natural e criaria a figura do "promotor de encomenda". Teríamos, assim, a indesejada situação do "Procurador-Geral de Justiça" de encomenda, o que é inadmissível.

2.3.10) Dirigentes e empregados de concessionárias e permissionárias de serviços públicos: As delegatárias de um serviço público podem integrar ou não a Administração Pública indireta. Caso façam parte da estrutura do Estado, seus dirigentes e empregados poderão, sem maiores dificuldades, responder por improbidade administrativa como agentes públicos. Por outro lado, se a concessionária ou permissionária for uma pessoa jurídica privada, será preciso, primeiramente, avaliar se ela recebe algum tipo de subvenção, benefício ou incentivo, consoante preconiza o §6º do art. 1º da LIA. Caso essas entidades nada recebam de subvenção, benefício ou incentivo dos cofres públicos, seus empregados e dirigentes não responderão pelas suas condutas com base na Lei nº 8.429/92, especialmente porque as tarifas cobradas dos usuários não possuem um caráter tributário. Pela sua relevância, vale aqui transcrever o citado dispositivo:

> §6º Estão sujeitos às sanções desta Lei os atos de improbidade praticados contra o patrimônio de entidade privada que receba subvenção, benefício ou incentivo, fiscal ou creditício, de entes públicos ou governamentais, previstos no §5º deste artigo. (Incluído pela Lei nº 14.230, de 2021)

Se a delegatária, por outro lado, receber algum tipo de benefício do Poder Público, para, por exemplo, subsidiar eventuais gratuidades tarifárias, os seus empregados poderão ser considerados agentes públicos para os fins do art. 2º da LIA. Mesmo sendo empregados que trabalham para um empregador privado, isso não os descaracteriza como agentes públicos para os fins de sua responsabilização pela prática de improbidade administrativa. Nunca é demais rememorar que, *ex vi* do art. 2º da LIA, o conceito legal de agente público previsto na LIA abrange não apenas aqueles que trabalham para a Administração Pública, mas, também, os que desempenham funções para as pessoas privadas abrangidas pela regra do art. 1º da LIA. Vale lembrar aqui a redação do art. 2º *caput* da LIA:

> Art. 2º **Para os efeitos desta Lei, consideram-se agente público** o agente político, o servidor público e **todo aquele que exerce**, ainda que transitoriamente ou sem

remuneração, *por* eleição, nomeação, designação, ***contratação*** ou qualquer outra forma de investidura ou vínculo, mandato, cargo, ***emprego ou função nas entidades referidas no art. 1º desta Lei.*** (Grifamos)

Assim, dirigentes e empregados de concessionárias e permissionárias de serviços públicos podem, independentemente de a delegatária ser uma estatal, ser considerados agentes públicos em matéria de improbidade administrativa e responder, inclusive isoladamente, como réus em uma ação de improbidade.

Nesse mesmo sentido, temos a lição de José dos Santos Carvalho Filho:

> Os empregados de empresas públicas e sociedades de economia mista, bem como das entidades beneficiadas por auxílio ou subvenção estatal (estas mencionadas no art. 1º e seu parágrafo único [atual §6º]), não se qualificam tecnicamente como agentes públicos, mas sim como empregados privados. Entretanto, para os fins da lei, serão considerados como tais, podendo, então, ser-lhe atribuída a autorida de condutas de improbidade, o que demonstra que a noção nela fixada tem extensão maior do que a adotada para os agentes do Estado em geral. Desse modo, um dirigente de entidade pivada subvencionada elo seor público pode ser sujeito ativo do ato de improbidade se praticar atos relacionados na lei.[38]

As considerações feitas ao longo deste item em relação aos dirigentes e empregados de concessionárias e permissionárias de serviços públicos valem, no que couber, para os trabalhadores das serventias extrajudiciais (cartórios), dos sindicatos, das entidades do terceiro setor e das demais entidades privadas que possam ser consideradas no âmbito do art. 1º da LIA.

2.3.11) Inexistência da improbidade administrativa praticada por particular ou por agente público que atue no desempenho de uma função privada: A LIA voltou sua atenção para a prevenção e repressão de condutas ímprobas praticadas por agentes públicos (considerando-se a ampla definição de agente público do seu art. 2º), por particulares que atuem em entidades que firmaram determinados tipos de ajustes com a Administração (convênios, contrato de gestão, termos de parceria e pactos semelhantes) e por particulares que induziram ou concorreram dolosamente para a prática do ato de improbidade. Todos esses sujeitos respondem, contudo, quando estão desempenhando, em alguma medida, uma função pública ou induzindo ou concorrendo com aquele que a realiza. A LIA não pune conduta praticada no exercício de uma função privada.

Caso uma pessoa, seja ela agente público ou particular, esteja agindo no desempenho de uma função estritamente privada em um dado caso concreto, ela não responderá por improbidade administrativa. Assim, o médico que cobra um paciente pelo atendimento que foi realizado em um hospital privado não comete improbidade, ainda que referido hospital também preste serviços pela

---

[38] CARVALHO FILHO, José dos Santos. *Manual de Direito Administrativo*. 31. ed. São Paulo: Gen/Atlas, 2017. p. 1.152.

rede do SUS. Se o atendimento realizado não foi custeado por recursos públicos, não há razão para fazer incidir a LIA. Nesse mesmo sentido, confira-se o seguinte julgado do STJ:

> Informativo nº 537
> 10 de abril de 2014.
> PRIMEIRA TURMA
> DIREITO ADMINISTRATIVO. AÇÃO POR ATO DE IMPROBIDADE ADMINISTRATIVA.
> *Não comete ato de improbidade administrativa o médico que cobre honorários por procedimento realizado em hospital privado que também seja conveniado à rede pública de saúde, desde que o atendimento não seja custeado pelo próprio sistema público de saúde.* Isso porque, nessa situação, *o médico não age na qualidade de agente público e, consequentemente, a cobrança não se enquadra como ato de improbidade.* Com efeito, para o recebimento de ação por ato de improbidade administrativa, deve-se focar em dois aspectos, quais sejam, se a conduta investigada foi praticada por agente público ou por pessoa a ele equiparada, no exercício do munus publico, e se o ato é realmente um ato de improbidade administrativa. Quanto à qualidade de agente público, o art. 2º da Lei 8.429/1992 o define como sendo "todo aquele que exerce, ainda que transitoriamente ou sem remuneração, por eleição, nomeação, designação, contratação ou qualquer outra forma de investidura ou vínculo, mandato, cargo, emprego ou função nas entidades mencionadas no artigo anterior". Vale destacar, na apreciação desse ponto, que é plenamente possível a realização de atendimento particular em hospital privado que seja conveniado ao Sistema Único de Saúde – SUS. *Assim, é possível que o serviço médico seja prestado a requerimento de atendimento particular e a contraprestação ao hospital seja custeada pelo próprio paciente – suportado pelo seu plano de saúde ou por recursos próprios. Na hipótese em análise, deve-se observar que não há atendimento pelo próprio SUS e não há como sustentar que o médico tenha prestado os serviços na qualidade de agente público, pois a mencionada qualificação somente restaria configurada se o serviço tivesse sido custeado pelos cofres públicos.* Por consequência, se o ato não foi praticado por agente público ou por pessoa a ele equiparada, não há falar em ato de improbidade administrativa. REsp nº 1.414.669-SP, Rel. Min. Napoleão Nunes Maia Filho, julgado em 20.02.2014. (Grifamos)

2.3.12) Jurisprudência em teses do STJ.
Edição nº 40: Improbidade Administrativa – II.

1) Os Agentes Políticos sujeitos ao crime de responsabilidade, ressalvados os atos ímprobos cometidos pelo Presidente da República (art. 86 da CF) e pelos Ministros do Supremo Tribunal Federal, não são imunes às sanções por ato de improbidade previstas no art. 37, §4º, da CF.

2) Os agentes políticos municipais se submetem aos ditames da Lei de Improbidade Administrativa – LIA, sem prejuízo da responsabilização política e criminal estabelecida no Decreto-Lei nº 201/1967.

3) A ação de improbidade administrativa deve ser processada e julgada nas instâncias ordinárias, ainda que proposta contra agente político que tenha foro privilegiado.

Jurisprudência em teses do STJ. Edição nº 186: Improbidade Administrativa – III

5) É viável o prosseguimento de ação de improbidade administrativa exclusivamente contra particular quando há pretensão de responsabilizar agentes públicos pelos mesmos fatos em outra demanda conexa.

Jurisprudência em teses do STJ. Edição nº 187: Improbidade Administrativa – IV

2) É possível o enquadramento de estagiário no conceito de agente público para fins de responsabilização por ato de improbidade administrativa.

4) O Ministério Público possui legitimidade para propor ação civil pública por improbidade administrativa contra dirigentes das entidades que compõem os chamados serviços sociais autônomos – Sistema S.

ARTIGO 3º

Art. 3º As disposições desta Lei são aplicáveis, no que couber, àquele que, mesmo não sendo agente público, induza ou concorra dolosamente para a prática do ato de improbidade. (Redação dada pela Lei nº 14.230, de 2021)

§1º Os sócios, os cotistas, os diretores e os colaboradores de pessoa jurídica de direito privado não respondem pelo ato de improbidade que venha a ser imputado à pessoa jurídica, salvo se, comprovadamente, houver participação e benefícios diretos, caso em que responderão nos limites da sua participação. (Incluído pela Lei nº 14.230, de 2021)

§2º As sanções desta Lei não se aplicarão à pessoa jurídica, caso o ato de improbidade administrativa seja também sancionado como ato lesivo à administração pública de que trata a Lei nº 12.846, de 1º de agosto de 2013.

3.1) Tema central do dispositivo: Particular como sujeito ativo. Pessoa física e jurídica. O artigo 3º tem como objetivo precípuo disciplinar, para além do parágrafo único do art. 2º, a responsabilidade de quem não é agente público pela prática de improbidade administrativa. O particular, seja pessoa física ou jurídica, poderá responder por uma conduta desonesta nos termos da LIA.

3.2) Explicação do dispositivo: Além do agente público, o particular poderá tornar-se réu em uma ação de improbidade administrativa. Contudo, nos termos da jurisprudência consolidada do STJ,[39] a inclusão do particular como réu na ação de improbidade dependerá da circunstância de o agente público também responder em conjunto com ele no polo passivo. A interpretação prevalecente dada à redação do art. 3º, *caput* da LIA é no sentido de que ele impede que o particular responda isoladamente pela prática de improbidade. Como o particular precisaria ter induzido o agente público ou com ele concorrido para a prática do ato, a ação só poderá prosseguir em face do particular se o agente público estiver respondendo conjuntamente. Se o terceiro concorreu com o agente público ou ele induziu, também será responsabilizado nos termos da Lei nº 8.429.

Na nossa compreensão, a exigência de inclusão do agente público no polo passivo da ação de improbidade administrativa para que o particular também responda deve ficar limitada aos casos do art. 3º *caput* em que o particular induziu o agente público ou com ele concorreu. Por outro lado, nas demais circunstâncias em que a responsabilidade do particular por improbidade decorrer de conduta relacionada ao que previsto no art. 2º, parágrafo único introduzido pela reforma de 2021, ele poderá responder no polo passivo independentemente da inclusão de qualquer agente público ao seu lado.

---

[39] Nesse sentido, STJ. Primeira Turma. REsp nº 1171017/PA, Rel. Ministro Sérgio Kukina, julgado em 25.02.2014.

A reforma promovida pela Lei nº 14.230/21 também procurou evitar a confusão entre a responsabilidade da pessoa jurídica e a dos seus sócios, cotistas, diretores e colaboradores. O princípio da intranscendência da pena impede, como regra geral, que uma conduta praticada por uma pessoa jurídica acarrete uma sanção a uma pessoa física que nela atuava, se não houver prova de sua participação e de qualquer benefício direto. Ressalvadas as hipóteses de sucessão elencadas no art. 8º, as pessoas físicas só podem ser responsabilizadas pelos seus próprios atos e nos limites de sua participação.

Por sua vez, o §2º do art. 3º da LIA veda a aplicação de qualquer sanção a uma pessoa jurídica, caso o ato ímprobo também seja sancionado como ato lesivo pela Lei Anticorrupção, Lei nº 12.846/13. O legislador priorizou, assim, a responsabilização da pessoa jurídica por meio da Lei nº 12.846, evitando sua dupla punição pelo mesmo fato nas instâncias da improbidade administrativa e da Lei Anticorrupção.

3.3) Polêmicas e peculiaridades do artigo:

3.3.1) Solidariedade da responsabilidade: Em sua redação original, a Lei nº 8.429/92 nada mencionava acerca de eventual responsabilidade solidária dos réus. Na doutrina do período que antecedeu a reforma da LIA, havia vozes no sentido da solidariedade.[40] E um dos mais fortes argumentos a seu favor decorria da redação do artigo 942 do Código Civil, que assim dispõe:

> Art. 942 do CC: Os bens do responsável pela ofensa ou violação do direito de outrem ficam sujeitos à reparação do dano causado; e, se a ofensa tiver mais de um autor, todos responderão solidariamente pela reparação.

Na ausência de previsão quanto ao tema na redação original da LIA, o Código Civil seria, de acordo com essa compreensão, empregado de forma subsidiária, ensejando a responsabilidade solidária do particular com o agente público, bem como entre os réus. Em razão do reconhecimento dessa solidariedade, que nunca contou com a nossa adesão, por entendermos que ofende o princípio da intranscendência da pena, tanto o particular quanto o agente público que figurassem no polo passivo poderiam, à luz da redação original da LIA, responder pela integralidade dos efeitos das sanções de caráter patrimonial (multa e ressarcimento ao erário). De todo modo, não seria possível, em hipótese alguma, a solidariedade em relação às demais sanções que, pela sua natureza, não devem passar da pessoa do infrator. É o caso, por exemplo, da perda da função pública.

Quanto ao tema da solidariedade da responsabilidade do terceiro e do agente público, o STJ tem entendimento anterior à reforma de 2021, no sentido de que ela só existirá até o momento que anteceder a dosimetria. Confira-se o precedente abaixo neste sentido:

---

[40] Nesse sentido, Wallace Paiva Martins Jr. MARTINS JUNIOR, Wallace Paiva. *Probidade Administrativa*. São Paulo: Saraiva, 2001, p 252.

AÇÃO CIVIL PÚBLICA – NATUREZA CÍVEL DA AÇÃO – MINISTÉRIO PÚBLICO (...) IMPROBIDADE ADMINISTRATIVA – RESPONSABILIDADE SOLIDÁRIA ATÉ A INSTRUÇÃO FINAL DO FEITO – INDISPONIBILIDADE DOS BENS LIMITADA AO RESSARCIMENTO INTEGRAL DO DANO AO ERÁRIO.
(...)
3. Nos casos de improbidade administrativa, a responsabilidade é solidária até a instrução final do feito, momento em que se delimitará a quota de responsabilidade de cada agente para a dosimetria da pena.
(...)
(AgRg nos EDcl no Ag 587.748/PR, Rel. Ministro Humberto Martins, SEGUNDA TURMA, julgado em 15.10.2009, DJe 23.10.2009)

De acordo com o entendimento do STJ que precede ao advento da Lei nº 14.230, a sentença deverá identificar qual sanção alcançará cada réu, a fim de fazer cessar a solidariedade que antecede a dosimetria. Nesse mesmo sentido, confira-se:

Jurisprudência em teses do STJ. Edição nº 188: Improbidade Administrativa – V
2) Nas ações de improbidade administrativa com pluralidade de réus, a responsabilidade entre eles é solidária até, ao menos, a instrução final do feito, momento em que se delimita a quota de responsabilidade de cada agente para fins de ressarcimento ao erário.

Caso a responsabilidade de cada um dos réus na ação de improbidade não seja identificada após a instrução do feito, o STJ admite a individualização do dano no momento da sua liquidação:

Jurisprudência em teses do STJ. Edição nº 188: Improbidade Administrativa – V
3) Na hipótese de não delimitação da cota de responsabilidade solidária dos corréus pelo ressarcimento ao erário na fase instrutória da ação de improbidade, é possível a discussão a respeito da individualização do dano no momento da liquidação de sentença.

Há, ainda, entendimento do STJ que admite a responsabilidade solidária dos réus em concurso quando houver prejuízo decorrente da conduta ímproba, *in verbis*:

Jurisprudência em teses do STJ. Edição nº 188: Improbidade Administrativa – V
1) No ato de improbidade administrativa do qual resulta prejuízo, a responsabilidade dos agentes em concurso é solidária.

Muito embora o STJ reconheça a possibilidade da solidariedade entre os réus, não admite que o somatório da constrição dirigida a eles supere o débito total apurado na ação de improbidade. Todos respondem pela dívida toda, mas não simultaneamente, de uma maneira que haja excesso na constrição, *in verbis*:

Jurisprudência em teses do STJ. Edição nº 188: Improbidade Administrativa – V
4) Na hipótese de solidariedade entre os corréus na ação de improbidade administrativa, o bloqueio do valor total determinado pelo juiz para assegurar o ressarcimento ao erário poderá recair sobre o patrimônio de qualquer um deles, vedado o bloqueio do débito total em relação a cada um dos coobrigados, tendo em vista a proibição do excesso na cautela.

Particularmente, entendemos que, no Direito, a solidariedade é medida excepcional, que não se presume,[41] e que não pode ser subsidiariamente transportada do campo do Direito Civil, que tem outros objetivos, para o da improbidade administrativa com fundamento na tese de sua aceitação tácita. Na improbidade administrativa, em que deve prevalecer a lógica do direito administrativo sancionador, a pessoa deve responder no limite da sua participação. A individualização das consequências impostas a cada pessoa pela conduta desonesta praticada é medida cogente, seja antes ou depois da sentença.

Em relação a esse tema específico da solidariedade, a reforma implementada pela Lei nº 14.230 veio em boa hora. Ela não apenas exigiu que a responsabilidade de sócios, cotistas, diretores e colaboradores de uma pessoa jurídica se desse nos limites da sua participação (art. 3º, §1º), como também inseriu uma regra no §2º do art. 17-C proibitiva de qualquer solidariedade na hipótese de litisconsórcio passivo, *in verbis*:

> §2º Na hipótese de litisconsórcio passivo, a condenação ocorrerá no limite da participação e dos benefícios diretos, vedada qualquer solidariedade. (Incluído pela Lei nº 14.230, de 2021)

Sendo assim, o regramento do tema pela Lei nº 14.230/21 torna superada/prejudicada a jurisprudência do STJ ou de qualquer outro tribunal que reconheça a solidariedade dos réus na ação de improbidade, seja em relação ao momento anterior ou posterior ao da dosimetria. Solidariedade não é mais possível em uma ação de improbidade.

3.3.2) Litisconsórcio passivo: necessário ou facultativo? Ocorre litisconsórcio passivo quando a ação de improbidade é integrada por mais de um réu.

Quanto à obrigatoriedade da sua formação, o litisconsórcio se divide em litisconsórcio necessário e facultativo. O primeiro, como o nome já sugere, é compulsório e deverá ocorrer para que a sentença produza os efeitos pretendidos. O facultativo poderá existir, mas não será imprescindível para o devido processo legal.

Nos termos do art. 114 do CPC 2015, "O litisconsórcio será necessário por disposição de lei ou quando, pela natureza da relação jurídica controvertida, a eficácia da sentença depender da citação de todos que devam ser litisconsortes".

Não devemos confundir o litisconsórcio necessário com o unitário. Nesse último, o resultado da causa deve ser uniforme para todos os réus, nos termos do que previsto no art. 116 do CPC 2015: "O litisconsórcio será unitário quando, pela natureza da relação jurídica, o juiz tiver de decidir o mérito de modo uniforme para todos os litisconsortes". Naturalmente, não há litisconsórcio unitário em ação de improbidade, haja vista que cada réu será punido, ou não, de acordo com a

---

[41] Código Civil. Art. 265. A solidariedade não se presume; resulta da lei ou da vontade das partes.

conduta que tiver praticado ou deixado de realizar. O desfecho do processo não precisa ser uniforme para todos os réus.

Em uma ação de improbidade, também não há litisconsórcio necessário entre o agente público e o terceiro. O agente público pode responder isoladamente. Em alguns casos, como temos sustentado, também o particular poderá responder sozinho como réu na ação de improbidade. Ademais, o litisconsórcio do agente público com a pessoa jurídica lesada também é facultativo. O STJ tem firme posicionamento no sentido da facultatividade do litisconsórcio:

> DIREITO ADMINISTRATIVO. IMPROBIDADE ADMINISTRATIVA. (...) AUSÊNCIA. LITISCONSÓRCIO NECESSÁRIO NÃO CARACTERIZADO. AUSÊNCIA DE IMPOSIÇÃO LEGAL OU DE RELAÇÃO JURÍDICA INCINDÍVEL.
> (...)
> 4. *Não há que se falar em litisconsórcio necessário entre o agente público e os terceiros que supostamente teriam colaborado para a prática do ato de improbidade ou dele se beneficiaram*, na espécie, pessoas jurídicas que emitiram supostas notas fiscais adulteradas e hospital que teria recebido subvenção. Não existe dispositivo legal que determine a formação do litisconsórcio, tampouco se trata de relação jurídica unitária, ausentes, portanto, os requisitos do artigo 47 do Código de Processo Civil. Precedente. (...)
> 6. Recurso especial conhecido em parte e não provido.
> (REsp nº 737.978/MG, Rel. Ministro Castro Meira, SEGUNDA TURMA, julgado em 19.02.2009, DJe 27.03.2009)[42] (Grifamos)

Entretanto, conforme comentamos acima, o particular só poderá, nas hipóteses do art. 3º da LIA, ser incluído no polo passivo de uma ação de improbidade, caso o agente público também seja réu. Sob essa perspectiva, quando o particular estiver no polo passivo, haverá litisconsórcio passivo com o agente público causador do dano, mas não unitário, sob pena de extinção do feito sem resolução do mérito. Confira-se o entendimento do STJ sobre a matéria:

> PROCESSUAL CIVIL E ADMINISTRATIVO. RECURSO ESPECIAL. AÇÃO CIVIL PÚBLICA DE IMPROBIDADE ADMINISTRATIVA. LITISCONSÓRCIO PASSIVO. AUSÊNCIA DE INCLUSÃO DE AGENTE PÚBLICO NO PÓLO PASSIVO. IMPOSSIBILIDADE DE APENAS O PARTICULAR RESPONDER PELO ATO ÍMPROBO. PRECEDENTES.
> 1. Os particulares que induzam, concorram, ou se beneficiem de improbidade administrativa estão sujeitos aos ditames da Lei nº 8.429/1992, não sendo, portanto, o conceito de sujeito ativo do ato de improbidade restrito aos agentes públicos (inteligência do art. 3º da LIA).
> 2. Inviável, contudo, o manejo da ação civil de improbidade exclusivamente e apenas contra o particular, sem a concomitante presença de agente público no polo passivo da demanda.
> 3. Recursos especiais improvidos.
> (REsp nº 1171017/PA, Rel. Ministro Sérgio Kukina, PRIMEIRA TURMA, julgado em 25.02.2014, DJe 06.03.2014)[43]

---

[42] Decisão publicada no Informativo nº 384 do STJ.
[43] Decisão publicada no Informativo nº 535 do STJ.

Por outro lado, o STJ admite que o particular responda sozinho como réu em uma ação de improbidade quando o agente público estiver respondendo pelos mesmos fatos em outra ação judicial conexa. Senão vejamos:

> **Jurisprudência em teses do STJ**. Edição nº 186: Improbidade Administrativa III
> 5) É viável o prosseguimento de ação de improbidade administrativa exclusivamente contra particular quando há pretensão de responsabilizar agentes públicos pelos mesmos fatos em outra demanda conexa.

3.3.3) Pessoas jurídicas no polo passivo da ação de improbidade: A LIA, em sua redação original, não mencionava expressamente que as ações de improbidade poderiam ser dirigidas contra pessoas jurídicas. O texto original dos artigos 2º e 3º da Lei nº 8.429 já apresentava os possíveis sujeitos ativos sem fazer alusão específica à pessoa jurídica. Essa lacuna legislativa originou uma polêmica na literatura sobre se as pessoas jurídicas poderiam ser condenadas em ações de improbidade administrativa.

Para Carvalho Filho, por exemplo, o terceiro cogitado pela LIA não poderia ser uma pessoa jurídica. Quem responderia, na visão dele, seria a pessoa física que age em nome da pessoa jurídica. Em suas palavras:

> O terceiro jamais poderá ser pessoa jurídica. As condutas de indução e colaboração para a improbidade são próprias de pessoas físicas. Quanto à obtenção de benefícios indevidos, em que pese a possibilidade de pessoa jurídica ser destinatária deles (como, por exemplo, no caso de certo bem público móvel a ser desviado para seu patrimônio), terceiro será o dirigente ou responsável que eventualmente coonestar com o ato dilapidatório do agente público. Demais disso, tal conduta, como vimos, pressupõe dolo, elemento subjetivo incompatível com a responsabilização da pessoa jurídica.[44]

Em sentido contrário, Emerson Garcia e Rogério Pacheco Alves entendiam, antes mesmo da reforma da LIA promovida pela Lei nº 14.230, que as pessoas jurídicas também podem ser responsabilizadas, nos seguintes termos:

> Também as pessoas jurídicas poderão figurar como terceiros na prática dos atos de improbidade, o que será normalmente verificado com a incorporação ao seu patrimônio dos bens públicos desviados pelo ímprobo. Contrariamente ao que ocorre com o agente público, sujeito ativo dos atos de improbidade e necessariamente uma pessoa física, o art. 3º da Lei de Improbidade não faz qualquer distinção em relação aos terceiros, tendo previsto que "as disposições desta Lei são aplicáveis, no que couber, àquele que, mesmo não sendo agente público", o que permite concluir que as pessoas jurídicas também estão incluídas sob tal epígrafe. (...) verificando-se, *verbi gratia*, que determinado numerário de origem pública foi incorporado ao patrimônio de uma pessoa jurídica, estará ela sujeita às sanções previstas no art. 12 da Lei de Improbidade e que sejam compatíveis com suas peculiaridades.[45][46]

---

[44] CARVALHO FILHO, José dos Santos. *Manual de Direito Administrativo*. 26. ed. São Paulo: Atlas, 2013. p. 1157.
[45] GARCIA, Emerson; ALVES, Rogério Pacheco. *Improbidade Administrativa*. 4. ed. Revista e ampliada. Rio de Janeiro: Lumen Juris, 2008. p. 222.
[46] No mesmo sentido, MARTINS JR., Wallace Paiva. *Probidade Administrativa*. 4. ed. São Paulo: Saraiva, 2009.

Aderimos ao entendimento favorável à responsabilização de pessoas jurídicas por improbidade administrativa. Em primeiro lugar, porque a condenação de pessoas jurídicas na esfera cível e administrativa pela prática de condutas desonestas não é novidade no nosso país. A Lei nº 12.846/13, Lei Anticorrupção, por exemplo, prevê a responsabilidade da pessoa jurídica, mesmo na ausência de dolo ou culpa. Muito embora a pessoa jurídica atue por meio de seus empregados, isso não obstaculiza a sua responsabilidade pela prática de improbidade. Aliás, no cenário internacional, a política normativa de repressão à prática de corrupção reclama a responsabilização das pessoas jurídicas. Quanto ao tema, o Brasil internalizou, em 2006, a Convenção das Nações Unidas contra a Corrupção, Convenção de Mérida, por meio do Decreto nº 5.687/06. No artigo 26, do referido ato normativo, encontramos as seguintes regras que reforçam a necessidade de se reconhecer a responsabilidade das pessoas jurídicas por improbidade administrativa:

> Artigo 26
> Responsabilidade das pessoas jurídicas
> 1. Cada Estado Parte adotará as medidas que sejam necessárias, em consonância com seus princípios jurídicos, a fim de estabelecer a responsabilidade de pessoas jurídicas por sua participação nos delitos qualificados de acordo com a presente Convenção.
> 2. Sujeito aos princípios jurídicos do Estado Parte, a responsabilidade das pessoas jurídicas poderá ser de índole penal, civil ou administrativa.
> 3. Tal responsabilidade existirá sem prejuízo à responsabilidade penal que incumba às pessoas físicas que tenham cometido os delitos.
> 4. Cada Estado Parte velará em particular para que se imponham sanções penais ou não-penais eficazes, proporcionadas e dissuasivas, incluídas sanções monetárias, às pessoas jurídicas consideradas responsáveis de acordo com o presente Artigo.

Em segundo lugar, algumas sanções previstas na LIA podem ser facilmente aplicadas às pessoas jurídicas, como é o caso da multa e o da proibição de contratar com o poder público ou de receber benefícios ou incentivos fiscais ou creditícios. Dessa forma, não haveria uma impossibilidade de aplicação da sanção à pessoa jurídica pela natureza da sanção.

Em terceiro lugar, porque a redação original do art. 3º da LIA permitia, sem fazer qualquer distinção entre a pessoa jurídica e a física, a responsabilidade daquele que "se beneficie sob qualquer forma direta ou indireta". A expressão "àquele que, mesmo não sendo agente público" não restringia o potencial beneficiário da conduta ímproba a pessoas físicas. A passagem se destinava a permitir que outras pessoas, físicas ou jurídicas, além do agente público, pudessem responder por improbidade. Assim, a pessoa jurídica pode se tornar a beneficiária de uma conduta ímproba relacionada diretamente com as suas atividades, e isso nos parece suficiente para a sua eventual inclusão no polo passivo de uma ação de improbidade, independentemente de os seus sócios também serem incluídos como réus.

Nicolao Dino, por exemplo, também reconhece a possibilidade de a pessoa jurídica ser punida em uma ação de improbidade administrativa, inclusive em razão da prática de atos ímprobos praticados pelos seus administradores (PJ respondendo por atos desonestos de pessoas físicas), mas demonstra uma preocupação com eventual vulgarização da transferência da responsabilidade:

> A repercussão da sanção à pessoa jurídica somente será admissível se: 1) a improbidade cometida estiver relacionada com sua atividade específica (v. g., participação em procedimento licitatório fraudado com o concurso dos seus representantes); 2) a pessoa jurídica for parte integrante da relação processual, no polo passivo, assegurando-se-lhe as garantias do contraditório e da ampla defesa.[47]

Sobre o tema, o STJ, mesmo antes da reforma de 2021, já permitia que pessoas jurídicas respondessem pela Lei de Improbidade Administrativa, nos seguintes termos:

> (…) Considerando que as pessoas jurídicas podem ser beneficiadas e condenadas por atos ímprobos, é de se concluir que, de forma correlata, podem figurar no polo passivo de uma demanda de improbidade, ainda que desacompanhada de seus sócios. (…) (REsp nº 970393 CE, Rel. Ministro Benedito Gonçalves, PRIMEIRA TURMA, julgado em 21.06.2012, DJe 29.06.2012) ADMINISTRATIVO. IMPROBIDADE ADMINISTRATIVA. PESSOA JURÍDICA. SUJEIÇÃO ATIVA EM RELAÇÃO AO ATO DE IMPROBIDADE. POSSIBILIDADE, EM TESE. PECULIARIDADES DO CASO CONCRETO. PESSOA JURÍDICA COMO LESADA.
> 1. Trata-se de recurso especial interposto pela União contra acórdão do Tribunal Regional Federal da 1ª Região que considerou que o Banco do Brasil S/A não pode ser sujeito ativo de ato de improbidade administrativa, por ser pessoa jurídica e, nesta qualidade, não estar alcançada pela previsão dos arts. 1º, 2º e 3º da Lei nº 8.429/92.
> 2. *Ainda que em tese, não existe óbice para admitir a pessoa jurídica como sujeito ativo de improbidade administrativa - muito embora, pareça que, pela teoria do órgão, sempre caiba a responsabilidade direta a um agente público, pessoa física, tal como tradicionalmente acontece na seara penal, porque só a pessoa física seria capaz de emprestar subjetividade à conduta reputada ímproba (subjetividade esta exigida para toda a tipologia da Lei nº 8.429/92).* **(Mais comum, entretanto, que a pessoa jurídica figure como beneficiária do ato, o que também lhe garante legitimidade passiva ad causam.)**
> 3. Aqui, nada obstante, discute-se acerca do enquadramento no art. 10 da Lei n. 8.429/92 de conduta concessiva de empréstimos pelo Banco do Brasil a ex-parlamentar sob taxas não previstas em lei, com renovações sucessivas (e também não albergadas pelo ordenamento jurídico), tendo este último se valido de sua condição pública para tanto.
> 4. Como se nota, a sociedade de economia mista, na espécie, longe de ser sujeito ativo de improbidade administrativa, é a entidade lesada, na medida em que a prática do mútuo de modo diverso do permitido imputa-lhe prejuízo financeiro-econômico. Tanto é assim que a União, cujo patrimônio serviu á composição do Banco do Brasil S/A de forma majoritária, figura na demanda como litisconsorte ativa, ao lado do Ministério Público Federal.
> 5. Recurso especial não provido.
> (REsp nº 886.655/DF, Rel. Ministro Mauro Campbell Marques, SEGUNDA TURMA, julgado em 21.09.2010, DJe 08.10.2010) (Grifamos)[48]

---

[47] COSTA NETO, Nicolao Dino de Castro e. Improbidade Administrativa: Aspectos Materiais e Processuais. *In*: SAMPAIO, José Adércio Leite; RAMOS, André de Carvalho. *Improbidade Administrativa*. 10 anos da Lei nº 8.429/92. Belo Horizonte: Del Rey, 2002. p. 378-379.

[48] No mesmo sentido, c. REsp nº 1304212/AM, Rel. Ministro Herman Benjamin, SEGUNDA TURMA, julgado em 14.05.2013, DJe 22.05.2013.

A reforma da LIA não deixa mais dúvidas quanto à possiblidade de uma pessoa jurídica responder por improbidade administrativa. Há previsão expressa, por exemplo, nos artigos 2º, 3º e 12 no sentido do cabimento da responsabilização da pessoa jurídica.

3.3.4) Terceirizados (empregados de empresas de cessão de mão de obra): Os terceirizados, trabalhadores de empresas que cedem mão-de-obra para a Administração Pública, não são, do ponto de vista do Direito Administrativo, agentes públicos. Essas pessoas desempenham funções sob a direção do seu empregador, ainda que eventualmente nas dependências da Administração. Um funcionário terceirizado que faz a limpeza do setor, por exemplo, desempenha uma função privada para o seu empregador privado, ainda que no interesse da Administração. O seu vínculo não é com a Administração Pública. Contudo, o erário concorre na receita do empregador do terceirizado, o que, por força do art. 2º *caput* c/c com o art. 1º, §7º, da LIA, pode originar a tese de que o terceirizado deva ser considerado agente público para os fins exclusivos da LIA.

3.3.5) Particular que se beneficia com a prática de uma conduta ímproba sem ter induzido ou concorrido com um agente público: Como temos sustentado ao longo deste livro, é possível imaginar uma situação em que uma conduta ímproba é praticada por um particular sem que qualquer agente público tenha com ele concorrido ou por ele sido induzido.

Como exemplo, podemos citar um hipotético e singelo caso de um particular que, sem o conhecimento ou consentimento de qualquer agente público, consegue dolosamente utilizar em uma obra na sua casa uma quantidade razoável de material de construção de propriedade do Estado. De acordo com o entendimento consolidado no STJ, que impede o prosseguimento de uma ação de improbidade em face exclusivamente do terceiro, esse particular do exemplo não responderia por improbidade administrativa, tendo em vista que nenhum agente público foi por ele induzido ou com ele concorreu para a prática da improbidade. Vale reforçar a ideia de que, no exemplo dado, estamos considerando que não houve qualquer omissão ou inércia de um agente público quanto aos cuidados que se deve ter com o armazenamento de materiais de construção.

É bem verdade que, na maioria dos casos, o particular não atuará isoladamente. Normalmente ele pratica a conduta desonesta em conjunto com o agente público visando à obtenção de alguma vantagem indevida. Entretanto, há casos, como o acima citado, em que nenhum agente público participou da prática ímproba, mas, ainda assim, a punição do particular deveria ocorrer, em virtude do benefício indevido por ele obtido.

Ao tratar da possibilidade de punição ao terceiro ímprobo, o art. 3º da LIA estabelece que, mesmo que o infrator não seja agente público, a lei será aplicada quando o particular induzir ou concorrer para a prática do ato. Há duas situações distintas previstas no art. 3º que possibilitam a responsabilização do particular:

i) Quando o particular induz o agente público a praticar a improbidade administrativa;
ii) Quando o particular concorre com o agente público para a prática do ato de improbidade.

Se dermos muito destaque à necessidade de o particular induzir ou concorrer com o agente público, será, de fato, muito difícil defender a responsabilidade exclusiva do particular por uma conduta ímproba. Todavia, o parágrafo único do art. 2º da LIA, que não exige qualquer interação com um agente público, nos permite aceitar a responsabilidade individual e isolada do particular. Bastaria que o particular se beneficiasse da conduta por ele próprio praticada, ainda que não tivesse induzido um agente público ou com ele concorrido para a prática da improbidade administrativa. Segue o texto legal:

> Art. 2º
> Parágrafo único. No que se refere a recursos de origem pública, sujeita-se às sanções previstas nesta Lei o particular, pessoa física ou jurídica, que celebra com a administração pública convênio, contrato de repasse, contrato de gestão, termo de parceria, termo de cooperação ou ajuste administrativo equivalente. (Incluído pela Lei nº 14.230, de 2021)

O que estamos defendendo não encontra amparo na leitura que o STJ tem feito sobre o tema, especialmente porque a referida Corte, como regra, julga extinto sem resolução do mérito o processo de improbidade administrativa em que apenas o particular figure no polo passivo.

Pensamos, contudo, que há espaço para um significativo avanço neste tópico. Naquelas excepcionais hipóteses em que o particular atuar isoladamente e se beneficiar com a prática de alguma conduta ímproba, ele deverá responder como réu, ainda que sozinho, por improbidade administrativa, nos termos do que prevê o parágrafo único do art. 2º da LIA.

3.3.6) Responsabilidade dos agentes públicos situados na cúpula da Administração: Ressalvado o Presidente da República, a LIA não deixa dúvidas de que todo e qualquer agente público, independentemente de sua posição hierárquica, poderá responder por improbidade administrativa. Entretanto, isso não pode acarretar uma responsabilização objetiva daqueles que desempenham funções públicas, notadamente quando integrarem a alta administração. É preciso dissociar a responsabilidade daquele que expede comandos genéricos, que cria diretrizes, planeja a atuação estatal e apenas age para orientar e estipular medidas de planejamento daquele que efetivamente executa uma atividade.

Chefes do Poder Executivo, Ministros de Estado, Secretários Estaduais ou Municipais, por exemplo, muitas vezes não conhecem de perto os detalhes de tudo o que está ocorrendo no âmbito da Administração Pública. Por mais que também possam ser responsabilizados pela prática de improbidade administrativa, é fundamental que a atribuição da responsabilidade pela prática da conduta desonesta seja acompanhada de uma demonstração inequívoca de que essas autoridades tinham efetivo conhecimento da prática ímproba.

Não se deve criar uma responsabilidade objetiva com o emprego inadequado e demasiadamente elástico da teoria do domínio do fato do Direito Penal. É um equívoco, nessa linha, condenar o Governador de um Estado pela contratação de funcionários que não vão trabalhar (funcionários fantasma) no âmbito de uma determinada secretaria estadual, salvo se houver demonstração de que o chefe do Poder Executivo tinha conhecimento dessa prática ilícita. Contratar funcionário fantasma configura improbidade administrativa, mas daqueles que estão envolvidos diretamente na prática desonesta. A condenação por improbidade com fundamento em presunções genéricas e numa suposta omissão quanto ao controle é medida a ser evitada, porque vulgariza indevidamente a imputação de responsabilidade pela prática de improbidade.

Sobre o tema, o STJ já reconheceu, em ação rescisória, que o prefeito de uma cidade não pode ser condenado por improbidade, em virtude de uma suposta participação em superfaturamento na compra de leite para o município. O citado prefeito fora inicialmente condenado por ter nomeado a comissão que realizou a licitação ilegal e por não ter promovido a fiscalização de suas atividades. Para que haja condenação por improbidade, é imprescindível que haja demonstração do dolo. A condenação de um prefeito por atos que não contaram com a sua participação e que não decorreram de sua omissão é admitir a responsabilidade objetiva em matéria de improbidade administrativa, o que foi acertadamente rejeitado pelo STJ. Confira-se trecho da ementa da decisão monocrática proferida pelo relator Min. Mauro Campbell:

> 1. É firme a jurisprudência no sentido de que a configuração do elemento subjetivo da conduta do agente é indispensável para a caracterização dos atos de improbidade de que trata a Lei n. 8.429/92.
> 2. Para que o ato praticado pelo agente público seja enquadrado em alguma das previsões da Lei de Improbidade Administrativa, é necessária a demonstração do elemento subjetivo, consolidado no dolo para os tipos previstos nos arts. 9º e 11 e, ao menos, pela culpa nas hipóteses do art. 10 da Lei n. 8.429/92.
> (...) Todavia, em total desrespeito ao disposto na lei, a Corte de origem afirmou no acórdão recorrido que, apesar de afastado os "conceitos de dolo, de todo inexistente", presente estaria conduta culposa do "Administrador" em razão do fato de ter nomeado a comissão "que o engodou porque, como considerei, haveria de conferir a atividade desta, evitando o prejuízo do erário" (fl. 1.654).
> Em síntese, o recorrente foi condenado por ato de improbidade administrativa por lesão ao erário, sem qualquer traço de conduta dolosa, mas pelo reconhecimento de conduta culposa configurada em razão de, na condição de chefe do executivo municipal, ter simplesmente nomeado comissão de licitação, bem como pelo fato de não ter fiscalizado as atividades da comissão que causou prejuízo ao erário.
> A conduta descrita pelo Tribunal de origem como culposa não configura elemento subjetivo apto a configuração de ato de improbidade administrativa. A mera nomeação de comissão licitatória, a qual "engodou" o próprio nomeante (conforme expresso no aresto recorrido - fl. 1.654) e o fato de não ter fiscalizado suas atividades a fim de evitar lesão ao erário, não configuram conduta culposa punível no âmbito da lei sancionadora, sob pena de imputação objetiva de ato de improbidade administrativa.
> (...) Ante o exposto, DEFIRO o pedido liminar, nos termos do pedido contido na tutela provisória, para atribuir efeito suspensivo ao REsp 1.713.044/SP até o julgamento definitivo do recurso especial no âmbito desta Corte Superior [49]

---

[49] STJ. TutPrv no RECURSO ESPECIAL Nº 1.713.044 – SP. Relator: Ministro Mauro Campbell Marques. Decisão monocrática de 28.08.2018.

3.3.7) Jurisprudência em teses do STJ.

Jurisprudência em teses do STJ. Edição nº 38: Improbidade Administrativa – I.

1) É inadmissível a responsabilidade objetiva na aplicação da Lei nº 8.429/1992, exigindo-se a presença de dolo nos casos dos artigos 9º e 11 (que coíbem o enriquecimento ilícito e o atentado aos princípios administrativos, respectivamente) e ao menos de culpa nos termos do artigo 10, que censura os atos de improbidade por dano ao Erário.[50]

8) É inviável a propositura de ação civil de improbidade administrativa exclusivamente contra o particular, sem a concomitante presença de agente público no polo passivo da demanda.

9) Nas ações de improbidade administrativa, não há litisconsórcio passivo necessário entre o agente público e os terceiros beneficiados com o ato ímprobo.

Jurisprudência em teses do STJ. Edição nº 186: Improbidade Administrativa - III

5) É viável o prosseguimento de ação de improbidade administrativa exclusivamente contra particular quando há pretensão de responsabilizar agentes públicos pelos mesmos fatos em outra demanda conexa.

Jurisprudência em teses do STJ. Edição nº 187: Improbidade Administrativa – IV

2) É possível o enquadramento de estagiário no conceito de agente público para fins de responsabilização por ato de improbidade administrativa.

4) O Ministério Público possui legitimidade para propor ação civil pública por improbidade administrativa contra dirigentes das entidades que compõem os chamados serviços sociais autônomos – Sistema S.

---

[50] Em relação à culpa, a parte da tese fica prejudicada em razão da reforma de 2021 da LIA.

ARTIGO 7º

Art. 7º Se houver indícios de ato de improbidade, a autoridade que conhecer dos fatos representará ao Ministério Público competente, para as providências necessárias. (Redação dada pela Lei nº 14.230, de 2021)

7.1) Tema central do dispositivo: Representação ao MP sobre a prática da improbidade administrativa. O art. 7º trata da representação pela autoridade da conduta ímproba ao Ministério Público. Como a reforma da LIA promovida pela Lei nº 14.230/21 parte da premissa de que o Ministério Público é o único autor da ação de improbidade,[51] a comunicação da prática da conduta desonesta deverá ser feita ao referido órgão, que também conduzirá as investigações correlatas.

7.2) Explicação do dispositivo: Em sua redação original, o art. 7º disciplinava a medida cautelar de indisponibilidade, tema que foi deslocado para o art. 16 e sofreu um grande detalhamento e profundas alterações. O dispositivo previa originalmente que a autoridade responsável pelo inquérito poderia representar ao Ministério Público para a indisponibilidade dos bens do indiciado. Entretanto, o art. 7º só mencionava a representação em relação aos atos que causassem dano ao erário ou que ensejassem enriquecimento ilícito. E a representação estava muito associada à decretação de indisponibilidade: a autoridade deveria representar ao MP para que ele requeresse a decretasse de indisponibilidade.

Fez bem a reforma da LIA ao separar os temas, vale dizer, independentemente do tipo de improbidade administrativa praticada, a representação não precisa estar necessariamente acompanhada de um requerimento de decretação da indisponibilidade dos bens do réu.

7.3) Polêmicas e peculiaridades do artigo:

7.3.1) Ramo do Ministério Público com atribuição no caso concreto: O art. 7º menciona que a representação deve ser dirigida ao Ministério Público com atribuição na matéria. Em tese, o tema poderá ser de atribuição do MP estadual ou do MP federal. A identificação de qual MP tem atribuição em um determinado caso de improbidade administrativa não depende unicamente da circunstância de a pessoa jurídica afetada estar arrolada no art. 109 da CRFB. Naturalmente que, se alguma pessoa descrita no art. 109, I, da CRFB (União, Empresa Pública federal ou entidade autárquica federal) for atingida pela conduta ímproba que a atribuição será do Ministério Público Federal (MPF). Por outro lado, pode ocorrer de a conduta

---

[51] Mais adiante, quando da análise do art. 17 da LIA, comentaremos o entendimento do STF sobre o tema e a sua decisão judicial que restabeleceu a legitimidade da pessoa jurídica interessada para propor a ação de improbidade administrativa.

atingir pessoa não listada pelo referido dispositivo constitucional e, mesmo assim, a atribuição ser do MPF. O que desloca a atribuição para o *parquet* federal é o seu reconhecimento, chancelado pelo Poder Judiciário, de que há interesse da União no processo. Passando o MPF a integrar a lide, pelo reconhecimento do interesse federal, a atribuição se torna federal, sendo o referido órgão integrante da estrutura da União, um dos entes mencionados pelo art. 109, I, da CRFB. Nesse mesmo sentido, temos o entendimento do STJ, nos seguintes termos:

> PROCESSUAL CIVIL. MANDADO DE SEGURANÇA. DECISÃO DECLINATÓRIA DE COMPETÊNCIA. AÇÃO CIVIL PÚBLICA. MALVERSAÇÃO DE RECURSOS FEDERAIS REPASSADOS A ENTES MUNICIPAIS. INTERESSE DO ENTE FEDERAL. MINISTÉRIO PÚBLICO FEDERAL NO POLO ATIVO DA DEMANDA. LEGITIMIDADE ATIVA. COMPETÊNCIA DA JUSTIÇA FEDERAL.
> 1. Na origem, o Ministério Público Federal que propôs Ação Civil Pública por Improbidade Administrativa contra os ora recorridos alegando indevida inexigibilidade de licitação para a contratação de shows de artistas e banda musicais, sem apresentação da documentação comprobatória de exclusividade de comercialização dos artistas por parte da empresa contratada, sendo utilizados para o pagamento do contrato recursos federais oriundos de convênio firmado entre o Ministério do Turismo e o Município de Santa Albertina/SP.
> (…)
> 5. Via de regra, o simples fato de a ação ter sido ajuizada pelo Ministério Público Federal implica, por si só, a competência da Justiça Federal, por aplicação do art. 109, I, da Constituição, já que o MPF é parte da União. Contudo, a questão de uma ação ter sido ajuizada pelo MPF não garante que ela terá sentença de mérito na Justiça Federal, pois é possível que se conclua pela ilegitimidade ativa do Parquet Federal, diante de eventual falta de atribuição para atuar no feito.
> 6. Haverá a atribuição do Ministério Público Federal, em síntese, quando existir interesse federal envolvido, considerando-se como tal um daqueles previstos pelo art. 109 da Constituição, que estabelece a competência da Justiça Federal. Assim, tendo sido fixado nas instâncias ordinárias que a origem da Ação Civil Pública é a malversação de recursos públicos repassados por ente federal, justifica-se plenamente a atribuição do Ministério Público Federal.
> Nesse sentido, confira-se precedente do Pleno do Supremo Tribunal Federal: ACO nº 1463 AgR. Relator Min. Dias Toffolli, Tribunal Pleno, julgado em 01.12.2011. Acórdão eletrônico DJe-22 Divulg. 31.01.2012 Public. 01.02.2012 RT v. 101, a 919.2011 p. 635-650.
> (…)
> 14. Por conseguinte, considerando a possível repercussão do eventual descumprimento das prescrições legais citadas sobre repasses de verbas da União, reconhece-se a legitimidade do MPF para propor a presente ACP e fixa-se a competência da Justiça Federal para este caso, haja vista o entendimento cristalizado pelo STF e pelo STJ.
> 15. Recurso Ordinário provido para conceder a ordem pleiteada, fixando a competência da Justiça Federal para apreciar a demanda originária.
> (RMS 56135 / SP RECURSO ORDINÁRIO EM MANDADO DE SEGURANÇA 2017/0327031-5 Relator: Ministro Herman Benjamin. Órgão Julgador: SEGUNDA TURMA. Data do Julgamento: 17.09.2019. Data da Publicação/Fonte DJe 11.10.2019)
> PROCESSUAL CIVIL. AGRAVO INTERNO NO CONFLITO DE COMPETÊNCIA. CONFLITO NEGATIVO DE COMPETÊNCIA INSTAURADO ENTRE JUÍZOS ESTADUAL E FEDERAL. AÇÃO DE IMPROBIDADE ADMINISTRATIVA AJUIZADA POR ENTE MUNICIPAL EM RAZÃO DE IRREGULARIDADES EM PRESTAÇÃO DE CONTAS DE VERBAS FEDERAIS. MITIGAÇÃO DAS SÚMULAS 208/STJ E 209/STJ. COMPETÊNCIA CÍVEL DA JUSTIÇA FEDERAL (ART. 109, I, DA CF) ABSOLUTA EM RAZÃO DA

PESSOA. AUSÊNCIA DE ENTE FEDERAL EM QUALQUER DOS POLOS DA RELAÇÃO PROCESSUAL. JURISPRUDÊNCIA DO STJ. COMPETÊNCIA DA JUSTIÇA ESTADUAL. AGRAVO INTERNO NÃO PROVIDO.
1. No caso dos autos, o Município de Água Doce do Maranhão/MA ajuizou ação de improbidade administrativa contra José Eliomar da Costa Dias, em razão de irregularidades na prestação de contas de verbas federais decorrentes de convênio firmado com o PRONAT.
2. A competência para processar e julgar ações de ressarcimento ao erário e de improbidade administrativa, relacionadas à eventuais irregularidades na utilização ou prestação de contas de repasses de verbas federais aos demais entes federativos, estava sendo dirimida por esta Corte Superior sob o enfoque das Súmulas 208/STJ ("Compete à Justiça Federal processar e julgar prefeito municipal por desvio de verba sujeita à prestação de contas perante órgão federal") e 209/STJ ("Compete à Justiça Estadual processar e julgar prefeito por desvio de verba transferida e incorporada ao patrimônio municipal").
3. O art. 109, I, da Constituição Federal prevê, de maneira geral, a competência cível da Justiça Federal, delimitada objetivamente em razão da efetiva presença da União, entidade autárquica ou empresa pública federal, na condição de autoras, rés, assistentes ou oponentes na relação processual. Estabelece, portanto, competência absoluta em razão da pessoa (ratione personae), configurada pela presença dos entes elencados no dispositivo constitucional na relação processual, independentemente da natureza da relação jurídica litigiosa.
4. Por outro lado, o art. 109, VI, da Constituição Federal dispõe sobre a competência penal da Justiça Federal, especificamente para os crimes praticados em detrimento de bens, serviços ou interesse da União, entidades autárquicas ou empresas públicas. Assim, para reconhecer a competência, em regra, bastaria o simples interesse da União, inexistindo a necessidade da efetiva presença em qualquer dos polos da demanda.
5. Nesse contexto, a aplicação dos referidos enunciados sumulares, em processos de natureza cível, tem sido mitigada no âmbito deste Tribunal Superior. A Segunda Turma afirmou a necessidade de uma distinção (distinguishing) na aplicação das Súmulas 208 e 209 do STJ, no âmbito cível, pois tais enunciados provêm da Terceira Seção deste Superior Tribunal, e versam hipóteses de fixação da competência em matéria penal, em que basta o interesse da União ou de suas autarquias para deslocar a competência para a Justiça Federal, nos termos do inciso IV do art. 109 da CF. Logo adiante concluiu que a competência da Justiça Federal, em matéria cível, é aquela prevista no art. 109, I, da Constituição Federal, que tem por base critério objetivo, sendo fixada tão só em razão dos figurantes da relação processual, prescindindo da análise da matéria discutida na lide (excertos da ementa do REsp nº 1.325.491/BA, Rel. Ministro Og Fernandes, SEGUNDA TURMA, julgado em 05.06.2014, DJe 25.06.2014).
6. Assim, nas ações de ressarcimento ao erário e improbidade administrativa ajuizadas em face de eventuais irregularidades praticadas na utilização ou prestação de contas de valores decorrentes de convênio federal, o simples fato das verbas estarem sujeitas à prestação de contas perante o Tribunal de Contas da União, por si só, não justifica a competência da Justiça Federal.
7. O Supremo Tribunal Federal já afirmou que o fato dos valores envolvidos transferidos pela União para os demais entes federativos estarem eventualmente sujeitos à fiscalização do Tribunal de Contas da União não é capaz de alterar a competência, pois a competência cível da Justiça Federal exige o efetivo cumprimento da regra prevista no art. 109, I, da Constituição Federal.
8. Igualmente, a mera transferência e incorporação ao patrimônio municipal de verba desviada, no âmbito civil, não pode impor de maneira absoluta a competência da Justiça Estadual. Se houver manifestação de interesse jurídico por ente federal que justifique a presença no processo, (v.g. União ou Ministério Público Federal) regularmente reconhecido pelo Juízo Federal nos termos da Súmula 150/STJ, a competência para processar e julgar a ação civil de improbidade administrativa será da Justiça Federal.

> *9. Em síntese, é possível afirmar que a competência cível da Justiça Federal, especialmente nos casos similares à hipótese dos autos, é definida em razão da presença das pessoas jurídicas de direito público previstas no art. 109, I, da CF na relação processual, seja como autora, ré, assistente ou oponente e não em razão da natureza da verba federal sujeita à fiscalização da Corte de Contas da União.* Precedentes: AgInt no CC nº 167.313/SE, Rel. Ministro Francisco Falcão, PRIMEIRA SEÇÃO, julgado em 11.03.2020, DJe 16.03.2020; AgInt no CC nº 157.365/PI, Rel. Ministro Napoleão Nunes Maia Filho, PRIMEIRA SEÇÃO, julgado em 12.02.2020, DJe 21.02.2020; AgInt nos EDcl no CC nº 163.382/PA, Rel. Ministro Herman Benjamin, PRIMEIRA SEÇÃO, julgado em 27.11.2019, DJe 07.05.2020; AgRg no CC nº 133.619/PA, Rel. Ministro Sérgio Kukina, PRIMEIRA SEÇÃO, julgado em 09.05.2018, DJe 16.05.2018.
> 10. No caso dos autos, não figura em nenhum dos pólos da relação processual ente federal indicado no art. 109, I, da Constituição Federal, o que afasta a competência da Justiça Federal para processar e julgar a referida ação. Ademais, não existe nenhuma manifestação de interesse em integrar o processo por parte de ente federal e o Juízo Federal consignou que o interesse que prevalece restringe-se à órbita do Município autor, o que atrai a competência da Justiça Estadual para processar e julgar a demanda.
> (STJ. AgInt no CONFLITO DE COMPETÊNCIA Nº 174.764 – MA. Rel. Min. Mauro Campbell. Primeira Seção, julgado em 09.02.2022, DJe de 17.02.2022) (Grifamos)
> *Jurisprudência em teses do STJ*. Edição nº 187: Improbidade Administrativa – IV
> 1) Nas ações de improbidade administrativa, a competência cível da Justiça Federal é definida em razão da presença das pessoas jurídicas de direito público na relação processual e não em razão da natureza da verba em discussão, afasta-se, assim, a incidência das Súmulas n. 208 e 209 do Superior Tribunal de Justiça, por versarem sobre a fixação de competência em matéria penal.

De todo modo, havendo eventual conflito de atribuição entre mais de um MP, ele deverá ser dirimido pelo Conselho Nacional do Ministério Público (CNMP), consoante entendimento do STF.[52] Caso a ilegitimidade ativa de um dado Ministério Público seja reconhecida por decisão judicial na ação de improbidade, ela não deve acarretar a extinção do feito sem resolução do mérito, mas o deslocamento do processo para o juízo competente, *in verbis*:

> Ementa
> ADMINISTRATIVO E PROCESSUAL CIVIL. AGRAVO INTERNO NO RECURSO ESPECIAL. IMPROBIDADE ADMINISTRATIVA. ILEGITIMIDADE ATIVA DO MINISTÉRIO PÚBLICO FEDERAL. EXTINÇÃO DA AÇÃO SEM JULGAMENTO DO MÉRITO. IMPOSSIBILIDADE. PRINCÍPIO DA UNIDADE DO PARQUET. REMESSA DOS AUTOS À JUSTIÇA ESTADUAL. INTIMAÇÃO DO MINISTÉRIO PÚBLICO ESTADUAL. PRECEDENTES.
> 1. O Tribunal de origem entendeu que, havendo ilegitimidade do Ministério Público Federal, não necessariamente haverá a extinção do processo sem julgamento do mérito, em razão do princípio constitucional da unidade do Parquet.
> 2. O art. 127 da Constituição Federal dispõe que o "Ministério Público é instituição permanente, essencial à função jurisdicional do Estado, incumbindo-lhe a defesa da ordem jurídica, do regime democrático e dos interesses sociais e individuais indisponíveis", descrevendo como "princípios institucionais do Ministério Público a unidade, a indivisibilidade e a independência funcional".

---

[52] ACO nº 843. Tribunal Pleno. Relator(a): Min. Marco Aurélio. Redator do acórdão: Min. Alexandre De Moraes. Julgamento: 08.06.2020. Publicação: 04.11.2020.

3. O princípio da unidade do Parquet exige a compreensão da instituição "Ministério Público" como um corpo uniforme. Há apenas divisão em órgãos independentes (Ministério Público da União, que compreende o Ministério Público Federal, o Ministério Público do Trabalho, o Ministério Público Militar, o Ministério Público do Distrito Federal e Territórios e os Ministérios Públicos dos Estados) para a execução das competências institucionais previstas na legislação.

4. Desse modo, eventual decretação da ilegitimidade ativa de um dos órgãos do Ministério Público em relação à ação proposta, atraindo o deslocamento da competência para outro Juízo, não resulta na imediata extinção da lide sem julgamento do mérito. Deve o Juízo competente intimar o órgão ministerial com atribuições para a causa com o intuito de ratificar ou não a petição e, dessa feita, dar continuidade ou não à ação proposta. Nesse sentido: REsp nº 1.513.925/BA, Rel. Min. Herman Benjamin, Segunda Turma, DJe 13.09.2017; REsp nº 914.407/RJ, Rel. Min. Nancy Andrighi, Terceira Turma, julgado em 10.11.2009, DJe 01.12.2009; Pet nº 2.639/RJ, Rel. Min. Luiz Fux, Corte Especial, DJ 25.09.2006, p. 198.

5. Agravo interno a que se nega provimento.

(AgInt no REsp nº 1820565 / PB AGRAVO INTERNO NO RECURSO ESPECIAL 2019/0171116-5 Relator: Ministro Og Fernandes. Órgão Julgador: SEGUNDA TURMA. Data do Julgamento: 07.06.2022. Data da Publicação/Fonte: DJe 08.09.2022)

ARTIGO 8º

Art. 8º O sucessor ou o herdeiro daquele que causar dano ao erário ou que se enriquecer ilicitamente estão sujeitos apenas à obrigação de repará-lo até o limite do valor da herança ou do patrimônio transferido. (Redação dada pela Lei nº 14.230, de 2021)

8.1) Tema central do dispositivo: Responsabilidade do sucessor ou herdeiro. No seu artigo 8º, a LIA prevê que o sucessor ou o herdeiro daquele que praticou conduta ímproba que implique enriquecimento ilícito, seja ele agente público ou particular, terá de restituir os bens e/ou valores acrescidos ao seu patrimônio. Um preceito que se preocupa em delimitar a responsabilidade de quem figura como sucessor ou herdeiro, de maneira que ela fique restrita à obrigação de reparar o dano sofrido. Nenhuma outra medida punitiva poderá ser imposta a quem não praticou a improbidade administrativa. A palavra "sucessor" tem significado mais amplo do que o da expressão "herdeiro", de modo que compreende não apenas a sucessão legítima, como a testamentária e outras formas de sucessão na propriedade.

8.2) Explicação do dispositivo: O artigo 8º existe para evitar que as condutas praticadas pelo *de cujus* fiquem impunes, ao menos no que concerne ao dever de recomposição do patrimônio desfalcado pela prática da improbidade administrativa. Ele tem, assim, a função de desestimular a prática desonesta causadora de dano ou destinada ao enriquecimento dos herdeiros.

No direito brasileiro, que se orienta pelo *droit de saisine*, o óbito implica a abertura da sucessão e a transferência imediata dos bens aos herdeiros. É o que se extrai do art. 1.784 do Código Civil, *in verbis*:

> Art. 1.784. Aberta a sucessão, a herança transmite-se, desde logo, aos herdeiros legítimos e testamentários.

Por sua vez, o art. 1.792 do Código Civil estipula que os herdeiros não responderão com o seu patrimônio por valores superiores aos recebidos pela herança. Confira-se o citado dispositivo:

> Art. 1.792. O herdeiro não responde por encargos superiores às forças da herança; incumbe-lhe, porém, a prova do excesso, salvo se houver inventário que a escuse, demostrando o valor dos bens herdados.

Já a Constituição da República estabelece no seu art. 5º, XLV, o princípio da intranscendência da pena, segundo o qual uma sanção não poderá ultrapassar a pessoa do condenado. Muito embora o texto esteja, na sua literalidade, cuidando do tema da transferência da pena a outra pessoa no âmbito do Direito Penal, a aludida norma veicula um comando que também deve incidir no âmbito do Direito Administrativo Sancionador (DAS). É preciso, aliás, rememorar que o art. 1º, §4º, da LIA prevê a incidência dos princípios constitucionais do DAS ao sistema punitivo da improbidade administrativa. A redação do citado art. 5º, inciso XLV, da Constituição da República tem o seguinte teor:

> XLV – nenhuma pena passará da pessoa do condenado, podendo a obrigação de reparar o dano e a decretação do perdimento de bens ser, nos termos da lei, estendidas aos sucessores e contra eles executadas, até o limite do valor do patrimônio transferido;

A leitura conjunta desses quatro dispositivos acima mencionados (dois do Código Civil, um da LIA e um da Constituição da República) nos permite concluir que o sucessor daquele que praticou improbidade administrativa não poderá responder na mesma extensão que o falecido responderia pelos seus comportamentos desonestos.

Nessa perspectiva, o art. 8º da LIA apresenta três limites para a responsabilidade do sucessor por condutas ímprobas do instituidor de sua herança: i) limite alusivo ao valor máximo da herança transferida; ii) limite decorrente do tipo de conduta praticada pelo falecido; iii) limite relativo ao tipo de punição ou medida a ser transferida. A redação original do art. 8º da LIA só previa expressamente os dois primeiros limites. Fez muito bem a reforma da LIA promovida pela Lei nº 14.230/21 ao estipular expressamente o novo limite alusivo ao tipo de punição ou dever a ser transferido, na medida em que afasta a dúvida que poderia existir quanto à transferência da punição da multa ao sucessor ou herdeiro. Multa não pode ser transferida nesses casos.

Explicaremos cada um desses três limites do art. 8º nos itens a seguir.

8.3) Polêmicas e peculiaridades do artigo:

8.3.1) Limite da responsabilidade do sucessor pelo valor máximo da herança transferida: Este limite é o de mais simples compreensão dos três. Resulta de expressa previsão do Código Civil (art. 1.792), que proíbe o sucessor de arcar com mais obrigações do *de cujus* do que a herança possa suportar. O valor a ser considerado é o da data do óbito, devendo ser ele atualizado com a inclusão da correção monetária. O valor corrigido monetariamente dos bens transferidos ao sucessor na data do óbito é o limite da responsabilidade por condutas ímprobas praticadas pelo falecido.

8.3.2) Limite da responsabilidade do sucessor em razão do tipo de conduta praticada pelo falecido: O art. 8º da LIA expressamente menciona que o sucessor apenas estará sujeito às cominações previstas na Lei nº 8.429/92 que resultarem de condutas que causem lesão ao patrimônio público ou que acarretem enriquecimento ilícito. O art. 8º não menciona as condutas que atentem contra os princípios da Administração Pública, que são aquelas do art. 11 da LIA.

O art. 8º não quis efetivamente incluir a possibilidade de transferência da responsabilidade ao sucessor ou herdeiro, quando ausente o dano ao erário e o enriquecimento ilícito. Se a conduta apenas ofender os princípios da Administração, ainda que ela venha a ensejar eventual sanção de multa civil, as sanções aplicadas não poderão ser transferidas aos sucessores. Explicaremos detalhadamente a seguir, mas, nesta altura, já adiantamos logo abaixo uma decisão do STJ que reconhece a necessidade de a transferência da responsabilidade ao sucessor apenas alcançar as condenações com base nos arts. 9º e 10, *in verbis*:

> (…) Consoante o art. 8º da Lei de Improbidade Administrativa, a multa civil *é transmissível aos herdeiros, até o limite do valor da herança', somente quando houver violação aos arts. 9º e 10º da referida lei* (dano ao patrimônio público ou enriquecimento ilícito), sendo inadmissível quando a condenação se restringir ao art. 11. (…)" (STJ. Primeira Seção. RECURSO ESPECIAL 951389 REsp nº 951389/SC. Data do Julgamento: 09.06.2010. Ministro Relator: Herman Benjamin). (Grifamos)[53]
> ADMINISTRATIVO. IMPROBIDADE. ELEMENTO SUBJETIVO. CONTRATAÇÃO DE SERVIÇOS DE TRANSPORTE SEM LICITAÇÃO. ATO ÍMPROBO POR ATENTADO AOS PRINCÍPIOS DA ADMINISTRAÇÃO PÚBLICA. CONDENAÇÃO CRIMINAL TRANSITADA EM JULGADO. APLICAÇÃO DAS SANÇÕES.
> (…)
> 5. O acórdão bem aplicou o art. 11 da Lei de Improbidade, porquanto a conduta ofende os princípios da moralidade administrativa, da legalidade e da impessoalidade, todos informadores da regra da obrigatoriedade da licitação para o fornecimento de bens e serviços à Administração.
> (…)
> 8. Consoante o art. 8º da Lei de Improbidade Administrativa, a multa civil é transmissível aos herdeiros, "até o limite do valor da herança", somente quando houver violação aos arts. 9º e 10º da referida lei (dano ao patrimônio público ou enriquecimento ilícito), sendo inadmissível quando a condenação se restringir ao art. 11.
> 9. *Como os réus foram condenados somente com base no art. 11 da Lei da Improbidade Administrativa, é ilegal a transmissão da multa para os sucessores do de cujus, mesmo nos limites da herança, por violação ao art. 8º do mesmo estatuto*.
> 10. Recurso Especial parcialmente provido para reduzir a sanção de proibição de contratar e receber subsídios públicos e afastar a transmissão mortis causa da multa civil.
> (REsp nº 951.389/SC, Rel. Ministro Herman Benjamin, Primeira Seção, julgado em 09.06.2010, DJe 04.05.2011) (Grifamos)

8.3.3) Limite da responsabilidade do sucessor em razão do tipo de medida ou punição: A LIA prevê medidas destinadas à recomposição do patrimônio público (perda dos bens ou valores acrescidos ilicitamente ao patrimônio e ressarcimento integral do dano) e sanções que se destinam a precipuamente punir o réu (multa civil, perda da função pública, suspensão dos direitos políticos, proibição de contratar com o Poder Público ou receber benefícios ou incentivos fiscais ou creditícios, direta ou indiretamente, ainda que por intermédio de pessoa jurídica da qual seja sócio majoritário).

---

[53] Mais adiante citaremos esta decisão novamente destacando que ela, ao possibilitar a transferência da multa civil ao sucessor, contraria, nesse ponto, a redação atual do art. 8º da LIA.

As sanções que se voltam primordialmente para a punição do réu ímprobo também possuem, em alguma medida, efeitos patrimoniais. É o caso, por exemplo, da perda da função pública, que impedirá o agente público condenado de continuar a perceber sua remuneração do cargo que já não mais possui. Ou mesmo a multa civil, que obriga o condenado a pagar uma determinada quantia. O fato de uma dada sanção produzir efeitos patrimoniais não tem o condão de, automaticamente, permitir a sua transferência para o sucessor. Caso isso fosse possível, a proibição de contratação com o poder público também poderia ser transferida ao sucessor, o que é inadmissível, na medida em que essa punição deve se dirigir exclusivamente à pessoa do infrator.[54]

Assim, as únicas medidas que devem ser transferidas ao sucessor do autor da improbidade são aquelas destinadas à recomposição do erário, quais sejam, o dever de recomposição ao erário e de perda de bens e valores acrescidos ilicitamente ao patrimônio do réu.[55]

A despeito da profunda controvérsia existente no período que antecedeu a alteração da redação do art. 8º, sempre entendemos que a pena da multa civil não poderia, em hipótese alguma, ser transferida ao sucessor ou herdeiro por três principais razões.[56],[57] A primeira resulta do fato de que a multa tem um caráter pedagógico; ela existe para prevenir a repetição do ilícito. O sucessor não praticou o ilícito e, por esse motivo, não precisaria de uma punição para deixar de repetir algo que nunca fez. A multa aplicada na ação de improbidade tem duas razões principais para existir: a de punir (caráter retributivo) o infrator (e só ele) e a de evitar que o infrator e demais

---

[54] O STJ tem precedentes em que reconhece a possibilidade de transferência das sanções aos sucessores, caso as punições tenham um caráter patrimonial. Contudo, não há um detalhamento maior do que efetivamente significaria a expressão "natureza patrimonial" da sanção, o que pode gerar controvérsia, na medida em que todas as sanções previstas na LIA podem, em alguma extensão, produzir efeitos patrimoniais. Como exemplo de decisão do STJ, confira-se a seguinte: AGRAVO EM RECURSO ESPECIAL. ADMINISTRATIVO. IMPROBIDADE ADMINISTRATIVA. ALEGAÇÃO DE VIOLAÇÃO DO ART. 12, I, DA LEI Nº 8.429/92. DEFICIÊNCIAS DAS RAZÕES RECURSAIS QUANTO A DOIS RÉUS.
(...) III – *A perda de função pública, a exemplo das sanções penais, **constitui penalidade de natureza personalíssima, não se transmitindo aos sucessores**. A correta leitura do art. 8º da Lei n. 8.429/1992 é aquela que submete os sucessores às cominações da Lei de Improbidade de **natureza patrimonial** e, pois, transmissível nos limites da herança*. Nesse sentido o magistério da doutrina. (...) (AREsp nº 1548203/RN, Rel. Ministro Francisco Falcão, SEGUNDA TURMA, julgado em 10.03.2020, DJe 17.03.2020). (Grifamos). É preciso salientar que o precedente do STJ transcrito refere-se a período anterior ao da reforma da LIA promovida pela Lei nº 14.230.

[55] Nesse mesmo sentido, Rafael Oliveira e Daniel Assumpção. NEVES, Daniel Amorim Assumpção; OLIVEIRA, Rafael Carvalho Rezende. *Improbidade Administrativa*. Direito Material e Processual. 8. ed. Revista e atualizada. São Paulo: Gen-Forense, 2020. p. 247.

[56] Em sentido favorável à transmissão da pena de multa ao sucessor, temos, por exemplo, a posição de Emerson Garcia e Rogério Pacheco Alves, *in verbis*: "de acordo com o art. 5º, XLV, da CR/1988, 'nenhuma pena passará da pessoa do condenado, podendo a obrigação de reparar o dano e a decretação do perdimento de bens ser, nos termos da lei, estendida aos sucessores e contra eles executadas, até o limite do valor do patrimônio transferido'. Em que pese não se referir o texto constitucional à multa, tal não tem o condão de excluir sua transmissibilidade aos sucessores quando sua aplicação resultar da prática de um ato de improbidade". GARCIA, Emerson; ALVES, Rogério Pacheco. *Improbidade Administrativa*. 4. ed. Revista e ampliada. Rio de Janeiro: Lumen Juris, 2008. p. 224.

[57] Em sentido contrário à possibilidade de transmissão da multa ao sucessor, podemos citar, *verbi gratia*, a posição de Wallace Paiva Martins Jr. Segundo ele: "A transmissibilidade das sanções derivadas da improbidade administrativa limita-se às hipóteses da perda dos bens ou valores ilicitamente acrescidos e ao ressarcimento integral do dano, excluindo-se as demais cabíveis em face do seu caráter personalíssimo". MARTINS JR., Wallace Paiva. *Probidade Administrativa*. 4. ed. São Paulo: Saraiva, 2009. p. 325.

potenciais corruptos voltem a praticar o ilícito (caráter pedagógico/preventivo). Nenhuma dessas duas razões justifica a responsabilidade do sucessor pela multa devida pelo ímprobo. O fato de a multa civil ter repercussão patrimonial não é, portanto, suficiente para o que o sucessor por ela responda. Outras sanções também possuem caráter/repercussão patrimonial e também não podem ser transferidas.[58]

Em segundo lugar, a Constituição da República proíbe, em seu art. 5, XLV,[59] que sanções, seja no âmbito do Direito Penal ou em outras esferas, sejam transferidas ao seu sucessor. As únicas hipóteses mencionadas no citado dispositivo em que se admite a transferência da responsabilidade aos sucessores são as das medidas de reparação do dano e de decretação do perdimento de bens. Dessa forma, o art. 5º, XLV, da Constituição da República e o art. 8º da LIA estão em perfeita harmonia, na medida em que ambos apenas toleram a transferência da responsabilidade ao sucessor em relação a duas únicas hipóteses: ressarcimento ao erário e perda de bens.

Em terceiro lugar, porque, ainda que o ímprobo tenha falecido antes de qualquer condenação em uma ação de improbidade, será possível obrigar seu sucessor a reparar o dano e o submeter à perda dos bens ilicitamente acrescidos ao patrimônio do *de cujus* e, posteriormente, ao seu próprio. Essas medidas são direcionadas para a recomposição do patrimônio público e independem do óbito do condenado. Por sua vez, se o réu tiver falecido antes de ser julgado na ação de improbidade, será inadmissível sua condenação superveniente a uma pena de multa civil. Ela não poderá ser aplicada da mesma forma que as demais sanções que são direcionadas para punir exclusivamente o réu. Em razão da prática de improbidade administrativa, a multa civil só poderá ser aplicada por sentença judicial enquanto o réu estiver vivo. Por este raciocínio, o sucessor não poderia ser responsabilizado, ainda que nas forças da herança, por multa destinada a atingir o *de cujus*.

Sobre o tema, contudo, o STJ tem decisões do período anterior ao da reforma de 2021 em sentido contrário ao que aqui defendemos, possibilitando a transmissão da responsabilidade ao sucessor pelo pagamento da multa civil prevista na condenação do *de cujus*:

> (...) Consoante o art. 8º da Lei de Improbidade Administrativa, **a multa civil é transmissível aos herdeiros,** até o limite do valor da herança', somente quando houver violação aos arts. 9º e 10º da referida lei (dano ao patrimônio público ou enriquecimento ilícito), sendo inadmissível quando a condenação se restringir ao art. 11. (...)" (STJ. Primeira Seção. RECURSO ESPECIAL nº 951389 REsp nº 951389/SC. Data do Julgamento: 09.06.2010. Ministro Relator: Herman Benjamin). (Grifamos)
> PROCESSUAL CIVIL E ADMINISTRATIVO. AGRAVO INTERNO NO AGRAVO EM RECURSO ESPECIAL. IMPROBIDADE ADMINISTRATIVA. FALECIMENTO DO RÉU

---

[58] Em sentido contrário, José Antonio Lisbôa Neiva defende que a multa é uma sanção de natureza civil "passível de transmissibilidade aos sucessores, eis que não se poderia considerar obrigação patrimonial inerente à pessoa do falecido (como, p. e., usufruto, de prestar alimentos) ou personalíssima (p. ex, relativa à suspensão dos direitos políticos)". NEIVA, José Antonio Lisbôa. *Improbidade Administrativa*. Legislação comentada artigo por artigo. Doutrina, Legislação e Jurisprudência. Niteroi: Impetus, 2009. p. 55.

[59] XLV – nenhuma pena passará da pessoa do condenado, podendo a obrigação de reparar o dano e a decretação do perdimento de bens ser, nos termos da lei, estendidas aos sucessores e contra eles executadas, até o limite do valor do patrimônio transferido;

NO CURSO DA DEMANDA. HABILITAÇÃO INCIDENTAL DE HERDEIROS. POSSIBILIDADE. ART. 8º DA LEI N. 8.429/1992. SÚMULA 83/STJ.
1. Com efeito, a Lei n. 8.429/1992 em seu art. 8º dispõe expressamente que "o sucessor daquele que causar lesão ao patrimônio público ou se enriquecer, ilicitamente está sujeito às cominações desta lei até o limite do valor da herança".
2. *Somente os sucessores do réu nas ações de improbidade administrativa fundadas nos arts. 9º e/ou 10 da Lei n. 8.429/1992 estão legitimados a prosseguir no polo passivo da demanda, nos limites da herança, para fins de ressarcimento e pagamento da multa civil.*
3. O art. 8º da LIA não estabelece qualquer marco sobre momento do óbito como condição de sua aplicabilidade.
4. Agravo interno a que se nega provimento.
(AgInt no AREsp nº 1307066/RN, Rel. Ministro Benedito Gonçalves, PRIMEIRA TURMA, julgado em 26.11.2019, DJe 02.12.2019)

8.3.4) Reserva dos bens no processo de inventário: O direito de *saisine* implica a transferência automática dos bens do falecido para o seu sucessor, mas há um procedimento formal exigido pelo direito para a regularização dessa transferência. O processo de inventário será conduzido para que, ao final, o formal de partilha operacionalize a transferência dos bens aos sucessores. O sucessor responde, no limite das forças da herança, com os seus bens em razão dos deveres impostos de perda dos bens ou valores acrescidos ilicitamente ao patrimônio e de ressarcimento integral do dano aplicados ao falecido. Assim, o juiz poderá determinar a reserva de bens e sua respectiva indisponibilidade aos que estiverem arrolados no processo de inventário, a fim de que possam garantir eventual condenação na ação de improbidade.

8.3.5) Inclusão do sucessor no polo passivo da ação de improbidade: Em nossos comentários ao art. 3º da LIA, destacamos que o particular pode ser considerado um sujeito ativo da prática ímproba e, por conseguinte, ser incluído no polo passivo de uma ação de improbidade. Quando for o caso de atribuição de responsabilidade ao sucessor, surge a necessidade de sua inclusão no polo passivo da ação de improbidade. Mas aqui haverá uma peculiaridade. Além de o espólio do sujeito ímprobo que estava sendo investigado, e eventualmente processado, poder figurar no polo passivo da ação de improbidade, os seus sucessores também poderão ser réus no referido processo. Mesmo não tendo cometido a infração, responderão pelas medidas que lhes forem transferidas. O STJ tem permitido essa inclusão, nos seguintes termos:

> (...) A questão federal principal consiste em saber se é possível a habilitação dos herdeiros de réu, falecido no curso da ação civil pública, de improbidade movida pelo Ministério Público, exclusivamente para fins de se prosseguir na pretensão de ressarcimento ao erário. 3. Ao requerer a habilitação, não pretendeu o órgão ministerial imputar aos requerentes crimes de responsabilidade ou atos de improbidade administrativa, porquanto personalíssima é a ação intentada. 4. *Estão os herdeiros legitimados a figurar no polo passivo da demanda, exclusivamente para o prosseguimento da pretensão de ressarcimento ao erário* (art.8º, Lei nº 8.429/1992). (...) (STJ. Ministro Relator: Humberto Martins. Recurso Especial 732777 REsp nº 732777/MG. T2 – Segunda Turma. Data do Julgamento: 06.11.2007) (Grifamos).

Dessa forma, tendo o sujeito ímprobo falecido antes ou depois de a ação de improbidade ser ajuizada, ela poderá ser, respectivamente, movida ou redirecionada em face do espólio[60] ou dos seus sucessores, a fim de que os bens arrolados no inventário possam responder diante de eventual condenação. Assim, tanto o espólio quanto os sucessores poderão ser incluídos no polo passivo da ação de improbidade, nos termos do que autorizam os arts. 110[61] e 779, II,[62] do CPC. Nesse mesmo sentido, Walber de Agra Jr.:

> Ainda que o ímprobo tenha falecido, a ação pode ser protocolada, apontando no polo passivo da demanda o sucessor do agente, ou ser instaurada nova relação processual perante o espólio ou sucessores do agente para a investigação do ilícito perpetrado e possível aplicação das sanções realizadas.[63]

Para Daniel Assumpção e Rafael Oliveira, em sentido contrário ao que defendemos acima, se o sujeito que pratica a improbidade falecer antes de a ação de improbidade ser ajuizada, ela não deveria ser distribuída. Os pedidos de recomposição do patrimônio público, únicos que poderiam ser feitos após o falecimento, deveriam ser formulados em ação própria, e não em uma ação de improbidade administrativa. Segundo os referidos autores:

> Ocorrendo o falecimento do sujeito que poderia ser réu numa ação de improbidade antes da propositura da ação, não vejo qualquer sentido na aplicação do art. 8º da LIA. Conforme já reiteradamente afirmado, o grande diferencial da ação de improbidade administrativa é a possibilidade de pedido de aplicação das penas do art. 12 e o afastamento temporário previsto no art. 20, ambos da Lei 8.429/1992. Se tais pedidos não podem ser manejados contra o sucessor, que sentido teria a propositura de uma ação de improbidade administrativa contra ele? Somente com os pedidos de natureza reparatória, será cabível ação popular ou ação civil pública não a ação de improbidade administrativa.
> Só vejo uma possibilidade concreta de inclusão do sucessor no polo passivo desde a propositura da ação de improbidade administrativa: caso o ato de improbidade tenha sido praticado por mais de um sujeito, sendo um deles o de cujus (…)[64]

Embora respeitável o entendimento acima, dele divergimos e seguimos o pensamento de Walber de Agra Jr. logo acima transcrito. É que, se a determinação judicial de perda de bens ou de recomposição do erário tiver como fundamento a prática de uma conduta ímproba, o reconhecimento dessa improbidade deve ocorrer nos autos de uma ação de improbidade.

---

[60] De acordo com o art. 618, I, do CPC:
Art. 618. Incumbe ao inventariante:
I – representar o espólio ativa e passivamente, em juízo ou fora dele, observando-se, quanto ao dativo, o disposto no art. 75, §1º.
[61] Art. 110. Ocorrendo a morte de qualquer das partes, dar-se-á a sucessão pelo seu espólio ou pelos seus sucessores, observado o disposto no art. 313, §§1º e 2º.
[62] Art. 779. A execução pode ser promovida contra:
(…) II – o espólio, os herdeiros ou os sucessores do devedor;
[63] AGRA, Walber de Moura. *Comentários sobre a Lei de Improbidade Administrativa*. Belo Horizonte: Fórum, 2017, posição 2105 no ebook.
[64] NEVES, Daniel Amorim Assumpção; OLIVEIRA, Rafael Carvalho Rezende. *Improbidade Administrativa*. Direito Material e Processual. 8. ed. Revista e atualizada. São Paulo: Gen-Forense, 2020. p. 180.

ARTIGO 8º-A

Art. 8º-A A responsabilidade sucessória de que trata o art. 8º desta Lei aplica-se também na hipótese de alteração contratual, de transformação, de incorporação, de fusão ou de cisão societária. (Incluído pela Lei nº 14.230, de 2021)

Parágrafo único. Nas hipóteses de fusão e de incorporação, a responsabilidade da sucessora será restrita à obrigação de reparação integral do dano causado, até o limite do patrimônio transferido, não lhe sendo aplicáveis as demais sanções previstas nesta Lei decorrentes de atos e de fatos ocorridos antes da data da fusão ou da incorporação, exceto no caso de simulação ou de evidente intuito de fraude, devidamente comprovados. (Incluído pela Lei nº 14.230, de 2021)

8-A.1) Tema central do dispositivo: Responsabilidade sucessória da pessoa jurídica. O art. 8º-A disciplina a sucessão da responsabilidade da pessoa jurídica condenada por improbidade administrativa. O legislador criou uma regra específica para evitar a ocorrência de operações societárias que sejam realizadas com o propósito de acarretar o indevido afastamento dos efeitos de uma condenação por improbidade administrativa. Referido artigo também delimita a transferência da responsabilidade na sucessão de uma pessoa jurídica, de maneira a fortalecer o princípio da intranscendência da pena.

8-A.2) Explicação do dispositivo: A redação do *caput* do art. 8º-A estipula que, mesmo diante de uma alteração contratual, transformação, incorporação, fusão e de uma cisão, a responsabilidade subsistirá. O parágrafo único do referido artigo estipula, por sua vez, que, nos casos de fusão e incorporação, que são operações societárias que extinguem uma sociedade, a responsabilidade da sucessora ficará restrita à obrigação de reparação integral do dano causado, até o limite do patrimônio transferido, salvo nos casos de simulação ou de evidente intuito de fraude, devidamente comprovados.

A lógica do artigo já estava presente no art. 4º da Lei nº 12.846, Lei Anticorrupção, *in verbis*:

> Art. 4º Subsiste a responsabilidade da pessoa jurídica na hipótese de alteração contratual, transformação, incorporação, fusão ou cisão societária.
> §1º Nas hipóteses de fusão e incorporação, a responsabilidade da sucessora será restrita à obrigação de pagamento de multa e reparação integral do dano causado, até o limite do patrimônio transferido, não lhe sendo aplicáveis as demais sanções previstas nesta Lei decorrentes de atos e fatos ocorridos antes da data da fusão ou incorporação, exceto no caso de simulação ou evidente intuito de fraude, devidamente comprovados.
> §2º As sociedades controladoras, controladas, coligadas ou, no âmbito do respectivo contrato, as consorciadas serão solidariamente responsáveis pela prática dos atos previstos nesta Lei, restringindo-se tal responsabilidade à obrigação de pagamento de multa e reparação integral do dano causado.

Comparando a redação do art. 8º-A com a do art. 4º da Lei Anticorrupção, chama atenção o fato de a LIA não ter previsto também a transferência da responsabilidade pelo pagamento da multa, como o fez a Lei Anticorrupção. A incorporação de uma pessoa jurídica condenada, por exemplo, ao pagamento de uma multa de cinco milhões de reais em uma ação de improbidade administrativa acarretará a extinção dessa obrigação e a incorporadora por ela não será responsável. De todo modo, é sempre importante lembrar que o art. 3º, §2º, da LIA impede que as sanções previstas na LIA sejam aplicadas à pessoa jurídica, caso o ato de improbidade administrativa também seja sancionado como ato lesivo à Administração Pública de que trata a Lei nº 12.846. Assim, mesmo inexistindo na LIA a previsão de transferência da multa para a pessoa jurídica sucessora, muito provavelmente a transferência da responsabilidade por esse pagamento ocorrerá no âmbito de uma condenação pela Lei Anticorrupção.

8-A.3) Polêmicas e peculiaridades do artigo:

8-A.3.1) Ausência de transferência para a pessoa jurídica sucessora das penas de proibição de contratar com a administração ou de receber benefícios ou incentivos fiscais ou creditícios: O art. 12 da LIA prevê a possiblidade de o magistrado aplicar a uma pessoa jurídica as sanções de proibição de contratar com a administração ou de receber benefícios ou incentivos fiscais ou creditícios. Essas penas podem, em alguns casos, acarretar dificuldades extremas para as pessoas jurídicas condenadas, notadamente se elas tiverem relações empresariais com o Estado como a sua atividade principal. Uma sociedade empresária que participe rotineiramente de licitações ou uma associação filantrópica integrante do terceiro setor e que receba benefícios, por exemplo, ficarão em uma situação muito delicada, caso sejam atingidas por essas sanções.

Por outro lado, ocorrendo uma operação societária como a incorporação, a título de ilustração, a incorporadora que absorver todo o patrimônio da incorporada não ficará proibida de contratar com a administração ou de receber benefícios ou incentivos fiscais ou creditícios, salvo se houver simulação ou de evidente intuito de fraude, devidamente comprovados.

A grande verdade é que só o tempo dirá se a aplicação da regra do art. 8º-A parágrafo único ao longo dos anos tornará letra morta as sanções dirigidas a pessoas jurídicas de proibição de contratar com a administração ou de receber benefícios ou incentivos fiscais ou creditícios. Perceberemos isso na variação da quantidade de incorporações e fusões envolvendo pessoas jurídicas condenadas por improbidade administrativa.

8-A.3.2) Cisão total e delimitação da responsabilidade das pessoas jurídicas sucessoras nesta operação societária: A leitura do art. 8º-A, *caput* e parágrafo único, nos permite concluir que, quando a operação societária não acarretar a extinção de uma pessoa jurídica (alteração contratual, transformação e cisão parcial), a responsabilidade da pessoa jurídica sucessora subsistirá de forma ampla e na sua íntegra (art. 8º-A *caput*). Todas as sanções aplicadas à PJ sucedida serão assumidas pela PJ sucessora. Por sua vez, quando a operação societária acarretar a extinção da pessoa jurídica (fusão e incorporação), teremos a limitação da responsabilidade da pessoa jurídica sucessora à obrigação de reparação integral do dano causado e até o limite do patrimônio transferido (art. 8º-A parágrafo único). Prevalece, assim, a noção de que a pessoa jurídica sucessora daquela que não mais existe não pode ser responsabilizada de uma forma ampla, mas apenas pela recomposição patrimonial do erário e nos limites do patrimônio transferido. Isso, aliás, está em harmonia com o princípio da intranscendência da pena. Por outro lado, se a PJ sucedida subsistir mesmo após a operação societária, não há razão para a eliminação das sanções que lhe foram impostas por sentença.

Sendo essa a premissa que leva à distinção entre a regra do *caput* e a do parágrafo único do art. 8º-A para os fins de delimitação do alcance da responsabilidade da sucessora, há um pequeno detalhe a ser comentado. Devemos considerar, tal como acima destacamos, que, na cisão total, também ocorre a extinção da pessoa jurídica cindida e, por conseguinte, deverá haver a limitação da responsabilidade das pessoas jurídicas sucessoras que nascem, em virtude dessa operação societária. Muito embora o artigo 8º-A tenha mencionado a cisão apenas no seu *caput*, entendemos que referida expressão contida no *caput* deva ser interpretada para significar a cisão parcial (que não acarreta a extinção de uma pessoa jurídica). Em relação à cisão total, aplicar-se-ia a regra do parágrafo único do art. 8º-A que restringe a responsabilidade da pessoa jurídica sucessora.

8-A.3.3) Responsabilidade da pessoa jurídica sucessora de uma pessoa jurídica condenada por conduta do art. 11: O art. 8º não prevê que o herdeiro ou sucessor assumirá a responsabilidade de quem foi condenado em uma ação de improbidade por conduta que atente contra os princípios da administração (art. 11). A razão dessa previsão legal é simples. No caso do art. 11, hipótese em que não ocorreu qualquer enriquecimento indevido ou dano ao poder público, não há que se falar em recomposição do erário, única medida que o herdeiro ou sucessor teria de cumprir na forma do art. 8º.

O *caput* do art. 8º-A prevê, por sua vez, que "a responsabilidade sucessória de que trata o art. 8º desta Lei aplica-se também na hipótese de alteração contratual, de transformação, de incorporação, de fusão ou de cisão societária". O artigo 8º é mencionado expressamente como parâmetro para disciplinar os limites da responsabilidade de uma pessoa **jurídica** sucessora, diante da ocorrência das operações societárias que o próprio dispositivo descreve. Numa rápida leitura, poderia surgir a impressão oriunda de uma intepretação literal e equivocada, a nosso sentir, de que, tal como ocorre na situação do art. 8º, a pessoa jurídica sucessora só responderia nas hipóteses de condenação da pessoa jurídica sucedida por enriquecimento indevido (art. 9º) e/ou por dano ao erário (art. 10). Adotando-se essa linha de raciocínio, da mesma forma que nos casos de responsabilidade do herdeiro ou do sucessor mencionado pelo art. 8º, não haveria sucessão da responsabilidade da pessoa jurídica diante de uma condenação por conduta do art. 11. Entretanto, essa não é a melhor intepretação do alcance do art. 8º-A. Dois argumentos afastam essa interpretação.

Em primeiro lugar, da mesma forma que acontece com uma pessoa física, uma pessoa jurídica também pode ser condenada em uma ação de improbidade por sanções diversas da medida de recomposição do erário. Nesse caso, havendo uma operação societária que não acarrete a sua extinção, todas as sanções devem ser transferidas para a sucessora. O exemplo ilustra o que se pretende defender: Uma sociedade limitada é condenada em uma ação de improbidade a pagar uma multa e a não mais contratar com o poder público. A condenação teve como fundamento uma conduta descrita no art. 11 que atenta contra os princípios da administração. Após a condenação, a referida sociedade limitada optou por se transformar em uma sociedade anônima. Essa transformação, que não acarreta a extinção da sociedade empresária, não impede (e nem deveria) a transferência das sanções aplicadas (multa e proibição de contratar) para a sociedade anônima fruto da transformação. Entendimento diverso inviabilizaria, na prática, a efetivação das condenações de pessoas jurídicas, que realizariam qualquer operação societária para a eliminação dos efeitos da condenação em uma ação de improbidade administrativa.

Em segundo lugar, porque o art. 8º-A prevê uma regra para o seu *caput* e outra para o seu parágrafo único. No *caput*, estipula-se a transferência ampla da condenação para a pessoa jurídica sucessora. No parágrafo único, temos a limitação da transferência da responsabilidade para a pessoa jurídica sucessora à obrigação de recompor o erário, tal como também previsto no art. 8º. Se todo o artigo 8º-A (*caput* e parágrafo único) tivesse de observar o art. 8º nos seus mínimos detalhes, não teríamos as diferenças (importantes e necessárias) quanto à abrangência da responsabilidade das pessoas jurídicas sucessoras decorrentes da regra do *caput* e do parágrafo único do art. 8º-A.

Assim, entendemos que, quando uma operação societária não acarretar a extinção da pessoa jurídica, tal como no caso de uma mera transformação, subsistirá amplamente a responsabilidade da PJ, mesmo nos casos de condenação pelo art. 11. É que não há, nesses casos, uma autêntica sucessão. Por sua vez, a limitação da responsabilidade sucessória aos casos de dano ao erário (art. 10) e de enriquecimento ilícito (art. 9º) a que alude o art. 8º deve ter lugar, quando estivermos diante de uma operação societária que acarrete a extinção da pessoa jurídica sucedida.

ARTIGO 9º

CAPÍTULO II
Dos Atos de Improbidade Administrativa
Seção I

Dos Atos de Improbidade Administrativa que Importam Enriquecimento Ilícito

Art. 9º Constitui ato de improbidade administrativa importando em enriquecimento ilícito auferir, mediante a prática de ato doloso, qualquer tipo de vantagem patrimonial indevida em razão do exercício de cargo, de mandato, de função, de emprego ou de atividade nas entidades referidas no art. 1º desta Lei, e notadamente: (Redação dada pela Lei nº 14.230, de 2021)

I - receber, para si ou para outrem, dinheiro, bem móvel ou imóvel, ou qualquer outra vantagem econômica, direta ou indireta, a título de comissão, percentagem, gratificação ou presente de quem tenha interesse, direto ou indireto, que possa ser atingido ou amparado por ação ou omissão decorrente das atribuições do agente público;

II - perceber vantagem econômica, direta ou indireta, para facilitar a aquisição, permuta ou locação de bem móvel ou imóvel, ou a contratação de serviços pelas entidades referidas no art. 1º por preço superior ao valor de mercado;

III - perceber vantagem econômica, direta ou indireta, para facilitar a alienação, permuta ou locação de bem público ou o fornecimento de serviço por ente estatal por preço inferior ao valor de mercado;

IV - utilizar, em obra ou serviço particular, qualquer bem móvel, de propriedade ou à disposição de qualquer das entidades referidas no art. 1º desta Lei, bem como o trabalho de servidores, de empregados ou de terceiros contratados por essas entidades; (Redação dada pela Lei nº 14.230, de 2021)

V - receber vantagem econômica de qualquer natureza, direta ou indireta, para tolerar a exploração ou a prática de jogos de azar, de lenocínio, de narcotráfico, de contrabando, de usura ou de qualquer outra atividade ilícita, ou aceitar promessa de tal vantagem;

VI - receber vantagem econômica de qualquer natureza, direta ou indireta, para fazer declaração falsa sobre qualquer dado técnico que envolva obras públicas ou qualquer outro serviço ou sobre quantidade, peso, medida, qualidade ou característica de mercadorias ou bens fornecidos a qualquer das entidades referidas no art. 1º desta Lei; (Redação dada pela Lei nº 14.230, de 2021)

VII - adquirir, para si ou para outrem, no exercício de mandato, de cargo, de emprego ou de função pública, e em razão deles, bens de qualquer natureza, decorrentes dos atos descritos no caput deste artigo, cujo valor seja desproporcional à evolução do patrimônio ou à renda do agente público, assegurada a demonstração pelo agente da licitude da origem dessa evolução; (Redação dada pela Lei nº 14.230, de 2021)

VIII - aceitar emprego, comissão ou exercer atividade de consultoria ou assessoramento para pessoa física ou jurídica que tenha interesse suscetível de ser atingido ou amparado por ação ou omissão decorrente das atribuições do agente público, durante a atividade;

IX - perceber vantagem econômica para intermediar a liberação ou aplicação de verba pública de qualquer natureza;

X - receber vantagem econômica de qualquer natureza, direta ou indiretamente, para omitir ato de ofício, providência ou declaração a que esteja obrigado;

XI - incorporar, por qualquer forma, ao seu patrimônio bens, rendas, verbas ou valores integrantes do acervo patrimonial das entidades mencionadas no art. 1º desta lei;

XII - usar, em proveito próprio, bens, rendas, verbas ou valores integrantes do acervo patrimonial das entidades mencionadas no art. 1º desta lei.

9.1) Tema central do dispositivo: Improbidade que importa enriquecimento ilícito. O art. 9º estipula exemplos de condutas ímprobas que acarretam o enriquecimento ilícito. São as condutas de maior gravidade e que ensejam as sanções mais severas. A palavra "notadamente" mencionada no *caput* do art. 9º nos mostra que a enumeração das hipóteses de improbidade apresentadas nos seus incisos não é exaustiva (*numerus clausus*). Eventualmente, alguma conduta descrita no art. 9º também poderá configurar crime, circunstância em que o réu deverá responder simultaneamente na ação de improbidade administrativa e na ação penal pela mesma conduta.

O artigo exige que a vantagem patrimonial indevida seja decorrente do exercício de cargo, mandato, função, emprego ou atividade nas entidades mencionadas no art. 1º desta lei. Enriquecimento ilícito pode decorrer de uma ação ou omissão capaz de gerar, em proveito do sujeito ativo da improbidade, uma vantagem indevida. Para que a conduta ímproba seja punida nos termos do art. 9º, o enriquecimento indevido precisa ser de caráter patrimonial. Se for de outra natureza, podemos estar diante de uma improbidade administrativa, mas ela não será punível pelo referido artigo. Além disso, a punição pelo art. 9º só poderá ocorrer se a atuação for dolosa.

9.2) Explicação do dispositivo: Em harmonia com o que dispõe o art. 20 do Decreto nº 5.687/06, que promulga, em território nacional, a Convenção das Nações Unidas contra a Corrupção,[65] a Lei nº 8.429 pune severamente o incremento

---

[65] Decreto nº 5.687, de 31 de janeiro de 2006.
Artigo 20 – Enriquecimento ilícito
Com sujeição a sua constituição e aos princípios fundamentais de seu ordenamento jurídico, cada Estado Parte considerará a possibilidade de adotar as medidas legislativas e de outras índoles que sejam necessárias para

injustificado do patrimônio dos agentes públicos e de particulares que praticarem improbidade administrativa.[66] O enriquecimento indevido da lei de improbidade é diferente do enriquecimento sem causa do Direito Civil, na medida em que, no direito privado, não se exige uma conduta ilícita para que ocorra o incremento patrimonial juridicamente ilegítimo.

De acordo com a LIA, as condutas ímprobas que potencialmente podem gerar as sanções mais elevadas são as que acarretam enriquecimento ilícito, em razão do exercício do cargo, mandato, função, emprego ou atividade do sujeito ativo. Essa conclusão pode ser extraída mediante a análise dos incisos do art. 12 da LIA que estipula as sanções para cada uma das espécies de improbidade administrativa legalmente previstas.

Assim, se o sujeito ativo praticar uma conduta que possa, em tese, ser simultaneamente enquadrada nos arts. 10 e 11, ele responderá apenas pelo art. 9º. O princípio da especialidade pode levar a esta conclusão ao possibilitar que o tipo mais específico (especial) seja aplicado em lugar do mais genérico (geral). De acordo com o princípio da subsidiariedade, o réu também responderá de acordo com o tipo dotado de um caráter primário em relação à violação do bem jurídico que se pretende tutelar. Dessa forma, se a conduta praticada for de gravidade tal que justifique se encaixar perfeitamente em um tipo previsto nos incisos do art. 9º, apenas por ele será punida. Afasta-se o tipo subsidiário quando o fato se ajustar ao tipo principal. E, em observância ao princípio da consunção, o réu deverá responder pela conduta de maior gravidade que absorva as demais. Assim, se a conduta que acarretar o enriquecimento ilícito for mais abrangente que as demais ao ponto de as absorver, a responsabilidade deverá se dar pelo art. 9º da LIA. Nesse sentido, a condenação com base no art. 9º da LIA exige a ocorrência do enriquecimento indevido decorrente da função pública. O recebimento de uma vantagem não patrimonial ou a mera promessa de entrega de uma vantagem indevida que não se concretiza são condutas que podem ocasionalmente merecer o enquadramento como improbidade administrativa, mas não na hipótese do art. 9º.[67]

Por outro lado, é importante destacar que a conduta que acarreta enriquecimento indevido em razão do desempenho de uma função pública não precisa, necessariamente, causar dano ao erário. O sujeito ativo precisa se enriquecer indevidamente, mas o poder público não precisa sofrer prejuízo algum.

---

qualificar como delito, quando cometido intencionalmente, o enriquecimento ilícito, ou seja, o incremento significativo do patrimônio de um funcionário público relativos aos seus ingressos legítimos que não podem ser razoavelmente justificados por ele.

[66] Em cotejo com a Convenção das Nações Unidas contra a Corrupção, a LIA exige adicionalmente, para a caracterização da improbidade administrativa na forma como sustentamos neste livro, que o incremento patrimonial ilícito seja injustificado, e, ainda, que decorra do desempenho da função pública.

[67] No mesmo sentido, Daniel Assumpção e Rafael Oliveira. NEVES, Daniel Amorim Assumpção; OLIVEIRA, Rafael Carvalho Rezende. *Improbidade Administrativa*. Direito Material e Processual. 8. ed. Revista e atualizada. São Paulo: Gen-Forense, 2020. p. 87.

Por seu turno, mesmo sendo exemplificativa a enumeração do art. 9º, exige-se que a condenação pelo referido artigo decorra de uma conduta que preencha os requisitos do seu *caput*. Assim, os parâmetros/requisitos para uma pessoa ser condenada por enriquecimento ilícito são aqueles previstos no *caput* e só se eles forem preenchidos é que a condenação ocorrerá com fundamento no citado artigo. Por exemplo, se estivermos diante de um enriquecimento ilícito não previsto expressamente em um dos incisos do art. 9º, mas não houver qualquer prova de que tal enriquecimento decorreu do cargo, emprego ou função, o réu não poderá ser condenado na respectiva ação de improbidade com fundamento no art. 9º. Por outro lado, ainda que um ato não se enquadre em uma das hipóteses previstas nos incisos do art. 9º, ele poderá configurar improbidade, caso a hipótese esteja enquadrada no *caput* deste artigo.[68]

Na improbidade administrativa, a tipicidade não precisa ser tão fechada como no Direito Penal. Admite-se algum grau de generalidade e uma enumeração legal não exauriente. Contudo, o *caput* do art. 9º estabelece exigências que servem de orientação para a identificação da licitude de condutas não mencionadas expressamente pela LIA.[69]

A caracterização do enriquecimento indevido depende, consoante destacado por Emerson Garcia e Rogério Pacheco Alves, do preenchimento de quatro requisitos, a saber: i) o enriquecimento de alguém; ii) o empobrecimento de alguém;[70] iii) a ausência de justa causa; iv) nexo causal entre o enriquecimento e o empobrecimento.[71] Entendemos que, para os fins da improbidade administrativa, mais um requisito deva ser adicionado: o nexo entre o enriquecimento e a função desempenhada. Presentes esses quatro requisitos, e mais o de que a conduta decorreu da função pública desempenhada, o ilícito poderá ser reprimido, nos termos do art. 9º da LIA, ainda que nele não esteja prevista expressamente.

Pode, portanto, ocorrer enriquecimento indevido através do que a doutrina denomina de uma prestação positiva (quando ocorre o recebimento de bens ou valores de forma indevida), ou de uma prestação negativa (quando deixa de ocorrer uma diminuição patrimonial, em razão de uma indevida dispensa do pagamento de um valor).[72]

Quando o magistrado estiver diante de uma conduta que acarrete enriquecimento ilícito, deverá decretar a perda dos bens ou valores acrescidos ao patrimônio do réu ilicitamente. E, de acordo com a regra do art. 18 da LIA, tais

---

[68] Nesse mesmo sentido, Maria Sylvia Di Pietro. DI PIETRO, Maria Sylvia Zanella. *Direito Administrativo*. 22 ed. São Paulo: Atlas, 2009. p. 820-821.
[69] Este raciocínio também se aplica para o *caput* do art. 10, que também estabelece uma enumeração exemplificativa.
[70] O empobrecimento pode decorrer tanto de uma perda patrimonial quanto do não pagamento por um serviço pelo qual a pessoa teria o direito de receber.
[71] GARCIA, Emerson; ALVES, Rogério Pacheco. *Improbidade Administrativa*. 4. ed. Revista e ampliada. Rio de Janeiro: Lumen Juris, 2008. p. 234.
[72] GARCIA, Emerson; ALVES, Rogério Pacheco. *Improbidade Administrativa*. 4. ed. Revista e ampliada. Rio de Janeiro: Lumen Juris, 2008. p. 240-241.

bens e valores serão revertidos em favor da pessoa prejudicada pelo ilícito. Essa medida não impede a simultânea condenação do réu a uma pena de multa e eventualmente a uma medida de ressarcimento ao erário. É plenamente possível, portanto, que o réu seja condenado a pagar valores que somados superam o seu enriquecimento indevido.

9.3) Polêmicas e peculiaridades do artigo:
9.3.1) Recebimento de presentes: O inciso I do art. 9º caracteriza como improbidade administrativa o recebimento de presentes de quem possa ser atingido por ação ou omissão decorrente das atribuições do agente público. O texto é o seguinte:

> I – receber, para si ou para outrem, dinheiro, bem móvel ou imóvel, ou qualquer outra vantagem econômica, direta ou indireta, a título de comissão, percentagem, gratificação ou presente de quem tenha interesse, direto ou indireto, que possa ser atingido ou amparado por ação ou omissão decorrente das atribuições do agente público;

Ao tratar da matéria, o art. 117, XII, da Lei nº 8.112, que disciplina o regime jurídico dos servidores públicos federais, também veda o recebimento de presentes ou de vantagens em razão do cargo ocupado. Mas, será que o recebimento de todo e qualquer presente configurará simultaneamente infração disciplinar e improbidade administrativa? No dizer de Mauro Roberto Gomes de Mattos, "é necessário uma interpretação com determinados temperamentos".[73]

O recebimento de presentes, por si só, não caracteriza improbidade administrativa. Em nosso país, é cultural o recebimento por autoridades públicas de agendas, livros, canetas e, em períodos festivos, como o Natal, até mesmo cestas com alimentos. Há, muitas vezes, um misto de reconhecimento pelo trabalho com uma dose de agradecimento. Mas, e sem fazermos uma generalização injusta, há, também, situações em que nos deparamos com verdadeiros resquícios de um modelo de estado patrimonialista, em que o cidadão procura agradar a autoridade para que seja lembrado no momento das suas decisões. Ainda que o ato de presentear autoridades deva ser evitado em uma república, a fim de que não haja dúvidas sobre a observância do princípio da impessoalidade nas relações entre o cidadão e o Estado, ele também não pode ser generalizadamente demonizado. Presentar não é, como regra, improbidade administrativa. Para que o recebimento do presente seja considerado uma conduta punível nos termos do art. 9º, I, da LIA, é fundamental: i) que o agente tenha recebido o presente de quem tenha interesse direto ou indireto ou que possa ser atingido por ação ou omissão sua; ii) que o presente represente uma vantagem patrimonial indevida, e iii) que o presente tenha sido dado, em razão do cargo, mandato, função, emprego ou atividade.

Assim, para que uma vantagem patrimonial seja considerada indevida, é preciso avaliar os costumes do local, se o presente foi revertido para o próprio

---

[73] MATTOS, Mauro Roberto Gomes de. *O limite da improbidade Administrativa*. O direito dos administrados dentro da Lei nº 8.429/92. Rio de Janeiro: América Jurídica, 2004. p. 151.

Estado, se o que foi entregue não seria um mero brinde,[74] se o objeto tem valor comercial, se há uma desproporção entre um singelo ato de gratidão e o valor do bem e, de modo geral, as circunstâncias em que o ato se verificou e o que se pretendeu com o regalo.[75,76]

9.3.2) Utilização de pessoal ou de bens públicos móveis em obra ou serviço particular: Os agentes públicos devem realizar atividades para a pessoa pública a que estão vinculados. Da mesma forma, bens públicos não podem ser empregados no interesse privado. Um agente público não pode, assim, utilizar um material, equipamento ou servidor público em seu exclusivo proveito pessoal. Na esfera penal, o uso de bens ou servidores públicos em proveito exclusivamente privado, chamado de peculato de uso, não é punível.[77] Mas essas condutas podem, a depender do caso concreto, ser punidas de acordo com o art. 9º da LIA.

---

[74] De acordo com o art. 9º do Código de Conduta da Alta Administração Federal, aprovado em 21/08/2000, o brinde não pode ter valor superior a R$100,00, *verbis*:
Art. 9º É vedada à autoridade pública a aceitação de presentes, salvo de autoridades estrangeiras nos casos protocolares em que houver reciprocidade.
Parágrafo único. Não se consideram presentes para os fins deste artigo os brindes que:
I – não tenham valor comercial; ou
II – distribuídos por entidades de qualquer natureza a título de cortesia, propaganda, divulgação habitual ou por ocasião de eventos especiais ou datas comemorativas, não ultrapassem o valor de R$ 100,00 (cem reais).

[75] Para uma análise mais detida do tema, merece consulta o seguinte artigo de FREITAS, Vladimir Passos de. *Os imprecisos limites do recebimento de presentes por autoridades*. Disponível em: https://www.conjur.com.br/2016-set-11/segunda-leitura-imprecisos-limites-recebimento-presentes-autoridades. Acesso em: 02 maio 2020.

[76] No dizer de Neiva, "Mesmo que se entenda como reprovável recebimento de 'lembranças' de Natal, no final do ano, por parte de servidores, não se pode configurar, pura e simplesmente, tais situações como ímprobas, sem que se analise o valor dos presentes e o objetivo por trás da oferta". NEIVA, José Antonio Lisbôa. *Improbidade Administrativa*. Legislação comentada artigo por artigo. Doutrina, Legislação e Jurisprudência. Niterói: Impetus, 2009. p. 58.

[77] O tema não é pacífico e há a ressalva dos crimes praticados por prefeitos, pois responderiam pelo peculato de uso, nos termos do que prevê o art. 1º, II, do Decreto Lei 201/67. O dispositivo tem o seguinte teor: Art. 1º. São crimes de responsabilidade dos Prefeitos Municipal, sujeitos ao julgamento do Poder Judiciário (...) II – utilizar-se, indevidamente, em proveito próprio ou alheio, de bens, rendas ou serviços públicos. Por todos, a atipicidade do peculato de uso é reconhecida por Waldo Fazzio Jr. In: FAZZIO JR., Waldo. *Corrupção no Poder Público*. São Paulo: Atlas, 2002. p. 118. Na jurisprudência, o STF tem precedentes entendendo pela atipicidade penal do peculato de uso. Segue a ementa de um dos julgados:
"Apelação. Ação penal. Peculato-desvio (art. 312, CP). Deputado federal. Utilização de secretária parlamentar para fins particulares. Prática de inúmeros atos na condição de administradora, de fato, da empresa da qual o parlamentar é sócio. Funcionária pública que também exerceu as atribuições inerentes a seu cargo. Inteligência do art. 8º do Ato da Mesa nº 72/97, da Câmara dos Deputados. Atividades que não se circunscreveram ao interesse exclusivamente particular do apelante nem se restringiram àquelas típicas de secretário parlamentar. Fato penalmente atípico. Recurso provido, para o fim de se absolver o apelante, com fundamento no art. 386, III, do Código de Processo Penal. 1. Como já decidido pelo Supremo Tribunal Federal, existe significativa "diferença entre usar funcionário público em atividade privada e usar a Administração Pública para pagar salário de empregado particular, o que configura peculato" (Inq nº 3.776/TO, Primeira Turma, Relatora a Ministra Rosa Weber, DJe de 04.11.14). 2. A atividade de secretário parlamentar não se limita ao desempenho de tarefas burocráticas (pareceres, estudos, expedição de ofícios, acompanhamento de proposições, redação de minutas de pronunciamento, emissão de passagens aéreas, emissão de documentos, envio de mensagens eletrônicas oficiais etc.), compreendendo outras atividades de apoio intrinsecamente relacionadas ao exercício do mandato parlamentar, como o atendimento à população (art. 8º do Ato da Mesa nº 72/97, da Câmara dos Deputados). 3. Essas atribuições devem ser desempenhadas no gabinete parlamentar na Câmara dos Deputados ou no escritório político do deputado federal em seu estado de representação (art. 2º do Ato da Mesa nº 72/97). 4. Na espécie, a secretária parlamentar efetivamente exerceu as atribuições inerentes a seu cargo público, ainda que também tenha desempenhado outras atividades no estrito interesse particular do deputado federal, na condição de administradora, de fato, da empresa da qual ele é sócio. 5. Hipótese em que não houve a utilização da Administração Pública para pagar o salário de empregado particular, mas sim o uso de mão de obra pública

O inciso IV do art. 9º trata da hipótese, nos seguintes termos:

IV – utilizar, em obra ou serviço particular, qualquer bem móvel, de propriedade ou à disposição de qualquer das entidades referidas no art. 1º desta Lei, bem como o trabalho de servidores, de empregados ou de terceiros contratados por essas entidades; (Redação dada pela Lei nº 14.230, de 2021)

Assim, a princípio, configura improbidade o uso de um caminhão do município para a realização de uma mudança pessoal, bem como o uso de servidores para esse mesmo propósito. Dissemos "a princípio", pois os detalhes do caso concreto podem ensejar uma conclusão completamente diversa, especialmente quando consideramos que, além da utilização dos bens públicos em obra ou serviço particular, é necessário que haja a ciência da ilicitude do uso pelo agente.[78] A demonstração do uso não é, considerada isoladamente, suficiente para a condenação por improbidade administrativa com fundamento no inciso IV do art. 9º.

Vamos imaginar um exemplo em que um servidor público tenha, em razão de sua remoção de ofício, o direito ao recebimento de uma ajuda de custo para providenciar sua mudança. E que o valor hipotético a ser pago pelo município seria de vinte mil reais. Ocorre que o referido município tem um caminhão e servidores que poderiam fazer a mudança sem um expressivo custo adicional. O valor total das horas de trabalho dos servidores que providenciarão a mudança e o custo de utilização do caminhão (combustível e locação hipotética) não chegaria a dez por cento dos vinte mil reais. Trata-se de um exemplo em que o uso de bens e servidores públicos em uma mudança de um servidor público, aparentemente de interesse exclusivamente privado, satisfez plenamente o interesse público. Nesse caso, não houve qualquer improbidade, na medida em que o interesse público estava presente. O exemplo nos parece ser, deveras, pertinente, pois nos permite recordar que existem as mais variadas peculiaridades em relação à conduta descrita genericamente no tipo de usar bens públicos em proveito privado. E a proporcionalidade, nos seus três aspectos da adequação, necessidade e proporcionalidade em sentido estrito, poderá contribuir, sobremaneira, na avaliação do que é aceitável em relação à hipótese do inciso IV do art. 9º.

O inciso IV também não impede que servidores públicos sejam contratados pela autoridade para quem usualmente trabalham, mediante o pagamento de uma quantia, para o desempenho de atividades de caráter privado e fora do horário

---

em desvio para atender interesses particulares. 6. O uso de secretário parlamentar que, de fato, exercia as atribuições inerentes a seu cargo para prestar outros serviços de natureza privada constitui conduta penalmente atípica. Precedentes. 7. Apelação provida, para o fim de se absolver o apelante, por atipicidade dos fatos a ele imputados, com fundamento no art. 386, III, do Código de Processo Penal". (STF. AP 504, Relatora: Min. Cármen Lúcia, Relator p/ Acórdão: Min. Dias Toffoli, Segunda Turma, julgado em 09.08.2016, ACÓRDÃO ELETRÔNICO DJe-168 DIVULG 31.07.2017 PUBLIC 01.08.2017)

[78] Nesse sentido, c. NEIVA, José Antonio Lisbôa. *Improbidade Administrativa*. Legislação comentada artigo por artigo. Doutrina, Legislação e Jurisprudência. Niteroi: Impetus, 2009. p. 61.

do expediente. Nesse caso, a relação contratual será privada e não há qualquer improbidade.[79]

É preciso também destacar que, muitas vezes, assessores precisam, no rol de suas atribuições, resolver questões que aparentemente dizem respeito unicamente à vida privada da autoridade. A título de exemplo, podemos citar o caso de um assessor que fica responsável por operacionalizar, em favor da autoridade para quem trabalha, o pagamento das suas contas de condomínio, por marcar suas consultas médicas e por levar e buscar, junto de seguranças, o seu filho no colégio. Por mais que, a princípio, esses eventos sejam de natureza privada e de interesse exclusivo da autoridade a que o assessor está subordinado, o princípio da realidade nos revela a conclusão de que, em circunstâncias como essas, não há uma separação muito nítida entre o que é público e o que é privado.

A elevada carga de trabalho e o excesso de compromissos públicos da autoridade podem impedi-la de realizar tarefas de interesse privado que a maioria das pessoas consegue fazer sem maiores dificuldades. Demais disso, a preservação da segurança do filho da autoridade pode demandar o envolvimento de agentes públicos no transporte do colégio. Nessa perspectiva, exigir que a autoridade fizesse todas essas atividades, ela própria ou contratando terceiros com seus recursos e sem qualquer apoio da Administração Pública, acarretaria dois efeitos. Para que a vida privada da autoridade se tornasse viável, o nível de dedicação aos compromissos públicos teria de, necessariamente, diminuir e a remuneração da autoridade teria de ser suficiente para arcar com esse tipo de despesa. Esses dois efeitos podem, na prática, tornar-se mais prejudiciais para a coletividade do que uma abordagem do tema que considere a percepção de que, em alguns casos excepcionais, mas que existem, não será muito fácil separar o que é público daquilo que é privado em relação ao desempenho da função pública para os fins da incidência do inciso IV do art. 9º. E pode ser que uma atividade tradicionalmente considerada como de interesse privado, como a de buscar um medicamento em uma farmácia, se torne, nessas circunstâncias, de interesse público. Nessa matéria, o art. 22 da Lei nº 13.655/18 tem um papel extremamente relevante:

> Art. 22. Na interpretação de normas sobre gestão pública, serão considerados os obstáculos e as dificuldades reais do gestor e as exigências das políticas públicas a seu cargo, sem prejuízo dos direitos dos administrados.

9.3.3) Ônus da prova quanto à evolução desproporcional do patrimônio: O art. 9º, VII, preconiza que configura improbidade administrativa adquirir bens, cujo valor seja desproporcional à evolução do patrimônio ou à renda do agente público. Segue a redação do inciso VII:

---

[79] No mesmo sentido, Neiva. NEIVA, José Antonio Lisbôa. *Improbidade Administrativa*. Legislação comentada artigo por artigo. Doutrina, Legislação e Jurisprudência. Niterói: Impetus, 2009. p. 61.

VII – adquirir, para si ou para outrem, no exercício de mandato, de cargo, de emprego ou de função pública, e em razão deles, bens de qualquer natureza, decorrentes dos atos descritos no **caput** deste artigo, cujo valor seja desproporcional à evolução do patrimônio ou à renda do agente público, assegurada a demonstração pelo agente da licitude da origem dessa evolução; (Redação dada pela Lei nº 14.230, de 2021)

Desde já, é preciso salientar que a variação patrimonial do agente público que seja desproporcional aos seus rendimentos não configurará improbidade administrativa se ela estiver desacompanhada de outros elementos. O agente pode ter recebido uma herança ou ter outras receitas capazes de legitimar a aquisição dos bens em valores superiores à sua remuneração no serviço público.[80] O problema aparece quando a desproporção entre o valor do bem adquirido pelo agente e a sua renda declarada resulta de um ilícito, especialmente quando a origem do excedente espúrio decorrer do desempenho da função pública.

Existe profunda controvérsia na literatura acerca de quem teria o ônus de provar a desproporção da evolução patrimonial e, ainda, de demonstrar que referida desproporção decorre de uma vantagem patrimonial indevida relacionada ao cargo, mandato, emprego ou função.

É possível identificar a existência de três posições doutrinárias distintas:

1ª) O réu da ação de improbidade terá de provar a licitude da sua evolução patrimonial e, nesse sentido, que ela se deu sem qualquer relação com a função pública desempenhada;[81]

2ª) O autor da ação de improbidade terá o ônus de provar a ilicitude da evolução patrimonial do réu e, ainda, que ela ocorreu em razão da função pública desempenhada;[82]

3ª) O autor da ação de improbidade terá o ônus de provar a ilicitude da evolução patrimonial do réu, mas ficará desobrigado de provar a prática de ilícitos ensejadores do acréscimo patrimonial que tenham relação com a função pública.[83]

Em nossa compreensão, o autor da ação de improbidade deve, em razão do princípio constitucional da presunção da inocência, provar não apenas que a evolução patrimonial é ilícita, mas, ainda, que o acréscimo patrimonial ilícito decorreu do desempenho das funções do cargo. Comungamos, assim, do pensamento da segunda corrente acima mencionada. Essa conclusão decorre de três argumentos principais.

---

[80] NEIVA, José Antonio Lisbôa. *Improbidade Administrativa*. Legislação comentada artigo por artigo. Doutrina, Legislação e Jurisprudência. Niteroi: Impetus, 2009. p. 64.

[81] Por todos, a posição é defendida por Wallace Paiva Martins Jr. MARTINS JR., Wallace Paiva. *Probidade Administrativa*. 4. ed. São Paulo: Saraiva, 2009. p. 239-240. No STJ, é possível encontrar decisão de 2012, no sentido de que cabe ao autor da ação de improbidade provar apenas a desproporcionalidade da evolução patrimonial com a renda do réu, e a este último provar que essa evolução patrimonial de seu de forma lícita. STJ. AGRESP nº 187235 RJ, Rel. Ministro Arnaldo Esteves Lima, PRIMEIRA TURMA, julgado em 09.10.2012, DJe 16.10.2012.

[82] Esta posição é defendida, por exemplo, por Mauro Roberto Gomes de Mattos. MATTOS, Mauro Roberto Gomes de. *O limite da improbidade Administrativa*. O direito dos administrados dentro da Lei nº 8.429/92. Rio de Janeiro: América Jurídica, 2004. p. 174.

[83] Neste sentido, temos a posição de Emerson Garcia e Rogério Pacheco Alves. In: GARCIA, Emerson; ALVES, Rogério Pacheco. *Improbidade Administrativa*. 4. ed. Revista e ampliada. Rio de Janeiro: Lumen Juris, 2008. p. 326-328.

Em primeiro lugar, porque a LIA expressamente impede a imposição de ônus da prova ao réu no seu art. 17, §19, inciso II, e a tese de uma eventual dificuldade para a obtenção da prova da origem ilícita dos recursos não é, assim, suficiente para obrigar a inversão do ônus da prova. Incumbe ao Estado que pretende aplicar uma punição a um particular diligenciar para provar a ocorrência do ilícito. O contrário dependeria de uma previsão legal e, quiçá, constitucional.

Em segundo lugar, a conduta só pode ser considerada como típica na hipótese do art. 9º, VII, se, além da ilicitude da evolução patrimonial, por incompatível com a remuneração ou renda declarada do servidor, existir uma relação direta do enriquecimento ilícito com a função pública. Caso o agente tenha, por exemplo, obtido o acréscimo patrimonial, em razão de um crime sem qualquer relação com o cargo ou se o incremento for oriundo de uma receita lícita, mas não declarada para a Receita Federal do Brasil, estaremos diante de um ilícito, mas não de uma improbidade administrativa. Como a identificação do tipo veiculado pelo art. 9º, VII, demanda a sua leitura em conjunto com o seu *caput*, a parte autora da ação de improbidade precisa provar tanto a ilicitude do acréscimo patrimonial quanto o fato de a vantagem patrimonial decorrer da função desempenhada.

Vamos supor o exemplo de um servidor que tenha adquirido um automóvel de um milhão de dólares e que receba mensalmente quinhentos dólares do serviço público. A parte autora terá de, inicialmente, provar a incompatibilidade do bem adquirido com a renda do réu. Tal prova pode ser feita, por exemplo, com a juntada da declaração de imposto de renda do demandado. Contudo, isso não é suficiente para a comprovação da prática de improbidade. É possível que o réu seja honesto na função pública, mas que tenha adquirido os recursos para a aquisição do veículo ao, por exemplo, roubar um banco privado. Nesse exemplo, a evolução patrimonial é ilícita, mas não resultou do desempenho da função pública pelo servidor. Portanto, a conduta é reprovável na esfera penal, cível e disciplinar, mas não pelo art. 9º, VII, da LIA. Daí a relevância de o autor da ação de improbidade ter a obrigação de provar que a evolução do patrimônio do réu, que não pode ser obrigado a produzir provas contra si (*nemo tenetur se detegere*), é ilícita como, também, que ela decorre da sua função pública.

Em terceiro lugar, o Projeto de Lei nº 1.446/91, que originou a Lei 8.429, recebeu uma emenda aditiva para incluir um §2º ao seu artigo 2º a fim de deixar claro que seria do réu o ônus da prova nas hipóteses de evolução patrimonial ilícita. A redação e a justificativa da emenda foram as seguintes:

Natureza da emenda: ADITIVA 28
Acrescente-se novo parágrafo ao artigo 2º do projeto com a seguinte redação, transformando-se o atual parágrafo único em parágrafo primeiro:

2º Na ação civil de ressarcimento do patrimônio público, fundada no inciso IX deste artigo, incumbe ao agente público demonstrar a origem lícita do recursos financeiros utilizados para a aquisição dos bens e valores ali mencionados.

Justificativa
Cabe deixar bem clara a regra de inversão do ônus da prova na hipótese de aquisição, pelo agente público, de bens ou valores manifestamente desproporcionados com seu patrimônio ou renda.
A regra, evidentemente, valerá apenas para o processo civil de caráter indenizatório.
Sala das sessões em 28 de agosto de 1991.
Nelson Jobim.
Deputado Federal[84]

Em seu relatório na Comissão de Constituição e de Redação, o Deputado Federal José Dutra chamou atenção específica para o tema, *in verbis*:

> O §2º, acrescentado ao art. 2º, torna explícita a inversão da regra do ônus da prova, no caso de aquisição, pelo agente público, de bens manifestamente desproporcionais ao seu patrimônio e renda.[85]

O réu, portanto, teria de demonstrar que sua evolução patrimonial se deu de forma lícita. Contudo, essa emenda aditiva não foi aprovada. O legislador não quis, ao editar a LIA, a inversão do ônus da prova. E vale destacar que a proposta de inversão do ônus da prova, caso fosse aprovada pelo Congresso, só valeria, segundo a justificativa apresentada, para as penas de caráter indenizatório. Assim, seria ilógico supor que a redação atual da LIA já prevê a inversão do ônus da prova no inciso VII do seu art. 9º sem qualquer limitação, enquanto que o texto que não foi aprovado só admitia a inversão do ônus da prova em relação a eventuais sanções com um caráter indenizatório. A reprovação da emenda aditiva não poderia, pela lógica, produzir um efeito mais amplo do que o próprio texto produziria, caso fosse aprovado.

Nesse contexto, a exigência de que o autor da ação de improbidade prove a ilicitude da evolução patrimonial e que ela decorreu do desempenho da função do cargo é uma conclusão que não tem como fundamento exclusivo uma interpretação que prestigie a *mens legislatoris*. Ao revés, essa dedução decorre do real significado da *mens legis*, o que pode ser extraído mediante uma intepretação histórica. A rejeição, pelo Congresso Nacional, da regra da inversão do ônus da prova nessa matéria revela, assim, a inequívoca vontade dos representantes do povo de reprovação da inversão do ônus da prova para a demonstração da evolução patrimonial incompatível com a renda. Tínhamos um silêncio eloquente na redação original da LIA e agora uma previsão expressa (art. 17, §19, II da LIA) que desaprova qualquer tese de inversão do ônus da prova quanto ao tema.

---

[84] Disponível em: https://www.camara.leg.br/proposicoesWeb/prop_mostrarintegra; jsessionid =BE32E18255F 0C8E37BF761AEE2982162.proposicoesWebExterno2?codteor=1141402&filename=Dossie+-PL+1446/1991 . Acesso em: 02 maio 2020.

[85] DUTRA, José. Câmara dos Deputados. *Relatório do PL 1.446/1991 na Comissão de Constituição e Justiça e de Redação*. Disponível em: https://www.camara.leg.br/proposicoesWeb/prop_mostrarintegra;jsessionid =BE32E18255F0C8E37BF761AEE2982162.proposicoesWebExterno2?codteor=1141402&filename=Dossie+-PL+1446/1991. Acesso em: 02 maio 2020.

A reforma da LIA promovida pela Lei nº 14.230/21 alterou a redação do inciso VII para nele incluir, ao seu final, o seguinte trecho: "assegurada a demonstração pelo agente da licitude da origem dessa evolução". O texto inserido não deixa claro o seu real propósito e é um tanto quanto enigmático, na medida em que permite, em tese, ao menos duas interpretações. Tanto a de que a evolução patrimonial desproporcional seria presumidamente ilícita e o ônus da prova seria do réu de demonstrar a sua licitude, quanto a de que o autor da ação de improbidade é que precisaria provar a ilicitude da evolução patrimonial, mas o réu teria o direito assegurado de demonstrar o contrário. Essa última compreensão nos parece a mais apropriada, na medida em que se revela mais consentânea com as diretrizes de um Estado de Direito e com a proibição contida no art. 17, §19, II da LIA quanto à imposição de qualquer ônus da prova ao réu.

Na realidade, a inclusão do texto final no inciso VII apenas corrobora que o réu terá o direito de se insurgir contra a tentativa da parte autora da ação de improbidade administrativa de provar que a evolução patrimonial apontada nos autos é desproporcional. Nada além disso. As provas da desproporcionalidade da evolução patrimonial e de que ela decorreu de uma conduta ímproba são fundamentais para a condenação de uma pessoa por improbidade administrativa e, por conseguinte, devem ser feitas pelo Estado acusador.

No âmbito do STF, há precedente reconhecendo que a evolução patrimonial capaz de configurar a improbidade administrativa deve ser apurada em procedimento próprio, o que reforça a tese de que a parte autora da ação de improbidade possui este ônus. Confira-se:

> (…) 6. Nos termos do Decreto 5.483, de 30 de junho de 2005, a evolução patrimonial que caracteriza a improbidade administrativa é apurada por meio da competente sindicância patrimonial, que tem por objetivo a prova da desproporcionalidade da evolução patrimonial, conforme previsão constante do art. 9º, VII, da Lei 8.429. (STF. Primeira Turma. Recurso Ordinário em Mandado de Segurança 33666. Ministro Relator: Marco Aurélio. Data de Julgamento: 31.05.2016).

No STJ, há precedente no sentido de que o ônus da prova quanto à desproporcional evolução patrimonial é da parte autora, *in verbis*:

> 1. Para fins de caracterização do ato de improbidade administrativa previsto no art. 9º, VII, da Lei 8.429/92, cabe ao autor da ação o ônus de provar a desproporcionalidade entre a evolução patrimonial e a renda auferida pelo agente no exercício de cargo público. (…) (STJ – Agravo Regimental no Agravo em Recurso especial 187235/RJ AgRg no AResp 187235/RJ. Data de Julgamento: 09.10.2012. Ministro Relator: Arnaldo Esteves Lima. Primeira Turma).

Assim, para que não haja dúvidas do que defendemos: o autor da ação de improbidade deverá, para os fins do art. 9º, VII, da Lei nº 8.429, provar a ilicitude da evolução patrimonial do réu e, ainda, que ela ocorreu em razão da função pública desempenhada, sendo desnecessário demonstrar *initio litis*, e de forma pormenorizada, cada conduta ilícita específica que ensejou o enriquecimento.[86]

9.3.4) Prática de conduta descrita no art. 9º que, no caso concreto, não acarrete enriquecimento ilícito: Os incisos do art. 9º preveem hipóteses que, como regra, acarretam um enriquecimento indevido do agente público ou mesmo do terceiro que com ele agir. Entretanto, é possível imaginar situações em que, a despeito da ocorrência da hipótese descrita em um dos incisos do art. 9º, o enriquecimento não se verificou. Em relação especificamente ao inciso VIII[87] do art. 9º, vamos supor que um agente público tenha sido contratado, durante sua atividade, para realizar uma consultoria e que o valor cobrado seja justo. Demais disso, o agente elaborou, em razão do contrato firmado, um parecer como consultor privado que em nada prejudica o poder público. Esse é um exemplo de uma situação em que o agente aceitou, durante a atividade,[88] a atividade de consultoria para pessoa jurídica que tem interesse suscetível de ser atingido por ação ou omissão sua, mas que não pode gerar condenação com alicerce no art. 9º. Não houve a vantagem indevida exigida pelo *caput*, o que impede a responsabilização por improbidade administrativa com fundamento no referido dispositivo da LIA.

9.3.5) Contratação de quem deixou de ser agente público por pessoa suscetível de ser atingida por ação ou omissão do agente enquanto ele estava na atividade: Em sua literalidade, o inciso VIII não alcançaria o agente público que se exonerou ou que se aposentou e foi trabalhar na iniciativa privada em pessoa jurídica que poderia ser afetada por sua ação ou omissão enquanto estava na ativa. Entretanto, não se pode adotar uma interpretação literal da conduta, especialmente porque a enumeração dos incisos é exemplificativa.

Ainda que o sujeito não seja mais um agente público, se ele se desvinculou da Administração para ser contratado por pessoa que dependa de sua atuação, a conduta poderá, ainda assim, caracterizar improbidade administrativa. Trata-se de uma situação não mencionada expressamente pelos incisos do art. 9º, já que seu inciso VIII exige que a contratação do agente tenha ocorrido durante sua atividade, mas que pode ensejar a condenação pelo art. 9º. Ocorrendo uma vantagem patrimonial indevida com a ciência do sujeito e relacionada ao desempenho da função pública, ele deverá responder pela improbidade administrativa do art. 9º, mesmo que não mais esteja em atividade.[89] No dizer de José Antonio Lisbôa

---

[86] Não se deve exigir da parte autora da ação de improbidade que prove, por exemplo, cada ato corrupto específico praticado no desempenho da função pública, mas que havia uma dinâmica na atuação do agente público que originou o enriquecimento ilícito.

[87] VIII – aceitar emprego, comissão ou exercer atividade de consultoria ou assessoramento para pessoa física ou jurídica que tenha interesse suscetível de ser atingido ou amparado por ação ou omissão decorrente das atribuições do agente público, durante a atividade;

[88] Entendemos que a expressão "durante a atividade" do inciso VIII refere-se à atividade de aceitar emprego, comissão ou exercer atividade de consultoria ou assessoramento. A referida expressão não estaria, assim, se referindo exclusivamente "à ação ou omissão decorrente das atribuições do agente público".

[89] Neste caso, teríamos mais uma situação excepcional em que o particular poderia responder sozinho como réu em uma ação de improbidade, sem a inclusão de qualquer agente público ao seu lado, notadamente se o

Neiva, a vantagem patrimonial precisa estar relacionada ao desempenho da função pública, mas o agente não precisa estar no seu efetivo exercício:

> A vantagem patrimonial tem que decorrer do exercício de cargo, mandato, função, emprego ou atividade pública de um modo geral, sendo certo que, no momento da promessa de entrega da vantagem, não é necessário que o agente esteja no efetivo exercício, sendo suficiente que esteja relacionado a este, a despeito de o agente estar, por qualquer motivo, afastado de suas atribuições administrativas.[90]

Se, após a exoneração do agente público, ocorrer, por exemplo, a aceitação do emprego em pessoa que tenha interesse suscetível de ser atingido por ação ou omissão sua da época em que era servidor, e ficar demonstrado que tal circunstância foi acompanhada de uma vantagem patrimonial indevida, será possível caracterizar improbidade administrativa por enriquecimento ilícito. O mais comum é que a contratação aconteça enquanto o servidor ainda está na atividade, pois poderá agir ou deixar de agir em período durante o qual já foi contratado pelo particular. Contudo, nada impede que a prática desonesta também se verifique, ensejando enriquecimento indevido do ex-agente público, caso ele seja contratado após sua exoneração.

> O que é preciso avaliar (e a parte autora da ação de improbidade precisará comprovar) é se, de alguma forma, a contratação do ex-servidor decorreu do poder decisório que ele tinha e se houve uma vantagem patrimonial indevida. Isso porque não é improbidade o fato isolado de o ex-servidor ser contratado por pessoa que tem relação com a Administração Pública e, em especial, com o setor ou órgão em que ele trabalhava e tinha poder decisório. O instituto da quarentena resolve estas situações com razoável eficiência. Aliás, no período de quarentena, em que o servidor continua a perceber remuneração do cargo, a pessoa, com maior razão, também estará sujeita ao que prevê o art. 9º, ainda que a hipótese não se encaixe na redação literal do inciso VIII.[91]

9.3.6) Incorporação de bem de terceiro: De acordo com a regra contida no inciso XI do art. 9º, configura improbidade administrativa:

> XI – incorporar, por qualquer forma, ao seu patrimônio bens, rendas, verbas ou valores integrantes do acervo patrimonial das entidades mencionadas no art. 1º desta lei;

---

enriquecimento indevido tiver decorrido de uma conduta solitária do particular contratado do período em que ainda era agente público.

[90] NEIVA, José Antonio Lisbôa. *Improbidade Administrativa*. Legislação comentada artigo por artigo. Doutrina, Legislação e Jurisprudência. Niteroi: Impetus, 2009. p. 57.

[91] Na hipótese da quarentena, Neiva defende uma posição distinta, afirmando que o réu não poderá responder pelo art. 9º, mas pelo art. 11 da LIA. Confira-se: "Acompanhamos o raciocínio de que inexistiria conduta 'durante a atividade', elemento normativo da descrição típica do Inc. VIII do art. 9º, sendo incabível, na espécie, uma interpretação extensiva para incluir quem está afastado 'da atividade', presumindo-se que a estivesse exercendo. A conduta do agente em 'quarentena', por sua vez, além de violar a legalidade, demonstra deslealdade à Instituição e afronta à moralidade, o que justificaria sua adequação no art. 11 da LIA". NEIVA, José Antonio Lisbôa. *Improbidade Administrativa*. Legislação comentada artigo por artigo. Doutrina, Legislação e Jurisprudência. Niteroi: Impetus, 2009. p. 66.

A apropriação de bens, rendas, verbas ou valores de propriedade das entidades do art. 1º da LIA em razão do cargo representa vantagem patrimonial indevida punível de acordo com o inciso XI. A restituição tempestiva do bem impede a punição com base no referido dispositivo, pois ela afasta a hipótese de incorporação, mas pode configurar improbidade de acordo com o inciso XII (usar em proveito próprio).

Por outro lado, se o agente incorporar intencionalmente ao seu patrimônio bem que estava na posse de uma entidade do art. 1º da LIA, mas que era de propriedade de terceiro, ele não poderá responder de acordo com o inciso XI, mas seguramente poderá ser condenado com base no art. 9º. Em uma situação como esta, em que o sujeito tinha conhecimento do ilícito, ocorreu a vantagem patrimonial indevida em razão da função pública exigida pelo *caput* do art. 9º, o que é suficiente para a condenação, ainda que não pelo seu inciso XI.

9.3.7) Uso de bens ou de valores públicos no interesse privado: O agente público não deve utilizar os bens e valores colocados à sua disposição em atividades que sejam de exclusivo interesse privado. Essa é, em linhas gerais, a preocupação da conduta descrita no inciso XII do art. 9º, *in verbis*:

> XII – usar, em proveito próprio, bens, rendas, verbas ou valores integrantes do acervo patrimonial das entidades mencionadas no art. 1º desta lei.

A conduta prevista no inciso acima transcrito deve ser duramente reprovada, pois origina uma confusão não republicana entre o que é público e o que é privado. Entretanto, não se pode generalizar a assertiva de que o todo e qualquer uso de bem ou de servidores públicos em proveito privado configure improbidade administrativa. Se não houver temperamentos, chegaremos à conclusão absurda, por exemplo, de que o servidor que usa uma caneta e uma folha de papel de propriedade pública para anotar o telefone do seu médico ou de um restaurante estaria praticando improbidade administrativa.

Nessa perspectiva, o uso de carro oficial por agentes públicos também deve ser analisado cuidadosamente. Carros oficiais não podem ser utilizados em proveito exclusivamente privado e, caso isso ocorra, é possível imaginar uma condenação por improbidade administrativa. A vantagem indevida exigida pelo *caput* do art. 9º pode estar presente e ela decorre da economia que a autoridade teve ao não contratar um meio de transporte privado para viabilizar o seu deslocamento.[92] Seria inadequado, por exemplo, o seu uso em um final de

---

[92] Em sentido contrário ao que defendemos, Mauro Roberto Gomes de Mattos sustenta que quando o agente utiliza indevidamente um carro oficial não há recebimento de uma autêntica vantagem indevida, o que impediria o ajuizamento de ação de improbidade na hipótese. Em suas palavras, "essa utilização [do carro oficial fora do serviço e para fins privados] é frequente, sendo visto, por todos, não raramente, o deslocamento da utilidade do veículo oficial para fins particulares. É uma prática reprovável, mas não há enquadramento na Lei de Improbidade Administrativa (...) A utilização do carro público (oficial) para fins particulares, quando muito, poderá autorizar a ação popular, desde que devidamente instruída e fundamentada". MATTOS, Mauro Roberto Gomes de. *O limite da improbidade Administrativa*. O direito dos administrados dentro da Lei nº 8.429/92. Rio de Janeiro: América Jurídica, 2004. p. 203-204.

semana para o agente público participar da festa de aniversário de seu filho. Mas há situações em que, por outro lado, o interesse privado caminha junto com o interesse público. A ida de uma autoridade pública a um restaurante durante o expediente ou ao final do dia; o comparecimento em uma festa, casamento ou em uma cerimônia em razão da circunstância de ser autoridade. A vida pública também compreende eventos sociais e nem sempre é tarefa fácil dissociar o que é público do que é exclusivamente privado. Quando, por exemplo, um Ministro de Estado usa o carro oficial para ir a uma cerimônia de casamento do filho de seu subordinado, isso configura improbidade administrativa? A princípio, não há improbidade administrativa nessa conduta, na medida em que a presença do Ministro no casamento tem relação, em larga medida, com o cargo ocupado.

Outro exemplo delicado. Um agente público mora sozinho com seu filho de cinco anos de idade. Ao sair para o trabalho no carro oficial com motorista, a autoridade leva seu filho e dá uma rápida parada na escola dele, que fica no caminho do trabalho, para deixá-lo. A parada se deu no exclusivo interesse privado? Seria um caso de improbidade? Também nesse caso não me parece ser razoável o enquadramento da conduta como ímproba, mormente diante da ausência de deslocamento do veículo para atender a um interesse exclusivamente privado.

Neste tema, o detalhe faz muita diferença e qualquer generalização, seja para a condenação ou a absolvição, é muito simplista e ruim. Nesses casos de utilização indevida de pessoas para o desempenho de funções privadas, a situação, por exemplo, em que um empregado privado é remunerado com verba pública é reprovável pelo ordenamento jurídico de forma diferente daquela em que o empregado público exerce funções privadas.[93] Neste último caso, temos o peculato de uso, que não é punível na esfera penal. No primeiro exemplo, por outro lado, poderemos ter o crime de peculato. Essas peculiaridades não podem ser ignoradas quando a persecução estatal se der na via da ação de improbidade administrativa.

É fundamental, ainda, para que fique configurada a improbidade administrativa, que o sujeito tenha ciência da ilicitude,[94] o que pode ser facilmente identificado pela elevada reprovabilidade social da conduta. A ausência da percepção de que havia uma ilicitude quanto ao uso do bem ou do serviço de uma determinada forma é um fato que deve contribuir para a improcedência do pedido de condenação por improbidade.

---

[93] Nesse sentido, c. a ementa do Inq 3776 julgado pela Primeira Turma do STF, *in verbis*: DENÚNCIA. PECULATO. ART. 312 DO CÓDIGO PENAL. PRELIMINAR DE NULIDADE DAS PROVAS COLHIDAS EM INQUÉRITO CIVIL. PRELIMINAR REJEITADA. CONDUTA ATÍPICA. REJEIÇÃO DA DENÚNCIA. (…) 3. A utilização dos serviços custeados pelo erário por funcionário público no seu interesse particular não é conduta típica de peculato (art. 312, do Código Penal), em razão do princípio da taxatividade (art. 5º, XXXIX, da Constituição da República). Tipo que exige apropriação ou desvio de dinheiro, valor ou outro bem móvel, o que na hipótese não ocorre. 4. Diferença entre usar funcionário público em atividade privada e usar a Administração Pública para pagar salário de empregado particular, o que configura peculato. Caso concreto que se amolda à primeira hipótese, conduta reprovável, porém atípica. 5. Denúncia rejeitada. (Inq nº 3776, Relatora: Min. Rosa Weber, Primeira Turma, julgado em 07.10.2014, ACÓRDÃO ELETRÔNICO DJe-216 DIVULG 03.11.2014 PUBLIC 04.11.2014).

[94] No mesmo sentido, Mauro Roberto Gomes de Mattos. MATTOS, Mauro Roberto Gomes de. *O limite da improbidade Administrativa*. O direito dos administrados dentro da Lei nº 8.429/92. Rio de Janeiro: América Jurídica, 2004. p. 163;

9.3.8) Uso para fins privados seguido de restituição: Em relação à hipótese do inciso XII do art. 9º,[95] a restituição do bem ou valor público utilizado para fins exclusivamente privados não impede a condenação por improbidade administrativa. Ainda que o uso seja temporário e que não tenha havido dano ao bem utilizado, o réu pode ter de ser condenado. A restituição em perfeitas condições poderá repercutir na dosimetria da sanção, mas não é determinante para a improcedência do pedido de condenação.

9.3.9) Enriquecimento indevido na omissão: O art. 9º não deixa muito claro se a improbidade nele prevista também pode resultar de uma omissão. E isso torna o tema polêmico na doutrina. A maioria dos incisos do art. 9º faz alusão a uma ação. Os verbos empregados são receber, perceber, adquirir, utilizar, aceitar, incorporar e usar. Transmitem uma ideia de que haverá uma ação do sujeito. Essa a razão para José dos Santos Carvalho Filho sustentar que:

> Quanto à natureza do tipo, tratar-se-á sempre de conduta comissiva. De fato, a conduta genérica do caput e as específicas dos incisos não comportam condutas omissivas. Ninguém pode ser omisso para receber vantagem indevida, aceitar emprego ou comissão ou utilizar em seu favor utensílio pertencente ao patrimônio público.[96]

Muito embora os principais casos de improbidade administrativa capazes de originar enriquecimento indevido em razão da função pública resultem exclusivamente de uma ação, é possível cogitar de situações em que a omissão do agente também será fundamental para caracterizar a improbidade administrativa do art. 9º. O inciso X do art. 9º, por exemplo, estipula que é improbidade administrativa:

> X – receber vantagem econômica de qualquer natureza, direta ou indiretamente, para omitir ato de ofício, providência ou declaração a que esteja obrigado;

Nesse caso específico, a omissão do agente na edição do ato administrativo é o que proporciona o recebimento da vantagem econômica. A improbidade nesse caso depende, portanto, de uma ação acompanhada de uma omissão. Assim, há casos em que a omissão integrará o tipo da improbidade administrativa. Tal circunstância nos faz concluir que a improbidade administrativa do art. 9º pode resultar tanto de uma ação quanto de uma omissão do sujeito ímprobo.

No mesmo sentido, Maria Sylvia Zanella Di Pietro defende que:

> Embora a lei fale em ato de improbidade, tem-se que entender que o vocábulo ato não é utilizado, nesses dispositivos, no sentido de ato administrativo (...). O ato de improbidade pode corresponder a um ato administrativo, a uma omissão, a uma conduta.[97],[98]

---

[95] XII – usar, em proveito próprio, bens, rendas, verbas ou valores integrantes do acervo patrimonial das entidades mencionadas no art. 1º desta lei.
[96] CARVALHO FILHO, José dos Santos. *Manual de Direito Administrativo*. 31. ed. São Paulo: Gen/Atlas, 2017. p. 1.159.
[97] DI PIETRO, Maria Sylvia Zanella. *Direito Administrativo*. 23. ed. São Paulo: Atlas, 2010. p. 833.
[98] Favoráveis ao reconhecimento de que a improbidade administrativa do art. 9º também pode decorrer de uma omissão, temos a posição de Wallace Paiva Martins Jr., Daniel Assumpção e Rafael Oliveira. *In*: MARTINS JR.,

9.3.10) Terceiro que não integrou a lide: Pode ocorrer de o sujeito ativo optar por transferir o acréscimo patrimonial indevido para um terceiro, pessoa física ou jurídica. Um filho do réu, sua esposa ou uma pessoa jurídica, por exemplo, podem tornar-se os destinatários dos bens adquiridos ilicitamente. Nesse caso, esses terceiros concorreram com o agente público na prática da improbidade, tornando-se destinatários dos desvios dolosamente realizados. Também é sujeito ativo da conduta ímproba aquele que aumenta o seu patrimônio ilicitamente por meio do recebimento de bens e valores repassados pelo condenado na ação de improbidade.

O que se exige, contudo, é que esses terceiros integrem a lide, a fim de que possam se defender. A defesa do terceiro, nesse caso, compreenderá o debate sobre a licitude dos bens que lhe foram repassados. A título de ilustração, o filho de quem foi condenado por improbidade administrativa pode ter recebido licitamente de seu pai um milhão de reais. Para que o terceiro seja condenado na ação de improbidade ou mesmo para que um bem ou valor integrante de seu patrimônio seja atingido pela decretação de indisponibilidade, é imprescindível que, além de ter feito parte do processo, que a acusação demonstre, de forma cabal, que o aumento de seu patrimônio ocorreu de forma antijurídica, em virtude do recebimento doloso de valores adquiridos de forma ilícita através de uma conduta ímproba.

9.3.11) Devolução em dobro do valor acrescido ao patrimônio: O somatório das sanções de caráter patrimonial poderá, conforme já vimos, ultrapassar o valor total do enriquecimento indevido. Isso porque, além de decretar a perda dos bens e valores acrescidos ilicitamente ao patrimônio do réu, o juiz também poderá aplicar a pena de multa e, a depender do caso, a medida de ressarcimento ao erário. Entretanto, em hipótese alguma o magistrado poderá criar punição não prevista na LIA. Não poderá, por exemplo, condenar o réu a restituir em dobro o que desviou ilicitamente dos cofres públicos. Nesse sentido, confira-se o entendimento do STJ:

> PROCESSUAL CIVIL E ADMINISTRATIVO. AÇÃO CIVIL DE IMPROBIDADE ADMINISTRATIVA. ATO ÍMPROBO CONFIGURADO. IMPOSIÇÃO DE DEVOLUÇÃO EM DOBRO DOS VALORES DESVIADOS. INADEQUAÇÃO. NECESSIDADE DE IMPOSIÇÃO DAS ESPÉCIES DE SANÇÕES PREVISTAS NA LEI 8.429/92. RECURSO ESPECIAL PROVIDO.
> (..) 1. No caso dos autos, o Ministério Público do Estado do Rio Grande do Norte ajuizou ação civil de improbidade administrativa em razão de supostos desvios de alimentos e combustíveis praticados no âmbito do 3º Subgrupamento de Bombeiros Militar. Por ocasião da sentença, o pedido foi julgado parcialmente procedente e condenou alguns dos réus às seguintes sanções previstas na Lei 8.429/92: a) suspensão dos direitos políticos; b) proibição de contratação com o Poder Público e recebimento de incentivo fiscais; c) a perda das funções públicas (fls. 1.256/1.270).

Wallace Paiva. *Probidade Administrativa*. 4. ed. São Paulo: Saraiva, 2009. p. 227 e 229; NEVES, Daniel Amorim Assumpção; OLIVEIRA, Rafael Carvalho Rezende. *Improbidade Administrativa*. Direito Material e Processual. 8. ed. Revista e atualizada. São Paulo: Gen-Forense, 2020. p. 89.

2. O Tribunal de origem, ao analisar a controvérsia, reformou parcialmente a sentença, tão somente no tocante à dosimetria das sanções impostas, com base no princípio da proporcionalidade, ao afastar as sanções impostas e determinar "a devolução em dobro das aludidas importâncias (representativa em pecúnia dos insumos 'desviados'), aqui já excluindo o cálculo dos bens já retornados" (fl. 1.404).
3. Efetivamente, a imposição da pena consistente na "devolução em dobro" dos valores desviados não corresponde à nenhuma das espécies de sanções previstas na Lei de Improbidade Administrativa (art. 12 e incisos), especificamente: multa civil, suspensão dos direitos políticos, proibição de contratar com o Poder Público e receber benefícios ou incentivos fiscais ou creditícios, perda da função pública, ressarcimento integral do dano e perda de bens acrescidos ilicitamente ao patrimônio.
4. A aplicação das penalidades previstas na norma exige que o magistrado considere, no caso concreto, "a extensão do dano causado, assim como o proveito patrimonial obtido pelo agente" (conforme previsão expressa contida no parágrafo único do art. 12 da Lei 8.429/92). Assim, é necessária a análise da razoabilidade e proporcionalidade em relação à gravidade do ato de improbidade e à cominação das penalidades, as quais podem ocorrer de maneira cumulativa, embora não necessariamente. Nesse sentido: REsp 1.091.420/SP, 1ª Turma, Rel. Min. Sérgio Kukina, DJe de 5.11.2014;
AgRg no AREsp 149.487/MS, 2ª Turma, Rel. Min. Humberto Martins, DJe de 29.6.2012.
(...)
6. Portanto, a sanção imposta pela Corte de origem - devolução em dobro dos valores desviados - não corresponde as sanções previstas na Lei de Improbidade, o que viola o art. 12 da norma sancionadora. Tal consideração impõe o retorno dos autos ao Tribunal de origem para que aplique, em razão do reconhecimento da configuração de ato de improbidade administrativa, com base nos princípios da razoabilidade e proporcionalidade, as sanções cabíveis previstas na Lei 8.429/92.
7. Recurso especial provido.
(REsp nº 1376481/RN, Rel. Ministro Mauro Campbell Marques, SEGUNDA TURMA, julgado em 15.10.2015, DJe 22.10.2015)

9.3.12) Jurisprudência em teses do STJ.

Jurisprudência em teses do STJ. Edição nº 38: Improbidade Administrativa – I.

1) É inadmissível a responsabilidade objetiva na aplicação da Lei nº 8.429/92, exigindo-se a presença de dolo nos casos dos arts. 9º e 11 (que coíbem o enriquecimento ilícito e o atentado aos princípios administrativos, respectivamente) e ao menos de culpa nos termos do art. 10, que censura os atos de improbidade por dano ao Erário. (Tese criada antes de a Lei nº 8.429 ser alterada para não mais prever a improbidade culposa).

ARTIGO 10

Seção II

Dos Atos de Improbidade Administrativa que Causam Prejuízo ao Erário

Art. 10. Constitui ato de improbidade administrativa que causa lesão ao erário qualquer ação ou omissão dolosa, que enseje, efetiva e comprovadamente, perda patrimonial, desvio, apropriação, malbaratamento ou dilapidação dos bens ou haveres das entidades referidas no art. 1º desta Lei, e notadamente: (Redação dada pela Lei nº 14.230, de 2021)

I - facilitar ou concorrer, por qualquer forma, para a indevida incorporação ao patrimônio particular, de pessoa física ou jurídica, de bens, de rendas, de verbas ou de valores integrantes do acervo patrimonial das entidades referidas no art. 1º desta Lei; (Redação dada pela Lei nº 14.230, de 2021)

II - permitir ou concorrer para que pessoa física ou jurídica privada utilize bens, rendas, verbas ou valores integrantes do acervo patrimonial das entidades mencionadas no art. 1º desta lei, sem a observância das formalidades legais ou regulamentares aplicáveis à espécie;

III - doar à pessoa física ou jurídica bem como ao ente despersonalizado, ainda que de fins educativos ou assistências, bens, rendas, verbas ou valores do patrimônio de qualquer das entidades mencionadas no art. 1º desta lei, sem observância das formalidades legais e regulamentares aplicáveis à espécie;

IV - permitir ou facilitar a alienação, permuta ou locação de bem integrante do patrimônio de qualquer das entidades referidas no art. 1º desta lei, ou ainda a prestação de serviço por parte delas, por preço inferior ao de mercado;

V - permitir ou facilitar a aquisição, permuta ou locação de bem ou serviço por preço superior ao de mercado;

VI - realizar operação financeira sem observância das normas legais e regulamentares ou aceitar garantia insuficiente ou inidônea;

VII - conceder benefício administrativo ou fiscal sem a observância das formalidades legais ou regulamentares aplicáveis à espécie;

VIII - frustrar a licitude de processo licitatório ou de processo seletivo para celebração de parcerias com entidades sem fins lucrativos, ou dispensá-los indevidamente, acarretando perda patrimonial efetiva; (Redação dada pela Lei nº 14.230, de 2021)

IX - ordenar ou permitir a realização de despesas não autorizadas em lei ou regulamento;

X - agir ilicitamente na arrecadação de tributo ou de renda, bem como no que diz respeito à conservação do patrimônio público; (Redação dada pela Lei nº 14.230, de 2021)

XI - liberar verba pública sem a estrita observância das normas pertinentes ou influir de qualquer forma para a sua aplicação irregular;

XII - permitir, facilitar ou concorrer para que terceiro se enriqueça ilicitamente;

XIII - permitir que se utilize, em obra ou serviço particular, veículos, máquinas, equipamentos ou material de qualquer natureza, de propriedade ou à disposição de qualquer das entidades mencionadas no art. 1º desta lei, bem como o trabalho de servidor público, empregados ou terceiros contratados por essas entidades.

XIV – celebrar contrato ou outro instrumento que tenha por objeto a prestação de serviços públicos por meio da gestão associada sem observar as formalidades previstas na lei; (Incluído pela Lei nº 11.107, de 2005)

XV – celebrar contrato de rateio de consórcio público sem suficiente e prévia dotação orçamentária, ou sem observar as formalidades previstas na lei. (Incluído pela Lei nº 11.107, de 2005)

XVI - facilitar ou concorrer, por qualquer forma, para a incorporação, ao patrimônio particular de pessoa física ou jurídica, de bens, rendas, verbas ou valores públicos transferidos pela administração pública a entidades privadas mediante celebração de parcerias, sem a observância das formalidades legais ou regulamentares aplicáveis à espécie; (Incluído pela Lei nº 13.019, de 2014) (Vigência)

XVII - permitir ou concorrer para que pessoa física ou jurídica privada utilize bens, rendas, verbas ou valores públicos transferidos pela administração pública a entidade privada mediante celebração de parcerias, sem a observância das formalidades legais ou regulamentares aplicáveis à espécie; (Incluído pela Lei nº 13.019, de 2014) (Vigência)

XVIII - celebrar parcerias da administração pública com entidades privadas sem a observância das formalidades legais ou regulamentares aplicáveis à espécie; (Incluído pela Lei nº 13.019, de 2014) (Vigência)

XIX - agir para a configuração de ilícito na celebração, na fiscalização e na análise das prestações de contas de parcerias firmadas pela administração pública com entidades privadas; (Redação dada pela Lei nº 14.230, de 2021)

XX - liberar recursos de parcerias firmadas pela administração pública com entidades privadas sem a estrita observância das normas pertinentes ou influir de qualquer forma para a sua aplicação irregular. (Incluído pela Lei nº 13.019, de 2014, com a redação dada pela Lei nº 13.204, de 2015)

XXI - (revogado); (Redação dada pela Lei nº 14.230, de 2021)

XXII - conceder, aplicar ou manter benefício financeiro ou tributário contrário ao que dispõem o caput e o §1º do art. 8º-A da Lei Complementar nº 116, de 31 de julho de 2003. (Incluído pela Lei nº 14.230, de 2021)

§1º Nos casos em que a inobservância de formalidades legais ou regulamentares não implicar perda patrimonial efetiva, não ocorrerá imposição de ressarcimento, vedado o enriquecimento sem causa das entidades referidas no art. 1º desta Lei. (Incluído pela Lei nº 14.230, de 2021)

§2º A mera perda patrimonial decorrente da atividade econômica não acarretará improbidade administrativa, salvo se comprovado ato doloso praticado com essa finalidade. (Incluído pela Lei nº 14.230, de 2021)

10.1) Tema central do dispositivo: Improbidade que causa dano ao erário. O art. 10 trata da espécie de conduta ímproba que causa dano ao erário. A palavra erário foi utilizada pelo *caput* do art. 10 de uma forma mais ampla que a do seu usual significado, de maneira a abranger, além dos cofres públicos, os recursos de todas as entidades mencionadas no art. 1º da lei. A expressão perda patrimonial também representa, no dizer de Carvalho Filho, "qualquer lesão que afete o patrimônio, este em seu sentido amplo".[99] Ocorrendo uma perda patrimonial, desvio de recursos, apropriação de bens ou valores, desperdício (malbaratamento) ou dilapidação de bens ou haveres, a conduta poderá ser reprimida nos termos do art. 10. É sempre bom rememorar que, como regra, a condenação por improbidade independe da ocorrência de dano ao erário, salvo se a punição se der com fundamento nesse art. 10.

A perda patrimonial a que a lei refere-se no artigo 10 não pode deixar de fora o patrimônio imaterial, patrimônio intangível das pessoas atingidas previstas no art. 1º e alcançadas pela improbidade administrativa.[100]

Mais uma vez, a enumeração é exemplificativa, podendo a punição com fundamento neste artigo decorrer de um evento não mencionado expressamente pelos seus incisos.

De todas as espécies de improbidade administrativa mencionadas pela LIA, esta do art. 10 era a única que permitia a condenação na modalidade dolosa e também culposa. Punir por improbidade administrativa na modalidade culposa sempre foi um tema polêmico e o comentaremos mais adiante. De todo modo, a reforma da LIA promovida pela Lei nº 14.230/21 aboliu a possibilidade de punição por improbidade administrativa na modalidade culposa, o que merece ser enaltecido. Improbidade administrativa é conduta desonesta de gravidade ímpar. A punição por negligência, imprudência ou imperícia vulgariza indevidamente aquilo que deveria ser tratado pelo Estado como algo muito sério. Além da supressão da palavra culposa constante no *caput* do art. 10, a reforma de 2021 também retirou palavras como "negligentemente" do inciso XIX, de maneira a evitar que a responsabilidade por negligência pudesse ser reconhecida na LIA.

Também é preciso destacar que, quanto ao art. 10, a reforma legal de 2021: i) inseriu a exigência no seu inciso VIII, de que a perda patrimonial seja efetiva, e

---

[99] Com esse mesmo entendimento, José dos Santos Carvalho Filho. CARVALHO FILHO, José dos Santos. *Manual de Direito Administrativo*. 31. ed. São Paulo: Gen/Atlas, 2017. p. 1.159.

[100] No mesmo sentido, Carvalho Filho. CARVALHO FILHO, José dos Santos. *Manual de Direito Administrativo*. 31. ed. São Paulo: Gen/Atlas, 2017. p. 1.159.

não presumida, impedindo-se o ressarcimento ao erário, se a referida perda não se verificar concretamente; ii) suprimiu o art. 10-A e deslocou a conduta ímproba nele prevista para o inciso XXII do art. 10; iii) impediu a condenação por improbidade administrativa, quando o dano for resultante de uma atividade econômica e não houver demonstração de ato doloso com essa finalidade.

10.2) Explicação do dispositivo: A LIA procurou elencar no art. 10 as ações e omissões capazes de ensejar dano ao erário. O dano não é condição para o reconhecimento da improbidade, mas é fundamental para o enquadramento da improbidade na hipótese do art. 10. E não é qualquer tipo de dano. O dano punível pelo art. 10 é aquele oriundo de uma conduta ilícita do sujeito ativo. Não se deve punir com a lei de improbidade administrativa o agente público que, sem ser desonesto, cause um dano fruto de um comportamento lícito.[101]

O curioso é que o próprio art. 10 menciona condutas que podem não gerar qualquer tipo de dano. É o caso, por exemplo, da improbidade descrita no inciso XVIII, *in verbis*:

> XVIII – celebrar parcerias da administração pública com entidades privadas sem a observância das formalidades legais ou regulamentares aplicáveis à espécie

Ainda que nem todas as formalidades legais ou regulamentares sejam observadas na celebração de uma parceria entre a Administração Pública e particulares, é plenamente possível que referido ajuste não origine qualquer tipo de prejuízo ao erário. Muito embora a conduta esteja contemplada no inciso XVIII, o réu só poderá ser punido pelo art. 10 caso haja demonstração inequívoca de que o citado ato originou algum tipo de prejuízo ao erário. E a perda patrimonial deve ser efetiva.

Se, de um lado, o art. 10 pode alcançar condutas que não foram por ele descritas expressamente, por outro, nem tudo o que ele descreve ao longo dos seus incisos poderá, no caso concreto, ensejar uma punição com amparo no próprio art. 10.

Sob outro enfoque, o dano causado ao erário precisa, por sua vez, decorrer especificamente do desempenho de uma função pública. É bem verdade que o texto do *caput* do art. 10 não menciona expressamente, tal como o faz o art. 9º *caput* quando dispõe sobre o enriquecimento indevido, que deve haver um nexo de causalidade entre a conduta ímproba no desempenho da função pública e o dano sofrido pelo erário. Entretanto, a leitura dos exemplos de danos ao erário nos permite concluir que a improbidade a que se refere o art. 10 está diretamente relacionada a um dano causado pelo desempenho da função pública.[102]

---

[101] No mesmo sentido, Mauro Roberto Gomes de Mattos, para quem "a conduta dolosa do agente público que for lícita, mas ocasionar lesão ou perda patrimonial ao erário, não se sujeita a responsabilização por ato de improbidade administrativa. Deverá o ato do agente público estar contaminado pela ilicitude. MATTOS, Mauro Roberto Gomes de. *O limite da improbidade Administrativa*. O direito dos administrados dentro da Lei nº 8.429/92. Rio de Janeiro: América Jurídica, 2004. p. 209.

[102] Neste mesmo sentido, Mauro Roberto Gomes de Mattos, para quem "O nexo da oficialidade, verificado entre o exercício funcional e o prejuízo concreto gerado ao erário público, pelo agente, deverá estar presente, sob pena

10.3) Polêmicas e peculiaridades do artigo:

10.3.1) Alcance do dano mencionado pelo art. 10 (erário e patrimônio público): Na literatura, há controvérsia sobre se o dano cogitado pelo art. 10 é apenas de âmbito material das pessoas mencionadas pelo art. 1º, ou se ele é mais amplo, de modo a alcançar o patrimônio imaterial.

As palavras "erário" e "patrimônio público" são frequentemente lembradas nesse tópico alusivo ao alcance do dano mencionado pelo art. 10. O *caput* do citado artigo faz menção ao ato de improbidade que causa "lesão ao erário", mas também utiliza a expressão "perda patrimonial" para designar o que a referida lesão significa.

De acordo com o dicionário Caldas Aulete, a expressão "erário", do latim *aerarium*, significa "o conjunto de recursos financeiros do poder público".[103] Em seu sentido literal, a palavra está relacionada aos recursos dos cofres públicos. Entretanto, o *caput* do art. 10, quando se refere a dano ao erário, faz alusão a recursos das pessoas mencionadas pelo art. 1º da LIA. E o art. 1º refere-se a pessoas que integram a Administração Pública e a pessoas que dela não fazem parte. Nitidamente, o legislador conferiu à expressão erário um significado muito mais amplo do que o tradicional de "recursos do poder público", na medida em que ela, também, pode abranger, para os fins da improbidade administrativa, recursos de entidades privadas.

Por sua vez, "patrimônio público" tem, a nosso sentir, um significado capaz de compreender bens e direitos de valor material e imaterial. Seguindo o mesmo raciocínio, Wallace Paiva Martins Jr. sustenta que a expressão não se limita "aos bens e direitos de valor econômico, incluindo o patrimônio artístico, estético, histórico, turístico etc. (art. 1º, III, da Lei Federal nº 7.347/85)".[104] Em sentido oposto, Mauro Roberto Gomes de Mattos defende que aquilo que se procura reprimir são os prejuízos financeiros. Em suas palavras, "ficariam de fora do *caput* do art. 10 os danos artísticos, históricos, ambientais, estéticos e qualquer outro que não sejam como dito, financeiros".[105] De todo modo, se o objetivo da parte autora de uma ação for o de, exclusivamente, corrigir os rumos de uma política pública equivocada que está acarretando, por exemplo, danos ao meio ambiente, ao consumidor, a bens e direitos de valor artístico, estético, histórico, turístico e paisagístico, a qualquer outro interesse difuso ou coletivo, à ordem econômica e à ordem urbanística, a medida a ser proposta deverá ser uma ação civil pública, e não uma ação de improbidade (art. 17-D, parágrafo único da LIA).

---

de se descaracterizar o referido enquadramento". MATTOS, Mauro Roberto Gomes de. *O limite da improbidade Administrativa*. O direito dos administrados dentro da Lei nº 8.429/92. Rio de Janeiro: América Jurídica, 2004. p. 211.

[103] Disponível em: http://www.aulete.com.br/er%C3%A1rio. Acesso em: 20 maio 2020.

[104] MARTINS JR., Wallace Paiva. *Probidade Administrativa*. 4. ed. São Paulo: Saraiva, 2009. p. 251. No mesmo sentido, Daniel Assumpção e Rafael Oliveira. NEVES, Daniel Amorim Assumpção; OLIVEIRA, Rafael Carvalho Rezende. *Improbidade Administrativa*. Direito Material e Processual. 8. ed. Revista e atualizada. São Paulo: Gen-Forense, 2020. p. 94.

[105] MATTOS, Mauro Roberto Gomes de. *O limite da improbidade Administrativa*. O direito dos administrados dentro da Lei nº 8.429/92. Rio de Janeiro: América Jurídica, 2004. p. 210.

Em suma, a depender do tipo de responsabilidade que se almeja ver reconhecida diante dos danos aos bens mencionados neste tópico, a ação a ser ajuizada deverá ser uma ação civil pública ou eventualmente uma ação de improbidade.[106] Essa última será mais apropriada para circunstâncias em que o pedido de correção de rumos de uma política pública estiver acompanhado do reconhecimento de práticas desonestas, corruptas, ímprobas por um agente público ou um terceiro.

10.3.2) Improbidade na modalidade culposa: A punição por improbidade administrativa na modalidade culposa só estava prevista na redação original do art. 10 da LIA, mas, também, exigia a ocorrência do dano ao erário. Ausente o dano, a condenação não poderia ter como fundamento o art. 10.

Culpa significa imprudência, negligência ou imperícia. A falta de cuidado, o descaso com a coisa pública poderia, no passado, ensejar a condenação por improbidade. O grande problema da previsão original da lei quanto à improbidade culposa é que o discurso subjacente à lei de improbidade e ao dispositivo constitucional (art. 37, §4º) é todo fundado no enfrentamento pelo Estado de práticas corruptas, desonestas e de gravidade elevada. Corrupção por mero descaso é fenômeno impossível de ser explicado, o que originou uma profunda controvérsia na literatura sobre a possibilidade de a conduta ímproba ser punível na modalidade culposa.

É possível, em linhas gerais, identificar três pontos de vista distintos:
i) A modalidade culposa de improbidade administrativa que estava prevista na redação original do art. 10 era válida e plenamente constitucional;[107]
ii) A previsão legal da modalidade culposa era inconstitucional por ofender o art. 37, §4º, da CRFB, que só permitiria a condenação por improbidade administrativa na modalidade dolosa;[108]
iii) A palavra "culposa" contida na redação original do art. 10 *caput* da LIA deveria ser interpretada conforme à Constituição para significar erro grosseiro (culpa gravíssima).[109]

---

[106] Cf. CARDOSO, Marcelo Luiz Coelho. *Improbidade Administrativa Ambiental*: de acordo com as Leis 8.429/1992 e 14.230/2021. São Paulo: Dialética, 2022.

[107] Neste sentido, temos a posição de Wallace Paiva Martins Jr, para quem, em relação às condutas do art. 10 da LIA, "exige-se comportamento doloso ou culposo do agente público, compreendidos esses conceitos, no âmbito civil, como a vontade de causar prejuízo agindo contra a lei e o influxo da negligência, da imprudência e da imperícia no trato dos negócios públicos". *In*: MARTINS JR., Wallace Paiva. *Probidade Administrativa*. 4. ed. São Paulo: Saraiva, 2009. p. 248.

[108] Por todos, Aristides Junqueira Alvarenga reconhece que a lei de improbidade administrativa não poderia permitir a condenação na modalidade culposa na medida em que o texto constitucional não teria ido tão longe. Em suas palavras, "Estando excluída do conceito constitucional de improbidade administrativa a forma meramente culposa de conduta dos agentes públicos, a conduta inarredável é a de que a expressão culposa, inserta no *caput* do art. 10 da lei em foco, é inconstitucional". ALVARENGA, Aristides Junqueira. Reflexões sobe improbidade administrativa no Direito brasileiro. *In:* BUENO, Cássio Scarpinella; PORTO FILHO, Pedro Paulo de Resende (orgs.). *Improbidade Administrativa, Questões Polêmicas e Atuais*. São Paulo: Malheiros Editores, 2001. p. 89.

[109] Neste sentido, podemos citar a posição de José Antonio Lisbôa Neiva, que assim sustenta: "Entendemos ser adequada a adoção da técnica de interpretação conforme à Constituição, equiparando-se a culpa ao dolo, pois evitaria o reconhecimento da inconstitucionalidade material do aludido artigo. NEIVA, José Antonio Lisbôa. *Improbidade Administrativa*. Legislação comentada artigo por artigo. Doutrina, Legislação e Jurisprudência. Niterói: Impetus, 2009. p. 71.

Em nosso entendimento, a segunda corrente era a que melhor solucionava a controvérsia existente. Para nós, a conclusão no sentido da inadmissibilidade da modalidade culposa da improbidade administrativa decorre dos seguintes argumentos:

1) Descabimento da modalidade culposa se, para uma conduta de maior gravidade, não há esta possibilidade: De acordo com a Lei nº 8.429, as condutas de maior gravidade são as que ensejam o enriquecimento indevido e para elas nunca houve a possibilidade de se punir culposamente. Se a Constituição permitisse a punição na modalidade culposa teria admitido para todas as condutas ou, então, para aquelas que fossem as mais graves, vale dizer, as que acarretam enriquecimento indevido. Assim, violaria a proporcionalidade permitir a modalidade culposa de improbidade apenas para condutas que causam danos ao erário.

Vamos imaginar a seguinte situação para que fique bem claro o quão ilógico seria aceitar a modalidade culposa, quando uma conduta causasse dano ao erário. Um servidor público, antes da reforma de 2021, se tornou réu em uma ação de improbidade por ter supostamente praticado culposamente uma conduta que provoca dano ao erário. Em sua defesa, o réu sustenta e insiste na tese de que sua conduta, além de causar dano ao erário, também fez com que ele se enriquecesse indevidamente, mas que isso tudo teria ocorrido culposamente. Temos aqui um exemplo de defesa do réu que reconhece a prática de uma conduta mais séria (enriquecimento indevido) para evitar uma condenação. Em uma situação como essa, por maior que seja a gravidade do enriquecimento indevido, nada poderia ser feito contra o réu, pois o art. 9º não permite a modalidade culposa de improbidade. Seria, assim, ilógico e ofensivo ao princípio constitucional da proporcionalidade, que a conduta de maior gravidade (enriquecimento indevido) só pudesse ser punida na modalidade dolosa e que a de menor impacto (dano ao erário) fosse punível também na modalidade culposa.

2) Descabimento de uma desonestidade por negligência, imprudência ou imperícia: Improbidade significa uma imoralidade qualificada, uma conduta desonesta de gravidade ímpar. A ação de improbidade, por sua vez, é a principal ferramenta de que dispõe o Estado para a prevenção e o enfrentamento à corrupção. É bem verdade que suas sanções não acarretam a privação da liberdade, mas os efeitos podem ser, na prática, muito mais duros dos que os de uma condenação penal. O que se combate com a lei de improbidade é, essencialmente, a conduta desonesta e corrupta. Para outras espécies de infrações existem as mais variadas instâncias punitivas. Se o agente público foi negligente, por exemplo, que seja punido na esfera cível, disciplinar ou mesmo penal. Ocorre que seria desarrazoado falar de corrupção ou desonestidade por negligência, imprudência ou imperícia. Tal situação não existe. Tanto é verdade que o próprio Código Penal, que prevê a modalidade culposa para diversos dos seus tipos penais, não admite a concussão, a prevaricação e a corrupção, seja ela ativa ou passiva, na modalidade culposa.

O que o Código Penal aceita é o peculato na modalidade culposa,[110] que ocorre quando o agente infringe, de forma culposa, o dever de cuidado em relação a bem que se encontra sob a sua guarda, acarretando sua apropriação por terceiros. Ocorre que esse tipo de ilícito culposo não deve ser punido como improbidade administrativa. E, no Direito Penal, ocorrerá extinção da punibilidade se o réu condenado por peculato culposo reparar o dano antes de ser proferida a sentença.

Ninguém é corrupto culposamente. A condenação por improbidade culposa é, assim, algo que não deveria ser admitido, pois confunde indevidamente o desonesto com o inábil.

3) A punição por conduta ímproba culposa gera insegurança jurídica e vulgariza indevidamente o reconhecimento da improbidade: Um raciocínio que legitime a punição por improbidade na modalidade culposa acabará por vulgarizar o emprego da lei. E tudo que é banalizado tende a perder o seu valor. Quanto mais a lei de improbidade for empregada para reprimir condutas culposas, menor será a sua força e impacto no enfrentamento de condutas realmente sérias e que justificariam o emprego da lei. Essa banalização fruto do reconhecimento da improbidade na modalidade culposa seria desproporcional, especialmente se considerarmos a vagueza da lei e as espécies de sanções nela previstas.[111] Ademais, a punição por comportamento culposo originaria insegurança jurídica, na medida em que haveria um excessivo elastecimento do alcance da lei tornando os limites do que é certo e errado muito nebulosos. E essa zona cinzenta poderia dificultar uma atuação minimamente corajosa dos agentes públicos que tenderiam a, apenas, tomar decisões óbvias e pouco inovadoras.

4) A Lei nº 13.655 (LINDB) só permite a responsabilização do agente público por conduta dolosa ou diante de um erro grosseiro: Em seu art. 28, a Lei nº 13.655/19, que alterou a Lei de Introdução às Normas do Direito Brasileiro (LINDB), introduziu uma regra importante sobre a responsabilidade dos agentes públicos. Segue o preceito:

> Art. 28. O agente público responderá pessoalmente por suas decisões ou opiniões técnicas em caso de dolo ou erro grosseiro.

---

[110] Peculato
Art. 312 – Apropriar-se o funcionário público de dinheiro, valor ou qualquer outro bem móvel, público ou particular, de que tem a posse em razão do cargo, ou desviá-lo, em proveito próprio ou alheio:
Pena – reclusão, de dois a doze anos, e multa.
§1º – Aplica-se a mesma pena, se o funcionário público, embora não tendo a posse do dinheiro, valor ou bem, o subtrai, ou concorre para que seja subtraído, em proveito próprio ou alheio, valendo-se de facilidade que lhe proporciona a qualidade de funcionário.
Peculato culposo
§2º – Se o funcionário concorre culposamente para o crime de outrem:
Pena - detenção, de três meses a um ano.
§3º – No caso do parágrafo anterior, a reparação do dano, se precede à sentença irrecorrível, extingue a punibilidade; se lhe é posterior, reduz de metade a pena imposta.

[111] Mauro Roberto Gomes de Mattos também sustenta que a punição na modalidade culposa poderia vulgarizar desproporcionalmente o reconhecimento do que deve ser punido como improbidade administrativa. MATTOS, Mauro Roberto Gomes de. *O limite da improbidade Administrativa*. O direito dos administrados dentro da Lei nº 8.429/92. Rio de Janeiro: América Jurídica, 2004. p. 213.

O objetivo do referido artigo é o de evitar uma banalização da responsabilidade daquele que desempenha uma função pública, especialmente daqueles que precisam tomar decisões sobre temas sensíveis. Houve uma preocupação de se impedir a punição injusta do bom agente público que, por vezes, pode errar no cumprimento de sua missão.[112] Reduz-se, com a regra, a incerteza punitiva, evitando-se que o erro seja equiparado injustamente à má-fé. Em seu parecer quando da relatoria do Projeto de Lei do Senado nº 349/15, a Senadora Simone Tebet fez as seguintes ponderações em relação ao artigo (que na época era o art. 27 do referido projeto), *in verbis*:

> O art. 27 [agora 28 da lei aprovada] delimita a responsabilidade do agente público. Prevê-se, por meio da norma que se pretende criar, a responsabilização do agente apenas em casos de dolo ou culpa grave (erro grosseiro). Demais disso, exclui-se a responsabilização em caso de adoção de entendimento dominante à época da prática do ato (disposição que dialoga com os arts. 22 e 26). Resolve um problema de incerteza do direito.
> Como responsabilizar um agente público que adote interpretação posteriormente rejeitada pelos órgãos controladores? Novos atos normativos ou mudanças decorrentes ou jurisprudência não podem atingir opiniões passadas, especialmente para punir advogados públicos ou pareceristas, quando de boa-fé ou agindo sem erro grosseiro.[113]

Com a aprovação desse preceito legal que limita a responsabilidade do agente público por suas decisões ou opiniões técnicas aos casos de dolo ou erro grosseiro, poderíamos considerar que, mesmo antes da reforma de 2021, a previsão da improbidade na modalidade culposa já teria sido derrogada.[114] A lei posterior que trata do tema da responsabilidade do agente público impossibilita, mesmo para quem não entrevia qualquer inconstitucionalidade na previsão da modalidade culposa, o amplo alcance dessa responsabilidade por improbidade administrativa.

Ainda que não tivesse sido derrogada pela LINDB, mesmo assim a previsão da modalidade culposa de improbidade administrativa contida na redação original do *caput* do art. 10 tinha de ser considerada inconstitucional, por ofensa à proporcionalidade e aos limites do art. 37, §4º, da CRFB. A mera negligência, imprudência ou imperícia não são comportamentos capazes de justificar uma condenação por improbidade.

Seja em razão da inconstitucionalidade da modalidade culposa, seja em virtude do que dispõe o art. 28 da Lei nº 13.655/18, a improbidade que cause dano ao erário só poderia, no período anterior ao da reforma de 2021, gerar condenação

---

[112] Sobre a circunstância de o erro fazer parte da atividade cotidiana da Administração, confira-se o trabalho de Pedro Dionísio. DIONÍSIO, Pedro de Hollanda. *O Direito ao Erro do Administrador Público no Brasil*. Contexto, fundamentos e parâmetros. Rio de Janeiro: Mundo Jurídico, 2019.

[113] TEBET, Simone. *Parecer da Relatora do PLS nº 349/2015*. p. 11-12. Disponível em: https://legis.senado.leg.br/sdleg-getter/documento?dm=4407699&ts=1567532405606&disposition=inline. Acesso em: 04 maio 2020.

[114] É importante destacar que, no entendimento do TCU, o art. 28 da LINDB não alcança a esfera cível, abrangendo unicamente o direito sancionador na esfera administrativa. Assim, a pena de ressarcimento ao erário poderia ser aplicada na presença da culpa. Neste sentido, por exemplo, o Acórdão do TCU nº 2.768/2019. TCU. Plenário. Rel. Min. Benjamin Zymler. Processo nº 002.048/2014-0. Data do julgamento: 20.11.2019.

ao réu se a conduta fosse dolosa. É o que sempre defendemos. Por essa razão, vemos com bons olhos a supressão da modalidade culposa de improbidade administrativa deflagrada pela Lei nº 14.230/2021.

Quanto ao tema da condenação por improbidade na modalidade culposa, o STJ, antes da reforma de 2021, se posicionou no sentido de reconhecer sua possibilidade, desde que a conduta tivesse ocasionado dano ao erário. Vejamos um exemplo de precedente neste sentido:

> (...) 4. O entendimento do STJ é de que, para que seja reconhecida a tipificação da conduta do réu como incurso nas previsões da Lei de Improbidade Administrativa, *é necessária a demonstração do elemento subjetivo, consubstanciado pelo dolo para os tipos previstos nos artigos 9º e 11 e, ao menos, pela culpa, nas hipóteses do artigo 10*. (...)
> 6. Assim, para a correta fundamentação da condenação por improbidade administrativa, é imprescindível, além da subsunção do fato à norma, caracterizar a presença do elemento subjetivo. A razão para tanto é que a Lei de Improbidade Administrativa não visa punir o inábil, mas sim o desonesto, o corrupto, aquele desprovido de lealdade e boa-fé. (...)" (STJ. Segunda Turma. AGRAVO INTERNO NO RECURSO ESPECIAL AgInt no REsp nº 1551422 CE. Ministro Relator: Herman Benjamin. Data de Julgamento: 19.09.2017) (Grifamos)

Contudo, também é possível encontrar precedente mais antigo do STJ no sentido da impossibilidade de, mesmo diante de uma conduta do art. 10, se condenar por improbidade na modalidade culposa, *in verbis*:

> (...) 5. Não se deve admitir que a conduta culposa renda ensejo à responsabilização do Agente por improbidade administrativa; com efeito, a negligência, a imprudência ou a imperícia, embora possam ser consideradas condutas irregulares e, portanto, passíveis de sanção, não são suficientes para ensejar a punição por improbidade administrativa. O elemento culpabilidade, no interior do ato de improbidade, se apurará sempre a título de dolo, embora o art. 10 da Lei 8.429/92 aluda efetivamente à sua ocorrência de forma culposa; parece certo que tal alusão tendeu apenas a fechar por completo a sancionabilidade das ações ímprobas dos agentes públicos, mas se mostra mesmo impossível, qualquer das condutas descritas nesse item normativo, na qual não esteja presente o dolo. (...)" (STJ. Primeira Turma. AgRg no AREsp 29869 MG. Ministro Relator: Napoleão Nunes Maia Filho. Data de Julgamento: 15.12.2011). (Grifamos)

Com a redação do art. 10 não mais prevendo a possiblidade de condenação por improbidade na modalidade culposa, torna-se muito difícil sustentar qualquer interpretação no sentido da manutenção do texto, a nosso sentir equivocado, contido na sua redação original.

10.3.3) Contratação direta e dano ao erário (dano presumido ou efetivo?): A LIA, na sua redação original, não mencionava expressamente se existiria ou não a necessidade de demonstração do dano ao erário no caso concreto ou se, por outro lado, haveria, em relação às ações mencionadas pelo art. 10, uma presunção de dano pelo simples fato de a conduta ter sido mencionada em um inciso que se refere a situações de dano ao erário.

Na nossa compreensão, a punição pelo art. 10 sempre exigiu a demonstração efetiva do dano, sendo irrelevante o fato de o referido artigo ter mencionado ou não a conduta em um dos seus incisos. É que o art. 10 também menciona condutas que, como regra, não geram danos, como, por exemplo, aquela descrita no seu inciso XIV.[115] Por outro lado, ficam de fora da redação do citado artigo e da própria LIA condutas que podem, como regra geral, originar danos. Assim, haver ou não menção expressa de uma dada conduta no artigo 10 é circunstância que não interfere na conclusão de que a demonstração do dano deve ser efetiva.[116]

O art. 10, VIII, estipulava, antes da reforma de 2021, que configura improbidade administrativa:

> VIII – frustrar a licitude de processo licitatório ou de processo seletivo para celebração de parcerias com entidades sem fins lucrativos, ou dispensá-los indevidamente;

Quanto a este tópico, a frustração de um processo licitatório pode, em linhas gerais, decorrer de duas situações distintas. O administrador pode contratar diretamente numa hipótese em que a licitação seria necessária. Ou, então, ele pode realizar a licitação, mas fraudar a competição. As duas formas de proceder são combatidas pelo inciso VIII do art. 9º e dada a sua gravidade, as referidas condutas também eram consideradas crime pelo art. 89 da Lei nº 8.666/93, que assim dispunha:

> Art. 89. Dispensar ou inexigir licitação fora das hipóteses previstas em lei, ou deixar de observar as formalidades pertinentes à dispensa ou à inexigibilidade:
> Pena – detenção, de 3 (três) a 5 (cinco) anos, e multa.
> Parágrafo único. Na mesma pena incorre aquele que, tendo comprovadamente concorrido para a consumação da ilegalidade, beneficiou-se da dispensa ou inexigibilidade ilegal, para celebrar contrato com o Poder Público.
> Art. 90. Frustrar ou fraudar, mediante ajuste, combinação ou qualquer outro expediente, o caráter competitivo do procedimento licitatório, com o intuito de obter, para si ou para outrem, vantagem decorrente da adjudicação do objeto da licitação:
> Pena – detenção, de 2 (dois) a 4 (quatro) anos, e multa.

No mesmo sentido, a Lei nº 14.133/21, que revogou expressamente os artigos 89 e 90 da Lei nº 8.666 acima transcritos, estipulou o seguinte:

> Contratação direta ilegal
> Art. 337-E. Admitir, possibilitar ou dar causa à contratação direta fora das hipóteses previstas em lei:

---

[115] XIV – celebrar contrato ou outro instrumento que tenha por objeto a prestação de serviços públicos por meio da gestão associada sem observar as formalidades previstas na lei.

[116] Em sentido contrário, Wallace Paiva Martins Jr. sustenta que, à luz da redação original da LIA, nas hipóteses descritas nos incisos do art. 10, o prejuízo seria presumido. Em suas palavras, "A interpretação sistemática conduz à evidência de que os incisos do art. 10 da Lei Federal nº 8.429/92 refletem hipóteses de lesividade presumida, assim como os casos elencados nos incisos do art. 4º da Lei Federal nº 4.717/65, ao passo que situações não arroladas no rol meramente exemplificativo do art. 10 submetem-se ao seu *caput*, reclamando prova da perda patrimonial". MARTINS JR., Wallace Paiva. *Probidade Administrativa*. 4. ed. São Paulo: Saraiva, 2009. p. 250-251. Daniel Assumpção e Rafael Oliveira também reconhecem que "nas hipóteses exemplificativamente arroladas nos incisos da referida norma, a lesividade é presumida". NEVES, Daniel Amorim Assumpção; OLIVEIRA, Rafael Carvalho Rezende. *Improbidade Administrativa*. Direito Material e Processual. 8. ed. Revista e atualizada. São Paulo: Gen-Forense, 2020. p. 94.

Pena – reclusão, de 4 (quatro) a 8 (oito) anos, e multa.
Frustração do caráter competitivo de licitação
Art. 337-F. Frustrar ou fraudar, com o intuito de obter para si ou para outrem vantagem decorrente da adjudicação do objeto da licitação, o caráter competitivo do processo licitatório:
Pena – reclusão, de 4 (quatro) anos a 8 (oito) anos, e multa.

Por sua vez, a Constituição de 1988 prevê que a Administração Pública deve, como regra, realizar uma licitação previamente às suas contratações. A exceção, que legitima a contratação direta por meio de dispensa ou inexigibilidade, é permitida pelo art. 37, XXI, da CRFB que possui o seguinte teor:

> XXI – *ressalvados os casos especificados na legislação*, as obras, serviços, compras e alienações serão contratados mediante processo de licitação pública que assegure igualdade de condições a todos os concorrentes, com cláusulas que estabeleçam obrigações de pagamento, mantidas as condições efetivas da proposta, nos termos da lei, o qual somente permitirá as exigências de qualificação técnica e econômica indispensáveis à garantia do cumprimento das obrigações. (Grifamos)

Muito embora o ordenamento jurídico considere a contratação direta uma exceção, na prática ela tem sido a regra. Em maio de 2020, por exemplo, de todos os contratos firmados pelo Governo Federal, 37,78% foram precedidos de dispensa de licitação e 10,45% de inexigibilidade. Assim, 48,23% dos contratos não foram precedidos de uma licitação.[117] Esses números associados à complexidade jurídica que pode estar presente numa análise sobre a possibilidade de contratação direta mostram como existe o elevado risco de um administrador público responder, em alguma esfera, por uma contratação direta realizada.

O Direito Administrativo Sancionador não pode criar um ambiente em que o administrador público fique com excessivo receio de fazer uso da contratação direta, mas também não pode estimular práticas desonestas por meio de uma construção teórica que inviabilize qualquer tentativa de punição. Contratação direta não é pecado e, a depender do caso, pode ser a única alternativa. Contudo, o administrador desonesto que indevidamente fizer uso dessa contratação deverá ser responsabilizado, inclusive pela prática de improbidade administrativa. Infelizmente, os fundamentos considerados pelo Poder Judiciário para o administrador público responder criminalmente por uma contratação direta ilícita não tem sido os mesmos que os lembrados para a condenação por improbidade. Tal circunstância tem originado muitas polêmicas. Uma delas está relacionada à necessidade de a parte autora da ação de improbidade fazer ou não a comprovação do efetivo dano.

Há vozes na doutrina que reconhecem a existência de uma espécie de presunção do prejuízo. José Antonio Lisbôa Neiva, por exemplo, sustenta que:

---

[117] Informação extraída do Portal da Transparência do Governo Federal. Disponível em: http://www.portaltransparencia.gov.br/licitacoes. Acesso em: 08 maio 2020.

Haveria uma presunção de prejuízo que poderia ser afastada por prova nos autos, notadamente em virtude da circunstância de o art. 10 tratar da improbidade por força de dano ao erário.[118]

Noutro giro, Luzardo Faria e Bruno Bianchi sustentam o desacerto do entendimento de que há uma presunção de dano na contratação direta, *in verbis*:

> O problema, entretanto, está na interpretação que o STJ vem adotando a respeito dessa norma. No recente julgamento do AgRg no REsp 1.499.706/SP, o Ministro Gurgel de Faria confirmou a jurisprudência de que "o prejuízo decorrente da dispensa indevida de licitação é presumido (dano in re ipsa), consubstanciado na impossibilidade da contratação pela Administração da melhor proposta", fazendo constar inclusive na ementa que esse é o "entendimento consolidado no âmbito das Turmas que compõem a Primeira Seção."[119]

A contratação direta que se deu de forma ilícita gera, necessariamente, um dano? Parece-nos que a ausência de competição em um caso em que ela deveria ter ocorrido pode gerar dano, mas essa conclusão não é suficiente para originar uma presunção, e nem mesmo desobriga o órgão estatal de persecução de provar, nos autos da ação de improbidade, a efetiva ocorrência do dano no caso concreto.

A leitura atenta dos incisos do art. 10 da LIA nos faz concluir que nem tudo o que está lá previsto gera efetivamente um dano ao erário. Essa é, aliás, uma das razões para o autor da ação de improbidade ter de provar a ocorrência do dano e o nexo de causalidade entre a ação ou omissão e o dano.

No Direito Penal, por exemplo, o STJ e o STF consideram, acertadamente, a necessidade de comprovação efetiva do dano ao patrimônio para que incidam os tipos, hoje revogados e não mais existentes, dos arts. 89 e 90. Nesse sentido, vejamos:

> Ementa: AÇÃO PENAL. DIREITO PENAL. DISPENSA ILÍCITA DE LICITAÇÃO E PECULATO (ART. 89 DA LEI 8.666/3 E ART. 312 DO CÓDIGO PENAL). (...) AUSÊNCIA DE PESQUISA DE PREÇOS QUE, EM CASO DE IMPOSSIBILIDADE DE CONCORRÊNCIA NO MERCADO, CONFIGURA MERA IRREGULARIDADE. AUSENTE, ADEMAIS, DEMONSTRAÇÃO DE SOBREPREÇO, CONFORME TOMADA DE CONTAS DO TCU. LAUDOS PERICIAIS FUNDADOS EM PREÇOS DISTINTOS DOS PRATICADOS À ÉPOCA DOS FATOS. ABSOLVIÇÃO (ART. 386, II E III, DO CPP). (...) 2. (a) A inobservância dos critérios legais de inexigibilidade deve somar-se, para a tipificação do crime do art. 89 da Lei 8.666/93, à vontade de frustrar, indevidamente, a concorrência pública, revelando-se incabível enfoque puramente causal, desatento aos elementos subjetivos integrantes do tipo (Teoria Final da Ação). (b) Consectariamente, *revela-se imperioso, para a caracterização do crime do art. 89 da Lei 8.666/93, que o agente atue voltado à frustração da concorrência e à produção de dano ao erário*. (...) inexiste prova segura, acima de dúvida razoável, de que os preços pagos pela Secretaria de Educação, nos processos licitatórios alvo deste processo, superavam

---

[118] NEIVA, José Antonio Lisbôa. *Improbidade Administrativa*. Legislação comentada artigo por artigo. Doutrina, Legislação e Jurisprudência. Niteroi: Impetus, 2009. p. 87.

[119] FARIA, Luzardo; BIANCHI, Bruno Guimarães. Improbidade administrativa e dano ao erário presumido por dispensa indevida de licitação: uma crítica à jurisprudência do Superior Tribunal de Justiça. *Revista de Direito Administrativo e Constitucional*, Belo Horizonte, ano 18, n. 73, p. 171, jul./set. 2018.

os praticados à época dos fatos. (…) 8. Consequentemente, na linha do entendimento firmado pelo Plenário na AP 946-EI, inexiste prova segura, acima de dúvida razoável, do prejuízo patrimonial causado à Administração Pública, não se configurando a materialidade do crime definido no art. 312 do Código Penal. 9. Ex positis, ***julgo improcedente a denúncia para absolver a Ré quanto ao art. 89 da Lei 8.666/93, por não constituir o fato infração penal*** (art. 386, III, do Código de Processo Penal); e quanto ao art. 312 do Código Penal, por não haver prova da existência do fato delitivo (art. 386, II, do Código de Processo Penal). (AP 962, Relator: Min. Marco Aurélio, Relator p/ Acórdão: Min. Luiz Fux, Primeira Turma, julgado em 04.06.2019, ACÓRDÃO ELETRÔNICO DJe-230 DIVULG 22.10.2019 PUBLIC 23.10.2019)

Ementa: INQUÉRITO. (…) CONTRATAÇÃO DIRETA DE SOCIEDADE DE ECONOMIA MISTA PARA A EXECUÇÃO DE OBRAS E SERVIÇOS (ART. 24, VIII, DA LEI 8.666/1993). DISPENSA INDEVIDA DE LICITAÇÃO. SUPOSTO SOBREPREÇO NA EXECUÇÃO DO CONTRATO. DESVIO OU APLICAÇÃO INDEVIDA DE RENDAS OU VERBAS PÚBLICAS E PECULATO. AUSÊNCIA DE INDÍCIOS DE AUTORIA E DE MATERIALIDADE DELITIVA. (…) 3. A acusação não forneceu indícios suficientes de autoria ou materialidade que permitam imputar ao acusado o crime tipificado no art. 89, caput, da Lei 8.666/1993, uma vez que ***não há nos autos elementos que demonstrem a incompatibilidade entre os preços acordados pela sociedade de economia mista municipal contratada por meio de dispensa de licitação*** (art. 24, VIII, da Lei 8.666/1993) e os preços praticados no mercado. 4. Ademais, esta Corte tem decidido que, para a caracterização da conduta tipificada no art. 89 da Lei 8.666/1993, é indispensável a demonstração, já na fase de recebimento da denúncia, de "*elemento subjetivo consistente na intenção de causar dano ao erário ou obter vantagem indevida*" (Inq 2.688, Rel. Min. CÁRMEN LÚCIA, Rel. p/ acórdão Min. GILMAR MENDES, Segunda Turma, DJe de 12.2.2015). (…) No caso, os elementos de informação não apontam a presença dessa circunstância volitiva. 5. *Também não há como receber a exordial quanto ao crime de desvio de rendas ou verbas públicas, porquanto não foram fornecidos suporte indiciário que demonstrem o alegado sobrepreço na execução das obras e dos serviços contratados pelo Município ou a destinação dada aos valores supostamente desviados*. 6. Denúncia rejeitada quanto ao acusado João Paulo Karam Kleinübing. (Inq 4102, Relator: Min. Teori Zavascki, Segunda Turma, julgado em 25.10.2016, ACÓRDÃO ELETRÔNICO DJe-239 DIVULG 09.11.2016 PUBLIC 10.11.2016) (Grifamos)

PENAL E PROCESSO PENAL. RECURSO ORDINÁRIO EM HABEAS CORPUS. DISPENSA INDEVIDA DE LICITAÇÃO. ART. 89, PARÁGRAFO ÚNICO, DA LEI N. 8.666/1993. TRANCAMENTO. INÉPCIA DA DENÚNCIA. NECESSIDADE DE DEMONSTRAÇÃO DO ESPECIAL FIM DE CAUSAR DANO AO ERÁRIO. PREJUÍZO AOS COFRES PÚBLICOS NÃO EVIDENCIADO. RECURSO PROVIDO.

(…) 2. *Esta Corte, após inicial divergência, pacificou o entendimento de que, para a configuração do crime previsto no art. 89 da Lei n. 8.666/1993 exige-se a presença do dolo específico de causar dano ao erário e a caracterização do efetivo prejuízo*.
3. Neste caso, embora a denúncia descreva a contratação direta de escritório de advocacia pela Prefeitura Municipal de Congonhas, Minas Gerais, não aponta a ocorrência de prejuízo aos cofres da cidade, nem atribui a conduta da recorrente ao especial fim de agir caracterizado pela intenção de causar danos ao erário.
4. Recurso provido para determinar o trancamento da ação penal movida em desfavor da recorrente, estendendo-se os efeitos aos demais corréus, em prejuízo de nova denúncia.
(RHC 118.885/MG, Rel. Ministro Reynaldo Soares Da Fonseca, QUINTA TURMA, julgado em 22.10.2019, DJe 04.11.2019)

A análise dos julgados acima transcritos permite a conclusão de que, além da necessidade de comprovação de que o administrador teve a vontade específica de fraudar a licitação e causar danos, não há uma presunção do dano na contratação direta indevida. Para o recebimento da denúncia, os tribunais também têm verificado, casuisticamente, se o valor do contrato é superior ao do mercado. Exige-se, assim, a demonstração pela acusação da ocorrência do efetivo prejuízo.

Agora, seguem decisões do STJ[120] em que a mesma conduta, vale dizer, a contratação direta ilícita, é avaliada à luz da lei de improbidade administrativa. Vejamos:

> AGRAVO EM RECURSO ESPECIAL. IMPROBIDADE ADMINISTRATIVA. INDEVIDA DISPENSA DE LICITAÇÃO. DANO IN RE IPSA. DOSIMETRIA.
> DESPROPORCIONALIDADE EVIDENCIADA. AGRAVO EM RECURSO ESPECIAL CONHECIDO PARA CONHECER E DAR PROVIMENTO AO RECURSO ESPECIAL.
> I – Trata-se, na origem, de ação civil por ato de improbidade administrativa ajuizada pelo Ministério Público Federal, sustentando, em síntese, que o réu, então Prefeito de Juazeirinho, utilizando recursos federais do Programa de Atenção Integral à Família, realizou a contratação direta, sem o regular procedimento de dispensa de licitação, do Serviço Nacional de Aprendizagem Industrial – SENAI para, por meio do Centro de Inovação e Tecnologia Industrial, prestar cursos profissionalizantes. (…)
> **IV – *Para caracterização dos atos de improbidade administrativa descritos no art. 10 da Lei n. 8.429/1992, é indispensável a comprovação da lesão ao erário, exceto nas hipóteses específicas do inciso VIII do referido dispositivo, nas quais se enquadra o caso em comento, uma vez que o prejuízo é presumido (in re ipsa)*.**
> Precedentes: REsp n. 1.718.916/BA, Rel. Ministro Herman Benjamin, Segunda Turma, julgado em 05.09.2019, DJe 11.10.2019; AgInt no AREsp nº 416.284 / MG, Rel. Ministro OG Fernandes, Segunda Turma, julgado em 6/8/2019, DJe 8/8/2019; e AgInt no REsp nº 1.537.057/RN, Rel.
> Ministro Benedito Gonçalves, Primeira Turma, julgado em 9/4/2019, DJe 20/5/2019.
> (…) VI – Recurso de agravo conhecido para conhecer e dar provimento ao recurso especial para o fim de condenar o réu pela prática do ato de improbidade descrito no art. 10, VIII, da Lei n. 8.429/1992 e, incidindo as penas do art. 12, II, do referido diploma legal, restabelecer as sanções fixadas na decisão de primeiro grau.
> (AREsp nº 1507319/PB, Rel. Ministro Francisco Falcão, SEGUNDA TURMA, julgado em 05.03.2020, DJe 10.03.2020) (Grifamos)[121]
> RECURSOS ESPECIAL. OFENSA AOS ARTS. 489 E 1.022 DO CPC/2015 NÃO CONFIGURADA. IMPROBIDADE ADMINISTRATIVA. ART. 10, VIII, DA LEI 8.429/1992. FRAUDE EM PROCEDIMENTO LICITATÓRIO. DANO É IN RE IPSA. APROVAÇÃO DE CONTAS PELO ÓRGÃO DE CONTROLE. IRRELEVÂNCIA. ***DOLO GENÉRICO EVIDENCIADO***. HISTÓRICO DA DEMANDA. (…) foram apuradas diversas irregularidades que frustraram o caráter competitivo dos certames licitatórios: a) em nenhum deles foram cumpridas as determinações dos art. 38, caput, e 43, §2º, da Lei 8.666/1993; b) no tocante aos convites nº 03/2005 e 04/2005, apesar de o valor total do objeto exigir a adoção da modalidade Tomada de Preços, a Fundação Maria Fernandes

---

[120] O STF, por sua vez, tem aplicado sua Súmula nº 279, que veda o reexame de provas, quando o recurso interposto se propõe a rediscutir o dolo e a ocorrência de dano ao erário em ações de improbidade. Nesse sentido, c. STF. Primeira Turma. ARE nº 803568 AgR / SP. Relator: Min. Luiz Fux. Julgamento: 20.12.2019; STF. Segunda Turma. ARE nº 1190901 ED-AgR. Relatora: Min. Cármen Lúcia, julgado em 13.03.2020.

[121] Em decisões mais antigas, o STJ reconhecia a necessidade de comprovação efetiva do dano ao erário para que a condenação se desse com amparo no art. 10, III, da LIA. Nesse sentido, confira-se o seguinte trecho da ementa de um julgado de 2011: "O elemento subjetivo é essencial à caracterização da improbidade administrativa, sendo certo, ainda, que a tipificação da lesão ao patrimônio público (art. 10, caput, da Lei 8429/92) exige a prova de sua ocorrência, mercê da impossibilidade de condenação ao ressarcimento ao erário de dano hipotético ou presumido". STJ. Primeira Turma. REsp nº 939.118/SP, Rel. Ministro Luiz Fux, julgado em 15.02.2011, DJe 01.03.2011.

dos Santos adotou a licitação na modalidade convite; c) os convites nº 01/2005, 02/2005 e 03/2005 possuem descrição que fere o art. 14 da Lei 8.666/1993, porque os respectivos objetos são totalmente genéricos, não havendo especificação quanto à dimensão das redes, cobertores e colchonetes, assim como quanto ao material ou qualquer outra característica que permitisse melhor avaliar os produtos licitados; d) nenhum dos quatro avisos e editais trouxe especificações quanto às quantidades licitadas; e) em afronta ao disposto nos incisos II e III do art. 38 da Lei de Licitações, nenhum dos certames licitatórios alberga qualquer documento que comprove a entrega dos convites, nem há ato designando a comissão de licitação; f) em nenhum dos quatro processos licitatórios a comissão especial de licitação da Fundação realizou pesquisa de preços para fornecer parâmetros ao adequado julgamento das propostas apresentadas pelas empresas; g) os convites nºs 01/2005, 02/2005 e 03/2005 definiram para recebimento e abertura das propostas de preços o mesmo dia e hora, qual seja, 7/1/2005, às 13; h) há irregularidades acerca dos documentos de habilitação dos licitantes. (…)
10. O art. 10, VIII, da Lei 8.429/1992 prevê expressamente como ato ímprobo "frustrar a licitude de processo licitatório ou de processo seletivo para celebração de parcerias com entidades sem fins lucrativos, ou dispensá-los indevidamente" que foi exatamente a hipótese dos autos. *Nessa hipótese, diversamente do decido pelo acórdão recorrido, o dano apresenta-se presumido, ou seja, trata-se de dano in re ipsa*. Precedentes: REsp 1.624.224/RS, Rel. Ministro Francisco Falcão, Segunda Turma, DJe de 6/3/2018; AgInt no REsp 1.671.366/SP, Rel. Ministro Mauro Campbell Marques, Segunda Turma, DJe de 1º/12/2017; REsp 1.685.214/MG, Rel. Ministro Herman Benjamin, Segunda Turma, DJe de 19/12/2017. (…)
12. A constatação de que inexistente sobrepreço, desvio de recursos públicos ou direcionamento da licitação não afasta a existência de elemento subjetivo, pois o Superior Tribunal de Justiça entende que *o dolo exigido para a configuração de improbidade administrativa é a mera vontade consciente de aderir à conduta, produzindo os resultados vedados pela norma jurídica – ou, ainda, a simples anuência aos resultados contrários ao Direito quando o agente público ou privado deveria saber que a conduta praticada a eles levaria -, sendo desnecessário perquirir acerca de finalidades específicas*. A propósito: AgInt no AREsp 1.205.949/RJ, Rel. Ministro Francisco Falcão, Segunda Turma, DJe 2/4/2019.
13. Embora a conduta praticada pelos recorridos se adeque tanto ao citado art. 11 quanto ao art. 10, VIII, da Lei 8.429/1992, deve prevalecer o disposto no aludido art. 10, porquanto o art. 11 aplica-se subsidiariamente.
CONCLUSÃO 14. Recursos Especiais da União e do Ministério Público Federal parcialmente providos, com o retorno dos autos ao Tribunal de origem, para fixação das penas.
(REsp 1807536/RN, Rel. Ministro Herman Benjamin, SEGUNDA TURMA, julgado em 10.09.2019, DJe 11.10.2019)

Dois pesos e duas medidas. Enquanto que para a condenação criminal fundada em uma contratação direta indevida se exige a demonstração do dolo específico e a efetiva ocorrência do dano ao erário, para a condenação por improbidade administrativa pelo mesmo fato apenas se exige o dolo genérico e o dano é considerado presumido (*in re ipsa*).

Entendemos que não há qualquer razão para a diferença de tratamento dos fatos praticados pelo administrador nas esferas penal e de improbidade. Também na improbidade, deveria ser necessário que a parte autora da ação comprovasse o dolo específico do administrador e o efetivo dano ao erário. Por isso, veio em boa hora a alteração da redação do inciso VIII do art. 10 da LIA que passou a expressamente exigir a ocorrência da perda patrimonial efetiva para a configuração da improbidade administrativa nele descrita. Senão vejamos:

> VIII – frustrar a licitude de processo licitatório ou de processo seletivo para celebração de parcerias com entidades sem fins lucrativos, ou dispensá-los indevidamente, acarretando perda patrimonial efetiva; (Redação dada pela Lei nº 14.230, de 2021)

A ilicitude da contratação direta não provoca, necessariamente, um dano ao erário, o que tornava inadequado considerar que esse evento gera um dano *in re ipsa*, vale dizer, que o dano decorreria da verificação do fato em si. E tal inadequação reluz quando se está diante da imposição do dever de ressarcimento ao erário nesses casos. Como considerar que o dano é presumido da contratação direta indevida se, no caso concreto, não houver dano demonstrado e a ser reparado?

Vamos imaginar que um determinado serviço de reforma de um prédio tenha sido contratado sem licitação por cem mil reais em uma hipótese que a licitação seria obrigatória. Se o valor médio de mercado para o referido serviço for de cento e vinte mil reais e ele, no exemplo dado, já tiver sido executado pelo contratado de maneira correta e satisfatória, qual será o montante do dano presumido?

A prevalecer a tese de que o dano é presumido nesses casos, teremos uma situação ilógica em que a condenação se dará pelo art. 10, VIII, da LIA e o pedido de ressarcimento ao erário será eventualmente negado, em virtude da inocorrência do dano. Ao que tudo indica, temos mais um daqueles casos em que a dificuldade de realização de uma prova pelo Estado, qual seja, a do efetivo dano, origina presunções, inversões do ônus da prova e ficções que não se justificam e que, mais do que isso, não estavam previstas em lei.

O §1º do art. 10 da LIA, introduzido pela reforma de 2021 também contribui para a conclusão de que não é possível termos uma condenação alicerçada no dano presumido, tendo em vista que o referido dispositivo legal estabelece, de forma clara, que a ausência da perda patrimonial efetiva impossibilita a condenação ao ressarcimento ao erário, *in verbis*:

> Art. 10
> §1º Nos casos em que a inobservância de formalidades legais ou regulamentares não implicar perda patrimonial efetiva, não ocorrerá imposição de ressarcimento, vedado o enriquecimento sem causa das entidades referidas no art. 1º desta Lei. (Incluído pela Lei nº 14.230, de 2021)

A tese do dano presumido já não nos fazia muito sentido. Agora, com o texto legal exigindo a perda patrimonial efetiva, ela não encontra suporte em qualquer caminho interpretativo para ser sustentada.

O art. 4º, III, "a" da Lei nº 4.717/1965,[122] que disciplina a ação popular, considera nulo o contrato firmado sem a prévia licitação. Contudo, em nossa

---
[122] Art. 4º São também nulos os seguintes atos ou contratos, praticados ou celebrados por quaisquer das pessoas ou entidades referidas no art. 1º.

compreensão, o referido dispositivo legal nunca presumiu a ocorrência de dano, e muito menos poderia ensejar essa consequência em relação à improbidade administrativa. A ausência do certame nem sempre acarreta a consequência de o contrato ser firmado com preço acima do mercado.

Sob outro ângulo, o reconhecimento de que a conduta ímproba gera uma presunção de dano ao erário acabaria por também ofender o princípio da presunção de inocência, na medida em que, sem qualquer lei que a fundamente, inverteria o ônus probatório, a fim de que o demandado demonstrasse que sua contratação direta não acarretou prejuízos econômicos para a Administração contratante.

Sobre o tema, contudo, o STJ, em precedente que antecede a reforma de 2021, não apenas reconheceu que o dano ocorre *in re ipsa*, mas, também, já permitiu, nesses casos, a aplicação da medida de ressarcimento ao erário. Senão vejamos:

Informativo nº 0549
Período: 5 de novembro de 2014.
SEGUNDA TURMA
DIREITO ADMINISTRATIVO. PREJUÍZO AO ERÁRIO IN RE IPSA NA HIPÓTESE DO ART. 10, VIII, DA LEI DE IMPROBIDADE ADMINISTRATIVA.
*É cabível a aplicação da pena de **ressarcimento** ao erário nos casos de ato de **improbidade** administrativa consistente na dispensa ilegal de procedimento licitatório (art. 10, VIII, da Lei 8.429/1992) mediante fracionamento indevido do objeto licitado.* De fato, conforme entendimento jurisprudencial do STJ, a existência de prejuízo ao erário é condição para determinar o ressarcimento ao erário, nos moldes do art. 21, I, da Lei 8.429/1992 (REsp 1.214.605-SP, Segunda Turma, DJe 13/6/2013; e REsp 1.038.777-SP, Primeira Turma, DJe 16/3/2011). No caso, não há como concluir pela inexistência do dano, pois o prejuízo ao erário é inerente (*in re ipsa*) à conduta ímproba, na medida em que o Poder Público deixa de contratar a melhor proposta, por condutas de administradores. Precedentes citados: REsp 1.280.321-MG, Segunda Turma, DJe 9/3/2012; e REsp 817.921-SP, Segunda Turma, DJe 6/12/2012. REsp 1.376.524-RJ, **Rel. Min. Humberto Martins, julgado em 2/9/2014. (Grifamos)**
PROCESSUAL CIVIL. (...) ATO DE IMPROBIDADE DO ART. 10, VIII, DA LEI N. 8.429/1992. DANO IN RE IPSA. RESSARCIMENTO AO ERÁRIO. JURISPRUDÊNCIA DO STJ QUE CONSIDERA INAFASTÁVEL REFERIDA SANÇÃO QUANDO HÁ DANO AO ERÁRIO. (...)
3. *O dano ao erário pelo indevido descumprimento da obrigação de licitar, que impõe a incursão do requerido na prática do ato de improbidade previsto no art. 10, VIII, da Lei n. 8.429/1992, é presumido (dano in re ipsa), nos termos da atual jurisprudência do STJ.* A propósito: AgRg no REsp 1499706/SP, Rel. Ministro Gurgel de Faria, Primeira Turma, DJe 14/3/2017; AgRg no AgRg no REsp 1.288.585/RJ, Rel. Ministro Olindo Menezes (Desembargador convocado do TRF 1ª Região), Primeira Turma, DJe 9/3/2016; REsp 1.624.224/RS, Rel. Ministro Francisco Falcão, Segunda Turma, DJe 06/03/2018; REsp 1.685.214/MG, Rel. Ministro Herman Benjamin, Segunda Turma, DJe 19/12/2017; REsp 1.376.524/RJ, Rel. Ministro Humberto Martins, Segunda Turma, DJe 9/9/2014; REsp 1.280.321/MG, Rel. Ministro Mauro Campbell Marques, Segunda Turma, DJe 9/3/2012.

(...)
III – A empreitada, a tarefa e a concessão do serviço público, quando:
a) o respectivo contrato houver sido celebrado sem prévia concorrência pública ou administrativa, sem que essa condição seja estabelecida em lei, regulamento ou norma geral;

4. Nos termos da jurisprudência de ambas as Turmas da Primeira Seção do STJ, *o ressarcimento ao erário é sanção inafastável nas hipóteses de improbidade administrativa em que houver dano ao erário*. Nesse sentido: AgInt no REsp 1570402/SE, Rel. Ministro Benedito Gonçalves, Primeira Turma, DJe 23/4/2018; REsp 1.028.330/SP, Rel. Ministro Arnaldo Esteves Lima, Primeira Turma, DJe 12/11/2010; AgInt no REsp 1611275/SC, Rel. Ministro Mauro Campbell Marques, Segunda Turma, DJe 20/03/2018; AgRg no AREsp 606.352/SP, Rel. Ministra Assusete Magalhães, Segunda Turma, DJe 10/2/2016; REsp 1.376.481/RN, Rel.
Ministro Mauro Campbell Marques, Segunda Turma, DJe 22/10/2015.
(…) (AREsp nº 1227365/SP, Rel. Ministro Benedito Gonçalves, PRIMEIRA TURMA, julgado em 12.06.2018, DJe 09.08.2018) (Grifamos)

Wallace Paiva Martins Jr. nos faz recordar que a jurisprudência tem se alinhado no sentido não só de que a lesividade é presumida, o que dispensa a prova do efetivo dano, como também que se impõe o ressarcimento ao erário, *in verbis*:

> impondo o ressarcimento do dano (seja a devolução total de valores, seja a diferença entre o custo efetivo e o total de pagamentos) que não é estorvado pelas alegações de efetiva prestação de obras e serviços e de vedação ao enriquecimento ilícito do poder público que não prevalecem em face da má-fé e da violação aos princípios de legalidade, moralidade e impessoalidade, já que percebida a remuneração sem justo título, ressalvado o direito do particular [de] em via regressiva ser ressarcido pelo agente público pelo ônus da condenação solidária. Ressalva-se, também, deste entendimento o procedimento de boa-fé do particular, mas note-se que ele não admite meio termo, ou seja, não age com boa-fé aquele que ciente da ilicitude se omite, e dela se aproveita para gozar do benefício instituído, ou atua dolosamente de forma ativa. (…) Assim, não há que se falar em restituição à empresa contratada dos valores já despendidos pela mesma na execução do contrato, quando esta age com má-fé. [123]

Por outro lado, há, também, precedente no STJ, no sentido de que, mesmo que o dano seja considerado *in re ipsa*, o valor do serviço efetivamente prestado não precisa ser restituído aos cofres públicos, sob pena de a Administração Pública acabar se beneficiando de um enriquecimento sem causa. Vejamos:

> ADMINISTRATIVO E PROCESSUAL CIVIL. RECURSO ESPECIAL. AÇÃO POPULAR. PRESTAÇÃO DE SERVIÇOS HOSPITALARES. OFENSA AO ART. 535 DO CPC/73. NÃO CONFIGURAÇÃO. INDEVIDA DISPENSA DE LICITAÇÃO. PREJUÍZO AO ERÁRIO. DANO IN RE IPSA. RESSARCIMENTO AOS COFRES PÚBLICOS. EXCLUSÃO DOS VALORES RELATIVOS AOS SERVIÇOS EFETIVAMENTE PRESTADOS. PROIBIÇÃO DO ENRIQUECIMENTO SEM CAUSA DA ADMINISTRAÇÃO PÚBLICA. (…)
> 3. A jurisprudência deste Superior Tribunal de Justiça é no sentido de que a contratação direta de empresa prestadora de serviço, quando não caracterizada situação de dispensa ou inexigibilidade de licitação, gera lesão ao erário, vez que o Poder Público perde a oportunidade de contratar melhor proposta, dando ensejo ao chamado dano in re ipsa, decorrente da própria ilegalidade do ato praticado.
> 4. O entendimento prevalecente no STJ sinaliza para a ***impossibilidade de devolução de todos os valores pagos no âmbito do contrato anulado, se verificada a efetiva***

---
[123] MARTINS JR., Wallace Paiva. *Probidade Administrativa*. 4. ed. São Paulo: Saraiva, 2009. p. 253-254.

prestação dos serviços contratados, em ordem a se evitar o enriquecimento sem causa da Administração Pública.
5. Recurso especial parcialmente provido.
(REsp nº1121501/RJ, Rel. Ministro Sérgio Kukina, PRIMEIRA TURMA, julgado em 19.10.2017, DJe 08.11.2017) (Grifamos)

No âmbito da Jurisprudência em Teses do STJ, temos ainda os seguintes enunciados, que podem perfeitamente se contradizer em um dado caso concreto:

> *Jurisprudência em teses do STJ.* Edição nº 186: Improbidade Administrativa – III
> 9) Nas ações de improbidade administrativa, é indevido o ressarcimento ao erário de valores gastos com contratações, ainda que ilegais, quando efetivamente houve contraprestação dos serviços, sob pena de enriquecimento ilícito da Administração.
> *Jurisprudência em teses do STJ.* Edição nº 187: Improbidade Administrativa – IV
> 11) Caracterizada a improbidade administrativa por dano ao erário, a devolução dos valores é imperiosa e deve vir acompanhada de pelo menos uma das sanções legais que visam a reprimir a conduta ímproba, pois o ressarcimento não constitui penalidade propriamente dita, mas sim consequência imediata e necessária do prejuízo causado.

Em conclusão, para nós e diversamente do que tem prevalecido na jurisprudência do STJ, a condenação do réu pela prática da conduta descrita no art. 10, VIII, da LIA sempre exigiu, mesmo antes da reforma de 2021 e tal como no Direito Penal, a demonstração do dolo específico de causar dano e da efetiva comprovação da ocorrência do referido prejuízo. Ausente esta prova, o réu não poderá ser punido pelo art. 10, que só deve ter lugar quando se estiver diante de um dano efetivo.

10.3.4) Contratação direta e responsabilidade do parecerista: O art. 38, parágrafo único da Lei nº 8.666, já obrigava, mesmo antes da Lei nº 14.133/21, a apreciação do órgão de assessoria jurídica previamente à contratação pela Administração, *in verbis*:

> Parágrafo único. As minutas de editais de licitação, bem como as dos contratos, acordos, convênios ou ajustes devem ser previamente examinadas e aprovadas por assessoria jurídica da Administração.

De acordo com a Lei nº 14.133, o tema ganhou o seguinte regramento:

> Art. 53. Ao final da fase preparatória, o processo licitatório seguirá para o órgão de assessoramento jurídico da Administração, que realizará controle prévio de legalidade mediante análise jurídica da contratação.
> §1º Na elaboração do parecer jurídico, o órgão de assessoramento jurídico da Administração deverá:
> I – apreciar o processo licitatório conforme critérios objetivos prévios de atribuição de prioridade;
> II – redigir sua manifestação em linguagem simples e compreensível e de forma clara e objetiva, com apreciação de todos os elementos indispensáveis à contratação e com exposição dos pressupostos de fato e de direito levados em consideração na análise jurídica;
> §3º Encerrada a instrução do processo sob os aspectos técnico e jurídico, a autoridade determinará a divulgação do edital de licitação conforme disposto no art. 54.

§4º Na forma deste artigo, o órgão de assessoramento jurídico da Administração também realizará controle prévio de legalidade de contratações diretas, acordos, termos de cooperação, convênios, ajustes, adesões a atas de registro de preços, outros instrumentos congêneres e de seus termos aditivos.

§5º É dispensável a análise jurídica nas hipóteses previamente definidas em ato da autoridade jurídica máxima competente, que deverá considerar o baixo valor, a baixa complexidade da contratação, a entrega imediata do bem ou a utilização de minutas de editais e instrumentos de contrato, convênio ou outros ajustes previamente padronizados pelo órgão de assessoramento jurídico.

O parecer lançado, por se tratar de ato enunciativo, não vincula a autoridade que decidirá, sendo plenamente possível que o parecer não seja acolhido. Quando o administrador divergir da sugestão do parecer e a sua escolha pessoal for responsável pelo dano ao erário, o parecerista não terá qualquer responsabilidade. Por outro lado, se o administrador tiver acompanhado o parecer, e o contrato firmado tiver gerado danos ao erário, isso não pode significar que, automaticamente, o parecerista deverá ser responsabilizado.

Em primeiro lugar, o parecerista jurídico não assume os riscos econômicos quanto ao objeto do contrato. Se o administrador resolveu assinar um contrato em que se compromete a adquirir produtos que não são da melhor qualidade ou que sofrem variação constante de preço em razão do dólar, essas circunstâncias não estarão compreendidas na análise jurídica. A aprovação do órgão de assessoria prevista na legislação de licitações e contratos fica adstrita a aspectos jurídicos e não abrange os desdobramentos econômicos e os riscos inerentes às atividades. Nesse mesmo sentido, o art. 10, §2º, da LIA:

§2º A mera perda patrimonial decorrente da atividade econômica não acarretará improbidade administrativa, salvo se comprovado ato doloso praticado com essa finalidade. (Incluído pela Lei nº 14.230, de 2021).

Em segundo lugar, o parecerista não pode ser responsabilizado por uma opinião técnica fundamentada, mesmo que eventualmente não seja a predominante. Sua responsabilidade deve ter lugar unicamente quando opinar com dolo ou erro grosseiro, consoante predica o art. 28 da Lei nº 13.655/18. No mesmo sentido, temos o entendimento do STJ, nos seguintes termos:

Jurisprudência em teses do STJ. Edição nº 187: Improbidade Administrativa – IV.
3) É possível responsabilizar o parecerista por ato de improbidade administrativa quando demonstrados indícios de que a peça jurídica teria sido redigida com erro grosseiro ou má-fé.

Na jurisprudência do STF, são de destaque os seguintes precedentes:

EMENTA: CONSTITUCIONAL. ADMINISTRATIVO. TRIBUNAL DE CONTAS. TOMADA DE CONTAS: ADVOGADO. PROCURADOR: PARECER. C.F., art. 70, parág. único, art. 71, II, art. 133. Lei nº 8.906, de 1994, art. 2º, §3º, art. 7º, art. 32, art. 34,

IX. I. – Advogado de empresa estatal que, chamado a opinar, oferece parecer sugerindo contratação direta, sem licitação, mediante interpretação da lei das licitações. Pretensão do Tribunal de Contas da União em responsabilizar o advogado solidariamente com o administrador que decidiu pela contratação direta: impossibilidade, dado que o parecer não é ato administrativo, sendo, quando muito, ato de administração consultiva, que visa a informar, elucidar, sugerir providências administrativas a serem estabelecidas nos atos de administração ativa. Celso Antônio Bandeira de Mello, "Curso de Direito Administrativo", Malheiros Ed., 13ª ed., p. 377. II. – *O advogado somente será civilmente responsável pelos danos causados a seus clientes ou a terceiros, se decorrentes de erro grave, inescusável, ou de ato ou omissão praticado com culpa, em sentido largo*: Cód. Civil, art. 159; Lei 8.906/94, art. 32. III. – Mandado de Segurança deferido. (MS nº 24073, Relator: Min. Carlos Velloso, Tribunal Pleno, julgado em 06.11.2002, DJ 31.10.2003 PP-00029 EMENT VOL-02130-02 PP-00379) (Grifamos)

No MS nº 24.584 abaixo mencionado, o STF reconhece que o parecer previsto no art. 38, parágrafo único, da anterior Lei nº 8.666/93 não seria uma mera opinião, razão pela qual o TCU poderia convocar o parecerista para prestar esclarecimentos, *in verbis*:

ADVOGADO PÚBLICO – RESPONSABILIDADE – ARTIGO 38 DA LEI Nº 8.666/93 - TRIBUNAL DE CONTAS DA UNIÃO – ESCLARECIMENTOS. Prevendo o artigo 38 da Lei nº 8.666/93 que a manifestação da assessoria jurídica quanto a editais de licitação, contratos, acordos, convênios e ajustes não se limita a simples opinião, alcançando a aprovação, ou não, descabe a recusa à convocação do Tribunal de Contas da União para serem prestados esclarecimentos. (MS nº 24.584, Relator: Min. Marco Aurélio, Tribunal Pleno, julgado em 09.08.2007, DJe-112 DIVULG 19.06.2008 PUBLIC 20.06.2008 EMENT VOL-02324-02 PP-00362)
EMENTA: CONSTITUCIONAL. ADMINISTRATIVO. CONTROLE EXTERNO. AUDITORIA PELO TCU. RESPONSABILIDADE DE PROCURADOR DE AUTARQUIA POR EMISSÃO DE PARECER TÉCNICO-JURÍDICO DE NATUREZA OPINATIVA. SEGURANÇA DEFERIDA. I. Repercussões da natureza jurídico-administrativa do parecer jurídico: (i) quando a consulta é facultativa, a autoridade não se vincula ao parecer proferido, sendo que seu poder de decisão não se altera pela manifestação do órgão consultivo; (ii) quando a consulta é obrigatória, a autoridade administrativa se vincula a emitir o ato tal como submetido à consultoria, com parecer favorável ou contrário, e se pretender praticar ato de forma diversa da apresentada à consultoria, deverá submetê-lo a novo parecer; (iii) quando a lei estabelece a obrigação de decidir à luz de parecer vinculante, essa manifestação de teor jurídica deixa de ser meramente opinativa e o administrador não poderá decidir senão nos termos da conclusão do parecer ou, então, não decidir. II. No caso de que cuidam os autos, o parecer emitido pelo impetrante não tinha caráter vinculante. Sua aprovação pelo superior hierárquico não desvirtua sua natureza opinativa, nem o torna parte de ato administrativo posterior do qual possa eventualmente decorrer dano ao erário, mas apenas incorpora sua fundamentação ao ato. III. Controle externo: *É lícito concluir que é abusiva a responsabilização do parecerista à luz de uma alargada relação de causalidade entre seu parecer e o ato administrativo do qual tenha resultado dano ao erário. Salvo demonstração de culpa ou erro grosseiro, submetida às instâncias administrativo-disciplinares ou jurisdicionais próprias, não cabe a responsabilização do advogado público pelo conteúdo de seu parecer de natureza meramente opinativa.* **Mandado de segurança deferido.** (MS nº 24.631, Relator: Min. Joaquim Barbosa, Tribunal Pleno, julgado em 09.082007, DJe-018 DIVULG 31.01.2008 PUBLIC 01.02.2008 EMENT VOL-02305-02 PP-00276 RTJ VOL-00204-01 PP-00250)

A leitura dos julgados acima nos permite concluir que o entendimento do STF está alinhado com o entendimento predominante na doutrina, no sentido de que não se deve vulgarizar a responsabilidade do advogado parecerista. Nesse sentido, Arnaldo Sampaio de Moraes Godoy:

> Defende-se a responsabilização do parecerista, nos casos de dolo e de má-fé, devidamente demonstrados, como condição de enquadramento nas ações de improbidade administrativa. Defende-se também que a mera opinião, ainda que divergente do entendimento de órgãos de controle não é condição necessária e suficiente para o referido enquadramento.[124]

A Ordem dos Advogados do Brasil também possui súmula editada por sua Comissão Nacional de Advocacia Pública, que, acertadamente, restringe a responsabilidade dos pareceristas aos casos de dolo ou fraude, *in verbis*:

> *Súmula 6* – Os Advogados Públicos são invioláveis no exercício da função, não sendo passíveis de responsabilização por suas opiniões técnicas, ressalvada a hipótese de dolo ou fraude.

Quando do julgamento do MS nº 24.631, cuja ementa encontra-se acima transcrita, o relator deu destaque às três espécies de parecer com amparo em classificação de Oswaldo Aranha Bandeira de Mello.[125] Os pareceres dividem-se em pareceres facultativos, obrigatórios e vinculantes. Os primeiros são lançados independentemente da existência de uma norma jurídica que obrigue a consulta ao parecerista. Os obrigatórios são aqueles em que a consulta ao parecerista é exigida por norma jurídica. Os pareceres tidos como vinculantes são os que veiculam um comando a ser observado pelos destinatários. Como o próprio nome sugere, eles vinculam.

Temos três observações a serem feitas em relação a essa multicitada classificação e à hipótese de responsabilização do parecerista nas licitações e contratações públicas.

Primeiramente, o parecer vinculante nem seria um autêntico ato enunciativo como são categorizados os pareceres. Ele acaba assumindo a feição de um verdadeiro ato normativo, cujo conteúdo é de observância obrigatória. Em segundo lugar, o parecer mencionado pela Lei nº 14.133 mais se aproxima da espécie de parecer obrigatório. Isso porque a consulta ao parecerista é obrigatória e o destinatário do parecer não fica a ele vinculado. A redação do art. 38, parágrafo único da Lei nº 8.666/93 era mais confusa. O referido dispositivo legal mencionava que o parecerista teria de aprovar as minutas de editais de licitação, bem como as dos contratos, acordos, convênios ou ajustes. O ato de aprovação é ato negocial, o que dificulta o enquadramento desse parecer específico como um puro parecer

---

[124] GODOY, Arnaldo Sampaio de Moraes. A responsabilização do advogado público por confecção e emissão de pareceres no contexto da improbidade administrativa. *In*: CAMPBELL, Mauro (Coord.). *Improbidade Administrativa*. Temas atuais e controvertidos. São Paulo: Gen-Forense, 2017. p. 58.
[125] MELLO, Oswaldo Aranha Bandeira de. *Princípios Gerais de Direito Administrativo*. São Paulo: Malheiros, 2007. p. 583.

obrigatório. Seria um misto de parecer obrigatório com ato de aprovação (ato do tipo negocial). A Lei nº 14.133 foi mais técnica ao se referir a controle prévio de legalidade mediante análise jurídica da contratação (art. 53). Em terceiro lugar, é preciso reconhecer que, mais importante do que sabermos se, em um dado caso, o parecer é facultativo, obrigatório ou vinculante para os fins da responsabilização do parecerista, é identificarmos se ele agiu com dolo ou erro grosseiro.

Por essas razões, independentemente de o parecer ser facultativo, obrigatório ou vinculante, o parecerista só poderá excepcionalmente responder por sua opinião, inclusive em matéria de improbidade administrativa, caso tenha agido com dolo ou erro grosseiro, nos termos do art. 28 da Lei nº 13.655/18.[126] Não concordamos com a alegação de que o parecer, quando facultativo, possa genericamente eximir o parecerista de qualquer responsabilidade pelo conteúdo lançado, sob o fundamento de que o administrador pode decidir de acordo com a sua convicção. Ora, é da natureza de todo e qualquer parecer, mera opinião técnica, que o administrador possa decidir de acordo com o que entender seja a melhor alternativa, o que, aliás, origina, como acima apontamos, questionamentos sobre se o parecer vinculante seria realmente um parecer. Por outro lado, ainda que o parecer seja facultativo, se o parecerista sugerir, dolosa e fraudulentamente, uma solução completamente equivocada a um administrador que, por exemplo, não possui formação jurídica e a decisão tomada vier a causar dano ao erário, o parecerista deveria responder pessoalmente. A facultatividade da consulta ao parecerista, que o torna facultativo, não pode originar um *bill* de indenidade (*Bill of Indemnity* dos ingleses) a seu favor.[127]

10.3.5) A aferição do dolo (dolo genérico ou específico?): O dolo genérico refere-se à ação do sujeito que pratica a conduta descrita no tipo, independentemente da aferição da sua intenção de resultado.

O dolo específico, por sua vez, se materializa na vontade do sujeito ativo de praticar a conduta ímproba descrita na lei ou resultante de uma interpretação extensiva, com um propósito desonesto específico. No caso da contratação direta, além de ter a vontade de contratar sem licitação, o agente sabe que a licitação era necessária e, mesmo assim, não a promove com o objetivo desonesto de obter alguma vantagem.

Consoante defendemos no item anterior, entendemos que, à semelhança do que se exige no Direito Penal, e nos termos do que a reforma da LIA de 2021 pretendeu, a condenação por improbidade pela conduta de frustrar a licitude de processo licitatório reclama a presença do dolo específico.[128] Seria irracional, a

---

[126] Para Walber de Moura Agra, o advogado parecerista poderia, à luz da redação original da LIA, responder por dolo ou culpa na improbidade administrativa do art. 10 da Lei nº 8.429/92. AGRA, Walber de Moura. *Comentários sobre a Lei de Improbidade Administrativa*. Belo Horizonte: Fórum, 2017. Posição 3.208.

[127] Em sentido contrário ao que defendemos, Walber de Moura Agra sustenta que "Quando ele [o parecer] é facultativo, não há maiores divagações, pois o administrador tem toda a liberdade para acatá-lo ou não, no que afasta qualquer tipo de responsabilidade para o advogado que emitiu o parecer". AGRA, Walber de Moura. *Comentários sobre a Lei de Improbidade Administrativa*. Belo Horizonte: Fórum, 2017. Posição 3.192.

[128] Este não é, todavia, o entendimento predominante na jurisprudência conforme adiante comentaremos.

nosso sentir, condicionar a punição na esfera penal à presença do dolo específico e, para a mesma conduta, mas no âmbito da improbidade administrativa, permitir a condenação unicamente pelo fato de o sujeito ter meramente praticado a conduta descrita na lei de improbidade. Nada justifica um tratamento diferenciado, especialmente por a condenação por improbidade administrativa poderá, em muitos dos casos, acarretar efeitos muito mais severos na vida do réu do que eventual condenação penal.

Naturalmente que esse entendimento só se sustenta se acompanhado da tese, que também sustentamos, de que a modalidade culposa, atualmente não mais prevista no ordenamento, de improbidade é inconstitucional por elastecer indevidamente o alcance do art. 37, §4º da CRFB. Caso fosse possível aceitar a punição por improbidade na modalidade culposa, bastaria o dolo genérico.

No âmbito penal, o STJ tem exigido a presença do dano ao erário e o dolo específico para a caracterização da conduta descrita no art. 89 da Lei nº 8.666/93, *in verbis*:

> AÇÃO PENAL. EX-PREFEITA. ATUAL CONSELHEIRA DE TRIBUNAL DE CONTAS ESTADUAL. FESTA DE CARNAVAL. FRACIONAMENTO ILEGAL DE SERVIÇOS PARA AFASTAR A OBRIGATORIEDADE DE LICITAÇÃO. ARTIGO 89 DA Lei N. 8.666/1993. ORDENAÇÃO E EFETUAÇÃO DE DESPESA EM DESCONFORMIDADE COM A LEI. PAGAMENTO REALIZADO PELA MUNICIPALIDADE ANTES DA ENTREGA DO SERVIÇO PELO PARTICULAR CONTRATADO. ARTIGO 1º, INCISO V, DO DECRETO-LEI N. 201/1967 C/C OS ARTIGOS 62 E 63 DA LEI N. 4.320/1964.
> AUSÊNCIA DE FATOS TÍPICOS. ELEMENTO SUBJETIVO. INSUFICIÊNCIA DO DOLO GENÉRICO. NECESSIDADE DO DOLO ESPECÍFICO DE CAUSAR DANO AO ERÁRIO E DA CARACTERIZAÇÃO DO EFETIVO PREJUÍZO.
> – **Os crimes previstos nos artigos 89 da Lei n. 8.666/1993** (dispensa de licitação mediante, no caso concreto, fracionamento da contratação) e 1º, inciso V, do Decreto-lei n. 201/1967 (pagamento realizado antes da entrega do respectivo serviço pelo particular) *exigem, para que sejam tipificados, a presença do dolo específico de causar dano ao erário e da caracterização do efetivo prejuízo.*
> Precedentes da Corte Especial e do Supremo Tribunal Federal.
> – Caso em que não estão caracterizados o dolo específico e o dano ao erário.
> Ação penal improcedente.
> (APn nº 480/MG, Rel. Ministra Maria Thereza De Assis Moura, Rel. p/ Acórdão Ministro CESAR ASFOR ROCHA, CORTE ESPECIAL, julgado em 29.03.2012, DJe 15.06.2012) (Grifamos)

Em relação à improbidade administrativa, entretanto, o STJ tem reconhecido que a punição pelo art. 10, VIII, da LIA, que se assemelha à do art. 89 acima mencionado, sequer exigiria a presença do dolo, muito menos do dolo específico. Nesse sentido, confira-se:

> ADMINISTRATIVO E PROCESSUAL CIVIL. (…) IMPROBIDADE ADMINISTRATIVA. ARTS. 10, VIII, E 11 DA LEI 8.429/92. INDEVIDA DISPENSA DE LICITAÇÃO. ACÓRDÃO RECORRIDO QUE DECIDIU PELA NECESSIDADE DE COMPROVAÇÃO DE EFETIVO DANO AO ERÁRIO E PELA COMPROVAÇÃO DE DOLO ESPECÍFICO. ENTENDIMENTO CONTRÁRIO À JURISPRUDÊNCIA DO SUPERIOR TRIBUNAL DE

JUSTIÇA. DETERMINAÇÃO DE RETORNO DOS AUTOS À ORIGEM, PARA QUE EM NOVA DECISÃO, SEJA AFERIDA A CONFIGURAÇÃO DE ATO DE IMPROBIDADE ADMINISTRATIVA DE ACORDO COM OS PARÂMETROS ESTABELECIDOS PELA JURISPRUDÊNCIA DESTE TRIBUNAL. AGRAVO INTERNO IMPROVIDO.
(...)
III. Na origem, o Ministério Público do Estado de Sergipe ajuizou Ação Civil Pública, postulando a condenação do ora agravante e de outros réus pela prática de atos de improbidade administrativa, consubstanciados na indevida dispensa de licitação e na realização de licitações irregulares, pela Secretaria Estadual de Educação, entre os anos de 1997 e 1999. A sentença julgou improcedente o pedido. Interposta Apelação, foi ela improvida, pelo Tribunal de origem, em síntese, ao fundamento de que (a) não teria ocorrido efetivo dano ao Erário; e (b) para os fins dos arts. 10, VIII, e 11 da Lei 8.429/92 exige-se o dolo específico na conduta do agente, o que não teria sido demonstrado, não bastando a conduta culposa.
IV. O entendimento adotado pelo Tribunal de origem diverge da jurisprudência do Superior Tribunal de Justiça, que é firme no sentido de que (a) "o prejuízo decorrente da dispensa indevida de licitação é presumido (dano in re ipsa), consubstanciado na impossibilidade da contratação pela Administração da melhor proposta" (STJ, AgRg no REsp nº 1.499.706/SP, Rel. Ministro Gurgel De Faria, PRIMEIRA TURMA, DJe de 14.03.2017); (b) "a configuração da conduta do artigo 10 da LIA exige apenas a demonstração da culpa do agente, não sendo necessária a comprovação de dolo" (STJ, REsp nº 1.786.219/SP, Rel. Ministro Herman Benjamin, SEGUNDA TURMA, DJe de 18.06.2019); e (c) "o ato de improbidade administrativa previsto no art. 11 da Lei 8.429/1992 exige a demonstração de dolo, o qual, contudo, não precisa ser específico, sendo suficiente o dolo genérico" (STJ, AgInt no REsp nº 1.590.530/PB, Rel. Ministro Herman Benjamin, SEGUNDA TURMA, DJe de 06.03.2017).
V. Agravo interno improvido.
(AgInt no AgRg no AREsp nº 83.968/SE, Rel. Ministra Assusete Magalhães, SEGUNDA TURMA, julgado em 22.04.2020, DJe 24.04.2020)

Em suma, na hipótese de ocorrer uma contratação direta em uma circunstância em que a licitação seria obrigatória, seria muito mais fácil, de acordo com a interpretação que havia em relação às normas anteriores à reforma de 2021, punir o sujeito ativo por improbidade administrativa (dano presumido e dolo genérico ou culpa) do que criminalmente (dano efetivo e dolo específico), o que não nos parece razoável. Com a reforma da LIA de 2021, incluiu-se um §2º no art. 1º que define o dolo como "a vontade livre e consciente de alcançar o resultado ilícito". Assim, não há mais espaço interpretativo para uma condenação por improbidade administrativa com amparo no dolo genérico.

10.3.6) Ressarcimento ao erário e enriquecimento sem causa: À semelhança do que pode ocorrer nas hipóteses de improbidade administrativa que acarretam um enriquecimento indevido, o dano ao erário não pode ensejar o dever de ressarcimento capaz de originar um enriquecimento sem causa da Administração.

Se o dano ocorreu, que o agente seja obrigado a ressarcir o erário no integral montante do prejuízo. Entretanto, se o serviço foi efetivamente prestado para o Estado ou se a mercadoria foi entregue, e não se demonstrou que a nulidade contratual resultou de um ato específico do particular contratado, o valor percebido pelo ajuste executado, notadamente quando dentro das balizas do mercado, não deveria ser restituído. Sobre o tema, confira-se o seguinte julgado do STJ:

> PROCESSUAL CIVIL E ADMINISTRATIVO. OFENSA AO ART. 535 DO CPC. INOCORRÊNCIA. IMPROBIDADE ADMINISTRATIVA. CONTRATAÇÃO DE ADVOGADO SEM LICITAÇÃO. DEVOLUÇÃO DOS VALORES RECEBIDOS. INVIABILIDADE.
> 1. Trata-se de ação civil pública ajuizada pelo Ministério Público do Estado de São Paulo por suposto ato de improbidade - dispensa de licitação de contrato entre Administração municipal e o recorrido para prestação de serviços advocatícios. Pleiteou-se, na dita ação, a nulidade da dispensa de licitação, a condenação dos réus à reparação do dano causado ao erário, a restituição das importâncias pagas, a perda da função pública dos réus, o pagamento de multa civil, e a proibição de contratar com o Poder Público.
> 2. A sentença de mérito deu parcial procedência à ação de improbidade. E o acórdão recorrido deu parcial provimento ao recurso dos réus para declarar ser incabível a devolução dos valores percebidos pelo advogado durante o período do contrato em que os serviços foram prestados. Além do mais, o Tribunal entendeu que, por não ter havido dano patrimonial, seria inviável o pagamento da multa, que é fixada em proporção ao dano.
> 3. Recorre o Ministério Público da decisão da Corte de origem que excluiu algumas das penalidades imputadas ao agente ímprobo.
> (…) *apesar do caso tratado nos autos não ser hipótese de dispensa de licitação, o pedido do recorrente de que o advogado efetue a devolução dos valores recebidos não pode prosperar. Este Tribunal entende que, se os serviços foram prestados, não há que se falar em devolução, sob pena de enriquecimento ilícito do Estado.*
> (…) 9. Recurso especial parcialmente conhecido e, nesta parte, não provido.
> (REsp nº 1.238.466/SP, relator Ministro Mauro Campbell Marques, Segunda Turma, julgado em 06.09.2011, DJe de 14.09.2011.) (Grifamos)

O ressarcimento deve, assim, ocorrer em relação ao que foi o efetivo prejuízo do erário, e não do valor integral do contrato. Tal conclusão pode ser, inclusive, extraída do art. 18, §3º, da LIA que assim dispõe:

> §3º Para fins de apuração do valor do ressarcimento, deverão ser descontados os serviços efetivamente prestados.

Havendo diferença entre o preço mencionado no contrato e o de mercado, o dano ao erário fica compreendido nessa diferença.[129] A preocupação com a vedação ao enriquecimento sem causa, em razão da aplicação do dever de ressarcimento ao erário em uma ação de improbidade também é compartilhada por Luzardo Faria e Bruno Bianchi. Segundo eles:

> No âmbito das contratações administrativas, a proibição ao enriquecimento sem causa da Administração se torna ainda mais veemente quando se verifica que o particular contratado não contribuiu e sequer tinha conhecimento da irregularidade que, posteriormente, viria

---

[129] No mesmo sentido, Luzardo Faria e Bruno Bianchi. FARIA, Luzardo; BIANCHI, Bruno Guimarães. Improbidade administrativa e dano ao erário presumido por dispensa indevida de licitação: uma crítica à jurisprudência do Superior Tribunal de Justiça. *Revista de Direito Administrativo e Constitucional*, Belo Horizonte, ano 18, n. 73, p. 179, jul./set. 2018.

a viciar com nulidade o contato. Incidem, nesses casos, também os princípios da boa-fé e proteção à confiança, para que o particular não seja prejudicado a devolver a Administração os gastos que teve na execução do contrato que, de boa-fé, confiava ser válido.

A situação fica ainda pior quando foi a própria Administração Pública quem deu causa ao vício que gerou a nulidade do contrato, fazendo, assim, com que o Poder Público tentasse exigir do contratado a devolução dos valores já pagos a ele pelos serviços prestados. Nesses casos o contratado também se encontra protegido pelo princípio do non venire contra factum proprium, pois o enriquecimento da Administração com a cobrança desses valores seria ainda mais injusto, já que partiria de uma atitude contraditória do Poder Público, o que também é vedado pelo ordenamento.[130]

O art. 149 da Lei nº 14.133/21[131] também reforça a conclusão de que, ainda que o contrato firmado com a Administração Pública seja inválido, o particular terá o direito de receber pelo que houver realizado até a declaração de sua nulidade, contanto que ela não lhe seja imputável. Assim, mesmo que a ausência da licitação gere uma contratação ilegal e possa eventualmente configurar uma improbidade administrativa do agente público, se a nulidade não resultou de qualquer comportamento do particular contratado, ele deverá receber pelo que realizou, nos termos do que assegura o citado artigo 149, *in verbis*:

> Art. 149. A nulidade não exonerará a Administração do dever de indenizar o contratado pelo que houver executado até a data em que for declarada ou tornada eficaz, bem como por outros prejuízos regularmente comprovados, desde que não lhe seja imputável, e será promovida a responsabilização de quem lhe tenha dado causa.

Com efeito, o dano ao erário não pode fazer com que a Administração Pública fique em uma situação patrimonial mais favorável do que estaria, caso a contratação tivesse ocorrido de forma regular e válida. O princípio da vedação ao enriquecimento sem causa, que no direito privado aparece no art. 884 do Código Civil[132] e no direito público se materializa no art. 149 da Lei nº 14.133, impede que uma condenação por improbidade administrativa acarrete um enriquecimento sem causa do Estado.

Na hipótese de o contratado ter agido de má-fé de modo a provocar a nulidade do contrato, notadamente por ter praticado uma conduta ímproba, há vozes na doutrina no sentido de que ele não poderá invocar o princípio que veda o enriquecimento sem causa para receber eventuais valores da Administração. Nesse caso, segundo Emerson Garcia e Rogério Pacheco Alves, a declaração de nulidade contratual não originaria um enriquecimento ilícito

---

[130] FARIA, Luzardo; BIANCHI, Bruno Guimarães. Improbidade administrativa e dano ao erário presumido por dispensa indevida de licitação: uma crítica à jurisprudência do Superior Tribunal de Justiça. *Revista de Direito Administrativo e Constitucional*, Belo Horizonte, ano 18, n. 73, p. 176, jul./set. 2018.

[131] O referido artigo possui teor semelhante ao do parágrafo art. 59 da Lei nº 8.666.

[132] Art. 884. Aquele que, sem justa causa, se enriquecer à custa de outrem, será obrigado a restituir o indevidamente auferido, feita a atualização dos valores monetários.
Parágrafo único. Se o enriquecimento tiver por objeto coisa determinada, quem a recebeu é obrigado a restituí-la, e, se a coisa não mais subsistir, a restituição se fará pelo valor do bem na época em que foi exigido.

do Poder Público, na medida em que ausente o empobrecimento ilegítimo do contratado de má-fé:

> Identificado o dolo do contratado e ainda que tenha ele cumprido sua parte na avença e a administração dela se beneficiado, não fará jus a qualquer indenização, sendo esta, a teor do art. 59 da Lei nº 8.666/93, a sanção pelo ilícito que praticara.[133]

Na nossa perspectiva, esse tema é bem complexo, pois normalmente há terceiros que são profundamente afetados nesses casos. A título de ilustração, se o contratado ímprobo nada receber pelos serviços efetivamente prestados, como ficará a situação dos trabalhadores e dos seus fornecedores? Uma conclusão muito rígida de que o ímprobo, a despeito de ter realizado um serviço, uma obra ou de ter entregue um material para a Administração, nada deve receber pelo que executou pode acarretar dificuldades extremas – e injustas – para aqueles que não foram condenados, mas que serão afetados por essa lógica. A melhor alternativa nos parece ser a de uma solução que exige uma análise minuciosa do caso concreto. Não vemos problemas, por exemplo, que, naqueles casos de improbidade em que o serviço foi efetivamente prestado, o poder público seja obrigado a pagar, do valor total devido, o montante estritamente necessário para a retribuição dos empregados e fornecedores daquele que praticou a improbidade, desde que, naturalmente, eles não tivessem conhecimento do ilícito. Soluções genéricas e muito assertivas do tipo "nos casos de improbidade, nunca aquele que prestou o serviço deve receber alguma coisa", e, em sentido oposto, "o valor do contrato deve sempre ser integralmente pago, porque o serviço foi efetivamente prestado" podem não ser as melhores respostas diante de um caso concreto.

10.3.7) Ausência de perda patrimonial efetiva e condenação pelo art. 10: Temos sustentado que qualquer condenação com fundamento no art. 10 da LIA depende da demonstração do dano patrimonial efetivo. A exigência de comprovação do dano patrimonial efetivo não é algo exclusivo do inciso VIII. É que o art. 10 apresenta exemplos de condutas que, em tese, podem causar danos ao erário, mas a condenação com fundamento no citado dispositivo depende da sua efetiva ocorrência. Essa conclusão decorre do que previsto no *caput* do art. 10, na que menciona: "constitui ato de improbidade administrativa que causa lesão ao erário qualquer ação ou omissão dolosa, que ***enseje, efetiva e comprovadamente, perda patrimonial (...)***". O §1º do art. 10, por sua vez, veda a condenação ao ressarcimento ao erário, caso não haja perda patrimonial efetiva diante da inobservância de formalidades legais ou regulamentares. Segue o texto:

> Art. 10
> §1º Nos casos em que a inobservância de formalidades legais ou regulamentares não implicar perda patrimonial efetiva, não ocorrerá imposição de ressarcimento, vedado o

---
[133] GARCIA, Emerson; ALVES, Rogério Pacheco. *Improbidade Administrativa*. 4. ed. Revista e ampliada. Rio de Janeiro: Lumen Juris, 2008. p. 436.

enriquecimento sem causa das entidades referidas no art. 1º desta Lei. (Incluído pela Lei nº 14.230, de 2021)

Uma rápida e, a nosso sentir, equivocada leitura do referido parágrafo poderia levar à conclusão de que apenas o ressarcimento ao erário não seria permitido na hipótese descrita pelo texto legal. E, ainda que não houvesse perda patrimonial efetiva, as demais sanções da LIA poderiam ser aplicadas. Não é esse o espírito do texto. Essa não é a conclusão mais acertada que se extrai do parágrafo primeiro do art. 10. A referência ao ressarcimento ao erário tem como razão exemplificar que, assim como ocorre com as demais sanções, também essa medida não será possível.

Não seria lógico punir uma conduta com fundamento no art. 10, que pressupõe o dano ao erário, e só não aplicar a medida de ressarcimento ao erário pelo fato de não ter havido perda patrimonial efetiva. Se essa perda não foi demonstrada, não estamos, naturalmente, diante de uma conduta que causou dano ao erário e, nesse contexto, diante de uma conduta ímproba à luz do art. 10.

10.3.8) Art. 10, inciso XX, da LIA (antigo art. 10-A) – Concessão ou Aplicação Indevida de Benefício Financeiro ou Tributário: O inciso XX do art. 10 foi inserido pela reforma de 2021, mas retrata o que já tínhamos no, agora revogado, antigo art. 10-A. O deslocamento do texto para o art. 10 foi bom, pois estamos diante de uma conduta que pode acarretar perda patrimonial para o Estado e nada justificava a existência de um artigo isolado para descrever a referida improbidade administrativa.

O antigo artigo 10-A foi inserido na LIA em 2016 com o objetivo de punir aquele que gerisse inadequadamente o sistema tributário e financeiro no âmbito municipal. A concessão, aplicação ou manutenção de benefício financeiro ou tributário contrário ao que prevê a LC nº 116/03 configura improbidade administrativa.

A LC nº 116/03 mencionada pelo inciso XXII do art. 10 da LIA disciplina o Imposto sobre Serviços de Qualquer Natureza (ISS), de competência dos Municípios e do Distrito Federal. No art. 8º-A, *caput*, e §1º da referida lei há menção quanto ao seguinte:

> Art. 8º-A. A alíquota mínima do Imposto sobre Serviços de Qualquer Natureza é de 2% (dois por cento).
> §1º O imposto não será objeto de concessão de isenções, incentivos ou benefícios tributários ou financeiros, inclusive de redução de base de cálculo ou de crédito presumido ou outorgado, ou sob qualquer outra forma que resulte, direta ou indiretamente, em carga tributária menor que a decorrente da aplicação da alíquota mínima estabelecida no *caput*, exceto para os serviços a que se referem os subitens 7.02, 7.05 e 16.01 da lista anexa a esta Lei Complementar.

O referido dispositivo legal estipula que a alíquota do ISS não poderá, ressalvadas as hipóteses que o próprio §1º menciona, se tornar inferior a 2% em razão de isenções, incentivos ou benefícios tributários ou financeiros. O legislador impede, assim, que o benefício acarrete uma perda expressiva da arrecadação municipal, inviabilizando a prestação adequada e regular dos serviços públicos oferecidos pelo referido ente da federação.

Ao vislumbrar no excesso de isenção ou incentivo uma conduta ímproba, a lei de improbidade administrativa diminui o risco de desvio de finalidade na concessão dessas vantagens. Evita-se o favorecimento indevido dos que estão próximos do administrador, de modo prejudicial ao patrimônio público. O objetivo do artigo é, portanto, a tutela do patrimônio público que seria desfalcado ilegalmente com a ultrapassagem dos limites legais para a concessão de vantagens financeiras ou tributárias. O benefício, isenção ou incentivo do Município a um terceiro não é, se considerados isoladamente, ilegal. O que se reprime é o ato do administrador municipal que ultrapassar os limites para essas vantagens previstos na LC 116/03.

Na hipótese de algum benefício depender de autorização legislativa, o ato poderá implicar a responsabilidade dos membros do Poder Legislativo. Lei municipal que conceda isenção fiscal em desacordo com os limites máximos permitidos pela LC nº 116/03 poderá tornar os vereadores, como agentes públicos que são, responsáveis pela prática de improbidade administrativa. O fato de o parlamentar agir no desempenho de funções públicas ligadas diretamente à soberania estatal não impede que suas ações e omissões sejam eventualmente consideradas ímprobas. Da mesma forma que a função de legislar, a de administrar também está diretamente associada à soberania estatal e pode ensejar a responsabilidade do sujeito ativo por improbidade. Naturalmente, contudo, não será muito fácil comprovar o dolo acompanhado da má-fé (dolo específico) em relação à aprovação de uma lei de isenção fora dos parâmetros legalmente permitidos.

ARTIGO 11

Seção III

Dos Atos de Improbidade Administrativa que
Atentam Contra os Princípios da Administração Pública

Art. 11. Constitui ato de improbidade administrativa que atenta contra os princípios da administração pública a ação ou omissão dolosa que viole os deveres de honestidade, de imparcialidade e de legalidade, caracterizada por uma das seguintes condutas: (Redação dada pela Lei nº 14.230, de 2021)

I - (revogado); (Redação dada pela Lei nº 14.230, de 2021)[134]

II - (revogado); (Redação dada pela Lei nº 14.230, de 2021)

III - revelar fato ou circunstância de que tem ciência em razão das atribuições e que deva permanecer em segredo, propiciando beneficiamento por informação privilegiada ou colocando em risco a segurança da sociedade e do Estado; (Redação dada pela Lei nº 14.230, de 2021)

IV - negar publicidade aos atos oficiais, exceto em razão de sua imprescindibilidade para a segurança da sociedade e do Estado ou de outras hipóteses instituídas em lei; (Redação dada pela Lei nº 14.230, de 2021)

V - frustrar, em ofensa à imparcialidade, o caráter concorrencial de concurso público, de chamamento ou de procedimento licitatório, com vistas à obtenção de benefício próprio, direto ou indireto, ou de terceiros; (Redação dada pela Lei nº 14.230, de 2021)

VI - deixar de prestar contas quando esteja obrigado a fazê-lo, desde que disponha das condições para isso, com vistas a ocultar irregularidades; (Redação dada pela Lei nº 14.230, de 2021)

VII - revelar ou permitir que chegue ao conhecimento de terceiro, antes da respectiva divulgação oficial, teor de medida política ou econômica capaz de afetar o preço de mercadoria, bem ou serviço.

VIII - descumprir as normas relativas à celebração, fiscalização e aprovação de contas de parcerias firmadas pela administração pública com entidades privadas. (Redação dada pela Lei nº 13.019, de 2014) (Vigência)

IX - (revogado); (Redação dada pela Lei nº 14.230, de 2021)

X - (revogado); (Redação dada pela Lei nº 14.230, de 2021)

XI - nomear cônjuge, companheiro ou parente em linha reta, colateral ou por afinidade, até o terceiro grau, inclusive, da autoridade nomeante ou de servidor da mesma pessoa jurídica investido em cargo de direção, chefia ou assessoramento,

---

[134] Ao apreciar o pedido de medida liminar, o relator da ADI nº 7.236 entendeu que não estariam presentes os requisitos para a suspensão dos incisos I e I do art. 11 da LIA. STF. ADI nº 7.236. Rel. Min. Alexandre de Moraes. Decisão de 27 de dezembro de 2022.

para o exercício de cargo em comissão ou de confiança ou, ainda, de função gratificada na administração pública direta e indireta em qualquer dos Poderes da União, dos Estados, do Distrito Federal e dos Municípios, compreendido o ajuste mediante designações recíprocas; (Incluído pela Lei nº 14.230, de 2021)

XII - praticar, no âmbito da administração pública e com recursos do erário, ato de publicidade que contrarie o disposto no §1º do art. 37 da Constituição Federal, de forma a promover inequívoco enaltecimento do agente público e personalização de atos, de programas, de obras, de serviços ou de campanhas dos órgãos públicos. (Incluído pela Lei nº 14.230, de 2021)

§1º Nos termos da Convenção das Nações Unidas contra a Corrupção, promulgada pelo Decreto nº 5.687, de 31 de janeiro de 2006, somente haverá improbidade administrativa, na aplicação deste artigo, quando for comprovado na conduta funcional do agente público o fim de obter proveito ou benefício indevido para si ou para outra pessoa ou entidade. (Incluído pela Lei nº 14.230, de 2021)

§2º Aplica-se o disposto no §1º deste artigo a quaisquer atos de improbidade administrativa tipificados nesta Lei e em leis especiais e a quaisquer outros tipos especiais de improbidade administrativa instituídos por lei. (Incluído pela Lei nº 14.230, de 2021)

§3º O enquadramento de conduta funcional na categoria de que trata este artigo pressupõe a demonstração objetiva da prática de ilegalidade no exercício da função pública, com a indicação das normas constitucionais, legais ou infralegais violadas. (Incluído pela Lei nº 14.230, de 2021)

§4º Os atos de improbidade de que trata este artigo exigem lesividade relevante ao bem jurídico tutelado para serem passíveis de sancionamento e independem do reconhecimento da produção de danos ao erário e de enriquecimento ilícito dos agentes públicos. (Incluído pela Lei nº 14.230, de 2021)

§5º Não se configurará improbidade a mera nomeação ou indicação política por parte dos detentores de mandatos eletivos, sendo necessária a aferição de dolo com finalidade ilícita por parte do agente. (Incluído pela Lei nº 14.230, de 2021)

11.1) Tema central do dispositivo: Improbidade que atenta contra os princípios da Administração Pública. O artigo 11 permite o reconhecimento de uma conduta ímproba ainda que não ocorra qualquer enriquecimento indevido ou dano a erário. Segundo Waldo Fazzio Jr., o art. 11 da LIA veicula atos de improbidade em sentido estrito, pois eles não exigem, para a sua caracterização, o enriquecimento indevido ou o dano ao erário.[135] A ofensa aos princípios é, assim, uma circunstância suficiente para obrigar o agente público ou terceiro a responder por improbidade administrativa. Essa nova forma de combater atos desonestos se afasta da clássica visão de que a conduta corrupta deveria provocar enriquecimento indevido ou atos

---

[135] FAZZIO JR., Waldo Fazzio. *Improbidade Administrativa*. Doutrina, Legislação e Jurisprudência. 4. ed. Revista, atualizada e ampliada. São Paulo: Gen/Atlas, 2016. p. 304.

danosos ao erário.[136] E, sob outro prisma realçado por Sílvio de Amorim Jr.,[137] a lei de improbidade administrativa acaba reforçando a noção predominante no cenário internacional de que os países devem velar pelo princípio da boa Administração Pública, norma veiculada pelo art. 41 da Carta dos Direitos Fundamentais da União Europeia, *in verbis*:

> Direito a uma boa administração
> 1. Todas as pessoas têm direito a que os seus assuntos sejam tratados pelas instituições e órgãos da União de forma imparcial, equitativa e num prazo razoável.
> 2. Este direito compreende, nomeadamente:
> – o direito de qualquer pessoa a ser ouvida antes de a seu respeito ser tomada qualquer medida individual que a afete desfavoravelmente,
> – o direito de qualquer pessoa a ter acesso aos processos que se lhe refiram, no respeito dos legítimos interesses da confidencialidade e do segredo profissional e comercial,
> – a obrigação, por parte da administração, de fundamentar as suas decisões.

11.2) Explicação do dispositivo: A partir da Lei nº 8.429, a repressão à improbidade administrativa deixou de limitar-se a práticas ensejadoras de efeitos patrimoniais econômicos. O agente desonesto que atua ofendendo os princípios da Administração também poderá ser punido, mesmo que sua conduta ofensiva a princípios só produza efeitos deletérios em relação ao patrimônio moral e imaterial.

Na sua redação original, profundamente alterada pela reforma da LIA de 2021, o art. 11 funcionava como uma espécie de soldado de reserva. Se não fosse o caso de a conduta ímproba acarretar enriquecimento indevido e/ou dano ao erário, ele, praticamente sempre, entraria em campo. Era uma norma jurídica que, muitas vezes, tinha aplicação subsidiária em relação aos artigos 9º e 10. Preceito normativo de caráter residual para punir práticas de menor gravidade[138] ou mesmo condutas de gravidade elevada, mas que não acarretassem enriquecimento indevido ou dano ao erário. É o caso, por exemplo, do reconhecimento pelo STJ, em período anterior ao da reforma de 2021, no sentido de que a prática de tortura por agentes públicos configuraria improbidade administrativa. Senão vejamos:

> Informativo nº 577
> 20 de fevereiro a 2 de março de 2016.
> PRIMEIRA SEÇÃO
> DIREITO ADMINISTRATIVO. CARACTERIZAÇÃO DE TORTURA COMO ATO DE IMPROBIDADE ADMINISTRATIVA.
> A tortura de preso custodiado em delegacia praticada por policial constitui ato de improbidade administrativa que atenta contra os princípios da administração pública. (…)

---

[136] Nesse sentido, José dos Santos Carvalho Filho. CARVALHO FILHO, José dos Santos. *Manual de Direito Administrativo*. 31. ed. São Paulo: Gen/Atlas, 2017. p. 1.162.

[137] AMORIM JR., Sílvio Roberto de Amorim. *Improbidade Administrativa. Procedimento, sanções e aplicação racional*. Belo Horizonte: Fórum, 2017. p. 69.

[138] Nesse sentido, por todos, José Antonio de Lisboa Neiva e Wallace Paiva Martins Jr. NEIVA, José Antonio Lisbôa. *Improbidade Administrativa*. Legislação comentada artigo por artigo. Doutrina, Legislação e Jurisprudência. Niterói: Impetus, 2009. p. 98; MARTINS JR., Wallace Paiva. *Probidade Administrativa*. 4. ed. São Paulo: Saraiva, 2009. p. 279.

a Segunda Turma já teve oportunidade de decidir que "A Lei 8.429/1992 objetiva coibir, punir e afastar da atividade pública todos os agentes que demonstraram pouco apreço pelo princípio da juridicidade, denotando uma degeneração de caráter incompatível com a natureza da atividade desenvolvida" (REsp 1.297.021-PR, DJe 20/11/2013). (…) No caso em análise, trata-se de discussão sobre séria arbitrariedade praticada por policial, que, em tese, pode ter significado gravíssimo atentado contra direitos humanos. Com efeito, o respeito aos direitos fundamentais, para além de mera acepção individual, é fundamento da nossa República, conforme o art. 1º, III, da CF, e é objeto de preocupação permanente da Administração Pública, de maneira geral. (…) é injustificável pretender que os atos mais gravosos à dignidade da pessoa humana e aos direitos humanos, entre os quais a tortura, praticados por servidores públicos, mormente policiais armados, sejam punidos apenas no âmbito disciplinar, civil e penal, afastando-se a aplicação da Lei da Improbidade Administrativa. (…) o legislador, ao prever que constitui ato de improbidade administrativa que atenta contra os princípios da administração pública qualquer ação ou omissão que viole os deveres de lealdade às instituições, findou por tornar de interesse público, e da própria Administração em si, a proteção da imagem e das atribuições dos entes/entidades públicas. Disso resulta que qualquer atividade atentatória a esse bem por parte de agentes públicos tem a potencialidade de ser considerada como improbidade administrativa. (…) atentado à vida e à liberdade individual de particulares, praticado por agentes públicos armados - incluindo tortura, prisão ilegal e "justiciamento" -, afora repercussões nas esferas penal, civil e disciplinar, pode configurar improbidade administrativa, porque, além de atingir a pessoa-vítima, alcança, simultaneamente, interesses caros à Administração em geral, às instituições de segurança pública em especial, e ao próprio Estado Democrático de Direito. Precedente citado: REsp 1.081.743-MG, Segunda Turma, julgado em 24/3/2015. (Primeira Seção, REsp nº 1.177.910-SE, Rel. Ministro Herman Benjamin, julgado em 26.08.2015, DJe 17.02.2016).[139]

Com as modificações introduzidas pela Lei nº 14.230/21, a enumeração dos incisos do art. 11 passou a ser taxativa, o que alterou completamente a lógica de emprego do art. 11. Em lugar de permitir, tal como no passado, condenações com fundamento em princípios com largo campo interpretativo, a redação atual apenas aceita a condenação com base no tipo previsto em um dos incisos do art. 11. Assim, se uma conduta não acarretar enriquecimento indevido e não causar

---

[139] Dois meses depois, em outubro do mesmo ano de 2015, a Primeira Turma do STJ reconheceu que não configura improbidade administrativa eventuais abusos perpetrados por agentes públicos durante abordagem policial, caso os ofendidos pela conduta sejam particulares que não estavam no exercício de função pública. Segue um trecho da ementa do julgado: "1. O conceito jurídico de ato de improbidade administrativa, por ser circulante no ambiente do Direito Sancionador, não é daqueles que a doutrina chama de elásticos, isto é, daqueles que podem ser ampliados para abranger situações que não tenham sido contempladas no momento da sua definição.
2. A conduta dos Servidores da PRF poderia, em tese, ser analisada sob o signo do abuso de autoridade, que já faz parte de um numeroso rol de instrumentos de controle finalístico da Administração Pública, sendo certo que a Lei 8.429/92, conquanto um microssistema do Direito Sancionador, é precipuamente destinado à defesa da probidade do Agente Público tendo como referência o patrimônio público (bem jurídico tutelado pela Lei de Improbidade), não se aplicando ao caso concreto, em que pretenso sujeito passivo da ofensa experimentada é o particular que não está em exercício de função estatal, nem recebeu repasses financeiros para esse múnus.
3. Somente se classificam como atos de improbidade administrativa as condutas de Servidores Públicos que causam vilipêndio aos cofres públicos ou promovem o enriquecimento ilícito do próprio agente ou de terceiros, efeitos inocorrentes neste caso.
4. Recurso Especial do MPF conhecido e desprovido".
(REsp nº 1.558.038/PE, relator Ministro Napoleão Nunes Maia Filho, Primeira Turma, julgado em 27.10.2015, DJe de 09.11.2015).

dano ao erário, ela só poderá originar uma condenação com fundamento no art. 11 se estiver nele expressamente contemplada. Com a alteração da redação do art. 11, ganhou-se muito em termos de segurança jurídica e previsibilidade, na medida em que já se sabe efetivamente o que pode gerar punição. Dessa forma, a prática de tortura por agentes públicos, por exemplo, não mais poderá ser considerada improbidade administrativa com fundamento no art. 11 da LIA, tendo em vista que ela não está prevista expressamente no referido artigo. Agora, tal comportamento gravíssimo apenas poderá ser considerado improbidade administrativa se acarretar dano ao erário (decorrente, por exemplo, de uma indenização a ser paga pelo Estado à vítima) ou se ela acarretar enriquecimento indevido (no caso, *verbi gratia*, da tortura para obtenção de uma vantagem indevida).

A referência da LIA à necessidade de que os princípios sejam observados não pode levar à conclusão de que a sua ocasional inobservância acarrete, automaticamente, uma conduta ímproba. A prática de uma ilegalidade, por exemplo, não representa, necessariamente, uma improbidade administrativa. E esse raciocínio também vale para o princípio da moralidade. Nem toda imoralidade vai caracterizar uma conduta ímproba. Um servidor que fure a fila do elevador na repartição deixando para trás pessoas de idade avançada pratica uma conduta imoral, pois adota um comportamento contrário aos bons costumes e à moral, mas, naturalmente, isso não caracteriza improbidade administrativa. Improbidade pressupõe, portanto, uma imoralidade qualificada; trata-se de uma conduta que revela uma desonestidade de gravidade ímpar. E, agora, desde a reforma de 2021, tornou-se função do legislador nacional (Congresso), e não mais do seu intérprete julgador (magistrado) escolher quais são as condutas que, no Brasil, atentam contra os princípios da Administração e devem ser reprimidas na forma da LIA.

A profunda modificação legal – para melhor – da lógica punitiva do art. 11 elimina a ampla abertura que o dispositivo possuía e que permitia uma indesejada vulgarização da responsabilidade por improbidade administrativa. Avançamos nesse aspecto com a alteração legal de 2021. A banalização da condenação por improbidade que uma interpretação equivocada da redação original do art. 11 da LIA permitia afasta o bom administrador e dissemina o medo no desempenho da função pública. Nenhum país se desenvolve economicamente com um sistema punitivo incerto e com um exagerado temor do agente público de sua punição por motivos que ele próprio desconhece.

A grande verdade é que o agente público observa os princípios da Administração com sopesamentos, com ponderações. A cada caso concreto, um princípio terá mais peso do que o outro. Ora a publicidade será ampla, ora o ato será sigiloso, sem que, neste último caso, estejamos obrigatoriamente diante de uma improbidade administrativa. Por isso, também evoluímos no plano jurídico quando a reforma de 2021 detalhou melhor o que realmente deve ser considerado improbidade. Por exemplo, a redação original do inciso IV do art. 11 considerava improbidade *"negar publicidade aos atos oficiais"*, como se tal comportamento caracterizasse necessariamente uma ofensa ao princípio da publicidade. Atualmente, o mesmo inciso IV, muito mais preciso, tem o seguinte teor:

> IV – negar publicidade aos atos oficiais, exceto em razão de sua imprescindibilidade para a segurança da sociedade e do Estado ou de outras hipóteses instituídas em lei; (Redação dada pela Lei nº 14.230, de 2021)

A maior dificuldade que surgia com a aplicação da redação original do art. 11 decorre da sua extrema vagueza e do seu caráter muito aberto.[140] Era possível, por exemplo, punir uma conduta que se afastasse do princípio da legalidade, da eficiência ou da proporcionalidade. No entanto, não havia, na redação original do art. 11, uma nítida trincheira que deve separar o leve descumprimento de um princípio da Administração daquela situação em que temos uma conduta desonesta e de gravidade ímpar capaz de, também, violar um princípio, mas que deva efetivamente ser punida como improbidade administrativa. A prevalecer uma interpretação que prestigiasse a literalidade do artigo, poderíamos chegar a uma situação inusitada em que meras irregularidades passavam a ser consideradas improbidade administrativa.

Daí a necessidade da reforma de 2021. Evitou-se uma vulgarização do que se entende por improbidade administrativa. A conduta ímproba deve ser reconhecida quando o sujeito, além de ofender um dos princípios da Administração Pública por meio de uma das condutas descritas no art.11, age de forma desonesta, corrupta e com má-fé, visando a um resultado ilícito. Ausente esse cenário, a ilegalidade ou incompatibilidade da conduta com qualquer outro princípio deverá ser punida em outra esfera, mas não por improbidade. Uma mera irregularidade não pode caracterizar improbidade administrativa.

Nesse contexto, a reforma de 2021 também caminhou muito bem quando, nos incisos III, V e VI, especificou que não basta realizar genericamente uma conduta. É preciso que o sujeito ativo tenha agido com um objetivo espúrio, com uma intenção de obter resultado desonesto. Substitui-se o dolo genérico pelo específico. Nesse mesmo diapasão, foram revogados os incisos do art. 11 que possibilitavam a vulgarização do que se entende por improbidade administrativa, como era o caso do inciso I, que considerava, de maneira muito aberta, improbidade administrativa "praticar ato visando fim proibido em lei ou regulamento ou diverso daquele previsto, na regra de competência".

11.3) Polêmicas e peculiaridades do artigo:

11.3.1) Dolo (genérico ou específico?) e má-fé do sujeito ativo: Tem predominado na jurisprudência do STJ a compreensão assentada antes da reforma de 2021 de que a punição de uma conduta com fundamento no art. 11 da LIA exige apenas a demonstração do dolo genérico. Havendo demonstração da prática da

---

[140] Mauro Roberto Gomes de Mattos registra uma oportuna preocupação com a amplitude do art. 11. MATTOS, Mauro Roberto Gomes de. *O limite da improbidade Administrativa*. O direito dos administrados dentro da Lei nº 8.429/92. Rio de Janeiro: América Jurídica, 2004. p. 321.

conduta, ainda que ausente a intenção específica de atuar desonestamente para a obtenção de alguma vantagem indevida, o réu poderia ser punido. Como exemplo desse entendimento, confiram-se os seguintes julgados:

> ADMINISTRATIVO E PROCESSUAL CIVIL. AGRAVO REGIMENTAL NO AGRAVO EM RECURSO ESPECIAL. AÇÃO CIVIL PÚBLICA. IMPROBIDADE ADMINISTRATIVA. LAUDO MÉDICO EMITIDO POR PROFISSIONAL MÉDICO, SERVIDOR PÚBLICO, EM SEU PRÓPRIO BENEFÍCIO. CONDENAÇÃO EM MULTA CIVIL. REDUÇÃO. PRINCÍPIOS DA PROPORCIONALIDADE E RAZOABILIDADE.
> (...) 2. Conforme pacífico entendimento do STJ, "não se pode confundir improbidade com simples ilegalidade. A improbidade é ilegalidade tipificada e qualificada pelo elemento subjetivo da conduta do agente. Por isso mesmo, a jurisprudência do STJ considera indispensável, para a caracterização de improbidade, que a conduta do agente seja dolosa, para a tipificação das condutas descritas nos artigos 9º e 11 da Lei 8.429/92, ou pelo menos eivada de culpa grave, nas do artigo 10" (AIA 30/AM, Rel. Ministro Teori Albino Zavascki, Corte Especial, dje 28/09/2011). De outro lado, *o elemento subjetivo necessário à configuração de improbidade administrativa previsto pelo art. 11 da Lei 8.429/1992 é o dolo eventual ou genérico de realizar conduta que atente contra os princípios da Administração Pública, não se exigindo a presença de intenção específica, pois a atuação deliberada em desrespeito às normas legais, cujo desconhecimento é inescusável, evidencia a presença do dolo*. Nesse sentido, dentre outros: AgRg no AREsp 8.937/MG, Rel. Ministro Benedito Gonçalves, Primeira Turma, DJe 02/02/2012.
> 3. O acórdão recorrido, sobre a caracterização do ato ímprobo, está em sintonia com o entendimento jurisprudencial do STJ, porquanto *não se exige o dolo específico na prática do ato administrativo para caracterizá-lo como ímprobo*. Ademais, não há como afastar o elemento subjetivo daquele que emite laudo médico de sua competência para si mesmo.
> (...) 6. Agravos regimentais não providos.
> (AgRg no AREsp 73.968/SP, Rel. Ministro BENEDITO GONÇALVES, PRIMEIRA TURMA, julgado em 02/10/2012, DJe 29/10/2012) (Grifamos)
> (...) 4. Por outro lado, a configuração da conduta ímproba violadora dos princípios da administração pública (art. 11 da LIA), não exige a demonstração de dano ao erário ou de enriquecimento ilícito, não prescindindo, em contrapartida, da demonstração de dolo, ainda que genérico. (...) (STJ. Segunda Turma. AgRg no REsp nº 1.459.417 SP. Ministro Relator: Mauro Campbell Marques. Data de julgamento: 28.04.2015)

Ocorre que, ainda que autorize a condenação fundada no dolo genérico, o STJ tem impedido a punição do réu, quando houver demonstração de que ele não agiu de má-fé. Se o réu praticou a conduta prevista no art. 11 por ser inábil, por desconhecer que a conduta é reprimida pela lei de improbidade administrativa, isso impede a sua punição. No dizer de Mauro Roberto Gomes de Mattos, a "lei pune o agente público devasso e não o inábil, como fixado assaz de vezes pelo STJ".[141] Nesse sentido, vejamos:

> ADMINISTRATIVO E PROCESSUAL CIVIL. AGRAVO INTERNO. AÇÃO CIVIL PÚBLICA. IMPROBIDADE ADMINISTRATIVA. (...) PRESENÇA DO ELEMENTO SUBJETIVO. DOLO GENÉRICO. SÚMULA 7/STJ. FRACIONAMENTO INDEVIDO

---

[141] MATTOS, Mauro Roberto Gomes de. *O limite da improbidade Administrativa*. O direito dos administrados dentro da Lei nº 8.429/92. Rio de Janeiro: América Jurídica, 2004. p. 330.

DO OBJETO DA LICITAÇÃO. DANO NA CONTRATAÇÃO DIRETA. ATO ÍMPROBO CARACTERIZADO. PRECEDENTES DO STJ HISTÓRICO DA DEMANDA 1.
Cuida-se, na origem, de Ação Civil Pública proposta pelo Ministério Público do Estado de Minas Gerais contra Francisco Gilson Mendes Luiz, Prefeito do Município de Nazarezinho/PB, ante a nomeação de vários familiares para o exercício de cargos comissionados no executivo municipal.
(...)
PRESENÇA DO ELEMENTO SUBJETIVO 10. O posicionamento do STJ é deque, para que seja reconhecida a tipificação da conduta do réu como incurso nas previsões da Lei de Improbidade Administrativa, é necessária a demonstração do elemento subjetivo, consubstanciado pelo dolo para os tipos previstos nos artigos 9º e 11 e, ao menos, pela culpa, nas hipóteses do artigo 10.
É pacífico no STJ que *o ato de improbidade administrativa descrita no art. 11 da Lei 8.429/1992 exige a demonstração de dolo, o qual, contudo, não precisa ser específico, sendo suficiente o dolo genérico* (REsp nº 951.389/SC, Rel. Ministro Herman Benjamin, Primeira Seção, DJe 04.05.2011). Assim, para a correta fundamentação da condenação por improbidade administrativa, *é imprescindível, além da subsunção do fato à norma, estar caracterizada a presença do elemento subjetivo*. A razão para tanto é que *a Lei de Improbidade Administrativa não visa punir o inábil, mas sim o desonesto, o corrupto, aquele desprovido de lealdade e boa-fé*. Precedentes: AgRg no REsp 1.500.812/SE, Rel. Ministro Mauro Campbell Marques, Segunda Turma, DJe 28/5/2015; REsp 1.512.047/PE, Rel. Ministro Herman Benjamin, Segunda Turma, DJe 30/6/2015; AgRg no REsp 1.397.590/CE, Rel. Ministra Assusete Magalhães, Segunda Turma, DJe 5/3/2015; AgRg no AREsp 532.421/PE, Rel. Ministro Humberto Martins, Segunda Turma, DJe 28/8/2014.
(...) CONCLUSÃO 16. Agravo Interno não provido.
(AgInt no REsp 1777597/PB, Rel. Ministro HERMAN BENJAMIN, SEGUNDA TURMA, julgado em 15/08/2019, DJe 10/09/2019) (Grifamos)
PROCESSUAL CIVIL E ADMINISTRATIVO. AGRAVO INTERNO NO AGRAVO EM RECURSO ESPECIAL. IMPROBIDADE. OFENSA AO ART. 11 DA LEI 8.429/1992. PRESENÇA DE DOLO GENÉRICO E MÁ-FÉ. REVISÃO DAS CONCLUSÕES DO TRIBUNAL DE ORIGEM. INVIABILIDADE. INCIDÊNCIA DA SÚMULA 7/STJ.
1. A jurisprudência do Superior Tribunal de Justiça se firmou no sentido de que o ato de improbidade administrativa previsto no art.
11 da Lei n. 8.429/1992 exige a demonstração de dolo, o qual, contudo, não precisa ser específico, sendo suficiente o dolo genérico.
2. *Além da compreensão de que basta o dolo genérico – vontade livre e consciente de praticar o ato – para configuração do ato de improbidade administrativa previsto no art. 11 da Lei n. 8.429/1992, este Tribunal Superior exige a nota especial da má-fé, pois a Lei de Improbidade Administrativa não visa punir meras irregularidades ou o inábil, mas sim o desonesto, o corrupto, aquele desprovido de lealdade e boa-fé.*
3. No caso, Tribunal a quo, além de constatar a prática de ato de forma livre e consciente (dolo genérico), foi categórico ao afirmar a presença da nota qualificadora da má-fé (desonestidade) na conduta do agente, o que configura o ato de improbidade a ele imputado.
Nesse contexto, a revisão dessa conclusão implicaria o reexame do conjunto fático-probatório dos autos, o que é defeso na via eleita, ante o enunciado da Súmula 7 do STJ.
4. Agravo interno a que se nega provimento.
(AgInt no AREsp nº 1069262/SP, Rel. Ministro Og Fernandes, SEGUNDA TURMA, julgado em 21.06.2018, DJe 28.06.2018) (Grifamos)

Vislumbra-se, portanto, uma situação inusitada quando comparamos os julgados acima transcritos em que se exige simultaneamente o dolo genérico e a má-fé. É que, quando se condiciona a condenação do réu por uma conduta do art. 11 da LIA à presença da má-fé, essa medida acarretará, na prática, os mesmos efeitos que o de exigir a comprovação do dolo específico para que o réu responda por uma improbidade do art. 11. Dizer que o réu agiu com dolo específico, vale dizer, atuou visando à prática da conduta com objetivos desonestos, produz, na vida real, o mesmo efeito que dizer que o réu agiu com dolo genérico e com má-fé. Se o réu não agiu com má-fé, o contexto é insuficiente para lhe aplicar uma sanção.

Quando o STJ e parcela da literatura[142] sobre o tema exigem, além do dolo genérico a demonstração da má-fé do demandado, na prática se está a defender o mesmo efeito que decorreria da exigência do dolo específico. Se, por exemplo, um agente público dolosamente negar publicidade a atos oficiais que deveriam ser publicizados, sem que haja má-fé, pois sua atuação ocorreu de acordo com a orientação jurídica lançada e na crença de que estava fazendo o certo, há dolo genérico (a vontade de negar a publicidade está presente e foi materializada), e o réu não deverá responder por improbidade (dada a ausência de má-fé). Para nós, contudo, a irresponsabilidade por improbidade do exemplo dado decorreria da ausência de prova do dolo específico (vontade de praticar a conduta com o fim de obter vantagem desonesta).

A excessiva vagueza da redação original do art. 11 da LIA, acompanhada da necessidade de não se banalizar a persecução estatal por improbidade administrativa, obrigam o reconhecimento de que o réu de uma ação de improbidade fundada em uma conduta do art. 11 só deve responder se ficar comprovado que ele agiu com dolo específico. Sempre defendemos esse entendimento e, após a reforma legal de 2021, não há mais espaço para qualquer argumento em sentido contrário que possibilite, como o STJ historicamente vinha decidindo, a punição com amparo no dolo genérico. É que a condenação por ato do art. 11 da LIA com base no dolo genérico tornou-se inadmissível por força do que dispõe o §1º do art. 11, *in verbis*:

> Art. 11
> §1º Nos termos da Convenção das Nações Unidas contra a Corrupção, promulgada pelo Decreto nº 5.687, de 31 de janeiro de 2006, somente haverá improbidade administrativa, na aplicação deste artigo, quando for comprovado na conduta funcional do agente público o fim de obter proveito ou benefício indevido para si ou para outra pessoa ou entidade. (Incluído pela Lei nº 14.230, de 2021)

Não são todos os incisos do art. 11 que mencionam, expressamente, a necessidade de o sujeito ativo alcançar um resultado ilícito com a sua conduta ímproba. No entanto, a exigência de demonstração do resultado desonesto decorre do art.11, §1º, e vale para todas as condutas que atentem contra os princípios da Administração e estejam contempladas no art. 11.

---

[142] Segundo Waldo Fazzio Jr., "a má-fé revela a improbidade administrativa em sentido estrito [vale dizer, a do art. 11]". FAZZIO JR., Waldo Fazzio. *Improbidade Administrativa. Doutrina, Legislação e Jurisprudência*. 4. ed. Revista, atualizada e ampliada. São Paulo: Gen/Atlas, 2016. p. 308.

11.3.2) Ofensa ao princípio da legalidade: Em uma visão tradicional do Direito, o administrador deve agir de acordo estritamente com o que a lei lhe determinar. Sobre o tema, Waldo Fazzio Jr. nos ensina que:

> Toda atuação administrativa deve ser parametrizada pela lei e pelo interesse público. A lei é, ao mesmo tempo, o suporte jurídico-político e o limite de todo exercício administrativo, porque, se o Poder Público se impõe limites, em face dos direitos dos administrados, a lei lhe confere a medida sob a qual exercita os serviços que justificam sua existência jurídica.[143]

Por sua vez, de acordo com a literalidade da redação original do *caput* do art. 11 da Lei nº 8.429, o sujeito que praticasse uma conduta de forma contrária ao que prevê a lei deveria ser condenado por improbidade administrativa.

Sobre o tema, José Antônio Lisboa Neiva sustenta que:

> O art. 11 exige adequada interpretação, pois não seria razoável, por exemplo, entender que a simples violação ao princípio da legalidade, por si só, ensejaria a caracterização de ato ímprobo. Seria confundir os conceitos de improbidade administrativa e de legalidade.[144]

Quando um agente público ultrapassa o limite de velocidade na direção de um veículo oficial, isso caracteriza uma infração administrativa e representa uma violação à previsão legal sobre a velocidade no trânsito. Contudo, a hipótese nunca poderia configurar improbidade administrativa, pois, conforme salientado por Mauro Roberto Gomes de Mattos, "nem tudo que é legal é desonesto".[145] Para uma ofensa ao princípio da legalidade ser considerada uma hipótese de improbidade administrativa à luz da redação original do art. 11 da LIA, sustentamos que a conduta:

i) não deveria acarretar enriquecimento indevido nem causar dano ao erário, pois, se isso ocorresse, a responsabilidade se daria nos termos do art. 9º ou 10 da LIA;
ii) deveria ofender as normas jurídicas (não apenas as leis);
iii) deveria ser desonesta, corrupta, permeada de má-fé e destinar-se à obtenção de um resultado ilícito (presença do dolo específico seria necessária, ressalvada a posição do STJ);

Com a reforma legal de 2021, que além de introduzir expressamente a necessidade de o sujeito ativo buscar um resultado, proveito ou benefício indevido/ilícito com sua conduta (dolo específico), passamos a ter um adicional quarto requisito:

iv) a conduta deve estar tipificada expressamente no art. 11 da LIA.

---

[143] FAZZIO JR., Waldo Fazzio. *Improbidade Administrativa. Doutrina, Legislação e Jurisprudência*. 4. ed. Revista, atualizada e ampliada. São Paulo: Gen/Atlas, 2016. p. 83.
[144] NEIVA, José Antonio Lisbôa. *Improbidade Administrativa*. Legislação comentada artigo por artigo. Doutrina, Legislação e Jurisprudência. Niterói: Impetus, 2009. p. 99.
[145] MATTOS, Mauro Roberto Gomes de. *O limite da improbidade Administrativa*. O direito dos administrados dentro da Lei nº 8.429/92. Rio de Janeiro: América Jurídica, 2004. p. 332.

Essa novidade, que retira o caráter exemplificativo das condutas descritas no art. 11, aperfeiçoa o sistema punitivo estatal brasileiro, na medida em que evita a invocação generalizada de princípios para uma condenação. A situação que atente contra os princípios da Administração precisa estar prevista na lei. Em um país com o número de princípios e de leis que o Brasil possui, seria um erro concluir que todo e qualquer descumprimento de um princípio ou de uma lei caracterizaria improbidade administrativa.

Sobre o tema, o STJ também tem entendimento no sentido de que a mera ilegalidade não configura improbidade, senão vejamos:

> (...) 2. Não se pode confundir improbidade com simples ilegalidade. A improbidade é ilegalidade tipificada e qualificada pelo elemento subjetivo da conduta do agente. Por isso mesmo, a jurisprudência do STJ considera indispensável, para a caracterização de improbidade, que a conduta do agente seja dolosa, para a tipificação das condutas descritas nos artigos 9º e 11 da Lei 8.429/92, ou pelo menos eivada de culpa grave, nas do artigo 10. (...) (STJ. Corte Especial. Ministro Relator: Teori Zavascki. Ação de Improbidade Administrativa 30/AM, Data do Julgamento: 21/09/11)
>
> (...) 2. Nos termos da jurisprudência desta Corte, para que seja reconhecida a tipificação da conduta do réu como incurso nas previsões da Lei de Improbidade Administrativa, é necessária a demonstração do elemento subjetivo, consubstanciado pelo dolo para os tipos previstos nos arts. 9º e 11 e, ao menos, pela culpa, nas hipóteses do art. 10. Isso porque não se pode confundir improbidade com simples ilegalidade. A improbidade é a ilegalidade tipificada e qualificada pelo elemento subjetivo da conduta do agente. (...) (STJ. Segunda Turma. Ministro Relator: Humberto Martins. AGRAVO REGIMENTAL NO AGRAVO EM RECURSO ESPECIAL AgRg no AREsp nº 161420 TO. Data de Julgamento: 03.04.2014).

11.3.3) Princípio da legalidade e princípio da juridicidade: De acordo com o entendimento tradicional no Direito Administrativo, o princípio da legalidade obriga o administrador a agir de acordo com a lei, nada podendo realizar contra o comando legal ou mesmo na lacuna legislativa. O Direito Administrativo contemporâneo, por sua vez, reconhece o papel central do texto constitucional no ordenamento jurídico. Como exemplo dessa transformação, podemos citar o art. 2º, parágrafo único, I, da Lei nº 9.784/99 que estipula, como critério a ser observado nos processos administrativos, que o administrador deve atuar "conforme a lei e o Direito". Na hipótese de o Chefe do Poder Executivo se deparar com um texto legal inconstitucional, há razões para se acreditar que ele possa atuar *contra legem* para dar concretude à Constituição.

Demais disso, o princípio da juridicidade administrativa também possibilita que o administrador público atue *praeter legem*, vale dizer, na ausência de uma dada previsão legal. E isso poderá ocorrer para tornar o texto constitucional uma realidade. É que o administrador público precisa conferir efetividade direta ao texto constitucional, mesmo que na ausência de uma previsão legal (infraconstitucional) que lhe dê suporte. Podemos, quanto a este tópico específico, citar o exemplo da Resolução nº 07/05 do CNJ que, mesmo sem lei que a fundamentasse, proibiu a contratação de parentes no âmbito do Poder Judiciário. Na ADC nº 12, que foi distribuída para manter hígido e vinculante o texto da referida resolução, o STF declarou a constitucionalidade da aludida resolução.[146] Existem cenários, portanto, em que o administrador terá de agir mesmo na lacuna legislativa ou até mesmo contra leis, especialmente quando veicularem matérias já reconhecidas pelo STF como inconstitucional.

Por essas razões é que o princípio da legalidade já não mais se mostra suficiente em todos os casos e tem sido invocado o princípio da juridicidade administrativa De acordo com esse último, o agente público deve obediência ao ordenamento jurídico e não apenas às leis. Sua utilização possibilita uma atuação *praeter legem* e *contra legem*. Assim, a prática de uma conduta ilegal pelo agente público não deve ser compreendida automaticamente como improbidade administrativa.

A mudança de paradigma do princípio da legalidade para o da juridicidade implica a necessidade de releitura da improbidade administrativa por ofensa ao princípio da legalidade. Seria impensável, mesmo antes da reforma de 2021, punir um administrador público com base no art. 11 da LIA pelo fato de ele ter violado uma lei com o objetivo de dar cumprimento ao texto constitucional. Proibir a contratação de parentes é medida que foi adotada por exigência do CNJ antes mesmo de existir uma lei exigindo esse comportamento. Da mesma forma, se o administrador atuar em conformidade com uma lei flagrantemente inconstitucional (que, por exemplo, permita a contratação de parentes ou que preveja cargos em comissão para funções que não sejam de direção, assessoramento e chefia), ele poderá, em tese e a depender da aferição do dolo no caso concreto, responder por improbidade administrativa, mesmo tendo observado a lei sobre o tema.

11.3.4) Ofensa ao princípio da legalidade desacompanhada de uma desonestidade qualificada: O descumprimento de um texto legal é um comportamento indesejado, mas não tão raro. Como as leis são necessárias para delimitar o espaço de liberdade do cidadão e as competências do administrador público, *ex vi* do que prevê o art. 5º, II, da CRFB, elas existem em quantidade abundante e disciplinam os mais variados temas da vida em sociedade. Isso, naturalmente, eleva o risco da prática de uma conduta contrária ao seu texto. É o caso do agente público que, conduzindo um veículo oficial, ultrapassa o limite de velocidade permitido em uma rodovia. É incontroverso que o referido agente público ofendeu o princípio da legalidade, mas sua conduta não pode ser considerada improbidade administrativa. A LIA não se destina a reprimir toda e qualquer ilegalidade. Seu propósito, ao revés, é o de punir a ilegalidade acompanhada da má-fé, da desonestidade. Punir a prática corrupta ilegal, e não todas as condutas que ofendam o princípio da legalidade.

11.3.5) Conduta mencionada pelos incisos do art. 11, mas que acarrete enriquecimento indevido ou dano ao erário: Algumas das situações descritas nos

---

[146] STF. ADC nº 12, Tribunal Pleno, Relator: Min. Carlos Britto, julgado em 20.08.2008.

incisos do art. 11 podem ofender os princípios da Administração, mas, também, ensejar dano ou enriquecimento indevido.

Caso, por exemplo, seja praticada a conduta de "frustrar, em ofensa à imparcialidade, o caráter concorrencial de concurso público" (inciso V) e ela acarretar enriquecimento indevido, o sujeito ativo deverá responder com base no art. 9º. Assim, é plenamente possível que, no caso concreto, a conduta justifique a punição por outro artigo da lei que acarrete sanções mais severas. O fato de o art. 11 ter mencionado uma determinada conduta no seu inciso, não significa que o réu tenha de necessariamente ser punido pelo art. 11.

11.3.6) Conduta que negue publicidade a atos oficiais: A transparência é um mandamento a ser observado pela Administração Pública de um país que pretenda ser considerado um Estado de Direito. O princípio da publicidade estampado no art. 37, *caput*, da Constituição de 1988 ganha enorme força a partir da entrada em vigor da Lei de Acesso à Informação, Lei nº 12.527/11. Ela foi responsável pela disseminação da ideia de que a regra é a publicidade e a divulgação dos atos estatais. E essa publicização deve, aliás, ocorrer, sempre que possível, independentemente de qualquer requerimento do particular, por meio da denominada transparência ativa.

O sigilo continua sendo possível, mas deve ter um fundamento constitucional e ser considerado uma medida excepcional. Eventualmente alguma lei pode estipular hipóteses de sigilo, mas que precisam ter alicerce nas balizas da Carta de 1988, que é de onde se extrai o princípio da publicidade. Da Constituição de 1988, podemos destacar as exceções à publicidade contidas nos incisos XXXIII e LX do art. 5º, *in verbis*:

> XXXIII – todos têm direito a receber dos órgãos públicos informações de seu interesse particular, ou de interesse coletivo ou geral, que serão prestadas no prazo da lei, sob pena de responsabilidade, ressalvadas aquelas cujo sigilo seja imprescindível à segurança da sociedade e do Estado;
> LX – a lei só poderá restringir a publicidade dos atos processuais quando a defesa da intimidade ou o interesse social o exigirem;

A leitura dos dois incisos acima nos leva à conclusão de que a restrição à publicidade do ato estatal apenas poderá ocorrer quando:

> i) o sigilo for imprescindível à segurança da sociedade;
> ii) o sigilo for imprescindível à segurança do Estado;
> iii) o sigilo for necessário para preservar a defesa da intimidade;
> iv) o sigilo for necessário quando o interesse social o exigir.

A interpretação acerca do alcance de cada uma das hipóteses acima pode ser tarefa árdua diante dos casos concretos. Sobre o tema, a Constituição utilizou expressões vagas que podem originar dúvidas quando da verificação da presença de uma hipótese excepcional. Quando, por exemplo, o sigilo é necessário por exigência do interesse social? E essas dúvidas podem originar decisões administrativas contraditórias sobre um mesmo tema específico. Em um caso, o administrador publica uma informação que para outro deve ser mantida em sigilo. Por isso, a improbidade decorrente da negativa de se conferir publicidade a atos oficiais estará caracterizada, quando for incontroversa a necessidade de publicidade e, mesmo assim, o administrador se recusar a tornar público o ato estatal. Se a negativa resultar de uma decisão estatal fundamentada e amparada razoavelmente nas exceções constitucionais, por mais que eventualmente ela possa estar errada, não há como punir o administrador por improbidade, haja vista a ausência do dolo. Sobre o tema, José Neiva sustenta a seguinte visão:

> Inexistirá improbidade, por sua vez, no caso de o administrador entender, mesmo que de modo equivocado, que a hipótese concreta justificaria o afastamento da publicidade dos atos oficiais. A interpretação do agente em descompasso com a Constituição e com a Lei pode gerar eventual responsabilidade do administrador, mas para que haja conduta ímproba é fundamental que atue dolosamente com a nota deslealdade e da má-fé, como já destacamos alhures.[147]

Por outro lado, o art. 11 também se aplica aos casos em que há um retardamento desnecessário à publicidade dos atos administrativos. O retardamento doloso é espécie de negativa à publicidade. Por vezes, o atraso na divulgação de um ato administrativo pode ser tão lesivo ao interesse da sociedade quanto a negativa da divulgação. Nas palavras de Walber de Moura Agra, o ato de negar publicidade prevista no inciso IV do art. 11 da Lei nº 8.429:

> Abrange o agente público que nega a publicidade e aquele que publica extemporaneamente, posto que o retardo viola o *telos* do princípio.[148]

A conduta ímproba também está presente quando o sujeito ativo intencionalmente publica a informação de forma incompleta ou viciada. Negar significa a recusa total ou parcial.

A reforma promovida pela Lei nº 14.230/21 alterou a redação do inciso IV do art. 11 da LIA para legitimar o sigilo: i) diante da sua imprescindibilidade para a segurança da sociedade; ii) diante da sua imprescindibilidade para a segurança do Estado; iii) em outras hipóteses instituídas em lei. A redação legal não mencionou expressamente todas as exceções constitucionais ao sigilo, como aquela que decorre da necessidade de se preservar a defesa da intimidade e do interesse social. Entretanto, a própria Carta de 1988 prevê que esses casos específicos de sigilo serão disciplinados por lei. E, quando o inciso IV do art. 11 estipulou que a lei pode instituir outras hipóteses, está se referindo às hipóteses constitucionalmente permitidas nos termos do art. 5º, LX.

---

[147] NEIVA, José Antonio Lisbôa. *Improbidade Administrativa*. Legislação comentada artigo por artigo. Doutrina, Legislação e Jurisprudência. Niteroi: Impetus, 2009. p. 104.

[148] AGRA, Walber de Moura. *Comentários sobre a Lei de Improbidade Administrativa*. Belo Horizonte: Fórum, 2017. Posição 2.975.

11.3.7) Conduta que negue publicidade e LGPD: A Lei nº 13.709/18 regulamenta a proteção de dados pessoais e, no seu artigo 23, exige das pessoas jurídicas de direito público que informem as hipóteses em que realizam o tratamento de dados pessoais. Segue o texto legal:

> Art. 23. O tratamento de dados pessoais pelas pessoas jurídicas de direito público referidas no parágrafo único do art. 1º da Lei nº 12.527, de 18 de novembro de 2011 (Lei de Acesso à Informação), deverá ser realizado para o atendimento de sua finalidade pública, na persecução do interesse público, com o objetivo de executar as competências legais ou cumprir as atribuições legais do serviço público, desde que:
> I – sejam informadas as hipóteses em que, no exercício de suas competências, realizam o tratamento de dados pessoais, fornecendo informações claras e atualizadas sobre a previsão legal, a finalidade, os procedimentos e as práticas utilizadas para a execução dessas atividades, em veículos de fácil acesso, preferencialmente em seus sítios eletrônicos;

Havendo um propósito desonesto, a desobediência ao texto legal acima transcrito mediante a dolosa não divulgação das hipóteses de tratamento de dados poderá caracterizar improbidade administrativa, segundo o que estabelece o art. 11, IV, da LIA. O STF entendeu da mesma forma, consoante se extrai do seguinte trecho de sua decisão:

> 6. A transgressão dolosa ao dever de publicidade estabelecido no art. 23, inciso I, da LGPD, fora das hipóteses constitucionais de sigilo, importará a responsabilização do agente estatal por ato de improbidade administrativa, nos termos do art. 11, inciso IV, da Lei 8.429/92, sem prejuízo da aplicação das sanções disciplinares previstas nos estatutos dos servidores públicos federais, municipais e estaduais. (STF. Plenário. ADI nº 6.649. Rel. Min. Gilmar Mendes. Data do julgamento: 15.09.2022. Data de publicação: 23.09.2022).

11.3.8) Publicidade pessoal: Existem situações em que o administrador público decide realizar a publicidade de seus atos administrativos de forma que a política pública efetivada fique associada à sua pessoa. São utilizados nomes, frases, slogans, cores, desenhos ou características que fazem a população associar o que foi dito à pessoa do gestor público. Nesses casos, há ofensa ao princípio da impessoalidade e violação direta ao art. 37, §1º, da CRFB que expressamente veda a propaganda pessoal feita por agente público. Há, contudo, sutilezas. Pode ocorrer de estarmos diante uma ofensa ao princípio da impessoalidade, mas ela, a despeito de seu caráter reprovável, não configurar improbidade administrativa. Vamos supor que os servidores de uma determinada prefeitura tenham uma profunda admiração pelo prefeito da cidade e resolvam fazer, com recursos dos empresários da região e o total apoio do prefeito homenageado, um livro destacando as principais obras do referido administrador, contando a história da sua família e da sua vida política. Na capa, há uma foto do prefeito sorrindo e fazendo um gesto típico de sua campanha. O prefeito editou ato administrativo, autorizando que o livro fosse distribuído por toda a prefeitura. Mesmo na ausência de recursos públicos para a confecção do livro, não há dúvidas de que estamos diante de um didático exemplo de ofensa ao princípio da impessoalidade. O prefeito autorizou, por ato administrativo, que sua propaganda pessoal circulasse. Entretanto, o enquadramento da referida conduta como ímproba depende de uma análise mais criteriosa. Será necessário avaliar, por exemplo, se o prefeito tinha real conhecimento de que essa medida era ofensiva ao princípio da impessoalidade. Se, a título de ilustração, esses fatos fizessem parte da cultura local, isso não afastaria o reconhecimento da ofensa ao princípio da impessoalidade, mas teria o condão de retirar o dolo específico necessário para a condenação do prefeito por improbidade. E vale, ainda, chamar atenção para o fato de que a atual redação do inciso XII do art. 11 exige, para a caracterização da improbidade administrativa decorrente de publicidade ofensiva ao art. 37, §1º, da CRFB, que sejam utilizados recursos do erário.

11.3.9) Ofensa aos princípios e o princípio da realidade: A Lei de Introdução às Normas do Direito Brasileiro (LINDB), Lei nº 13.655/18, trouxe para o direito positivo brasileiro a preocupação com a realidade encontrada pelo administrador no momento de suas decisões. Os órgãos de controle não podem, assim, desprezar as dificuldades encontradas pelo gestor público. Sobre o tema, confira-se o art. 22 da LINDB:

> Art. 22. Na interpretação de normas sobre gestão pública, serão considerados os obstáculos e as dificuldades reais do gestor e as exigências das políticas públicas a seu cargo, sem prejuízo dos direitos dos administrados.
> §1º Em decisão sobre regularidade de conduta ou validade de ato, contrato, ajuste, processo ou norma administrativa, serão consideradas as circunstâncias práticas que houverem imposto, limitado ou condicionado a ação do agente.
> §2º Na aplicação de sanções, serão consideradas a natureza e a gravidade da infração cometida, os danos que dela provierem para a administração pública, as circunstâncias agravantes ou atenuantes e os antecedentes do agente.
> §3º As sanções aplicadas ao agente serão levadas em conta na dosimetria das demais sanções de mesma natureza e relativas ao mesmo fato.

Dessa forma, o reconhecimento da prática ímproba deve ser feito após uma análise do contexto em que a decisão for tomada. Punir por improbidade administrativa um prefeito que, sem observar as formalidades legais, empresta uma sala pública para viabilizar a transfusão de sangue em razão de uma catástrofe é medida que não se ajusta ao que pretende a lei de improbidade administrativa. Para além do contexto objetivo, a identificação da conduta também não pode abandonar a preocupação que se deve ter com os aspectos do sujeito que decide. No dizer de Mauro Roberto Gomes de Mattos, devemos atentar também paras as "peculiaridades pessoais negativa, como a inabilidade e o despreparo cultural do agente público".[149] Desonestidade e ignorância jurídica devem receber tratamentos distintos, na medida em que o combate à corrupção por meio da ação de improbidade não pode punir o administrador de recursos públicos que não

---

[149] MATTOS, Mauro Roberto Gomes de. *O limite da improbidade Administrativa*. O direito dos administrados dentro da Lei nº 8.429/92. Rio de Janeiro: América Jurídica, 2004. p. 338.

teve, por exemplo, acesso à educação formal. Acertada a visão de Waldo Fazzio Jr. quando aponta para o fato de que:

> As deficiências pessoais, culturais e profissionais de agentes públicos podem promover irregularidades e, até mesmo, ilegalidades formais, mas é só o desvio de caráter que torna a ilegalidade sinônimo de improbidade.[150]

11.3.10) Ofensa à impessoalidade e contratação sem concurso público: O inciso V do art. 11 da LIA estipula que "frustrar, em ofensa à imparcialidade, o caráter concorrencial de concurso público, de chamamento ou de procedimento licitatório, com vistas à obtenção de benefício próprio, direto ou indireto, ou de terceiros" configura improbidade administrativa. A prática de ato administrativo voltado para favorecer um amigo ou parente em um concurso será, por exemplo, conduta ímproba nos termos do art. 11. Também podemos considerar no escopo do inciso V os atos que frustrem a necessidade de realização do certame. Em lugar de realizar um concurso público, o administrador nomeia para um cargo efetivo quem não foi aprovado ou, então, utiliza inconstitucionalmente a contratação temporária para necessidades permanentes.

Também podemos considerar como condutas ímprobas que frustram a licitude do concurso público a aprovação de uma lei que crie cargos em comissão e os subsequentes atos de nomeação para referidos cargos quando, sabidamente, eles não se destinam a funções de direção, assessoramento e chefia, hipótese únicas em que tais cargos podem ser criados por força do ar. 37, inciso V, da CRFB.[151] A conduta descrita no inciso V do art. 11 da LIA não fica adstrita à atuação que prejudica a regular e lícita tramitação do certame. Nela também fica compreendida a conduta que inviabiliza a regular realização do certame, pelo fato de ter sido adotada uma medida ilícita contrária à abertura do concurso público ou do procedimento licitatório.

Se, por exemplo, um determinado Estado da federação aprovar uma lei criando cargos em comissão de médicos, estaremos diante de uma hipótese flagrantemente inconstitucional, por ofensa ao art. 37, V, da CRFB. Em tais casos, a improbidade pode, em tese, ser cometida pelos deputados estaduais que aprovaram a citada lei (que, de forma incontroversa, é inconstitucional), pelo chefe do Poder Executivo que sancionou o citado projeto, pelo administrador público que efetuou as nomeações inconstitucionais para os cargos em comissão e pelos particulares que foram nomeados. Todos os envolvidos na prática da conduta que frustre o caráter concorrencial do concurso devem ser punidos. Naturalmente que a demonstração do desconhecimento da ilicitude afastará o dolo específico, de modo a impedir a condenação por improbidade administrativa. Entretanto, essa

---

[150] FAZZIO JR., Waldo Fazzio. *Improbidade Administrativa*. Doutrina, Legislação e Jurisprudência. 4. ed. Revista, atualizada e ampliada. São Paulo: Gen/Atlas, 2016. p. 312.
[151] Nesse sentido, Wallace Paiva Martins Jr. MARTINS JR., Wallace Paiva. *Probidade Administrativa*. 4. ed. São Paulo: Saraiva, 2009. p. 282 e 289.

prova do desconhecimento e da ignorância é muito difícil de ser feita quando a hipótese for, tal como no exemplo oferecido, de flagrante inconstitucionalidade. O fato de uma lei autorizar a medida inconstitucional não cria uma blindagem capaz de impedir a responsabilidade do administrador público que, diante do inaceitável constitucionalmente, nada faz para evitar a contratação.

Sem prejuízo do reconhecimento da improbidade, o trabalhador contratado de maneira ímproba deverá, estando de boa-fé, receber pelos serviços prestados. Nesse sentido, confira-se o entendimento de Emerson Garcia e Rogério Pacheco Alves:

> O contratado, não obstante a ilicitude da causa que os originou, não deve restituir os vencimentos recebidos, isto porque efetivamente despendeu a energia que motivou o seu percebimento (…). Constatada a boa-fé do agente e tendo ele realizado todas as atividades inerentes à função que lhe fora outorgada, fará jus, além do percebimento da remuneração correspondente, ao reconhecimento do lapso temporal e quem permaneceu vinculado (ainda que irregularmente) ao Poder Público para fins de contagem do tempo de serviço.[152]

11.3.11) A tentativa de enriquecimento ilícito ou de provocar dano ao erário como hipótese de ofensa do art. 11: A lei de improbidade administrativa nada menciona acerca da possibilidade de punição da tentativa de uma conduta ímproba. No Direito Penal, a tentativa é punível, na medida em que o art. 14 do Código Penal a prevê expressamente, nos seguintes termos:

> Art. 14 – Diz-se o crime:
> Crime consumado
> (…)
> **Tentativa**
> II – tentado, quando, iniciada a execução, não se consuma por circunstâncias alheias à vontade do agente.
> Pena de tentativa
> Parágrafo único – Salvo disposição em contrário, pune-se a tentativa com a pena correspondente ao crime consumado, diminuída de um a dois terços

Diante da ausência de previsão semelhante na Lei nº 8.429, não é possível, em hipótese alguma, punir a tentativa de improbidade administrativa. Entretanto, há uma peculiaridade a ser destacada. Pode ocorrer de a tentativa de uma conduta que acarretaria enriquecimento indevido ou dano ao erário já poder ser caracterizada como ofensiva aos princípios do art. 11 da LIA e nele estar descrita. Nesse caso, não se puniria a tentativa enquanto tentativa, mas a conduta ofensiva ao art. 11 que, também, pode ser caracterizada como tentativa de algo mais grave. Na literatura, Wallace Paiva Martins Jr. sustenta que se inserem no art. 11 da LIA "as tentativas de enriquecimento ilícito ou causação de prejuízo ao erário (se não subsumidas a

---

[152] GARCIA, Emerson; ALVES, Rogério Pacheco. *Improbidade Administrativa*. 4. ed. Revista e ampliada. Rio de Janeiro: Lumen Juris, 2008. p. 356-357.

alguma figura prevista nas respectivas espécies, como a do art. 9º, V)".[153] Em razão da reforma de 2021, seria necessário acrescentar que a conduta apenas poderá se encaixar em hipótese do art. 11 se nele estiver prevista expressamente.

11.3.12) Responsabilidade por ofensa a princípios na modalidade culposa: O art. 11 da LIA apenas permite a responsabilidade do agente que tenha atuado na modalidade dolosa. A improbidade culposa só estava prevista na redação original da lei de improbidade para a conduta que causasse dano ao erário (art. 10). Contudo, havia entendimento minoritário no período que antecedeu a reforma de 2021 e defendido por Wallace Paiva Martins Jr. de que a punição na modalidade culposa também poderia ocorrer nas hipóteses dos arts. 9º e 11. Segundo o referido autor:

> Não se comunga a tese de que, em razão da explícita admissão do dolo e da culpa no art. 10, a lei tenha exigido o dolo nos arts. 9º e 11 e tornado impunível o ato culposo nessas espécies de improbidade administrativa. Efetivamente, não. O art. 11 preocupa-se com a intensidade do elemento volitivo do agente, pune condutas dolosas e culposas (aqui entendida a culpa grave).[154]

Divergimos, com todas as vênias, da posição de que o art. 11 comportaria, mesmo antes do advento da Lei nº 14.230/21, a punição de conduta praticada na modalidade culposa. Além da inconstitucionalidade da previsão da responsabilidade na modalidade culposa contida na redação original do art. 10, o art. 11 não faz qualquer menção à culpa. Seria, portanto, indevido adotar uma interpretação extensiva para ampliar as possibilidades de punição de uma pessoa de acordo com o que a lei previu, o que é inadmissível em termos de Direito Administrativo Sancionador. Não se pode adotar uma interpretação extensiva para punir quem, de acordo com a redação da lei, não poderia ser condenado.

11.3.13) Omissão quanto ao dever de prestar contas, contas prestadas em atraso ou contas com informações falsas ou errôneas (art. 11, VI): A pessoa obrigada a prestar contas ao poder público pode intencionalmente deixar de as prestar, prestá-las com atraso, ou mesmo prestá-las com o emprego de informações falsas ou errôneas. Todos esses comportamentos são indesejados pelo ordenamento jurídico, mas nem todos caracterizam improbidade administrativa.

De acordo com a redação original do art. 11 da LIA, as condutas nele mencionadas eram meramente exemplificativas. Por sua vez, o inciso VI do art. 11 mencionava, na sua redação original, ser improbidade "deixar de prestar contas quando esteja obrigado a fazê-lo". Ainda que o artigo não fizesse alusão às outras duas hipóteses (entrega da prestação de contas com atraso ou entrega da prestação de contas contendo informações falsas ou errôneas), era possível sustentar, em tese, que elas, também, configurariam improbidade. É que, nessas três hipóteses (falta

---
[153] MARTINS JR., Wallace Paiva. *Probidade Administrativa*. 4. ed. São Paulo: Saraiva, 2009. p. 284.
[154] MARTINS JR., Wallace Paiva. *Probidade Administrativa*. 4. ed. São Paulo: Saraiva, 2009. p. 286.

de entrega, entrega com atraso ou entrega com informações falsas ou errôneas), o princípio da legalidade estaria sendo descumprido, caso estivéssemos diante de um comportamento doloso associado à má-fé, e a informação a ser disponibilizada pela prestação de contas não estaria chegando adequadamente ao poder público, o que poderia caracterizar, ainda, ofensa ao princípio da moralidade. Também se poderia cogitar de uma ofensa ao princípio da publicidade.

No STJ, é possível encontrar precedente do período anterior ao da entrada em vigor da Lei nº 14.230/21, reconhecendo que apenas o atraso *doloso* na entrega da prestação de contas pode eventualmente configurar improbidade administrativa, *in verbis*:

> ADMINISTRATIVO. IMPROBIDADE ADMINISTRATIVA. INEXISTÊNCIA. PRESTAÇÃO DE CONTAS. ***APRESENTAÇÃO TARDIA***. NÃO DEMONSTRAÇÃO DE DOLO.
> 1. *A configuração do ato de improbidade administrativa previsto no art. 11 da Lei n. 8.429/92 somente é possível se demonstrada prática dolosa de conduta que atente contra os princípios da Administração Pública*.
> 2. *A ausência de prestação de contas, quando ocorre de forma dolosa, acarreta violação ao Princípio da Publicidade*. Todavia, o simples atraso na entrega das contas, sem que exista dolo na espécie, não configura ato de improbidade.
> 3. *Hipótese em que não foi demonstrada a indispensável prática dolosa da conduta de atentado aos princípios da Administração Pública. Ausência de ato de improbidade administrativa*.
> Agravo regimental improvido.
> (AgRg no REsp nº 1.382.436/RN, relator Ministro Humberto Martins, Segunda Turma, julgado em 20.08.2013, DJe de 30.08.2013. (Grifamos)[155]

Com a reforma de 2021, a situação mudou significativamente. Agora o inciso VI prevê que configura improbidade administrativa "deixar de prestar contas quando esteja obrigado a fazê-lo, desde que disponha das condições para isso, com vistas a ocultar irregularidades". Exige-se, agora, que a pessoa tenha efetivamente condições de prestar as contas, inclusive à luz de uma abordagem contextualista do pragmatismo jurídico, bem como a presença do dolo específico, na medida em que a não prestação de contas só configurará improbidade, caso ela tenha como propósito "ocultar irregularidades".

Demais disso, como a enumeração do art. 11 tornou-se *numerus clausus*, e não mais com um caráter exemplificativo, é inadmissível adotar uma intepretação que leve à conclusão de que o atraso na entrega das contas ou a prestação de contas com informações falsas ou errôneas configuram improbidade. Deixar de prestar contas é conduta diversa da entrega das contas com atraso ou mesmo da entrega das contas contendo informações falsas ou errôneas. Atualmente, portanto, essas duas últimas condutas podem ensejar a responsabilidade de

---

[155] Também é possível encontrar decisão no STJ do período que antecede a reforma de 2021, no sentido de que a existência de irregularidades na prestação de contas pode configurar improbidade administrativa. STJ. AgInt no CC nº 174.764/MA. Agravo Interno no Conflito de Competência. 2020/0234871-0. Relator: Ministro Mauro Campbell Marques. Primeira Seção. Data do Julgamento: 09.02.2022. Data da Publicação: DJe 17.02.2022.

quem a pratica, mas não mais por improbidade administrativa que atente contra os princípios da Administração, e mesmo que haja dolo específico. A prestação de contas com atraso ou com informações errôneas não são condutas mencionadas pelo art. 11 da LIA.

11.3.14) Contratação de parentes e afins e improbidade: Antes mesmo da reforma de 2021, já se admitia o reconhecimento da improbidade administrativa, em virtude da contratação de parentes e afins no âmbito da Administração. Muito embora a LIA não a previsse expressamente, tal conduta poderia, em tese, caracterizar uma ofensa ao princípio da moralidade e da impessoalidade e ensejar a condenação com fundamento no art. 11. Todavia, o STJ exigia que a contratação ocorresse após a edição da Súmula Vinculante nº 13 do STF, *in verbis*:

> ADMINISTRATIVO. RECURSO ESPECIAL. (...) IMPUTAÇÃO DA PRÁTICA DE ATO DE IMPROBIDADE ADMINISTRATIVA. NEPOTISMO. INDISPENSABILIDADE DE COMPROVAÇÃO DO DOLO DO AGENTE. (...) RECURSO ESPECIAL DO MINISTÉRIO PÚBLICO DE MINAS GERAIS DESPROVIDO, NO ENTANTO.
> (...)
> 5. *In casu*, as instâncias de origem julgaram improcedente o pedido por reconhecerem que não configurada ato de improbidade administrativa a prática de nepotismo.
> 6. A conduta imputada ao recorrente mostra-se gravemente culposa, mas não revela o dolo específico de lesar os cofres públicos ou de obter vantagem indevida, requisitos indispensáveis à infração dos bens jurídicos tutelados pela Lei de Improbidade Administrativa, especialmente considerando que à época em que ocorreram as citadas contratações (nos anos de 2005 e 2006), não havia lei vedando o nepotismo no âmbito da Administração Pública Municipal, sendo anteriores, ainda, à aprovação do Enunciado da Súmula Vinculante 13 do STF (DJe 29.8.2008).
> (...)
> 11. Recurso Especial do Ministério Público de Minas Gerais desprovido.
> (REsp nº 1.193.248/MG, relator Ministro Napoleão Nunes Maia Filho, Primeira Turma, julgado em 24.04.2014, DJe de 18.08.2014.)

De acordo com a redação atual da LIA, especialmente em razão do que prevê o inciso XI do seu artigo 11, que especificamente trata da improbidade resultante da nomeação de parentes e afins, a improbidade só ocorrerá na presença do dolo específico. Portanto, mesmo que um parente seja contratado, o nomeante só poderá ser condenado por improbidade, caso haja prova de que a nomeação foi feita com uma finalidade ilícita, vale dizer, desde que esteja presente o dolo específico. Tal conclusão decorre do que estabelecido pelos §§1º e 5º do art. 11 da LIA, a saber:

> Art. 11
> (...) §1º Nos termos da Convenção das Nações Unidas contra a Corrupção, promulgada pelo Decreto nº 5.687, de 31 de janeiro de 2006, somente haverá improbidade administrativa, na aplicação deste artigo, quando for comprovado na conduta funcional do agente público o fim de obter proveito ou benefício indevido para si ou para outra pessoa ou entidade. (Incluído pela Lei nº 14.230, de 2021)
> §5º Não se configurará improbidade a mera nomeação ou indicação política por parte dos detentores de mandatos eletivos, sendo necessária a aferição de dolo com finalidade ilícita por parte do agente. (Incluído pela Lei nº 14.230, de 2021)

11.3.15) Jurisprudência em teses do STJ.

Jurisprudência em teses do STJ. Edição nº 40: Improbidade Administrativa – II.
11) O ato de improbidade administrativa previsto no art. 11 da Lei n. 8.429/92 não requer a demonstração de dano ao erário ou de enriquecimento ilícito, mas exige a demonstração de dolo, o qual, contudo, não necessita ser específico, sendo suficiente o dolo genérico.[156]
Jurisprudência em teses do STJ. Edição nº 187: Improbidade Administrativa – IV.
3) É possível responsabilizar o parecerista por ato de improbidade administrativa quando demonstrados indícios de que a peça jurídica teria sido redigida com erro grosseiro ou má-fé.

---

[156] A reforma legal de 2021 passou a exigir o dolo específico, o que torna a parte final da tese 11 superada.

ARTIGO 12

CAPÍTULO III

Das Penas

Art. 12. Independentemente do ressarcimento integral do dano patrimonial, se efetivo, e das sanções penais comuns e de responsabilidade, civis e administrativas previstas na legislação específica, está o responsável pelo ato de improbidade sujeito às seguintes cominações, que podem ser aplicadas isolada ou cumulativamente, de acordo com a gravidade do fato: (Redação dada pela Lei nº 14.230, de 2021)

I - na hipótese do art. 9º desta Lei, perda dos bens ou valores acrescidos ilicitamente ao patrimônio, perda da função pública, suspensão dos direitos políticos até 14 (catorze) anos, pagamento de multa civil equivalente ao valor do acréscimo patrimonial e proibição de contratar com o poder público ou de receber benefícios ou incentivos fiscais ou creditícios, direta ou indiretamente, ainda que por intermédio de pessoa jurídica da qual seja sócio majoritário, pelo prazo não superior a 14 (catorze) anos; (Redação dada pela Lei nº 14.230, de 2021)[157]

II - na hipótese do art. 10 desta Lei, perda dos bens ou valores acrescidos ilicitamente ao patrimônio, se concorrer esta circunstância, perda da função pública, suspensão dos direitos políticos até 12 (doze) anos, pagamento de multa civil equivalente ao valor do dano e proibição de contratar com o poder público ou de receber benefícios ou incentivos fiscais ou creditícios, direta ou indiretamente, ainda que por intermédio de pessoa jurídica da qual seja sócio majoritário, pelo prazo não superior a 12 (doze) anos; (Redação dada pela Lei nº 14.230, de 2021)

III - na hipótese do art. 11 desta Lei, pagamento de multa civil de até 24 (vinte e quatro) vezes o valor da remuneração percebida pelo agente e proibição de contratar com o poder público ou de receber benefícios ou incentivos fiscais ou creditícios, direta ou indiretamente, ainda que por intermédio de pessoa jurídica da qual seja sócio majoritário, pelo prazo não superior a 4 (quatro) anos; (Redação dada pela Lei nº 14.230, de 2021)

IV - (revogado). (Redação dada pela Lei nº 14.230, de 2021)

Parágrafo único. (Revogado). (Redação dada pela Lei nº 14.230, de 2021)

§1º A sanção de perda da função pública, nas hipóteses dos incisos I e II do caput deste artigo, atinge apenas o vínculo de mesma qualidade e natureza que o agente público ou político detinha com o poder público na época do cometimento da infração, podendo o magistrado, na hipótese do inciso I do caput deste artigo, e em caráter excepcional, estendê-la aos demais vínculos, consideradas as circunstâncias do caso e a gravidade da infração. (Incluído pela Lei nº 14.230, de 2021) (Vide ADI 7236)[158]

---

[157] Ao apreciar o pedido de medida liminar, o relator da ADI nº 7.236 entendeu que não estariam presentes os requisitos para a suspensão do art. 12, incisos I, II, III, §§4º e 9º da LIA. STF. ADI nº 7.236. Rel. Min. Alexandre de Moraes. Decisão de 27 de dezembro de 2022.

[158] Ao apreciar o pedido de medida liminar, o relator da ADI nº 7.236 entendeu que estariam presentes os requisitos para a suspensão do §1º do art. 12 da LIA. STF. ADI nº 7.236. Rel. Min. Alexandre de Moraes. Decisão de 27 de dezembro de 2022. Em suas razões de decidir, o relator destacou que "ao estabelecer que a aplicação da sanção de perda da função pública atinge apenas o vínculo de mesma qualidade e natureza que o agente detinha com o poder público no momento da prática do ato de improbidade, o art. 12, §1º, da nova LIA, traça uma severa restrição ao mandamento constitucional de defesa da probidade administrativa, que impõe a perda de função pública como sanção pela prática de atos ímprobos independentemente da função ocupada no momento da condenação com trânsito em julgado.

§2º A multa pode ser aumentada até o dobro, se o juiz considerar que, em virtude da situação econômica do réu, o valor calculado na forma dos incisos I, II e III do caput deste artigo é ineficaz para reprovação e prevenção do ato de improbidade. (Incluído pela Lei nº 14.230, de 2021)

§3º Na responsabilização da pessoa jurídica, deverão ser considerados os efeitos econômicos e sociais das sanções, de modo a viabilizar a manutenção de suas atividades. (Incluído pela Lei nº 14.230, de 2021)

§4º Em caráter excepcional e por motivos relevantes devidamente justificados, a sanção de proibição de contratação com o poder público pode extrapolar o ente público lesado pelo ato de improbidade, observados os impactos econômicos e sociais das sanções, de forma a preservar a função social da pessoa jurídica, conforme disposto no §3º deste artigo. (Incluído pela Lei nº 14.230, de 2021)

§5º No caso de atos de menor ofensa aos bens jurídicos tutelados por esta Lei, a sanção limitar-se-á à aplicação de multa, sem prejuízo do ressarcimento do dano e da perda dos valores obtidos, quando for o caso, nos termos do caput deste artigo. (Incluído pela Lei nº 14.230, de 2021)

§6º Se ocorrer lesão ao patrimônio público, a reparação do dano a que se refere esta Lei deverá deduzir o ressarcimento ocorrido nas instâncias criminal, civil e administrativa que tiver por objeto os mesmos fatos. (Incluído pela Lei nº 14.230, de 2021)

§7º As sanções aplicadas a pessoas jurídicas com base nesta Lei e na Lei nº 12.846, de 1º de agosto de 2013, deverão observar o princípio constitucional do non bis in idem. (Incluído pela Lei nº 14.230, de 2021)

§8º A sanção de proibição de contratação com o poder público deverá constar do Cadastro Nacional de Empresas Inidôneas e Suspensas (CEIS) de que trata a Lei nº 12.846, de 1º de agosto de 2013, observadas as limitações territoriais contidas em decisão judicial, conforme disposto no §4º deste artigo. (Incluído pela Lei nº 14.230, de 2021)

§9º As sanções previstas neste artigo somente poderão ser executadas após o trânsito em julgado da sentença condenatória. (Incluído pela Lei nº 14.230, de 2021)

§10. Para efeitos de contagem do prazo da sanção de suspensão dos direitos políticos, computar-se-á retroativamente o intervalo de tempo entre a decisão colegiada e o trânsito em julgado da sentença condenatória. (Incluído pela Lei nº 14.230, de 2021) (Vide ADI 7236)

12.1) Tema central do dispositivo: Regime jurídico das sanções. O art. 12 prevê as possíveis sanções a serem aplicadas, em razão da prática de improbidade administrativa. Em lugar de estipular, tal como o Código Penal faz, uma pena específica para cada conduta descrita, a Lei nº 8.429 apresenta no seu artigo 12 todas as sanções a serem possivelmente aplicadas pelo juiz, em virtude das espécies de improbidade praticadas. Com a reforma legal de 2021, houve um detalhamento maior de quais sanções devem ser aplicadas em virtude de cada conduta específica,

---

Trata-se, além disso, de previsão desarrazoada, na medida em que sua incidência concreta pode eximir determinados agentes dos efeitos da sanção constitucionalmente devida simplesmente em razão da troca de função ou da eventual demora no julgamento da causa, o que pode decorrer, inclusive, do pleno e regular exercício do direito de defesa por parte do acusado.

Configurados, portanto, indícios de desrespeito ao princípio da razoabilidade, uma vez que não observadas as necessárias proporcionalidade, justiça e adequação entre o dispositivo impugnado e o conceito constitucional de improbidade administrativa, acarretando a necessidade de suspensão da eficácia da norma".

bem como uma preocupação adicional, decorrente de uma abordagem fundada na Análise Econômica do Direito, que considera os efeitos sociais e econômicos das sanções aplicadas a pessoas jurídicas.

12.2) Explicação do dispositivo: As sanções a serem aplicadas ao final de uma ação de improbidade administrativa terão como parâmetros as espécies de condutas previstas na LIA. Dessa forma:

> a) as condutas que acarretam enriquecimento indevido serão punidas com base nas sanções descritas no art. 12, inciso I;
> b) as condutas que causam danos ao erário serão punidas com base nas sanções descritas no art. 12, inciso II;
> c) as condutas que ofendem os princípios da Administração Pública serão punidas com base nas sanções descritas no art. 12, inciso III.

Os três primeiros incisos do art. 12 da LIA não mencionam todas as mesmas espécies de sanção para as condutas previstas nos artigos 9º, 10 e 11, havendo variação, também, em relação à duração ou montante de algumas delas. A pena de perda da função pública, por exemplo, está prevista nos incisos I e II, mas não pode ser aplicada quando se tratar de uma conduta do art. 11, pois o inciso III do art. 12 não a menciona. As penas estão assim distribuídas:

Artigo 12, inciso I	Artigo 12, inciso II	Artigo 12, inciso III
Perda dos bens ou valores acrescidos ilicitamente ao patrimônio.	Perda dos bens ou valores acrescidos ilicitamente ao patrimônio, se concorrer esta circunstância.	
Perda da função pública.	Perda da função pública.	
Suspensão dos direitos políticos até 14 (catorze) anos.	Suspensão dos direitos políticos até 12 (doze) anos.	
Pagamento de multa civil equivalente ao valor do acréscimo patrimonial.	Pagamento de multa civil equivalente ao valor do dano.	Pagamento de multa civil de até 24 (vinte e quatro) vezes o valor da remuneração percebida pelo agente.
Proibição de contratar com o poder público ou de receber benefícios ou incentivos fiscais ou creditícios, direta ou indiretamente, ainda que por intermédio de pessoa jurídica da qual seja sócio majoritário, pelo prazo não superior a 14 (catorze) anos.	Proibição de contratar com o poder público ou de receber benefícios ou incentivos fiscais ou creditícios, direta ou indiretamente, ainda que por intermédio de pessoa jurídica da qual seja sócio majoritário, pelo prazo não superior a 12 (doze) anos.	Proibição de contratar com o poder público ou de receber benefícios ou incentivos fiscais ou creditícios, direta ou indiretamente, ainda que por intermédio de pessoa jurídica da qual seja sócio majoritário, pelo prazo não superior a 4 (quatro) anos.

Comparando a redação original dos incisos do art. 12 com a introduzida pela Lei nº 14.230/21, houve um aprimoramento legal da dosimetria e uma nítida redução da discricionariedade do julgador, de maneira a incrementar a previsibilidade quanto ao que pode ser o desfecho condenatório de uma ação de improbidade. A título de ilustração, aquele que figurar como réu em uma ação de improbidade, já sabe, antes mesmo da condenação, que não poderá ser sancionado com a perda de bens ou valores, perda da função pública, ou com a suspensão dos seus direitos políticos. Assim, a variação da gravidade da conduta pode impedir o magistrado de aplicar determinadas sanções, o que é uma novidade em relação à redação original da LIA.

Sob outro enfoque, a Lei nº 8.429 previu sanções outras além daquelas previstas no art. 37, §4º da CRFB. Nela há, por exemplo, referência à multa e à proibição de contratar com o poder público ou de receber benefícios ou incentivos fiscais ou creditícios, espécies de punições não contempladas expressamente no texto constitucional. Mas isso não é um problema.[159] O que a lei de improbidade administrativa fez foi apenas ampliar o rol mínimo de sanções estampadas na Constituição da República. Teríamos uma omissão inconstitucional, por outro lado, caso a LIA não mencionasse as penas previstas na Carta de 1988. Sobre o tema, vejamos o que defendem Emerson Garcia e Rogério Pacheco Alves:

> Em que pese o fato de o dispositivo constitucional não ter previsto as sanções de perda dos bens, multa e proibição de contratar com o Poder Público ou receber incentivos fiscais ou creditícios, tal não tem o condão de acarretar a inconstitucionalidade material de parte das sanções previstas nos incisos do art. 12 da Lei nº. 8.429/1992. Adotando-se a conhecida classificação de José Afonso da Silva, verifica-se que o art. 37, parágrafo 4º, da Constituição veicula norma Constitucional de eficácia limitada, definidora de princípio programático, sendo assim denominadas as "normas constitucionais através das quais o constituinte, em vez de regular, direta e imediatamente, determinados interesses, limitou-se a traçar-lhes os princípios para serem cumpridos por seus órgãos (...) O art. 37, parágrafo 4º da Constituição prevê sanções que deveriam ser necessariamente disciplinadas pelo legislador, o que não importou em qualquer limitação ao seu poder discricionário na cominação de outras mais.[160]

O juiz aplicará as sanções de acordo com o seu convencimento motivado, não ficando obrigado a adotá-las cumulativamente. Durante muito tempo, houve controvérsia sobre se o magistrado estaria compelido ou não a fazer uso de todas as sanções previstas em um dos incisos conjuntamente, mas, após o STJ consolidar o entendimento da desnecessidade de punição com a aplicação de todas as sanções,[161] o art. 12 sofreu alteração para deixar claro que

---

[159] Em sentido contrário, Mauro Roberto Gomes de Mattos sustenta, de forma minoritária, que a enumeração das sanções feita pelo art. 37, §4º, da CRFB é taxativa. Qualquer ampliação opor lei seria inconstitucional. Em suas palavras, "entendemos que o pagamento de multa resultante de ação de improbidade administrativa é inconstitucional, por não se abrigar nas taxativas hipóteses do art. 37, §4º, da CF". MATTOS, Mauro Roberto Gomes de. *O limite da improbidade Administrativa*. O direito dos administrados dentro da Lei nº 8.429/92. Rio de Janeiro: América Jurídica, 2004. p. 421.

[160] GARCIA, Emerson; ALVES, Rogério Pacheco. *Improbidade Administrativa*. 6. ed. rev. e ampl. e atualizada. Rio de Janeiro: Lumen Juris, 2011. p. 502-503.

[161] Nesse sentido, por exemplo, o julgado da Primeira Turma de 2005, cuja ementa é a seguinte: PROCESSUAL CIVIL. AÇÃO DE IMPROBIDADE. TIPICIDADE DA CONDUTA. APLICAÇÃO DA PENA. INVIABILIDADE DA SIMPLES DISPENSA DA SANÇÃO. 1. Reconhecida a ocorrência de fato que tipifica improbidade administrativa, cumpre ao juiz aplicar a correspondente sanção. Para tal efeito, não está obrigado a aplicar cumulativamente todas as penas previstas no art. 12 da Lei 8.429/92, podendo, mediante adequada fundamentação, fixá-las e dosá-las segundo a natureza, a gravidade e as consequências da infração,

as penas seriam fixadas isoladas ou cumulativamente. Desde 2009, a redação do dispositivo melhor concretiza o princípio da individualização da pena a ser observado pela autoridade judicial quando da condenação do réu na ação de improbidade administrativa. No dizer de Nicolao Dino:

> A tarefa de fixação das sanções deve inspirar-se no princípio da individualização da pena de que cuida o art. 5º, XLVI, CF. Conquanto esse preceito constitucional reporte-se precipuamente ao Direito Penal, trata-se aqui do estabelecimento de balizas para a atividade jurisdicional punitiva, sendo inteiramente pertinente buscar-se sustentação nesse princípio constitucional.[162]

Assim, a proporcionalidade entre a conduta a ser reprimida e a sanção deve ser observada não apenas no plano legislativo (abstrato), como, também, no momento em que ela é estipulada no caso concreto pela autoridade judicial.

O §1º do art. 12 introduzido pela Lei nº 14.230 prevê que a pena de perda da função pública, a ser unicamente aplicável nas hipóteses de enriquecimento indevido e de dano ao erário, "atinge apenas o vínculo de mesma qualidade e natureza que o agente público ou político detinha com o poder público na época do cometimento da infração". Essa é a regra geral e que evita a generalização do atingimento da pena em relação a funções que não estejam relacionadas ao cometimento da conduta ímproba. Esse mesmo §1º autoriza o magistrado a, na hipótese exclusiva de enriquecimento indevido, e "em caráter excepcional, estendê-la aos demais vínculos, consideradas as circunstâncias do caso e a gravidade da infração". Caso o STF não tivesse reconhecido na ADI 7.236 a inconstitucionalidade deste §1º do art. 12,[163] ele tornaria superado o entendimento do STJ, no sentido de que a pena de perda da função pública pode alcançar cargo diverso daquele ocupado no momento da prática da improbidade e atingir qualquer cargo ocupado pelo réu até o trânsito em julgado.

Caso a situação econômica do réu justifique, o §2º autoriza que a multa seja dobrada nas três hipóteses de improbidade (arts. 9º, 10 e 11), a fim de evitar a ineficácia da reprovação e prevenção da improbidade. Mesmo com a possibilidade de duplicação do valor da multa, ainda assim a reforma de 2021 reduziu o valor máximo de multa, ressalvada a hipótese do dano ao erário em que, na hipótese de duplicação do valor, teremos o mesmo montante máximo da multa que o previsto na redação original (duas vezes o valor do dano).

---

individualizando-as, se for o caso, sob os princípios do direito penal. O que não se compatibiliza com o direito é simplesmente dispensar a aplicação da pena em caso de reconhecida ocorrência da infração.
2. Recurso especial provido para o efeito de anular o acórdão recorrido. (REsp nº 513.576/MG, Rel. Ministro Francisco Falcão, Rel. p/ Acórdão Ministro Teori Albino Zavascki, PRIMEIRA TURMA, julgado em 03.11.2005, DJ 06.03.2006, p. 164)

[162] COSTA NETO, Nicolao Dino de Castro e. Improbidade Administrativa: Aspectos Materiais e Processuais. *In*: SAMPAIO, José Adércio Leite; RAMOS, André de Carvalho. *Improbidade Administrativa*. 10 anos da Lei nº 8.429/92. Belo Horizonte: Del Rey, 2002. p. 366.

[163] Ao apreciar o pedido de medida liminar, o relator da ADI nº 7.236 entendeu que estariam presentes os requisitos para a suspensão do §1º do art. 12 da LIA. STF. ADI nº 7.236. Rel. Min. Alexandre de Moraes. Decisão de 27 de dezembro de 2022, p. 18-19.

Penas de multa antes e depois da reforma de 2021	
Redação original	Redação introduzida pela Lei nº 14.230/21
Artigo 12, **inciso I** Multa civil de até três vezes o valor do acréscimo patrimonial	Artigo 12, **inciso I** Multa civil equivalente ao valor do acréscimo patrimonial
Artigo 12, **inciso II** Multa civil de até duas vezes o valor do dano	Artigo 12, **inciso II** Multa civil equivalente ao valor do dano
Artigo 12, **inciso III** Multa civil de até cem vezes o valor da remuneração percebida pelo agente	Artigo 12, **inciso III** Multa civil de até 24 (vinte e quatro) vezes o valor da remuneração percebida pelo agente
	Art. 12 §2º A multa pode ser aumentada até o dobro, se o juiz considerar que, em virtude da situação econômica do réu, o valor calculado na forma dos incisos I, II e III do caput deste artigo é ineficaz para reprovação e prevenção do ato de improbidade. (Incluído pela Lei nº 14.230, de 2021)

Quando uma pessoa jurídica for punida por improbidade administrativa, o magistrado deverá, à semelhança do que já decorre da LINDB, considerar os efeitos econômicos e sociais da sanção, a fim de que suas atividades sejam mantidas. O enfrentamento à corrupção é importante, mas também o é a função social da empresa e a sua preservação. Com esse objetivo de viabilizar o funcionamento da pessoa jurídica condenada por improbidade, a LIA prevê que a sanção de proibição de contratar com o poder público apenas excepcionalmente poderá extrapolar o ente público lesado pelo ato de improbidade. A palavra "ente" possui, no Direito Administrativo, o usual significado de pessoa integrante da federação (União, Estados, Municípios e Distrito Federal). Entidade, por sua vez, é palavra corriqueiramente empregada para designar pessoas jurídicas integrantes da Administração Pública indireta. Dessa forma, a lei prevê, como regra geral e ordinária, que a sanção de proibição de contratar com o poder público atinge um determinado ente da federação como um todo. Não seria muito lógico, sob essa perspectiva, que a pessoa jurídica condenada pudesse ser contratada por um Município, se ela foi condenada em uma ação de improbidade por ter desviado recursos de uma autarquia ou de uma sociedade de economia mista integrante da Administração Pública do referido ente.[164]

O que o §4º do art. 12 da LIA autoriza é que o magistrado, excepcionalmente e por motivos devidamente justificados, amplie (não que reduza) o alcance

---
[164] É importante rememorar que o STJ tem precedente no sentido de que a pena de proibição de contratar com o poder público só deve ser aplicada quando a conduta ímproba tiver alguma relação com a contratação com o Estado. Segue trecho da ementa do julgado: "No que diz respeito à sanção de proibição de contratar com o Poder Público, esclareça-se que, diante da ausência de relação do ato ímprobo com contratações realizadas perante a Administração Pública, resta descabida a medida". (STJ. AgInt no AREsp nº 1121329 / RJ Agravo Interno no Agravo em Recurso Especial 2017/0145534-9 Primeira Turma. Relator: Ministro Sérgio Kukina. Data do julgamento: 19.06.2018. Data da publicação/fonte: DJE 26.06.2018).

subjetivo da sanção de proibição de contratar com o poder público, a fim de que ela repercuta em outros entes da federação, ou mesmo em entidades de outros entes federativos. A calibragem da ampliação subjetiva da referida sanção será feita pelo magistrado, observados os impactos econômicos e sociais dela decorrentes. De todo modo, a sanção de proibição de contratação com o poder público deverá constar no "Cadastro Nacional de Empresas Inidôneas e Suspensas (CEIS) de que trata a Lei nº 12.846, de 1º de agosto de 2013, observadas as limitações territoriais contidas em decisão judicial, conforme disposto no §4º deste artigo". (art. 12, §8º, da LIA).

Em se tratando de uma improbidade de menor ofensa, a única sanção permitida será a de multa, sem prejuízo do ressarcimento do dano e da perda de valores obtidos ilicitamente. Cuida-se de uma oportuna limitação da discricionariedade do julgador, a fim de se evitar que algo de menor gravidade possa ocasionar uma reprimenda desproporcional.

A LIA não chega a definir o que seria ato de "menor ofensa", restando, assim, ao magistrado avaliar, diante do caso concreto e dos limites próprios da hermenêutica, o potencial lesivo da conduta. No direito penal, por definição legal, as infrações de menor potencial ofensivo são "as contravenções penais e os crimes a que a lei comine pena máxima não superior a 2 (dois) anos, cumulada ou não com multa".[165] Além da prerrogativa do magistrado de fazer uma avaliação no caso concreto sobre o enquadramento de uma conduta como de menor ofensa, é preciso considerar que, quando uma infração penal for considerada de menor potencial ofensivo e também caracterizar improbidade administrativa, ela deverá ser presumida como um ato de improbidade de "menor ofensa". Muito embora não possamos confundir as variadas instâncias, isso imprime coerência ao sistema punitivo estatal.

O §6º do art. 12 da LIA estipula que, diante da ocorrência de lesão ao patrimônio público, o ressarcimento do dano deverá sofrer uma redução na proporção do que for pago em outras instâncias com o mesmo propósito em relação aos mesmos fatos. O objetivo aqui é o de evitar o enriquecimento sem causa do poder público, impedindo que o pagamento a título de reparação de um dano seja maior do que o dano em si. Temos, nessa regra, um exemplo de como há uma verdadeira interdependência das instâncias punitivas, em que o resultado em uma instância pode impactar o desfecho em outra.

Em relação especificamente às pessoas jurídicas, a reforma legal de 2021 procurou evitar a dupla punição pelo mesmo fato também previsto como ilícito pela Lei Anticorrupção, Lei nº 12.846/13 (art. 12, §7º).[166] Dessa maneira, se a pessoa jurídica ré já foi punida com o pagamento de uma multa com amparo na Lei Anticorrupção, isso não poderá ser desprezado no julgamento da ação

---

[165] Art. 61 da Lei nº 9.099/1995.
[166] Art. 12, §7º As sanções aplicadas a pessoas jurídicas com base nesta Lei e na Lei nº 12.846, de 1º de agosto de 2013, deverão observar o princípio constitucional do *non bis in idem*. (Incluído pela Lei nº 14.230, de 2021).

de improbidade administrativa, notadamente em virtude do que dispõe o art. 3º, §2º da LIA.[167]

No que concerne ao momento a partir do qual a sanção decorrente da condenação judicial terá eficácia, houve profunda mudança em relação ao regime jurídico anterior ao da reforma de 2021. De acordo com a redação original da LIA, as sanções de perda da função pública e de suspensão dos direitos políticos eram as únicas que só poderiam ser executadas após o trânsito em julgado da ação. Atualmente, por força do que previsto no §9º do art. 12,[168] todas as sanções previstas na LIA só podem ser executadas após o trânsito em julgado da sentença condenatória. Vemos a mudança como positiva, pois, além de reforçar o princípio da presunção de inocência, evita certos atos de constrição provisória sem termos a certeza da condenação definitiva.

A reforma de 2021 inseriu um §10 no artigo 12[169] que simultaneamente supre uma lacuna e corrige uma injustiça. Muito embora o art. 20 da LIA preveja, desde a edição da LIA, que a suspensão dos direitos políticos só se efetiva com o trânsito em julgado, essa situação foi alterada em 2010. Em razão da entrada em vigor da Lei da Ficha Limpa, LC nº 135/10, a pena de suspensão dos direitos políticos poderá, desde que preenchidos alguns requisitos específicos,[170] acarretar a inelegibilidade do réu em uma ação de improbidade antes mesmo do seu trânsito em julgado. Essa inelegibilidade com efeitos anteriores ao trânsito depende, por exemplo, de uma condenação por improbidade oriunda de um órgão colegiado. Por essa razão, a pena de suspensão dos direitos políticos já pode produzir efeitos drásticos na vida do réu a partir da decisão condenatória do órgão colegiado. Sendo assim, é razoável que o lapso temporal entre essa decisão colegiada condenatória e o trânsito em julgado seja computado como tempo cumprido da pena de suspensão dos direitos políticos.

Por outro lado, é preciso ressaltar que a Lei nº 14.230/21 previu, quanto ao tema, solução diferente daquela resultante do julgamento da ADI nº 6.630,[171] *decisum* que é superveniente à reforma de 2021. Na ADI nº 6.630, o STF manteve a compreensão externada nas ADCs nº 29 e 30 e na ADI nº 4.578, no sentido do descabimento do cômputo do tempo de inelegibilidade posterior à decisão condenatória de órgão colegiado e anterior ao trânsito em julgado. Naqueles autos, a condenação do órgão colegiado se deu em matéria criminal, mas isso pode não

---

[167] Art. 3º, §2º As sanções desta Lei não se aplicarão à pessoa jurídica, caso o ato de improbidade administrativa seja também sancionado como ato lesivo à administração pública de que trata a Lei nº 12.846, de 1º de agosto de 2013. (Incluído pela Lei nº 14.230, de 2021)

[168] Art. 12, §9º As sanções previstas neste artigo somente poderão ser executadas após o trânsito em julgado da sentença condenatória. (Incluído pela Lei nº 14.230, de 2021).

[169] §10. Para efeitos de contagem do prazo da sanção de suspensão dos direitos políticos, computar-se-á retroativamente o intervalo de tempo entre a decisão colegiada e o trânsito em julgado da sentença condenatória. (Incluído pela Lei nº 14.230, de 2021).

[170] Art. 1º, I, *l*, da LC nº 64/1990.

[171] STF. Plenário. ADI nº 6.630. Rel. Min. Nunes Marques. Redator para acórdão: Min. Alexandre de Moraes. Data do julgamento: 09.03.2022. Data da publicação: 24.06.2022.

eliminar a controvérsia. Em relação ao tópico, a CONAMP está questionando, em sede de ADI,[172] a constitucionalidade do §10 do art. 12 da LIA, sob o fundamento de que a matéria já teria sido, conforme acima mencionado, apreciada pelo STF na ADI nº 6.630. Também são lançados pela CONAMP os argumentos de que o tema deveria ser veiculado em sede de Lei Complementar, por se referir à inelegibilidade, e, ainda, que haveria ofensa ao art. 37, §4º, da Carta de 1988, pois ele estaria sendo fragilizado pelo §10 do art. 12 da LIA.

Em relação aos argumentos ventilados pela CONAMP, alguns aspectos devem ser destacados. O que foi decidido nas ADCs nº 29, 30 e na ADI nº 4.578 se referia exclusivamente à esfera penal, e não à temática da improbidade administrativa. Tal circunstância pode acarretar, do ponto de vista processual, a não vinculação e não extensão do que fora decidido na esfera criminal para a esfera da improbidade administrativa regida pela LIA, notadamente porque o STF tem precedentes no sentido da não aplicação da teoria da transcendência dos motivos determinantes em sede de controle concentrado de constitucionalidade.[173]

Em relação à tese da exigência de que a matéria seja regida por Lei Complementar, dela divergimos. O que a LIA faz não é disciplinar o instituto da inelegibilidade indicando, por exemplo, em que situações ela ocorre e quem pode declará-la. A LIA não cuida do tema inelegibilidade. Ela apenas prevê, em seu art.12, §10, a partir de que momento deve ser contado o prazo da sanção de suspensão dos direitos políticos aplicada em um processo judicial que condenou o réu pela prática de improbidade administrativa.

Demais disso, o objetivo constitucional de limitar o tema da inelegibilidade à sede de Lei Complementar é o de evitar que o cidadão seja prejudicado com uma regra contida em lei ordinária que o impede de exercer plenamente sua cidadania. No caso *sub judice*, contudo, a previsão introduzida pela Lei nº 14.230 beneficia o cidadão, evitando que ele seja punido por mais tempo com a suspensão dos direitos políticos do que foi o efetivamente desejado na sua condenação. Assim, o objetivo do preceito constitucional de preservar, ao máximo, os direitos decorrentes da cidadania não estaria sendo observado, caso se entendesse pela inconstitucionalidade formal de uma regra de lei ordinária que melhor protege o cidadão.

Quanto à alegação de que o art. 12, §10, da LIA ofende o art. 37, §4º, da Constituição da República, também não enxergamos qualquer inconstitucionalidade nesse caso, notadamente porque o referido dispositivo constitucional não trata especificamente do tema abordado por aquele primeiro.

---

[172] STF. ADI nº 7.236. Rel. Min. Alexandre de Moraes.
[173] Por todos, confira-se o seguinte julgado: "No mérito, julgou improcedente o pedido formulado. Rememorou que o Plenário se manifestou contrariamente à chamada 'transcendência' ou 'efeitos irradiantes' dos motivos determinantes das decisões proferidas em controle abstrato de normas e que a jurisprudência de ambas as Turmas deste Tribunal é no sentido de inexistir estrita aderência entre o conteúdo das decisões que determinam a utilização de índice diverso da TR para atualização monetária dos débitos trabalhistas e o decidido no julgamento da ADI 4.357/DF e da ADI 4.425/DF" (Informativo nº 887. STF. 2ª Turma. Rcl nº 22012/RS, Rel. Min. Dias Toffoli, red. p/ ac. Min. Ricardo Lewandowski, julgado em 12.09.2017).

Sem embargo do que acima foi sustentado, o relator da ADI nº 7.236 deferiu liminar para suspender o art. 12, §10 da LIA com alicerce nos seguintes argumentos:

> (…) em princípio, não se afigura constitucionalmente aceitável a redução do prazo legal de inelegibilidade em razão do período de incapacidade eleitoral decorrente de improbidade administrativa.
> Na mesma linha do que assentei no julgamento da Ação Direta de Inconstitucionalidade 6630 (Rel. Min. NUNES MARQUES, Redator do acórdão Min. ALEXANDRE DE MORAES, Tribunal Pleno, DJe de 24/06/2022), a suspensão dos direitos políticos em virtude de improbidade administrativa, nos termos do art. 37, §4º, não se confunde com a previsão de inelegibilidade do art. 1º, I, *l*, da LC 64/1990. (…) Em que pese serem previsões complementares, são diversas, com diferentes fundamentos e diferentes consequências, caracterizando institutos de natureza diversas, que, inclusive, admitem a possibilidade de cumulação entre as inelegibilidades e a suspensão de direitos políticos, pois conforme decidido pela CORTE no julgamento das ADCs 29 e 30 e da ADI 4578 (…)
> Considerando que os efeitos da detração estabelecida pela norma impugnada, cujo *status* é de lei ordinária, podem afetar o sancionamento adicional de inelegibilidade prevista na Lei Complementar 64/1990, reconheço o risco de violação ao art. 37, §4º, da Constituição Federal, e aos princípios da vedação à proteção deficiente e ao retrocesso.[174]

12.3) Polêmicas e peculiaridades do artigo:

12.3.1) Punição abaixo do mínimo legal: Algumas sanções podem sofrer uma variação temporal ou do seu montante de acordo com a avaliação do magistrado que sentenciar a ação de improbidade administrativa. É o caso, por exemplo e respectivamente, das sanções de suspensão dos direitos políticos e de multa. Quando a lei estipular os limites para a punição, não será possível ultrapassá-los, para cima ou para baixo, na sentença. Sobre este tópico, o STJ tem reconhecido a impossibilidade de o magistrado aplicar a sanção abaixo dos limites legalmente previstos. Nesse sentido, vejamos o seguinte precedente:

> PROCESSO CIVIL. ADMINISTRATIVO. IMPROBIDADE ADMINISTRATIVA. DOSIMETRIA. ART. 12 DA LEI 8.429/92. FIXAÇÃO AQUÉM DO MÍNIMO LEGAL. IMPOSSIBILIDADE. RECURSO ESPECIAL PROVIDO.
> (…) 2. A sentença de Primeiro Grau julgou procedente os pedidos do Ministério Público Federal, reconhecendo a existência de atos de improbidade administrativa, condenando o recorrido nas disposições do art. 11, VI, da Lei 8.429/92, fixando a dosimetria, em conformidade com o art. 12, III, da referida lei.
> 3. O Tribunal de origem, ao revisar a condenação, deu parcial provimento à apelação, para reduzir a suspensão dos direitos políticos e proibição de contratar com o poder público ou receber benefícios ou incentivos fiscais ou crediticios, direta ou indiretamente, ainda que por intermédio de pessoa jurídica da qual seja sócio majoritário, para dois anos.
> 4. No caso dos autos, ao fixar a condenação baseado no art. 12, III, da Lei 8.429/92, **não poderia o acórdão regional revisar para aquém do mínimo legal a penalidade imposta, qual seja, dois anos, por manifesta ausência de previsão legal**.
> Recurso especial provido.
> (REsp nº 1582014/CE, Rel. Ministro Humberto Martins, SEGUNDA TURMA, julgado em 07.04.2016, DJe 15.04.2016) (Grifamos)

---
[174] STF. ADI nº 7.236. Rel. Min. Alexandre de Moraes. Decisão de 27 de dezembro de 2022, p. 19-20.

Entendemos acertado o entendimento que prestigia a previsão legal sobre as balizas da punição. Acaso pudesse o magistrado punir abaixo do limite legal, a regra não teria a eficácia pretendida pelo legislador. A discricionariedade do magistrado está, assim, inserida no espaço que a lei lhe oportunizou. O juiz não pode, portanto, punir em dose superior ou inferior aos limites do art. 12 da Lei nº 8.429. Ele pode até deixar de aplicar uma sanção, mas não a aplicar abaixo do mínimo legalmente previsto.

12.3.2) Pena de perda da função pública de quem ocupa cargo vitalício: O ocupante de cargo vitalício tem uma proteção constitucional contra a perda do seu cargo, de modo que ela só poderá ocorrer após uma decisão judicial com trânsito em julgado. Essa tutela tem como objetivo preservar a independência funcional do ocupante do cargo vitalício evitando que suas decisões sejam contaminadas por uma pressão das partes envolvidas nos conflitos. Demais disso, a ação civil para a perda do cargo de quem ocupa um cargo vitalício tramita com observância da regra da prerrogativa de foro. Um juiz, por exemplo, perderá o seu cargo após o trânsito em julgado da ação cível para a decretação da perda do seu cargo que tramitará originariamente no seu respectivo tribunal, consoante se extrai de uma leitura atualizada do procedimento descrito no art. 27 da LC nº 35/79. No âmbito da esfera penal, que também poderá acarretar a perda do cargo, há prerrogativa de foro para o julgamento da respectiva ação. Por sua vez, em relação ao Ministério Público, a ação cível para a decretação do cargo, a ser ajuizada pelo Procurador-Geral de Justiça, é mencionada pelo art. 38, §2º:

> Lei nº 8.625/93
> Art. 38
> §2º A ação civil para a decretação da perda do cargo será proposta pelo Procurador-Geral de Justiça perante o Tribunal de Justiça local, após autorização do Colégio de Procuradores, na forma da Lei Orgânica.

Numa análise detida do ordenamento jurídico brasileiro, verifica-se que a proteção assegurada aos ocupantes de cargos vitalícios contra a perda do cargo se materializa por meio de duas características principais: i) a perda do cargo dependerá do trânsito em julgado de uma ação; ii) há prerrogativa de foro no julgamento da ação que enseja a perda do cargo.

Entretanto, o STJ tem reconhecido a possibilidade de o ocupante de cargo vitalício ser atingido pela pena de perda da função pública em uma ação de improbidade em que, como já vimos nos comentários ao art. 2º da LIA, não há prerrogativa de foro. Senão vejamos:

> ADMINISTRATIVO E PROCESSUAL CIVIL. RECURSO ESPECIAL. AÇÃO CIVIL PÚBLICA. IMPROBIDADE ADMINISTRATIVA. CONTROVÉRSIA A RESPEITO DA POSSIBILIDADE DE APLICAÇÃO DA PENA DE PERDA DE CARGO A MEMBRO DO MINISTÉRIO PÚBLICO. POSSIBILIDADE.
> 1. Recurso especial no qual se discute a possibilidade de haver aplicação da pena de perda do cargo a membro do Ministério Público, em ação civil pública por ato de improbidade administrativa.

(...)

3. Nos termos do art. 37, §4º, da Constituição Federal e da Lei n. 8.429/1992, qualquer agente público, de qualquer dos Poderes da União, dos Estados, do Distrito Federal e dos Municípios pode ser punido com a pena de perda do cargo que ocupa, pela prática de atos de improbidade administrativa.

4. A previsão legal de que o Procurador-Geral de Justiça ou o Procurador-Geral da República ajuizará ação civil específica para a aplicação da pena de demissão ou perda do cargo, nos casos elencados na lei, dentre os quais destacam-se a prática de crimes e os atos de improbidade, não obsta que o legislador ordinário, cumprindo o mandamento do §4º do art. 37 da Constituição Federal, estabeleça a pena de perda do cargo a membro do Ministério Público quando comprovada a prática de ato ímprobo, em ação civil pública específica para sua constatação.

5. Na legislação aplicável aos membros do Ministério Público, asseguram-se à instituição as providências cabíveis para sancionar o agente comprovadamente ímprobo. Na Lei n. 8.429/1992, o legislador amplia a legitimação ativa, ao prever que a ação será proposta "pelo Ministério Público ou pela pessoa jurídica interessada" (art. 17). *Não há competência exclusiva do Procurador-Geral*.

6. *Assim, a demissão por ato de improbidade administrativa de membro do Ministério Público (art. 240, inciso V, alínea b, da LC n. 75/1993) não só pode ser determinada pelo trânsito em julgado de sentença condenatória em ação específica, cujo ajuizamento foi provocado por procedimento administrativo e é da competência do Procurador-Geral, como também pode ocorrer em decorrência do trânsito em julgado da sentença condenatória proferida em ação civil pública prevista na Lei n. 8.429/1992. Inteligência do art. 12 da Lei n. 8.429/1992*.

7. Recurso especial provido para declarar a possibilidade de, em ação civil pública por ato de improbidade administrativa, ser aplicada a pena de perda do cargo a membro do Ministério Público, caso a pena seja adequada à sua punição.

(REsp nº 1191613/MG, Rel. Ministro Benedito Gonçalves, PRIMEIRA TURMA, julgado em 19.03.2015, DJe 17.04.2015) (Grifamos)

Esse entendimento, que possibilita a aplicação da pena de perda da função pública de quem é vitalício mediante um provimento judicial do primeiro grau em ação de improbidade, se afasta do tradicional sistema de proteção do ocupante do cargo vitalício que existe em prol da sociedade e não apenas do agente público.[175] Torna-se possível, assim, que um juiz de primeiro grau aplique a pena de perda da função pública a um desembargador ou ministro de tribunal superior, o que foge à lógica do sistema brasileiro. E o próprio STJ reconhece que se estivermos diante de uma ação civil para a perda do cargo, ela deverá tramitar no tribunal originariamente, mas se for de improbidade administrativa poderá iniciar pelo juízo de primeiro grau. Situações que levam ao mesmo desfecho, mas que recebem tratamentos distintos. Senão vejamos:

ADMINISTRATIVO E PROCESSUAL CIVIL. MEMBRO DO MINISTÉRIO PÚBLICO. AÇÃO PARA PERDA DO CARGO. COMPETÊNCIA. ART. 38, §2º, DA LEI 8.625/1993. TRIBUNAL DE JUSTIÇA. HISTÓRICO DA DEMANDA

---

[175] Em sentido contrário, Rafael Oliveira e Daniel Assumpção defendem a possibilidade de ocupantes de cargos vitalícios serem punidos com a perda da função pública por meio de provimento judicial do primeiro grau. NEVES, Daniel Amorim Assumpção; OLIVEIRA, Rafael Carvalho Rezende. *Improbidade Administrativa*. Direito Material e Processual. 8. ed. Revista e atualizada. São Paulo: Gen-Forense, 2020. p. 60.

1. Cuida-se, na origem, de Ação Civil de Perda de Cargo contra Promotor de Justiça de Santa Rita do Passa Quatro/SP que fora condenado pelo TJ/SP na Ação Penal 0834198-21.2009.8.26.0000 às penas privativas de liberdade de 2 (dois) anos de reclusão pelo delito de denunciação caluniosa, 10 (dez) dias de detenção pelo crime de abuso de autoridade e de 3 (três) meses de detenção pelo delito de usurpação de função pública (declarada a prescrição pela pena em concreto), substituídas as sanções carcerárias por penas de multa e restritiva de direitos.
(…)
COMPETÊNCIA PARA O PROCESSAMENTO E O JULGAMENTO DA AÇÃO DE PERDA DO CARGO DE MEMBRO DO MP 8. A questão central ora discutida está relacionada tão somente à competência para processar e julgar a Ação Civil Pública para perda do cargo de Promotor de Justiça, sem entrar no mérito das eventuais infrações disciplinares praticadas pela parte recorrida, o que exige contemplar a força normativa do §2º do art. 38 da Lei 8.625/1993, que prescreve: "A ação civil para a decretação da perda do cargo será proposta pelo Procurador-Geral de Justiça perante o Tribunal de Justiça local, após autorização do Colégio de Procuradores, na forma da Lei Orgânica".
(…)
10. A Constituição Federal, ao estabelecer a garantia da vitaliciedade aos membros do Ministério Público (art. 128, I, "a", da CF), prevê que a perda do cargo condiciona-se à sentença judicial transitada em julgado.
(…)
12. Mesmo tendo conhecimento de que a ação proposta pelo Parquet destina-se a decretar a perda do cargo público de Promotor de Justiça, adotou o Tribunal o entendimento atual e os precedentes jurisprudenciais do STJ e do STF que atestam a inexistência de foro privilegiado nas Ações Civis Públicas para apuração de ato de improbidade administrativa.
(…)
15. Quanto à questão de fundo, há de se fazer um distinguishing do caso concreto em relação ao posicionamento sedimentado no STJ e no STF acerca da competência do juízo monocrático para o processamento e julgamento das Ações Civis Públicas por ato de improbidade administrativa, afastando o "foro privilegiado ou especial" das autoridades envolvidas. A propósito: AgRg no AgRg no REsp 1.389.490/RJ, Rel. Ministro Herman Benjamin, Segunda Turma, DJe 5/8/2015.
(…)
19. O STJ possui precedente no sentido de que "A Lei Orgânica Nacional do Ministério Público (Lei 8.625/1993), em seu art. 38, disciplina a ação civil própria para a perda do cargo de membro vitalício do Parquet estadual, a ser proposta pelo Procurador-Geral de Justiça nas hipóteses que especifica, firmando, ainda, *a competência do Tribunal de Justiça local para seu processamento e julgamento. Ação Civil com foro especial, a qual não se confunde com a ação civil pública de improbidade administrativa, regida pela Lei n. 8.429/92, que não prevê tal prerrogativa*". Nessa linha: REsp 1.627.076/SP, Rel. Ministra Regina Helena Costa, Primeira Turma, DJe 14/8/2018; REsp 1.737.906/SP, Relatora Ministra Regina Helena Costa, DJ 24.8.2018.
(…)
CONCLUSÃO 24. *A competência para processar e julgar a ação de perda de cargo de promotor de justiça é do Tribunal de Justiça local*.
25. Recurso Especial provido a fim de fixar a competência do Tribunal de origem para processamento e julgamento da ação.
(REsp nº 1737900/SP, Rel. Ministro Herman Benjamin, SEGUNDA TURMA, julgado em 19.11.2019, DJe 19.12.2019) (Grifamos)

Pensamos que a existência de uma mínima racionalidade e coerência no sistema sancionador brasileiro depende da regra de que a pena da perda da função pública só seja aplicada em uma ação de improbidade a agentes públicos ocupantes de cargos vitalícios com observância da prerrogativa de foro.[176] Seria uma exceção à regra geral da inexistência da prerrogativa de foro em matéria de improbidade administrativa, a fim de evitar que a facilitação da punição do agente público vitalício possa comprometer sua independência funcional. O exemplo a seguir ajuda a ilustrar o perigo da tese da aplicação pelo juízo de primeiro grau da pena de perda da função pública a quem é vitalício. Vamos supor que um membro do Ministério Público federal seja muito atuante no combate à criminalidade organizada e que ele se torne réu em uma ação de improbidade por suposta prática de uma conduta que ensejou dano ao erário. A representação da prática da improbidade foi feita por amigos dos réus nas ações penais movidas pelo referido membro do *parquet* federal. A possibilidade de esse agente público perder a função ao final da ação de improbidade com fundamento em decisão de um juiz de primeiro grau poderá implicar o imediato esvaziamento da sua coragem e independência funcional, especialmente se considerarmos a vagueza das condutas da Lei nº 8.429 e a ampla abertura que se confere ao magistrado para a escolha das sanções que entender, sejam as mais proporcionais dentre aquelas estampadas no cardápio legal. Muita insegurança para quem precisa agir com tranquilidade contra interesses políticos e econômicos.

12.3.3) Acumulação de cargos e perda da função pública: Em algumas situações, o agente público réu na ação de improbidade ocupa mais de um cargo público e o magistrado decide aplicar a pena de perda da função pública na sentença condenatória. Quanto ao que interessa para este tópico, é preciso rememorar que a lei de improbidade administrativa empregou, em seu art. 12, §1º, as expressões "perda da função pública" e "demais vínculos" para designar, segundo sustentamos, funções desempenhadas não apenas no âmbito da estrutura da Administração Pública, mas, também, em pessoas privadas que, consoante predica o seu art. 1º, recebem recursos ou apoio do Estado.[177]

Sob outro enfoque, se o réu ocupar licitamente dois cargos públicos e a conduta tiver sido praticada, em razão de um cargo específico, a pena de perda da função pública deve, como regra, ficar adstrita unicamente ao cargo associado à improbidade. Vamos imaginar a situação de um agente público que simultaneamente ocupe o cargo de agente da polícia federal e de professor universitário e que tenha praticado uma conduta ímproba direta e exclusivamente relacionada ao cargo de agente. A pena de perda da função pública, caso seja aplicada, deve atingir apenas o cargo de agente da polícia federal.

Nada justifica que o réu também perca o cargo de professor. Aliás, ele pode ser um excelente professor universitário, a despeito de ser considerado

---

[176] José dos Santos Carvalho Filho defende que os agentes sujeitos a um regime jurídico especial para a perda do cargo não poderiam ser atingidos pela pena de perda da função pública aplicada por juízo de primeiro grau. CARVALHO FILHO, José dos Santos. *Manual de Direito Administrativo*. 31. ed. São Paulo: Gen/Atlas, 2017. p. 1.173.

[177] Nesse mesmo sentido, Carvalho Filho. CARVALHO FILHO, José dos Santos. *Manual de Direito Administrativo*. 31ª edição. São Paulo: Gen/Atlas, 2017, p. 1.171.

um desonesto policial federal. A pena de perda da função pública não é, por sua vez, um fim em si mesmo. Ela tem como objetivo maior impedir que o ocupante do cargo continue a desempenhar suas funções de forma desonesta. Daí a necessidade de existir uma mínima correlação entre a referida sanção e o cargo em que a conduta ímproba foi praticada. É bem verdade que a redação atual da LIA possibilita que a pena de perda da função pública alcance dois cargos de qualidade e natureza distintos, como os de professor e de policial, mas, apenas, de maneira excepcional, e contanto que a condenação decorra de uma conduta que acarrete enriquecimento indevido e, mesmo assim, diante das circunstâncias do caso e da gravidade da infração. Medida, portanto, excepcionalíssima.

No STJ, contudo, prevaleceu, em momento anterior ao da reforma de 2021, o entendimento de que não apenas o cargo relacionado à prática da improbidade, mas qualquer função ocupada pelo agente público até o trânsito em julgado da condenação seria atingida pela pena de perda da função pública, *in verbis*:

> ADMINISTRATIVO. IMPROBIDADE ADMINISTRATIVA. SANÇÃO DE PERDA DA FUNÇÃO PÚBLICA. EXTENSÃO. CARGO OU FUNÇÃO OCUPADO NO MOMENTO DO TRÂNSITO EM JULGADO DA DECISÃO CONDENATÓRIA.
> 1. Cuida-se de embargos de divergência interposto com o fim de compor a interpretação dissidente entre as Turmas da Primeira Seção a respeito da extensão da penalidade de perda de função pública. *À luz da interpretação dada pela Primeira Turma, a sanção de perda da função pública compreende apenas aquela de que se utilizou o agente público para a prática do ato ímprobo. Por outro lado, entende a Segunda Turma que a penalidade de perda da função pública alcança qualquer cargo ou função desempenhados no momento do trânsito em julgado da condenação.*
> 2. A probidade é valor que deve nortear a vida funcional dos ocupantes de cargo ou função na Administração Pública. A gravidade do desvio que dá ensejo à condenação por improbidade administrativa é tamanha que diagnostica verdadeira incompatibilidade do agente com o exercício de atividades públicas. "*A sanção de perda da função pública visa a extirpar da Administração Pública aquele que exibiu inidoneidade (ou inabilitação) moral e desvio ético para o exercício da função pública, abrangendo qualquer atividade que o agente esteja exercendo ao tempo da condenação irrecorrível*"
> (REsp n.924.439/RJ, Rel. Min. Eliana Calmon, Segunda Turma. DJ de 19/8/2009).
> 3. O art. 12 da Lei n. 8.429/92 deve ser compreendido semanticamente, no que diz respeito à sanção de perda da função pública, como integrante de um sistema que repele a inserção no serviço público de pessoas cujo comportamento passado já sinalizou a pouca afeição aos valores entoados pelo art. 37 da CF/88. Em outras palavras, não se pode acoimar de ampliativa interpretação que prestigia os desígnios da Administração Pública, não obstante concorra com outra menos nociva ao agente, mas também menos reverente à tessitura normativa nacional.
> 4. Não parece adequado o paralelo entre a perda do cargo como efeito secundário da condenação penal e como efeito direto da condenação por improbidade administrativa. É que, repita-se, *a sanção de perda da função cominada pela Lei de Improbidade tem o propósito de expurgar da Administração o indivíduo cujo comportamento revela falta de sintonia com o interesse coletivo.*
> 5. Nem se diga que tal pena teria caráter perene, pois o presente voto propõe que *a perda da função pública abranja qualquer cargo ou função exercida no momento do trânsito em julgado da condenação*. Incide uma limitação temporal da sanção.

6. Embargos de divergência não providos.
(EDv nos EREsp nº 1.701.967/RS, Rel. Ministro Gurgel De Faria, Rel. p/Acórdão Ministro Francisco Falcão, PRIMEIRA SEÇÃO, julgado em 09.09.2020, DJe 02.02.2021) (Grifamos)

Com a entrada em vigor da Lei nº 14.230/21, o entendimento acima tornar-se-ía, a nosso sentir, superado pelo texto legal. É que, com a regra do §1º do art. 12, a perda da função pública só atinge o "vínculo de mesma qualidade e natureza que o agente público ou político detinha com o poder público na época do cometimento da infração". A compreensão do STJ sobre o tema continua, contudo, a poder ser adotada, em razão de o STF ter suspendido a eficácia do art. 12, §1º da LIA.[178]

Essa referência legal ao vínculo de "mesma qualidade e natureza" nos leva à conclusão de que o legislador quis exigir uma correlação lógica e necessária entre a prática da improbidade e a função pública desempenhada. Assim, a função atingida pela pena deveria ser aquela que, de alguma forma, cause ou se relacione com o ilícito. Se o vínculo do agente da época da conduta ímproba ou a ela posterior não for de mesma qualidade e natureza que aquele em razão do qual a improbidade foi praticada, não haveria razão alguma para, como regra geral, ele ser atingido pela referida sanção. Em suma, evita-se, com o dispositivo que, infelizmente, foi suspenso por decisão do STF, que o agente continue a realizar condutas ímprobas no cargo que praticou ou em cargo ou função semelhante (mesma qualidade e natureza), mas não se almejou impedir que ele desempenhe uma função pública sem qualquer relação com a improbidade praticada.

12.3.4) Pena de perda de função pública diversa daquela ocupada quando da prática da conduta ímproba: No tópico anterior, comentamos a situação de quem ocupa duas funções públicas nas hipóteses constitucionalmente permitidas e é condenado à perda da função pública. Agora, analisaremos uma situação muito parecida, mas que não é igual, qual seja, a daquele que muda de função pública após a prática da improbidade e é condenado à perda da função.

É plenamente possível que o agente público tenha praticado a improbidade administrativa, quando ocupava um determinado cargo público e que, posteriormente, passe a ocupar cargo diverso. Nessas hipóteses, a pena de perda da função pública poderá atingir o cargo ocupado após a prática da conduta ímproba?

Conforme destacamos acima, no período que antecedeu a entrada em vigor da Lei nº 14.230/21, o STJ consolidou o entendimento no sentido de que a pena de perda da função pública pode alcançar qualquer função pública ocupada até o trânsito em julgado da ação de improbidade.[179] Nesse sentido, vejamos:

---

[178] Ao apreciar o pedido de medida liminar, o relator da ADI nº 7.236 entendeu que estariam presentes os requisitos para a suspensão do §1º do art. 12 da LIA. STF. ADI nº 7.236. Rel. Min. Alexandre de Moraes. de 27 de dezembro de 2022, p. 18-19.

[179] Nesse mesmo sentido, Rafael Oliveira e Daniel Assumpção. NEVES, Daniel Amorim Assumpção; OLIVEIRA, Rafael Carvalho Rezende. *Improbidade Administrativa*. Direito Material e Processual. 8. ed. Revista e atualizada. São Paulo: Gen-Forense, 2020. p. 254. Emerson Garcia e Rogério Pacheco Alves defendem que é "desinfluente o fato de [o condenado na ação de improbidade] exercer função pública distinta da de outrora". GARCIA,

ADMINISTRATIVO. EMBARGOS DE DIVERGÊNCIA EM RECURSO ESPECIAL. IMPROBIDADE ADMINISTRATIVA. (...) ABRANGÊNCIA DA SANÇÃO DE PERDA DA FUNÇÃO PÚBLICA. CARGO OCUPADO NO MOMENTO DO TRÂNSITO EM JULGADO DA DECISÃO CONDENATÓRIA. PRECEDENTE DA PRIMEIRA SEÇÃO DO STJ. EMBARGOS DE DIVERGÊNCIA, INTERPOSTOS PELO MINISTÉRIO PÚBLICO DO ESTADO DO RIO DE JANEIRO, PARCIALMENTE CONHECIDOS, E, NESSA EXTENSÃO, PROVIDOS. EMBARGOS DE DIVERGÊNCIA, INTERPOSTOS PELO MINISTÉRIO PÚBLICO FEDERAL, CONHECIDOS E PROVIDOS.
I. Embargos de Divergência interpostos contra acórdão da Primeira Turma do STJ publicado na vigência do CPC/2015.
(...)
VIII. A controvérsia então existente entre as Turmas que compõem a Primeira Seção do STJ - sobre a abrangência da sanção de perda da função pública, em ações por improbidade administrativa - foi dirimida, em 09/09/2020, com o julgamento dos EREsp 1.701.967/RS (Rel. p/ acórdão Ministro FRANCISCO FALCÃO, DJe de 02/02/2021). Na ocasião, prevaleceu o entendimento adotado pela Segunda Turma, no sentido de que "*a sanção de perda da função pública visa a extirpar da Administração Pública aquele que exibiu inidoneidade (ou inabilitação) moral e desvio ético para o exercício da função pública, abrangendo qualquer atividade que o agente esteja exercendo ao tempo da condenação irrecorrível*" (REsp nº 924.439/RJ, Rel. Min. Eliana Calmon, Segunda Turma. DJ de 19.08.2009) (STJ, EREsp nº 1.701.967/RS, Rel. p/ acórdão Ministro Francisco Falcão, PRIMEIRA SEÇÃO, DJe de 02.02.2021).
IX. Embargos de Divergência, interpostos pelo Ministério Público do Estado do Rio de Janeiro, parcialmente conhecidos, e, nessa extensão, providos. Embargos de Divergência, interpostos pelo Ministério Público Federal, conhecidos e providos.
(EREsp nº 1.766.149/RJ, relatora Ministra Assusete Magalhães, Primeira Seção, julgado em 12.05.2021, DJe de 17.05.2021)

A reforma legal de 2021 inovou ao introduzir uma regra específica sobre o tema no §1º do seu artigo 12 que, a nosso sentir, tornaria superado o entendimento do STJ acima destacado. Referido preceito legal permite expressamente que a pena de perda da função pública atinja vínculo diverso do ocupado pelo sujeito ativo no momento da prática da conduta ímproba, mas desde que ele seja da mesma qualidade e natureza que o vínculo do momento do cometimento da infração. Só quando a condenação tiver como fundamento uma conduta prevista no art. 9º é que, excepcionalmente, o magistrado poderá estender a perda da função pública aos demais vínculos do agente com o poder público, consideradas as circunstâncias do caso e a gravidade da infração. A LIA não define o que significa "*vínculo de mesma qualidade e natureza*", cabendo, assim, ao magistrado apontar, na sua fundamentação, o significado dessas expressões no caso concreto, notadamente quando pretender estender a pena de perda da função pública a vínculo não ocupado no momento da prática da improbidade.

Portanto, de forma semelhante ao que acima sustentamos, se a conduta ímproba não tiver relação alguma com o novo cargo ocupado pelo agente público, a pena de perda da função pública não deveria poder alcançá-lo, ressalvada a

---

Emerson; ALVES, Rogério Pacheco. *Improbidade Administrativa*. 4. ed. Revista e ampliada. Rio de Janeiro: Lumen Juris, 2008. p. 450.

situação excepcional de condenação pelo art. 9º, nos termos do que estabelecido pelo §1º do art. 12. Trata-se de um limite implícito do alcance desta sanção nas hipóteses de condenação por dano ao erário. Cargo ou função que não tenha relação alguma com a conduta ímproba é cargo de natureza e qualidade diversa daquele ocupado no momento da improbidade. Assim, a regra geral e ordinária é a de que a sanção apenas seja aplicada em relação ao cargo ocupado no momento da prática da improbidade.[180] Também se admite que a pena de perda da função pública alcance cargo de mesma natureza e qualidade que o da época do cometimento da conduta ímproba, e que outras sanções tenham lugar. Contudo, é inaceitável que a sanção de perda da função pública alcance cargo sem qualquer relação com a conduta ímproba. Essa conclusão foi, no entanto, ressalvada pela LIA (art. 12, §1º)[181] nas situações de condenação pelo art. 9º em que o magistrado excepcionalmente decidir estender a sanção para outros vínculos, ainda que de natureza e qualidade diversa.

Vamos supor que um policial civil corrupto ocupe o cargo de investigador em um estado X e que ele decida, após a prática da conduta ímproba no desempenho das suas funções, se exonerar. Em seguida, ele passa a ocupar o cargo de investigador da polícia civil no estado Y. Nesse caso, em que as funções são de mesma qualidade e natureza, para não dizer idênticas, havendo apenas uma alteração quanto ao órgão e local de trabalho, a aplicação da pena de perda da função pública ao novo cargo parece razoável. Assim, existindo correlação entre as funções do cargo da época da improbidade e o cargo provido após a sua prática, a pena de perda da função pública poderá ser aplicada e atingir o segundo cargo. Esse mesmo entendimento já foi adotado pela doutrina pelo STJ em matéria penal, *in verbis*:

> PENAL PROCESSO PENAL. RECURSO ESPECIAL. EMBARGOS INFRINGENTES. NULIDADE. NÃO OCORRÊNCIA. GERENTE DOS CORREIOS. RECEBIMENTO DE VANTAGEM INDEVIDA. CRIME DE CORRUPÇÃO PASSIVA. AFASTAMENTO DA TIPICIDADE. SÚMULA 7/STJ. PENA-BASE. DOSIMETRIA. LEGALIDADE. DIAS-MULTA. REVISÃO. SÚMULA 7/STJ. ART. 92 DO CP. PERDA DO CARGO.
> (…)
> 8. No presente caso, *o agente praticou o delito quando ocupava emprego público na Empresa Brasileira de Correios e Telégrafos, tendo sido aprovado em concurso público para outro cargo na Universidade Federal de Pernambuco, durante o trâmite processual.*
> 9. *Em regra, a pena de perdimento deve ser restrita ao cargo público ocupado ou função pública exercida no momento do delito. Assim, a perda do cargo público, por violação de dever inerente a ela, necessita ser por crime cometido no exercício desse cargo, valendo-se o envolvido da função para a prática do delito.*
> 10. Salienta-se que *se o Magistrado a quo considerar, motivadamente, que o novo cargo*

---

[180] Este entendimento é minoritário na doutrina e também é defendido por José Roberto Pimenta Oliveira. *In*: OLIVEIRA, José Roberto Pimenta. *Improbidade administrativa e sua autonomia constitucional*. Belo Horizonte: Forum, 2009. p. 298-299.

[181] Este §1º do art. 12 está com sua eficácia supensa por decisão do STF. ADI nº 7.236. Rel. Min. Alexandre de Moraes. Decisão de 27 de dezembro de 2022, p. 18-19.

guarda correlação com as atribuições do anterior, ou seja, naquele em que foram praticados os crimes, mostra-se devida a perda da nova função, uma vez que tal ato visa a anular a possibilidade de reiteração de ilícitos da mesma natureza, o que não ocorreu no caso. Dessa forma, como o crime em questão fora praticado quando o acusado era empregado público da Empresa Brasileira de Correios e Telégrafos, não poderia, sem qualquer fundamentação e por extensão, ser determinada a perda do cargo na UFPE.
11. Recurso especial parcialmente conhecido e, nessa parte, provido parcialmente. (REsp nº 1452935/PE, Rel. Ministro Reynaldo Soares Da Fonseca, QUINTA TURMA, julgado em 14.03.2017, DJe 17.03.2017) (Grifamos)

A prevalecer, como regra geral, eventual tese contrária a que defendemos, no sentido de que a pena da perda da função pública atinge todo e qualquer cargo ocupado pelo agente, independentemente das suas características e da data de início do exercício, a referida pena poderá, na prática, se tornar uma pena perpétua, na medida em que alcançará todo e qualquer possível cargo futuro a ser ocupado pelo réu.[182] Isso seria inaceitável. Ainda que se considere que o momento do trânsito em julgado seria um fator de limitação temporal dessa pena, tal marco é indeterminado e não depende da vontade do réu, o que pode, na prática, realmente significar uma pena de caráter perpétuo. Daí porque, tal como previsto na redação do art. 12, §1º, da LIA, deveria ser exercida em caráter excepcional a prerrogativa do magistrado de, nos casos de condenação pelo art. 9º, estender a pena de perda da função pública aos "demais vínculos" independentemente de suas características.

Sob outro enfoque, a conclusão de que a pena da perda da função pública pode atingir qualquer função pública superveniente ocupada pelo réu parte da premissa de que o momento da prática da conduta ímproba é irrelevante para a identificação do alcance das sanções. Por sua vez, um momento posterior ao do ajuizamento ou da condenação na ação de improbidade é que seria determinante para se saber qual função seria atingida. O problema desse raciocínio é que ele nos induz à conclusão, equivocada a nosso sentir, de que um réu particular e que, portanto, não ocupe uma função pública no momento da prática da improbidade também poderia ser punido com a pena de perda da função pública. É que, caso o particular do exemplo hipotético assumisse uma função pública após ter cometido a improbidade, pela lógica com a qual não concordamos, ele poderia perdê-la.

É isso o que reforça a conclusão de que as sanções previstas na sentença devem ter, como regra, o seu alcance delimitado pelas circunstâncias fáticas do momento em que cometida a infração. Assim como um particular não pode ser punido com a pena de perda da função pública,[183] ainda que a assuma após ter

---

[182] No STJ, contudo, há precedente no sentido de que a pena de perda da função pública alcança "qualquer atividade que o agente esteja exercendo ao tempo da condenação irrecorrível". STJ. REsp nº 924.439/RJ, Rel. Ministra Eliana Calmon, SEGUNDA TURMA, julgado em 06.08.2009, DJe 19.08.2009.

[183] Segundo Emerson Garcia e Rogério Pacheco Alves, "não se pode aplicar a sanção de perda da função pública ao terceiro que não possua qualquer vínculo com o Poder Público". GARCIA, Emerson; ALVES, Rogério Pacheco. *Improbidade Administrativa*. 4. ed. Revista e ampliada. Rio de Janeiro: Lumen Juris, 2008. p. 485.

praticado a infração, o agente público também não pode, como regra, sofrer essa sanção em relação à nova função pública ocupada quando da execução do julgado.

A despeito do que acima sustentamos, o relator da ADI nº 7.236 no STF deferiu liminar suspendendo a eficácia do art. 12, §1º da LIA, firme nos seguintes argumentos:

> (…) ao estabelecer que a aplicação da sanção de perda da função pública atinge apenas o vínculo de mesma qualidade e natureza que o agente detinha com o poder público no momento da prática do ato de improbidade, o art. 12, §1º, da nova LIA, traça uma severa restrição ao mandamento constitucional de defesa da probidade administrativa, que impõe a perda de função pública como sanção pela prática de atos ímprobos independentemente da função ocupada no momento da condenação com trânsito em julgado.
> Trata-se, além disso, de previsão desarrazoada, na medida em que sua incidência concreta pode eximir determinados agentes dos efeitos da sanção constitucionalmente devida simplesmente em razão da troca de função ou da eventual demora no julgamento da causa, o que pode decorrer, inclusive, do pleno e regular exercício do direito de defesa por parte do acusado.
> Configurados, portanto, indícios de desrespeito ao princípio da razoabilidade, uma vez que não observadas as necessárias proporcionalidade, justiça e adequação entre o dispositivo impugnado e o conceito constitucional de improbidade administrativa, acarretando a necessidade de suspensão da eficácia da norma.[184]

12.3.5) Parâmetros para a escolha das sanções: A irracionalidade e a falta de previsibilidade ainda são características marcantes no Direito Administrativo Sancionador brasileiro. Nesse contexto, nem sempre a sanção cominada abstratamente na lei acaba por desempenhar uma função apropriada para a tutela do bem jurídico que se almeja proteger.[185]

A Lei nº 8.429 oferece ao magistrado um vasto cardápio de possíveis sanções a serem aplicadas aos réus na ação de improbidade e, apenas com a reforma de 2021, ela passou a delimitar um pouco mais quais sanções são mais apropriadas para cada espécie de improbidade. Evoluímos, portanto, na redução da discricionariedade judicial e na previsibilidade da sanção. Na sua redação original, o art. 12 permitia, por exemplo, que cada uma das espécies de improbidade administrativa acarretasse todas as variadas sanções previstas na lei. Na prática, portanto, uma conduta de gravidade elevada que acarretasse enriquecimento indevido poderia, em um dado caso concreto, ensejar a pena de perda da função pública, enquanto que uma improbidade administrativa de menor gravidade e que, apenas, ofendesse os princípios da administração poderia ensejar a perda da função pública do réu e a aplicação de uma multa de 50 mil reais. Após o advento da Lei nº 14.230/21, essa realidade mudou, especialmente no que se refere à pena

---

[184] Ao apreciar o pedido de medida liminar, o relator da ADI nº 7.236 entendeu que estariam presentes os requisitos para a suspensão do §1º do art. 12 da LIA. STF. ADI nº 7.236. Rel. Min. Alexandre de Moraes. Decisão de 27 de dezembro de 2022, p. 18-19.

[185] Sobre a relevância de a sanção ter relação com o bem jurídico protegido, confira-se Fábio Medina Osório. OSÓRIO, Fábio Medina. *Direito Administrativo Sancionador*. 6. ed. Revista, atualizada. 2ª tiragem. São Paulo: Thomson Reuters Brasil, 2019. p. 215.

de perda da função pública e em relação à multa. Nas hipóteses de condenação por improbidade que atente contra os princípios da Administração (art. 11), por exemplo, a pena de perda da função pública não poderá ser aplicada pelo juiz.

Naturalmente que a dosimetria judicial da sanção deverá ser feita com fundamento na proporcionalidade. Mas isso é pouco e não assegura o mínimo aceitável de previsibilidade. Por isso é elogiável a reforma de 2021 que procurou evitar distorções na fixação da pena, na medida em que previu parâmetros mais seguros e fechados para a escolha das sanções. O art. 17-C, IV, da LIA, por exemplo, enumera o que deve ser considerado pelo magistrado na sentença quando for aplicar eventual(is) sanção(ões), *in verbis*:

> Art. 17-C. A sentença proferida nos processos a que se refere esta Lei deverá, além de observar o disposto no art. 489 da Lei nº 13.105, de 16 de março de 2015 (Código de Processo Civil):
> (...)
> IV – considerar, para a aplicação das sanções, de forma isolada ou cumulativa: (Incluído pela Lei nº 14.230, de 2021)
> a) os princípios da proporcionalidade e da razoabilidade; (Incluído pela Lei nº 14.230, de 2021)
> b) a natureza, a gravidade e o impacto da infração cometida; (Incluído pela Lei nº 14.230, de 2021)
> c) a extensão do dano causado; (Incluído pela Lei nº 14.230, de 2021)
> d) o proveito patrimonial obtido pelo agente; (Incluído pela Lei nº 14.230, de 2021)
> e) as circunstâncias agravantes ou atenuantes; (Incluído pela Lei nº 14.230, de 2021)
> f) a atuação do agente em minorar os prejuízos e as consequências advindas de sua conduta omissiva ou comissiva; (Incluído pela Lei nº 14.230, de 2021)
> g) os antecedentes do agente; (Incluído pela Lei nº 14.230, de 2021)

Por sua vez, o §2º do art. 17-B da LIA trata do que deve ser considerado para a celebração de um acordo de não persecução civil, tema específico que comentaremos mais adiante. A redação do referido parágrafo é a seguinte:

> §2º Em qualquer caso, a celebração do acordo a que se refere o caput deste artigo considerará a personalidade do agente, a natureza, as circunstâncias, a gravidade e a repercussão social do ato de improbidade, bem como as vantagens, para o interesse público, da rápida solução do caso. (Incluído pela Lei nº 14.230, de 2021)

A despeito de o texto acima não ter mencionado, expressamente, os parâmetros nele previstos, também devem, no que couber e em complementação ao que disposto no art. 17-C, IV, da LIA, ser utilizados pelo magistrado na escolha da sanção. A personalidade do agente e a repercussão social da improbidade são, a título de ilustração, circunstâncias relevantes para a aferição de qual sanção é a mais correta.

Outra regra jurídica que pode contribuir no momento da fixação da pena para reduzir a insegurança jurídica é a Lei nº 13.655/18. O seu art. 22, §2º estipula que:

> §2º Na aplicação de sanções, serão consideradas a natureza e a gravidade da infração cometida, os danos que dela provierem para a administração pública, as circunstâncias agravantes ou atenuantes e os antecedentes do agente.

Muito embora o espaço para a escolha judicial ainda seja amplo, há, ainda, outros parâmetros que podem contribuir para a identificação de excessos ou de penas muito brandas. Carvalho Filho, por exemplo, sugere a adoção pelo juiz dos parâmetros do art. 59 do Código Penal[186] para a escolha da punição mais justa.[187] De todo modo, o Poder Judiciário poderia desempenhar um papel importante nessa matéria, utilizando sua jurisprudência para orientar as escolhas das sanções de acordo com o que se considera proporcional.

12.3.6) Condenação em ação de improbidade administrativa e Lei da Ficha Limpa: A LC nº 135/00 ficou conhecida no Brasil com a "Lei da Ficha Limpa", na medida em que, ao modificar a LC nº 64/90, tornou inelegíveis aqueles que, mesmo antes do trânsito em julgado, forem condenados. O STF reconheceu a constitucionalidade das alterações promovidas pela Lei da Ficha Limpa quando do julgamento, em 2012, das ADCs nº 29 e 30 e da ADI nº 4.578, todas da relatoria do Min. Luiz Fux. Reconheceu-se, em linhas gerais, que a nova lei não violaria o princípio da proporcionalidade e da presunção da inocência, ao tornar inelegível, mesmo antes do trânsito em julgado, uma pessoa que tiver sido condenada.[188]

Quanto ao tema específico da improbidade administrativa, a LC nº 64/90, com a redação dada pela LC nº 135/10, preconiza o seguinte:

> Art. 1º São inelegíveis:
> I – para qualquer cargo:
>
> l) os que *forem condenados à suspensão dos direitos políticos, em decisão transitada em julgado ou proferida por órgão judicial colegiado, por ato doloso de improbidade administrativa que importe lesão ao patrimônio público e enriquecimento ilícito*, desde a condenação ou o trânsito em julgado até o transcurso do prazo de 8 (oito) anos após o cumprimento da pena;

De acordo com o dispositivo acima transcrito, não é qualquer condenação por improbidade administrativa que tornará o réu inelegível. Para que ocorra a situação de inexigibilidade, a lei fixa os seguintes requisitos:

1) Condenação com trânsito em julgado *ou* proferida por órgão judicial colegiado;
2) Aplicação da pena de *suspensão dos direitos políticos*;
3) Condenação por *ato doloso* de improbidade administrativa;

---

[186] Art. 59 – O juiz, atendendo à culpabilidade, aos antecedentes, à conduta social, à personalidade do agente, aos motivos, às circunstâncias e consequências do crime, bem como ao comportamento da vítima, estabelecerá, conforme seja necessário e suficiente para reprovação e prevenção do crime:
I – as penas aplicáveis dentre as cominadas;
II – a quantidade de pena aplicável, dentro dos limites previstos;
III – o regime inicial de cumprimento da pena privativa de liberdade;
IV – a substituição da pena privativa da liberdade aplicada, por outra espécie de pena, se cabível.

[187] CARVALHO FILHO, José dos Santos. *Manual de Direito Administrativo*. 31. ed. São Paulo: Gen/Atlas, 2017. p. 1.167.

[188] Em 2011, quando do julgamento do RE nº 633703, rel. Min. Gilmar Mendes, o STF decidiu que a Lei da Ficha Limpa não poderia retroagir para alcançar as eleições de 2010. STF. Plenário. RE nº 633703. Relator: Min. Gilmar Mendes. Julgamento: 23.03.2011. Publicação: 18.11.2011.

4) Condenação por ato de improbidade que *importe lesão ao patrimônio público e enriquecimento ilícito*.

Não é fácil, no Brasil, tornar uma pessoa inelegível em razão de uma condenação por improbidade, especialmente se lembrarmos que os requisitos acima são cumulativos. Em relação ao elemento subjetivo, por exemplo, se, antes da reforma de 2021, a condenação não indicasse claramente que a conduta ocorreu na modalidade dolosa, prevalecia no âmbito do Tribunal Superior Eleitoral a compreensão mais favorável ao réu, qual seja, a de que a condenação se deu na modalidade culposa. Atualmente, a condenação na modalidade culposa não seria mais possível. Sobre o tópico, Lívia Nascimento Tinôco destaca que:

> Quando a decisão condenatória avaliada não tiver sido manifesta, deixando margem para dúvida acerca da presença de dolo ou culpa, preconiza a Corte Superior Eleitoral que "deve prevalecer o direito fundamental à elegibilidade capacidade eleitoral passiva" (REspe nº 115-78/RJ, Rel. Min. Luciana Lóssio, DJE de 05.08.2014). Obviamente, a situação de dúvida é aquela em que há verdadeira incerteza sobre a conclusão da decisão condenatória, pois, naquelas oportunidades em que a descrição do julgado advindo da Justiça Comum, ainda que não seja expressa, seja capaz de deixar clara a presença do dolo na conduta, este pode ser reconhecido pela Justiça Eleitoral.
> Com efeito, o TSE já abraçou tal procedimento interpretativo, por exemplo, em caso no qual o candidato fora condenado em ação civil pública, em razão de ter usado em benefício próprio verba pública destinada ao pagamento de despesas referentes ao exercício regular do mandato. Na hipótese, o TSE teve o dolo "por evidente", afirmando que não seria "possível vislumbrar a prática da referida conduta que não seja dolosamente, até porque o enquadramento realizado na forma do art. 9º da Lei n. 8.429/92, como evidenciado no caso vertente, não admite a forma culposa" (Ac. de 24.10.2014 no AgR-RO nº 38.427, Rel. Min. Luciana Lóssio).[189]

No que concerne ao requisito alusivo à espécie de improbidade praticada, o réu precisa, na literalidade da lei, ser condenado por ter causado um dano ao erário (art. 10) e por ter proporcionado o enriquecimento ilícito (art. 9º). Na prática, essa simultaneidade só será possível se o agente tiver praticado várias condutas. Se apenas uma conduta ímproba tiver sido realizada, mesmo que ela seja extremamente grave, não ensejará a inelegibilidade. É que, nesse caso, o sujeito só poderá ser punido por uma única espécie de improbidade, ainda que pela mais grave, qual seja, a do art. 9º.

A adoção de uma interpretação literal quanto ao tópico origina uma situação delicada em que dificilmente a condenação por improbidade administrativa vai originar a inelegibilidade, o que parece não ter sido o original propósito da LC nº 135/10. Na nossa avaliação, o entendimento mais razoável sobre o alcance da Lei da Ficha Limpa é o de que ela apenas não quis tornar inelegível o condenado exclusivamente pelo art. 11 (conduta que atenta contra os princípios) diante da sua menor gravidade. Por isso, a partícula "e" empregada no art. 1º, I, "l" da LC nº

---

[189] TINÔCO, Lívia Nascimento. Lei da Ficha Limpa e a inelegibilidade decorrente da condenação por improbidade administrativa. *In*: ANPR. *Pontos Controvertidos sobre a Lei da Ficha Limpa*. Belo Horizonte: Del Rey, 2016. p. 147.

64/90 deve ser lida com o significado de "ou", a fim de se permitir a inelegibilidade de quem tiver sido condenado por dano ao erário ou por enriquecimento ilícito.[190] Essa é uma leitura muito mais consentânea com o que seria o justo, lógico e com o verdadeiro ideal e propósito da Lei da Ficha Limpa: o de evitar que pessoas desonestas que tenham se enriquecido ilicitamente ou que tenham causado dano ao erário com a prática de improbidade possam ser eleitas.

Entretanto, o STJ já se posicionou sobre o tema e decidiu que os requisitos são cumulativos, de modo que o réu condenado em uma ação de improbidade apenas se tornará inelegível, caso seja punido por uma conduta que acarrete enriquecimento ilícito e que cause dano ao erário. Vejamos o precedente:

> 9. Dessa forma, ainda que o STJ venha a suspender os efeitos de eventual condenação de improbidade administrativa, não lhe caberá deliberar quanto à elegibilidade do candidato, pois envolve, naturalmente, outras questões estranhas às ordinariamente aqui decididas. ***Nessa esteira, cabe comentar, por oportuno, que, pela nova lei, não é qualquer condenação por improbidade que obstará a elegibilidade, mas, tão somente, aquela resultante de ato doloso de agente público que, cumulativamente, importe em comprovado dano (prejuízo) ao erário e correspondente enriquecimento ilícito***. 10. A decisão tomada pelo STJ com base no art. 26-C da LC 64/2001 não implica comando judicial que vincule a Justiça Eleitoral ao deferimento do registro da candidatura (não há hierarquia jurisdicional ou funcional entre o TSE e o STJ), mas, sim, importante ato jurídico a respaldar o deferimento dessa pretensão junto à própria Justiça Eleitoral ou, em última análise, ao Supremo Tribunal Federal. 11. Da decisão da Justiça Eleitoral que indefere registro de candidato não cabe reclamação ao tribunal que proferiu a decisão cautelar emanada com base no art. 26-C da LC 64/2001, mas recurso inerente ao âmbito da própria Justiça Eleitoral (TRE ou TSE) ou, se o caso, ao Supremo Tribunal Federal. 12. Mantida a decisão liminar que deferiu o efeito suspensivo ao recurso especial interposto pelo ora requerente. (STJ. 1ª Turma. MC nº 17.110. Rel. Min. Benedito Gonçalves, DJ 20.09.2010) (Grifamos)

Outro aspecto a ser comentado diz respeito ao momento a partir do qual a inelegibilidade produzirá efeitos. A condenação acarretará, por exemplo, a imediata perda do cargo eletivo? Considerando que o condenado que preencher os requisitos para a inelegibilidade não poderá sequer se candidatar, a lógica nos permitiria concluir que, também, não deveria poder continuar a desempenhar as funções do mandato já iniciado. Se o condenado não pode sequer receber votos, não estaria também legitimado pelo ordenamento jurídico para o exercício do mandato, em virtude do reconhecimento da sua desonestidade. É o que pensamos ser o mais correto. E a própria LC nº 64/90, com a redação dada pela LC nº 135/10, estipula em seu art. 26, §2º que, mantida a condenação ou ausente eventual suspensão liminar quanto aos seus efeitos, o registro ou diploma do eleito serão desconstituídos, *in verbis*:

> Art. 26-C. O órgão colegiado do tribunal ao qual couber a apreciação do recurso contra as decisões colegiadas a que se referem as alíneas d, e, h, j, l e n do inciso I do art. 1o poderá,

---

[190] Com o mesmo entendimento, Lívia Nascimento Tinôco. TINÔCO, Lívia Nascimento. Lei da Ficha Limpa e a inelegibilidade decorrente da condenação por improbidade administrativa. *In*: ANPR. *Pontos Controvertidos sobre a Lei da Ficha Limpa*. Belo Horizonte: Del Rey, 2016. p. 149.

em caráter cautelar, suspender a inelegibilidade sempre que existir plausibilidade da pretensão recursal e desde que a providência tenha sido expressamente requerida, sob pena de preclusão, por ocasião da interposição do recurso. (Incluído pela Lei Complementar nº 135, de 2010)
§1º Conferido efeito suspensivo, o julgamento do recurso terá prioridade sobre todos os demais, à exceção dos de mandado de segurança e de habeas corpus. (Incluído pela Lei Complementar nº 135, de 2010)
§2º *Mantida a condenação de que derivou a inelegibilidade ou revogada a suspensão liminar mencionada no caput, serão desconstituídos o registro ou o diploma eventualmente concedidos ao recorrente.* (Incluído pela Lei Complementar nº 135, de 2010)
§3º A prática de atos manifestamente protelatórios por parte da defesa, ao longo da tramitação do recurso, acarretará a revogação do efeito suspensivo. (Grifamos)

Ocorre que nem sempre essa lógica da desconstituição do vínculo com o Estado em razão da aplicação de uma sanção é seguida no Direito brasileiro. Em matéria de contratos administrativos, por exemplo, é pacífico o entendimento de que a aplicação da pena de declaração de inidoneidade não gera a rescisão automática do contrato já firmado, eis que ela produz efeitos *ex nunc*. Assim, mesmo que a pessoa jurídica seja declarada inidônea em razão de ter praticado uma conduta desonesta, o contrato já firmado não será afetado. Vejamos um precedente do STJ sobre a matéria:

ADMINISTRATIVO. DECLARAÇÃO DE INIDONEIDADE PARA LICITAR E CONTRATAR COM A ADMINISTRAÇÃO PÚBLICA. EFEITOS EX NUNC DA DECLARAÇÃO DE INIDONEIDADE: SIGNIFICADO. PRECEDENTE DA 1ª SEÇÃO (MS nº 13.964/DF, DJe De 25.05.2009).
1. Segundo precedentes da 1ª Seção, a declaração de inidoneidade "só produz efeito para o futuro (efeito ex nunc), sem interferir nos contratos já existentes e em andamento" (MS 13.101/DF, Min. Eliana Calmon, DJe de 09.12.2008). Afirma-se, com isso, que o efeito da sanção inibe a empresa de licitar ou contratar com a Administração Pública (Lei 8666/93, art. 87), sem, no entanto, acarretar, automaticamente, a rescisão de contratos administrativos já aperfeiçoados juridicamente e em curso de execução, notadamente os celebrados perante outros órgãos administrativos não vinculados à autoridade impetrada ou integrantes de outros entes da Federação (Estados, Distrito Federal e Municípios). Todavia, a ausência do efeito rescisório automático não compromete nem restringe a faculdade que têm as entidades da Administração Pública de, no âmbito da sua esfera autônoma de atuação, promover medidas administrativas específicas para rescindir os contratos, nos casos autorizados e observadas as formalidades estabelecidas nos artigos 77 a 80 da Lei 8.666/93.
2. No caso, está reconhecido que o ato atacado não operou automaticamente a rescisão dos contratos em curso, firmados pelas impetrantes.
3. Mandado de segurança denegado, prejudicado o agravo regimental.
(MS nº 14.002/DF, Rel. Ministro Teori Albino Zavascki, PRIMEIRA SEÇÃO, julgado em 28.10.2009, DJe 06.11.2009)

A prevalecer esse mesmo raciocínio para os casos de inelegibilidade, o seu reconhecimento em razão de uma condenação por improbidade administrativa que preenchesse os requisitos da LC nº 135 impediria o cidadão de se candidatar, mas não acarretaria a cessação do mandato eletivo em curso. No TSE, é possível encontrar precedente em que se atribuiu efeito imediato à declaração de inelegibilidade a um Deputado Estadual,[191] o que ocasionou a cassação do seu diploma, *in verbis*:

> RECURSO ORDINÁRIO. ELEIÇÕES 2018. DEPUTADO ESTADUAL. AÇÃO DE INVESTIGAÇÃO JUDICIAL ELEITORAL (AIJE). USO INDEVIDO DOS MEIOS DE COMUNICAÇÃO SOCIAL. ABUSO DE PODER POLÍTICO E DE AUTORIDADE. ART. 22 DA LC 64/90. TRANSMISSÃO AO VIVO. REDE SOCIAL. DIA DO PLEITO. HORÁRIO DE VOTAÇÃO. FATOS NOTORIAMENTE INVERÍDICOS. SISTEMA ELETRÔNICO DE VOTAÇÃO. FRAUDES INEXISTENTES EM URNAS ELETRÔNICAS. AUDIÊNCIA DE MILHARES DE PESSOAS. MILHÕES DE COMPARTILHAMENTOS. PROMOÇÃO PESSOAL. IMUNIDADE PARLAMENTAR COMO ESCUDO PARA ATAQUES À DEMOCRACIA. IMPOSSIBILIDADE. GRAVIDADE. CASSAÇÃO DO DIPLOMA. INELEGIBILIDADE. PROVIMENTO.
> 1. Recurso ordinário interposto pelo Ministério Público contra acórdão prolatado pelo TRE/PR, que, por maioria de votos, julgou improcedente os pedidos em Ação de Investigação Judicial Eleitoral (AIJE) proposta em desfavor de Deputado Estadual eleito pelo Paraná em 2018, afastando o abuso de poder político e o uso indevido dos meios de comunicação social (art. 22 da LC 64/90).
> (…)
> Decisão: ***O Tribunal, por maioria, deu provimento ao recurso ordinário para julgar procedentes os pedidos formulados na ação de investigação judicial, cassar o diploma do recorrido e declarar sua inelegibilidade por oito anos, contados das Eleições de 2018***, determinando a imediata comunicação ao Tribunal Regional para que, independentemente da publicação do acórdão, proceda à retotalização das eleições para o cargo de deputado estadual do Paraná, computando-se como anulados os votos atribuídos ao recorrido, nos termos do voto do relator. Vencido o Ministro Carlos Horbach.
> (TSE. 0603975-98.2018.6.16.0000. RO-El – Recurso Ordinário Eleitoral nº 060397598 – CURITIBA – PR. Acórdão de 28.10.2021. Relator(a) Min. Luis Felipe Salomão. Publicação: DJE – Diário de Justiça Eletrônico, Tomo 228, Data 10.12.2021).

12.3.7) Ressarcimento ao erário como única medida imposta e danos morais: O ressarcimento ao erário é a medida mais tradicional de repressão a condutas desonestas. Não chega a possuir um autêntico caráter punitivo como ocorre com as sanções previstas na lei de improbidade administrativa.[192] Trata-se de uma medida destinada a recompor o patrimônio público pelo prejuízo sofrido, tal como o STJ tem reconhecido:

> ADMINISTRATIVO E PROCESSUAL CIVIL. IMPROBIDADE. EX-PREFEITO. DESPESAS EM VIAGENS. NÃO COMPROVAÇÃO. HOSPEDAGEM. AUSÊNCIA DE PERNOITE. AGENTE POLÍTICO. LEI 8.429/1992. RESSARCIMENTO AO ERÁRIO. ÚNICA PENALIDADE APLICADA. IMPOSSIBILIDADE. PRECEDENTES.
> HISTÓRICO DA DEMANDA
> 1. Trata-se, na origem, de Ação Civil Pública por ato de improbidade administrativa proposta pelo Ministério Público de Minas Gerais contra ex-Prefeito de Caetanópolis/

---

[191] A declaração de inelegibilidade noticiada no julgado não decorreu de uma condenação por improbidade administrativa, mas de abuso de poder político.

[192] No dizer de Emerson Garcia e Rogério Pacheco Alves, "a reparação dos danos, em essência, não representa uma punição para o ímprobo, pois tão-somente visa a repor o *status quo*". GARCIA, Emerson; ALVES, Rogério Pacheco. *Improbidade Administrativa*. 4. ed. Revista e ampliada. Rio de Janeiro: Lumen Juris, 2008.p. 429.

MG relacionada à realização de despesas irregulares em viagens ocorridas entre os anos de 2006 a 2009.
2. A sentença julgou procedente a ação para condenar o réu "à pena de suspensão dos direitos políticos pelo prazo de 09 (nove) anos, além da proibição de contratação com o poder público ou de recebimento de benefícios ou incentivos fiscais ou creditícios, direta ou indiretamente, também por 09 (nove) anos, além da obrigação de reparar o dano causado, ou seja, restituir ao erário municipal a integralidade dos valores recebidos a título de diárias, acrescido de correção monetária pela tabela da CGJ desde a data do recebimento dos valores, além de juros de mora de 1% ao mês desde a citação".
3. O Tribunal deu parcial provimento à apelação para manter apenas a penalidade de restituição ao erário de R$ 30.496,88 (trinta mil, quatrocentos e noventa e seis reais, oitenta e oito centavos).
(...)
RESSARCIMENTO AO ERÁRIO COMO ÚNICA PENALIDADE
14. *O STJ tem assentado o entendimento de que o ressarcimento não constitui sanção propriamente dita, mas sim consequência incontornável do prejuízo causado. Caracterizada a improbidade administrativa por dano ao Erário, a devolução dos valores é imperiosa e deve vir acompanhada de pelo menos uma das sanções legais previstas no art. 12 da Lei n. 8.429/1992.* Nesse sentido: AgInt no REsp 1.570.402/SE, Rel. Ministro Benedito Gonçalves, Primeira Turma, julgado em 3/4/2018; REsp 1.302.405/RR, Rel. Ministro Herman Benjamin, Segunda Turma, julgado em 28/3/2017.
CONCLUSÃO 15. Recurso Especial do Ministério Publico conhecido e parcialmente provido para que o Tribunal de origem aplique as sanções cabíveis, nos termos do presente acórdão. Recurso Especial de Romário Vicente Alves Ferreira conhecido em parte e, nessa extensão, não provido.
(REsp nº 1761202/MG, Rel. Ministro Herman Benjamin, SEGUNDA TURMA, julgado em 27.11.2018, DJe 11.03.2019)

Nessa perspectiva sustentada pelo STJ, segundo a qual a medida de recomposição do erário não seria uma sanção propriamente dita, mas mero corolário do reconhecimento do dano ou do enriquecimento indevido, o ressarcimento ao erário não poderia ser aplicado isoladamente. Ao menos outra pena deveria ser adotada em conjunto, o que, a nosso sentir, contrariava o art. 12, *caput* da LIA com a redação dada pela Lei nº 12.120/09 na parte que mencionava que o juiz poderia aplicar as *"cominações"* nele previstas de forma isolada ou cumulativamente. E uma das cominações lá previstas era o ressarcimento ao erário. Assim, de acordo com a redação revogada, era possível aplicar o ressarcimento ao erário isoladamente. Com a nova redação do art. 12 introduzida pela Lei nº 14.230/21, a situação mudou completamente, pois o seu *caput* passou a expressamente mencionar que as sanções são aplicadas isolada ou cumulativamente "independentemente do ressarcimento integral do dano patrimonial". Dessa forma, o texto legal atual reafirma a tese de que, ocorrendo o dever de ressarcimento ao erário, que não seria uma sanção propriamente dita, ao menos uma adicional sanção deverá ser aplicada ao que for condenado por improbidade administrativa.

Sob outro enfoque, além dos danos materiais que podem ser contemplados na condenação da ação de improbidade, também é possível incluir na sentença de ressarcimento ao erário os prejuízos morais sofridos pela coletividade e pela pessoa jurídica do Estado,[193] em razão da gravidade da conduta ímproba. O STJ tem reconhecido essa possibilidade, nos seguintes termos:

> PROCESSUAL CIVIL. ADMINISTRATIVO. RECURSO ESPECIAL. (...) IMPROBIDADE ADMINISTRATIVA. (...) DANO MORAL COLETIVO. RECONHECIMENTO PELO TRIBUNAL DE ORIGEM DE REQUISITOS CONFIGURADORES DE DANO EXTRAPATRIMONIAL. INADEQUAÇÃO. SÚMULA 7/STJ. RECURSO ESPECIAL PARCIALMENTE CONHECIDO E NÃO PROVIDO.
> 1. No caso dos autos, o Ministério Público do Distrito Federal ajuizou ações cautelares e ação civil de improbidade administrativa contra Eurides Brito da Silva em face do recebimento de propina para prestar "apoio legislativo" aos interesses do Poder Executivo do Distrito Federal. Por ocasião da sentença, os pedidos foram julgados procedentes (fls. 869/926), o que foi mantido pelo Tribunal de origem.
> (...) "*a gravidade dos fatos narrados na inicial e o efeitos nocivos decorrentes da conduta da ré, ao receber verbas ilícitas para viabilizar o apoio político ao Governo do Distrito Federal, impõe a sua condenação ao pagamento de indenização pelos danos morais coletivos causados à sociedade na forma estabelecida na r. sentença recorrida*".
> 9. A ***Corte de origem considerou presentes, no caso concreto, os requisitos para a configuração dos danos morais difusos ou coletivos diante do contexto fático e probatório. A reversão do referido entendimento demandaria, necessariamente, reexame de matéria fático-probatória, o que é inviável em recurso especial, nos termos da Súmula 7/STJ.***
> 10. Recurso especial parcialmente conhecido e, nesse parte, não provido.
> (REsp nº 1485514/DF, Rel. Ministro Mauro Campbell Marques, SEGUNDA TURMA, julgado em 09.10.2018, DJe 24.10.2018) (Grifamos)
> ADMINISTRATIVO. IMPROBIDADE ADMINISTRATIVA. DANO AO ERÁRIO. MULTA CIVIL. DANO MORAL. POSSIBILIDADE. PRESCRIÇÃO.
> (...) 3. ***Não há vedação legal ao entendimento de que cabem danos morais em ações que discutam improbidade administrativa seja pela frustração trazida pelo ato ímprobo na comunidade, seja pelo desprestígio efetivo causado à entidade pública que dificulte a ação estatal***.
> 4. A aferição de tal dano deve ser feita no caso concreto com base em análise detida das provas dos autos que comprovem efetivo dano à coletividade, os quais ultrapassam a mera insatisfação com a atividade administrativa.
> 5. Superado o tema da prescrição, devem os autos retornar à origem para julgamento do mérito da apelação referente ao recorrido Selmi José Rodrigues e quanto à ocorrência e mensuração de eventual dano moral causado por ato de improbidade administrativa.
> 6. Recurso especial conhecido em parte e provido também em parte.
> (REsp nº 960.926/MG, Rel. Ministro Castro Meira, SEGUNDA TURMA, julgado em 18.03.2008, DJe 01.04.2008) (Grifamos)
> *Jurisprudência em teses do STJ*. Edição nº 186: Improbidade Administrativa – III.
> 2) Na ação civil pública por ato de improbidade administrativa, é cabível a compensação por danos morais na defesa de interesse difuso ou coletivo.

12.3.8) Ressarcimento ao erário na improbidade e em razão de condenação pelo Tribunal de Contas: De acordo com o entendimento do STJ, nada impede que a medida de ressarcimento ao erário seja determinada em uma ação de improbidade administrativa mesmo quando existir determinação do Tribunal de Contas no mesmo sentido. Confira-se:

---

[193] Súmula nº 227 do STJ: A pessoa jurídica pode sofrer dano moral.

ADMINISTRATIVO. RECURSO ESPECIAL. IMPROBIDADE ADMINISTRATIVA. CONDENAÇÃO DE RESSARCIMENTO DO PREJUÍZO PELO TCU E NA ESFERA JUDICIAL. FORMAÇÃO DE DUPLO TÍTULO EXECUTIVO. POSSIBILIDADE. RESSARCIMENTO AO ERÁRIO. PENALIDADE QUE DEVE SER NECESSARIAMENTE IMPOSTA QUANDO HÁ COMPROVADO PREJUÍZO AO ERÁRIO. APLICAÇÃO DE MULTA CIVIL. DESNECESSIDADE. SANÇÕES DEFINIDAS NA ORIGEM QUE SE MOSTRAM SUFICIENTES E PROPORCIONAIS. RECURSO ESPECIAL PARCIALMENTE PROVIDO, ACOMPANHANDO EM PARTE O RELATOR.
(REsp 1413674/SE, Rel. Ministro OLINDO MENEZES (DESEMBARGADOR CONVOCADO DO TRF 1ª REGIÃO), Rel. p/ Acórdão Ministro BENEDITO GONÇALVES, PRIMEIRA TURMA, julgado em 17/05/2016, DJe 31/05/2016)

ADMINISTRATIVO E PROCESSUAL CIVIL. AÇÃO DE IMPROBIDADE ADMINISTRATIVA. CONDENAÇÃO AO RESSARCIMENTO DO DANO. EXISTÊNCIA DE TÍTULO EXECUTIVO EXTRAJUDICIAL PROVENIENTE DE DECISÃO DO TRIBUNAL DE CONTAS. CO-EXISTÊNCIA DOS TÍTULOS EXECUTIVOS. POSSIBILIDADE. NÃO-OCORRÊNCIA DE BIS IN IDEM.
1. O fato de existir um título executivo extrajudicial, decorrente de condenação proferida pelo Tribunal de Contas da União, não impede que os legitimados ingressem com ação de improbidade administrativa requerendo a condenação da recorrida nas penas constantes no art. 12, II da Lei n. 8429/92, inclusive a de ressarcimento integral do prejuízo.
2. A formação do título executivo judicial, em razão da restrição às matérias de defesa que poderão ser alegadas na fase executória, poderá se mostrar mais útil ao credor e mais benéfica ao devedor que, durante o processo de conhecimento, terá maiores oportunidades para se defender.
3. Ademais, não se há falar em bis in idem. A proibição da dupla penalização se restringe ao abalo patrimonial que o executado poderá sofrer. O princípio não pode ser interpretado de maneira ampla, de modo a impedir a formação de um título executivo judicial, em razão do simples fato de já existir um outro título de natureza extrajudicial.
4. Na mesma linha de raciocínio, qual seja, a de que o *bis in idem* se restringe apenas ao pagamento da dívida, e não à possibilidade de coexistirem mais de um título executivo relativo ao mesmo débito, encontra-se a súmula 27 desta Corte Superior.
Recurso especial provido.
(REsp nº 1135858/TO, Rel. Ministro Humberto Martins, SEGUNDA TURMA, julgado em 22.09.2009, DJe 05.10.2009)

A hipótese não é de dupla punição pelo mesmo fato (*bis in idem*), na medida em que as condenações são oriundas de instâncias distintas, sendo uma administrativa e a outra judicial. Haverá, assim, dois títulos executivos: um resultante da sentença na ação de improbidade administrativa e outro da atuação administrativa do TCU. Naturalmente que o réu não será obrigado a ressarcir o erário em uma quantia superior àquela necessária para a plena recomposição do prejuízo. Assim, o pagamento feito em razão de um dos dois títulos deverá ser abatido automaticamente do que devido em razão do outro. Nesse sentido, o trecho do voto-vista vencedor do redator para o acórdão min. Benedito Gonçalves no REsp nº 1.413.674/SE, *in verbis*:

> (...) Não obstante ter o Tribunal de Contas da União condenado o recorrido ao ressarcimento do prejuízo causado e ao pagamento de multa administrativa, é assente o entendimento de que não se configura *bis in idem* a coexistência de título executivo extrajudicial (acórdão do TCU) e sentença condenatória em ação civil pública de improbidade que determinam

o ressarcimento ao erário. O que não se permite é a constrição patrimonial além do efetivo prejuízo apurado. Assim, é possível a formação de dois títulos executivos, devendo ser observada a devida dedução do valor da obrigação que primeiramente foi executada no momento da execução do título remanescente.[194]

O art. 12, §6º, da LIA também procurou impedir que o montante a ser recebido pelo poder público de variadas instâncias punitivas a título de recomposição do erário pudesse superar o que efetivamente foi o total do prejuízo. Senão vejamos:

> §6º Se ocorrer lesão ao patrimônio público, a reparação do dano a que se refere esta Lei deverá deduzir o ressarcimento ocorrido nas instâncias criminal, civil e administrativa que tiver por objeto os mesmos fatos. (Incluído pela Lei nº 14.230, de 2021)

12.3.9) Alcance da pena de proibição de contratar com o Poder Público ou de receber benefícios ou incentivos fiscais ou creditícios: Dentre as possíveis sanções a serem aplicadas pelo magistrado ao réu na ação de improbidade temos a proibição de contratar com o Poder Público, a de receber benefícios fiscais ou creditícios e a de receber incentivos fiscais ou creditícios.

São penas capazes de afetar intensamente pessoas que têm como principal cliente a Administração Pública ou que dela dependam para o recebimento de incentivos ou benefícios. O que a redação original da Lei nº 8.429 não esclarecia era quanto ao alcance dessas penas. Uma vez praticada a conduta ímproba contra um determinado município, surgia a dúvida sobre se a sanção aplicada judicialmente impediria, por exemplo, a pessoa de ser contratada por todo e qualquer ente da federação.

No Direito Administrativo, existe uma infindável controvérsia na literatura acerca do alcance das sanções que impedem uma pessoa de ser contratada pelo Estado. Muito da controvérsia decorria da redação dos incisos III e IV do art. 87 da Lei nº 8.666 que não apresentava os limites subjetivos dessas sanções, *in verbis*:

> Art. 87. Pela inexecução total ou parcial do contrato a Administração poderá, garantida a prévia defesa, aplicar ao contratado as seguintes sanções:
> (…)
> III – suspensão temporária de participação em licitação e impedimento de contratar com a Administração, por prazo não superior a 2 (dois) anos;
> IV – declaração de inidoneidade para licitar ou contratar com a Administração Pública enquanto perdurarem os motivos determinantes da punição ou até que seja promovida a reabilitação perante a própria autoridade que aplicou a penalidade, que será concedida sempre que o contratado ressarcir a Administração pelos prejuízos resultantes e após decorrido o prazo da sanção aplicada com base no inciso anterior.

Com a Lei nº 14.133, o tema foi enfrentado e o legislador fez opções expressas. No caso da pena de impedimento de licitar e contratar, ela alcançará apenas o

---

[194] REsp nº 1413674/SE, Rel. Ministro Olindo Menezes (DESEMBARGADOR CONVOCADO DO TRF 1ª REGIÃO), Rel. p/ Acórdão Ministro Benedito Gonçalves, PRIMEIRA TURMA, julgado em 17.05.2016, DJe 31.05.2016, p. 4.

ente da federação que a aplicou. Por sua vez, quando se tratar de declaração de inidoneidade para licitar e contratar, a pena atingirá todos os entes da federação. Vejamos a redação legal:

> Lei nº 14.133/21
> Art. 156.
> III – impedimento de licitar e contratar;
> IV – declaração de inidoneidade para licitar ou contratar.
> §4º A sanção prevista no inciso III do caput deste artigo será aplicada ao responsável pelas infrações administrativas previstas nos incisos II, III, IV, V, VI e VII do caput do art. 155 desta Lei, quando não se justificar a imposição de penalidade mais grave, e impedirá o responsável de licitar ou contratar no âmbito da Administração Pública direta e indireta do ente federativo que tiver aplicado a sanção, pelo prazo máximo de 3 (três) anos.
> §5º A sanção prevista no inciso IV do caput deste artigo será aplicada ao responsável pelas infrações administrativas previstas nos incisos VIII, IX, X, XI e XII do caput do art. 155 desta Lei, bem como pelas infrações administrativas previstas nos incisos II, III, IV, V, VI e VII do caput do referido artigo que justifiquem a imposição de penalidade mais grave que a sanção referida no §4º deste artigo, e impedirá o responsável de licitar ou contratar no âmbito da Administração Pública direta e indireta de todos os entes federativos, pelo prazo mínimo de 3 (três) anos e máximo de 6 (seis) anos.

Mesmo diante da nova regra em matéria de licitações, ainda há espaço para a polemização do tema, notadamente porque a controvérsia toca em institutos de envergadura constitucional, tais como a autonomia dos entes da federação e o princípio da moralidade. Havia, antes do advento da Lei nº 14.133, ao menos, três correntes distintas a respeito de qual seria o alcance dessas duas espécies de penas.

> *1ª corrente)* Para Carvalho Filho,[195] por exemplo, as referidas sanções alcançam todos os entes da federação, na medida em que o punido não poderia ser considerado inidôneo por um determinado ente e o contrário por outros.
> *2ª corrente)* No dizer de Jessé Torres,[196] a pena do inciso III do art. 87 alcançaria apenas o ente da federação que a aplicou, tendo em vista que o citado inciso III faz alusão à palavra "Administração". De acordo com o inciso XII do art. 6º da Lei nº 8666,[197] a palavra "Administração" se refere a quem atuou concretamente. Por sua vez, a pena prevista no inciso IV teria um caráter nacional e alcançaria todos os entes da federação. É que o citado inciso menciona que a pena impedirá a contratação com a "Administração Pública", expressão que, de acordo com o inciso XI do art. 6º da Lei nº 8.666[198] designa todos os entes da federação.
> *3ª corrente)* Segundo Flávio Amaral Garcia,[199] as penas dos inciso III e IV do art. 87 da Lei nº 8.666 só alcançam o ente da federação que as aplicou. Caso, por exemplo, a pena imposta

---

[195] CARVALHO FILHO, José dos Santos. *Manual de Direito Administrativo*. 31. ed. São Paulo: Gen/Atlas, 2017. p. 230.
[196] PEREIRA Jr., Jessé Torres. *Comentários à lei das licitações e contratações da administração pública*. 4. ed. rev., atual. e ampl. Rio de Janeiro: Renovar, 1997. p. 565-566.
[197] XII – Administração – órgão, entidade ou unidade administrativa pela qual a Administração Pública opera e atua concretamente.
[198] XI – Administração Pública – a administração direta e indireta da União, dos Estados, do Distrito Federal e dos Municípios, abrangendo inclusive as entidades com personalidade jurídica de direito privado sob controle do poder público e das fundações por ele instituídas ou mantidas;
[199] GARCIA, Flávio Amaral. *Licitações e Contratos Administrativos*. Casos e polêmicas. 5. ed. São Paulo: Malheiros: 2018. p. 418.

por um município a um particular produzisse efeitos em relação à União, ou vice-versa, de modo que a proibição de contratar com o particular tivesse um caráter nacional, isso esvaziaria a autonomia dos entes da federação. A lógica seguida por esta corrente é a de que um ente não pode ser impedido por medida adotada por outro de contratar um particular.

No âmbito da jurisprudência, o tema também gera as mais distintas decisões. No STJ, por exemplo, é possível encontrar precedentes em que se adotou a tese do caráter nacional das sanções da Lei nº 8.666. Vejamos algumas decisões do STJ sobre o tema:

> PROCESSUAL CIVIL E ADMINISTRATIVO. AGRAVO INTERNO NO RECURSO ESPECIAL. LICITAÇÃO. DECLARAÇÃO DE INIDONEIDADE PARA LICITAR E CONTRATAR COM A ADMINISTRAÇÃO PÚBLICA. EFEITOS EX NUNC DA DECLARAÇÃO DE INIDONEIDADE: SIGNIFICADO. JULGADO DA PRIMEIRA SEÇÃO (MS 13.964/DF, DJe DE 25.5.2009). AGRAVO INTERNO DA SOCIEDADE EMPRESÁRIA A QUE SE NEGA PROVIMENTO.
> (…)
> 2. *É certo que a jurisprudência desta Corte Superior de Justiça entende que a sanção prevista no art. 87, III da Lei 8.666/1993 produz efeitos não apenas no âmbito do ente que a aplicou, mas na Administração Pública como um todo* (REsp. nº 520.553/RJ, Rel. Min. Herman Benjamin, DJe 10.2.2011).
> 3. A declaração de idoneidade não tem a faculdade de afetar os contratos administrativos já aperfeiçoados juridicamente ou em fase de execução, sobretudo aqueles celebrados com entes públicos não vinculados à autoridade sancionadora e pertencente a Ente Federado diverso (MS 14.002/DF, Rel. Min. Teori Albino Zavascki, DJe 06.11.2009).
> 4. A sanção aplicada tem efeitos apenas ex nunc para impedir que a Sociedade Empresária venha a licitar ou contratar com a Administração Pública pelo prazo estabelecido, não gerando como consequência imediata a rescisão automática de contratos administrativos já em curso (MS nº 13.101/DF, Rel. Min. José Delgado, Rel. p/ Acórdão Min. Eliana Calmon, DJe 09.12.2008).
> 5. Agravo Interno da Sociedade Empresária a que se nega provimento.
> (AgInt no REsp nº 1552078/DF, Rel. Ministro Napoleão Nunes Maia Filho, PRIMEIRA TURMA, julgado em 30.09.2019, DJe 08.10.2019) (Grifamos)
> ADMINISTRATIVO. LICITAÇÃO. HABILITAÇÃO SOMENTE DA MATRIZ. REALIZAÇÃO DO CONTRATO POR FILIAL. IMPOSSIBILIDADE. DESCUMPRIMENTO DO CONTRATO. SANÇÕES. PROPORCIONALIDADE. ADMINISTRAÇÃO X ADMINISTRAÇÃO PÚBLICA. DISTINÇÃO. AUSÊNCIA.
> (…)
> 3. Por sua vez, o artigo 87 da Lei n. 8.666/93 prevê expressamente entre as sanções para o descumpridor do acordo a multa, a suspensão temporária de participação em licitação e o impedimento de contratar com a Administração, por prazo não superior a 2 (dois) anos.
> 4. Na mesma linha, fixa o art. 7º da Lei n. 10.520/2002.
> 5. Ademais, o §2º do artigo 87 da Lei de Licitação permite a aplicação conjunta das citadas sanções, desde que facultada a defesa prévia do interessado, no respectivo processo no prazo de cinco dias úteis.
> (…)
> 10. Por fim, **não é demais destacar que neste Tribunal já se pontuou a ausência de distinção entre os termos Administração e Administração Pública, razão pela qual a sanção de impedimento de contratar estende-se a qualquer órgão ou entidade daquela.**
> Precedentes.
> 11. Recurso ordinário não provido.

(RMS nº 32.628/SP, Rel. Ministro Mauro Campbell Marques, SEGUNDA TURMA, julgado em 06.09.2011, DJe 14.09.2011)
ADMINISTRATIVO. LICITAÇÃO. MANDADO DE SEGURANÇA PREVENTIVO. DECLARAÇÃO DE INIDONEIDADE EXARADA PELO ESTADO DO RIO DE JANEIRO. IMPOSSIBILIDADE DE CONTRATAÇÃO COM A ADMINISTRAÇÃO PÚBLICA. APLICAÇÃO A TODOS OS ENTES FEDERADOS.
1. A questão jurídica posta a julgamento cinge-se à repercussão, nas diferentes esferas de governo, da emissão da declaração de inidoneidade para contratar com a Administração Pública, prevista na Lei de Licitações como sanção pelo descumprimento de contrato administrativo.
(...)
3. "Pela inexecução total ou parcial do contrato a Administração poderá, garantida a prévia defesa, aplicar ao contratado as seguintes sanções: (...) IV - declaração de inidoneidade para licitar ou contratar com a Administração Pública" (art. 87 da Lei 8.666/1993).
4. A definição do termo Administração Pública pode ser encontrada no próprio texto da citada Lei, que dispõe, em seu art. 6º, X, que ela corresponde à "Administração Direta e Indireta da União, dos Estados, do Distrito Federal e dos Municípios, abrangendo inclusive as entidades com personalidade jurídica de direito privado sob controle do poder público e das fundações por ele instituídas ou mantidas".
5. *Infere-se da leitura dos dispositivos que o legislador conferiu maior abrangência à declaração de inidoneidade ao utilizar a expressão Administração Pública, definida no art. 6º da Lei 8.666/1993.* Dessa maneira, conseqüência lógica da amplitude do termo utilizado é que o contratado é inidôneo perante qualquer órgão público do País. Com efeito, uma empresa que forneça remédios adulterados a um município carecerá de idoneidade para fornecer medicamentos à União.
6. A norma geral da Lei 8.666/1993, *ao se referir à inidoneidade para licitar* ou contratar com a Administração Pública, aponta para o caráter genérico da referida sanção, cujos efeitos irradiam por todas as esferas de governo.
7. A sanção de declaração de inidoneidade é aplicada em razão de fatos graves demonstradores da falta de idoneidade da empresa para licitar ou contratar com o Poder Público em geral, em razão dos princípios da moralidade e da razoabilidade.
8. *O Superior Tribunal de Justiça tem entendimento de que o termo utilizado pelo legislador - Administração Pública -, no dispositivo concernente à aplicação de sanções pelo ente contratante, deve se estender a todas as esferas da Administração, e não ficar restrito àquela que efetuou a punição.*
9. Recurso Especial provido.
(REsp nº 520.553/RJ, Rel. Ministro Herman Benjamin, SEGUNDA TURMA, julgado em 03.11.2009, DJe 10.02.2011)

De acordo com o TCU, por outro lado, o raciocínio a ser adotado no caso das sanções previstas na Lei nº 8.666/93 é o de que o caráter nacional da pena vale apenas para a declaração de inidoneidade (art. 87, IV), mas não para a sanção de suspensão temporária de participação em licitação e impedimento de contratar com a Administração (art. 87, III), que só alcançaria o ente da federação que a aplicou. Vejamos o seguinte trecho do voto lançado pelo relator do processo TC nº 037.086/2019-7 no TCU (Acórdão nº 2788/2019 – TCU – Plenário)

> 7. Por oportuno, destaco o Acórdão 3243/2012 – Plenário, em que apresentei tese que foi considerada vencedora, tendo assinado o acórdão na condição de Ministro Revisor.
> 8. *Na ocasião, após extenso debate neste Plenário, ficou assentado que a sanção de*

suspensão temporária de participação em licitação e impedimento de contratar com a Administração, prevista no inciso III do art. 87, III, da Lei nº 8.666/93, produz efeitos apenas em relação ao órgão ou entidade contratante.

9. Assim, reproduzo trecho da análise empreendida pela Selog, a qual deslinda a questão posta pela representante, aduzindo as teses defendidas pelo Superior Tribunal de Justiça (STJ) e pelo TCU:

"10. O STJ tem se manifestado no sentido de que os efeitos da suspensão temporária estendem-se a todos os órgãos da administração, ou seja, a empresa penalizada estaria impedida de participar de qualquer licitação promovida pela administração pública (...)

11. *O Tribunal de Contas da União, por sua vez, tem adotado posicionamento menos restritivo quanto aos efeitos desta penalidade, prevalecendo a tese de que as sanções de suspensão temporária de participação em licitação e impedimento de contratar com a administração, previstas no art. 87, inciso III, da Lei 8.666/1993, alcançam apenas o órgão ou a entidade que as aplicaram* (Acórdão 3.439/2012 – TCU – Plenário, Min. Rel. Valmir Campelo).

12. Nesse sentido, seguem outros julgados:

9. (...) a jurisprudência mais recente do TCU está se sedimentando no sentido de que a penalidade de suspensão temporária e de impedimento de contratar prevista no artigo 87, inciso III, da Lei 8.666/1993 incide somente em relação ao órgão ou à entidade contratante, a exemplo dos Acórdãos 3.243/2012, 3.439/2012 e 1.064/2013, todos do Plenário. (Acórdão 1.884/2015- TCU – Primeira Câmara, Min. Rel. Bruno Dantas).

A suspensão temporária de participação em licitação e impedimento de contratar com a Administração (art. 87, inciso III, da Lei 8.666/1993) possui efeitos restritos ao âmbito do órgão ou entidade que aplicou a penalidade" (Grifamos)[200]

No caso da improbidade administrativa, há, contudo, uma peculiaridade que, no nosso entender, seria suficiente para afastar toda a polêmica acima mencionada e descortinar a conclusão de que essa sanção atinge todos os entes da federação. E, para se chegar a esse entendimento de que a pena de proibição de contratar ou de receber incentivos deveria atingir todos os entes, nem seria necessário dar ênfase à ampla expressão "poder público", utilizada quando o art. 12 da LIA trata da referida sanção. É que, na improbidade administrativa, a pena de proibição de contratar ou de receber benefícios ou incentivos não é aplicada por um ente da federação específico. Essas sanções são determinadas por um provimento judicial. Elas resultam de uma sentença em um processo judicial, e isso é um fator relevante para diferenciarmos em relação ao debate existente quanto ao alcance das sanções administrativas previstas na Lei nº 8.666 e mesmo na Lei nº 14.133.[201] Não há qualquer ameaça, portanto, à autonomia dos entes da federação, um dos argumentos mais fortes contrários à nacionalização dos efeitos de uma sanção.

A sentença proferida na ação de improbidade, diversamente do que ocorre com uma punição administrativa, tem, de modo incontroverso, um caráter nacional. A jurisdição, compreendida como o poder de dizer o Direito, é nacional

---

[200] TCU. Plenário. Acórdão nº 2.788/2019. Rel. Min. Raimundo Carreiro. Data da Sessão: 20.11.2019.
[201] Cumpre rememorar que, muito embora a Lei nº 14.133 tenha feito escolhas expressas quanto ao alcance das sanções de impedimento de licitar e contratar e da declaração de inidoneidade, o tema continua a poder ser polemizado.

e não se confunde com a competência do magistrado, essa última regionalizada. O que um juiz decidir terá força normativa em todo o território nacional, ainda que sua competência esteja limitada a uma comarca ou seção judiciária. Essa conclusão pode ser ilustrada com um didático exemplo do Direito de Família. Vamos supor que uma sentença proferida por um juiz de direito do estado de São Paulo decrete o divórcio de um casal. Esse ato judicial produzirá efeitos em todos os estados brasileiros, ainda que o magistrado paulista apenas tenha competência para decidir sobre divórcios de casais que tenham domicílio no interior das suas divisas.

Assim, a pena lançada na ação de improbidade deveria produzir efeitos em relação a todos os entes da federação.[202] O seu alcance não deveria, assim, ser limitado, em razão do ente que foi vítima da conduta desonesta. Sem embargo do que sustentamos, não foi essa a opção da reforma de 2021. O tema agora aparece no art. 12, §4º, da LIA, nos seguintes termos:

> §4º Em caráter excepcional e por motivos relevantes devidamente justificados, a sanção de proibição de contratação com o poder público pode extrapolar o ente público lesado pelo ato de improbidade, observados os impactos econômicos e sociais das sanções, de forma a preservar a função social da pessoa jurídica, conforme disposto no §3º deste artigo. (Incluído pela Lei nº 14.230, de 2021)

A leitura desse §4º nos conduz às seguintes conclusões: i) como regra, a pena de proibição de contratação com o poder público na ação de improbidade administrativa não pode alcançar um ente da federação diverso daquele que sofreu a lesão; ii) excepcionalmente, e por motivos devidamente justificados, referida pena pode extrapolar o ente da federação lesado pelo ato de improbidade, ocasião em que deverão ser observados os seus impactos econômicos e sociais, de maneira a ser preservada a função social da pessoa jurídica; iii) o §4º não mencionou expressamente a proibição de receber benefícios ou incentivos fiscais ou creditícios, o que pode incrementar a polêmica sobre o alcance dessas sanções específicas.

12.3.10) Gradação do tempo da pena de proibição de contratar com o poder público ou de receber benefícios ou incentivos fiscais ou creditícios: A Lei nº 8.429 estipula um tempo determinado para a pena que proíbe o réu de contratar com o Poder Público e da que veda o recebimento de benefícios ou de incentivos. Na hipótese de uma conduta que acarrete enriquecimento indevido (art. 9º), o tempo da pena será não superior a 14 anos (art. 12, I). Caso haja dano ao erário (art. 10), a pena terá duração não superior a 12 anos (art. 12, II) e, em se tratando de conduta que apenas atente contra os princípios da Administração (art. 11), a pena terá efeitos por prazo não superior a quatro anos (art. 12, III).

Na redação original dos artigos 9º, 10 e 11, os prazos previstos para a proibição de contratar com o poder público, de receber benefícios ou de incentivos

---

[202] Este é também o entendimento da doutrina majoritária. Por todos, Rafael Oliveira e Daniel Assumpção. NEVES, Daniel Amorim Assumpção; OLIVEIRA, Rafael Carvalho Rezende. *Improbidade Administrativa*. Direito Material e Processual. 8. ed. Revista e atualizada. São Paulo: Gen-Forense, 2020. p. 261.

eram fixos. Em se tratando de uma conduta do art. 9º, a pena durava dez anos. Na hipótese do art. 10, ela durava cinco anos e, se a condenação decorresse do art. 11, a pena teria uma duração de três anos. A redação atual, que representa uma evolução técnica, acaba com a dúvida sobre a possibilidade de aplicação da sanção no intervalo de tempo abaixo do máximo previsto. Agora se tornou possível que o magistrado puna por um período de tempo abaixo do máximo, mas será que antes era algo proibido? Quando uma lei estipular um prazo fixo de duração para uma sanção, o magistrado poderá aplicá-la com uma duração inferior ao que é legalmente previsto? Ou será que o julgador só pode escolher entre aplicar ou não a sanção?

Em relação ao texto original da LIA, há, na literatura, entendimento de que o magistrado pode deixar de aplicar a sanção, mas, se decidir pelo seu emprego, terá de seguir rigorosamente o prazo legalmente previsto. Nesse sentido, Rafael Oliveira e Daniel Assumpção, ao discordarem de interpretação dada pelo STJ, assim se manifestaram:

> Não concordo com essa interpretação [dada pelo STJ], preferindo o entendimento doutrinário que defende a inexistência, nesse caso, de graduação entre mínimo e máximo. Primeiro que a sanção ora analisada não consta do texto constitucional, sendo criação de norma infraconstitucional. E ainda que assim não fosse, é possível interpretar o texto constitucional no sentido de que haverá gradação de penas sempre que ela estiver prevista em texto infraconstitucional, o que não ocorre na sanção ora analisada.[203]

Com todo o respeito ao entendimento em contrário, entendemos que o magistrado poderá fazer a gradação da pena nesses casos, de maneira a também aplicar a pena que proíbe o réu de contratar como poder público e de receber benefícios ou incentivos em quantidade de anos inferior ao que estipulado legalmente como tempo da pena na redação original da LIA. Na nossa compreensão, o que a lei estipulou na sua redação original foi um limite temporal máximo. O fato de a Constituição da República não ter mencionado expressamente a aludida sanção dentre as que podem ser aplicadas na ação de improbidade, e a circunstância de ela resultar de previsão legal não interferem nessa conclusão. Por outro lado, muito embora a Lei nº 8.429 não tivesse originalmente previsto expressamente uma variação temporal para a aplicação da pena, como fez, por exemplo, com a pena de suspensão dos direitos políticos, isso não poderia impedir que o juiz aplicasse a pena pela quantidade de anos que entender ser a mais proporcional.

Três argumentos podem ser lançados para o reforço da tese de que, sempre que uma lei estipular um prazo específico de duração de uma pena, o magistrado poderá aplicar a pena por um período inferior. Em primeiro lugar, como o juiz pode aplicar ou não a sanção, estará legitimado para a aplicar por prazo inferior ao

---

[203] NEVES, Daniel Amorim Assumpção; OLIVEIRA, Rafael Carvalho Rezende. *Improbidade Administrativa*. Direito Material e Processual. 8. ed. Revista e atualizada. São Paulo: Gen-Forense, 2020. p. 263.

máximo previsto na lei. Quem pode o mais, poderá o menos. Se pode não aplicar, também poderia, pela lógica, aplicar a pena por tempo menor. Em segundo lugar, a ausência de menção expressa a um intervalo de tempo de efeito da sanção não significa a sua ausência ou vedação. Significa, por outro lado, que a pena poderá ser aplicada entre o tempo máximo previsto legalmente e zero (que equivale à sua não aplicação). Quando o legislador estipula um prazo específico de duração da sanção, é porque ele não pretende fixar um limite mínimo de duração da pena acima de zero, como ocorrido com a pena de suspensão dos direitos políticos. Em terceiro lugar, a excessiva rigidez do prazo de duração da pena compromete o princípio da individualização da pena a ser observado nas ações de improbidade administrativa. Cada réu deve receber uma sanção que se amolde à gravidade da sua conduta. A aplicação automática e universal de um único prazo de duração de uma dada sanção ofenderia o princípio da individualização da pena. Com o mesmo pensamento, Nicolao Dino, que assim escreve sobre o tema à luz da redação original do art. 12 da LIA:

> É de notar-se que a Lei não estipulou limites mínimo e máximo, atendo-se tão-só à fixação do *quantum*.
> Trata-se, a nosso ver, de previsão incompatível com o princípio da individualização da pena. A previsão de sanções sem a definição de patamares mínimo e máximo acarreta ofensa ao princípio da proporcionalidade, ante a concreta possibilidade de ser atribuída penalidade em grau compatível com a gravidade do fato punível.[204]

A situação, a nosso sentir, não se confunde com aquelas em que a LIA fixou prazos mínimo e máximo para uma sanção. É que, nesses últimos casos, o magistrado não pode aplicar uma sanção abaixo do mínimo e nem acima do máximo legalmente estabelecido. Isso ofenderia o princípio da legalidade e ampliaria indevidamente o espaço de conformação atribuído pelo legislador ao magistrado. Por outro lado, quando houver um prazo único para algumas penas, estamos diante, apenas, de um limite máximo de duração da pena. Nada impede que, no caso concreto, por razões de proporcionalidade e individualização da pena, o juiz aplique sanção inferior ao máximo estipulado. Não fosse esse o sentido da norma, teríamos, como acima destacou Nicolao Dino na doutrina, ofensa ao princípio da individualização da pena decorrente do engessamento temporal da sanção independentemente das características do réu e das circunstâncias do caso concreto.

De acordo com o entendimento do STJ, o magistrado poderá fazer a gradação da pena, tal como defendemos. Nesse sentido, confira-se:

> ADMINISTRATIVO. AÇÃO CIVIL PÚBLICA. DANO AO ERÁRIO. APLICAÇÃO DE MULTA CIVIL. INSUFICIÊNCIA. ART. 12 DA LEI Nº 8.429/97. INSTITUTOS JURÍDICOS PARA FINS DE INCIDÊNCIA DAS PREVISÕES DO ART. 12 DA LEI N. 8.249/92.

---

[204] COSTA NETO, Nicolao Dino de Castro e. Improbidade Administrativa: Aspectos Materiais e Processuais. *In*: SAMPAIO, José Adércio Leite; RAMOS, André de Carvalho. *Improbidade Administrativa*. 10 anos da Lei nº 8.429/92. Belo Horizonte: Del Rey, 2002. p. 376-377.

(...)
3. O ressarcimento é apenas uma medida ética e economicamente defluente do ato que macula a saúde do erário; as outras demais sanções é que podem levar em conta, e.g., a gravidade da conduta ou a forma como o ato ímprobo foi cometido, além da própria extensão do dano. Vale dizer: o ressarcimento é providência de caráter rígido, i.e., sempre se impõe e sua extensão é exatamente a mesma do prejuízo ao patrimônio público.
4. A perda da função pública, a sanção política, a multa civil e a *proibição de contratar com a Administração Pública e de receber benefícios do Poder Público, ao contrário, têm caráter elástico, ou seja, são providências que podem ou não ser aplicadas e, caso o sejam, são dadas à mensuração* – conforme, exemplificativamente, à magnitude do dano, à gravidade da conduta e/ou a forma de cometimento do ato – nestes casos, tudo por conta do p. ún. do art. 12 da Lei n. 8.429/92. A bem da verdade, existe uma única exceção a essa elasticidade das sanções da LIA: é que pelo menos uma delas deve vir ao lado do dever de ressarcimento.
(...)
8. Visa-se inibir qualquer nova conduta dos recorridos em atos de improbidade. Posto que a ação de improbidade se destina fundamentalmente a aplicar as sanções de caráter punitivo referidas, que têm a força pedagógica e intimidadora de inibir a reiteração da conduta ilícita.
9. Recurso especial parcialmente conhecido e nessa parte provido.
(REsp nº 1185114/MG, Rel. Ministro Mauro Campbell Marques, SEGUNDA TURMA, julgado em 02.09.2010, DJe 04.10.2010) (Grifamos)

12.3.11) Pena de cassação de aposentadoria ou penas não previstas expressamente na Lei nº 8.429: A Lei nº 8.429/92 não prevê a pena de cassação de aposentadoria como algumas leis que disciplinam o regime jurídico dos servidores públicos fazem para o âmbito disciplinar. Assim, na ausência de previsão legal específica sobre a referida sanção, entendemos que ela não pode ser aplicada. O juiz não estaria autorizado a fazer uma intepretação extensiva para concluir que a pena de perda da função pública deve ser transformada em cassação de aposentadoria na hipótese de o agente público não mais estar na ativa.[205] Em primeiro lugar, porque o vínculo com o cargo não se confunde com o vínculo com o regime previdenciário. São regimes jurídicos distintos. Em segundo lugar, porque é inadmissível ampliar o rol das sanções por meio de uma interpretação extensiva de modo a prejudicar o réu.

Caso se pretenda punir um agente público que praticou improbidade administrativa com a pena de cassação de aposentadoria, ela terá de ser aplicada em um processo administrativo disciplinar e desde que o regime jurídico do servidor a ser punido preveja tal possiblidade.[206]

---

[205] Em sentido contrário, Emerson Garcia e Rogério Pacheco Alves sustentam que "Tratando-se de agente público que, por ocasião da prolação da sentença condenatória, esteja na inatividade, haverá de ser cancelado o vínculo de ordem previdenciária existente com o Poder Público, o qual nada mais é do que a continuidade do vínculo existente por ocasião da prática dos atos de improbidade, tendo ocorrido unicamente a modificação da situação jurídica de ativo para inativo". GARCIA, Emerson; ALVES, Rogério Pacheco. *Improbidade Administrativa*. 4. ed. Revista e ampliada. Rio de Janeiro: Lumen Juris, 2008. p. 450.

[206] É importante destacar que a pena de cassação de aposentadoria é de duvidosa constitucionalidade na medida em que a Constituição da República lhe submete ao regime contributivo.

De todo modo, não vemos como o julgador poderia estipular sanções outras diversas das enumeradas na Lei nº 8.429. Eventual determinação judicial de prestação de contas ou de destinação específica a um recurso público são, por exemplo, medidas que apenas poderiam ser adotadas na ação de improbidade, caso houvesse um acordo nos autos. Tais providências não estão contempladas na lei de improbidade administrativa e ultrapassariam o escopo de defesa do demandado na referida ação. Sob outro enfoque, o fato de o *caput* do art. 12 da LIA ter mencionado "independentemente (...) das sanções penais comuns e de responsabilidade, civis e administrativas previstas na legislação específica" não significa que o juiz da ação de improbidade tenha a liberdade para aplicar outras sanções civis. O que a lei autoriza é que outras ações assecuratórias de reparações de natureza cível também sejam ajuizadas, mas não que sanções diversas daquelas enumeradas pela Lei nº 8.429 possam ser aplicadas ao réu nos autos da ação de improbidade administrativa.[207]

Situação diversa se dá com a invalidação do ato lesivo, que pode ser determinada na ação de improbidade, na medida em que ela, que não é pena, seria um antecedente lógico e necessário da condenação ao ressarcimento ao erário. Nesse diapasão, seria descabido condicionar o ajuizamento da ação de improbidade administrativa à prévia anulação do ato administrativo.

Especificamente com relação à possibilidade de condenação do réu na ação de improbidade à pena de cassação de aposentadoria, a segunda turma do STJ possuía entendimento contrário ao que acima defendemos. Para o referido órgão julgador, o juiz poderia determinar a aplicação da pena de cassação de aposentadoria em ação de improbidade administrativa, quando o réu já estiver aposentado, *in verbis*:

> ADMINISTRATIVO. ATO DE IMPROBIDADE ADMINISTRATIVA. ALEGAÇÃO DE VIOLAÇÃO DO ART. 535, II, DO CPC/73. INEXISTÊNCIA. PRETENSÃO DE REEXAME FÁTICO-PROBATÓRIO. INCIDÊNCIA DO ENUNCIADO N. 7 DA SÚMULA DO STJ.
> I – Na origem, trata-se de ação de improbidade administrativa em que se apura a prática de ato de improbidade decorrente da contratação, pela Secretaria de Turismo do Município de Aracruz, por meio do Processo Administrativo 2089/2010, sem a realização de procedimento licitatório, de banda musical para apresentação no denominado "Projeto Verão Aracruz", objetivando fomentar o turismo na região.
> (...)
> VIII – *Além disso, não se pode olvidar da possibilidade de aplicação da pena de cassação de aposentadoria, ainda que não haja previsão expressa na Lei n. 8.429/92, na medida em que se apresenta como uma decorrência lógica da perda de cargo público, sanção essa última expressamente prevista no referido texto legal*. Nesse sentido: MS 20.444/DF, Rel. Ministro Herman Benjamin, Primeira Seção, julgado em 27/11/2013, DJe 11/3/2014;

---

[207] Wallace Paiva Martins Jr. defende o contrário do que aqui sustentamos, mencionando a tese de que o art. 12, *caput* da Lei nº 8.429, permite a determinação de sanções atípicas pelo juiz, vale dizer, de penas previstas em leis específicas. O juiz da ação de improbidade poderia, nessa compreensão de Wallace Paiva quanto ao alcance do citado *caput*, determinar ao réu, por exemplo, a prestação de contas ou a aplicação da verba pública de acordo com uma determinada lei. MARTINS JR., Wallace Paiva. *Probidade Administrativa*. 4. ed. São Paulo: Saraiva, 2009. p. 331-332.

AgRg no AREsp 826.114/RJ, Rel. Ministro Herman Benjamin, Segunda Turma, julgado em 19/4/2016, DJe 25/5/2016.
IX – Agravo interno improvido. (AgInt no REsp nº 1628455/ES, Rel. Ministro Francisco Falcão, SEGUNDA TURMA, julgado em 06.03.2018, DJe 12.03.2018)

Nunca é demais rememorar que a primeira turma do STJ decidiu contrariamente à possibilidade de se aplicar a pena de cassação de aposentadoria em uma ação de improbidade, o que nos parece ser o mais acertado. Senão vejamos:

> DIREITO SANCIONADOR. AGRAVO INTERNO EM RECURSO ESPECIAL. AÇÃO CIVIL PÚBLICA DE IMPROBIDADE ADMINISTRATIVA AJUIZADA PELO MPF EM DESFAVOR DE AUDITOR FISCAL DO TRABALHO. ACÓRDÃO DO TRF3 QUE MANTEVE A SENTENÇA NO PONTO EM QUE AFASTOU A APLICAÇÃO DA SANÇÃO DE CASSAÇÃO DE APOSENTADORIA. INEXISTÊNCIA DE PREVISÃO DESSA ESPÉCIE SANCIONADORA NA LEI 8.429/1992. ILUSTRATIVOS DA TESE: AGINT NO RESP 1.496.347/ES, REL. MIN. SÉRGIO KUKINA, DJE 9.8.2018; RESP 1.564.682/RO, REL. MIN. OLINDO MENEZES, DJE 14.12.2015. AGRAVO INTERNO DO ÓRGÃO ACUSADOR DESPROVIDO.
> 1. Cinge-se a controvérsia em *saber se é cabível a imposição da pena de cassação de aposentadoria nas lides que tramitaram sob o rito da Lei 8.429/1992*.
> 2. *Esta Corte Superior tem a diretriz de que o art. 12 da Lei 8.429/92, quando cuida das sanções aplicáveis aos agentes públicos que cometem atos de improbidade administrativa, não contempla a cassação de aposentadoria, mas tão só a perda da função pública*. As normas que descrevem infrações administrativas e cominam penalidades constituem matéria de legalidade estrita, não podendo sofrer interpretação extensiva (REsp. 1.564.682/RO, Rel. Min.
> OLINDO MENEZES, DJe 14.12.2015). Outro exemplar: AgInt no REsp.
> 1.496.347/ES, Rel. Min. SÉRGIO KUKINA, DJe 9.8.2018.
> 3. Na espécie, o Tribunal de origem, ao apreciar o tema, assinalou que, em consonância com os precedentes desta E. Turma, verifica-se a impossibilidade de aplicação da pena de cassação da aposentadoria, ante a inexistência de previsão legal desta modalidade de pena no rol do art. 12 da LIA (fls. 4.739). Referida compreensão, bem por isso, não se aparta de ilustrativos desta Corte Superior no tema.
> 4. Agravo Interno do Órgão Acusador desprovido.
> (AgInt no REsp nº 1761937/SP, Rel. Ministro Napoleão Nunes Maia Filho, PRIMEIRA TURMA, julgado em 17.12.2019, DJe 19.12.2019)

Existindo divergência entre as duas primeiras turmas do STJ, a Primeira Seção julgou a matéria e decidiu o tema nos mesmos termos do que sustentado pela Primeira Turma.[208] Senão vejamos:

> DIREITO ADMINISTRATIVO. EMBARGOS DE DIVERGÊNCIA EM RECURSO ESPECIAL. IMPROBIDADE ADMINISTRATIVA. *SANÇÃO DE CASSAÇÃO DE APOSENTADORIA.*

---

[208] A posição da Primeira Seção do STJ inaugurada em 2021 fez com que a Segunda Turma do STJ refluísse do seu entendimento original e passasse a entender, tal como a Primeira Seção e a Primeira Turma, que a cassação de aposentadoria não pode ser aplicada em uma ação de improbidade. Nesse sentido, confira-se: STJ. Segunda Turma. AgInt no REsp nº 1682238 / SP. Agravo Interno do Recurso Especial. 2017/0156813-3. Relatora: Ministra Assusete Magalhães. Data do Julgamento: 16.08.2021. Data da Publicação/Fonte: DJe 19.08.2021.

1. IMPOSIÇÃO PELO PODER JUDICIÁRIO. IMPOSSIBILIDADE. LEGALIDADE ESTRITA EM MATÉRIA DE DIREITO SANCIONADOR. PRECEDENTES.
2. INCOMUNICABILIDADE ENTRE AS ESFERAS CÍVEL, CRIMINAL E ADMINISTRATIVA, NO CAMPO DA IMPROBIDADE ADMINISTRATIVA. PRECEDENTES E LEGISLAÇÃO DE REGÊNCIA. 3. SANÇÃO DE CASSAÇÃO DE APOSENTADORIA. COMPETÊNCIA PRIVATIVA DA AUTORIDADE ADMINISTRATIVA. AUSÊNCIA DE COMPETÊNCIA DA AUTORIDADE JUDICIAL. EMBARGOS DE DIVERGÊNCIA CONHECIDOS, PARA NEGAR-LHES PROVIMENTO, DIVERGINDO, COM A DEVIDA VÊNIA, DO EMINENTE RELATOR.
(STJ. Órgão Julgador: PRIMEIRA SEÇÃO. EREsp nº 1496347 / ES. EMBARGOS DE DIVERGÊNCIA EM RECURSO ESPECIAL 2014/0205247-0. Relator. Ministro Herman Benjamin. Relator para Acórdão: Ministro Benedito Gonçalves. Data do Julgamento: 24.02.2021. Data da Publicação/Fonte: DJe 28.04.2021). (Grifamos)

E a matéria também aparece na Jurisprudência em teses do STJ:

Jurisprudência em teses do STJ. Edição nº 188: Improbidade Administrativa – V.
5) Incabível aplicar a pena de cassação de aposentadoria - não prevista no rol taxativo do art. 12 da Lei 8.429/1992 – em processo judicial em que se apura a prática de atos de improbidade administrativa, em virtude do princípio da legalidade estrita, que impede o uso de interpretação extensiva no âmbito do direito sancionador.
6) Viola a coisa julgada a decisão que, em cumprimento de sentença de ação de improbidade administrativa, determina conversão da pena de perda da função pública em cassação de aposentadoria.

12.3.12) Alcance da pena da perda de bens sobre o bem de família: Em entendimento que antecede a reforma legal de 2021, o STJ[209] decidiu favoravelmente à possibilidade de decretação da indisponibilidade do bem de família, o que sempre criticamos, tendo em vista que a impenhorabilidade inerente ao referido bem também deveria impedir que ele fosse alcançado por essa medida constritiva.[210] A única ressalva a essa conclusão existiria caso o bem de família fosse adquirido em razão da improbidade, hipótese em que ele poderia ser atingido não só pela medida de decretação de indisponibilidade como, também, pela de perda de bens.

A lei de improbidade administrativa prevê sanções que podem atingir bens integrantes do patrimônio do réu. No caso da perda dos bens, por exemplo, a medida se dirige a bens específicos. E, nesse caso, o bem de família não poderia, como regra, ser alcançado. Essa é a mesma tese que defendemos quando, mais adiante, comentamos o art. 16: a tutela legal ao bem de família proporcionada pela Lei nº 8.009/90 impede medidas estatais que inviabilizem a permanência da família no local. Quando uma sentença impuser ao réu o dever de ressarcimento integral do dano, decretar a perda dos seus bens ou aplicar a sanção de multa, o

---

[209] STJ. Primeira Turma. RECURSO ESPECIAL Nº 806.301/PR REsp nº 806301/PR. Data de Julgamento: 11.12.2007. Relator: Min. Luiz Fux.

[210] Nos comentários ao artigo 16, aprofundamos o tema da impossibilidade de decretação de indisponibilidade do bem de família.

bem de família não poderá, a nosso sentir, ser por ela atingido. Fica a ressalva, aqui também, da hipótese em que o bem de família tiver sido adquirido em razão da prática da improbidade administrativa. Nesse último caso, a própria Lei nº 8.009, em seu art. 3º, inciso VI,[211] pode ser interpretada extensivamente para que a menção de que o bem de família não será tutelado quando oriundo de prática criminosa também possa valer para os ilícitos civis na esfera da improbidade administrativa.

A reforma de 2021 tornou superado o entendimento do STJ sobre o tema da decretação de indisponibilidade em relação ao bem de família e a redação do §14 do art. 16 introduzida pela Lei nº 14.230/21 se harmoniza integralmente com o que defendemos, *in verbis*:

> Art. 16
> §14. É vedada a decretação de indisponibilidade do bem de família do réu, salvo se comprovado que o imóvel seja fruto de vantagem patrimonial indevida, conforme descrito no art. 9º desta Lei. (Incluído pela Lei nº 14.230, de 2021)

12.3.13) Perda de bens e de valores e seu alcance em relação àqueles adquiridos antes da prática da conduta ímproba: A Lei nº 8.429 estipula que o perdimento de bens e valores em razão da prática da improbidade administrativa deve atingir apenas aqueles que forem acrescidos ilicitamente ao patrimônio do réu.

Excepcionalmente, é possível que o bem acrescido ilicitamente ao patrimônio já não mais exista. Em se tratando de bem acrescido ilicitamente ao patrimônio do réu já consumido ou deteriorado, o perdimento poderá recair sobre o valor equivalente. Nesse sentido, temos a posição de Emerson Garcia e Rogério Pacheco Alves:

> Tratando-se de bens fungíveis, o perdimento haverá de incidir sobre valor equivalente do patrimônio do ímprobo, sempre que tiverem sido consumidos ou deteriorados. Do mesmo modo, em se tratando de bens infungíveis, deverá ser restituído valor equivalente em não sendo possível a prestação in natura.[212]

Assim, só é possível atingir, como regra, bens adquiridos em momento posterior ao da ação desonesta e em razão dela. A bem da verdade, a perda de bens não seria uma autêntica pena, mas um efeito da condenação da mesma forma que ocorre no Direito Penal.[213]

---

[211] Art. 3º A impenhorabilidade é oponível em qualquer processo de execução civil, fiscal, previdenciária, trabalhista ou de outra natureza, salvo se movido:
(...)
VI – por ter sido adquirido com produto de crime ou para execução de sentença penal condenatória a ressarcimento, indenização ou perdimento de bens.

[212] GARCIA, Emerson; ALVES, Rogério Pacheco. *Improbidade Administrativa*. 4. ed. Revista e ampliada. Rio de Janeiro: Lumen Juris, 2008. p. 427.

[213] Com o mesmo entendimento, Nicolao Dino. COSTA NETO, Nicolao Dino de Castro e. Improbidade Administrativa: Aspectos Materiais e Processuais. *In*: SAMPAIO, José Adércio Leite; RAMOS, André de Carvalho. *Improbidade Administrativa*. 10 anos da Lei nº 8.429/92. Belo Horizonte: Del Rey, 2002. p. 368.

Na literatura, este é o entendimento predominante,[214] com o qual concordamos. Havendo a necessidade de recomposição do erário com bens outros distintos daqueles que foram acrescidos ilicitamente ao patrimônio do réu, deverá ser imposto o dever de ressarcimento ao erário, e não a medida de perda de bens.

12.3.14) Pena de demissão (disciplinar) com fundamento na improbidade administrativa: As leis que disciplinam o regime jurídico dos servidores públicos e dispõem sobre o seu regime disciplinar têm o hábito de mencionar que a prática de improbidade administrativa é causa para a demissão do servidor. É o que encontramos, por exemplo, na Lei nº 8.112/90, *in verbis*:

> Art. 132. A demissão será aplicada nos seguintes casos:
> (...)
> IV – improbidade administrativa;

O reconhecimento da prática de improbidade administrativa no âmbito do processo administrativo disciplinar (PAD) independe do ajuizamento de uma ação de improbidade. Tal conclusão resulta da premissa de que as instâncias punitivas são distintas e do fato de que o estatuto legal do servidor pode atribuir à prática de uma conduta ímproba o efeito da demissão. Ainda que a ação de improbidade não exista, portanto, o agente público poderá ser demitido ao final do PAD, em virtude da prática da improbidade administrativa. Esse é o entendimento do STJ, a nosso sentir acertado, *in verbis*:

> ADMINISTRATIVO. PROCESSUAL CIVIL. PROCESSO ADMINISTRATIVO DISCIPLINAR. (...) DEMISSÃO DECORRENTE DE ATO DE IMPROBIDADE ADMINISTRATIVA NÃO EXPRESSAMENTE TIPIFICADO NA LEI Nº 8.492/1992. PROCESSO JUDICIAL PRÉVIO PARA APLICAÇÃO DA PENA DE DEMISSÃO. DESNECESSIDADE. PREPONDERÂNCIA DA LEI Nº 8.112/90.
> (...)
> 5. *O fato de o ato demissório não defluir de condenação do servidor, exarada essa no bojo de processo judicial, não implica ofensa aos ditames da Lei nº 8.429/92, nos casos em que a citada sanção disciplinar é aplicada como punição a ato que pode ser classificado como de improbidade administrativa, mas não está expressamente tipificado no citado diploma legal, devendo, nesses casos, preponderar a regra prevista na Lei nº 8.112/90.*
> 6. *Os comportamentos imputados à Impetrante são aptos a alicerçar a decisão de demissão, porquanto passíveis de subsunção aos tipos previstos nos arts. 117, inciso IX, e 132, incisos IV, IX e XIII, da Lei nº 8.112/90 e, portanto, mostra-se perfeitamente razoável e proporcional a pena aplicada à ex-servidora.* (...)
> 9. Segurança denegada.
> (MS nº 14.140/DF, Rel. Ministra Laurita Vaz, TERCEIRA SEÇÃO, julgado em 26.09.2012, DJe 08.11.2012) (Grifamos)

---

[214] Nesse sentido, Carvalho Filho, bem como Rafael Oliveira e Daniel Assumpção. CARVALHO FILHO, José dos Santos. *Manual de Direito Administrativo*. 31. ed. São Paulo: Gen/Atlas, 2017. p. 1.169; NEVES, Daniel Amorim Assumpção; OLIVEIRA, Rafael Carvalho Rezende. *Improbidade Administrativa*. Direito Material e Processual. 8. ed. Revista e atualizada. São Paulo: Gen-Forense, 2020. p. 248.

Sobre o tema, o STJ também editou a seguinte tese:

> *Jurisprudência em teses do STJ*. Edição nº 40: Improbidade Administrativa – II.
> 4) A aplicação da pena de demissão por improbidade administrativa não é exclusividade do Judiciário, sendo passível a sua incidência no âmbito do processo administrativo disciplinar.
> *Jurisprudência em teses do STJ*. Edição nº 186: Improbidade Administrativa – III
> 3) Compete à autoridade administrativa aplicar a servidor público a pena de demissão em razão da prática de improbidade administrativa, independentemente de prévia condenação, por autoridade judicial, à perda da função pública. (Súmula n. 651/STJ)

Na hipótese de a ação de improbidade ser ajuizada e o pedido de condenação em relação aos mesmos fatos que originaram a demissão no âmbito administrativo-disciplinar ser julgado improcedente, entendemos que este resultado terá efeito desconstitutivo da demissão aplicada administrativamente. O provimento judicial na ação de improbidade que condene ou absolva o réu, salvo, nesse último caso, por ausência de provas quando a decisão for de primeiro grau,[215] deve, segundo entendemos, vincular a decisão administrativa. Muito embora a hipótese de comunicabilidade de instâncias prevista no art. 935 do CC mencione apenas a decisão do juízo criminal sobre a autoria e a materialidade, entendemos que a sua *ratio* deve ser aplicada para os casos de improbidade. Vejamos a redação do art. 935 do CC, *in verbis*:

> Art. 935. A responsabilidade civil é independente da criminal, não se podendo questionar mais sobre a existência do fato, ou sobre quem seja o seu autor, quando estas questões se acharem decididas no juízo criminal.

Uma interpretação teleológica do art. 935 acima que evidencie a sua razão de existir nos impõe o reconhecimento de que, se uma questão tiver sido decidida no juízo da improbidade, e não só no juízo penal, não mais se poderá questionar essa avaliação no âmbito administrativo quanto ao autor e a materialidade. O processo administrativo não deve ter sua tramitação condicionada ao desfecho da ação de improbidade, mas a decisão judicial nessa ação poderá vincular a Administração Pública no exercício do poder disciplinar. Assim, se uma determinada pessoa for absolvida em uma ação de improbidade, porque o juiz entendeu que ela não foi a autora do delito ou porque o delito não ocorreu, seria ilógico, irracional e até injusto permitir que essa pessoa fosse punida pelos mesmos fatos no âmbito administrativo. Sobre o tema, Nicolao Dino adota o mesmo raciocínio, nos seguintes termos:

> Entende-se que a decisão do juízo cível, na ação de improbidade, que der pela improcedência da demanda, seja em razão da inexistência material do fato, seja por

---
[215] O art. 21, §4º, da LIA prevê que a absolvição criminal confirmada por decisão colegiada terá, independentemente do fundamento da absolvição, força vinculante em relação à ação de improbidade. Esse mesmo raciocínio poderia, por analogia, ser empregado na sentença absolutória proferida na ação de improbidade para que ela vincule a esfera administrativa. Sem embargo do que sustentamos, é preciso salientar que, ao apreciar o pedido de medida liminar, o relator da ADI nº 7.236 entendeu que estariam presentes os requisitos para a suspensão do §4º do art. 21 da LIA. STF. ADI nº 7.236. Rel. Min. Alexandre de Moraes. Decisão de 27 de dezembro de 2022.

negativa de autoria, repercutirá na seara administrativa, evitando-se a imposição da pena de demissão ou ensejando sua revisão.[216]

12.3.15) Desconsideração da pessoa jurídica para aplicação de sanção na improbidade administrativa: Na sua essência, a adoção da teoria da desconsideração da personalidade implica o afastamento dessa personalidade para que eventual medida punitiva ou constritiva alcance pessoas físicas responsáveis pela prática do ilícito. A personalidade jurídica não pode ser empregada para esvaziar o papel do Direito Administrativo Sancionador. Não se defende, aqui, uma vulgarização da desconsideração da personalidade jurídica, pois isso comprometeria o pleno desenvolvimento econômico do país e, ao transferir o risco do negócio para a pessoa física, acarretaria enorme e indesejada insegurança jurídica. A desconsideração da personalidade jurídica é medida prevista e aceita pelo nosso ordenamento, mas desde que não seja banalizada e utilizada para todo e qualquer episódio de fracasso empresarial.

É fundamental dissociar o uso desonesto de uma pessoa jurídica daquela circunstância em que há incapacidade da referida pessoa de honrar suas obrigações. O emprego da teoria da desconsideração deve ter lugar apenas na primeira hipótese.

O Código Civil brasileiro, que não foi a primeira lei brasileira a tratar do tema,[217] permite a desconsideração da personalidade jurídica em seu artigo 50 para os casos em que ela for utilizada com desvio de finalidade. A redação é a seguinte:

> Art. 50. Em caso de abuso da personalidade jurídica, caracterizado pelo desvio de finalidade ou pela confusão patrimonial, pode o juiz, a requerimento da parte, ou do Ministério Público quando lhe couber intervir no processo, desconsiderá-la para que os efeitos de certas e determinadas relações de obrigações sejam estendidos aos bens particulares de administradores ou de sócios da pessoa jurídica beneficiados direta ou indiretamente pelo abuso.
> §1º Para os fins do disposto neste artigo, desvio de finalidade é a utilização da pessoa jurídica com o propósito de lesar credores e para a prática de atos ilícitos de qualquer natureza.
> §2º Entende-se por confusão patrimonial a ausência de separação de fato entre os patrimônios, caracterizada por:
> I – cumprimento repetitivo pela sociedade de obrigações do sócio ou do administrador ou vice-versa;
> II – transferência de ativos ou de passivos sem efetivas contraprestações, exceto os de valor proporcionalmente insignificante; e
> III – outros atos de descumprimento da autonomia patrimonial.
> §3º O disposto no caput e nos §§1º e 2º deste artigo também se aplica à extensão das obrigações de sócios ou de administradores à pessoa jurídica.

---

[216] Com o mesmo raciocínio, Nicolao Dino. COSTA NETO, Nicolao Dino de Castro e. Improbidade Administrativa: Aspectos Materiais e Processuais. *In*: SAMPAIO, José Adércio Leite; RAMOS, André de Carvalho. *Improbidade Administrativa*. 10 anos da Lei nº 8.429/92. Belo Horizonte: Del Rey, 2002. p. 371.

[217] Antes do Código Civil entrar em vigor em 2003, o art. 34 da Lei nº 8.884/94, atualmente revogado, e o art. 28 do CDC (Lei nº 8.078/90) já permitiam a desconsideração da personalidade jurídica.

> §4º A mera existência de grupo econômico sem a presença dos requisitos de que trata o caput deste artigo não autoriza a desconsideração da personalidade da pessoa jurídica.
> §5º Não constitui desvio de finalidade a mera expansão ou a alteração da finalidade original da atividade econômica específica da pessoa jurídica.

No âmbito do direito público, e particularmente no tema de enfrentamento à corrupção, o art. 14 da Lei nº 12.846 (Lei Anticorrupção) foi pioneiro ao também permitir a desconsideração da personalidade jurídica, restringindo-a, e como deve ser, às hipóteses em que a pessoa jurídica é criada para encobrir ilícitos. Senão vejamos:

> Art. 14. A personalidade jurídica poderá ser desconsiderada sempre que utilizada com abuso do direito para facilitar, encobrir ou dissimular a prática dos atos ilícitos previstos nesta Lei ou para provocar confusão patrimonial, sendo estendidos todos os efeitos das sanções aplicadas à pessoa jurídica aos seus administradores e sócios com poderes de administração, observados o contraditório e a ampla defesa.

Por sua vez, o CPC, atento ao devido processo legal e ao direito de defesa do particular contra eventual decisão de desconsideração da personalidade jurídica, exigiu a instauração de um incidente processual para que a desconsideração ocorra. Vejamos a redação dos arts. 133 a 137 sobre o tema:

> Art. 133. O incidente de desconsideração da personalidade jurídica será instaurado a pedido da parte ou do Ministério Público, quando lhe couber intervir no processo.
> §1º O pedido de desconsideração da personalidade jurídica observará os pressupostos previstos em lei.
> §2º Aplica-se o disposto neste Capítulo à hipótese de desconsideração inversa da personalidade jurídica.
> Art. 134. O incidente de desconsideração é cabível em todas as fases do processo de conhecimento, no cumprimento de sentença e na execução fundada em título executivo extrajudicial.
> §1º A instauração do incidente será imediatamente comunicada ao distribuidor para as anotações devidas.
> §2º Dispensa-se a instauração do incidente se a desconsideração da personalidade jurídica for requerida na petição inicial, hipótese em que será citado o sócio ou a pessoa jurídica.
> §3º A instauração do incidente suspenderá o processo, salvo na hipótese do §2º.
> §4º O requerimento deve demonstrar o preenchimento dos pressupostos legais específicos para desconsideração da personalidade jurídica.
> Art. 135. Instaurado o incidente, o sócio ou a pessoa jurídica será citado para manifestar-se e requerer as provas cabíveis no prazo de 15 (quinze) dias.
> Art. 136. Concluída a instrução, se necessária, o incidente será resolvido por decisão interlocutória.
> Parágrafo único. Se a decisão for proferida pelo relator, cabe agravo interno.
> Art. 137. Acolhido o pedido de desconsideração, a alienação ou a oneração de bens, havida em fraude de execução, será ineficaz em relação ao requerente.

Diante desse arcabouço normativo, é possível concluir que, mesmo antes da reforma da LIA de 2021, o direito positivo brasileiro já aceitava a desconsideração da personalidade jurídica, notadamente quando uma entidade era empregada de forma fraudulenta. Após o advento da Lei nº 14.230, essa matéria passou a estar prevista expressamente nos arts. 16 e 17 da LIA, nos seguintes termos:

> Art. 16
> §7º A indisponibilidade de bens de terceiro dependerá da demonstração da sua efetiva concorrência para os atos ilícitos apurados ou, quando se tratar de pessoa jurídica, da instauração de incidente de desconsideração da personalidade jurídica, a ser processado na forma da lei processual. (Incluído pela Lei nº 14.230, de 2021)
> Art. 17
> §15. Se a imputação envolver a desconsideração de pessoa jurídica, serão observadas as regras previstas nos arts. 133, 134, 135, 136 e 137 da Lei nº 13.105, de 16 de março de 2015 (Código de Processo Civil). (Incluído pela Lei nº 14.230, de 2021)

Como a LIA remete o tema da desconsideração da personalidade jurídica ao CPC, ela só deve ter cabimento nas hipóteses de uso ilícito da pessoa jurídica. Em relação à improbidade administrativa especificamente, é possível imaginar uma situação em que uma pessoa jurídica seja criada e utilizada por um particular com o propósito exclusivo de viabilizar a prática de condutas ímprobas. Nesse caso, a desconsideração pode ser a medida necessária para a efetividade da decretação de indisponibilidade e das sanções aplicadas ao final da ação de improbidade. Se o patrimônio da pessoa jurídica utilizada para obstaculizar ilicitamente a recuperação do prejuízo e a efetividade da LIA for irrisório e o da pessoa física que dela seja sócia ou administradora seja expressivo, há fundamento suficiente para que, consoante o rito previsto no incidente processual do CPC, a pessoa física seja atingida. E o mesmo raciocínio é válido para a situação reversa em que o patrimônio da pessoa física que praticou a improbidade é todo transferido para uma pessoa jurídica com o desonesto objetivo de inviabilizar a eficácia da LIA.

O mais importante é que a pessoa jurídica não seja um obstáculo intransponível para atingir o patrimônio daquele que efetivamente praticou a conduta ímproba ou que dela se beneficiou, e que a decisão no sentido da desconsideração da personalidade jurídica seja precedida do contraditório e da ampla defesa, como propõe CPC.

12.3.16) Dano moral ao patrimônio público, dano moral coletivo e ressarcimento ao erário: Quando se menciona a necessidade de ressarcimento integral do dano sofrido, o que se tem em mente, em um primeiro plano, é o dano material, vale dizer, o prejuízo tangível sofrido pelo patrimônio público. Contudo, a conduta ímproba também pode ocasionar dano moral a ser reparado. E nada impede sejam os danos materiais cumulados com os morais, consoante autorizado pela Súmula nº 37 do STJ, *verbis*:

> São cumuláveis as indenizações por dano material e dano moral oriundos do mesmo fato.

Entendemos que o réu poderá ser responsabilizado pelo dano causado na sua forma mais ampla, de maneira que compreenda, também, o prejuízo moral.

E a multa não substitui e nem impede a condenação por dano moral.[218] Assim, quando se fala de "patrimônio público", devemos considerar não, apenas, o patrimônio material, tangível, mas, também o intangível, os bens de natureza imaterial. Pessoas jurídicas também podem sofrer uma lesão que acarrete dano moral. Nesse sentido, Emerson Garcia e Rogério Pacheco Alves, *verbis*:

> À mingua de restrição no texto constitucional, o qual prevê uma clausula geral de reparação de danos morais, bem como por estar em plena harmonia com a natureza das coisas, deve ser acolhida a tese de que a pessoa jurídica é passível de sofrê-los, não sendo possível estabelecer uma simbiose entre a reputação de seus membros e a sua, pois se tratam de realidades distintas e coexistentes, como tal devendo ser tratadas.
> É indiscutível que determinados atos podem diminuir o conceito da pessoa jurídica junto à comunidade, ainda que não haja uma repercussão imediata sobre o seu patrimônio. Existindo o dano moral, deverá ser implementando o seu ressarcimento integral, o que será feito com o arbitramento de numerário compatível com a qualidade dos envolvidos, as circunstâncias da infração e a extensão do dano, tudo sem prejuízo da reparação das perdas patrimoniais.[219]

Sobre o tema, o STJ reconhece que o dano moral sofrido por pessoas jurídicas também deve ser reparado, *verbis*:

> ADMINISTRATIVO. IMPROBIDADE ADMINISTRATIVA. DANO AO ERÁRIO. MULTA CIVIL. DANO MORAL. POSSIBILIDADE. PRESCRIÇÃO.
> 1. Afastada a multa civil com fundamento no princípio da proporcionalidade, não cabe se alegar violação do artigo 12, II, da LIA por deficiência de fundamentação, sem que a tese tenha sido anteriormente suscitada. Ocorrência do óbice das Súmulas 7 e 211/STJ.
> 2. "A norma constante do art. 23 da Lei nº 8.429 regulamentou especificamente a primeira parte do §5º do art. 37 da Constituição Federal. À segunda parte, que diz respeito às ações de ressarcimento ao erário, por carecer de regulamentação, aplica-se a prescrição vintenária preceituada no Código Civil (art. 177 do CC de 1916)" ? REsp 601.961/MG, Rel. Min. João Otávio de Noronha, DJU de 21.08.07.
> 3. *Não há vedação legal ao entendimento de que cabem* **danos morais** *em ações que discutam improbidade administrativa seja pela frustração trazida pelo ato ímprobo na comunidade, seja pelo desprestígio efetivo causado à entidade pública que dificulte a ação estatal.*
> 4. A aferição de tal dano deve ser feita no caso concreto com base em análise detida das provas dos autos que comprovem efetivo dano à coletividade, os quais ultrapassam a mera insatisfação com a atividade administrativa.
> 5. Superado o tema da prescrição, devem os autos retornar à origem para julgamento do mérito da apelação referente ao recorrido Selmi José Rodrigues e quanto à ocorrência e mensuração de eventual dano moral causado por ato de improbidade administrativa.
> 6. Recurso especial conhecido em parte e provido também em parte.
> (REsp 960.926/MG, Rel. Ministro CASTRO MEIRA, SEGUNDA TURMA, julgado em 18/03/2008, DJe 01/04/2008) (Grifamos)
> DIREITO CIVIL. RECURSO ESPECIAL. PUBLICAÇÃO DE MATÉRIA JORNALÍSTICA CONSIDERADA LESIVA À HONRA DE PESSOA JURÍDICA. DANO MORAL

---

[218] NEVES, Daniel Amorim Assumpção; OLIVEIRA, Rafael Carvalho Rezende. *Improbidade Administrativa*. Direito Material e Processual. 8. ed. Revista e atualizada. São Paulo: Gen-Forense, 2020. p. 251.
[219] GARCIA, Emerson; ALVES, Rogério Pacheco. *Improbidade Administrativa*. 4. ed. Revista e ampliada. Rio de Janeiro: Lumen Juris, 2008. p. 432.

CONFIGURADO. INDENIZAÇÃO DEVIDA. DECLARAÇÕES DO RÉU QUE TRANSBORDAM OS LIMITES DO DIREITO DE CRÍTICA. ABUSO DO DIREITO. DANO MORAL CONFIGURADO. INDENIZAÇÃO DEVIDA.
1. O litígio revela, em certa medida, colisão entre dois direitos fundamentais, consagrados tanto na Constituição Federal de 1988 quanto na legislação infraconstitucional, como o direito à livre manifestação do pensamento, de um lado, e a tutela dos direitos da personalidade, como a imagem e a honra, de outro, técnica extensível, na medida do possível, à pessoa jurídica, nos termos do art. 52 do Código Civil. Realmente, *é consagrado na jurisprudência do STJ o entendimento de que "a pessoa jurídica pode sofrer dano moral" (Súm 227 STJ)*.
2. Embora seja livre a manifestação do pensamento - mormente quando se trata de veículo de comunicação -, tal direito não é absoluto. Ao contrário, encontra rédeas tão necessárias para a consolidação do Estado Democrático quanto o direito à livre manifestação do pensamento. Não pode haver censura prévia, mas certamente controle posterior de matérias que ofendam a honra e a moral objetiva de cidadãos e instituições.
3. A liberdade de se expressar, reclamar, criticar, enfim, de se exprimir, esbarra numa condicionante ética, qual seja, o respeito ao próximo. O manto do direito de manifestação não tolera abuso no uso de expressões que ofendam os direitos da personalidade, extensíveis, na forma da lei, às pessoas jurídicas.
4. No caso, o comportamento adotado pelos recorridos, a pretexto de criticar eventual mau uso do dinheiro público ou dos meios de contratação/concessão de benefícios pelo governo, não enunciou propósito específico de denunciar a conduta do recorrente, mas, ao revés, de forma sub-reptícia, impingiu-lhe (e a seu sócio) diversas condutas criminosas, em verdadeiro abuso de direito. Tudo isso por se tratar de instituto que tem como um de seus sócios ministro da Suprema Corte, e por ter em seu corpo docente professores do alto escalão de todos os Poderes da República.
5. Realmente, infere-se a partir da leitura da matéria que, apesar de se pautar por algumas informações públicas, o contexto em que foram utilizadas acabou por ofender a honra objetiva do instituto recorrente, na medida em que o texto jornalístico - valendo-se de afirmações deletérias - traz ao leitor a nítida impressão de que a questão envolvida é policialesca, narrando uma onda de supostos crimes licitatórios, também contra a ordem econômica, tráfico de influência, além de diversos atos passíveis de improbidade administrativa.
6. Recurso especial parcialmente provido.
(REsp nº 1504833/SP, Rel. Ministro Luis Felipe Salomão, QUARTA TURMA, julgado em 01.12.2015, DJe 01.02.2016)

Em sua Súmula nº 227, o STJ pacifica o tema reconhecendo, expressamente, que pessoas jurídicas podem ter direito à indenização por danos morais, *verbis*:

Súmula: 227
A pessoa jurídica pode sofrer dano moral.

Em complementação à sua Súmula nº 227, o STJ editou 11 teses em matéria de Responsabilidade Civil – Dano Moral. A segunda e a décima tese possuem o seguinte teor:

2) O dano moral coletivo, aferível *in re ipsa*, é categoria autônoma de dano relacionado à violação injusta e intolerável de valores fundamentais da coletividade.
10) A pessoa jurídica pode sofrer dano moral, desde que demonstrada ofensa à sua honra objetiva.

A conclusão de que as pessoas jurídicas podem sofrer danos morais deveria ser, no nosso entender, aplicada tanto em relação às pessoas privadas quanto às públicas (leia-se, integrantes da Administração Pública). A diferença de regime jurídico não deveria justificar, a nosso sentir, uma negativa da indenização por dano moral em favor da pessoa de direito público que foi vítima de uma conduta ímproba.

Contudo, muito embora o STJ reconheça pacificamente o direito à indenização por dano moral em favor de pessoas jurídicas privadas, referida Corte opta, por outro lado, por unicamente assegurar o dano moral coletivo, quando a vítima da improbidade for pessoa da Administração Pública. Assim, o dano moral reconhecido pelo STJ é o de titularidade da sociedade (coletividade), e não o da pessoa jurídica pública. O fundamento para esse entendimento é o de que essas últimas não são titulares do direito fundamental à indenização por danos morais, direito que decorreria da ofensa à honra e à imagem de particulares, sejam eles pessoas físicas ou jurídicas. Em sendo a vítima da prática desonesta uma pessoa da Administração Pública, a comunidade é que sofreria o dano moral, e não especificamente a pessoa jurídica pública. Nesse diapasão, o prejuízo moral resultante de uma conduta ímproba em desfavor de uma pessoa da Administração Pública é considerado reparado pelo STJ em uma ação de improbidade, quando se assegura, no caso concreto, a indenização por dano moral coletivo. Considera-se o dano moral sofrido pela coletividade, e não o eventual dano moral da pessoa pública atingida pela improbidade. Especificamente sobre o tema, merece consulta a décima segunda tese do STJ firmada na sua Jurisprudência em Teses em matéria de Responsabilidade Civil – Dano Moral, *verbis*:

> 12) A pessoa jurídica de direito público não é titular de direito à indenização por dano moral relacionado à ofensa de sua honra ou imagem, porquanto, tratando-se de direito fundamental, seu titular imediato é o particular e o reconhecimento desse direito ao Estado acarreta a subversão da ordem natural dos direitos fundamentais.

No mesmo sentido, reconhecendo-se o direito à indenização por dano moral coletivo em uma ação de improbidade administrativa, confira-se o seguinte trecho da ementa do julgado do STJ sobre o tema:

> PROCESSUAL CIVIL. ADMINISTRATIVO. RECURSO ESPECIAL. ENUNCIADO ADMINISTRATIVO Nº 2/STJ. IMPROBIDADE ADMINISTRATIVA. (…) DANO MORAL COLETIVO. RECONHECIMENTO PELO TRIBUNAL DE ORIGEM DE REQUISITOS CONFIGURADORES DE DANO EXTRAPATRIMONIAL. INADEQUAÇÃO. SÚMULA 7/STJ. RECURSO ESPECIAL PARCIALMENTE CONHECIDO E NÃO PROVIDO.
> 1. No caso dos autos, o Ministério Público do Distrito Federal ajuizou ações cautelares e ação civil de improbidade administrativa contra Eurides Brito da Silva em face do recebimento de propina para prestar "apoio legislativo" aos interesses do Poder Executivo do Distrito Federal. Por ocasião da sentença, os pedidos foram julgados procedentes (fls. 869/926), o que foi mantido pelo Tribunal de origem. (…)
> 8. A Corte a quo, ao analisar a configuração de danos morais coletivos decorrente do ato ímprobo, asseverou (e-STJ fls. 1.050/1.052): "A meu ver, os fatos narrados na inicial e devidamente comprovados nos autos se mostram **suficientes para caracterizar o dano moral coletivo**, diante do abalo causado à credibilidade da Administração Pública do Distrito

Federal e a toda a sociedade local, pois se trata de evento de extrema gravidade que ganhou repercussão nacional nos diversos meios de comunicação. (...) De fato o recebimento de vantagem patrimonial indevida, por membro do Poder Legislativo do Distrito Federal, em troca de apoio político, afeta a confiança, depositada não apenas, no parlamentar envolvido, mas sobretudo na Administração Pública, causando perplexidade em toda a sociedade que se sente menosprezada e atingida negativamente em sua honra e dignidade por tal conduta. (...) Assim, a gravidade dos fatos narrados na inicial e o efeitos nocivos decorrentes da conduta da ré, ao receber verbas ilícitas para viabilizar o apoio político ao Governo do Distrito Federal, impõe a sua condenação ao pagamento de indenização pelos danos morais coletivos causados à sociedade na forma estabelecida na r. sentença recorrida." 9. A Corte de origem considerou presentes, no caso concreto, os requisitos para a configuração dos danos morais difusos ou coletivos diante do contexto fático e probatório. A reversão do referido entendimento demandaria, necessariamente, reexame de matéria fático-probatória, o que é inviável em recurso especial, nos termos da Súmula 7/STJ.
10. Recurso especial parcialmente conhecido e, nesse parte, não provido.
(REsp nº 1485514/DF, Rel. Ministro Mauro Campbell Marques, SEGUNDA TURMA, julgado em 09.10.2018, DJe 24.10.2018)

Na doutrina, o dano moral coletivo é compreendido por Carlos Humberto Prola Jr., nos seguintes termos:

> Assim como cada indivíduo tem sua carga de valores, também a comunidade, por ser um conjunto de indivíduos, tem uma dimensão ética. Os valores coletivos, portanto, dizem respeito à comunidade como um todo e não se confundem com os de cada pessoa, de cada elemento da coletividade, o que denota um caráter nitidamente indivisível[220]

Pensamos, assim, que não há como sustentar o ressarcimento integral em matéria de improbidade deixando de fora desse conceito o direito à recomposição do dano moral coletivo, o dano sofrido pela comunidade, em razão da prática desonesta, dano que não se confunde com o prejuízo material ou imaterial sofrido pela pessoa jurídica vítima da conduta ímproba.

12.3.17) Parâmetros para o reconhecimento do dano moral coletivo: A LIA não menciona os danos morais coletivos expressamente e, muito menos, quais parâmetros devem ser considerados para se chegar a um valor razoável desses danos na hipótese de condenação por improbidade administrativa.

Sobre o tópico, o STJ apresenta, em seus julgados, algumas diretrizes a serem observadas pelo magistrado quando condenar o réu ao pagamento de danos morais coletivos. A análise das decisões do STJ nos permite considerar os seguintes parâmetros para o reconhecimento e para o cálculo do dano moral coletivo:

> 1) A conduta antijurídica afeta, intoleravelmente, os valores e interesses coletivos fundamentais, mediante grave lesão.[221]

---
[220] PROLA JÚNIOR, Carlos Humberto. Improbidade administrativa e dano moral coletivo. *Boletim Científico da Escola Superior do Ministério Público da União*, Brasília-DF, Ano 8, n. 30/31, p. 206, jan./dez. 2009. Disponível em: file:///C:/Users/WINDOW~1/AppData/Local/Temp/ A6.Carlos%20Humberto%20 Prola%20Junior%20-%20%20 Improbidade% 20administrativa% 20e%20dano%20moral%20coletivo.pdf Acesso em: 12 abr. 2020.
[221] "O dano moral coletivo se dá *in re ipsa*, contudo, sua configuração somente ocorrerá quando a conduta antijurídica

2) A conduta ilícita agrava os riscos à saúde e à segurança de todos.[222]

3) O dano decorrente da improbidade administrativa causa uma significativa repercussão no meio social, e não decorre de todo e qualquer ato de improbidade.[223]

4) A improbidade é de extrema gravidade e provoca abalo à credibilidade da Administração Pública.[224]

12.3.18) Ressarcimento integral dos lucros cessantes: Além dos danos emergentes, o réu deverá recompor integralmente os lucros cessantes que a vítima da improbidade sofreu. Essa parcela específica é devida pelo fato de a conduta ímproba ter ocasionado uma frustação na expectativa futura de lucros. Dessa forma, tudo aquilo que a vítima da improbidade administrativa deixou de lucrar também terá de ser calculado e incluído no dever de ressarcimento integral.

12.3.19) Dosimetria da pena pelo STJ: De acordo com o entendimento predominante no STJ, a referida Corte só pode modificar a pena aplicada pelas instâncias ordinárias em ações de improbidade administrativa, quando o provimento judicial impugnado se afastar da regra veiculada pelo art. 12 da LIA ou não se mostrar proporcional. Nesse sentido, confira-se o seguinte julgado:

> DIREITO SANCIONADOR. AGRAVO INTERNO EM RESP. ACP DE IMPROBIDADE ADMINISTRATIVA. PRETENSÃO JULGADA PROCEDENTE PELAS INSTÂNCIAS ORDINÁRIAS, PORÉM COM REDUÇÃO DE SANÇÕES. PRETENSÃO DO ÓRGÃO ACUSADOR DE REVISÃO DA DOSIMETRIA, PARA MAJORÁ-LA. NÃO SE CONSTATA NA ESPÉCIE A HIPÓTESE EXCEPCIONAL DE DESPROPORÇÃO NA APLICAÇÃO DE SANÇÕES QUE JUSTIFIQUE A SUA ALTERAÇÃO POR ESTA CORTE SUPERIOR EM CONTROLE DE LEGALIDADE. AGRAVO INTERNO DO ÓRGÃO ACUSADOR DESPROVIDO.

---

afetar, intoleravelmente, os valores e interesses coletivos fundamentais, mediante conduta maculada de grave lesão, para que o instituto não seja tratado de forma trivial, notadamente em decorrência da sua repercussão social". Trecho da ementa do REsp nº 1840463/SP, Rel. Ministro Marco Aurélio Bellizze, TERCEIRA TURMA, julgado em 19.11.2019, DJe 03.12.2019.

[222] "Provoca dano moral coletivo consistente no agravamento dos riscos à saúde e à segurança de todos, prejuízo esse atrelado igualmente à redução dos níveis de fluidez do tráfego e de conforto dos usuários. Assim, reconhecidos os danos materiais e morais coletivos (*an debeatur*), verifica-se a imprescindibilidade de devolução do feito ao juízo de origem para mensuração do *quantum debeatur*". Trecho da ementa do REsp nº 1574350/SC, Rel. Ministro Herman Benjamin, SEGUNDA TURMA, julgado em 03.10.2017, DJe 06.03.2019.

[223] "O dano moral difuso e coletivo não é causado por todo e qualquer ato de improbidade administrativa e, na hipótese, é necessário o curso da fase instrutória processual a fim de verificar se o ato ímprobo em análise causa evidente e significativa repercussão no meio social". Trecho da ementa do AgInt no AREsp nº 1392625/GO, Rel. Ministro Mauro Campbell Marques, SEGUNDA TURMA, julgado em 23.05.2019, DJe 28.05.2019.

[224] "8. A Corte *a quo*, ao analisar a configuração de danos morais coletivos decorrentes do ato ímprobo, asseverou (e-STJ fls. 1.050/1.052): "A meu ver, os fatos narrados na inicial e devidamente comprovados nos autos se mostram suficientes para caracterizar o dano moral coletivo, diante do abalo causado à credibilidade da Administração Pública do Distrito Federal e a toda a sociedade local, pois se trata de evento de extrema gravidade que ganhou repercussão nacional nos diversos meios de comunicação.

(...) de fato o recebimento de vantagem patrimonial indevida, por membro do Poder Legislativo do Distrito Federal, em troca de apoio político, afeta a confiança, depositada não apenas, no parlamentar envolvido, mas sobretudo na Administração Pública, causando perplexidade em toda a sociedade que se sente menosprezada e atingida negativamente em sua honra e dignidade por tal conduta. (...). Assim, a gravidade dos fatos narrados na inicial e o efeitos nocivos decorrentes da conduta da ré, ao receber verbas ilícitas para viabilizar o apoio político ao Governo do Distrito Federal, impõe a sua condenação ao pagamento de indenização pelos danos morais coletivos causados à sociedade na forma estabelecida na r. sentença recorrida." Trecho da ementa do REsp nº 1485514/DF, Rel. Ministro Mauro Campbell Marques, SEGUNDA TURMA, julgado em 09.10.2018, DJe 24.10.2018.

1. Cinge-se a controvérsia em saber se é caso de se efetuar, em controle de legalidade, a alteração das sanções por improbidade administrativa aplicadas na presente demanda.
2. Acerca do tema, é sabido que, nessa instância superior, a revisão das reprimendas aplicadas por ato de improbidade administrativa é permitida apenas se verificada a inobservância aos limites estabelecidos no art. 12 da Lei 8.429/1992, ou se na leitura do acórdão recorrido transparecer falta de proporcionalidade e razoabilidade (REsp. nº 1.130.318/SP, Rel. Min. Herman Benjamin, DJe 27.4.11). De igual modo: AgInt no REsp. 1.606.097/MG, Rel. Min. Benedito Gonçalves, DJe 23.04.2018.
3. Na espécie, o Tribunal de origem, diante das fraudes perpetradas em processo licitatório, houve por bem aplicar a sanção de multa civil no equivalente a 5 remunerações do Prefeito à época dos fatos. A exclusão das mais graves sanções, como a de perda da função pública e proscrição de direitos políticos, levou em consideração o fato de que inocorreu proveito pessoal ilícito e lesão aos cofres públicos pelos implicados. Portanto, *não se verifica hipótese de revisão do que ficou decidido no aresto recorrido, isto é, não se divisa irrazoabilidade na aplicação dos castigos, não se tratando de situação excepcional justificadora de alteração do que se concluiu no ponto; inocorreu violação do art. 12 da LIA, portanto.*
4. Agravo Interno do Órgão Acusador desprovido.
(AgInt no REsp nº 1588874/RN, Rel. Ministro Napoleão Nunes Maia Filho, PRIMEIRA TURMA, julgado em 04.05.2020, DJe 08.05.2020) (Grifamos)

Em sua Jurisprudência em Teses, o STJ também indica o referido entendimento, *in verbis*:

Jurisprudência em teses do STJ. Edição nº 38: Improbidade Administrativa – I.
10) A revisão da dosimetria das sanções aplicadas em ação de improbidade administrativa implica reexame do conjunto fático-probatório dos autos, encontrando óbice na súmula 7/STJ, salvo se da leitura do acórdão recorrido verificar-se a desproporcionalidade entre os atos praticados e as sanções impostas.

Assim, incumbe às instâncias ordinárias avaliar a adequação das sanções a serem aplicadas em uma ação de improbidade. O princípio da adequação punitiva, que impõe a consideração da proporcionalidade na aferição da gravidade da conduta e a escolha da pena a ser aplicada, é que deve orientar o magistrado sentenciante na ação de improbidade administrativa.

12.3.20) Conduta única que se amolda nas diversas espécies de improbidade administrativa: Há circunstâncias em que um único ato acarreta, simultaneamente, um enriquecimento indevido, prejuízo ao erário e uma ofensa aos princípios da Administração Pública. Nesse caso, o réu deve ser punido por uma das três espécies de condutas, e deverão ser aplicadas as penalidades concernentes à conduta mais específica, ainda que de maior gravidade. Essa conclusão é resultante do princípio da especialidade.

Por outro lado, se um único ato ímprobo acarretar ilícitos sucessivos, com progressão na lesão aos bens jurídicos tutelados, deverá ser aplicada unicamente a pena da conduta mais grave, que absorverá as demais condutas. Nesse caso, aplica-se o princípio da consunção.

O princípio da subsidiariedade, por sua vez, remete à conclusão de que o réu responderá de acordo com o tipo dotado de um caráter primário em relação à violação do bem jurídico que se pretende tutelar.

12.3.21) Variedade de condutas que se encaixam nas hipóteses dos arts. 9º, 10 e 11: Em algumas situações, o réu pratica inúmeras condutas que se amoldam ao que descrito nos mais variados artigos da LIA. Nesses casos, o réu será, a princípio, punido por mais de uma vez e serão aplicadas as sanções referentes a cada ato praticado. Haverá, assim, concurso material em que o demandado será punido por todas as condutas ímprobas. A Lei nº 8.429 nada menciona expressamente sobre a possibilidade de adoção de algo semelhante ao que no art. 70 do Código Penal recebe o nome de concurso formal.[225] Contudo, a verdade é que o concurso formal pressupõe, no Direito Penal, a prática de uma única ação que se encaixa na definição de dois ou mais crimes. Na improbidade administrativa, por sua vez, quando o réu realiza uma única ação ou omissão, ele responderá por uma única conduta ímproba, qual seja, a de maior gravidade, o que segue a lógica do instituto do concurso formal do art. 70 do CP. Desse modo, na prática, a adoção dos princípios da especialidade, consunção e subsidiariedade em matéria de improbidade administrativa enseja efeito semelhante ao que resultaria da adoção do instituto do concurso formal do Direito Penal.

12.3.22) Aplicação cumulativa das sanções: Caso o réu na ação de improbidade tenha de ser punido mais de uma vez por ter praticado variadas condutas desonestas, as sanções contidas no art. 12 da LIA poderão ser cumuladas. Para tanto, é imprescindível que haja compatibilidade entre as sanções para que a acumulação possa ocorrer.[226] A pena de suspensão dos direitos políticos e a de proibição de contratar ou de receber benefícios ou incentivos fiscais ou creditícios do poder público só podem, a título de ilustração, ser cumuladas até o limite legalmente permitido de 20 anos (art. 18-A, parágrafo único). No caso específico da suspensão dos direitos políticos, por exemplo, a ultrapassagem dos 20 anos transformaria a natureza da sanção, aproximando-a de uma autêntica e inconstitucional hipótese de cassação de direitos políticos.[227]

Quanto à pena de multa, por outro lado, não há maiores problemas quanto à sua cumulação. O réu poderá ser multado por cada improbidade administrativa praticada.[228]

---

[225] Concurso formal: Art. 70 – Quando o agente, mediante uma só ação ou omissão, pratica dois ou mais crimes, idênticos ou não, aplica-se-lhe a mais grave das penas cabíveis ou, se iguais, somente uma delas, mas aumentada, em qualquer caso, de um sexto até metade. As penas aplicam-se, entretanto, cumulativamente, se a ação ou omissão é dolosa e os crimes concorrentes resultam de desígnios autônomos, consoante o disposto no artigo anterior. Parágrafo único – Não poderá a pena exceder a que seria cabível pela regra do art. 69 deste Código.

[226] Nesse mesmo sentido, Carvalho Filho. CARVALHO FILHO, José dos Santos. *Manual de Direito Administrativo*. 31. ed. São Paulo: Gen/Atlas, 2017. p. 1.169.

[227] Na doutrina, Carvalho Filho adota uma posição mais restritiva quanto à possibilidade de cumulação da referida sanção. No seu dizer, seria "impossível juridicamente somar sanções de suspensão dos direitos políticos no caso de mais de uma condenação por improbidade administrativa". CARVALHO FILHO, José dos Santos. *Manual de Direito Administrativo*. 31. ed. São Paulo: Gen/Atlas, 2017. p. 1.174. No mesmo sentido, Rafael Oliveira e Daniel Assumpção, para quem seria "inviável uma cumulação de sanções de suspensão, o que poderia levar a uma tácita cassação dos direitos políticos, o que nitidamente contraria o espírito da pena consagrada nos arts. 15, V, e 37, §4º, da CF e 12 da Lei 8.429/1992". NEVES, Daniel Amorim Assumpção; OLIVEIRA, Rafael Carvalho Rezende. *Improbidade Administrativa*. Direito Material e Processual. 8. ed. Revista e atualizada. São Paulo: Gen-Forense, 2020. p. 258.

[228] Com a mesma lógica, Emerson Garcia e Rogério Pacheco Alves. GARCIA, Emerson; ALVES, Rogério Pacheco. *Improbidade Administrativa*. 4. ed. Revista e ampliada. Rio de Janeiro: Lumen Juris, 2008. p. 495.

12.3.23) Continuidade delitiva: O Código Penal brasileiro admite, no seu artigo 71, o instituto da continuidade delitiva. Em linhas gerais, ocorre o crime continuado "quando o agente, mediante mais de uma ação ou omissão, pratica dois ou mais crimes da mesma espécie e, pelas condições de tempo, lugar, maneira de execução e outras semelhantes, devem os subsequentes ser havidos como continuação do primeiro".[229] A consequência do emprego do referido instituto no Direito Penal é a aplicação de uma pena menor que a decorrente do somatório de todos os crimes praticados. O criminoso será punido com "a pena de um só dos crimes, se idênticas, ou a mais grave, se diversas, aumentada, em qualquer caso, de um sexto a dois terços". A medida é elogiável e justa, porquanto evita sanções extremamente elevadas para crimes que estão diretamente relacionados pelas circunstâncias em que praticados.

A redação original da Lei nº 8.429 nada mencionava sobre a possibilidade de se adotar a ficção da continuidade delitiva em relação às condutas ímprobas. No entanto, sempre sustentamos que, caso uma pessoa praticasse várias condutas desonestas em continuidade pelas condições do tempo, maneira de execução e outras semelhantes, ela deveria ser punida de acordo com a lógica da continuidade delitiva. Não seria razoável que o réu fosse sancionado com o somatório de todas as condutas como se elas não tivessem qualquer relação entre si.

Em artigo sobre o tema da independência das instâncias punitivas, defendemos que a continuidade delitiva é um instituto do Direito Penal que pode – e deve – ser utilizado no âmbito do Direito Administrativo Sancionador, *in verbis*:

> Nesse cenário, diferentes princípios como o da legalidade, devido processo legal, proporcionalidade, segurança jurídica, proteção da confiança, ampla defesa e o contraditório passam a desempenhar uma crucial função delimitadora da atividade sancionatória empreendida pela Administração Pública. Além destes mais gerais, princípios setoriais do Direito Penal, como o da culpabilidade, da vedação à analogia, presunção de inocência, do *non bis idem*, as regras de concurso de ilícitos, o princípio da insignificância e a sistemática da continuidade delitiva também podem incidir no Direito Administrativo Sancionador.[230]

Com o mesmo entendimento, Alejandro Nieto salienta que os clássicos institutos do Direito Penal não podem ser ignorados pelo Direito Administrativo

---

[229] Crime continuado: Art. 71 – Quando o agente, mediante mais de uma ação ou omissão, pratica dois ou mais crimes da mesma espécie e, pelas condições de tempo, lugar, maneira de execução e outras semelhantes, devem os subsequentes ser havidos como continuação do primeiro, aplica-se-lhe a pena de um só dos crimes, se idênticas, ou a mais grave, se diversas, aumentada, em qualquer caso, de um sexto a dois terços.
Parágrafo único – Nos crimes dolosos, contra vítimas diferentes, cometidos com violência ou grave ameaça à pessoa, poderá o juiz, considerando a culpabilidade, os antecedentes, a conduta social e a personalidade do agente, bem como os motivos e as circunstâncias, aumentar a pena de um só dos crimes, se idênticas, ou a mais grave, se diversas, até o triplo, observadas as regras do parágrafo único do art. 70 e do art. 75 deste Código.

[230] ARAÚJO, Valter Shuenquener de. O princípio da interdependência das instâncias punitivas e seus reflexos no Direito Administrativo Sancionador. *Revista Jurídica da Presidência*, Brasília, v. 23, n. 131, p. 629-653, out.2021/jan.2022. DOI: http://dx.doi.org/10.20499/2236-3645.RJP2022v23e131-1875. Acesso em: 19 jan. 2022.

Sancionador, disciplina que deve, sempre que for possível, "apropriar-se de técnicas e figuras penais".[231]

No STJ, em precedentes do período que antecede a reforma da LIA de 2021, há uma tendência de aceitação do instituto da continuidade delitiva no âmbito do Direito Administrativo, ainda que com alguns ajustes decorrentes do fato de que nem todas as sanções administrativas viabilizam a adoção da lógica da unidade ficta do ilícito. Senão vejamos:

> ADMINISTRATIVO. RECURSO ESPECIAL. SERVIDOR PÚBLICO. PROCESSO ADMINISTRATIVO DISCIPLINAR. DEMISSÃO. (...) ART. 71, CAPUT, DO CP. INAPLICABILIDADE AO CASO. DISTINÇÃO ENTRE AS CONDIÇÕES DE TEMPO, LUGAR E MODO DE EXECUÇÃO DOS ILÍCITOS ADMINISTRATIVOS.
> (...) 4. *A integração por norma advinda do sistema penal pode, ou não, se adequar ao sistema normativo do direito administrativo sancionador.* Há fatos ilícitos administrativos que, se cometidos de forma continuada pelo servidor público, não se sujeitam à sanção com aumento do quantum sancionatório, justamente porque não se pode tratar de aumento quando a sanção administrativa, por sua natureza, inadmitir a unidade ficta para favorecer o agente.
> 5. *No caso dos autos, evidencia-se, desde logo, não ser hipótese para a incidência do normativo federal, diga-se, artigo 71, caput, do Código Penal, isso porque conforme consta no acórdão recorrido, os ilícitos foram praticados em condições de tempo, lugar e modo de execução dessemelhantes.*
> 6. Recurso especial parcialmente conhecido e não provido.
> (REsp nº 1471760/GO, Rel. Ministro Benedito Gonçalves, PRIMEIRA SEÇÃO, julgado em 22.02.2017, DJe 17.04.2017) (Grifamos)

Em matéria de poder de polícia, também compreendido no escopo do DAS, o STJ já aceitou a transposição do instituto do crime continuado para o Direito Administrativo, *in verbis*:

> ADMINISTRATIVO – SUNAB – SANÇÃO ADMINISTRATIVA POR INFRAÇÃO AO TABELAMENTO DE PREÇO – NATUREZA CONTINUADA.
> 1. *A jurisprudência desta Corte, em reiterados precedentes, tem entendido que há infração continuada quando a Administração Pública, exercendo o poder de polícia, constata, em uma mesma oportunidade, a ocorrência de infrações múltiplas da mesma espécie.* A caracterização da continuidade delitiva administrativa se dá em uma única autuação (múltiplos precedentes).
> 2. Recurso especial provido.
> (REsp nº 616.412/MA, Rel. Ministra Eliana Calmon, SEGUNDA TURMA, julgado em 28.09.2004, DJ 29.11.2004, p. 295)
> REsp nº 616.412/MA, Segunda Turma, Rel. Min. Eliana Calmon, julg. em 28.09.2004, *DJ* 29.11.2004)

O que temos, portanto, é um tema que ainda não está maduro nos tribunais, em que ora se admite e ora não se admite o emprego da continuidade delitiva no Direito Administrativo Sancionador, nesse último caso muito em virtude da espécie de sanção aplicada que pode não ter variação do seu *quantum* para os fins de eventual aumento.

---

[231] NIETO, Alejandro. *Derecho administrativo sancionador*. Madrid: Tecnos, 1994. p. 453.

Um último argumento de reforço à possibilidade de adoção da continuidade delitiva em matéria de improbidade administrativa está relacionado com a racionalidade, coerência e consistência que deve existir na atuação estatal punitiva. É ilógico que uma determinada conduta seja interpretada pelo Direito Penal à luz da continuidade delitiva e que a mesma prática desonesta origine punições múltiplas na esfera da improbidade administrativa pela aplicação do concurso material, quando o mais justo seria a ficção oriunda do Direito Penal. A imprópria recusa da transposição da continuidade delitiva para a seara da improbidade administrativa origina uma irracional incoerência no sistema punitivo estatal.

Por essa razão, veio em boa hora a reforma legal de 2021 que introduziu, ainda que de maneira muito tímida, o tema no art. 18-A da LIA, *in verbis*:

> Art. 18-A. A requerimento do réu, na fase de cumprimento da sentença, o juiz unificará eventuais sanções aplicadas com outras já impostas em outros processos, tendo em vista a eventual continuidade de ilícito ou a prática de diversas ilicitudes, observado o seguinte: (Incluído pela Lei nº 14.230, de 2021)
> I – no caso de continuidade de ilícito, o juiz promoverá a maior sanção aplicada, aumentada de 1/3 (um terço), ou a soma das penas, o que for mais benéfico ao réu; (Incluído pela Lei nº 14.230, de 2021)
> II – no caso de prática de novos atos ilícitos pelo mesmo sujeito, o juiz somará as sanções.

De acordo com o texto legal, alguns requisitos devem ser observados para o emprego do instituto da continuidade delitiva no âmbito da improbidade administrativa. São eles os seguintes:

i) o réu precisa requerer o emprego da continuidade delitiva;
ii) a continuidade delitiva será reconhecida após a condenação e, portanto, na fase de cumprimento da sentença;
iii) o magistrado unificará as sanções com outras impostas em outros processos;
iv) o magistrado aumentará a maior sanção em 1/3 (um terço), ou a soma das penas, o que for mais benéfico ao réu;
v) se o réu praticar novas condutas ímprobas, o juiz somará as sanções.

É inegável que o art. 18-A representa um importante avanço em matéria de unificação de penas e de continuidade delitiva, mas algumas críticas devem ser feitas quanto ao modo como o tema foi abordado na lei.

A primeira que fazemos é a de que não vemos razão, por exemplo, para a continuidade delitiva depender de requerimento do réu, na medida em que ela também poderia, sem maiores dificuldades, ser declarada de ofício. E, ainda, não é razoável deslocar o tema da continuidade delitiva para a fase de cumprimento da sentença, especialmente se o juiz já tiver condições de, no momento da sentença, aplicar as sanções com amparo no que a continuidade delitiva permite. O texto legal apenas menciona expressamente a continuidade delitiva quando já tiver sido aplicada uma sanção em outro processo. Ocorre que o preceito legal também deveria ter mencionado a possibilidade de se adotar a continuidade delitiva quando as várias condutas estiverem sendo apuradas no âmbito de um único processo. É que a continuidade delitiva não precisaria depender de uma prévia condenação. Ao revés, poderia decorrer de várias condutas que estão sendo julgadas em uma única ação de improbidade. O primeiro passo foi dado, mas a caminhada ainda é longa para que todas as lacunas existentes sejam preenchidas e possamos ter um justo e coerente sistema punitivo estatal.

12.3.24) Destinação da multa: A Lei de Improbidade Administrativa foi omissa quanto à destinação a ser dada à multa. No entanto, a regra veiculada pelo art. 18 da LIA deve ser aplicada, no sentido de que a pessoa jurídica prejudicada pelo ilícito deve receber os valores e bens resultantes da condenação. A mesma lógica deve valer para a multa.[232] A pessoa prejudicada deve ser a única destinatária de todos os efeitos patrimoniais da ação de improbidade, na medida em que ausente qualquer previsão na Lei nº 8.429 que beneficie a parte autora da ação ou eventualmente um fundo para a tutela de direitos e interesses difusos.

12.3.25) Cumulação do pedido de aplicação de sanção (sentença condenatória) com outros pedidos: A LIA menciona no seu art. 12 as sanções que podem ser aplicadas em razão da prática de improbidade administrativa. Contudo, referida lei não proíbe que, além do pedido de condenação nas referidas sanções, a parte autora formule pedido declaratório ou constitutivo. É bem verdade que a ação de improbidade não pode ser manejada para alcançar o que poderia ser atingido com o ajuizamento exclusivo de uma ação civil pública. Essa última não possui uma função eminentemente sancionatória como a ação de improbidade. No entanto, se houver pedido de condenação a uma sanção do art. 12 na ação de improbidade, ele poderá ser acompanhado de pedidos declaratórios ou constitutivos. É possível, por exemplo, que o juiz, ao julgar o contexto fático associado à improbidade administrativa, declare que um documento é falso (declaratória), bem como que invalide um contrato administrativo (constitutiva negativa). O STJ tem decidido neste mesmo sentido:

> *Jurisprudência em teses do STJ*. Edição nº 186: Improbidade Administrativa – III
> 1) É lícita a cumulação de pedidos de natureza condenatória, declaratória e constitutiva na ação civil pública por ato de improbidade administrativa.

12.3.26) Ressarcimento integral do dano e/ou restituição dos bens não geram anistia: Não ocorre anistia ou algo semelhante, quando o réu decide recompor integralmente o dano sofrido pelo erário ou restituir os bens ao poder público. Tais providências são medidas a serem consideradas na dosimetria da sanção, nos termos do que estabelecido pelo art. 17-C, IV, "f" da LIA:

> Art. 17-C. A sentença proferida nos processos a que se refere esta Lei deverá, além de observar o disposto no art. 489 da Lei nº 13.105, de 16 de março de 2015 (Código de Processo Civil):

---

[232] Com o mesmo entendimento, Rafael Oliveira e Daniel Assumpção. NEVES, Daniel Amorim Assumpção; OLIVEIRA, Rafael Carvalho Rezende. *Improbidade Administrativa*. Direito Material e Processual. 8. ed. Revista e atualizada. São Paulo: Gen-Forense, 2020. p. 260.

IV – considerar, para a aplicação das sanções, de forma isolada ou cumulativa:
f) a atuação do agente em minorar os prejuízos e as consequências advindas de sua conduta omissiva ou comissiva; (Incluído pela Lei nº 14.230, de 2021)

Entretanto, esse comportamento não tem o condão de impedir a aplicação de uma sanção por improbidade administrativa. No mesmo sentido, o STJ, a saber:

> *Jurisprudência em teses do STJ.* Edição nº 187: Improbidade Administrativa – IV
> 10) Eventual ressarcimento ou restituição dos bens à administração pública não afasta a prática de ato de improbidade administrativa, pois tal recomposição não implica anistia ou exclusão deste ato.

12.3.27) Termo inicial da incidência dos juros e da correção monetária incidentes sobre a multa: Ao aplicar uma pena de multa na ação de improbidade, o magistrado deverá fixar o termo *a quo* de incidência da correção monetária e dos juros de mora. O tema é sempre tormentoso nos tribunais e há os mais variados critérios para a definição das datas de início de incidência dessas duas parcelas. O STJ decidiu afetar a matéria para julgamento sob o rito dos recursos repetitivos e terá de definir se os juros e a correção devem ser contados a partir do trânsito em julgado, da data do evento danoso ou de outro marco processual.[233]

A **correção monetária** é parcela devida para atualizar a expressão econômica da moeda. Não é uma punição ou medida para compensar alguma perda quanto ao proveito econômico de um bem. Trata-se de montante devido pelo fato de existir inflação que corrói o valor da moeda. A multa, por sua vez, é criada no momento em que o juiz sentencia. É nesse momento que o magistrado avalia qual o valor adequado da multa dentro dos limites estabelecidos pelo art. 12 da LIA. Sendo fixado o seu valor na data da sentença, entendemos que a correção monetária deve incidir a partir desse momento.

Quando a Súmula nº 43 do STJ menciona que a correção monetária incide sobre dívida por ato ilícito a partir da data do efetivo prejuízo, tal circunstância é diferente da que ocorre com a pena de multa aplicada na ação de improbidade. A súmula nº 43 está se referindo à dívida que surgiu no exato momento em que ocorreu o prejuízo. Cuida-se do montante principal do prejuízo que surge na data em que o ilícito ocorreu. Por sua vez, a multa, por mais que também represente uma dívida oriunda de um ilícito, não nasce na data do prejuízo. Ela é consequência de uma sentença condenatória e apenas passa a existir no momento em que foi fixada. Seria, portanto, desarrazoado fazer incidir correção monetária no valor da multa computando um momento anterior ao da sua criação/existência. É da sua criação para frente que deve incidir a correção monetária. Portanto, entendemos que a correção monetária é devida a partir da data em que foi proferida a sentença que fixou a multa e será calculada até o efetivo pagamento da quantia devida.

---

[233] STJ. Primeira Seção. Tema 1.128. Rel. Min. Og Fernandes. Recursos Especiais nº 1.942.196, nº 1.953.046 e nº 1.958.567.

Em relação aos **juros de mora**, eles são devidos, em razão do atraso no pagamento de um valor devido. Assim, só é possível fazer fluir juros de mora a partir do momento em que o devedor poderia juridicamente pagar. Antes dessa data, não é possível concluir que há mora. É por isso, por exemplo, que, na desapropriação em que o devedor é a Fazenda Pública, os juros de mora apenas são devidos a partir da data em que o precatório é pago com atraso. Nesse contexto, os juros de mora da multa fixada na ação de improbidade serão devidos a partir do momento em que o atraso se verificar. Por essa razão, seria inaplicável a Súmula nº 54 do STJ para tratar dos juros de mora em relação à multa aplicada na ação de improbidade. Referida súmula estipula que "os juros moratórios fluem a partir do evento danoso, em caso de responsabilidade extracontratual". Entretanto, no caso da ação de improbidade, a base de cálculo dos juros de mora é a multa, que só foi fixada e passou a existir em momento bem posterior ao do evento danoso. Assim, entendemos que os juros de mora devem ser computados a partir do trânsito em julgado da sentença na ação de improbidade, notadamente porque a própria LIA estipula que as sanções, dentre elas a de multa, só serão executadas com o trânsito em julgado. Como antes do trânsito em julgado a multa não poderá ser exigida pela parte autora, não há que se falar em mora. Mora apenas existirá, a justificar a incidência dos respectivos juros, se, após o trânsito, o réu não pagar a multa devida. Esse entendimento encontra fundamento no mesmo raciocínio que levou o STF a editar a Súmula Vinculante nº 17, *in verbis*:

> Durante o período previsto no parágrafo 1º do artigo 100 da Constituição, não incidem juros de mora sobre os precatórios que nele sejam pagos.

12.3.28) Aplicação isolada e cumulativa da proibição de contratar com o poder público, da proibição de receber benefícios ou incentivos fiscais e da proibição de receber benefícios ou incentivos creditícios: A redação do art. 12 da LIA não é aparentemente muito clara quanto ao tema abordado neste tópico, mas ela, segundo o que nos parece, não prevê uma única sanção capaz de proibir o réu de simultaneamente contratar com o poder público e de receber benefícios ou incentivos fiscais ou creditícios. Estamos, na realidade, diante de três possíveis e distintas sanções, o que se confirma pela redação do *caput* do art. 12, no sentido de que as sanções podem ser aplicadas isoladas ou cumulativamente. Assim, o réu pode ser condenado à pena de proibição de contratar com o poder público, mas não ser punido com a proibição de receber benefícios fiscais ou creditícios, nem mesmo com a proibição de receber incentivos fiscais ou creditícios, e vice-versa. No mesmo sentido, Alexandre Gavronski sustenta que:

> conquanto previstas pela lei de modo aparentemente único ("proibição de contratar com o Poder Público ou receber benefícios ou incentivos fiscais ou creditícios, direta ou indiretamente, ainda que por intermédio de pessoa jurídica da qual seja sócio majoritário, pelo prazo de X anos") não deve restar dúvida de que são diversas, no conteúdo e na forma de efetivação. A "proibição de contratar" guarda direta relação com as contratações disciplinadas pela Lei n. 8.666/1993 para fornecimento de produtos e serviços para o

Poder Público, e sua efetivação, como adiante se verá, depende de atuação da CGU. A "proibição de receber benefícios ou incentivos fiscais" não guarda nenhuma relação com a contratação com o Poder Público, e sua efetivação depende das autoridades fiscais (a Receita Federal, nesta esfera). Já a proibição de recebimento de benefícios ou incentivos creditícios, conquanto também se operacionalize por meio de contratos, possui algumas peculiaridades em relação à proibição de contratar, visto que eles são firmados apenas com instituições financeiras, notadamente aquelas que oferecem crédito subsidiado, conhecidas como bancos de fomento (Banco Nacional de Desenvolvimento Econômico e Social, Banco da Amazônia, Banco do Nordeste e, quanto a diversas operações de crédito, o Banco do Brasil e a Caixa Econômica Federal).[234]

12.3.29) Proibição de contratar com o poder público ou de receber benefícios ou incentivos fiscais ou creditícios que atinge pessoa jurídica da qual o condenado seja sócio majoritário: O art. 12 da LIA prevê a possibilidade de as sanções de proibição de contratar o poder público, de receber benefícios ou incentivos fiscais, e de receber benefícios ou incentivos creditícios podem atingir pessoa jurídica da qual o réu é sócio majoritário. Para tanto, é fundamental que a pessoa jurídica tenha sido incluída no título executivo judicial. Muito embora a LIA não tenha um nível de detalhamento capaz de afastar qualquer dúvida quanto a este tópico, entendemos que a pessoa jurídica atingida pela condenação pelo fato de o réu ser seu sócio majoritário também precisa estar envolvida na prática da improbidade, ou ter sido empregada para inviabilizar a efetividade do cumprimento da sentença.

A mera participação societária, ainda que majoritária, do réu condenado no capital social de pessoa jurídica diversa da que praticou a conduta ímproba não pode, por si só, legitimar a transferência da responsabilidade pela prática da improbidade a uma pessoa jurídica. É, aliás, plenamente possível que o sócio majoritário de uma pessoa jurídica sequer seja o seu administrador. Uma aplicação mais elástica do dispositivo legal, a fim de que ele automaticamente atinja toda e qualquer pessoa jurídica da qual o réu, pessoa física ou jurídica, seja sócio majoritário, ofende o princípio da intranscendência, presume indevidamente a má-fé e compromete a ideia da separação patrimonial da pessoa física e jurídica.

12.3.30) Coisa julgada parcial e execução definitiva parcial da condenação: A reforma legal de 2021 não deixou dúvidas quanto à necessidade de que as sanções transitem em julgado para que sejam executadas.[235] A exigência aparece no art. 12, §9º, da LIA. Contudo, é possível que uma parte da condenação transite em julgado e isso possibilite a execução parcial do *decisum*. Em situações como essa, não se está diante de uma execução provisória da sentença, mas de uma execução definitiva da parte do provimento judicial que transitou em julgado. Pode ocorrer, por exemplo, de a sentença transitar em julgado em relação a um ou mais de seus capítulos que sejam cindíveis. Isso acontece na ausência de interposição

---

[234] GAVRONSKI, Alexandre Amaral. *Efetivação das condenações nas ações de responsabilização por improbidade administrativa*: manual e roteiro de atuação. 2. ed. Brasília: MPF, 2019. p. 25.

[235] Vale rememorar que no caso da pena de suspensão dos direitos políticos, tal como já comentamos neste livro, ela poderá produzir o efeito da inelegibilidade mesmo antes do seu trânsito em julgado.

de um recurso sobre referidos capítulos, notadamente quando a impugnação protocolizada não disser respeito a uma questão comum.

Na hipótese de um recurso ser interposto por corréu em relação a tema que seja comum, não haverá trânsito em julgado parcial, nos termos do que prevê o art. 1005 do CPC:

> Art. 1.005. O recurso interposto por um dos litisconsortes a todos aproveita, salvo se distintos ou opostos os seus interesses.

No mesmo sentido do que defendemos, Alexandre Gavronski sustenta a possibilidade de coisa julgada parcial em uma ação de improbidade:

> Na improbidade administrativa, a hipótese mais usual de trânsito em julgado parcial verifica-se quando a condenação de vários réus é objeto de recurso por apenas um ou alguns deles sustentando questões não comuns referentes a um capítulo cindível do pronunciamento decisório. São exemplos dessas questões: a ausência do elemento subjetivo na conduta dos recorrentes ou de sua participação nos atos julgados ímprobos, ou, ainda, a irrelevância da respectiva participação.[236]

Teresa Arruda Alvim Wambier e Luiz Rodrigues Wambier também compartilham a conclusão de que o CPC de 2015 acolheu a coisa julgada parcial, *in verbis*:

> Uma das novidades que merece menção, no que diz respeito à coisa julgada, dentre as trazidas pelo NCPC é a admissão expressa de que pode haver duas coisas julgadas no mesmo processo, formadas em momentos distintos. Pode acontecer, por exemplo, que uma parcela de decisão em torno de um objeto litigioso distinto não seja objeto de recurso e a outra, sobre objeto litigioso, o seja. Aquela parcela da decisão transitará em julgado. O momento de formação da coisa julgada é aquele em que da decisão passa a não caber mais recurso. É, como regra, o termo inicial para o prazo da ação rescisória, que termina 2 (dois) anos depois da última decisão que transitou em julgado no processo (art. 975).

No Código de Processo Civil, os artigos 356, 502 e 956 possibilitam a conclusão no mesmo sentido de que é plenamente possível termos uma execução definitiva parcial, a saber:

> Art. 356. O juiz decidirá parcialmente o mérito quando um ou mais dos pedidos formulados ou parcela deles: (…)
> §2º A parte poderá liquidar ou executar, desde logo, a obrigação reconhecida na decisão que julgar parcialmente o mérito, independentemente de caução, ainda que haja recurso contra essa interposto.
> §3º Na hipótese do §2º, se houver trânsito em julgado da decisão, a execução será definitiva.
> Art. 502. Denomina-se coisa julgada material a autoridade que torna imutável e indiscutível a decisão de mérito não mais sujeita a recurso.

---

[236] GAVRONSKI, Alexandre Amaral. *Efetivação das condenações nas ações de responsabilização por improbidade administrativa*: manual e roteiro de atuação. 2. ed. Brasília: MPF, 2019. p. 78.

Art. 966. A decisão de mérito, transitada em julgado, pode ser rescindida quando: [...]
§3º A ação rescisória pode ter por objeto apenas 1 (um) capítulo da decisão.

12.3.31) Jurisprudência em teses do STJ.

Jurisprudência em teses do STJ. Edição nº 38: Improbidade Administrativa – I.
10) A revisão da dosimetria das sanções aplicadas em ação de improbidade administrativa implica reexame do conjunto fático-probatório dos autos, encontrando óbice na súmula 7/STJ, salvo se da leitura do acórdão recorrido verificar-se a desproporcionalidade entre os atos praticados e as sanções impostas.
Jurisprudência em teses do STJ. Edição nº 40: Improbidade Administrativa – II.
4) A aplicação da pena de demissão por improbidade administrativa não é exclusividade do Judiciário, sendo passível a sua incidência no âmbito do processo administrativo disciplinar.
13) O magistrado não está obrigado a aplicar cumulativamente todas as penas previstas no art. 12 da Lei n. 8.429/92, podendo, mediante adequada fundamentação, fixá-las e dosá-las segundo a natureza, a gravidade e as consequências da infração.
Jurisprudência em teses do STJ. Edição nº 186: Improbidade Administrativa – III
1) É lícita a cumulação de pedidos de natureza condenatória, declaratória e constitutiva na ação civil pública por ato de improbidade administrativa.
2) Na ação civil pública por ato de improbidade administrativa, é cabível a compensação por danos morais na defesa de interesse difuso ou coletivo.
3) Compete à autoridade administrativa aplicar a servidor público a pena de demissão em razão da prática de improbidade administrativa, independentemente de prévia condenação, por autoridade judicial, à perda da função pública. (Súmula n. 651/STJ)
9) Nas ações de improbidade administrativa, é indevido o ressarcimento ao erário de valores gastos com contratações, ainda que ilegais, quando efetivamente houve contraprestação dos serviços, sob pena de enriquecimento ilícito da Administração.
Jurisprudência em teses do STJ. Edição nº 187: Improbidade Administrativa – IV
10) Eventual ressarcimento ou restituição dos bens à administração pública não afasta a prática de ato de improbidade administrativa, pois tal recomposição não implica anistia ou exclusão deste ato.
11) Caracterizada a improbidade administrativa por dano ao erário, a devolução dos valores é imperiosa e deve vir acompanhada de pelo menos uma das sanções legais que visam a reprimir a conduta ímproba, pois o ressarcimento não constitui penalidade propriamente dita, mas sim consequência imediata e necessária do prejuízo causado.
Jurisprudência em teses do STJ. Edição nº 188: Improbidade Administrativa – V
5) Incabível aplicar a pena de cassação de aposentadoria - não prevista no rol taxativo do art. 12 da Lei 8.429/1992 – em processo judicial em que se apura a prática de atos de improbidade administrativa, em virtude do princípio da legalidade estrita, que impede o uso de interpretação extensiva no âmbito do direito sancionador.
6) Viola a coisa julgada a decisão que, em cumprimento de sentença de ação de improbidade administrativa, determina conversão da pena de perda da função pública em cassação de aposentadoria.
10) A aplicação da pena de suspensão dos direitos políticos por ato de improbidade administrativa, prevista no art. 12 da Lei n. 8.429/1992, pode ser mitigada, hipótese em que se deve considerar a gravidade do caso e não a função do acusado.

ARTIGO 13

CAPÍTULO IV

Da Declaração de Bens

Art. 13. A posse e o exercício de agente público ficam condicionados à apresentação de declaração de imposto de renda e proventos de qualquer natureza, que tenha sido apresentada à Secretaria Especial da Receita Federal do Brasil, a fim de ser arquivada no serviço de pessoal competente. (Redação dada pela Lei nº 14.230, de 2021)

§1º (Revogado). (Redação dada pela Lei nº 14.230, de 2021)

§2º A declaração de bens a que se refere o caput deste artigo será atualizada anualmente e na data em que o agente público deixar o exercício do mandato, do cargo, do emprego ou da função. (Redação dada pela Lei nº 14.230, de 2021)

§3º Será apenado com a pena de demissão, sem prejuízo de outras sanções cabíveis, o agente público que se recusar a prestar a declaração dos bens a que se refere o caput deste artigo dentro do prazo determinado ou que prestar declaração falsa. (Redação dada pela Lei nº 14.230, de 2021)

§4º (Revogado). (Redação dada pela Lei nº 14.230, de 2021)

13.1) Tema central do dispositivo: Dever de apresentar declaração de imposto de renda e proventos de qualquer natureza para a Administração em que exerce atividade. Este artigo destina-se a obrigar o agente público a também apresentar ao órgão em que trabalha a declaração de imposto de renda e proventos de qualquer natureza, que tenha sido apresentada à Secretaria Especial da Receita Federal do Brasil.

Na redação original do art. 13, mencionava-se a necessidade de apresentação de uma declaração de bens e valores que integram seu patrimônio, tendo ela sido substituída pela declaração que já é apresentada à Receita Federal. A exigência está diretamente relacionada à improbidade administrativa, na medida em que as informações apresentadas pelo agente público serão relevantes para eventual investigação a respeito da prática de uma conduta desonesta.

13.2) Explicação do dispositivo: O agente público deverá apresentar a declaração de imposto de renda e proventos de qualquer natureza em três momentos distintos: i) na sua posse, ii) anualmente, e iii) no momento em que deixar o do mandato, cargo, emprego ou função.

No âmbito federal, a Lei nº 8.730/93 estabelece a obrigatoriedade da declaração de bens e rendas para o exercício de cargos, empregos e funções nos Poderes Executivo, Legislativo e Judiciário da União.[237] E, de acordo com a referida

---

[237] Em relação aos demais entes da federação, é importante lembrar que o art. 7º da Lei nº 8.730/93 estipula que "As disposições constantes desta lei serão adotadas pelos Estados, pelo Distrito Federal e pelos Municípios, no que

lei, a apresentação da declaração de bens é requisito essencial para a posse (art. 3º). Sem ela, o ato da posse não deverá ocorrer e, caso não tenha se verificado, deverá ser anulado.

13.3) Polêmicas e peculiaridades do artigo:

13.3.1) Competência para legislar sobre o tema: O tema improbidade administrativa diz respeito, primordialmente, a uma matéria de Direito Civil e Eleitoral, o que atrai a competência privativa da União para legislar. Contudo, alguns tópicos específicos veiculados pela Lei nº 8.429 estão mais relacionados com o tema Direito Administrativo, o que faz com que sejam de competência de cada um dos entes da federação.

Em relação especificamente ao art. 13, competirá a cada ente da federação disciplinar os detalhes acerca de como a apresentação ocorrerá. Trata-se de um exemplo em que a União não é detentora da competência privativa. O que os entes da federação não podem fazer é reduzir as exigências do art. 13, mas podem detalhar, por exemplo, qual órgão receberá a declaração, como o documento será analisado e arquivado e questões semelhantes.

13.3.2) Declaração falsa e consequência: A consequência prevista na LIA para a apresentação de uma declaração falsa é a demissão. Naturalmente, declaração falsa não é aquela que contém um mero erro. Pode ocorrer de o agente público culposamente se omitir na apresentação de um bem específico para a Administração. Isso não significa, de forma automática, que a declaração de bens seja falsa. O equívoco deve ser corrigido pelo agente, de ofício ou quando provocado pela Administração, sem que disso resulte a demissão.

Outro detalhe a ser destacado é que, de acordo com a lei, a demissão pode decorrer de uma declaração falsa, o que não se confunde com uma falsa declaração de valores. A declaração falsa referida pelo art. 13 da LIA compreende a falsidade material (vício na forma do documento) e a falsidade ideológica (falsidade em relação ao conteúdo do documento original; o conteúdo é alterado). O texto nada menciona sobre as hipóteses em que há divergência entre os valores efetivamente recebidos pelo agente público e o que foi por ele informado ao fisco na sua declaração de imposto de renda. Referido agente público poderá eventualmente responder disciplinarmente nesses casos, mas não necessariamente com a pena de demissão, que não foi contemplada expressamente na LIA para esse tipo de conduta.

13.3.3) Alcance da obrigação de declaração de imposto de renda e proventos de qualquer natureza aos que trabalham nas entidades do art. 1º da Lei nº 8.429: Ao comentarmos o art. 2º da LIA, destacamos que a expressão agentes públicos tem alcance bem mais amplo do que ela usualmente possui no Direito Administrativo. Para a improbidade administrativa, podemos considerar na expressão as pessoas que trabalham em entidades privadas. É o que ocorre, por exemplo, com

---

couber, como normas gerais de direito financeiro, velando pela sua observância os órgãos a que se refere o art. 75 da Constituição Federal".

empregados dos serviços sociais autônomos. Tendo em vista que são entidades que recebem recursos de origem pública e que se encaixam na regra do art. 1º, seus agentes serão, para os fins da improbidade administrativa, considerados agentes públicos. Por essa razão, a exigência do art. 13 de apresentação da declaração de imposto de renda e proventos de qualquer natureza, que tem como objetivo contribuir na aferição da prática da improbidade administrativa, deveria valer para aqueles que foram abrangidos pela ampla definição de agentes públicos do art. 2º da LIA.

13.3.4) Substituição da obrigatoriedade de apresentação da declaração por uma autorização: No âmbito da Administração Pública federal, a exigência contida no art. 13 da LIA pode ser substituída por uma autorização dada para que a Controladoria-Geral da União tenha acesso à declaração de imposto de e proventos de qualquer natureza. A regra está contida no Decreto nº 10.571/20, nos seguintes termos:

> Art. 3º As declarações de que trata este Decreto serão apresentadas, exclusivamente, por meio de sistema eletrônico administrado pela Controladoria-Geral da União.
> §1º As declarações sobre bens e atividades econômicas ou profissionais de que trata este Decreto poderão ser substituídas por autorização, em meio eletrônico, de acesso às declarações anuais de Imposto sobre a Renda e Proventos de Qualquer Natureza das pessoas físicas apresentadas pelo agente público à Secretaria Especial da Receita Federal do Brasil do Ministério da Economia.

ARTIGO 14

CAPÍTULO V

Do Procedimento Administrativo e do Processo Judicial

Art. 14. Qualquer pessoa poderá representar à autoridade administrativa competente para que seja instaurada investigação destinada a apurar a prática de ato de improbidade.

§1º A representação, que será escrita ou reduzida a termo e assinada, conterá a qualificação do representante, as informações sobre o fato e sua autoria e a indicação das provas de que tenha conhecimento.

§2º A autoridade administrativa rejeitará a representação, em despacho fundamentado, se esta não contiver as formalidades estabelecidas no §1º deste artigo. A rejeição não impede a representação ao Ministério Público, nos termos do art. 22 desta lei.

§3º Atendidos os requisitos da representação, a autoridade determinará a imediata apuração dos fatos, observada a legislação que regula o processo administrativo disciplinar aplicável ao agente. (Redação dada pela Lei nº 14.230, de 2021)

14.1) Tema central do dispositivo: Representação para comunicar a prática da improbidade administrativa. O art. 14 cuida da representação a ser dirigida à autoridade administrativa competente, dando notícia da prática da improbidade administrativa. O dispositivo detalha o rito a ser observado pela autoridade destinatária para a apuração do que noticiado na representação. O rito para a tramitação da representação será o mesmo que o adotado para o processo administrativo disciplinar do respectivo agente público.

14.2) Explicação do dispositivo: Representação é, para o Direito Administrativo, um recurso administrativo deflagrador em que o representante noticia a Administração a respeito da prática de algum ilícito ou de alguma irregularidade. Não há, na representação, interesse direto do representante. O que ele busca é, apenas, dar conhecimento do ilícito.

Por essa razão, qualquer pessoa poderá protocolizar uma representação para que se inicie uma investigação da prática da improbidade administrativa. Na Lei nº 8.112/90, há previsão no sentido de que é dever do servidor público federal representar contra a ilegalidade, missão ou abuso de poder.[238]

---

[238] Art. 116. São deveres do servidor:
(...) XII – representar contra ilegalidade, omissão ou abuso de poder.
Parágrafo único. A representação de que trata o inciso XII será encaminhada pela via hierárquica e apreciada pela autoridade superior àquela contra a qual é formulada, assegurando-se ao representando ampla defesa.

À semelhança do que ocorre com o art. 13 da LIA, a matéria veiculada pelo art. 14 também é administrativa, de modo que todo e qualquer ente da federação terá competência para disciplinar de que forma esse recurso administrativo tramitará no âmbito da Administração. Nesse ponto, a reforma legal de 2021 corrigiu um problema contido no §3º do art. 13, dispositivo que originalmente apenas se referia à Lei nº 8.112, lei do servidor público federal. A atual redação corretamente menciona que a tramitação da representação observará a lei que regula o processo administrativo disciplinar do agente público que estiver sendo objeto da representação.

14.3) Polêmicas e peculiaridades do artigo:

14.3.1) Representação apócrifa (delação anônima): De acordo com a redação do art. 14 da Lei nº 8.429/92, a representação anônima seria inadmissível.[239] Adotando-se uma interpretação literal, a representação apenas deve ser admitida, caso tenha sido "escrita ou reduzida a termo e assinada" e contenha "a qualificação do representante, as informações sobre o fato e sua autoria e a indicação das provas de que tenha conhecimento". E o §2º do art. 14 estipula que a inobservância dos requisitos legais previstos no §1º ensejará a sua rejeição pela autoridade competente, o que corrobora a tese, da qual discordamos, de descabimento da delação anônima dirigida à autoridade competente em matéria de improbidade administrativa.[240]

Nessa matéria específica, a interpretação literal não é, na nossa compreensão, a que origina a melhor compreensão sobre as possibilidades do dispositivo.[241] E também não é a solução adotada pelos tribunais ou mesmo a defendida por parcela expressiva na literatura.[242] Uma vez provocada a respeito de uma conduta desonesta, a Administração possui o dever de apurar o que efetivamente ocorreu. A autotutela, fundamental para a plena efetividade do princípio da legalidade, e o

---

[239] O artigo 14 da LIA adota, neste ponto, a mesma diretriz encontrada no art. 6º da Lei nº 9.784/99 e no art. 144 da Lei nº 8.112/90, que também exigem a identificação do representante/denunciante.

[240] Há posição na literatura que não aceita a delação anônima. Por todos, Mauro Roberto Gomes de Mattos destaca que "o anonimato é repudiado pelo ordenamento constitucional, sendo apócrifa qualquer manifestação escrita que não contenha a identificação de quem a subscreve. Uma representação, sem o timbre de quem a constrói, põe a pique as razões aduzidas". MATTOS, Mauro Roberto Gomes de. *O limite da improbidade Administrativa*. O direito dos administrados dentro da Lei nº 8.429/92. Rio de Janeiro: América Jurídica, 2004. p. 456.

[241] Em sentido contrário ao que defendemos, Paulo Ricardo Schier sustenta que, quando houver previsão legal exigindo a identificação do representante, ela não poderá ser feita de forma anônima, haja vista que a regra legal sobre o tema deve ser observada, e tendo em vista que a Constituição da República veda o anonimato. SCHIER, Paulo Ricardo. Denúncia anônima em processo disciplinar na experiência dos tribunais superiores: entre os direitos fundamentais e o dever de investigação da administração pública. Paulo Ricardo Schier. *Anais do IX Simpósio Nacional de Direito Constitucional da Academia Brasileira de Direito Constitucional*. Disponível em: https://www.abdconst.com.br/revista3/pauloschier.pdf. Acesso em: 26 nov. 2022.

[242] Por todos, a favor da delação anônima para deflagrar uma investigação de forma discreta e cautelosa, temos Nelson Hungria. Na visão dele, "O indivíduo que se resguarda sob o anonimato ou nome suposto é mais perverso do que aquele que age sem dissimulação". No entanto, ele próprio reconhecia que "a autoridade pública não pode deixar de investigar qualquer possível pista (salvo quando evidentemente inverossímil), ainda quando indicada por uma carta anônima ou assinada com pseudônimo". HUNGRIA, Nelson. *Comentários ao Código Penal*. 5. ed. v. 9. Rio de Janeiro: Forense, 1981. p. 466. No mesmo sentido, Fernando Capez. CAPEZ, Fernando. *Curso de Processo Penal*. 19. ed. São Paulo: Saraiva, 2012. p. 123.

direito fundamental de petição imposto constitucionalmente,[243] impõem esse modo de proceder. Seria, aliás, ilógico que a Administração pudesse apurar um ilícito de ofício, mas que ficasse impedida de investigar uma conduta ilícita noticiada por uma representação apócrifa. Se pode o mais, também pode o menos.

Sabemos os problemas que podem advir de perseguições injustas provocadas por irresponsáveis delações anônimas, mas isso não é obstáculo para o início das investigações. Tal risco exige, na realidade, do Estado um rigor e discrição maior na investigação fundada em delação anônima. Nesse sentido, torna-se inaceitável o ajuizamento de uma ação de improbidade com fundamento exclusivo na delação apócrifa. Ela pode servir de fundamento para o início das investigações, mas não é suficiente para o ajuizamento da ação e muito menos para uma condenação.

Sobre o tema, o STF e o STJ assim decidem:

RECURSO EXTRAORDINÁRIO – ANONIMATO – VEDAÇÃO IMPOSTA PELO PRÓPRIO TEXTO CONSTITUCIONAL (CF, ART. 5º, IV, "in fine") – COMPREENSÃO DO DIREITO À LIVRE MANIFESTAÇÃO DO PENSAMENTO – DELAÇÃO ANÔNIMA – POSSIBILIDADE, DESDE QUE SATISFEITOS OS REQUISITOS QUE A AUTORIZAM – DOUTRINA – PRECEDENTES – RECUSA ESTATAL EM RECEBER PEÇAS CONSUBSTANCIADORAS DE DENÚNCIA ANÔNIMA, PORQUE AUSENTES AS CONDIÇÕES DE SUA ADMISSIBILIDADE (...) PERSECUÇÃO ADMINISTRATIVO-DISCIPLINAR E DELAÇÃO ANÔNIMA – As autoridades públicas não podem iniciar qualquer medida de persecução administrativo-disciplinar (ou mesmo de natureza penal) cujo único suporte informativo apoie-se em peças apócrifas ou em escritos anônimos. É por essa razão que escritos anônimos não autorizam, desde que isoladamente considerados, a imediata instauração de *"persecutio criminis"* ou de procedimentos de caráter administrativo-disciplinar. – **Nada impede, contudo, que o Poder Público, provocado por delação anônima, adote medidas informais destinadas a apurar, previamente, em averiguação sumária, "com prudência e discrição", a possível ocorrência de eventual situação de ilicitude disciplinar e/ou penal, desde que o faça com o objetivo de conferir a verossimilhança dos fatos nela denunciados, em ordem a promover, então, em caso positivo, a formal instauração da concernente persecução, mantendo-se, assim, completa desvinculação desse procedimento estatal em relação às peças apócrifas.** – *Reveste-se de legitimidade jurídica a recusa do órgão estatal em não receber peças apócrifas ou "reclamações ou denúncias anônimas", para efeito de instauração de procedimento de índole administrativo-disciplinar e/ou de caráter penal* (Resolução CNJ nº 103/2010, art. 7º, inciso III), *quando ausentes as condições mínimas de sua admissibilidade.* (RE nº 1193343 AgR, Relator: Celso De Mello, Segunda Turma, julgado em 29.11.2019, PROCESSO ELETRÔNICO DJe-275 DIVULG 11.12.2019 PUBLIC 12.12.2019) (Grifamos)
ADMINISTRATIVO. IMPROBIDADE. INQUÉRITO CIVIL. INVESTIGAÇÃO DECORRENTE DE DENÚNCIA ANÔNIMA. EVOLUÇÃO PATRIMONIAL INCOMPATÍVEL COM OS RENDIMENTOS. AGENTES POLÍTICOS. ILÍCITO QUE SE COMPROVA NECESSARIAMENTE POR ANÁLISE DE DOCUMENTOS. HARMONIZAÇÃO ENTRE A VEDAÇÃO DO ANONIMATO E O DEVER CONSTITUCIONAL IMPOSTO AO MINISTÉRIO PÚBLICO. POSSIBILIDADE.
1. Cinge-se a controvérsia a definir se os recorrentes possuem o direito líquido e certo de impedir o prosseguimento de Inquérito Civil instaurado, após denúncia anônima recebida pela Ouvidoria-Geral do Ministério Público do Estado do Rio de Janeiro, com a finalidade

---

[243] Art. 5º (...) XXXIV – são a todos assegurados, independentemente do pagamento de taxas:
a) o direito de petição aos Poderes Públicos em defesa de direitos ou contra ilegalidade ou abuso de poder;

de apurar possível incompatibilidade entre a evolução patrimonial de agentes políticos e seus respectivos rendimentos.
2. ***O simples fato de o Inquérito Civil ter-se formalizado com base em denúncia anônima não impede que o Ministério Público realize administrativamente as investigações para formar juízo de valor sobre a veracidade da notícia***. Ressalte-se que, no caso em espécie, os servidores públicos já estão, por lei, obrigados na posse e depois, anualmente, a disponibilizar informações sobre seus bens e evolução patrimonial.
(...)
5. A vedação ao anonimato, constante no art. 5º, IV, da Constituição Federal, há de ser harmonizada, com base no princípio da concordância prática, com o dever constitucional imposto ao Ministério Público de promover o Inquérito Civil e a Ação Civil Pública, para a proteção do patrimônio público e social, do meio ambiente e de outros interesses difusos e coletivos (art. 129, III).
6. Nos termos do art. 22 da Lei 8.429/1992, o Ministério Público pode, mesmo de ofício, requisitar a instauração de inquérito policial ou procedimento administrativo para apurar qualquer ilícito previsto no aludido diploma legal.
7. Assim, ainda que a notícia da suposta discrepância entre a evolução patrimonial de agentes políticos e seus rendimentos tenha decorrido de denúncia anônima, não se pode impedir que o membro do Parquet tome medidas proporcionais e razoáveis, como no caso dos autos, para investigar a veracidade do juízo apresentado por cidadão que não se tenha identificado.
8. Em matéria penal, o STF já assentou que "nada impede, contudo, que o Poder Público provocado por delação anônima ('disque-denúncia', p. ex.), adote medidas informais destinadas a apurar, previamente, em averiguação sumária, 'com prudência e discrição', a possível ocorrência de eventual situação de ilicitude penal, desde que o faça com o objetivo de conferir a verossimilhança dos fatos nela denunciados, em ordem a promover, então, em caso positivo, a formal instauração da persecutio criminis, mantendo-se, assim, completa desvinculação desse procedimento estatal em relação às peças apócrifas" (Inq 1.957, Rel. Min. Carlos Velloso, voto do Min. Celso de Mello, julgamento em 11.5.2005, Plenário, DJ de 11.11.2005).
(...)
10. O STJ reconhece a possibilidade de investigar a veracidade de denúncia anônima em Inquérito Civil ou Processo Administrativo, conforme se observa nos seguintes precedentes, entre os quais se destacam a orientação já firmada por esta Segunda Turma e uma recente decisão da Primeira Turma: RMS 37.166/SP, Rel. Ministro Benedito Gonçalves, Primeira Turma, DJe 15.4.2013; RMS 30.510/RJ, Rel. Ministra Eliana Calmon, Segunda Turma, DJe 10.2.2010; MS 13.348/DF, Rel. Ministra Laurita Vaz, Terceira Seção, DJe 16.9.2009.
11. Recurso Ordinário não provido.
(RMS nº 38.010/RJ, Rel. Ministro Herman Benjamin, SEGUNDA TURMA, julgado em 02.05.2013, DJe 16.05.2013) (Grifamos)

O Tribunal de Contas da União também tem reconhecido a possibilidade de se deflagrar uma apuração com amparo em denúncia apócrifa.[244]

A Resolução nº 23/2007 do CNMP também legitima o início de investigação fundada em delação anônima, a saber:

---

[244] TCU. Plenário. Número do Acórdão: ACÓRDÃO nº 1511/2022 – PLENÁRIO. Relator: Min. Augusto Sherman. Processo: 027.125/2020-3. Tipo de processo: REPRESENTAÇÃO (REPR). Data da sessão: 29.06.2022. Número da ata: 25/2022 – Plenário; TCU. Plenário. Número do Acórdão: ACÓRDÃO DE RELAÇÃO 1797/2022 – PLENÁRIO. Relator: Min. Augusto Nardes. Processo: 010.727/2022-1. Tipo de processo: REPRESENTAÇÃO (REPR). Data da sessão: 10.08.2022. Número da ata: 31/2022 – Plenário.

Art. 2º O inquérito civil poderá ser instaurado
II – em face de requerimento ou representação formulada por qualquer pessoa ou comunicação de outro órgão do Ministério Público, ou qualquer autoridade, desde que forneça, por qualquer meio legalmente permitido, informações sobre o fato e seu provável autor, bem como a qualificação mínima que permita sua identificação e localização;
(...)
§3º O conhecimento por manifestação anônima, justificada, não implicará ausência de providências, desde que obedecidos os mesmos requisitos para as representações em geral, constantes no artigo 2º, inciso II, desta Resolução.

14.3.2) Representação que não indica informações mínimas e razoáveis sobre o fato, sua autoria e as provas: De acordo com o §1º do art. 14, a representação deverá apresentar o fato, a autoria e as provas que levaram o representante às suas conclusões. O §3º do art. 14, na mesma linha, destaca que a apuração dos fatos ocorrerá se forem atendidos os requisitos da representação.

A Lei nº 8.429 menciona esses elementos da representação como se fossem verdadeiros requisitos para o seu conhecimento. Tanto é que, no §2º do mesmo artigo, há referência, no sentido de que, se a representação não contiver as formalidades do §1º do art. 14, ela deverá ser rejeitada pela autoridade competente. Entendemos que esta forma de interpretar o dispositivo não seria a mais apropriada.

Considerando que, consoante defendemos acima, a representação sobre a prática da improbidade pode ser, até mesmo, apócrifa, não haveria a obrigatoriedade de se informar a autoria, materialidade e as provas. A exigência legal deve ser interpretada como uma mera orientação a quem quiser protocolizar uma representação. O representante deverá, se for possível, indicar na sua representação o que o art. 14 menciona. Contudo, a ausência ou deficiência de informações sobre a autoria, os fatos ou sobre as provas nem sempre poderá acarretar a rejeição da representação. A observância cega à literalidade dos §§1º e 3º do art. 14 implicaria uma verdadeira ofensa ao direito de petição, que tem envergadura constitucional.

Após receber a representação, caberá à autoridade competente avaliar se ela contém informações suficientes, ou se haverá a necessidade de adicionais diligências. Mesmo sendo insuficientes para o ajuizamento da ação de improbidade, as informações contidas na representação podem eventualmente justificar o início de uma investigação. Não defendemos que toda e qualquer delação anônima obrigue a Administração Pública a realizar uma investigação. Sabemos que existem representações que não indicam detalhes mínimos do ato desonesto, as que generalizam demasiadamente a prática de improbidade sem apontar especificamente o que deve ser combatido, as oriundas de pessoas com problemas de saúde que se acham perseguidas e as que são verdadeiros discursos políticos sem que haja uma mínima demonstração da prática da improbidade administrativa por alguma eventual pessoa. Nesses casos, a rejeição da representação se impõe, notadamente porque o direito de representar não acarreta o direito subjetivo de ver a deflagração de superveniente investigação, o que depende da avaliação da autoridade administrativa ou do membro do MP com atribuição. Nesse sentido, confira-se o STJ:

> MANDADO DE SEGURANÇA. DIREITO DE PETIÇÃO. REPRESENTAÇÃO, FORMULADA POR CIDADÃO, PERANTE A MESA DIRETORA DA CÂMARA LEGISLATIVA DO DF, VISANDO ABERTURA DE PROCESSO DE CASSAÇÃO DE DEPUTADOS E APURAÇÃO DE IMPROBIDADE ADMINISTRATIVA. 1. O "direito de petição aos poderes públicos em defesa de direitos ou contra ilegalidade ou abuso de poder", assegurado pelo art. 5º, XXXIV, I, da CF, tem natureza instrumental: é direito, assegurado ao cidadão, de ver recebido e examinado o pedido em tempo razoável e de ser comunicado da decisão tomada pela autoridade a quem é dirigido. Nele não está contido, todavia, o direito de ver deferido o pedido formulado. 2. *O direito de representação por improbidade administrativa, previsto no art. 14 da Lei 8.429/92, não compreende o de ver necessariamente instaurado o processo de investigação, caso não haja início de prova considerada razoável para tanto*. A discussão sobre a existência ou não de provas suficientes para instauração, ainda mais em se tratando de prova que estaria, não no processo, mas "arquivados na própria Câmara Legislativa", não pode ser dirimida em mandado de segurança, que não comporta investigação probatória dessa dimensão. 3. Recurso improvido. (STJ, 1ª Turma, RMS 16424/DF, Rel. Min. Teori Zavascki). (Grifamos)

O que defendemos, portanto, é que o conhecimento da representação e a subsequente apuração não podem depender do preenchimento de requisitos legais muito rigorosos, especialmente porque, não raras as vezes, o representante não quer se identificar por receio de sofrer represálias, ou não tem conhecimento de maiores detalhes sobre a prática ímproba.

14.3.3) Representação à autoridade administrativa e ao Ministério Público: A LIA cuidou da representação à autoridade administrativa no seu artigo 14 e da representação ao MP no seu art. 22. Tal circunstância poderia originar a falsa impressão de que existe um tratamento normativo distinto e muito próprio para cada uma dessas duas representações, a depender da autoridade destinatária. No entanto, não existe efetivamente uma diferença entre essas duas representações.

Sobre o tema, o §2º do art. 14 destaca que, se a representação dirigida à autoridade competente for rejeitada, por não preencher as formalidades legais, poderá ser feita uma representação ao Ministério Público, nos termos do que prevê o art. 22 da LIA. Ocorre que, por sua vez, o art. 22 estipula que a representação dirigida ao MP observará os requisitos do art. 14. Assim, enquanto que o art. 14 remete o tema ao art. 22, esse último, curiosamente, devolve a matéria ao art. 14.

Demais disso, nada há no ordenamento jurídico brasileiro, e, em especial, no direito constitucional de petição, que justifique uma diferença entre as formalidades exigidas para o conhecimento da representação dirigida à autoridade administrativa e as necessárias para a que for destinada ao Ministério Público. Haja vista que tanto a autoridade competente quanto o MP podem agir de ofício, torna-se sem sentido estabelecer diferenças quanto às formalidades a serem observadas nas representações dirigidas a estes órgãos. Assim, a representação pode ser distribuída à autoridade competente ou ao MP, podendo as duas instituições agirem independentemente de qualquer provocação.

ARTIGO 15

Art. 15. A comissão processante dará conhecimento ao Ministério Público e ao Tribunal ou Conselho de Contas da existência de procedimento administrativo para apurar a prática de ato de improbidade.

Parágrafo único. O Ministério Público ou Tribunal ou Conselho de Contas poderá, a requerimento, designar representante para acompanhar o procedimento administrativo.

15.1) Tema central do dispositivo: Comissão processante do procedimento administrativo para apurar a prática de ato de improbidade. O art. 15 da LIA tem como objetivo primordial fazer chegar a dois órgãos de controle externo da Administração Pública (MP e Tribunal de Contas) informações de que uma conduta ímproba está sendo apurada por uma comissão processante no âmbito da Administração Pública. Tomando conhecimento da existência do procedimento, o MP e a Corte de Contas poderão designar representante para acompanhar a apuração.

15.2) Explicação do dispositivo: O conhecimento da apuração pelo MP e pelo Tribunal de Contas faz com que a conduta possa ser apurada em outras esferas além da improbidade administrativa. Demais disso, o conhecimento pelo MP e pelo Tribunal de Contas permite que haja uma troca de informações e provas entre os órgãos de controle. Isso não apenas facilita a investigação por cada órgão, mas, também, evita decisões contraditórias e injustas. A evolução do Direito Administrativo Sancionador reclama do sistema punitivo estatal uma maior integração, coerência e proporcionalidade, o que é estimulado pelo art. 15.

15.3) Polêmicas e peculiaridades do artigo:

15.3.1) Alcance da expressão "designação para acompanhar o procedimento": O parágrafo único do art. 15 menciona a possibilidade de o MP ou o Tribunal de Contas designar um representante para acompanhar a apuração. A redação não é clara sobre os limites da participação deste representante. A interpretação que nos parece mais apropriada é a de que a lei assegura a este representante a participação em todos os atos processuais, sem que, contudo, tenha o direito de participar do processo decisório. Poderá, até mesmo e desde que a comissão processante concorde, fazer questionamentos e requerimentos. Só não poderá votar ou decidir.

A anuência da comissão processante à participação do representante do MP ou Tribunal de Contas é necessária, porquanto o art. 15 da LIA prevê que a participação do referido representante no acompanhamento do procedimento depende de requerimento. Assim, o MP e o Tribunal de Contas não podem, de ofício, impor à referida comissão a participação de seus representantes no acompanhamento processual. Por outro lado, caso a Administração seja provocada pelo MP ou pelo Tribunal de Contas para permitir que um representante seja designado para acompanhar o procedimento e haja eventual recusa, ela deverá ser motivada e seus efeitos práticos não serão tão expressivos. É que, em se tratando de órgãos de controle externo, o MP e Tribunal de Contas poderão exigir uma série de informações e documentos que, na prática, equivalem ao acompanhamento por meio de representante designado.

ARTIGO 16

Art. 16. Na ação por improbidade administrativa poderá ser formulado, em caráter antecedente ou incidente, pedido de indisponibilidade de bens dos réus, a fim de garantir a integral recomposição do erário ou do acréscimo patrimonial resultante de enriquecimento ilícito. (Redação dada pela Lei nº 14.230, de 2021)

§1º (Revogado). (Redação dada pela Lei nº 14.230, de 2021)

§1º-A O pedido de indisponibilidade de bens a que se refere o caput deste artigo poderá ser formulado independentemente da representação de que trata o art. 7º desta Lei. (Incluído pela Lei nº 14.230, de 2021)

§2º Quando for o caso, o pedido de indisponibilidade de bens a que se refere o caput deste artigo incluirá a investigação, o exame e o bloqueio de bens, contas bancárias e aplicações financeiras mantidas pelo indiciado no exterior, nos termos da lei e dos tratados internacionais. (Redação dada pela Lei nº 14.230, de 2021)

§3º O pedido de indisponibilidade de bens a que se refere o caput deste artigo apenas será deferido mediante a demonstração no caso concreto de perigo de dano irreparável ou de risco ao resultado útil do processo, desde que o juiz se convença da probabilidade da ocorrência dos atos descritos na petição inicial com fundamento nos respectivos elementos de instrução, após a oitiva do réu em 5 (cinco) dias. (Incluído pela Lei nº 14.230, de 2021)

§4º A indisponibilidade de bens poderá ser decretada sem a oitiva prévia do réu, sempre que o contraditório prévio puder comprovadamente frustrar a efetividade da medida ou houver outras circunstâncias que recomendem a proteção liminar, não podendo a urgência ser presumida. (Incluído pela Lei nº 14.230, de 2021)

§5º Se houver mais de um réu na ação, a somatória dos valores declarados indisponíveis não poderá superar o montante indicado na petição inicial como dano ao erário ou como enriquecimento ilícito. (Incluído pela Lei nº 14.230, de 2021)

§6º O valor da indisponibilidade considerará a estimativa de dano indicada na petição inicial, permitida a sua substituição por caução idônea, por fiança bancária ou por seguro-garantia judicial, a requerimento do réu, bem como a sua readequação durante a instrução do processo. (Incluído pela Lei nº 14.230, de 2021)

§7º A indisponibilidade de bens de terceiro dependerá da demonstração da sua efetiva concorrência para os atos ilícitos apurados ou, quando se tratar de pessoa jurídica, da instauração de incidente de desconsideração da personalidade jurídica, a ser processado na forma da lei processual. (Incluído pela Lei nº 14.230, de 2021)

§8º Aplica-se à indisponibilidade de bens regida por esta Lei, no que for cabível, o regime da tutela provisória de urgência da Lei nº 13.105, de 16 de março de 2015 (Código de Processo Civil). (Incluído pela Lei nº 14.230, de 2021)

§9º Da decisão que deferir ou indeferir a medida relativa à indisponibilidade de bens caberá agravo de instrumento, nos termos da Lei nº 13.105, de 16 de março de 2015 (Código de Processo Civil). (Incluído pela Lei nº 14.230, de 2021)

§10. A indisponibilidade recairá sobre bens que assegurem exclusivamente o integral ressarcimento do dano ao erário, sem incidir sobre os valores a serem eventualmente aplicados a título de multa civil ou sobre acréscimo patrimonial decorrente de atividade lícita. (Incluído pela Lei nº 14.230, de 2021)

§11. A ordem de indisponibilidade de bens deverá priorizar veículos de via terrestre, bens imóveis, bens móveis em geral, semoventes, navios e aeronaves, ações e quotas de sociedades simples e empresárias, pedras e metais preciosos e, apenas na inexistência desses, o bloqueio de contas bancárias, de forma a garantir a subsistência do acusado e a manutenção da atividade empresária ao longo do processo. (Incluído pela Lei nº 14.230, de 2021)

§12. O juiz, ao apreciar o pedido de indisponibilidade de bens do réu a que se refere o caput deste artigo, observará os efeitos práticos da decisão, vedada a adoção de medida capaz de acarretar prejuízo à prestação de serviços públicos. (Incluído pela Lei nº 14.230, de 2021)

§13. É vedada a decretação de indisponibilidade da quantia de até 40 (quarenta) salários mínimos depositados em caderneta de poupança, em outras aplicações financeiras ou em conta-corrente. (Incluído pela Lei nº 14.230, de 2021)

§14. É vedada a decretação de indisponibilidade do bem de família do réu, salvo se comprovado que o imóvel seja fruto de vantagem patrimonial indevida, conforme descrito no art. 9º desta Lei. (Incluído pela Lei nº 14.230, de 2021)

16.1) Tema central do dispositivo: Decretação de indisponibilidade dos bens. Este artigo tem como objetivo permitir a decretação de indisponibilidade de bens dos réus ou de terceiros, a fim de garantir a integral recomposição do erário ou do acréscimo patrimonial resultante de enriquecimento ilícito. Em sua redação original, o art. 16 cuidava da medida cautelar de sequestro na ação de improbidade, enquanto que o tema da decretação de indisponibilidade era disciplinado pelo art. 7º da LIA. Com a reforma legal de 2021, a LIA deixou de cuidar do sequestro e a decretação de indisponibilidade passou a ser regulada pelo art. 16.

Após a Lei nº 14.230/21, houve um detalhamento maior do tema da decretação de indisponibilidade e, em alguns aspectos, de maneira que colide frontalmente com o entendimento, até então, consolidado pelo STJ sobre a matéria.

16.2) Explicação do dispositivo: O art. 16 da Lei nº 8.429/92 autoriza o magistrado a excepcionalmente decretar a indisponibilidade de bens do réu ou de terceiros. Não se trata de medida cautelar a ser vulgarizada e postulada genericamente em toda e qualquer petição inicial de uma ação de improbidade administrativa. Estamos diante de um instituto que deve ser utilizado *cum grano salis*, evitando-se que as dificuldades para o demandado oriundas da medida tenham como causa a invocação de presunções infundadas e decisões excessivamente principiológicas. Da decisão que deferir ou indeferir a decretação de indisponibilidade, cabe agravo de instrumento, nos termos do CPC.[245]

À semelhança do que o CPC prevê em relação às tutelas provisórias de urgência,[246] ela pode ser apresentada em caráter antecedente ou como incidente processual e não depende de qualquer representação formulada nos termos do art. 7º da LIA. Assim, a parte autora da ação de improbidade pode, sem que haja provocação de qualquer pessoa, entender que se está diante de uma situação que justifique o requerimento de decretação de indisponibilidade.

No §2º do art. 16, a reforma de 2021 permite que a decretação de indisponibilidade inclua a investigação, o exame e o bloqueio de bens, contas bancárias e aplicações financeiras mantidas pelo indiciado no exterior, nos termos da lei e dos tratados internacionais.

O Brasil já celebrou inúmeros tratados internacionais com os mais variados países, a fim de permitir uma cooperação jurídica em sede internacional capaz de viabilizar, dentre outras medidas, o bloqueio de bens dos investigados em procedimentos de natureza criminal. Sobre o tema, em especial, sobre quais países possuem tratados ou acordos na matéria com o Brasil, vale conferir o livro Tratados Internacionais em Matéria Penal publicado pela Unidade de Cooperação Internacional do MPF.[247] Todavia, considerando que o tema improbidade não se refere à matéria penal, dificilmente uma medida de bloqueio nos autos de uma ação de improbidade seria aceita com fundamento no pacto firmado com o país com quem o Brasil celebrou o tratado em matéria penal. Seria uma ampliação do acordo internacional firmado que teria de depender da anuência do Estado requerido.

Em relação à cooperação jurídica em matéria civil, tema mais afeto à improbidade administrativa,[248] vale consultar o trabalho consolidado pelo Departamento de Recuperação de Ativos e Cooperação Jurídica Internacional do Ministério da Justiça e Segurança Pública, intitulado Cooperação Jurídica Internacional em Matéria Civil.[249] O Brasil também já celebrou inúmeros pactos com outros países para a cooperação mútua em matéria civil.

---

[245] Artigos 1.015 a 1.020 do CPC.

[246] O §8º do art. 16 da LIA estipula que o regime da tutela provisória de urgência do CPC aplica-se, no que couber, à indisponibilidade de bens em uma ação de improbidade administrativa.

[247] BRASIL. Ministério Público Federal. Secretaria de Cooperação Internacional. *Tratados internacionais em matéria penal*: em celebração aos 10 anos da unidade de cooperação internacional do MPF. Secretaria de Cooperação Internacional. Brasília: MPF, 2016. Disponível em: https://memorial.mpf.mp.br/nacional/vitrine-virtual/publicacoes/tratados-internacionais-em-materia-penal-vol-1. Acesso em: 12 dez. 2022.

[248] O caráter sancionatório da ação de improbidade não a caracteriza como matéria penal. Contudo, quando se fala de cooperação jurídica em matéria civil, o mais usual é que estejamos diante de questões de natureza eminentemente privada, o que não é o caso na hipótese da improbidade administrativa.

[249] BRASIL. *Cartilha cooperação jurídica internacional em matéria civil*. Secretaria Nacional de Justiça; elaboração, redação e organização: Camila Colares Bezerra, Ricardo Andrade Saadi. Brasília: Ministério da Justiça, Secretaria Nacional de Justiça (SNJ), Departamento de Recuperação de Ativos e Cooperação Jurídica Internacional (DRCI), 2012. Disponível em: https://www.tjsp.jus.br/Download/Corregedoria/CartasRogatorias/Documentos/CartilhaExpedCRCivel.pdf. Acesso em: 12 dez. 2022.

De todo modo, é importante salientar que o art. 27 do CPC predica, em seus incisos IV e VI, que a cooperação jurídica internacional poderá ter por objeto, dentre outras medidas, a concessão de medida judicial de urgência e qualquer outra medida judicial ou extrajudicial não proibida pela lei brasileira. Demais disso, a Convenção Interamericana contra a Corrupção, internalizada pelo Decreto nº 4.410/02, estipula em seu artigo 15, que:

> Os Estados Partes prestarão mutuamente a mais ampla assistência possível para identificar, localizar, bloquear, apreender e confiscar bens obtidos ou provenientes da prática dos delitos tipificados de acordo com esta Convenção, ou os bens usados para essa prática, ou o respectivo produto.

O tema da decretação de indisponibilidade de bens estava previsto na redação original do art. 7º da LIA de maneira muito vaga, o que possibilitou a construção de uma jurisprudência permissiva da medida com fundamento unicamente no seu requerimento. Presumia-se o perigo da demora ainda que ausente uma demonstração efetiva, no caso concreto, do risco de dilapidação patrimonial. A reforma de 2021 teve como preocupação evitar a vulgarização da medida e mesmo a tese da presunção do perigo da demora. Nessa linha, o §3º do art. 17 passou a exigir expressamente que o deferimento da decretação dependa da "demonstração no caso concreto de perigo de dano irreparável ou de risco ao resultado útil do processo". Demais disso, estabeleceu-se, como regra geral, o dever de oitiva prévia do réu, que terá o prazo de cinco dias para se manifestar.

Nas situações em que o contraditório puder frustrar a efetividade da medida, a indisponibilidade dos bens poderá ser excepcionalmente decretada sem a oitiva prévia do réu. De todo modo, não se poderá presumir a urgência, devendo o magistrado motivar a circunstância que justifica aludida providência sem a manifestação prévia daquele que será atingido pela constrição.

Quando a ação de improbidade contar com vários réus, a decretação da indisponibilidade não poderá atingir um valor total que ultrapasse o montante indicado na petição inicial como dano ao erário ou como enriquecimento ilícito. Veda-se, assim, o que, na prática, poderia ocorrer: excesso de constrição decorrente de cada um dos réus ter bens atingidos no montante total do dano ao erário. Somando-se as constrições que atingiram todos os demandados, ela seria excessiva.

Sob outro enfoque, a petição inicial deverá indicar a estimativa do dano, e tal informação será o parâmetro a ser observado pelo magistrado no momento da decretação da indisponibilidade. O réu poderá requerer a substituição dos bens que foram atingidos pela indisponibilidade por: i) caução idônea; ii) fiança bancária, e iii) seguro-garantia. O magistrado não deverá recusar o pedido de substituição com fundamentação genérica ou com predileção pessoal por um tipo específico de garantia. Feita a constrição, o legislador atribuiu ao réu, e não ao autor da ação, o direito de escolher a espécie de garantia que pretende apresentar. A recusa judicial deve, por outro lado, ter lugar quando a garantia apresentada não se mostrar idônea ou suficiente para garantir o dano ao erário ou o enriquecimento indevido.

As partes terão o direito de pedir a readequação da decretação de indisponibilidade durante a fase de instrução processual, o que poderá ocorrer, por exemplo, nas hipóteses de a constrição judicial ser excessiva ou de ter se depreciado.

Quando o pedido de decretação de indisponibilidade tiver como destinatário terceiro que não é parte do processo, seu deferimento dependerá da plena demonstração pela parte autora de que o terceiro efetivamente concorreu para a prática da improbidade administrativa. E, em se tratando de pessoa jurídica que tenha de responder por ato de pessoa física, o atingimento do seu patrimônio dependerá da instauração de incidente de desconsideração da personalidade jurídica, a ser processado na forma da lei processual.

A reforma de 2021 previu, também, um limite objetivo para a decretação de indisponibilidade, proibindo que ela alcance valores a serem eventualmente aplicados a título de multa civil ou sobre o acréscimo patrimonial decorrente de atividade lícita. Como mais adiante comentaremos, antes do advento da Lei nº 14.230 o STJ vinha entendendo que a indisponibilidade poderia compreender um montante superior ao do dano ao erário, tendo em vista que o valor atingido pela constrição judicial poderia ser necessário para fazer frente a eventual multa. Com a reforma de 2021, tal compreensão passa a conflitar com o texto legal.

Atualmente, a LIA determina que a indisponibilidade recaia sobre bens que assegurem exclusivamente a recomposição integral do dano ao erário ou do acréscimo patrimonial resultante de enriquecimento ilícito. Assim, não é mais possível tornar indisponível o patrimônio do réu para garantir eventual multa a ser aplicada na sentença, e também se tornou proibido o emprego da decretação de indisponibilidade para alcançar bens que representem um acréscimo patrimonial decorrente de atividade *lícita*.

Em se tratando de uma situação em que o réu explore uma atividade econômica, o art. 16, §11, procura conciliar a necessidade de decretação da indisponibilidade de bens com a de subsistência da atividade empresarial. A indisponibilidade não pode se tornar uma medida cautelar capaz de inviabilizar o funcionamento de uma sociedade empresária, asfixiando os seus recursos e comprometendo a realização do seu objeto social. Por razões semelhantes, quando o demandado na ação de improbidade prestar um serviço público, o juiz deverá evitar qualquer medida capaz de acarretar prejuízo à sua prestação (art. 16, §12). Ora se estimula o princípio da função social da empresa, ora se prestigia o princípio da continuidade dos serviços públicos. O dever de punir o réu na ação de improbidade não justifica a violação desses princípios.

Outro aspecto também chama atenção em relação à decretação de indisponibilidade de bens: o fato de a LIA ter mencionado uma estática ordem de prioridade dos bens na decretação da referida medida constritiva e, especialmente, que a referida ordem considera que o bloqueio de contas bancárias só deve ocorrer diante da inexistência de outros bens anteriormente mencionados no dispositivo, a saber: veículos de via terrestre, bens imóveis, bens móveis em geral, semoventes, navios e aeronaves, ações e quotas de sociedades simples e empresárias, pedras e metais preciosos. O curioso é que a ordem do art. 16, §11, coloca em último lugar na decretação de indisponibilidade o bloqueio de dinheiro em contas bancárias, bens que o art. 835 do CPC considera na primeira posição na ordem de preferência da penhora (dinheiro, em espécie ou em depósito ou aplicação em instituição financeira). A opção da LIA não foi boa, quando condicionou o bloqueio de contas bancárias à demonstração da inexistência de outros bens. Em primeiro lugar, porque o usual é que a efetividade da constrição patrimonial ocorra por meio do bloqueio de dinheiro depositado em instituições financeiras. E não é oportuno transferir para o final da fila aquilo que é o mais eficiente em uma execução. Em segundo lugar, porque o réu saberá que o bloqueio de dinheiro em sua conta está na iminência de ocorrer, caso ele não possua outros bens e tenha havido uma tentativa de decretação de indisponibilidade. Portanto, muito provavelmente terá tempo suficiente para retirar todo o dinheiro depositado em alguma instituição financeira antes de qualquer medida de bloqueio de sua conta ser adotada.

A LIA se preocupou, ainda, com a fixação de um limite de valor para a decretação de indisponibilidade. A reforma de 2021 acrescentou que a decretação de indisponibilidade não pode atingir a quantia de até 40 (quarenta) salários-mínimos depositados em caderneta de poupança, em outras aplicações financeiras ou em conta corrente. Prevaleceu a ideia de que esse valor é o minimamente necessário para a sobrevivência digna do réu. Essa limitação, aliás, encontra semelhança com a impenhorabilidade prevista no art. 833 do CPC, a saber:

> Art. 833. São impenhoráveis:
> (...)
> X – a quantia depositada em caderneta de poupança, até o limite de 40 (quarenta) salários-mínimos;

No mesmo sentido, o STJ, mesmo antes da reforma de 2021, já manteve decisão de tribunal local que não permitiu a decretação de indisponibilidade da quantia depositada de até quarenta salários-mínimos.[250] Não se vislumbrou qualquer desproporcionalidade na medida.

Com a reforma de 2021, a LIA também passou a expressamente vedar a decretação de indisponibilidade do bem de família do réu, salvo se comprovado que ele é fruto de vantagem patrimonial indevida. Tal preceito conflita com orientação do STJ do período anterior ao da entrada em vigor da Lei nº 14.230, no sentido de que o bem de família, a despeito de ser impenhorável, poderia ser atingido pela decretação de indisponibilidade.[251] Entretanto, referida vedação deve

---

[250] STJ. AgInt no REsp 1929723 / MT. AGRAVO INTERNO NO RECURSO ESPECIAL: 2021/0090394-9. Relatora: Ministra Assusete Magalhães. Órgão Julgador: Segunda Turma. Data do Julgamento: 13.06.2022. Data da Publicação/Fonte: DJe 15.06.2022.
[251] STJ. Primeira Turma. RECURSO ESPECIAL Nº 806.301/PR REsp nº 806301/PR. Data de Julgamento: 11.12.2007. Relator: Min. Luiz Fux.

ser elogiada, tendo em vista que torna a LIA coerente com o pensamento de que a proteção do regime da Lei nº 8.009 (Lei do Bem de Família) foi a de impedir que a família fique desprovida do seu teto, o que poderia decorrer de uma decretação de indisponibilidade seguida de eventual alienação em hasta pública.

16.3) Polêmicas e peculiaridades do artigo:

16.3.1) Diferença entre a medida cautelar do sequestro e a decretação de indisponibilidade: Com a reforma de 2021, deixou de haver menção expressa ao sequestro na LIA, mas a redação original da lei o previa como medida cautelar ao lado da decretação de indisponibilidade. Atualmente, a ausência de referência ao sequestro no texto da LIA não impede, entretanto, que tal medida seja requerida com fundamento na legislação processual.

Na decretação de indisponibilidade, a medida tem como objetivo tornar bens do réu indisponíveis para que a eventual futura execução contra o seu patrimônio possa ter resultado útil. O bem que se torna indisponível com fundamento no art. 16 da LIA não precisa ter relação alguma com a conduta ímproba, podendo, como já vimos, ser atingido bem ou valor adquirido antes da prática desonesta.

Na hipótese do sequestro, prevista originalmente no art. 16 da LIA e agora no art. 301 do CPC,[252] a situação é diversa. No sequestro, a medida se destina a evitar que o réu ou o terceiro continue na posse do bem acrescido ao seu patrimônio ou que gerou dano ao erário. Assim, o bem atingido pelo sequestro é coisa litigiosa; trata-se de bem específico que tem relação direta com a improbidade administrativa. Por essa razão, é recomendável que a parte autora da ação de improbidade indique os bens específicos que pretende ver atingidos pelo sequestro,[253] o que não se exige na hipótese da decretação de indisponibilidade do art. 16.

O sequestro só pode alcançar, portanto, bens que, uma vez relacionados com a conduta ímproba, tenham ensejado o enriquecimento ilícito ou algum dano ao patrimônio público. Com o mesmo entendimento, Mauro Roberto Gomes de Mattos assim escreve sobre o tema:

> Somente o exercício irregular das atividades funcionais do agente público que desencadeie o enriquecimento ilícito ou que cause dano ao patrimônio do erário é que poderá ensejar o sequestro de seus bens.[254]

Na prática, é até possível que a decretação de indisponibilidade do art. 16 da LIA atinja bem adquirido em razão da improbidade administrativa. Nesse caso, a citada medida se aproximará da medida cautelar de sequestro.

---

[252] Art. 301. A tutela de urgência de natureza cautelar pode ser efetivada mediante arresto, sequestro, arrolamento de bens, registro de protesto contra alienação de bem e qualquer outra medida idônea para asseguração do direito.

[253] No mesmo sentido, Mauro Roberto Gomes de Mattos. MATTOS, Mauro Roberto Gomes de. *O limite da improbidade Administrativa*. O direito dos administrados dentro da Lei nº 8.429/92. Rio de Janeiro: América Jurídica, 2004. p. 479.

[254] MATTOS, Mauro Roberto Gomes de. *O limite da improbidade Administrativa*. O direito dos administrados dentro da Lei nº 8.429/92. Rio de Janeiro: América Jurídica, 2004. p. 473.

Por outro lado, discordamos da tese, defendida por parte da doutrina, de que o sequestro assegura, à semelhança da decretação de indisponibilidade, que os bens do réu respondam pela condenação judicial e que, na realidade, a redação original do art. 16 disciplinaria um verdadeiro arresto.[255] O arresto não se destina, como o sequestro, a atingir um bem específico e tem como objetivo viabilizar o resultado útil do processo, assegurando a preservação de bens integrantes do patrimônio do réu. Para esse propósito, a lei de improbidade administrativa já prevê a decretação de indisponibilidade.

São precisas as palavras de Humberto Theodoro Jr. sobre as diferenças entre o arresto e o sequestro, *in verbis*:

> Ademais, o arresto é providência cautelar que visa à constrição de bens para assegurar execução de quantia certa, possibilitando sua futura conversão em penhora, de maneira que não precisa estar vinculado a bem específico, diversamente do que ocorre no sequestro, o qual objetiva garantir execução para entrega de coisa certa, devendo, assim, estar associado ao bem litigioso. (…) o arresto não se preocupa com a especificidade do objeto. Seu escopo é preservar 'um valor patrimonial' necessário para o futuro resgate de uma dívida de dinheiro. Qualquer bem patrimonial disponível do devedor, portanto, pode prestar-se ao arresto.[256]

Reconhecemos, contudo, que, se o sequestro for interpretado como um instituto capaz de alcançar bens outros do réu além daqueles adquiridos em razão da conduta desonesta que tal conclusão produzirá dois efeitos relevantes para quem pensar desta forma. Em primeiro lugar, o sequestro poderia atingir bens adquiridos pelo réu antes da prática ímproba. Em segundo lugar, o sequestro seria equivalente ao arresto e, na prática, se confundiria com a decretação de indisponibilidade. Ainda que o art. 16 da Lei nº 8.429 tivesse uma redação lacunosa e que o art. 301 do CPC não defina o sequestro, discordamos dessa forma de compreender o instituto do sequestro pelas seguintes razões.

Os artigos 822 a 825 do CPC mencionados na redação original do art. 16 da LIA se referiam ao CPC de 1973, e não ao atualmente em vigor. Nos referidos artigos, havia menção da possibilidade de o juiz decretar o sequestro sobre bens específicos em relação aos quais houvesse alguma disputa quanto à posse ou propriedade. Atualmente, o CPC de 2015 não possui uma seção disciplinando o instituto do sequestro. O art. 301 do CPC atual apenas menciona que a tutela de urgência de natureza cautelar poderá ser efetivada de diversas formas, inclusive por meio de sequestro. E o art. 159 do CPC estipula que a "guarda e a conservação de bens penhorados, arrestados, sequestrados ou arrecadados serão confiadas

---

[255] Com este entendimento, do qual respeitosamente divergimos, Nicolao Dino. COSTA NETO, Nicolao Dino de Castro e. Improbidade Administrativa: Aspectos Materiais e Processuais. *In*: SAMPAIO, José Adércio Leite; RAMOS, André de Carvalho. *Improbidade Administrativa*. 10 anos da Lei nº 8.429/92. Belo Horizonte: Del Rey, 2002. p.; 369.

[256] THEODORO JÚNIOR, Humberto. *Curso de Direito Processual Civil*, Vol. II. 46. ed. Rio de Janeiro: Forense, 2011. p. 570.

a depositário ou a administrador, não dispondo a lei de outro modo". Assim, decretado o sequestro, o bem deverá ser apreendido e depositado à disposição do juízo, a fim de que seja adequadamente conservado. Todo esse regramento nos induz à conclusão de que, no sequestro, atinge-se um bem identificado e litigioso, diversamente do que ocorre na decretação de indisponibilidade. No STJ, é possível encontrar precedente que parte desta mesma percepção quanto ao alcance da medida cautelar de sequestro, *in verbis*:

> III – Da medida cautelar de sequestro (art. 822, I, do CPC).
> O sequestro constitui medida cautelar que se presta à apreensão de bens determinados, com o escopo de assegurar a futura efetivação de provimento judicial que os tenha como objeto.
> Ao dispor acerca do tema, e no que importa à espécie, a legislação processual estabelece que o sequestro de bens pode ser decretado pelo juiz quando lhes for disputada a propriedade ou a posse. Exige a lei, igualmente, que se comprove o fundado receio de sua danificação (art. 822, I, do CPC).
> Protege-se, em suma, a integridade do bem contra situações que possam comprometer a utilidade da ação principal, cujo objetivo deve ser, em regra, o estabelecimento do verdadeiro titular da posse ou da propriedade desse mesmo bem.
> Vale dizer, para o deferimento de medida dessa natureza, é necessário que o juiz se convença de que, sobre o bem objeto da ação principal - cujo sequestro se pleiteia -, tenha se estabelecido, direta ou indiretamente, uma relação de disputa entre as partes da demanda. Nessa linha de ideias, MARINONI e ARENHARDT assinalam que "a finalidade do sequestro é proteger ulterior tutela do direito *que se caracterize pela* **entrega de bem determinado ao interessado**" (Processo Cautelar. 3ª ed. São Paulo: Ed. Revista dos Tribunais, 2011, p. 221. Sem destaque no original.).
> O sequestro, em última análise, constitui típica "garantia de uma execução para entrega de coisa certa" (THEODORO JÚNIOR, HUMBERTO. Processo Cautelar. 24 ed. São Paulo: Liv. e Ed. Universitária de Direito, 2008, p. 262).
> Na hipótese em exame, o recorrido propôs ação cautelar com o objetivo de ver apreendido maquinário agrícola de propriedade da recorrente, sinalizando que ajuizaria, no prazo legal, ação principal visando à repetição de indébito (e-STJ, fls. 40/41).
> Das premissas fáticas assentadas pelo TJ/GO, depreende-se que foi determinado pelo juiz de primeiro grau, liminarmente, "o sequestro de dois maquinários da agravante no afã de garantir a satisfação do crédito do agravado", "cujos valores situam na casa das dezenas de milhares de reais" (e-STJ, fl. 348. Sem destaque no original).
> De acordo com o entendimento desta Corte Superior, versando a ação principal, como no particular, sobre pretensão creditícia, não se identifica a presença dos requisitos exigidos pelo mencionado art. 822, I, do CPC para concessão da medida de sequestro. Falta-lhe o pressuposto da existência de disputa específica, no processo de conhecimento, sobre o destino dos bens sobre os quais se pleiteia a incidência da constrição. Nesse sentido, a título ilustrativo, confira-se o REsp 440.147/MT, Rel. Min. Carlos Alberto Menezes Direito, Terceira Turma, DJ 30/06/2003.
> Diante do exposto, conclui-se que a medida cautelar de sequestro levada a efeito na presente ação, deferida pelo juiz de primeiro grau e mantida pelo Tribunal de origem, porquanto visou à garantia do cumprimento de obrigação de crédito discutida na ação principal, violou o art. 822, I, do CPC.
> Forte nessas razões, DOU PROVIMENTO ao recurso especial, para reformar a decisão que deferiu a medida liminar de sequestro. (STJ. **REsp nº 1.128.033-GO, Rel. Min. Nancy Andrighi, julgado em 05.02.2013, Publicação do acórdão no DJe de 18.02.2013, p. 4-5 do voto da relatora).**

Na doutrina, Humberto Theodoro Junior sustenta que o pedido de sequestro pressupõe a existência de temor de desvio, danificação ou ocultação em relação a *bens disputados*, a saber:

> o Ministério Público não tem poder para requerer o sequestro baseando-se apenas na existência da ação civil de repressão à improbidade administrativa. Sua pretensão somente será acolhível se e quando demonstrar a efetiva configuração do fundado temor de desvio, danificação ou ocultação dos bens disputados na referida ação principal.[257]

Ao abordar o instituto do sequestro, Alexandre Freitas Câmara destaca o seguinte:

> No direito italiano define-se o sequestro no artigo 670, sob a denominação de sequestro *giudiziario*. O sequestro conservativo do artigo 670, I, do Código italiano, tratado pela doutrina peninsular como sequestro (giudiziario) *in funzione della fruttuosità del'eventualle esecuzione diretta*, o *sequestro di bene* (que não se confunde com o "*sequestro in funzione cognizione o seqüestro di prove*", é o instituto do direito italiano semelhante ao nosso sequestro, sendo adequada a sua utilização quando incide sobre o bem de que se trata, controvérsia sobre a sua posse ou propriedade, sendo oportuno em razão do *periculum in mora*, prover a sua custódia ou gestão temporária. (...) medida cautelar de apreensão de bens destinada a assegurar a efetividade de uma futura execução de entrega de coisa certa. Consiste, pois, a medida, na apreensão de bem determinado, para garantir sua entrega em bom estado ao que vencer a causa.[258]

16.3.2) Requerimento da decretação de indisponibilidade pelo Ministério Público e pela pessoa jurídica interessada: O Ministério Público poderá formular o requerimento judicial de decretação de indisponibilidade de bens do réu de duas formas: i) após ter recebido a representação, e ii) independentemente de qualquer representação. A atuação do *parquet* não depende, nesse caso, de qualquer representação prévia e nem mesmo, acaso existente, compele o Ministério Público a agir conforme a vontade do representante.[259] A reforma legal de 2021 também optou por esse caminho quando, ao introduzir o §1º-A no art. 16 da LIA, estipulou que "O pedido de indisponibilidade de bens a que se refere o *caput* deste artigo poderá ser formulado independentemente da representação de que trata o art. 7º desta Lei".

Sob outro enfoque, caso a ação de improbidade já tenha sido ajuizada, nada impede que a autoridade administrativa ou que qualquer cidadão também

---

[257] THEODORO JÚNIOR, Humberto. *Sequestro* – Ação de Representação a Ato de Improbidade Administrativa – Lei nº. 8.429/92. *In*: THEODORO JÚNIOR, Humberto. *Tutela Jurisdicional de Urgência* – Medidas Cautelares e Antecipadas. 2. ed. Rio de Janeiro: Ed. América Jurídica, 2001. p. 215.

[258] CÂMARA, Alexandre Freitas. *Lições de Direito Processual Civil*. Volume III. 16. ed. Rio de Janeiro: Editora Lumen Juris, 2010. p. 117-118.

[259] Com o mesmo entendimento, Emerson Garcia e Rogério Pacheco Alves, ao sustentarem que "a representação à autoridade administrativa não tem a natureza de 'condição de procedibilidade', o que significa que o Parquet pode, independentemente de qualquer provocação, buscar o alcance cautelar do patrimônio do ímprobo". GARCIA, Emerson; ALVES, Rogério Pacheco. *Improbidade Administrativa*. 4. ed. Revista e ampliada. Rio de Janeiro: Lumen Juris, 2008. p. 747.

represente diretamente ao juiz da causa para que seja decretada a indisponibilidade dos bens. Representação é um recurso administrativo que qualquer um pode apresentar, na medida em que tem como função noticiar a autoridade competente a respeito da prática de uma irregularidade. O seu fundamento é o direito de petição contido no art. 5º, XXXIV, "a", da CRFB[260] que assegura a todo e qualquer cidadão o direito de peticionar ao Poder Público para a correção de ilegalidades. Na prática, quem irá, como regra, formular o pedido judicial de decretação de indisponibilidade é o Ministério Público, por se tratar de instituição que mais frequentemente ajuíza ações de improbidade. Contudo, a LIA não pode ser interpretada inconstitucionalmente, de modo a impedir que eventual representação possa ser feita pelo outro possível legitimado (pessoa jurídica interessada) ou mesmo por um particular. Caberá, em todo caso, ao juiz decidir sobre a medida requerida.

Caso a ação de improbidade ainda não tenha sido ajuizada, tanto o Ministério Público quanto a pessoa jurídica interessada, ambos legitimados para a propositura da futura ação de improbidade,[261] poderão requerer judicialmente a indisponibilidade dos bens do indiciado.[262]

Pela literalidade do art. 7º *caput*, a autoridade administrativa da pessoa jurídica interessada, vítima da conduta ímproba, teria de representar ao Ministério Público para que ele, e só ele, pudesse formular o requerimento de decretação de indisponibilidade dos bens do réu. A interpretação do alcance do dispositivo dessa forma é, no entanto, pouco razoável. A pessoa jurídica interessada pode ajuizar a ação de improbidade e, naturalmente, também está autorizada a formular todos os requerimentos que entender sejam cabíveis. Poderia, assim, requerer ao juízo da ação de improbidade o deferimento da decretação de indisponibilidade sem que esse pleito ficasse a depender de uma representação prévia ao Ministério Público.

Nesse mesmo sentido, Maria Sylvia Zanella Di Pietro que, à luz da redação original da LIA, já sustentava que:

> Embora o artigo 7º imponha à autoridade administrativa responsável pelo inquérito administrativo o dever de representar ao Ministério Público para a indisponibilidade dos bens do indiciado, é evidente que a medida pode ser requerida pelo Ministério Público independentemente de representação da autoridade administrativa. Aliás, o dispositivo tem uma redação infeliz, porque, se a própria pessoa jurídica interessada tem

---

[260] Art. 5º
(...)
XXXIV – são a todos assegurados, independentemente do pagamento de taxas:
a) o direito de petição aos Poderes Públicos em defesa de direitos ou contra ilegalidade ou abuso de poder;

[261] A afirmação é feita com fundamento na posição do STF adotada nas ADIs nº 7.042 e nº 7.043, feitos em que se restabeleceu a legitimidade ativa da pessoa jurídica interessada.

[262] Para Daniel Assumpção e Rafael Oliveira, quando a autoridade administrativa tiver representado ao Ministério Público pela indisponibilidade dos bens do investigado e o *parquet* discordar da medida, a autoridade administrativa não poderia realizar o pedido diretamente. Para eles, faltaria "legitimidade à autoridade administrativa que conduz o processo investigatório". NEVES, Daniel Amorim Assumpção; OLIVEIRA, Rafael Carvalho Rezende. *Improbidade Administrativa*. Direito Material e Processual. 8. ed. Revista e atualizada. São Paulo: Gen-Forense, 2020. p. 290.

legitimidade para propor a ação, não há razão para que ela mesma não tome a iniciativa para requerer judicialmente a decretação da indisponibilidade. Não há necessidade de requerer especificamente ao Ministério Público o exercício de uma competência que pode ser exercida pelo órgão jurídico da própria entidade a que pertence a autoridade administrativa.[263]

Sobre o tema, José Antonio Lisboa Neiva também reconhecia antes da reforma de 2021, e a nosso sentir, acertadamente, a desnecessidade de a representação ser feita ao Ministério Público, *verbis*:

> A própria pessoa jurídica, da qual fazem parte o agente e a autoridade (responsável pelo inquérito), pode ajuizar a ação cautelar que objetiva a indisponibilidade dos bens. Nesse caso, a comunicação é desnecessária, tendo em vista que o Ministério Público intervirá obrigatoriamente no processo (§4º do art. 17 desta Lei).[264]

Por sua vez, o art. 16, §1º-A da LIA, que entrou em vigor com a reforma de 2021, deixou para trás qualquer dúvida e esclareceu, de uma vez por todas, que o requerimento de decretação de indisponibilidade pode ser feito independentemente de qualquer representação ao Ministério Público.

16.3.3) Decretação de indisponibilidade de bens de ofício pelo magistrado: A LIA não esclarece se o magistrado poderá decretar de ofício a indisponibilidade dos bens do réu. Contudo, a despeito da lacuna, três argumentos nos convencem dessa possibilidade. Em primeiro lugar, porque a LIA permite, no §4º do seu art. 16, que a decretação de indisponibilidade ocorra sem a oitiva do réu, nas hipóteses em que o contraditório prévio puder comprovadamente frustrar a efetividade da medida, ou quando houver outras circunstâncias que recomendem a proteção liminar. Ora, se a necessidade de efetividade da medida cautelar pode justificar que o réu não seja ouvido previamente, essa circunstância também poderia legitimar uma atuação judicial desacompanhada de requerimento prévio específico da parte autora. O interesse da coletividade presente em uma ação de improbidade poderia justificar a atuação jurisdicional provisória e urgente, mesmo quando ausente pedido expresso nesse sentido.

Em segundo lugar, a lógica, com a qual concordamos, de que é possível representar diretamente ao juiz, sem a necessidade de intervenção do *parquet* como filtro dessa representação, nos leva à conclusão de que a decretação de indisponibilidade de bens pode ser reconhecida de ofício. A representação não é o requerimento da decretação da indisponibilidade em si. Ela é, apenas, a notícia da irregularidade e da necessidade da constrição judicial. Formalmente, a representação não precisa conter um requerimento. Ela existe para dar conhecimento ao magistrado da irregularidade. Assim, o magistrado que tomar

---
[263] DI PIETRO, Maria Sylvia Zanella. *Direito Administrativo*. 23. ed. São Paulo: Atlas, 2010. p. 841-842.
[264] NEIVA, José Antonio Lisbôa. *Improbidade Administrativa*. Legislação comentada artigo por artigo. Doutrina, Legislação e Jurisprudência. Niterói: Impetus, 2009. p. 48.

conhecimento da gravidade dos fatos e da necessidade da medida cautelar, poderá, de ofício, decretar a indisponibilidade dos bens do réu.

Em terceiro lugar, porque o CPC tem aplicação subsidiária em relação ao tema. Após a reforma de 2021, a regra prevendo a aplicação subsidiária do CPC na parte referente ao regime da tutela provisória de urgência tornou-se expressa (art. 16, §8º). De todo modo, o STJ, mesmo antes do advento da Lei nº 14.230, já entendia que as regras do CPC se aplicariam subsidiariamente ao que disposto na Lei nº 8.429. É que, muito embora a redação original da LIA nada estipulasse expressamente nesse sentido, ela integra um microssistema de tutela coletiva e as demais normas desse sistema, o Código de Defesa do Consumidor (art. 90 da Lei nº 8078/90)[265] e a Lei de Ação Civil Pública (art. 19 da Lei nº 7.347/85)[266], preveem expressamente a aplicação subsidiária do CPC.[267] Nesse contexto, diante da aplicação subsidiária do CPC, o art. 297 do CPC, ao dispor sobre a tutela provisória, nada menciona quanto à necessidade de a parte formular um requerimento para que o magistrado determine as medidas que considerar adequadas para efetivação da tutela provisória. Confira-se o dispositivo:

> Art. 297. O juiz poderá determinar as medidas que considerar adequadas para efetivação da tutela provisória.

O revogado CPC de 1973 previa algo diverso. O art. 273 do CPC de 1973 mencionava que a tutela antecipada só poderia ser deferida "a requerimento da parte".[268],[269] É de se destacar, contudo, que, mesmo assim, já era possível encontrar

---

[265] Art. 90. Aplicam-se às ações previstas neste título as normas do Código de Processo Civil e da Lei nº 7.347, de 24 de julho de 1985, inclusive no que respeita ao inquérito civil, naquilo que não contrariar suas disposições.

[266] Art. 19. Aplica-se à ação civil pública, prevista nesta Lei, o Código de Processo Civil, aprovado pela Lei nº 5.869, de 11 de janeiro de 1973, naquilo em que não contrarie suas disposições.

[267] ADMINISTRATIVO. RECURSO ESPECIAL. AÇÃO CIVIL PÚBLICA. IMPROBIDADE ADMINISTRATIVA. JUNTADA DE DOCUMENTOS. AUSÊNCIA DE MANIFESTAÇÃO DA PARTE CONTRÁRIA. APLICAÇÃO SUBSIDIÁRIA DO CÓDIGO DE PROCESSO CIVIL. (...) RECURSO PARCIALMENTE CONHECIDO E, NESSA EXTENSÃO, PARCIALMENTE PROVIDO.
(...) 3. Aplica-se subsidiariamente o Código de Processo Civil nas ações de improbidade administrativa, apesar da ausência de norma expressa na Lei 8.429/92, nos termos dos arts. 19 da Lei 7.347/85 e 90 da Lei 8.078/90.
(...) 9. Recurso parcialmente conhecido e, nessa extensão, parcialmente provido para, afastando a prescrição, determinar o regular curso do processo. (REsp nº 1098669/GO, Rel. Ministro Arnaldo Esteves Lima, PRIMEIRA TURMA, julgado em 04.11.2010, DJe 12.11.2010)

[268] Art. 273. O juiz poderá, a requerimento da parte, antecipar, total ou parcialmente, os efeitos da tutela pretendida no pedido inicial, desde que, existindo prova inequívoca, se convença da verossimilhança da alegação e: (Redação dada pela Lei nº 8.952, de 13.12.1994)

[269] Mesmo no regime do CPC de 1973, era possível encontrar decisões do STJ favoráveis à concessão de tutela antecipada de ofício. Por todas, confira-se a seguinte: PROCESSUAL CIVIL. PREVIDENCIÁRIO. SALÁRIO-MATERNIDADE. TUTELA ANTECIPADA DE OFÍCIO CONCEDIDA NO ACÓRDÃO. ADMISSIBILIDADE EM HIPÓTESES EXCEPCIONAIS.
1. Trata-se, na origem, de Ação Declaratória com pedido de condenação ao pagamento de salário-maternidade movida por trabalhadora rural diarista. O acórdão confirmou a sentença de procedência e, de ofício, determinou a imediata implantação do mencionado benefício. 2. As tutelas de urgência são identificadas como reação ao sistema clássico pelo qual primeiro se julga e depois se implementa o comando, diante da demora do processo e da implementação de todos os atos processuais inerentes ao cumprimento da garantia do devido processo legal. Elas regulam situação que demanda exegese que estabeleça um equilíbrio de garantias e princípios (v.g., contraditório, devido processo legal, duplo grau de jurisdição, direito à vida, resolução do processo em prazo razoável). (...) "a partir da consolidação

vozes na doutrina favoráveis à possibilidade de decretação da indisponibilidade de bens de ofício. Nesse sentido, Emerson Garcia e Rogério Pacheco Alves, *in verbis*:

> Em razão da regra contida no art. 797 do CPC [de 1973], pode o magistrado determinar de ofício a indisponibilidade de bens, providência que, no entanto, só deve ser adotada em hipóteses excepcionais a fim de que não se macule a imparcialidade característica da função de julgar.[270]

O art. 297 do CPC atual, por sua vez, permite que o magistrado exerça o seu poder geral de cautela sem a necessidade de formalização de um requerimento pela parte. Dessa forma, entendemos que o magistrado poderá decretar, de ofício, a indisponibilidade dos bens do réu em uma ação de improbidade.[271]

16.3.4) Decretação de indisponibilidade de bens adquiridos antes da prática da improbidade ou antes mesmo da assunção da função pública: A data em que o bem a ser atingido pela decretação de indisponibilidade foi adquirido é irrelevante para sabermos se ele poderá tornar-se indisponível. A LIA não exige que os bens que se tornarão indisponíveis tenham sido adquiridos após a prática da improbidade ou em razão dela. O objetivo dessa medida cautelar é o de garantir a futura execução das medidas de recomposição do erário ou de acréscimo patrimonial resultante de enriquecimento ilícito contidas na sentença. Por isso, pouco importa se o bem objeto da constrição é um produto da improbidade administrativa. Com esse entendimento, por exemplo, Daniel Assumpção e Rafael Oliveira:

> Pouco importa se o bem foi integrado ao patrimônio do ímprobo antes ou depois da prática do ato de improbidade administrativa, sendo plenamente aplicável na responsabilidade patrimonial desse sujeito o art. 789 do CPC.[272]

---

constitucional dos direitos sociais, a função estatal foi profundamente modificada, deixando de ser eminentemente legisladora em pró das liberdades públicas, para se tornar mais ativa com a missão de transformar a realidade social. Em decorrência, não só a administração pública recebeu a incumbência de criar e implementar políticas públicas necessárias à satisfação dos fins constitucionalmente delineados, como também, o Poder Judiciário teve sua margem de atuação ampliada, como forma de fiscalizar e velar pelo fiel cumprimento dos objetivos constitucionais" (REsp 1.041.197/MS, Rel. Min. Humberto Martins, Segunda Turma, DJe 16.9.2009, grifei.) 5. A doutrina admite, em hipóteses extremas, a concessão da tutela antecipada de ofício, nas "situações excepcionais em que o juiz verifique a necessidade de antecipação, diante do risco iminente de perecimento do direito cuja tutela é pleiteada e do qual existam provas suficientes de verossimilhança" (José Roberto dos Santos Bedaque, Tutela cautelar e tutela antecipada: tutelas sumárias e de urgência, 4ª ed., São Paulo, Malheiros, 2006, p. 384-385). 6. A jurisprudência do STJ não destoa em situações semelhantes, ao reconhecer que a determinação de implementação imediata do benefício previdenciário tem caráter mandamental, e não de execução provisória, e independe, assim, de requerimento expresso da parte (v. AgRg no REsp 1.056.742/RS, Rel. Min. Napoleão Nunes Maia Filho, DJe de 11.10.2010 e REsp 1.063.296/RS, Rel. Min. Og Fernandes, DJe de 19.12.2008). 7. Recurso Especial não provido. (REsp nº 1.309.137/MG, relator Ministro Herman Benjamin, Segunda Turma, julgado em 08.05.2012, DJe de 22.05.2012.)

[270] GARCIA, Emerson; ALVES, Rogério Pacheco. *Improbidade Administrativa*. 4. ed. Revista e ampliada. Rio de Janeiro: Lumen Juris, 2008. p. 754.

[271] O tema da possibilidade de o magistrado deferir, de ofício, tutela provisória não é pacífico na literatura do Direito Processual Civil. São frequentes os seguintes argumentos contrários ao deferimento de ofício: o princípio da não surpresa impediria que as partes fossem surpreendidas com a medida, a falta de menção expressa no CPC da possibilidade de deferimento de ofício da medida, a previsão no art. 302 do CPC de responsabilidade da parte pelos danos decorrentes da tutela provisória posteriormente revogada, o art. 141 do CPC que veda ao juiz conhecer de questões não suscitadas pelas partes.

[272] NEVES, Daniel Amorim Assumpção; OLIVEIRA, Rafael Carvalho Rezende. *Improbidade Administrativa*. Direito Material e Processual. 8. ed. Revista e atualizada. São Paulo: Gen-Forense, 2020. p. 293.

Nesse mesmo sentido, confira-se o entendimento do STJ:

> (...) à luz do art. 7º da Lei n. 8.429/92, esta Corte tem decidido que, dado seu caráter assecuratório, a indisponibilidade de bens deve recair sobre o patrimônio dos agentes, ***ainda que adquiridos anteriormente à prática do suposto ato de improbidade***, de modo suficiente a garantir o integral ressarcimento de eventual prejuízo ao Erário, levando-se em consideração, ainda, o valor de possível multa civil aplicada como sanção autônoma (...). (STJ – AGRAVO INTERNO NO AGRAVO EM RECURSO ESPECIAL 629236 / DF AGINT NO ARESP AGINT 629236 / DF. T1 – Primeira Turma Ministro Relator: Regina Helena Costa. Data de Julgamento: 09.05.2017). (Grifamos)

Para José dos Santos Carvalho Filho, "como se trata de medida assecuratória em favor do erário ou para a devolução de valores auferidos ilicitamente, pode a indisponibilidade recair sobre bens adquiridos anteriormente ao ato de improbidade".[273] Assim, a data de aquisição do bem é irrelevante para que ele possa ser atingido pela decretação de sua indisponibilidade.

16.3.5) Decretação de indisponibilidade do imóvel bem de família: Nos termos do que prevê o art. 1º da Lei nº 8.009/90,[274] o imóvel residencial da entidade familiar é impenhorável. O nítido objetivo da norma é o de evitar que a família perca a sua moradia, em razão de uma dívida que possa acarretar a venda forçada do imóvel em leilão público.

Temos sustentado, mesmo antes da reforma de 2021, que a impenhorabilidade do bem de família impede que ele seja atingido pela decretação de indisponibilidade em uma ação de improbidade administrativa.[275] A razão é que essa medida não é um fim em si mesmo. Caso o réu não honre a dívida oriunda da ação de improbidade, o bem que se tornou indisponível terá de ser alienado em hasta pública para a satisfação do crédito reconhecido no título judicial. No caso do bem de família, isso provocaria a perda da residência da entidade familiar, o que é indesejado pela Lei nº 8.009/90. Assim, as mesmas razões que justificam a impenhorabilidade do bem de família também legitimam que ele não seja atingido pela decretação de indisponibilidade, ressalvada a hipótese em que o citado bem tiver sido adquirido em razão de uma conduta ímproba. É que a própria Lei nº 8.009/90 afasta a impenhorabilidade do bem de família, quando ele tiver sido adquirido com o produto de crime, ou quando se estiver diante de execução de sentença penal condenatória.[276] Como a *ratio* dessa regra é proibir que o infrator se

---

[273] CARVALHO FILHO, José dos Santos. *Manual de Direito Administrativo*. 31. ed. São Paulo: Gen/Atlas, 2017. p. 1.178.

[274] Art. 1º O imóvel residencial próprio do casal, ou da entidade familiar, é impenhorável e não responderá por qualquer tipo de dívida civil, comercial, fiscal, previdenciária ou de outra natureza, contraída pelos cônjuges ou pelos pais ou filhos que sejam seus proprietários e nele residam, salvo nas hipóteses previstas nesta lei.

[275] No mesmo sentido, Daniel Assumpção e Rafael Oliveira. NEVES, Daniel Amorim Assumpção; OLIVEIRA, Rafael Carvalho Rezende. *Improbidade Administrativa*. Direito Material e Processual. 8. ed. Revista e atualizada. São Paulo: Gen-Forense, 2020. p. 294-295; ASSIS, Araken de. *Medidas de Urgência na ação por improbidade administrativa*. In: MARQUES, Mauro Campbell (coord.). *Improbidade Administrativa*. Temas atuais e controvertidos. São Paulo: Gen-Forense, 2017. p. 50.

[276] Art. 3º A impenhorabilidade é oponível em qualquer processo de execução civil, fiscal, previdenciária, trabalhista ou de outra natureza, salvo se movido:

beneficie com a manutenção do bem adquirido com o ilícito, a mesma lógica vale para a improbidade administrativa. Improbidade administrativa não é crime, mas é ilícito cível altamente reprovável. Por conseguinte, o bem de família adquirido com o produto da improbidade também deve ser considerado penhorável.

Sobre o tema da decretação de indisponibilidade do bem de família, o STJ tem precedente contrário ao que acima defendemos. Para a referida Corte, em julgado que antecede a reforma promovida pela Lei nº 14.230/21, o bem de família pode ser atingido pela decretação de indisponibilidade na ação de improbidade. Senão vejamos:

> 1. A indisponibilidade acautelatória prevista na Lei de Improbidade Administrativa (art. 7º e parágrafo único da Lei 8429/92) tem como escopo o ressarcimento ao erário pelo dano causado ao erário ou pelo ilícito enriquecimento.
> 2. A *ratio essendi* do instituto indica que o mesmo é preparatório da responsabilidade patrimonial, que representa, em essência, a afetação de todos os bens presentes e futuros do agente improbo para com o ressarcimento previsto na lei.
> 3. É que o art. 7º da Lei 8429/92 é textual quanto à essa autorização; verbis:
> "Art. 7º Quando o ato de improbidade causar lesão ao patrimônio público ou ensejar enriquecimento ilícito, caberá a autoridade administrativa responsável pelo inquérito representar ao Ministério Público, para a indisponibilidade dos bens do indiciado.
> Parágrafo único. A indisponibilidade a que se refere o caput deste artigo recairá sobre bens que assegurem o integral ressarcimento do dano, ou sobre o acréscimo patrimonial resultante do enriquecimento ilícito."
> 4. *Deveras, a indisponibilidade sub examine atinge o bem de família quer por força da mens legis do inciso VI do art. 3º da Lei de Improbidade, quer pelo fato de que torna indisponível o bem; não significa expropriá-lo, o que conspira em prol dos propósitos da Lei 8.009/90.*
> 5. *A fortiori, o eventual caráter de bem de família dos imóveis nada interfere na determinação de sua indisponibilidade.* Não se trata de penhora, mas, ao contrário, de impossibilidade de alienação, mormente porque a Lei nº 8.009/90 visa a resguardar o lugar onde se estabelece o lar, impedindo a alienação do bem onde se estabelece a residência familiar. No caso, o perigo de alienação, para o agravante, não existe. Ao contrário, a indisponibilidade objetiva justamente impedir que o imóvel seja alienado e, caso seja julgado procedente o pedido formulado contra o agravante na ação de improbidade, assegurar o ressarcimento dos danos que porventura tenham sido causados ao erário.
> 6. Sob esse enfoque, a hodierna jurisprudência desta Corte direciona-se no sentido da possibilidade de que a decretação de indisponibilidade de bens, em decorrência da apuração de atos de improbidade administrativa, recaia sobre os bens necessários ao ressarcimento integral do dano, ainda que adquiridos anteriormente ao suposto ato de improbidade. (...)
> (STJ. Primeira Turma. RECURSO ESPECIAL nº 806.301/PR REsp nº 806301/PR. Data de Julgamento: 11.12.2007. Relator: Min. Luiz Fux). (Grifamos)

É preciso destacar que o próprio STJ reconhece a impossibilidade de se decretar o arresto em relação ao bem de família, tendo em vista que o bem arrestado não poderá ser alienado em hasta pública futuramente, tornando a medida

---

(...) VI – por ter sido adquirido com produto de crime ou para execução de sentença penal condenatória a ressarcimento, indenização ou perdimento de bens.

desprovida de qualquer função prática. Vale conferir os trechos que interessam ao tema do voto vencedor do relator, Min. Aldir Passarinho Jr., no REsp nº 316.306:

> É que embora o arresto constitua uma medida preventiva, cautelar, não deixa de impor restrição a um bem que, em sendo de família, não pode ser objeto de execução, salvo as exceções legais (hipoteca oriunda de financiamento para aquisição do próprio imóvel, dívida de condomínio, etc.). E, em assim sendo, não há porque protelar-se para o final o exame da situação protetiva conferida pelo referenciado diploma legal.[277]

Demais disso, cumpre destacar que a reforma legal de 2021 tornou superado o entendimento do STJ, no sentido do cabimento da decretação da indisponibilidade do bem de família do réu, quando expressamente mencionou, no §14 do seu art. 16, a impossibilidade dessa medida, *in verbis*:

> §14. É vedada a decretação de indisponibilidade do bem de família do réu, salvo se comprovado que o imóvel seja fruto de vantagem patrimonial indevida, conforme descrito no art. 9º desta Lei. (Incluído pela Lei nº 14.230, de 2021)

16.3.6) Decretação de indisponibilidade de bens impenhoráveis

É preciso tecer alguns comentários acerca da situação dos demais bens impenhoráveis além do bem de família. Sobre o tema da impenhorabilidade, o Código de Processo Civil prevê no seu art. 833 variados exemplos de bens impenhoráveis, *in verbis*:

> Art. 833. São impenhoráveis:
> I – os bens inalienáveis e os declarados, por ato voluntário, não sujeitos à execução;
> II – os móveis, os pertences e as utilidades domésticas que guarnecem a residência do executado, salvo os de elevado valor ou os que ultrapassem as necessidades comuns correspondentes a um médio padrão de vida;
> III – os vestuários, bem como os pertences de uso pessoal do executado, salvo se de elevado valor;
> IV – os vencimentos, os subsídios, os soldos, os salários, as remunerações, os proventos de aposentadoria, as pensões, os pecúlios e os montepios, bem como as quantias recebidas por liberalidade de terceiro e destinadas ao sustento do devedor e de sua família, os ganhos de trabalhador autônomo e os honorários de profissional liberal, ressalvado o §2º;
> V – os livros, as máquinas, as ferramentas, os utensílios, os instrumentos ou outros bens móveis necessários ou úteis ao exercício da profissão do executado;
> VI – o seguro de vida;
> VII – os materiais necessários para obras em andamento, salvo se essas forem penhoradas;
> VIII – a pequena propriedade rural, assim definida em lei, desde que trabalhada pela família;
> IX – os recursos públicos recebidos por instituições privadas para aplicação compulsória em educação, saúde ou assistência social;
> X – a quantia depositada em caderneta de poupança, até o limite de 40 (quarenta) salários-mínimos;
> XI – os recursos públicos do fundo partidário recebidos por partido político, nos termos da lei;
> XII – os créditos oriundos de alienação de unidades imobiliárias, sob regime de incorporação imobiliária, vinculados à execução da obra.

---

[277] STJ. REsp nº 316.306/MG, Rel. Ministro Aldir Passarinho Junior, Quarta Turma, julgado em 15.05.2007, DJ 18.06.2007.

Conforme discorremos no item acima alusivo ao bem de família, a impenhorabilidade, seja ela do bem de família ou de qualquer outro bem previsto em lei como impenhorável, representa um obstáculo à decretação de sua indisponibilidade em uma ação de improbidade. É que a indisponibilidade poderia ensejar a alienação forçada do bem em hasta pública, o que a proibição legal de sua penhora não permite.

O curioso é que o STJ, que tem precedente admitindo a decretação de indisponibilidade do bem de família, não autoriza, acertadamente, essa mesma medida judicial em relação aos demais bens impenhoráveis. Como o bem impenhorável não pode ser alienado em hasta pública, também não poderia ser objeto de uma medida cautelar judicial de decretação de indisponibilidade. Sobre o tema, transcrevemos a seguinte decisão do STJ:

> RECURSO ESPECIAL. PROCESSUAL CIVIL E ADMINISTRATIVO. MEDIDA CAUTELAR DE ARRESTO. AÇÃO DE IMPROBIDADE. INDISPONIBILIDADE DE RECURSOS ORIUNDOS DE RECLAMATÓRIA TRABALHISTA. NATUREZA SALARIAL. IMPENHORABILIDADE. ART. 649, IV DO CPC. OFENSA CONFIGURADA. RECURSO ESPECIAL PROVIDO.
> 1. *As verbas salariais, por serem absolutamente impenhoráveis, também não podem ser objeto da medida de indisponibilidade na Ação de Improbidade Administrativa, pois, sendo impenhoráveis, não poderão assegurar uma futura execução.*
> 2. O uso que o empregado ou o trabalhador faz do seu salário, aplicando-o em qualquer fundo de investimento ou mesmo numa poupança voluntária, na verdade, é uma defesa contra a inflação e uma cautela contra os infortúnios, de maneira que a aplicação dessas verbas não acarreta a perda de sua natureza salarial, nem a garantia de impenhorabilidade.
> 3. Recurso especial provido.
> (REsp nº 1164037/RS, Rel. Ministro Sérgio Kukina, Rel. p/ Acórdão Ministro Napoleão Nunes Maia Filho, PRIMEIRA TURMA, julgado em 20.02.2014, DJe 09.05.2014) (Grifamos)

16.3.7) Decretação de indisponibilidade de bens no caso de condutas que apenas atentem contra os princípios da Administração Pública (condutas do art. 11 da LIA): A literalidade da redação original do art. 7º da LIA[278] era capaz de nos induzir a uma conclusão inicial de que a medida cautelar de decretação de indisponibilidade só seria possível quando a conduta causasse dano ao erário ou acarretasse enriquecimento indevido. Como o citado dispositivo não mencionou expressamente as condutas que atentem contra os princípios da Administração, isso poderia, em tese, nos fazer concluir que a prática de uma conduta do art. 11 não poderia ser reprimida com a decretação de indisponibilidade dos bens.

A razão para tal conclusão seria o fato de que essas condutas não exigem, a princípio, o pagamento pelo réu de qualquer quantia ao final da ação de improbidade. Como não ocorreu um dano e não houve enriquecimento indevido, para que teríamos a decretação de indisponibilidade? Que dívida ela poderia garantir?

---

[278] Art. 7º Quando o ato de improbidade causar lesão ao patrimônio público ou ensejar enriquecimento ilícito, caberá a autoridade administrativa responsável pelo inquérito representar ao Ministério Público, para a indisponibilidade dos bens do indiciado.
Parágrafo único. A indisponibilidade a que se refere o caput deste artigo recairá sobre bens que assegurem o integral ressarcimento do dano, ou sobre o acréscimo patrimonial resultante do enriquecimento ilícito.

Entretanto, mesmo que o réu seja condenado por uma conduta que unicamente atente contra os princípios da Administração, ele poderá ser punido com a sanção da multa. Era, portanto, possível impor ao réu uma sanção de natureza patrimonial ainda que ele não tivesse causado dano ao erário ou se enriquecido ilicitamente. Por essa razão, a decretação de indisponibilidade de bens em uma ação de improbidade era, à luz da redação original da LIA, uma medida que poderia ser adotada, mesmo que o réu apenas respondesse por uma conduta do art. 11 da LIA (que atente contra os princípios da Administração Pública). O STJ tem precedente nesse mesmo sentido do período que antecede a reforma de 2021:

> ADMINISTRATIVO. PROCESSUAL CIVIL. AGRAVO REGIMENTAL NO RECURSO ESPECIAL. AÇÃO CIVIL PÚBLICA POR IMPROBIDADE ADMINISTRATIVA. (...) INDISPONIBILIDADE DE BENS. MEDIDA QUE DEVE SER SUFICIENTE A GARANTIR O INTEGRAL RESSARCIMENTO DE EVENTUAL PREJUÍZO AO ERÁRIO, LEVANDO-SE EM CONSIDERAÇÃO, AINDA, O VALOR DE POSSÍVEL MULTA CIVIL COMO SANÇÃO AUTÔNOMA. VIOLAÇÃO DOS PRINCÍPIOS DA ADMINISTRAÇÃO PÚBLICA. POSSIBILIDADE DESTA MEDIDA CAUTELAR. PRECEDENTES DO STJ.
> (...)
> 3. *Ainda que se considere que a conduta é subsumível ao art. 11 da Lei de Improbidade Administrativa, mesmo assim é cabível a medida de indisponibilidade.*
> 4. Agravo regimental não provido.
> (AgRg no REsp nº 1299936/RJ, Rel. Ministro Mauro Campbell Marques, SEGUNDA TURMA, julgado em 18.04.2013, DJe 23.04.2013) (Grifamos)

Na doutrina, o entendimento predominante do período que antecede o advento da Lei nº 14.230/21, ao qual aderíamos, é o mesmo que o adotado pelo STJ. No dizer de Daniel Assumpção e Rafael Oliveira:

> Mesmo que não se anteveja qualquer prejuízo ao erário decorrente do ato de improbidade administrativa previsto no art. 11 da Lei 8.429/1992, será cabível a medida de indisponibilidade de bens para garantir o pagamento da multa civil sancionatória prevista pelo art. 12, III, da LIA.[279]

Após a reforma legal de 2021, contudo, a LIA passou a expressamente mencionar que a decretação de indisponibilidade só pode incidir sobre bens que exclusivamente assegurem o integral ressarcimento do dano ao erário, sem incidir sobre os valores a serem eventualmente aplicados a título de multa civil ou sobre acréscimo patrimonial decorrente de atividade lícita (art. 16, §10). Assim, diante da clareza da redação atual da LIA, ficam superados o entendimento na doutrina e do STJ em sentido contrário. Não há, portanto, mais espaço para sustentar, como também defendíamos, o entendimento de que, diante de uma conduta do art. 11, será possível decretar a indisponibilidade de bens, a fim de que ela possa garantir eventual multa. Agora, a decretação de indisponibilidade não pode mais

---

[279] NEVES, Daniel Amorim Assumpção; OLIVEIRA, Rafael Carvalho Rezende. *Improbidade Administrativa*. Direito Material e Processual. 8. ed. Revista e atualizada. São Paulo: Gen-Forense, 2020. p. 288.

ser manejada para garantir eventual condenação ao pagamento de uma multa, e, na hipótese do art. 11, não houve dano ao erário e nem mesmo enriquecimento ilícito para legitimar referida medida cautelar.

16.3.8) Limite máximo do valor da decretação de indisponibilidade: A questão que aqui apresentamos é sobre se o magistrado poderá decretar a indisponibilidade de bens em montante superior ao do dano causado ao erário ou ao enriquecimento indevido. O dano ao erário e o valor do enriquecimento indevido são limites para a decretação de indisponibilidade? Quando haverá excesso na decretação de indisponibilidade?

Numa rápida leitura da redação original do parágrafo único do art. 7º da LIA, poder-se-ia chegar a uma conclusão de que a decretação de indisponibilidade encontraria um limite máximo no *quantum* do dano ao erário e no acréscimo de enriquecimento indevido.[280] Assim, o magistrado não poderia decretar a indisponibilidade de bens em quantidade superior ao valor necessário para garantir eventual condenação pela recomposição do dano ao erário ou pela restituição do enriquecimento indevido. O excedente seria inadmissível.

Naturalmente, todo e qualquer excesso na restrição da propriedade privada deve ser combatido. Se não houver razão para, por exemplo, tornar indisponíveis todos os bens do réu, a referida medida cautelar não deve ser deferida nessa extensão. Numa situação em que, a título de ilustração, o réu tenha um patrimônio de cem milhões de reais em bens móveis e imóveis, e o dano ao erário provocado pela conduta ímproba tenha sido de cem mil reais, seria desarrazoado decretar a indisponibilidade de todos esses bens. Seria desproporcional, e, portanto, inadmissível, a decretação de indisponibilidade de bens em valor mil vezes superior ao do dano ao erário. Por outro lado, de acordo com a redação original da LIA, a medida de indisponibilidade não tinha como limite máximo os cem mil reais. É que, diante da possibilidade de condenação do réu a uma pena de multa, o valor total dos bens que se tornarem indisponíveis poderia superar o montante do dano ao erário. Nesse mesmo sentido, confira-se a jurisprudência do STJ do período que antecede a reforma de 2021:

> 1. É pacífico nesta Corte Superior entendimento segundo o qual a indisponibilidade de bens *deve recair sobre o patrimônio dos réus em ação de improbidade administrativa de modo suficiente a garantir o integral ressarcimento de eventual prejuízo ao erário, levando-se em consideração, ainda, o valor de possível multa civil como sanção autônoma.*
> (…)
> 3. Assim, aplica-se a jurisprudência do Superior Tribunal de Justiça no sentido de que, *até a liquidação, devem permanecer bloqueados tanto quantos bens foram bastantes para dar cabo da execução em caso de procedência da ação.*
> 4. Deixe-se claro, entretanto, que *ao juiz responsável pela condução do processo cabe guardar atenção, entre outros, aos preceitos legais que resguardam certas espécies patrimoniais contra a indisponibilidade, mediante atuação processual dos interessados*

---

[280] Art. 7º (…) Parágrafo único. A indisponibilidade a que se refere o caput deste artigo recairá sobre bens que assegurem o integral ressarcimento do dano, ou sobre o acréscimo patrimonial resultante do enriquecimento ilícito.

– a quem caberá, p. ex., fazer prova que determinadas quantias estão destinadas a seu mínimo existencial. (STJ, 2ª Turma, AgRg no AgRg no AREsp 100445 / BA, Rel. Min. Mauro Campbell Marques, DJ 23/05/12
1. O Superior Tribunal de Justiça, ao interpretar o art. 7º da Lei nº 8.429/1992, tem decidido que, por ser medida de caráter assecuratório, a decretação de indisponibilidade de bens, incluído o bloqueio de ativos financeiros, deve incidir sobre quantos bens se façam necessários ao integral ressarcimento do dano, levando-se em conta, ainda, o potencial valor de multa civil, excluindo-se os bens impenhoráveis.
(STJ – AGRAVO INTERNO NO RECURSO ESPECIAL 1591502 / DF AgInt no REsp nº 1591502 / DF. T2 – Segunda Turma. Data de Julgamento: 03.08.2017. Ministro Relator: OG Fernandes).

Ocorre que, após a reforma legal de 2021, a LIA passou a expressamente mencionar que a decretação de indisponibilidade só pode incidir sobre bens que exclusivamente assegurem o integral ressarcimento do dano ao erário, sem incidir sobre os valores a serem eventualmente aplicados a título de multa civil ou sobre acréscimo patrimonial decorrente de atividade lícita (art. 16, §10). Assim, diante da clareza da redação atual da LIA, ficam superados o entendimento da doutrina e do STJ em sentido contrário. Atualmente, eventual valor devido pelo réu a título de multa não pode ser considerado para os fins do cálculo do limite da decretação de indisponibilidade.

16.3.9) A (des)necessidade de comprovação do perigo da demora para o deferimento da decretação de indisponibilidade: São dois os requisitos a serem preenchidos para que uma medida de urgência provisória seja deferida: o *periculum in mora* e o *fumus boni juris*. A parte que postula um provimento de caráter provisório e urgente deverá, como regra, demonstrar a existência de fortes indícios de que o direito postulado é bom (fumaça do bom direito) e, ainda, comprovar o risco decorrente da demora na obtenção do provimento pretendido (perigo da demora).

Nessa matéria, o STJ tem precedentes do período anterior ao da reforma de 2021, no sentido de que a decretação de indisponibilidade de bens na ação de improbidade não exige a demonstração do risco de dano, por considerá-lo presumido e implícito, em razão do ajuizamento da ação de improbidade. Bastaria ao autor da ação demonstrar a presença da fumaça do bom direito. Nesse sentido, confiram-se os seguintes julgados:

PROCESSUAL CIVIL E ADMINISTRATIVO. IMPROBIDADE ADMINISTRATIVA. MEDIDA CAUTELAR DE INDISPONIBILIDADE DE BENS. PREVISÃO CONSTITUCIONAL (ART. 37, §4º) PERICULUM IN MORA PRESUMIDO. FUMUS BONI IURIS: INDISPENSABILIDADE. 1. A indisponibilidade de bens é medida que, por força do art. 37, §4º da Constituição, decorre automaticamente do ato de improbidade. Daí o acertado entendimento do STJ no sentido de que, *para a decretação de tal medida, nos termos do art. 7º da Lei 8.429/92, dispensa-se a demonstração do risco de dano (periculum in mora), que é presumido pela norma, bastando ao demandante deixar evidenciada a relevância do direito (fumus boni iuris) relativamente à configuração do ato de improbidade e à sua autoria* (…) (STJ, 1ª Turma, REsp nº 1315092 / RJ, Min. Napoleão Nunes Maia, DJ 14.06.12)

STJ-- INFORMATIVO DE JURISPRUDÊNCIA NÚMERO 0547 – 8 DE OUTUBRO DE 2014
DIREITO ADMINISTRATIVO E PROCESSUAL CIVIL. REQUISITOS DA MEDIDA CAUTELAR DE INDISPONIBILIDADE DE BENS PREVISTA NO ART. 7º DA LEI 8.429/1992. RECURSO REPETITIVO (ART. 543-C DO CPC E RES. 8/2008-STJ).
É possível decretar, de forma fundamentada, medida cautelar de indisponibilidade de bens do indiciado na hipótese em que existam fortes indícios acerca da prática de ato de improbidade lesivo ao erário. De fato, o art. 7º da Lei 8.429/1992 (Lei de Improbidade Administrativa) instituiu medida cautelar de indisponibilidade de bens que apresenta caráter especial em relação à compreensão geral das medidas cautelares. Isso porque, para a decretação da referida medida, embora se exija a demonstração de *fumus boni iuris* - consistente em fundados indícios da prática de atos de improbidade -, é desnecessária a prova de *periculum in mora* concreto - ou seja, de que os réus estariam dilapidando efetivamente seu patrimônio ou de que eles estariam na iminência de fazê-lo (colocando em risco eventual ressarcimento ao erário). O requisito do *periculum in mora* estaria implícito no referido art. 7º, parágrafo único, da Lei 8.429/1992, que visa assegurar "o integral ressarcimento" de eventual prejuízo ao erário, o que, inclusive, atende à determinação contida no art. 37, §4º, da CF (REsp 1.319.515-ES, Primeira Seção, DJe 21/9/2012; e EREsp 1.315.092-RJ, Primeira Seção, DJe 7/6/2013). Ora, como a indisponibilidade dos bens visa evitar que ocorra a dilapidação patrimonial, não é razoável aguardar atos concretos direcionados à sua diminuição ou dissipação, na medida em que exigir a comprovação de que esse fato estaria ocorrendo ou prestes a ocorrer tornaria difícil a efetivação da medida cautelar em análise (REsp 1.115.452-MA, Segunda Turma, DJ 20/4/2010). Além do mais, o disposto no referido art. 7º em nenhum momento exige o requisito da urgência, reclamando apenas a demonstração, numa cognição sumária, de que o ato de improbidade causou lesão ao patrimônio público ou ensejou enriquecimento ilícito. (REsp nº 1.366.721-BA, **Rel. Min. Napoleão Nunes Maia Filho, Rel. para acórdão Min. Og Fernandes, julgado em 26.02.2014)**

Com o advento da Lei nº 14.230/21, tornou-se difícil continuar a sustentar o entendimento acima. É que referida reforma passou a exigir do magistrado a demonstração, no caso concreto, do perigo de dano irreparável ou do risco ao resultado útil ao processo, e proibiu, expressamente, que a urgência seja considerada presumida, *in verbis*:

Art. 16
§3º O pedido de indisponibilidade de bens a que se refere o *caput* deste artigo apenas será deferido mediante a demonstração no caso concreto de perigo de dano irreparável ou de risco ao resultado útil do processo, desde que o juiz se convença da probabilidade da ocorrência dos atos descritos na petição inicial com fundamento nos respectivos elementos de instrução, após a oitiva do réu em 5 (cinco) dias. (Incluído pela Lei nº 14.230, de 2021)
§4º A indisponibilidade de bens poderá ser decretada sem a oitiva prévia do réu, sempre que o contraditório prévio puder comprovadamente frustrar a efetividade da medida ou houver outras circunstâncias que recomendem a proteção liminar, não podendo a urgência ser presumida. (Incluído pela Lei nº 14.230, de 2021)

Dessa forma, a decretação de indisponibilidade de bens não mais poderá ser deferida como no passado, em que era suficiente o ajuizamento da ação de improbidade administrativa diante do reconhecimento da presunção de perigo da demora. Tivemos um avanço importante e necessário, a fim de que a medida apenas seja deferida em caráter excepcional quando se mostrar efetivamente necessária.

16.3.10) A (des)necessidade de comprovação da dilapidação patrimonial para o deferimento da decretação de indisponibilidade de bens: A decretação de indisponibilidade tem, como já destacamos em outra oportunidade, o propósito de garantir a eventual dívida decorrente de uma condenação de natureza patrimonial na ação de improbidade. Ela evita que o réu administre irresponsavelmente os seus bens ou mesmo que realize uma irresponsável alienação de seu acervo patrimonial. Poderíamos eventualmente cogitar a desnecessidade da decretação de indisponibilidade dos bens do réu, quando ausente a demonstração de que o seu patrimônio estaria sendo dilapidado. Se o patrimônio do réu for mais do que suficiente para fazer frente a eventual condenação em uma ação de improbidade e não houver qualquer demonstração de que ele esteja alienando fraudulentamente o seu patrimônio, por que razão a decretação de indisponibilidade seria necessária?

Ela é fundamental e, deveras, razoável, nas hipóteses em que houver a demonstração inequívoca da dilapidação patrimonial, porque impede que o réu se desfaça fraudulentamente de seus bens tão logo tenha conhecimento da investigação ou do ajuizamento da ação de improbidade. O mero ajuizamento da ação de improbidade não pode, todavia, ser considerado motivo suficiente para o deferimento do pedido de decretação de indisponibilidade dos bens do réu.

Sobre o tema, o STJ possui precedentes do período que antecedeu a reforma de 2021, na linha contrária ao que estamos defendendo, *verbis*:

> ADMINISTRATIVO. AGRAVO REGIMENTAL NO AGRAVO DE INSTRUMENTO. IMPROBIDADE ADMINISTRATIVA. INDISPONIBILIDADE DE BENS. ART. 7º DA LEI 8.429/1992. TRIBUNAL DE ORIGEM QUE CONSIGNA PECULIARIDADES DO CASO PARA INDEFERIR O PEDIDO. REEXAME DE MATÉRIA FÁTICO-PROBATÓRIA. IMPOSSIBILIDADE. SÚMULA Nº 7/STJ. INOVAÇÃO RECURSAL. DESCABIMENTO.
> 1. Hipótese na qual se discute deferimento de indisponibilidade de bens em sede de ação civil pública por ato de improbidade administrativa.
> 2. Sobre indisponibilidade de bens em ação de improbidade administrativa, o entendimento desta Corte é de que: *a) é possível antes do recebimento da petição inicial; b) suficiente a demonstração, em tese, do dano ao Erário e/ou do enriquecimento ilícito do agente, caracterizador do fumus boni iuris; c) independe da comprovação de início de dilapidação patrimonial, tendo em vista que o periculum in mora está implícito no comando legal; e d) pode recair sobre bens adquiridos anteriormente à conduta reputada ímproba.* (...)
> (STJ. 1ª Turma, AGRAVO REGIMENTAL NO AGRAVO DE INSTRUMENTO nº 1.423420, Rel. Min. Benedito Gonçalves, DJ. 28.10.2011) (Grifamos)

O Supremo Tribunal Federal também tem entendimento no mesmo sentido e do período anterior ao do advento da Lei nº 14.230/21, *verbis*:

> EMENTA Agravo regimental no recurso extraordinário. Improbidade administrativa. *Decretação de indisponibilidade de bens. Acórdão em que se afastou a necessidade de demonstração do periculum in mora e se concedeu a tutela de evidência. Acórdão do Superior Tribunal de Justiça no sentido de que, nos casos de indisponibilidade patrimonial por imputação de conduta ímproba lesiva ao erário, o periculum in mora é implícito ao comando normativo do art. 7º da Lei nº 8.429/92.* Posicionamento que não afasta a

provisoriedade da decisão, autorizando a aplicação da Súmula nº 735/STF. Precedentes. ***Agravo regimental não provido.***
1. *O acórdão objurgado não eliminou propriamente a exigência do periculum in mora para a concessão da medida cautelar. Em verdade, o julgado presumiu sua existência ao considerar que o regime jurídico da cautelar nas ações de improbidade, da forma como determinado pelo art. 37, §4º da Lei Fundamental, traz implícito o perigo da demora.*
2. Na tutela de evidência encontra-se presente a avaliação subjetiva do magistrado e é inexistente a manifestação conclusiva de deferimento do pleito. Por óbvio, não se ignora a possibilidade de a decisão prolatada como tutela da evidência transitar em julgado, mas não é esse o caso dos autos. O que se tem na espécie é a possibilidade da conversão da tutela provisória em tutela definitiva.
3. Ademais, o fato de se estar a debater, em grau recursal, o conteúdo da decisão que decretou a indisponibilidade de bens evidencia seu caráter provisório, desprovido de definitividade. Portanto, sendo pacífico o entendimento da Corte no sentido de que não cabe recurso extraordinário contra acórdão em que se concede ou indefere antecipação de tutela, medida cautelar ou provimento liminar, há que se aplicar a Súmula nº 735/STF.
4. Ademais, rever a decisão da Corte *a quo* demandaria a análise da legislação processual civil de regência, o que é vedado em sede extraordinária.
5. Agravo regimental não provido, com imposição de multa de 2% sobre o valor atualizado da causa (art. 1.021, §4º, do CPC). Inaplicável o art. 85, §11, do CPC, dada a ausência de comprovada má-fé. Inteligência dos arts. 17 e 18 da Lei nº 7.347/85.
(STF Segunda Turma. Agravo Regimental no RE nº 944504/BA E944504 AGR / BA. Relator Min.: Dias Toffoli Data do Julgamento: 20.10.2017). (Grifamos)

Após a reforma da LIA, os precedentes acima se tornaram superados, tendo em vista que a redação atual dos §§3º e 4º do art. 16 exigem a análise de cada caso concreto pelo magistrado e vedam o reconhecimento da urgência presumida. Ausente, portanto, a demonstração pela parte autora da dilapidação patrimonial pelo réu dos seus bens, não há razão para o deferimento da medida cautelar que decreta a indisponibilidade dos bens na ação de improbidade.

16.3.11) Responsabilidade civil do Estado ou da parte autora da ação de improbidade por prejuízo resultante da decretação de indisponibilidade dos bens: O ato estatal judicial que decreta a indisponibilidade dos bens do réu poderá acarretar prejuízos das mais diversas naturezas. A proibição de alienação do bem atingido pela referida decretação de indisponibilidade poderá, por exemplo, provocar a perda do seu valor ou mesmo o seu perecimento. Caso os pedidos formulados na ação de improbidade sejam julgados improcedentes ou caso o julgamento seja parcialmente procedente, mas sem obrigar o réu a pagar qualquer quantia, surge a possibilidade de se debater o direito de reparação do prejuízo do demandando, em razão da decretação de indisponibilidade de seus bens.

Estamos diante de um caso em que a atividade jurisdicional realizou-se de forma lícita, mas o réu foi absolvido ou foi condenado a uma pena que, do ponto de vista retrospectivo, não justificaria a decretação de indisponibilidade que lhe causou um efetivo prejuízo. Quanto ao tópico, é importante salientar que o Estado também pode responder civilmente por seus atos, ainda que eles sejam lícitos. Os princípios da solidariedade e da isonomia possibilitam essa conclusão.

Em relação à atividade jurisdicional especificamente, o tema, contudo, se torna mais complexo e pode ser polemizado, especialmente em virtude da independência funcional do magistrado e da possibilidade de modificação da decisão judicial prejudicial à parte por meio de um recurso. Essas duas características da atividade jurisdicional (independência funcional e mutabilidade das decisões por meio de recursos) dificultam a aceitação da tese de que o Estado deve ser responsabilizado civilmente toda vez que uma decisão provisória prejudicial a uma das partes não for confirmada pelo provimento judicial definitivo. Primeiramente, porque a eventual desconstituição da decisão provisória não significa que o juiz que a concedeu errou e que há, portanto, erro judiciário, mas apenas que seu entendimento não foi confirmado. Em segundo lugar, porque, se a parte discordava do provimento urgente e provisório, poderia ter procurado modificá-lo por meio de um recurso.

Sobre outro enfoque, é importante salientar que o art. 302 do CPC prevê que a parte prejudicada por uma tutela de urgência (decretação de indisponibilidade) que não tenha sido confirmada por uma sentença pode ter o direito à reparação do prejuízo sofrido, e que o valor devido terá de ser pago pela parte contrária, e não pelo Estado, *in verbis*:

> Art. 302. Independentemente da reparação por dano processual, a parte responde pelo prejuízo que a efetivação da tutela de urgência causar à parte adversa, se:
> I – a sentença lhe for desfavorável;
> II – obtida liminarmente a tutela em caráter antecedente, não fornecer os meios necessários para a citação do requerido no prazo de 5 (cinco) dias;
> III – ocorrer a cessação da eficácia da medida em qualquer hipótese legal;
> IV – o juiz acolher a alegação de decadência ou prescrição da pretensão do autor.
> Parágrafo único. A indenização será liquidada nos autos em que a medida tiver sido concedida, sempre que possível.

Assim, o próprio CPC prevê a responsabilidade da parte autora, e não a do Estado-juiz, pelo dano sofrido pelo demandado, em razão da efetivação da tutela de urgência. Nesse contexto, é plenamente possível sustentar, e é o que parece ser mais razoável, que a responsabilidade pelos danos oriundos da decretação de indisponibilidade não sucedida por uma condenação que a legitime seja, a priori, da parte autora,[281] e não do Estado responsável pela condução do processo, que apenas acolheu o pedido formulado.

A despeito de tudo o que foi dito acima, é preciso reconhecer que este tema não é simples. Os detalhes do caso concreto serão determinantes para a apuração da responsabilidade estatal e seria inviável vulgarizar excessivamente os casos em que o Estado deverá responder civilmente pelo fato de eventual decisão provisória não ser confirmada definitivamente. Em suma, quando o demandado

---

[281] A parte autora responsável civilmente será o Ministério Público ou a pessoa jurídica interessada, e não o Estado em razão do desempenho regular da atividade jurisdicional.

em uma ação de improbidade sofrer danos decorrentes da decretação judicial de indisponibilidade de seus bens, não será correto generalizar a solução, seja no sentido da responsabilidade ou mesmo da irresponsabilidade estatal.

De todo modo, há, contudo, ao menos duas situações em que a responsabilidade do Estado será muito provável. Ela deverá ser reconhecida, por exemplo, quando a indisponibilidade acarretar o perecimento ou depreciação expressiva do bem, em razão do descaso estatal com a sua manutenção e preservação. Essa hipótese poderá ocorrer, quando o Estado se tornar depositário do bem indisponível. Uma segunda circunstância é aquela em que há demonstração de que o magistrado ou o membro do Ministério Público agiu dolosa ou fraudulentamente no requerimento ou na decisão de decretar a indisponibilidade dos bens do réu. Nesse cenário, o Estado deverá responder civilmente, *ex vi* do que prevê o art.143, I, do CPC:

> Art. 143. O juiz responderá, civil e regressivamente, por perdas e danos quando:
> I – no exercício de suas funções, proceder com dolo ou fraude;

A LOMAN veicula regra semelhante:

> Art. 49 – Responderá por perdas e danos o magistrado, quando:
> I – no exercício de suas funções, proceder com dolo ou fraude;

16.3.12) Desnecessidade de individualização dos bens a serem atingidos pela decretação de indisponibilidade: Tendo em vista que o objetivo da decretação de indisponibilidade é atingir os bens do réu que sejam capazes de garantir eventual condenação pela prática de improbidade administrativa, torna-se irrelevante a identificação individualizada dos bens a serem atingidos pela referida medida cautelar. Esse é também o entendimento do STJ, *verbis*:

> 1. Não é necessária a individualização de bens para que se opere a sua indisponibilidade prevista no art. 7º da Lei 8.429 /92.
> (STJ. T2 – Segunda Turma. AGRAVO REGIMENTAL NO RECURSO ESPECIAL AgRg no REsp 1282253 PI. Ministro Relator: Castro Meira. Data de Julgamento: 26/02/2013)
> (…) 3. A jurisprudência do STJ é firme no sentido de que, nas demandas por improbidade administrativa, a decretação de indisponibilidade prevista no art. 7º, parágrafo único, da LIA não depende da individualização dos bens pelo Parquet.
> 4. A medida constritiva em questão deve recair sobre o patrimônio dos réus em ação de improbidade administrativa, de modo suficiente a garantir o integral ressarcimento de eventual prejuízo ao erário, levando-se em consideração, ainda, o valor de possível multa civil como sanção autônoma. (STJ. T2 – Segunda Turma. RECURSO ESPECIAL 1319583 MT REsp nº 1319583 MT. Relatora Min. Eliana Calmon. Data de Julgamento: 13.08.2013)

16.3.13) Necessidade de a decretação de indisponibilidade não inviabilizar a subsistência digna do acusado: A redação original da LIA era omissa quanto à necessidade de o magistrado que deferir a decretação de indisponibilidade dos bens assegurar a manutenção de bens à disposição do réu capazes de assegurar a sua sobrevivência digna.

Sem embargo da ausência de previsão expressa no texto original da LIA, a Carta de 1988 estipula que a dignidade humana é um dos fundamentos da nossa república.[282] Demais disso, o art. 8º do CPC que, como já vimos, tem aplicação subsidiária em relação à improbidade administrativa, veicula a seguinte regra:

> Art. 8º Ao aplicar o ordenamento jurídico, o juiz atenderá aos fins sociais e às exigências do bem comum, resguardando e promovendo a dignidade da pessoa humana e observando a proporcionalidade, a razoabilidade, a legalidade, a publicidade e a eficiência.

Assim, considerando a natureza provisória da medida cautelar e tendo em vista que o réu ficará impossibilitado de alienar os bens atingidos pela indisponibilidade, sempre sustentamos ser razoável a conclusão de que o processado deve ter assegurado o direito de manter e explorar bens do seu patrimônio necessários à sua sobrevivência digna. A decretação de indisponibilidade torna os bens indisponíveis, mas não pode impedir a exploração pelo réu daqueles que sejam indispensáveis à sua manutenção e à de sua família. Essa preocupação também é do interesse da parte autora da ação de improbidade, especialmente por duas razões. Em primeiro lugar, porque terá o condão de reduzir o montante devido a título de eventual reparação, na hipótese de o pedido de condenação na ação de improbidade ser julgado improcedente. E, no caso de procedência, o patrimônio do réu terá melhores condições de responder pelas sanções patrimoniais e pelo dever de recomposição do erário, quando for o caso, pelo fato de a decretação de indisponibilidade dos bens não ter impossibilitado a sua exploração econômica.

O juiz deve procurar, assim, evitar que a decretação de indisponibilidade impeça o réu e sua família de viverem dignamente durante o período da constrição, e, ainda, que referida cautelar inviabilize a exploração econômica dos bens do réu e represente um abandono ao princípio da função social da empresa.

Na perspectiva do STJ, o juiz deverá, ao deferir a decretação de indisponibilidade de bens do réu, atentar para a necessidade de se garantir o mínimo existencial, *in verbis*:

> 2 – (...) Na busca da garantia da reparação total do dano, a Lei nº 8.429/92 traz em seu bojo medidas cautelares para a garantia da efetividade da execução, que, como sabemos, não são exaustivas. Dentre elas, a indisponibilidade de bens, prevista no art. 7º do referido diploma legal.
> 3. As medidas cautelares, em regra, como tutelas emergenciais, exigem, para a sua concessão, o cumprimento de dois requisitos: o fumus boni juris (plausibilidade do direito alegado) e o periculum in mora (fundado receio de que a outra parte, antes do julgamento da lide, cause ao seu direito lesão grave ou de difícil reparação).
> 4. No caso da medida cautelar de indisponibilidade, prevista no art. 7º da LIA, não se vislumbra uma típica tutela de urgência, como descrito acima, mas sim uma tutela de

---

[282] Art. 1º A República Federativa do Brasil, formada pela união indissolúvel dos Estados e Municípios e do Distrito Federal, constitui-se em Estado Democrático de Direito e tem como fundamentos:
I – a soberania;
II – a cidadania;
III – a dignidade da pessoa humana;

evidência, uma vez que o periculum in mora não é oriundo da intenção do agente dilapidar seu patrimônio e, sim, da gravidade dos fatos e do montante do prejuízo causado ao erário, o que atinge toda a coletividade. O próprio legislador dispensa a demonstração do perigo de dano, em vista da redação imperativa da Constituição Federal (art. 37, §4º) e da própria Lei de Improbidade (art. 7º).
5. A referida medida cautelar constritiva de bens, por ser uma tutela sumária fundada em evidência, não possui caráter sancionador nem antecipa a culpabilidade do agente, até mesmo em razão da perene reversibilidade do provimento judicial que a deferir.
6. Verifica-se no comando do art. 7º da Lei 8.429/1992 que a indisponibilidade dos bens é cabível quando o julgador entender presentes fortes indícios de responsabilidade na prática de ato de improbidade que cause dano ao Erário, estando o periculum in mora implícito no referido dispositivo, atendendo determinação contida no art. 37, §4º, da Constituição (...) O periculum in mora, em verdade, milita em favor da sociedade, representada pelo requerente da medida de bloqueio de bens, porquanto esta Corte Superior já apontou pelo entendimento segundo o qual, em casos de indisponibilidade patrimonial por imputação de conduta ímproba lesiva ao erário, esse requisito é implícito ao comando normativo do art. 7º da Lei n. 8.429/92.
(...)
10. Oportuno notar que é pacífico nesta Corte Superior entendimento segundo o qual a indisponibilidade de bens deve recair sobre o patrimônio dos réus em ação de improbidade administrativa de modo suficiente a garantir o integral ressarcimento de eventual prejuízo ao erário, levando-se em consideração, ainda, o valor de possível multa civil como sanção autônoma.
11. *Deixe-se claro, entretanto, que ao juiz responsável pela condução do processo cabe guardar atenção, entre outros, aos preceitos legais que resguardam certas espécies patrimoniais contra a indisponibilidade, mediante atuação processual dos interessados- a quem caberá, p. ex., fazer prova que determinadas quantias estão destinadas a seu mínimo existencial.*
12. A constrição patrimonial deve alcançar o valor da totalidade da lesão ao erário, bem como sua repercussão no enriquecimento ilícito do agente, decorrente do ato de improbidade que se imputa, excluídos os bens impenhoráveis assim definidos por lei, salvo quando estes tenham sido, comprovadamente, adquiridos também com produto da empreitada ímproba, resguardado, como já dito, *o essencial para sua subsistência*. (...)
(STJ. Primeira Seção. REsp nº 1319515 ES. Ministro Relator: Napoleão Nunes Maia Filho. Data de Julgamento: 22.08.2012) (Grifamos)

Com esse mesmo espírito de tutela do mínimo necessário para a sobrevivência digna do réu, a reforma legal de 2021 inseriu elogiável preceito na LIA que impede o juiz de decretar a indisponibilidade de bens do réu depositados em conta corrente, caderneta de poupança ou em outras aplicações financeiras no montante de até 40 salários mínimos. Vejamos o dispositivo legal:

> Art. 16
> §13. É vedada a decretação de indisponibilidade da quantia de até 40 (quarenta) salários mínimos depositados em caderneta de poupança, em outras aplicações financeiras ou em conta-corrente. (Incluído pela Lei nº 14.230, de 2021)

Caso o réu possua vários depósitos em conta distintas e o somatório supere os 40 salários mínimos, a decretação de indisponibilidade poderá atingir a quantia excedente ao que estabelecido no §13 acima.

16.3.14) Desnecessidade de o requerimento da decretação de indisponibilidade ser feito, apenas, após o final do processo administrativo (ou do inquérito): A LIA nada prevê quanto à necessidade de o requerimento, e eventual deferimento, da decretação de indisponibilidade só poder ser feito após a conclusão de um processo administrativo. Incumbe, assim, à parte requerente avaliar se o momento já é oportuno para formular seu pleito cautelar. Ainda que o processo administrativo não tenha se encerrado, tal circunstância não impedirá a análise e o deferimento da decretação de indisponibilidade. É como pensamos, especialmente em virtude da desnecessidade da existência de um processo administrativo prévio para a condenação do réu na ação de improbidade, quanto mais para a análise de um pedido cautelar. Nesse mesmo sentido, confira-se o entendimento de Daniel Assumpção e Rafael Oliveira, *in verbis*:

> Não se pode [concordar], portanto, com opinião doutrinária que (...) exige que tal informação [pedido de indisponibilidade] seja realizada somente ao final do processo administrativo. O argumento de que se o sujeito não for indiciado administrativamente não poderá ser réu na ação judicial de indisponibilidade funda-se em clara e inadmissível violação ao princípio da inafastabilidade da jurisdição, consagrado no art. 5º, XXXV, da CF. Qualquer sujeito poderá ser réu em qualquer demanda judicial sem que exista contra ele qualquer processo administrativo ou condenação nesse âmbito, não havendo justificativa para tratamento diverso no tocante à medida cautelar ora analisada.[283]

Em sentido contrário, Mauro Roberto Gomes de Mattos sustenta que eventual representação para a decretação de indisponibilidade só poderá ser feita após a conclusão do processo administrativo, *in verbis*:

> a autoridade administrativa deverá encaminhar representação para fins de indisponibilidade dos bens do indiciado ao Ministério Público, após encerrado o processo administrativo disciplinar.[284]

16.3.15) A decretação de indisponibilidade para fazer frente à responsabilidade de terceiros: A prática da improbidade administrativa envolve, não raras vezes, um grande número de pessoas, agentes públicos ou não. Assim como ocorre com o crime, as associações criminosas também existem para a prática de improbidade. Ao início de uma ação de improbidade, contudo, não se tem certeza de qual o limite da responsabilidade de cada um dos envolvidos. Normalmente não se sabe, nessa fase processual, ao certo, quanto cada réu contribuiu para o dano ou mesmo qual foi a sua participação específica. Em entendimento que antecede a reforma legal de 2021, o STJ já reconheceu a soli-

---

[283] NEVES, Daniel Amorim Assumpção; OLIVEIRA, Rafael Carvalho Rezende. *Improbidade Administrativa*. Direito Material e Processual. 8. ed. Revista e atualizada. São Paulo: Gen-Forense, 2020. p. 289-290.

[284] MATTOS, Mauro Roberto Gomes de. *O limite da improbidade Administrativa. O direito dos administrados dentro da Lei nº 8.429/92*. Rio de Janeiro: América Jurídica, 2004, p. 107.

dariedade dos réus até o final da fase de instrução do processo. Nesse sentido, confira-se o seguinte *decisum*:

> PROCESSUAL CIVIL. ADMINISTRATIVO. IMPROBIDADE ADMINISTRATIVA. AGRAVO INTERNO NO AGRAVO EM RECURSO ESPECIAL. INDISPONIBILIDADE DE BENS.
> SOLIDARIEDADE ATÉ O ENCERRAMENTO DA INSTRUÇÃO PROCESSUAL.
> 1. De acordo com a jurisprudência desta Corte, em tema de indisponibilidade de bens de implicados em ações por ato de improbidade administrativa, "a responsabilidade é solidária até a instrução final do feito, momento em que se delimita a quota de responsabilidade de cada agente para a dosimetria da pena" (AgRg no REsp 1.314.061/SP, Rel. Ministro Humberto Martins, Segunda Turma, DJe 16/05/2013).
> 5. Agravo interno provido.
> (AgInt no AREsp nº 1406782/MG, Rel. Ministro Napoleão Nunes Maia Filho, Rel. p/ Acórdão Ministro Sérgio Kukina, PRIMEIRA TURMA, julgado em 10.12.2019, DJe 03.02.2020)

Contudo, o próprio STJ já não admitia que a solidariedade fosse desarrazoada, de maneira a viabilizar que a decretação de indisponibilidade atingisse, em relação a cada um dos réus, o débito total. Sobre o tema, merece leitura a seguinte decisão:

> RECURSO ESPECIAL. AÇÃO CIVIL PÚBLICA. IMPROBIDADE ADMINISTRATIVA. CÓDIGO DE PROCESSO CIVIL DE 2015. APLICABILIDADE. INDISPONIBILIDADE DE BENS A FIM DE ASSEGURAR O RESSARCIMENTO DO DANO. RESPONSABILIDADE SOLIDÁRIA. CONSTRIÇÃO LIMITADA AO VALOR SUFICIENTE PARA RECOMPOR O ERÁRIO. "QUANTUM" A SER DETERMINADO PELO JUIZ. PEDIDO DE BLOQUEIO PARA GARANTIR O PAGAMENTO DE CONDENAÇÃO EM MULTA CIVIL. PRECLUSÃO CONSUMATIVA. INDENIZAÇÃO POR DANOS MORAIS COLETIVOS.
> INAPLICABILIDADE DO JULGADO NO RESP N. 1.366.721/BA. TUTELA DE URGÊNCIA. NECESSIDADE DE PREENCHIMENTO DOS REQUISITOS DO "FUMUS BONI IURIS" E DO "PERICULUM IN MORA". RECURSO PARCIALMENTE CONHECIDO E IMPROVIDO.
> I – Consoante o decidido pelo Plenário desta Corte na sessão realizada em 09.03.2016, o regime recursal será determinado pela data da publicação do provimento jurisdicional impugnado. In casu, aplica-se o Código de Processo Civil de 2015.
> II – *Havendo solidariedade entre os corréus da ação até a instrução final do processo, o valor a ser indisponibilizado para assegurar o ressarcimento ao erário deve ser garantido por qualquer um deles, limitando-se a medida constritiva ao "quantum" determinado pelo juiz, sendo defeso que o bloqueio corresponda ao débito total em relação a cada*. Precedentes. III - A ausência de insurgência, no momento oportuno, quanto à indisponibilidade de bens a fim de garantir o pagamento da sanção de multa civil impede à parte recorrente suscitá-la por meio de recurso especial, em virtude da ocorrência da preclusão consumativa.
> IV – Não se aplica o entendimento firmado no REsp 1.366.721/BA para a indisponibilidade de bens a fim de assegurar o pagamento de indenização por danos morais coletivos, sendo necessário o preenchimento dos requisitos da tutela de urgência para a sua concessão.
> V – Recurso Especial parcialmente conhecido e improvido.
> (REsp nº 1731782/MS, Rel. Ministra Regina Helena Costa, PRIMEIRA TURMA, julgado em 04.12.2018, DJe 11.12.2018) (Grifamos)

Na doutrina, Daniel Assumpção e Rafael Oliveira entendem que:

> Reconhecendo um excesso de cautela, já que é a responsabilidade solidária, não há razão para que cada um dos acusados tenha bens indisponíveis em valor representativo do total da pretensa dívida, decide corretamente o tribunal [STJ] que a medida deve se limitar a tornar indisponíveis bens dos devedores no valor total da dívida.[285]

Com a reforma de 2021, vedou-se expressamente a solidariedade entre os réus (art. 17-C, §2º), o que torna, a princípio, superado o entendimento em sentido contrário. Assim, cada réu deve responder pela sua participação e na dimensão dos seus benefícios diretos. Em relação aos terceiros, eles só responderão por condutas ímprobas quando houver demonstração de sua efetiva concorrência para os atos, nos termos do que previsto no §7º do art. 16, *in verbis*:

> §7º A indisponibilidade de bens de terceiro dependerá da demonstração da sua efetiva concorrência para os atos ilícitos apurados ou, quando se tratar de pessoa jurídica, da instauração de incidente de desconsideração da personalidade jurídica, a ser processado na forma da lei processual. (Incluído pela Lei nº 14.230, de 2021)

16.3.16) Jurisprudência em teses do STJ.

Jurisprudência em teses do STJ. Edição nº 38: Improbidade Administrativa – I.

12) É possível a decretação da indisponibilidade de bens do promovido em ação civil Pública por ato de improbidade administrativa, quando ausente (ou não demonstrada) a prática de atos (ou a sua tentativa) que induzam a conclusão de risco de alienação, oneração ou dilapidação patrimonial de bens do acionado, dificultando ou impossibilitando o eventual ressarcimento futuro.[286]

13) Na ação de improbidade, a decretação de indisponibilidade de bens pode recair sobre aqueles adquiridos anteriormente ao suposto ato, além de levar em consideração o valor de possível multa civil como sanção autônoma.

Jurisprudência em teses do STJ. Edição nº 40: Improbidade Administrativa – II.

5) Havendo indícios de improbidade administrativa, as instâncias ordinárias poderão decretar a quebra do sigilo bancário.

8) A indisponibilidade de bens prevista na LIA – Lei de Improbidade Administrativa pode alcançar tantos bens quantos necessários a garantir as consequências financeiras da prática de improbidade, excluídos os bens impenhoráveis assim definidos por lei.

9) Os bens de família podem ser objeto de medida de indisponibilidade prevista na Lei de Improbidade Administrativa, uma vez que há apenas a limitação de eventual alienação do bem.[287]

---

[285] NEVES, Daniel Amorim Assumpção; OLIVEIRA, Rafael Carvalho Rezende. *Improbidade Administrativa*. Direito Material e Processual. 8. ed. Revista e atualizada. São Paulo: Gen-Forense, 2020. p. 294.

[286] Tese que fica prejudicada com a redação dada pela Lei nº 14.230/21 ao art. 16, §3º, da LIA, que é bem rigorosa no que diz respeito à análise do caso concreto pelo juiz para o deferimento da decretação de indisponibilidade.

[287] Tese que fica prejudicada com a redação dada pela Lei nº 14.230/21 ao art. 16, §14, da LIA, que expressamente veda a decretação de indisponibilidade em relação ao bem de família.

10) Aplica-se a medida cautelar de indisponibilidade dos bens do art. 7º aos atos de improbidade administrativa que impliquem violação dos princípios da Administração Pública do art. 11 da LIA.[288]

Jurisprudência em teses do STJ. Edição nº 186: Improbidade Administrativa – III.

8) É possível a decretação de indisponibilidade de bens sobre ativos financeiros nas ações de improbidade administrativa.

Jurisprudência em teses do STJ. Edição nº 187: Improbidade Administrativa – IV.

7) É desnecessária a individualização de bens sobre os quais se pretende fazer recair a cautelar de indisponibilidade requerida pelo Ministério Público nas ações de improbidade administrativa.

8) A medida constritiva de indisponibilidade de bens não incide sobre valores inferiores a 40 salários mínimos depositados em caderneta de poupança, em aplicações financeiras ou em conta corrente, ressalvadas as hipóteses de comprovada má-fé, de abuso de direito, de fraude ou de os valores serem produto da conduta ímproba.

9) Na ação de improbidade administrativa é cabível decretação de indisponibilidade de bens sobre verbas provenientes do Fundo de Garantia por Tempo de Serviço – FGTS quando o valor resgatado da conta vinculada passa a integrar o patrimônio do réu, ressalvada proteção prevista no art. 833, X, do Código de Processo Civil.

---

[288] Tese que fica prejudicada com a redação dada pela Lei nº 14.230/21 ao art. 16, §10, da LIA, que proíbe que a decretação de indisponibilidade incida sobre valores a serem aplicados eventualmente a título de multa.

ARTIGO 17

Art. 17. A ação para a aplicação das sanções de que trata esta Lei será proposta pelo Ministério Público e seguirá o procedimento comum previsto na Lei nº 13.105, de 16 de março de 2015 (Código de Processo Civil), salvo o disposto nesta Lei. (Redação dada pela Lei nº 14.230, de 2021) (Vide ADI 7042) (Vide ADI 7043)

§1º (Revogado). (Redação dada pela Lei nº 14.230, de 2021)

§2º (Revogado). (Redação dada pela Lei nº 14.230, de 2021)

§3º (Revogado). (Redação dada pela Lei nº 14.230, de 2021)

§4º (Revogado). (Redação dada pela Lei nº 14.230, de 2021)

§4º-A A ação a que se refere o caput deste artigo deverá ser proposta perante o foro do local onde ocorrer o dano ou da pessoa jurídica prejudicada. (Incluído pela Lei nº 14.230, de 2021)

§5º A propositura da ação a que se refere o caput deste artigo prevenirá a competência do juízo para todas as ações posteriormente intentadas que possuam a mesma causa de pedir ou o mesmo objeto. (Redação dada pela Lei nº 14.230, de 2021)

§6º A petição inicial observará o seguinte: (Redação dada pela Lei nº 14.230, de 2021)

I - deverá individualizar a conduta do réu e apontar os elementos probatórios mínimos que demonstrem a ocorrência das hipóteses dos arts. 9º, 10 e 11 desta Lei e de sua autoria, salvo impossibilidade devidamente fundamentada; (Incluído pela Lei nº 14.230, de 2021)

II - será instruída com documentos ou justificação que contenham indícios suficientes da veracidade dos fatos e do dolo imputado ou com razões fundamentadas da impossibilidade de apresentação de qualquer dessas provas, observada a legislação vigente, inclusive as disposições constantes dos arts. 77 e 80 da Lei nº 13.105, de 16 de março de 2015 (Código de Processo Civil). (Incluído pela Lei nº 14.230, de 2021)

§6º-A O Ministério Público poderá requerer as tutelas provisórias adequadas e necessárias, nos termos dos arts. 294 a 310 da Lei nº 13.105, de 16 de março de 2015 (Código de Processo Civil (Incluído pela Lei nº 14.230, de 2021) (Vide ADI 7042) (Vide ADI 7043)

§6º-B A petição inicial será rejeitada nos casos do art. 330 da Lei nº 13.105, de 16 de março de 2015 (Código de Processo Civil), bem como quando não preenchidos os requisitos a que se referem os incisos I e II do §6º deste artigo, ou ainda quando manifestamente inexistente o ato de improbidade imputado. (Incluído pela Lei nº 14.230, de 2021)

§7º Se a petição inicial estiver em devida forma, o juiz mandará autuá-la e ordenará a citação dos requeridos para que a contestem no prazo comum de 30 (trinta) dias, iniciado o prazo na forma do art. 231 da Lei nº 13.105, de 16 de março de 2015 (Código de Processo Civil). (Redação dada pela Lei nº 14.230, de 2021)

§8º (Revogado). (Redação dada pela Lei nº 14.230, de 2021)

§9º (Revogado). (Redação dada pela Lei nº 14.230, de 2021)

§9º-A Da decisão que rejeitar questões preliminares suscitadas pelo réu em sua contestação caberá agravo de instrumento. (Incluído pela Lei nº 14.230, de 2021)

§10. (Revogado). (Redação dada pela Lei nº 14.230, de 2021)

§10-A. Havendo a possibilidade de solução consensual, poderão as partes requerer ao juiz a interrupção do prazo para a contestação, por prazo não superior a 90 (noventa) dias. (Incluído pela Lei nº 13.964, de 2019)

§10-B. Oferecida a contestação e, se for o caso, ouvido o autor, o juiz: (Incluído pela Lei nº 14.230, de 2021)

I - procederá ao julgamento conforme o estado do processo, observada a eventual inexistência manifesta do ato de improbidade; (Incluído pela Lei nº 14.230, de 2021)

II - poderá desmembrar o litisconsórcio, com vistas a otimizar a instrução processual. (Incluído pela Lei nº 14.230, de 2021)

§10-C. Após a réplica do Ministério Público, o juiz proferirá decisão na qual indicará com precisão a tipificação do ato de improbidade administrativa imputável ao réu, sendo-lhe vedado modificar o fato principal e a capitulação legal apresentada pelo autor. (Incluído pela Lei nº 14.230, de 2021) (Vide ADI 7042) (Vide ADI 7043)[289]

§10-D. Para cada ato de improbidade administrativa, deverá necessariamente ser indicado apenas um tipo dentre aqueles previstos nos arts. 9º, 10 e 11 desta Lei. (Incluído pela Lei nº 14.230, de 2021)

§10-E. Proferida a decisão referida no §10-C deste artigo, as partes serão intimadas a especificar as provas que pretendem produzir. (Incluído pela Lei nº 14.230, de 2021)

§10-F. Será nula a decisão de mérito total ou parcial da ação de improbidade administrativa que: (Incluído pela Lei nº 14.230, de 2021)

I - condenar o requerido por tipo diverso daquele definido na petição inicial; (Incluído pela Lei nº 14.230, de 2021)

II - condenar o requerido sem a produção das provas por ele tempestivamente especificadas. (Incluído pela Lei nº 14.230, de 2021)

§11. Em qualquer momento do processo, verificada a inexistência do ato de improbidade, o juiz julgará a demanda improcedente. (Redação dada pela Lei nº 14.230, de 2021)

§12. (Revogado). (Redação dada pela Lei nº 14.230, de 2021)

§13. (Revogado). (Redação dada pela Lei nº 14.230, de 2021)

---

[289] Ao apreciar o pedido de medida liminar, o relator da ADI nº 7.236 entendeu que não estariam presentes os requisitos para a suspensão do art. 17, §§10-C, 10-D e 10-F, I da LIA. STF. ADI 7.236. Rel. Min. Alexandre de Moraes. Decisão de 27 de dezembro de 2022.

§14. Sem prejuízo da citação dos réus, a pessoa jurídica interessada será intimada para, caso queira, intervir no processo. (Incluído pela Lei nº 14.230, de 2021) (Vide ADI 7042) (Vide ADI 7043)

§15. Se a imputação envolver a desconsideração de pessoa jurídica, serão observadas as regras previstas nos arts. 133, 134, 135, 136 e 137 da Lei nº 13.105, de 16 de março de 2015 (Código de Processo Civil). (Incluído pela Lei nº 14.230, de 2021)

§16. A qualquer momento, se o magistrado identificar a existência de ilegalidades ou de irregularidades administrativas a serem sanadas sem que estejam presentes todos os requisitos para a imposição das sanções aos agentes incluídos no polo passivo da demanda, poderá, em decisão motivada, converter a ação de improbidade administrativa em ação civil pública, regulada pela Lei nº 7.347, de 24 de julho de 1985. (Incluído pela Lei nº 14.230, de 2021)

§17. Da decisão que converter a ação de improbidade em ação civil pública caberá agravo de instrumento. (Incluído pela Lei nº 14.230, de 2021)

§18. Ao réu será assegurado o direito de ser interrogado sobre os fatos de que trata a ação, e a sua recusa ou o seu silêncio não implicarão confissão. (Incluído pela Lei nº 14.230, de 2021)

§19. Não se aplicam na ação de improbidade administrativa: (Incluído pela Lei nº 14.230, de 2021)

I - a presunção de veracidade dos fatos alegados pelo autor em caso de revelia; (Incluído pela Lei nº 14.230, de 2021)

II - a imposição de ônus da prova ao réu, na forma dos §§1º e 2º do art. 373 da Lei nº 13.105, de 16 de março de 2015 (Código de Processo Civil); (Incluído pela Lei nº 14.230, de 2021)

III - o ajuizamento de mais de uma ação de improbidade administrativa pelo mesmo fato, competindo ao Conselho Nacional do Ministério Público dirimir conflitos de atribuições entre membros de Ministérios Públicos distintos; (Incluído pela Lei nº 14.230, de 2021)

IV - o reexame obrigatório da sentença de improcedência ou de extinção sem resolução de mérito. (Incluído pela Lei nº 14.230, de 2021)

§20. A assessoria jurídica que emitiu o parecer atestando a legalidade prévia dos atos administrativos praticados pelo administrador público ficará obrigada a defendê-lo judicialmente, caso este venha a responder ação por improbidade administrativa, até que a decisão transite em julgado. (Incluído pela Lei nº 14.230, de 2021) (Vide ADI 7042) (Vide ADI 7043)

§21. Das decisões interlocutórias caberá agravo de instrumento, inclusive da decisão que rejeitar questões preliminares suscitadas pelo réu em sua contestação. (Incluído pela Lei nº 14.230, de 2021)

17.1) Tema central do dispositivo: Aspectos processuais da ação de improbidade. O art. 17 tem como objetivo disciplinar o rito da ação de improbidade, o foro competente, a legitimidade ativa, os requisitos da petição inicial, estipular a possibilidade de sua conversão em ação civil pública e outros temas correlatos relacionados ao alcance e ao processamento da ação de improbidade. Neste artigo, encontramos os principais aspectos processuais da referida ação.

17.2) Explicação do dispositivo: A redação original do art. 17 estipulava que a legitimidade ativa para a propositura de uma ação de improbidade era do Ministério Público e da pessoa jurídica interessada. Com a reforma legal de 2021, o art. 17, *caput,* passou a prever que a ação de improbidade apenas pode ser ajuizada pelo Ministério Público. No entanto, nas ADIs nº 7.042 e 7.043,[290] o STF decidiu restabelecer a legitimidade da pessoa jurídica interessada, sob o fundamento contido no voto do relator de que a alteração legal representaria grave limitação ao amplo acesso à jurisdição, ofenderia o princípio da eficiência e acarretaria um retrocesso no enfrentamento à improbidade administrativa. Demais disso, o art. 129, §1º, da CRFB também foi lembrado como dispositivo constitucional que impediria a legitimidade exclusiva do MP nas ações civis.[291] Voltaremos ao tema mais adiante em um dos tópicos alusivos aos aspectos polêmicos do artigo 17.

Mesmo que a pessoa jurídica interessada não ajuíze a ação de improbidade, ela será intimada para, caso queira, intervir no processo (art. 17, §14). A tramitação da ação de improbidade observará o procedimento comum do CPC com as adaptações contidas na LIA.

Em relação ao foro competente para o ajuizamento da ação de improbidade, o §4º-A do art. 17 estabelece que ela deverá ser proposta perante o foro do local onde ocorrer o dano ou da pessoa jurídica prejudicada. Tal preceito espelha parcialmente a solução contida na Lei nº 7.347, Lei de Ação Civil Pública (ACP), lei que também se destina à tutela de interesses difusos e coletivos. Na Lei da ACP, o foro competente é apenas o do local do dano. Na LIA, por sua vez, o foro é o do local do dano ou o da pessoa jurídica prejudicada. A maior amplitude da regra da LIA se justifica, pois, nem sempre a conduta ímproba ensejará um dano.

O artigo 17 elenca dois requisitos da petição inicial e a sua inobservância acarretará a rejeição da peça vestibular. São eles os seguintes:

i) a petição inicial deverá individualizar a conduta do réu e apontar os elementos probatórios mínimos que demonstrem a ocorrência da conduta ímproba e sua autoria, salvo impossibilidade devidamente fundamentada;

ii) a petição inicial deve ser instruída com documentos ou justificação que contenham indícios suficientes da veracidade dos fatos e do dolo imputado ou com razões fundamentadas da impossibilidade de apresentação de qualquer dessas provas.

A individualização da conduta de cada um dos réus é medida imprescindível para assegurar o direito de defesa nos autos, evitando-se condenações com amparo

---

[290] STF. Plenário. Relator: Min. Alexandre de Moraes. Data do julgamento das duas ADIs: 31.08.2022.
[291] Art. 129, §1º - A legitimação do Ministério Público para as ações civis previstas neste artigo não impede a de terceiros, nas mesmas hipóteses, segundo o disposto nesta Constituição e na lei.

em narrativas genéricas e depoimentos imprecisos. Quem se defende sem saber do que especificamente está sendo acusado, não tem um autêntico direito de defesa assegurado.

A rejeição da petição inicial também ocorrerá nas hipóteses do art. 330 do CPC[292] e quando manifestamente inexistente o ato de improbidade imputado na referida peça processual.

Muito embora o §6º-A do art.17 da LIA mencione unicamente o MP como legitimado para requerer as tutelas provisórias, a extensão da legitimidade ativa para a pessoa jurídica interessada reconhecida pelo STF autoriza a conclusão de que, também ela, poderá requerer providências provisórias. Tais medidas seguirão os artigos do CPC sobre o tema.

Preenchidos os requisitos legais (art. 17, §6º, da LIA; art. 330 do CPC e não for caso de manifesta inexistência do ato de improbidade), o juiz determinará a citação dos requeridos. Já não há mais a dupla oportunidade de defesa do demandado prevista na redação original da LIA. Com a reforma de 2021, o requerido passou a ser citado para, no prazo comum de trinta dias,[293] apresentar sua contestação.[294]

---

[292] Art. 330. A petição inicial será indeferida quando:
I – for inepta;
II – a parte for manifestamente ilegítima;
III – o autor carecer de interesse processual;
IV – não atendidas as prescrições dos arts. 106 e 321.
§1º Considera-se inepta a petição inicial quando:
I – lhe faltar pedido ou causa de pedir;
II – o pedido for indeterminado, ressalvadas as hipóteses legais em que se permite o pedido genérico;
III – da narração dos fatos não decorrer logicamente a conclusão;
IV – contiver pedidos incompatíveis entre si.

[293] O prazo será contado de acordo com a regra do art. 231 do CPC:
Art. 231. Salvo disposição em sentido diverso, considera-se dia do começo do prazo:
I – a data de juntada aos autos do aviso de recebimento, quando a citação ou a intimação for pelo correio;
II – a data de juntada aos autos do mandado cumprido, quando a citação ou a intimação for por oficial de justiça;
III – a data de ocorrência da citação ou da intimação, quando ela se der por ato do escrivão ou do chefe de secretaria;
IV – o dia útil seguinte ao fim da dilação assinada pelo juiz, quando a citação ou a intimação for por edital;
V – o dia útil seguinte à consulta ao teor da citação ou da intimação ou ao término do prazo para que a consulta se dê, quando a citação ou a intimação for eletrônica;
VI – a data de juntada do comunicado de que trata o art. 232 ou, não havendo esse, a data de juntada da carta aos autos de origem devidamente cumprida, quando a citação ou a intimação se realizar em cumprimento de carta;
VII – a data de publicação, quando a intimação se der pelo Diário da Justiça impresso ou eletrônico;
VIII – o dia da carga, quando a intimação se der por meio da retirada dos autos, em carga, do cartório ou da secretaria.
IX – o quinto dia útil seguinte à confirmação, na forma prevista na mensagem de citação, do recebimento da citação realizada por meio eletrônico. (Incluído pela Lei nº 14.195, de 2021)
§1º Quando houver mais de um réu, o dia do começo do prazo para contestar corresponderá à última das datas a que se referem os incisos I a VI do caput.
§2º Havendo mais de um intimado, o prazo para cada um é contado individualmente.
§3º Quando o ato tiver de ser praticado diretamente pela parte ou por quem, de qualquer forma, participe do processo, sem a intermediação de representante judicial, o dia do começo do prazo para cumprimento da determinação judicial corresponderá à data em que se der a comunicação.
§4º Aplica-se o disposto no inciso II do caput à citação com hora certa.

[294] Quando os autos forem físicos e os litisconsortes tiverem diferentes advogados, de escritórios de advocacia distintos, os prazos serão contados em dobro, nos termos do art. 229 do CPC. Art. 229. Os litisconsortes que tiverem diferentes procuradores, de escritórios de advocacia distintos, terão prazos contados em dobro para todas as suas manifestações, em qualquer juízo ou tribunal, independentemente de requerimento. §1º Cessa a contagem do prazo em dobro se, havendo apenas 2 (dois) réus, é oferecida defesa por apenas um deles. §2º Não se aplica o disposto no caput aos processos em autos eletrônicos.

Decisões sobre questões preliminares suscitadas na contestação do demandado podem ser impugnadas por agravo de instrumento (art. 16, §9º-A).

A Lei do Pacote Anticrime, Lei nº 13.964, previu, mesmo antes da reforma de 2021, a possibilidade de celebração de acordo em ação de improbidade administrativa. E, para facilitar a negociação, estipulou que as partes poderão requerer ao juiz a interrupção do prazo para a contestação, por prazo não superior a 90 (noventa) dias (§10-A do art. 17). Tal previsão não impede a celebração de acordo após o prazo da contestação. Ela apenas tem como função evitar o fluxo do prazo de defesa enquanto as partes negociam o melhor resultado para o processo.

A reforma legal de 2021 detalhou a tramitação da ação de improbidade e as medidas a serem adotadas pelo magistrado no processo. Reduziu-se a discricionariedade judicial em relação à tramitação, o que garante maior previsibilidade dos rumos que a ação deve seguir. Após a contestação, o juiz poderá ouvir o autor em réplica. Não sendo o caso de conferir nova oportunidade de manifestação à parte autora, o magistrado procederá ao julgamento conforme o estado do processo. Diante de eventual manifesta inexistência do ato de improbidade, o juiz julgará improcedente o pedido de condenação do réu (art. 17, §10-B, I c/c §11). Aliás, em qualquer fase do processo em que se verifique a inexistência do ato de improbidade o juiz julgará improcedente o pedido.

Havendo um número de demandados que dificulte a instrução processual, o juiz poderá desmembrar o litisconsórcio (art. 17, §10-B, II).

Uma profunda alteração no regime processual da ação de improbidade promovida pela reforma de 2021 decorre da regra introduzida pelo art. 17, §10-C. Nela há previsão de que o "juiz proferirá decisão na qual indicará com precisão a tipificação do ato de improbidade administrativa imputável ao réu, sendo-lhe vedado modificar o fato principal e a capitulação legal apresentada pelo autor". Antes do advento da Lei nº 14.230/21, prevalecia a compreensão judicial de relativização do princípio da congruência na ação de improbidade e a ideia de que o juiz poderia condenar o réu da ação de improbidade por conduta diversa daquela mencionada na exordial. O entendimento predominante no período que antecede a reforma de 2021 criava, assim, um ambiente de elevada insegurança jurídica, pois possibilitava a existência de decisões inesperadas contendo conclusões que não haviam sido especificamente impugnadas pelos réus. Nesse sentido, elogiável o avanço promovido pela Lei nº 14.230 que exigiu, *initio litis*, a delimitação do objeto de apuração na ação de improbidade como reação ao cenário de incerteza, até então, vivenciado. Por outro lado, o texto cria um desfavorável engessamento do que será avaliado ao longo de toda a ação de improbidade numa fase processual em que nem tudo o que foi praticado de ilicitude já foi revelado. Voltaremos a esse tema mais adiante quando da análise dos aspectos polêmicos na aplicação do art. 17.

A LIA exige, tanto na petição inicial da ação de improbidade quanto na decisão judicial referida pelo art. 17, §10-C, uma precisa indicação da tipificação de cada conduta de improbidade administrativa praticada. Evita-se, com isso, que a referência a múltiplos dispositivos inviabilize o pleno exercício do direito de defesa.

A meta de incrementar a previsibilidade na ação de improbidade tornou-se uma salutar obsessão da reforma de 2021. Nesse sentido, o juiz não poderá, sob pena de nulidade do provimento judicial, condenar o réu por tipo diverso daquele mencionado na petição inicial e nem o condenar sem a produção de provas por ele requeridas.

Na hipótese de existir a necessidade de desconsideração da personalidade jurídica, serão aplicadas as regras do CPC, notadamente os artigos 133 a 137, que exigem a instauração de um incidente de desconsideração da personalidade jurídica, salvo se a desconsideração for requerida na petição inicial.

A reforma de 2021 também inovou ao permitir expressamente que o juiz, a qualquer momento, profira decisão, convertendo a ação de improbidade em ação civil pública. Tal medida será oportuna sempre que a correção de irregularidades pretendida não esteja relacionada a comportamentos desonestos e corruptos. É que o caráter predominantemente sancionatório da ação de improbidade reclama que ela só seja distribuída quando a correção das ilegalidades suscitadas também demandar a punição do réu pela prática de improbidade. Da decisão de conversão cabe agravo de instrumento.

A LIA agora prevê que ao réu será assegurado o direito de ser interrogado sobre os fatos de que trata a ação, e a sua recusa ou o seu silêncio não implicarão confissão (art. 17, §18). Assim, o interrogatório é considerado pela lei um meio de defesa do demandado e ele não pode ser punido por ter exercido esse direito. Temos, aqui, a materialização da autodefesa passiva consubstanciada no princípio *nemo tenetur se detegere,* segundo o qual se assegura o direito ao silêncio e a proibição de produção de provas contra si mesmo.

O art. 17 veicula, em seu §19, preceitos que podem ser encarados como verdadeiros princípios do direito administrativo sancionador a serem aplicados no âmbito da ação de improbidade. O referido dispositivo estabelece que não se aplicam na ação de improbidade:

I – a presunção de veracidade dos fatos alegados pelo autor em caso de revelia;

II– a imposição de ônus da prova ao réu, na forma dos §§1º e 2º do art. 373 da Lei nº 13.105, de 16 de março de 2015 (Código de Processo Civil);

III – o ajuizamento de mais de uma ação de improbidade administrativa pelo mesmo fato, competindo ao Conselho Nacional do Ministério Público dirimir conflitos de atribuições entre membros de Ministérios Públicos distintos;

IV – o reexame obrigatório da sentença de improcedência ou de extinção sem resolução de mérito.

Parte-se da premissa, acertada em um Estado de Direito, de que o órgão estatal que acusa deve provar aquilo que está alegando. Daí porque não se deve admitir a presunção de veracidade dos fatos alegados pelo autor, e nem mesmo a inversão do ônus da prova ao réu. O réu também não deve responder pelos mesmos fatos em variadas ações de improbidade. Isso seria ineficiente do ponto de vista estatal e, na perspectiva do acusado, criaria uma situação de insegurança jurídica frutífera para decisões conflitantes. Assim, a acusação deve ser reunida em um único processo.

Correta a previsão da inexistência de reexame necessário, quando o resultado do processo não for o de condenação. Tal como ocorre no Direito Penal, nada há que justifique uma automática revisão pelo segundo grau de jurisdição da sentença que conclui pela improcedência do pedido ou que extingue o feito sem resolução do mérito. O interesse público, algo que é frequentemente invocado para legitimar o reexame necessário, não é melhor preservado pela condenação de quem não deveria ser condenado. Demais disso, as instituições que podem agir mediante a interposição de um recurso contra uma sentença de improcedência ou de extinção do processo sem resolução do mérito não são hipossuficientes e podem perfeitamente avaliar criteriosamente o cabimento ou não da medida.

O §20 do art. 17 estabelece que a assessoria jurídica que emitiu o parecer atestando a legalidade prévia dos atos pelo réu ficará obrigada a defendê-lo judicialmente na ação de improbidade. A intenção da regra parece-nos elogiável, tendo em vista que procura evitar que o agente público, que nem sempre tem formação em Direito e que atuou de acordo com a opinião jurídica do seu órgão de assessoramento, não seja minimamente apoiado institucionalmente. O tema, todavia, não é simples e o aprofundaremos mais adiante nos comentários aos temas polêmicos do art. 17, ocasião em que também analisaremos a decisão do STF nas ADIs nº 7.042 e 7.043[295] que declarou a inconstitucionalidade parcial, com redução de texto, do §20 do art. 17 da Lei nº 8.429/92, no sentido de que não existe "obrigatoriedade de defesa judicial".

17.3) Polêmicas e peculiaridades do artigo:

17.3.1) Punição por espécie de conduta diversa da mencionada na petição inicial: De acordo com o princípio da congruência ou adstrição, deve haver uma correlação entre o que foi postulado pelo demandante e o que será decidido, ficando o juiz impedido de acolher pedido diverso ou em quantidade superior àquela que lhe foi requerida. Nesse cenário, o julgamento será considerado *extra petita*, quando o magistrado assegurar algo diverso daquilo que foi postulado, e será *ultra petita* quando decidir em uma extensão maior do que a do pleito. Na decisão *citra petita*, o juiz deixa simplesmente de apreciar o pedido do autor. Sobre esse tema, o art. 492 do CPC veicula o princípio da congruência, nos seguintes termos:

> Art. 492. É vedado ao juiz proferir decisão de natureza diversa da pedida, bem como condenar a parte em quantidade superior ou em objeto diverso do que lhe foi demandado.
> Parágrafo único. A decisão deve ser certa, ainda que resolva relação jurídica condicional.

---

[295] ADI 7042 e 7043. STF. Plenário. Rel.: Min. Alexandre de Moraes. Data do julgamento: 31/08/2022.

Diante dessas circunstâncias, é possível que o juiz da ação de improbidade condene o réu por conduta ou por tipo diverso daquele apontado na exordial? Quando, por exemplo, a parte autora da ação de improbidade pleitear a condenação do réu por uma conduta que atente contra os princípios da Administração (art. 11) e existir, mesmo antes ou após a conclusão da instrução processual, prova nos autos de que, também, houve enriquecimento indevido (9º), o réu poderá ser punido com base no art. 9º?

No Direito Penal, a pena privativa de liberdade varia em razão do crime praticado. E, para a modificação do crime narrado na peça ministerial de denúncia, existem os institutos da *emendatio libelli* e *mutatio libelli*. Na *emendatio*, o juiz altera o enquadramento da tipificação, a fim de aplicar um tipo mais adequado aos fatos narrados. É o caso em que o Ministério Público prova os fatos narrados na denúncia, mas há um equívoco na menção ao tipo. Na denúncia, por exemplo, pede-se a condenação pelo crime de furto, mas toda a descrição dos fatos na peça acusatória e que vem a ser comprovada na instrução nos faz concluir que se está, na realidade, diante de um roubo. O juiz procederá à emenda da inicial, atribuindo-lhe definição jurídica diversa, ainda que tal forma de proceder possa permitir o agravamento da pena. O instituto da *emendatio libelli* está previsto no art. 383 do Código de Processo Penal (CPP), *in verbis*:

> Art. 383. O juiz, sem modificar a descrição do fato contida na denúncia ou queixa, poderá atribuir-lhe definição jurídica diversa, ainda que, em conseqüência, tenha de aplicar pena mais grave.
> §1º Se, em conseqüência de definição jurídica diversa, houver possibilidade de proposta de suspensão condicional do processo, o juiz procederá de acordo com o disposto na lei.
> §2º Tratando-se de infração da competência de outro juízo, a este serão encaminhados os autos.

Na *mutatio libelli*, por sua vez, o que temos é um reconhecimento judicial de que os fatos narrados na peça inicial acusatória são diversos daqueles revelados ao longo da instrução processual, o que exigiria uma mudança do tipo apresentado na peça vestibular. O Ministério Público oferece uma denúncia, por exemplo, em que narra a ocorrência de um roubo e pede a condenação do réu pelo referido crime. Contudo, ao longo da instrução processual descobre-se que uma pessoa foi morta para que o roubo tivesse êxito. Em razão dessa revelação, torna-se necessário proceder à *mutatio libelli*, a fim de que o réu responda pelo crime de latrocínio, tipo que, nesse caso, melhor se adequa aos fatos revelados na instrução processual. Na *mutatio*, o CPP exige, expressamente, a remessa dos autos ao MP para que ele possa aditar a denúncia. O CPP disciplina a *mutatio libelli*, nos seguintes termos:

> Art. 384. Encerrada a instrução probatória, se entender cabível nova definição jurídica do fato, em consequência de prova existente nos autos de elemento ou circunstância da infração penal não contida na acusação, o Ministério Público deverá aditar a denúncia ou queixa, no prazo de 5 (cinco) dias, se em virtude desta houver sido instaurado o processo em crime de ação pública, reduzindo-se a termo o aditamento, quando feito oralmente.

§1º Não procedendo o órgão do Ministério Público ao aditamento, aplica-se o art. 28 deste Código.
§2º Ouvido o defensor do acusado no prazo de 5 (cinco) dias e admitido o aditamento, o juiz, a requerimento de qualquer das partes, designará dia e hora para continuação da audiência, com inquirição de testemunhas, novo interrogatório do acusado, realização de debates e julgamento.
§3º Aplicam-se as disposições dos §§1º e 2º do art. 383 ao caput deste artigo.
§4º Havendo aditamento, cada parte poderá arrolar até 3 (três) testemunhas, no prazo de 5 (cinco) dias, ficando o juiz, na sentença, adstrito aos termos do aditamento.
§5º Não recebido o aditamento, o processo prosseguirá.

Na ação de improbidade administrativa, é plenamente possível que a parte autora mencione erroneamente um dispositivo legal para a conduta descrita e supostamente praticada pelo réu, o que ensejaria, se estivéssemos na seara penal, a *emendatio libelli*. Pede-se, por exemplo, a condenação por uma conduta ímproba que ofende o princípio da legalidade (art. 11), mas a narrativa da petição inicial já demonstra a ocorrência de dano ao erário, o que justificaria a correção do enquadramento para uma punição de acordo com o art. 10 (que causa dano ao erário). Também é possível que, ao longo da instrução processual, haja a descoberta de que uma determinada conduta não apenas acarretou dano ao erário, mas, também, provocou enriquecimento ilícito. Assim, o magistrado teria de corrigir, à semelhança do que ocorre na *mutatio libelli*, o enquadramento inicial da conduta ímproba como do art. 10 para uma do art. 9º da Lei nº 8.429/92.

Infelizmente, a Lei nº 8.429 não previu expressamente um instituto ou fase processual semelhante à da *emendatio* ou da *mutatio libelli* do Direito Processual Penal. Uma regra legal dessa natureza na ação de improbidade traria maior clareza e previsibilidade sobre como proceder diante da eventual necessidade de correções de narrativas e/ou de tipificação na ação de improbidade. A previsão legal de um procedimento acerca dessa temática seria extremamente valiosa, especialmente, porque há uma enorme vagueza das condutas descritas na lei de improbidade. E, em muitos casos, a instrução processual na ação de improbidade tem um papel determinante para a identificação da ocorrência do enriquecimento ilícito, do dano ao erário ou da ofensa aos princípios. Ela é que vai permitir ao julgador identificar melhor qual conduta foi praticada. O que no Direito Penal é mais raro, na improbidade administrativa pode se tornar bem mais comum: a necessidade de correções, em razão de a narrativa inicial não corresponder exatamente ao que apurado ao final do processo.

Muito embora a Lei nº 8.429 veicule matéria de caráter cível e seja omissa quanto à aplicação subsidiária da legislação processual penal,[296] não vemos

---

[296] De acordo com o entendimento do STJ, o CPC, por sua vez, tem aplicação subsidiária em relação à Lei nº 8.429/92, tendo em vista a existência de previsões de aplicação subsidiária contidas na Lei nº 7.347/85 e 8.078/90. Nesse sentido, confira-se: ADMINISTRATIVO. RECURSO ESPECIAL. AÇÃO CIVIL PÚBLICA. IMPROBIDADE ADMINISTRATIVA. JUNTADA DE DOCUMENTOS. AUSÊNCIA DE MANIFESTAÇÃO DA PARTE CONTRÁRIA. APLICAÇÃO SUBSIDIÁRIA DO CÓDIGO DE PROCESSO CIVIL. (...) RECURSO PARCIALMENTE CONHECIDO E, NESSA EXTENSÃO, PARCIALMENTE PROVIDO.

obstáculos para o magistrado adotar na ação de improbidade um procedimento inspirado naqueles previstos nos arts. 383 (*emendatio libelli*) e 384 (*mutatio libelli*) do CPP com o objetivo de preservar o devido processo legal. Os artigos 4º e 5º da Lei de Introdução às Normas do Direito brasileiro, DL nº 4.657/1942[297] permitem essa conclusão. O mais importante é que o juiz, ao perceber a necessidade de eventual modificação da espécie de improbidade considerada na petição inicial ou de aplicar sanção diversa da originalmente requerida, garanta o contraditório e a ampla defesa. O réu não pode ser surpreendido nessas matérias. Previamente ao provimento judicial que fixar a sanção diversa da inicialmente postulada ou que modificar o enquadramento da conduta prevista na exordial, as partes devem ter o direito de se manifestar. A regra veiculada pelo art. 10 do CPC que veda a decisão surpresa no processo, serve de reforço a essa compreensão, *in verbis*:

> Art. 10. O juiz não pode decidir, em grau algum de jurisdição, com base em fundamento a respeito do qual não se tenha dado às partes oportunidade de se manifestar, ainda que se trate de matéria sobre a qual deva decidir de ofício.

Sem embargo do que acima defendemos e de o tema já ter oscilado no âmbito do STJ, a posição que prevaleceu na referida Corte no período anterior ao da reforma legal de 2021 era a de que o magistrado poderia, em uma denominada "interpretação lógico-sistemática" da petição inicial, aplicar pena diversa daquela contida na exordial ou mesmo fazer enquadramento em espécie de improbidade diferente da mencionada na peça vestibular. Senão vejamos:

> PROCESSUAL CIVIL. EMBARGOS DE DECLARAÇÃO EM AGRAVO INTERNO NO AGRAVO EM RECURSO ESPECIAL. ENUNCIADO ADMINISTRATIVO 3/STJ. PREQUESTIONAMENTO FICTO. NÃO OCORRÊNCIA. ***PRINCÍPIO DA CONGRUÊNCIA. IMPROBIDADE ADMINISTRATIVA. ENQUADRAMENTO EM DISPOSITIVO DIVERSO. POSSIBILIDADE. PRECEDENTES DO STJ***. EMBARGOS DE DECLARAÇÃO PARCIALMENTE ACOLHIDO SEM EFEITOS INFRINGENTES.
> (...)
> Do mesmo modo, *essa Corte Superior possui orientação consolidada no sentido de que não há ofensa ao princípio da congruência quando a decisão judicial enquadra supostos atos de improbidade em dispositivo diverso do disposto na exordial.* (AgInt no REsp 1372775/SC, Rel. Ministra REGINA HELENA COSTA, PRIMEIRA TURMA, julgado em 27/11/2018, DJe 07/12/2018) (AgInt no REsp 1715971/RN, Rel. Ministro SÉRGIO KUKINA, PRIMEIRA TURMA, julgado em 03/05/2018, DJe 05/06/2018) Embargos acolhidos sem efeitos

---

(...) 3. Aplica-se subsidiariamente o Código de Processo Civil nas ações de improbidade administrativa, apesar da ausência de norma expressa na Lei 8.429/92, nos termos dos arts. 19 da Lei 7.347/85 e 90 da Lei 8.078/90.
(...) 9. Recurso parcialmente conhecido e, nessa extensão, parcialmente provido para, afastando a prescrição, determinar o regular curso do processo. (REsp nº 1098669/GO, Rel. Ministro Arnaldo Esteves Lima, PRIMEIRA TURMA, julgado em 04.11.2010, DJe 12/11/2010).

[297] Art. 4º Quando a lei for omissa, o juiz decidirá o caso de acordo com a analogia, os costumes e os princípios gerais de direito.
Art. 5º Na aplicação da lei, o juiz atenderá aos fins sociais a que ela se dirige e às exigências do bem comum.

infringentes. (EDcl no AgInt no AREsp nº 1336263/PR, Rel. Ministro Mauro Campbell Marques, SEGUNDA TURMA, julgado em 11.04.2019, DJe 22.04.2019) (Grifamos)[298]

Com o advento da Lei nº 14.230/21, o entendimento do STJ acima transcrito, que relativiza o princípio da congruência, tornou-se superado. É que a reforma da LIA de 2021 passou a impedir expressamente o magistrado de condenar o réu por tipo diverso daquele definido na petição inicial, sendo, inclusive, caso de nulidade do ato processual (art. 17, §10-F, I). O que se pretende com essa vedação é evitar a surpresa de uma condenação, sem que o demandado tenha tido a oportunidade de se defender sobre o que não estava mencionado na peça vestibular. Para tanto, a LIA também passou a exigir do juiz que, após a réplica do autor, profira decisão indicando com precisão a tipificação do ato de improbidade administrativa imputável ao réu, sendo-lhe vedado modificar o fato principal e a capitulação legal apresentada pelo autor.

Temos sustentado que essa vedação de modificação do fato principal e da capitulação legal apresentada pelo autor só impede o juiz de, sem ouvir as partes do processo, modificá-los. Entretanto, quando o magistrado se deparar com a necessidade de modificação da tipificação ou mesmo dos fatos que estão sendo apurados, em razão de um erro de tipificação ou de circunstâncias que apareceram ao longo da instrução, ele poderá, após ouvir as partes, fazer uso dos institutos da *emendatio libelli* e *mutatio libelli*. Caso tal modo de proceder não fosse possível, em virtude de uma interpretação literal de que a vedação de modificação do fato principal e da capitulação legal é ampla e irrestrita, as únicas alternativas que restariam, e que seriam inconstitucionais por ofenderem os princípios da moralidade, da eficiência e da duração razoável do processo seriam a de improcedência dos pedidos de condenação ou a de provocar a parte autora para ajuizar uma nova ação de improbidade que contemplasse os novos fatos ou a tipificação mais acertada. Ademais, não podemos ampliar a vedação contida no art. 17, §10-F, I, mediante uma intepretação demasiadamente literal do dispositivo que seja capaz de acarretar efeitos deletérios no enfrentamento à improbidade. Se, em um determinado caso concreto, a conduta ímproba tiver

---

[298] Em sentido contrário, o STJ já reconheceu em decisões mais antigas que o juiz não poderia punir o réu na ação de improbidade com base em dispositivo legal diverso daquele apontado na petição inicial, sob pena de ofensa ao princípio da congruência e ao direito de defesa. Nesse sentido, confira-se: ADMINISTRATIVO. IMPROBIDADE ADMINISTRATIVA. OS AGENTES POLÍTICOS SUBMETEM-SE À LEI 8.429/92. ENTENDIMENTO FIRMADO PELA CORTE ESPECIAL DO STJ (RCL 2.790/SC, REL. MIN. TEORI ALBINO ZAVASCKI, DJE 4.3.2010). ENQUADRAMENTO DO ACUSADO EM DISPOSITIVO DIVERSO DO INDICADO NA INICIAL. VIOLAÇÃO AO ART. 460 DO CPC CONFIGURADA. PRINCÍPIO DA CONGRUÊNCIA. DECISÃO EXTRA PETITA.
1. A Corte Especial do STJ, no julgamento da Rcl 2.790/SC, pacificou o entendimento de que os agentes políticos se submetem à Lei de Improbidade Administrativa (8.429/92).
2. O enquadramento pelo Juízo singular do ato de improbidade em dispositivo diverso do apontado na inicial, além de cercear o acusado do direito de defesa, caracteriza violação ao princípio da congruência.
3. Dá-se provimento ao Recurso Especial para acolher a preliminar de nulidade por tratar-se de decisão extra petita, tornando-se sem efeito o acórdão recorrido e determinando-se o retorno dos autos à Instância de origem para que proceda a novo julgamento, observando os limites delineados pela inicial acusatória.
REsp nº 1147564/MG, Rel. Ministro Napoleão Nunes Maia Filho, PRIMEIRA TURMA, julgado em 13.08.2013, DJe 02.09.2013.

causado dano ao erário (art. 10), por exemplo, o juiz não poderá ser obrigado a punir o demandado pela prática de um ato que apenas atente contra princípios (art. 11), ainda que a petição inicial da ação de improbidade tenha se limitado a requerer a punição pelo art. 11. E a improcedência nesse caso ou a provocação da parte autora para o ajuizamento de uma nova ação não solucionariam o problema. A repressão a condutas corruptas e desonestas deve gerar punições que decorram do que efetivamente aconteceu e foi praticado, e não do que foi requerido única e exclusivamente na petição inicial da ação.

O que se almeja, na realidade, com o art. 17, §10-F, I, é a plenitude do direito de defesa do réu, a inexistência de uma "sentença surpresa" e a observância do princípio da congruência, mas não o engessamento da ação de improbidade em relação ao que apresentado exclusivamente na petição inicial.[299] A ação de improbidade nem sempre poderá se resumir a uma fotografia da petição inicial. Ela, via de regra, é um filme que começa com a petição inicial e tem um caráter dinâmico, em razão do que vier a ser apurado na instrução. O fundamental é o respeito ao direito de defesa da maneira mais ampla possível, o que os institutos da *emendatio libelli* e *mutatio libelli* podem assegurar.

17.3.2) Aplicação de sanção diversa da que foi requerida na inicial: Existem situações em que o magistrado se depara com a necessidade de aplicar uma pena distinta daquela que foi requerida pela parte autora da ação de improbidade administrativa. Há, ainda, casos em que a parte autora sequer menciona qual sanção específica pretende que seja aplicada ao réu e pede genericamente a sua condenação por uma determinada conduta. Não há dúvidas de que a petição inicial de uma ação de improbidade administrativa deveria conter pedido de condenação a uma ou a várias penas específicas. Mas será que o magistrado poderá aplicar uma pena diversa daquela que foi especificamente requerida? Feito pedido de aplicação da pena de multa, o juiz poderá aplicar, por exemplo, a pena de perda da função pública?

O texto da LIA não adentra esse detalhe. Ela exige que, na petição inicial da ação de improbidade, haja a individualização da conduta do réu e a apresentação dos elementos probatórios mínimos da espécie de conduta praticada e da sua autoria. Mas nada há sobre a eventual exigência de pedido de condenação a uma pena específica ou mesmo sobre a possibilidade de condenação a sanção diversa da que foi postulada. O provimento judicial será nulo se condenar o requerido por *tipo* diverso daquele definido na petição inicial (Art. 16, 10-F, I). Por outro lado, a LIA não mencionou como caso de nulidade a condenação à sanção diversa daquela requerida na peça vestibular da ação de improbidade. Essa lacuna poderia fazer surgir uma hipotética tese, com a qual não concordamos, de que o legislador quis possibilitar a condenação à sanção diversa da mencionada na exordial. É que, na

---

[299] Ao apreciar o pedido de medida liminar, o relator da ADI nº 7.236 entendeu que não estariam presentes os requisitos para a suspensão do art. 17, §10-F, I da LIA. STF. ADI nº 7.236. Rel. Min. Alexandre de Moraes. Decisão de 27 de dezembro de 2022.

realidade, o réu também se defende da sanção que foi requerida, e cada uma delas tem características muito específicas que podem ser impugnadas isoladamente. Um cenário é aquele em que o réu se defende da aplicação de uma multa. Outro, completamente distinto, é o da defesa contra a aplicação da pena de perda da função pública. E nunca é demais rememorar que existem profundas controvérsias sobre algumas sanções específicas. Por exemplo, há enorme polêmica sobre qual função pública deverá ser alcançada na hipótese de acumulação de cargos, o que já abordamos anteriormente nos comentários ao art. 12. Certamente essa matéria não seria debatida, caso a petição inicial da ação de improbidade contivesse requerimento de aplicação da pena de multa. Daí a relevância de se assegurar o contraditório antes de eventual provimento judicial que se afaste daquilo que foi postulado pelo demandante em sua petição inicial, sob pena de nulidade do ato por ofensa ao contraditório e à ampla defesa.

Se a parte autora pleitear a condenação do réu a várias sanções mencionadas expressamente, o juiz poderá aplicar todas elas ou apenas algumas. Quando o autor, por sua vez, requerer genericamente a condenação do réu a todas as sanções previstas para uma determinada conduta ímproba, o juiz também poderá escolher o que vai aplicar e o réu já sabe que deverá, se for o caso, impugnar todas as sanções postuladas. Não vemos problema nesses dois casos. O juiz poderá escolher a sanção mais apropriada, mas dentre aquelas postuladas pela parte autora. Só não concordamos com a aplicação de sanção que não tenha sido requerida, expressa ou tacitamente.

O entendimento que adotamos acima não é pacífico. Uma parcela da doutrina considera que o magistrado não fica vinculado à pena requerida pela parte autora na peça vestibular da ação de improbidade, estando o juiz autorizado a aplicar a sanção que, na sua perspectiva, seja a mais proporcional e justa para reprimir a conduta praticada.[300] Segundo essa compreensão, o réu se defenderia dos fatos narrados na exordial (*da mihi factum, dabo tibi jus*), podendo o magistrado entender que seria mais apropriado punir com sanção diversa daquela que foi requerida (*iura novit curia*), sem que isso representasse um julgamento *extra petita* ou *ultra petita*. O STJ tem decisões do período que antecede a reforma de 2021 neste mesmo sentido, *in verbis*:

> Ementa
> PROCESSUAL CIVIL. AGRAVO INTERNO NO AGRAVO EM RECURSO ESPECIAL. RESCISÓRIA. ***IMPROBIDADE ADMINISTRATIVA. ACÓRDÃO QUE FIXA SANÇÃO DIVERSA DO CONSTANTE NA EXORDIAL. POSSIBILIDADE***. BROCARDOS IURA NOVIT CURIA E DA MIHI FACTUM, DABO TIBI IUS. ENTENDIMENTO PACIFICADO. PRECEDENTES DO STJ.

---

[300] Neste mesmo sentido, Carvalho Filho. CARVALHO FILHO, José dos Santos. *Manual de Direito Administrativo*. 31ª edição. São Paulo: Gen/Atlas, 2017, p. 1.168. Em sentido, contrário, vale dizer, com o entendimento de que o magistrado deve ater-se ao que pretendido pela parte autora da ação de improbidade administrativa, temos a posição de Marino Pazzaglino Filho. PAZZAGLINI FILHO, Marino. *Lei de improbidade administrativa comentada*. São Paulo: Atlas, 2002, 178.

1. O pacífico entendimento do STJ é no sentido de que não há ofensa ao princípio da congruência quando a decisão judicial enquadra os supostos atos de improbidade em dispositivo diverso daquele trazido na exordial, uma vez que os réus se defendem dos fatos que lhes são imputados, competindo ao juízo, como dever de ofício, sua qualificação jurídica, vigendo em nosso ordenamento jurídico os brocardos iura novit curia e o *da mihi factum, dabo tibi ius*.
Precedentes: AgInt no REsp 1.372.775/SC, Rel. Ministra Regina Helena Costa, Primeira Turma, DJe 7/12/2018; AgInt no REsp 1.715.971/RN, Rel. Ministro Sérgio Kukina, Primeira Turma, DJe 5/6/2018; REsp 439.280/RS, Rel. Ministro Luiz Fux, Primeira Turma, DJ 16/6/2003.
265; REsp 1375.840/MA, Rel. Ministro Og Fernandes, Segunda Turma, DJe 13/6/2018; EDcl no AgInt no AREsp 1.336.263/PR, Rel. Ministro Mauro Campbell Marques, Segunda Turma, DJe 22/4/2019; entre outros.
2. A apresentação como paradigma de precedente que expressa posição isolada e não retrata a orientação consolidada sobre a matéria federal discutida não é apto para afastar o entendimento pacificado nesta Corte Superior. Nesse sentido: AgRg no AREsp 116.761/RJ, Rel. Ministro Humberto Martins, Segunda Turma, DJe 19/4/2012.
3. Agravo interno não provido.
(STJ. PRIMEIRA TURMA. Ministro Benedito Gonçalves. AgInt no AREsp nº 1415942 / SP. Data do Julgamento: 17.11.2020. Data da Publicação/Fonte: DJe 18.12.2020) (Grifamos)

17.3.3) Da controvérsia sobre a legitimidade exclusiva do Ministério Público para a propositura da ação: Em sua redação original, o art. 17 da LIA previa que a legitimidade ativa na ação de improbidade administrativa era do Ministério Público e da pessoa jurídica interessada. A reforma legal de 2021 alterou o *caput* do art. 17 para estabelecer a legitimidade exclusiva do Ministério Público para o ajuizamento.

A medida nos pareceu salutar, notadamente por duas razões principais. Em primeiro lugar, porque permite que o MP incremente sua expertise na matéria e adote estratégias de atuação mais eficientes do que a pessoa jurídica interessada poderia adotar. Em segundo lugar, porque a exclusividade da legitimidade ativa facilita o reconhecimento de que o acordo de não persecução civil previsto na LIA também deve ser conduzido exclusivamente pelo MP. Seria, do ponto de vista lógico, muito difícil sustentar simultaneamente que a pessoa jurídica interessada tem legitimidade para ajuizar a ação de improbidade administrativa, mas que ela não possui a prerrogativa de conduzir a negociação do acordo de não persecução civil.

Ao julgar as ADIS nº 7.042 e 7.043,[301] o STF, todavia, restabeleceu a legitimidade ativa da pessoa jurídica interessada, considerando que: i) a alteração legal representaria grave limitação ao amplo acesso à jurisdição; ii) ofenderia o princípio da eficiência; iii) acarretaria um retrocesso no enfrentamento à improbidade administrativa, e iv) violaria o art. 129, §1º, da CRFB. Com todo o respeito e as vênias possíveis, discordamos de todos os quatro argumentos apresentados.

---

[301] STF. Plenário. Relator: Min. Alexandre de Moraes. Data do julgamento: 31.08.2022.

No que concerne à alegação de grave limitação ao amplo acesso à jurisdição, não concordamos que isso decorra da exclusividade do ajuizamento da ação de improbidade pelo MP. Há dois motivos para tanto. Na prática, usualmente já é o MP que ajuíza as ações de improbidade, sendo raras aquelas distribuídas pelas pessoas jurídicas interessadas. E, em segundo lugar, nada impede que a pessoa jurídica interessada municie o MP com as informações que possui para que a ação seja distribuída. Ausente, portanto, qualquer dificuldade para o acesso à justiça.

Com relação ao argumento de que haveria ofensa ao princípio da eficiência, também não identificamos razões para essa conclusão. Ao revés, a exclusividade de atuação pelo MP é que incrementará a eficiência no enfrentamento à improbidade, tendo em vista a maior especialização que surgirá, tal como ocorre no caso da ação penal pública em que a legitimidade ativa também é exclusividade do *parquet*. A atribuição de exclusividade ao MP não deve, assim, ser encarada como retrocesso no enfrentamento da improbidade. Seja porque profissionaliza, ainda mais, a atuação do MP no tema, seja porque facilita a atuação do MP no acordo de não persecução civil na improbidade.

Por fim, entendemos que o art. 129, §1º da Carta de 1988 também não seria um fundamento para o reconhecimento da impossibilidade de o MP ser o único legitimado para a propositura de uma ação de improbidade. Vejamos a redação do referido parágrafo:

> Art. 129.
> (...)
> §1º – A legitimação do Ministério Público para as ações civis previstas neste artigo não impede a de terceiros, nas mesmas hipóteses, segundo o disposto nesta Constituição e na lei.

Quando o dispositivo acima se refere a "ações civis" nitidamente está aludindo a ações civis públicas que não tenham qualquer caráter sancionatório como a ação de improbidade possui. A intenção do preceito constitucional foi, portanto, a de permitir que ações civis públicas também pudessem ser ajuizadas por outras pessoas. Demais disso, o §1º do art. 129 menciona, ao seu final, "nas mesmas hipóteses, segundo o disposto nesta Constituição e na lei". Como a Constituição não proíbe a legitimidade ativa exclusiva do MP na ação de improbidade e considerando que a LIA previu essa exclusividade, não vemos outro caminho a ser trilhado a não ser o de considerar a juridicidade da previsão legal que atribui ao MP a legitimidade exclusiva para o ajuizamento de uma ação de improbidade administrativa. Permanecemos inconformados com a posição do STF sobre o tema.

17.3.4) Ausência de limites muito rigorosos para o ajuizamento da ação de improbidade: A vagueza das condutas descritas pela lei de improbidade administrativa em conjunto com a ausência de mecanismos ou de consequências legais para desestimular o ajuizamento de uma ação de improbidade criam o cenário perfeito para a banalização dessa ação. No Direito Penal, há um rigor maior com os limites e possibilidades dos tipos penais. Na improbidade administrativa, por sua vez, as condutas são descritas de forma muito vaga, estimulando um ambiente de incertezas e, por vezes, de perplexidades, notadamente quando a conduta escapa de uma sanção na esfera penal e origina uma persecução na esfera da improbidade. Fábio Medina Osório chama atenção para o problema, nos seguintes termos:

> É comum que o sujeito responda a uma ação por improbidade e outra por crime contra a Administração Pública, em razão do mesmo suporte fático, em perspectiva naturalista ou normativa, com algumas variações irrelevantes na tipologia abstrata do comportamento proibido. A legislação que reprime atos ímprobos costuma trilhar caminhos tipificatórios alicerçados em cláusulas gerais, termos jurídicos indeterminados repletos de vagueza semântica, ao passo que as leis penais estão, ao menos do ponto de vista histórico, atreladas a uma dogmática mais rígida na proteção dos direitos fundamentais, coibindo aberturas excessivas aos operadores jurídicos. As contradições, nessa seara, não têm sido poucas, como não são irrelevantes as perplexidades que o tema suscita.[302]

Essa abertura excessiva do texto legal quanto ao significado da improbidade administrativa pode originar estímulos equivocados favoráveis ao ajuizamento de ações infundadas. E, na prática, essas ações dificilmente ensejarão algum tipo de reprimenda aos seus autores, por movimentarem o aparato judicial de forma irresponsável. Luzardo Faria e Bruno Bianchi fazem uma crítica pertinente sobre esse contexto, a saber:

> Atualmente são poucos os limites que impedem o Ministério Público de ajuizar uma ação civil pública com base na Lei nº 8.429/1992. Em caso de improcedência da ação, não há qualquer consequência prática à autoridade pública que, por equívoco ou até mesmo de forma dolosa, impute a alguém conduta ímproba que, na verdade, este sujeito não cometeu.[303]

Os legitimados ativos devem ter uma postura de autocontenção, a fim de se evitar que a exagerada utilização da ação de improbidade possa, simultaneamente, comprometer o devido processo legal, na medida em que dificultaria uma ampla defesa do réu, e diminuir a relevância dessa ação no enfrentamento à corrupção.

A reforma legal de 2021 promoveu alguns avanços bem interessantes em relação à redução das possibilidades de manejo vulgar e abusivo da ação de improbidade, dado o caráter vago e muito aberto dessas condutas. Três novidades da reforma devem ser destacadas como indutoras de uma autocontenção no ajuizamento de uma ação de improbidade: i) a exigência de a petição inicial

---

[302] OSÓRIO, Fábio Medina. *Direito Administrativo Sancionador*. 6. ed. Revista, atualizada. 2ª tiragem. São Paulo: Thomson Reuters Brasil, 2019. p. 337.
[303] FARIA, Luzardo; BIANCHI, Bruno Guimarães. Improbidade administrativa e dano ao erário presumido por dispensa indevida de licitação: uma crítica à jurisprudência do Superior Tribunal de Justiça. *Revista de Direito Administrativo e Constitucional*, Belo Horizonte, ano 18, n. 73, p. 168, jul./set. 2018.

individualizar as condutas de improbidade praticadas pelo réu e apontar os elementos probatórios mínimos que demonstrem a ocorrência do ilícito e de sua autoria (art. 17, §6º, I); ii) a possibilidade de o juiz converter a ação de improbidade em ação civil pública (art. 17, §16), e iii) a possibilidade de condenação em honorários sucumbenciais em caso de improcedência da ação de improbidade, se comprovada a má-fé (art. 23-B, §2º). Avanços inegáveis que estimulam o manejo adequado da ação de improbidade e proporcionam segurança jurídica, previsibilidade e prestígio ao direito de defesa, predicados fundamentais em um Estado de Direito.

17.3.5) Designação de advogado/procurador ou contratação de advogados pela Administração Pública para a defesa do réu agente público: A lei de improbidade administrativa era, na sua redação original, omissa quanto à possibilidade de a Administração Pública designar um procurador ou contratar um advogado para a defesa do réu.

Na doutrina e na jurisprudência, normalmente nos deparamos com posições muito contundentes contra o custeio da defesa do réu agente público pelos cofres públicos. Chega-se a cogitar que a conduta de designar agente público ou contratar advogado para a defesa do réu seria uma nova conduta ímproba. Waldo Fazzio Jr., por exemplo, sustenta que a contratação de advogado pelo agente público com o emprego de recursos do tesouro configuraria, à luz da redação original da LIA, hipótese de improbidade do art.11, *in verbis*:

> A perfídia tem essa característica patológica que o art. 11 reclama: a desconsideração pelos valores e deveres desvelada na priorização do "eu" sobre o "nós", do "meu" sobre o "nosso".
> Amostra dessa nefasta prática é a contratação de advogado, pelo agente público, utilizando numerário do tesouro público que administra, precisamente para defende-lo judicialmente, quando se lhe imputam irregularidades administrativas.[304]

Com entendimento semelhante e que tem predominado na doutrina, Wallace Paiva Martins Jr. defende que:

> a contratação de advogado sem licitação para defesa de interesse pessoal de dirigente público (ato praticado no exercício da função em detrimento do patrimônio e do interesse público) é considerada improbidade administrativa.[305]

Com elação ao tema, pensamos, entretanto, e com todo o respeito à posição divergente, que a generalização a favor ou contra a contratação do advogado para a defesa do réu com a utilização de recursos públicos não apresenta uma solução justa para todos os casos. Os detalhes do caso concreto serão fundamentais para

---

[304] FAZZIO JR., Waldo Fazzio. *Improbidade Administrativa*. Doutrina, Legislação e Jurisprudência. 4. ed. Revista, atualizada e ampliada. São Paulo: Gen/Atlas, 2016. p. 314-315.
[305] O precedente citado pelo autor foi o STJ. Primeira Turma. REsp nº 709.953. Rel. Min. Luiz Fux. Julgamento: 16.10.2007. MARTINS JR., Wallace Paiva. *Probidade Administrativa*. 4. ed. São Paulo: Saraiva, 2009. p. 270.

sabermos se é possível que a Administração designe um procurador ou pague pelo advogado que defenderá o réu.

Vamos supor que, em um dado caso, a Administração Pública concorde com a tese do Ministério Público, parte autora de uma ação de improbidade, de que a conduta praticada pelo agente público incluído no polo passivo caracteriza efetivamente uma improbidade administrativa e que, em nenhum momento, a Administração tenha validado ou defendido administrativamente o ato praticado. Em uma situação como essa, torna-se mais difícil sustentar o direito do réu de ter os custos de sua defesa na ação de improbidade arcados pelo poder público. Contudo, pode ocorrer situação diversa. A Administração Pública pode defender a juridicidade do ato praticado pelo agente público que, de acordo com a teoria do órgão, materializou a vontade da Administração.

Dessa forma, quando o agente público pratica uma conduta ilícita no interesse exclusivamente privado e contrariando a compreensão do Estado sobre o tema, a sua defesa deve ser custeada pelo próprio agente público. A situação muda completamente, caso o ato seja praticado no interesse da Administração, especialmente quando o próprio Estado tem interesse na preservação do ato tido inicialmente como ímprobo. As duas decisões abaixo do STJ estão alinhadas com essa compreensão, *in verbis*:

> PROCESSUAL CIVIL. ADMINISTRATIVO. AÇÃO CIVIL PÚBLICA. IMPROBIDADE ADMINISTRATIVA. CONTRATAÇÃO DE ADVOGADO PARA DEFESA PESSOAL DE PREFEITO POR ATO DE IMPROBIDADE. RECURSO ESPECIAL. AUSÊNCIA DE PREQUESTIONAMENTO. SÚMULA 211/STJ.
> 1. *As despesas com a contratação de advogado para a defesa de ato pessoal perpetrado por agente político em face da Administração Pública não denota interesse do Estado e, a fortiori, deve correr às expensas do agente público, sob pena de configurar ato imoral e arbitrário, exegese que não nega vigência aos artigos 22 e 23 da Lei 8.906/94.*
> 2. A 2ª Turma desta Corte, no julgamento de leading case versando hipótese análoga, decidiu: "PROCESSUAL CIVIL – ADMINISTRATIVO – DISSÍDIO JURISPRUDENCIAL CONFIGURADO – CONHECIMENTO PARCIAL DO RECURSO ESPECIAL – CONTRATAÇÃO DE ADVOGADO PRIVADO PARA DEFESA DE PREFEITO EM AÇÃO CIVIL PÚBLICA – ATO DE IMPROBIDADE.
> 1. Merece ser conhecido o recurso especial, se devidamente configurado o dissídio jurisprudencial alegado pelo recorrente.
> 2. Se há para o Estado interesse em defender seus agentes políticos, quando agem como tal, cabe a defesa ao corpo de advogados do Estado, ou contratado às suas custas.
> 3. Entretanto, quando se tratar da defesa de um ato pessoal do agente político, voltado contra o órgão público, não se pode admitir que, por conta do órgão público, corram as despesas com a contratação de advogado. Seria mais que uma demasia, constituindo-se em ato imoral e arbitrário.
> 4. Agravo regimental parcialmente provido, para conhecer em parte do recurso especial.
> 5. Recurso especial improvido." (AgRg no REsp 681571/GO, Relatora Ministra Eliana Calmon, DJ de 29.06.2006) 3. Ação Civil Pública ajuizada pelo Ministério Público Estadual, objetivando o ressarcimento ao erário municipal dos prejuízos advindos do pagamento, pela municipalidade, de honorários a advogado contratado para a defesa pessoal de Prefeito Municipal, processado por crime de responsabilidade (art. 1º, inciso VI, do Decreto-Lei nº 201/67).

4. A simples indicação do dispositivo tido por violado (art. 47 do CPC), sem referência com o disposto no acórdão confrontado, obsta o conhecimento do recurso especial. Incidência da Súmula 211/STJ: "Inadmissível recurso especial quanto à questão que, a despeito da oposição de embargos declaratórios, não foi apreciada pelo Tribunal a quo." 5. Ad argumentandum tantum, ainda que transposto o óbice da Súmula 211/STJ, melhor sorte não socorre o recorrente no que pertine à aventada à necessidade de citação do Município, na qualidade de litisconsorte passivo necessário, notadamente porque o acórdão local afastou o interesse da Municipalidade, sob a alegação de inexistência de qualquer "fagulha de interesse do Município em suportar a defesa de seus representantes em ação que visa a imposição de pena por menoscabo à prática de atos que lhe são inerentes pela condição de Prefeito (prestação de contas), e que visam a preservação da transparência na Administração", o que evidentemente denota incursão em matéria de índole fática, interditada em sede de recurso especial pela Súmula 7/STJ.
6. Recurso especial parcialmente conhecido e, nesta parte, desprovido.
(REsp nº 703.953/GO, Rel. Ministro Luiz Fux, PRIMEIRA TURMA, julgado em 16.10.2007, DJ 03.12.2007, p. 262) (Grifamos)
PROCESSUAL CIVIL – ADMINISTRATIVO – DISSÍDIO JURISPRUDENCIAL CONFIGURADO – CONHECIMENTO PARCIAL DO RECURSO ESPECIAL – CONTRATAÇÃO DE ADVOGADO PRIVADO PARA DEFESA DE PREFEITO EM AÇÃO CIVIL PÚBLICA – ATO DE IMPROBIDADE.
1. Merece ser conhecido o recurso especial, se devidamente configurado o dissídio jurisprudencial alegado pelo recorrente.
2. *Se há para o Estado interesse em defender seus agentes políticos, quando agem como tal, cabe a defesa ao corpo de advogados do Estado, ou contratado às suas custas*.
3. Entretanto, quando se tratar da defesa de um ato pessoal do agente político, voltado contra o órgão público, não se pode admitir que, por conta do órgão público, corram as despesas com a contratação de advogado. Seria mais que uma demasia, constituindo-se em ato imoral e arbitrário.
4. Agravo regimental parcialmente provido, para conhecer em parte do recurso especial.
5. Recurso especial improvido.
(AgRg no REsp nº 681.571/GO, Rel. Ministra Eliana Calmon, SEGUNDA TURMA, julgado em 06.06.2006, DJ 29.06.2006, p. 176) (Grifamos)

Presentes os requisitos legais para a designação de advogado público ou para a contratação de advogado que fará a defesa do réu agente público na ação de improbidade, não há razão para o reconhecimento da prática de improbidade administrativa por parte de quem autorizar a contratação.[306]

Em relação ao tema, é importante rememorar que houve veto presidencial aos §2º e 3º do art. 28 do projeto de lei que alterou a LINDB (Decreto-Lei nº 4.657, de 04 de setembro de 1942). O texto vetado possuía o seguinte teor:

§2º O agente público que tiver de se defender, em qualquer esfera, por ato ou conduta praticada no exercício regular de suas competências e em observância ao interesse geral terá direito ao apoio da entidade, inclusive nas despesas com a defesa.

---

[306] Nesse mesmo sentido, Mauro Roberto Gomes de Mattos, sustenta que "não há que se falar em improbidade administrativa do advogado contratado diretamente e nem do administrador público que lhe confiou importante e indelegável missão de bem servir à coletividade e ao Estado". MATTOS, Mauro Roberto Gomes de. *O limite da improbidade Administrativa*. O direito dos administrados dentro da Lei nº 8.429/92. Rio de Janeiro: América Jurídica, 2004. p. 275.

§3º Transitada em julgado decisão que reconheça a ocorrência de dolo ou erro grosseiro, o agente público ressarcirá ao erário as despesas assumidas pela entidade em razão do apoio de que trata o §2º deste artigo.

O texto vetado assegurava ao agente público o direito de ser defendido com o apoio da sua entidade por ato praticado no exercício do cargo. Tal preceito se alinha com a teoria do órgão, segundo a qual a manifestação de vontade do agente materializa a vontade do Estado. Sua entidade deveria, assim, apoiá-lo, o que poderia se dar pela busca de designação de um advogado público ou mesmo da contratação para sua defesa. Ao mesmo tempo, se o agente viesse a ser condenado por dolo ou erro grosseiro, ficaria obrigado a ressarcir as despesas assumidas pelo poder público. Muito embora a intenção tenha sido a melhor possível, especialmente porque possibilita que os bons servidores sejam apoiados nos momentos de dificuldades, a redação não era boa. Ela parecia dar preferência à contratação de advogados em lugar da designação de advogados públicos, não detalhava como seria o apoio ou mesmo quem efetivamente apoiaria o agente público, e, também, não fixava qualquer limite para a despesa.

A reforma legal de 2021 procurou tratar do tema no seu art. 17, §20, *in verbis*:

> §20. A assessoria jurídica que emitiu o parecer atestando a legalidade prévia dos atos administrativos praticados pelo administrador público ficará obrigada a defendê-lo judicialmente, caso este venha a responder ação por improbidade administrativa, até que a decisão transite em julgado. (Incluído pela Lei nº 14.230, de 2021)

Trata-se de mais uma tentativa de assegurar alguma proteção ao agente público que necessite de assessoramento jurídico, quando estiver respondendo a uma ação de improbidade. O caso legalmente previsto em que a defesa pelo órgão de assessoria jurídica será obrigatória é bem específico: quando o agente tiver atuado em harmonia com o parecer de sua assessoria jurídica e, mesmo assim, tiver se tornado réu em uma ação de improbidade. Entretanto, nas ADIs nº 7042 e 7.043, o STF entendeu pela inconstitucionalidade da obrigatoriedade da defesa judicial prevista no citado §20, mas assentou, por outro lado, que os órgãos da Advocacia Pública podem autorizar "a realização dessa representação judicial, por parte da assessoria jurídica que emitiu o parecer atestando a legalidade prévia".[307] Cabe, na percepção do STF, ao próprio órgão de assessoramento jurídico avaliar, no caso concreto, que medida tomará em relação ao tema. A solução final não ficou ruim.

17.3.6) Litisconsórcio entre Ministério Público Estadual e Federal: A LIA não esclarece se é possível que mais de um ramo do Ministério Público figure no polo ativo de uma ação de improbidade. Em seu art. 17, §19, III, a lei de improbidade veda o ajuizamento de mais de uma ação de improbidade pelo mesmo fato, inclusive quando oriundas de ramos distintos do MP. Caso essa

---

[307] STF. Plenário. ADIs nº 7.042 e 7.043. Rel. Min. Alexandre de Moraes. Data do julgamento: 31.08.2022.

situação se verifique, caberá ao Conselho Nacional do Ministério Público dirimir o conflito, *in verbis*:

> Art. 17
> §19 Não se aplicam na ação de improbidade administrativa:
> III – o ajuizamento de mais de uma ação de improbidade administrativa pelo mesmo fato, competindo ao Conselho Nacional do Ministério Público dirimir conflitos de atribuições entre membros de Ministérios Públicos distintos; (Incluído pela Lei nº 14.230, de 2021)

De todo modo, o preceito acima transcrito não trata da situação em quem dois ramos do MP atuam em litisconsórcio ativo em uma ação de improbidade. O tema é, por sua vez, abordado pela Lei de Ação Civil Pública, Lei nº 7.347/85, nos seguintes termos:

> Art. 5º
> §5º Admitir-se-á o litisconsórcio facultativo entre os Ministérios Públicos da União, do Distrito Federal e dos Estados na defesa dos interesses e direitos de que cuida esta lei.

Em se tratando de ação civil pública, o STJ adota o entendimento de que o litisconsórcio entre MP Estadual e MP Federal será possível, quando se estiver diante da defesa de interesses difusos e houver comunhão de interesses federais e estaduais, a saber:

> Ementa
> PROCESSUAL CIVIL. EMBARGOS DE DECLARAÇÃO. OFENSA AO ART. 1.022 DO CPC AÇÃO CIVIL PÚBLICA. COMPETÊNCIA DESLOCADA PARA A JUSTIÇA FEDERAL. ATUAÇÃO CONJUNTA DO MPE E MPF. LITISCONSÓRCIO FACULTATIVO. POSSIBILIDADE. ART. 5º, §5º, DA LEI 7.347/1985.
> 1. Cuida-se de Embargos de Declaração contra acórdão da Segunda Turma do STJ que deu provimento aos Recursos Especiais da ANTT e da concessionária para reconhecer a competência da Justiça Federal e a exclusividade da legitimidade ativa ad causam do Ministério Público Federal para atuar na Ação Civil Pública.
> 2. O aresto embargado reconhece expressamente a possibilidade de participação conjunta do Ministério Público Estadual e do Federal em litisconsórcio facultativo nas Ações Civis Públicas que tramitem na Justiça Federal, em razão da existência de norma autorizadora (art. 5º, §5º, da Lei 7.347/1985). Contraditoriamente, contudo, nega a participação do Ministério Público do Estado do Rio de Janeiro no caso, sob o argumento de prevalência de interesse federal. O que autoriza o manejo dos Embargos de Declaração, nos termos do art. 1.022, do CPC.
> 3. A propositura de Ação Civil Pública pelo MPE na Justiça Estadual, posteriormente trasladada para a Justiça Federal, não exclui a atribuição legal do Ministério Público Estadual para agir, mas se transmuda para a possibilidade de legitimação conjunta com o Ministério Público Federal, autorizando sua co-participação, inclusive para os atos de instrução processual.
> 4. Seria contraditório, aliás, autorizar o Ministério Público Federal a se litisconsorciar com órgãos que não têm os seus mesmos fins institucionais (DPU, Associações, etc.), na forma do art. 5º, §2º, da Lei 7.347/1985, e não poder fazê-lo com órgão distinto (MP Estadual), mas com muito maior similitude institucional.

5. Ademais, é plenamente reconhecida a possibilidade de litisconsórcio entre os "Ministérios Públicos da União, do Distrito Federal e dos Estados na defesa dos interesses e direitos" tutelados pela Ação Civil Pública (art. 5º, §5º, da Lei 7.347/1985), o que repele, ante a especialidade da normativa, a equivocada interpretação da ANTT e da concessionária, no sentido de estarem violadas as regras da indivisibilidade e unicidade do Ministério Público (art. 4º da Lei 75/1993 e art.1º, parágrafo único, da Lei 8.625/1993).
6. Não se trata de litisconsórcio necessário, mas de facultativo. Isso porque, embora a atribuição primária para atuação na Justiça Federal seja do Ministério Público Federal, não se exclui a possibilidade de o Parquet Estadual atuar em parceria processual, nos termos da lei de regência das ações coletivas.
7. Neste norte tem se orientado o STF: "se reconhece a legitimidade ativa do Ministério Público Estadual para a propositura de ações civis públicas perante a Justiça Federal nas hipóteses em que há litisconsórcio facultativo em virtude da comunhão entre interesses federais e estaduais" (RE 609.818 AgR, Rel. Min. Roberto Barroso, publicado em DJe-128 Public 16.6.2017). No mesmo sentido: RE 985.392 RG, Rel. Min. Gilmar Mendes, julgado em 25.5.2017, processo eletrônico Repercussão Geral - mérito Dje-256 Divulg. 9.11.2017 Public. 10.11.2017.
8. Em igual direção é orientada a jurisprudência do STJ: "Assim, o litisconsórcio ativo facultativo entre os ramos do MPU e os MPs dos Estados, em tese, é possível, sempre que as circunstâncias do caso recomendem, para a propositura de ações civis públicas que visem à responsabilidade por danos morais e patrimoniais causados ao meio-ambiente, ao consumidor, a bens e direitos de valor artístico, estético, histórico e paisagístico, à ordem econômica e urbanística, bem como a qualquer outro interesse difuso ou coletivo, inclusive de natureza trabalhista" (REsp 1.444.484/RN, Rel. Min. Benedito Gonçalves, Primeira Turma, DJe 29.9.2014).
9. Ademais, in casu, há manifesto interesse concorrente do Ministério Público Estadual na demanda, tendo em vista os impactos do seu desfecho na efetividade da tutela dos direitos dos usuários do serviço público concedido (direito dos consumidores). Inclusive, por isso, toda a investigação e, até mesmo, a propositura da ação, teve início perante a Justiça Estadual.
10. Assim, a conclusão alcançada pelo Tribunal de origem - de admitir a atuação em conjunto do Ministério Público Federal e do Ministério Público do Estado do Rio de Janeiro no polo ativo da Ação Civil Pública - está em consonância com a lei e a jurisprudência dos Tribunais Superiores.
11. Embargos de Declaração acolhidos com efeitos infringentes, para negar provimento aos Recursos Especiais, mantendo-se o acórdão da origem. (STJ. SEGUNDA TURMA. Relator: Ministro Herman Benjamin. EDcl no REsp nº 1716095 / RJ EMBARGOS DE DECLARAÇÃO NO RECURSO ESPECIAL 2017/0326733-9. Data do Julgamento: 15.03.2022. Data da Publicação/Fonte: DJe 12.04.2022)[308]

Por outro lado, quando o tema for de atribuição comum do MPF e do MPE, tal como ocorre no caso da tutela do consumidor, o litisconsórcio pode não se justificar, segundo o STJ, que tem exigido a demonstração de alguma razão específica que legitime a atuação conjunta na ação civil pública, *in verbis*:

RECURSO ESPECIAL. PROCESSUAL CIVIL. AÇÃO CIVIL PÚBLICA. AGRAVO DE INSTRUMENTO. LEGITIMIDADE DO MINISTÉRIO PÚBLICO PARA A DEFESA DE

---

[308] No mesmo sentido, temos o entendimento do STF. STF. Plenário. Rel. Ministra Cármen Lúcia. ACO nº 1.020. Data do julgamento: 08.10.2008. Data da publicação: 20.03.2009.

INTERESSES INDIVIDUAIS HOMOGÊNEOS DE CONSUMIDORES, AINDA QUE DISPONÍVEIS. LITISCONSÓRCIO FACULTATIVO ENTRE MINISTÉRIO PÚBLICO ESTADUAL E FEDERAL. AMPARO LEGAL: §5º DO ART. 5º DA LEI N. 7.347/1985, EM VIGOR. IMPOSSIBILIDADE DO LITISCONSÓRCIO NO CASO.
1. O Ministério Público tem legitimidade ativa para a propositura de ação civil pública destinada à defesa de direitos individuais homogêneos de consumidores, ainda que disponíveis, pois se está diante de legitimação voltada à promoção de valores e objetivos definidos pelo próprio Estado.
(…)
4. A possibilidade, em tese, de atuação do Ministério Público Estadual e do Federal em litisconsórcio facultativo não dispensa a conjugação de interesses afetos a cada um, a serem tutelados por meio da ação civil pública. A defesa dos interesses dos consumidores é atribuição comum a ambos os órgãos ministeriais, o que torna injustificável o litisconsórcio ante a unicidade do Ministério Público, cuja atuação deve pautar-se pela racionalização dos serviços prestados à comunidade.
5. Recurso especial conhecido e parcialmente provido.
(STJ. REsp nº 1254428 / MG. Relator: Ministro João Otávio De Noronha, TERCEIRA TURMA. Data do Julgamento: 02.06.2016. Data da Publicação/Fonte: DJe 10.06.2016).

Por sua vez, no caso específico da ação de improbidade, o tema da possibilidade de litisconsórcio ativo entre ramos distintos do MP pode ser polemizado, sob o fundamento de que cada Ministério Público deve atuar no seu ramo judicial. A Lei da ACP não regula o tema da improbidade administrativa e essa última ação tem caráter sancionatório de natureza bem diversa da ação civil pública. Na nossa perspectiva, se uma conduta ímproba estiver sendo investigada pelo MP Estadual e MP Federal, por exemplo, o interesse federal legitima a atribuição do MPF e, por conseguinte, a competência da Justiça Federal. Assim, em matéria de improbidade administrativa, não caberia ao MP Estadual oficiar perante a Justiça Federal e o MPF não oficiaria na justiça estadual. Demais disso, a ausência de regra expressa na LIA para a ação de improbidade com teor semelhante ao que previsto no art. 5º, §5º, da Lei nº 7.347/85 para a ação civil pública também impediria o litisconsórcio ativo.

No âmbito do STF, há decisão que não admitiu o litisconsórcio ativo entre o MP Militar e o MPF em uma ação de improbidade. O fundamento do *decisum*, que manteve o acórdão recorrido, foi o de que o MP Militar não possuía atribuição no tema dos autos da ação de improbidade e, por essa razão, não poderia figurar ao lado do MPF nos autos, *in verbis*:

DECISÃO: Trata-se de agravo cujo objeto é decisão que negou seguimento a recurso extraordinário interposto contra acórdão do Tribunal Regional Federal da 4ª Região, assim ementado: "ADMINISTRATIVO. AÇÃO CIVIL PÚBLICA DE IMPROBIDADE. MINISTÉRIO PÚBLICO MILITAR. ILEGITIMIDADE. SENTENÇA MANTIDA. *Não consta no rol de atribuições do Ministério Público Militar a defesa de interesses coletivos lato sensu pela via da ação coletiva, portanto, lhe falece legitimidade para figurar, em litisconsórcio com o Ministério Público Federal, no pólo ativo de Ação Civil Pública em ação de improbidade administrativa* pelo crime de violação de informações sigilosas. Precedentes." O recurso extraordinário busca fundamento no art. 102, III, a, da Constituição Federal. A parte recorrente alega violação ao art. 129, III, da CF. O recurso não deve ser provido, tendo em vista que não discute matéria constitucional. Com efeito, para divergir do entendimento do Tribunal de origem, seria necessária a análise das normas infraconstitucionais pertinentes, providência inviável de ser realizada neste momento processual. Diante do exposto, com base no art. 932, IV e VIII, c/c o art. 1.042, §5º, do CPC/2015, e no art. 21, §1º, do RI/STF, nego provimento ao recurso. Inaplicável o art. 85, §11, do CPC/2015, uma vez que não é cabível, na hipótese, condenação em honorários advocatícios (arts. 17 e 18 da Lei nº 7.347/1985). (STF. Plenário. ARE nº 1363373 Relator: Min. Roberto Barroso, julgamento: 26.04.2022. Publicação: 28.04.2022) (Grifamos)

Em suma, a ACP e a ação de improbidade, por mais que se destinem à tutela de interesses difusos, possuem características e funções bem distintas. São ações que se diferenciam, por exemplo, em relação aos seus objetivos, à legitimidade ativa e à destinação do produto da condenação. No que concerne especificamente aos objetivos de cada uma, a ação de improbidade ostenta um nítido propósito sancionador que não está presente na ACP. Assim, muito embora o litisconsórcio ativo entre MPs seja possível na ACP, ele não deveria, na nossa compreensão, ser admitido na ação de improbidade administrativa.

17.3.7) Recurso cabível da decisão judicial que reconhece a ilegitimidade passiva de algum(ns) dos vários réus e fungibilidade recursal: É possível que o magistrado decida pela ilegitimidade passiva de algum(ns) dos vários réus na ação de improbidade. Muito embora a relação processual deixe de existir para aquele que foi excluído do feito, a ação de improbidade subsistirá. Trata-se, assim, de decisão interlocutória contra a qual cabe o recurso de agravo de instrumento, nos termos do que estabelece o art. 17, §21, da LIA:

> §21. Das decisões interlocutórias caberá agravo de instrumento, inclusive da decisão que rejeitar questões preliminares suscitadas pelo réu em sua contestação. (Incluído pela Lei nº 14.230, de 2021)

No entanto, caso seja interposto o recurso de apelação nessa hipótese, estaremos diante de uma dúvida razoável. É que não se trata de erro grosseiro interpor apelação em lugar de agravo de instrumento, quando um dos réus é excluído do processo e a ação de improbidade prossegue em face dos demais. Quando se está diante de uma dúvida razoável, o princípio da fungibilidade recursal tem lugar e permite o conhecimento do recurso equivocadamente distribuído. Nesse mesmo sentido, confira-se o entendimento do STJ, *in verbis*:

> PROCESSUAL CIVIL. ADMINISTRATIVO. AÇÃO DE IMPROBIDADE ADMINISTRATIVA. ATO QUE EXCLUI LITISCONSORTES DA RELAÇÃO PROCESSUAL. NATUREZA JURÍDICA. DÚVIDA RAZOÁVEL. RECURSO DE APELAÇÃO. POSSIBILIDADE DE APLICAÇÃO DO PRINCÍPIO DA FUNGIBILIDADE.
> 1. A controvérsia dos autos cinge-se a saber qual o recurso cabível contra decisão, em ação de improbidade administrativa, que extingue o processo sem resolução de mérito em relação a alguns dos réus.
> 2. O Tribunal a quo não conheceu da apelação, ao argumento de que seria "erro grave, injustificável", porquanto o recurso cabível seria agravo de instrumento. Rejeitou também a aplicação do princípio da fungibilidade, em que pese o recurso tenha sido interposto dentro do prazo estabelecido para interposição de agravo.

3. O Superior Tribunal de Justiça somente não admite "o princípio da fungibilidade recursal quando não houver dúvida objetiva sobre qual o recurso a ser interposto, quando o dispositivo legal não for ambíguo, quando não houver divergência doutrinária ou jurisprudencial quanto à classificação do ato processual recorrido e a forma de atacá-lo" (EDcl no AgRg na Rcl 1.450/PR, Rel. Min. Edson Vidigal, Corte Especial, DJ 29.8.2005).
4. É necessário interpretar os seus institutos sempre do modo mais favorável ao acesso à justiça (art. 5º, XXXV, CRFB). Assim, cabível a aplicação do princípio da fungibilidade, pois o recurso de apelação foi interposto no mesmo prazo do agravo de instrumento. Não existe na lei, expressamente, esclarecimento sobre qual o recurso cabível, além do que não há consenso na doutrina e na jurisprudência sobre o tema.
Agravo regimental provido.
(AgRg no REsp nº 1.305.905/DF, relator Ministro Humberto Martins, Segunda Turma, julgado em 13.10.2015, DJe de 18.12.2015)

17.3.8) Necessidade de autorização do Procurador-Geral do Estado e desnecessidade de autorização do Governador do Estado para o ajuizamento da ação de improbidade: O STF restabeleceu a prerrogativa da pessoa jurídica interessada de propor a ação de improbidade. Contudo, é preciso rememorar que referida Corte não vislumbra como ofensivo à Carta de 1988 uma eventual previsão normativa que condicione o ajuizamento da ação de improbidade à anuência do Procurador-Geral do Estado. Diversamente do que ocorre com os membros da magistratura e do Ministério Público, os procuradores do Estado não são detentores de autonomia funcional e a hierarquia existente no âmbito do órgão de defesa jurídica do Estado pode justificar a necessidade da anuência prévia do chefe máximo da aludida instituição. No entanto, o STF entendeu que a exigência de autorização do Governador do Estado seria descabida, por ofensa ao princípio da impessoalidade, a saber:

> Agravo Interno no Recurso Extraordinário com Agravo. *Autorização do Procurador-geral e do governador para a propositura de ação de improbidade por procurador de estado*. 1. Agravo interno interposto contra decisão que negou seguimento a recurso extraordinário com agravo, mantendo acórdão que afirmou que "os Procuradores de Estado não podem propor ação civil pública sem a anuência do Procurador Geral do Estado e autorização do Governador do Estado". 2. *O Supremo Tribunal Federal já afirmou ser incabível a extensão aos procuradores de estado das garantias constitucionais conferidas aos membros da Magistratura e do Ministério Público*. Precedentes. 3. *Os Procuradores de Estado não gozam da prerrogativa da autonomia funcional*. Por outro lado, como os advogados em geral, gozam da isenção técnica necessária ao exercício livre da sua função. 4. *A exigência da autorização do Procurador-Geral do Estado para o ajuizamento de ação de improbidade não ofende a Constituição Federal. Por outro lado, a exigência de autorização do Governador do Estado afronta o princípio da impessoalidade, previsto no art. 37, caput, da Constituição. Quando o interesse público demanda a atuação da Procuradoria, não pode a vontade do Governador impedir essa atuação.* 5. Agravo interno e recurso extraordinário aos quais se dá parcial provimento. (STF. ARE nº 1165456 AgRg. Primeira Turma. Relator: Min. Marco Aurélio. Redator do acórdão: Min. Roberto Barroso. Julgamento: 01.09.2020. Publicação: 05.11.2020) (Grifamos)

Com todo o respeito ao entendimento do STF, divergimos do *decisum* acima na parte em que se permitiu o ajuizamento da ação de improbidade mesmo contra a vontade do Governador do Estado. Há, ao menos, quatro argumentos contrários ao que decidido pelo STF sobre este tópico. Em primeiro lugar, a premissa de que os Procuradores do Estado não são detentores da prerrogativa da autonomia funcional também se aplica ao Procurador-Geral do Estado, autoridade que é livremente indicada – e também livremente exonerada – pelo Governador do Estado e a quem está subordinado hierarquicamente. Em segundo lugar, porque se o chefe do Poder Executivo entender que não é caso de ajuizamento da ação de improbidade, dificilmente ela será ajuizada na prática, especialmente porque ele, se preciso for, poderá exonerar o Procurador-Geral do Estado, agente público que tem, na perspectiva do STF, a prerrogativa de impedir o ajuizamento da ação de improbidade. Em terceiro lugar, porque o Governador do Estado é o representante eleito e máximo do Estado. Incumbe a ele, portanto, avaliar, em última instância administrativa, a escolha técnica mais apropriada para o ajuizamento da ação de improbidade. A recusa da anuência pelo Governador quanto ao ajuizamento não significa, necessariamente, que se esteja fazendo uma avaliação estritamente política. Razões técnicas podem levar o Chefe do Executivo a entender que o ajuizamento não é a melhor medida. E nunca é demais rememorar que a eventual improcedência dos pedidos formulados em uma ação de improbidade pelo Estado pode repercutir negativamente no patrimônio do Estado. Em quarto lugar, porque a recusa do Governador do Estado quanto ao ajuizamento de uma ação de improbidade em um caso concreto não pode originar uma presunção de ofensa ao princípio da impessoalidade. Presumir que a opção feita pelo Chefe do Executivo se deu com o propósito exclusivo de beneficiar ilicitamente alguém equivale a presumir sua má-fé. E o interesse público pode justificar tanto o ajuizamento de uma ação de improbidade quanto a sua recusa.

Em suma, por mais que a Procuradoria-Geral do Estado deva ser enaltecida enquanto instituição, não pode se tornar um órgão com maior poder decisório sobre a adequação do ajuizamento de uma ação de improbidade do que a pessoa que foi eleita para governar, notadamente no que diz respeito à aferição – técnica e política – de quais seriam, em uma dada circunstância, os verdadeiros interesses legítimos do Estado e os maiores interesses da coletividade. Não se deve, assim, presumir a má-fé de quem deixa de ajuizar uma ação de improbidade administrativa por entender que ela é descabida em um dado caso concreto.

17.3.9) Jurisprudência em teses do STJ.

Jurisprudência em teses do STJ. Edição nº 38: Improbidade Administrativa – I.
2) O Ministério Público tem legitimidade *ad causam* para a propositura de Ação Civil Pública objetivando o ressarcimento de danos ao erário, decorrentes de atos de improbidade.
3) O Ministério Público estadual possui legitimidade recursal para atuar como parte no Superior Tribunal de Justiça nas ações de improbidade administrativa, reservando-se ao Ministério Público Federal a atuação como fiscal da lei.

4) A ausência da notificação do réu para a defesa prévia, prevista no art. 17, §7º, da Lei de Improbidade Administrativa, só acarreta nulidade processual se houver comprovado prejuízo (*pas de nullité sans grief*).[309]

5) A presença de indícios de cometimento de atos ímprobos autoriza o recebimento fundamentado da petição inicial nos termos do art. 17, §§7º, 8º e 9º, da Lei n. 8.429/92, devendo prevalecer, no juízo preliminar, o princípio do *in dubio pro societate*.

Jurisprudência em teses do STJ. Edição nº 40: Improbidade Administrativa – II.

7) O especialíssimo procedimento estabelecido na Lei n. 8.429/92, que prevê um juízo de delibação para recebimento da petição inicial (art. 17, §§8º e 9º), precedido de notificação do demandado (art. 17, §7º), somente é aplicável para ações de improbidade administrativa típicas. (Tese julgada sob o rito do artigo 543-C do CPC/73 - TEMA 344).[310]

12) Nas ações de improbidade administrativa é admissível a utilização da prova emprestada, colhida na persecução penal, desde que assegurado o contraditório e a ampla defesa.

Jurisprudência em teses do STJ. Edição nº 186: Improbidade Administrativa – III.

6) Não há falar em julgamento *extra petita* nem em violação ao princípio da congruência na hipótese de decisão que enquadra o ato de improbidade administrativa em dispositivo diverso do indicado na inicial, pois a defesa atém-se aos fatos e o juiz define a sua qualificação jurídica.[311]

Jurisprudência em teses do STJ. Edição nº 187: Improbidade Administrativa – IV

1) Nas ações de improbidade administrativa, a competência cível da Justiça Federal é definida em razão da presença das pessoas jurídicas de direito público na relação processual e não em razão da natureza da verba em discussão, afasta-se, assim, a incidência das Súmulas n. 208 e 209 do Superior Tribunal de Justiça, por versarem sobre a fixação de competência em matéria penal.

4) O Ministério Público possui legitimidade para propor ação civil pública por improbidade administrativa contra dirigentes das entidades que compõem os chamados serviços sociais autônomos - Sistema S. .

5) É necessária a intimação do membro do Ministério Público que atua perante a segunda instância para acompanhar os processos de improbidade administrativa ajuizados pelo Parquet na primeira instância, pois o MP que oficia em primeiro grau de jurisdição não atua perante o Tribunal *ad quem*.

---

[309] A reforma da LIA de 2021 acabou com a etapa processual de notificação do requerido para a apresentação de sua manifestação.

[310] A reforma da LIA de 2021 acabou com a etapa processual de notificação do requerido.

[311] A reforma da LIA de 2021 torna superada esta tese ao prever expressamente no art. 16, §10-F, I, que é nula a decisão judicial que condenar o requerido por tipo diverso daquele definido na petição inicial.

ARTIGO 17-B

Art. 17-B. O Ministério Público poderá, conforme as circunstâncias do caso concreto, celebrar acordo de não persecução civil, desde que dele advenham, ao menos, os seguintes resultados: (Incluído pela Lei nº 14.230, de 2021) (Vide ADI 7042) (Vide ADI 7043)

I - o integral ressarcimento do dano; (Incluído pela Lei nº 14.230, de 2021)

II - a reversão à pessoa jurídica lesada da vantagem indevida obtida, ainda que oriunda de agentes privados. (Incluído pela Lei nº 14.230, de 2021)

§1º A celebração do acordo a que se refere o caput deste artigo dependerá, cumulativamente: (Incluído pela Lei nº 14.230, de 2021)

I - da oitiva do ente federativo lesado, em momento anterior ou posterior à propositura da ação; (Incluído pela Lei nº 14.230, de 2021)

II - de aprovação, no prazo de até 60 (sessenta) dias, pelo órgão do Ministério Público competente para apreciar as promoções de arquivamento de inquéritos civis, se anterior ao ajuizamento da ação; (Incluído pela Lei nº 14.230, de 2021)

III - de homologação judicial, independentemente de o acordo ocorrer antes ou depois do ajuizamento da ação de improbidade administrativa. (Incluído pela Lei nº 14.230, de 2021)

§2º Em qualquer caso, a celebração do acordo a que se refere o caput deste artigo considerará a personalidade do agente, a natureza, as circunstâncias, a gravidade e a repercussão social do ato de improbidade, bem como as vantagens, para o interesse público, da rápida solução do caso. (Incluído pela Lei nº 14.230, de 2021)

§3º Para fins de apuração do valor do dano a ser ressarcido, deverá ser realizada a oitiva do Tribunal de Contas competente, que se manifestará, com indicação dos parâmetros utilizados, no prazo de 90 (noventa) dias. (Incluído pela Lei nº 14.230, de 2021) (Vide ADI 7236)[312]

§4º O acordo a que se refere o caput deste artigo poderá ser celebrado no curso da investigação de apuração do ilícito, no curso da ação de improbidade ou no momento da execução da sentença condenatória. (Incluído pela Lei nº 14.230, de 2021)

§5º As negociações para a celebração do acordo a que se refere o caput deste artigo ocorrerão entre o Ministério Público, de um lado, e, de outro, o investigado ou demandado e o seu defensor. (Incluído pela Lei nº 14.230, de 2021) (Vide ADI 7042) (Vide ADI 7043)

§6º O acordo a que se refere o caput deste artigo poderá contemplar a adoção de mecanismos e procedimentos internos de integridade, de auditoria e de incentivo à

---

[312] Ao apreciar o pedido de medida liminar, o relator da ADI nº 7.236 entendeu que estariam presentes os requisitos para a suspensão do §3º do art. 17-B da LIA. STF. ADI nº 7.236. Rel. Min. Alexandre de Moraes. Decisão de 27 de dezembro de 2022.

denúncia de irregularidades e a aplicação efetiva de códigos de ética e de conduta no âmbito da pessoa jurídica, se for o caso, bem como de outras medidas em favor do interesse público e de boas práticas administrativas. (Incluído pela Lei nº 14.230, de 2021)

§7º Em caso de descumprimento do acordo a que se refere o caput deste artigo, o investigado ou o demandado ficará impedido de celebrar novo acordo pelo prazo de 5 (cinco) anos, contado do conhecimento pelo Ministério Público do efetivo descumprimento. (Incluído pela Lei nº 14.230, de 2021) (Vide ADI 7042) (Vide ADI 7043)

17-B.1) Tema central do dispositivo: Acordo de Não Persecução civil (ANPC). O artigo 17-B foi inserido pela reforma de 2021 com o objetivo de disciplinar o acordo de não persecução civil no âmbito da improbidade administrativa. A LIA surgiu em 1992 com a vedação expressa de transação na matéria, proibição que foi primeiramente abolida, ainda que por um período curto, pela MP nº 703/15, que não chegou a ser convertida em lei e perdeu seus efeitos. Tendo sido restabelecida a regra proibitiva da transação, ela foi novamente revogada pela Lei do Pacote Anticrime, Lei nº 13.964/19.

É importante rememorar que, em 2017, mesmo antes do advento da Lei nº 13.964/19 e em um período que, ainda, vigorava a proibição expressa da transação na LIA, o CNMP editou sua Resolução nº 179/17, cujo artigo 1º, §2º permitia o referido acordo, nos seguintes termos:

> RESOLUÇÃO CNMP Nº 179, DE 26 DE JULHO DE 2017.
> Art. 1º
> §2º É cabível o compromisso de ajustamento de conduta nas hipóteses configuradoras de improbidade administrativa, sem prejuízo do ressarcimento ao erário e da aplicação de uma ou algumas das sanções previstas em lei, de acordo com a conduta ou ato praticado.[313]

Com a reforma promovida pela Lei nº 14.230/21, a LIA passa a ter um importante detalhamento das condições a serem observadas para a celebração do acordo de não persecução civil, bem como do procedimento a ser observado e outros temas a ele referentes. Um avanço muito importante para a racionalização do sistema punitivo estatal.

17-B.2) Explicação do dispositivo: O detalhamento do acordo de não persecução civil no âmbito da improbidade administrativa já era muito esperado,

---

[313] Na época, eu estava exercendo o mandato de Conselheiro do CNMP por indicação do STF e também votei no Plenário pela aprovação do referido texto. O clima prevalecente no referido órgão era o de que a não conversão da MP 703 em lei não poderia criar um retrocesso no tema, de maneira a restabelecer a vedação da transação. Após a edição dessa Resolução nº 179, o membro do MP que formulasse uma proposta de acordo em uma ação de improbidade passou a ter maior segurança e tranquilidade, na medida em que já não teria mais o risco de ser punido na esfera disciplinar, sob o fundamento de que estaria descumprindo a lei de improbidade administrativa.

quando ele surgiu em 2021. O texto procurou esclarecer muitas dúvidas que, ainda, existiam do período anterior em que já se admitia o acordo, mas sem qualquer parâmetro legalmente estabelecido.

O texto assegura à parte autora da ação de improbidade, e apenas a ela, a prerrogativa de propor e de celebrar o acordo de não persecução civil. Não se está diante de direito subjetivo do réu, notadamente porque é incumbência do legitimado ativo aferir se o resultado do acordo será ou não mais favorável à tutela da probidade administrativa.[314]

A instituição que, segundo a literalidade da LIA, tem a atribuição de capitanear a negociação do lado do Estado acusador é o Ministério Público (art. 17-B, §5º). A pessoa jurídica interessada terá o direito de ser ouvida na negociação, mas, segundo a literalidade da redação legal, não estaria autorizada a formalizar o pacto. Comentaremos o tema da possibilidade de a PJ interessada formalizar o ANPC mais adiante, quando da análise dos aspectos polêmicos do art. 17-B, especialmente em virtude das decisões do STF nas ADIs nº 7.042 e 7.043 que restabeleceram a legitimidade ativa das pessoas jurídicas nas ações de improbidade.

A formalização do ajuste depende da obtenção de dois resultados muito específicos:

i) Integral ressarcimento do dano, e
ii) Reversão à pessoa jurídica lesada da vantagem indevida obtida, ainda que oriunda de agentes privados.

A formalização do acordo de não persecução civil também dependerá, cumulativamente, dos seguintes requisitos elencados pelo art. 17-B, §1º:

i) da oitiva do ente federativo lesado, em momento anterior ou posterior à propositura da ação;
ii) da aprovação, no prazo de até 60 (sessenta) dias, pelo órgão do Ministério Público competente para apreciar as promoções de arquivamento de inquéritos civis, se anterior ao ajuizamento da ação;
iii) de homologação judicial, independentemente de o acordo ocorrer antes ou depois do ajuizamento da ação de improbidade administrativa.

Uma interpretação literal dos incisos do art. 17-B, §1º, da LIA nos leva à conclusão de que todos os três requisitos deverão ser, necessariamente, observados em todos os casos, em virtude da menção de que eles são cumulativos. Contudo, essa leitura do citado dispositivo não nos parece ser a mais correta. A título de ilustração, se a ação de improbidade não chegar a ser ajuizada, em virtude de o ANPC já ter sido celebrado e a sua aprovação pelo órgão competente já ter ocorrido,

---

[314] No mesmo sentido, confira-se a Orientação nº 07 do Centro de Apoio Operacional às Promotorias de Proteção à Moralidade Administrativa do MP da Bahia. ORIENTAÇÃO Nº 7: A propositura do acordo de não persecução cível (ANPC) é facultativa e sujeita à conclusão de que se trata de solução potencialmente satisfatória para a defesa da probidade administrativa. Por esse motivo, não constitui direito subjetivo do investigado ou réu. Disponível em: https://infomail.mpba.mp.br/wp-content/uploads/2020/03/enunciados-acordo-de-n%C3%A3o-persecu%C3%A7%C3%A3o-c%C3%ADvel-2.pdf. Acesso em: 20 dez. 2022.

pensamos ser desnecessária sua homologação judicial, tema que aprofundaremos mais adiante.

A reforma legal de 2021 estipulou aspectos a serem considerados para a celebração do acordo, a fim de se evitar que ele beneficie um desonesto contumaz que, por exemplo, praticou uma conduta ímproba com gravidade elevada e com uma ampla repercussão social negativa. Para a concretização do ajuste, serão avaliados importantes aspectos subjetivos e objetivos. Na aferição da possibilidade de celebração do acordo de não persecução civil, será preciso considerar: i) a personalidade do agente; ii) a natureza do ato de improbidade; iii) as circunstâncias da conduta ímproba; iv) a gravidade da improbidade; v) a repercussão social do ato de improbidade, e vi) as vantagens, para o interesse público, da rápida solução do caso.

O Tribunal de Contas competente também terá participação no acordo. A Corte de Contas responsável pela fiscalização da pessoa jurídica lesada e/ou dos recursos públicos a ela repassados terá a prerrogativa de se manifestar sobre o valor do dano a ser ressarcido. Para tanto, o Tribunal de Contas terá o prazo de 90 dias, a contar da sua intimação, para se manifestar com a indicação dos parâmetros utilizados para chegar ao referido montante. Ausente o dano, torna-se, a princípio, desnecessária uma atuação muito ampla da Corte de Contas, pois sua participação se justifica, essencialmente, para apresentar o valor que entende seja o correto a esse título. A negociação do acordo não lhe compete e nem o valor que a Corte de Contas entender como correto terá força vinculante em relação a terceiros. De todo modo, é recomendável que a conclusão sobre o valor do dano ou no sentido da sua inexistência decorra de uma manifestação do Tribunal de Contas. Isso evita problemas futuros, pois a manifestação do Tribunal de Contas vincula o próprio Tribunal impedindo que, posteriormente, venha a exigir qualquer valor adicional de reparação pelos mesmos fatos. Eventual exigência nesse caso ofenderia o princípio da proteção da confiança e poderia, até mesmo, caracterizar uma hipótese de *venire contra factum proprium*.

Sem embargo de entendermos ser acertada a previsão legal contida no art. 17-B, §3º, da LIA, que assegura ao Tribunal de Contas a prerrogativa/dever de se manifestar sobre o montante do dano, o relator da ADI nº 7.236 deferiu liminar nos autos para suspender a eficácia do referido dispositivo, firme nos seguintes fundamentos:

> Em paralelo ao entendimento prevalente no recente julgamento das Ações Diretas de Inconstitucionalidade 7042 e 7043 (legitimidade concorrente e disjuntiva entre Fazenda Pública e Ministério Público), ambas de minha relatoria, a Lei 14.230/2021 reforçou a legitimidade do Ministério Público para a propositura da ação por ato de improbidade administrativa (art. 17 da Lei 8.429/1992) e para a celebração de acordo de não persecução civil (art. 17-B da Lei 8.429/1992) ao regulamentar esse instrumento de consensualidade administrativa, o dispositivo questionado estabelece a obrigatoriedade da oitiva do Tribunal de Contas competente, que deverá se manifestar, com a indicação dos parâmetros utilizados, no prazo de 90 (noventa) dias.

Ao assim dispor, a norma aparenta condicionar o exercício da atividade-fim do Ministério Público à atuação da Corte de Contas, transmudando-a em uma espécie de ato complexo apto a interferir indevidamente na autonomia funcional constitucionalmente assegurada ao órgão ministerial.

Eventual desrespeito à plena autonomia do Ministério Público, em análise sumária, consiste em inconstitucionalidade perante a independência funcional consagrada nos artigos 127 e 128 da Constituição Federal.

Além de inúmeras incertezas que circundam a aplicação da regra (v.g. vinculatividade do cálculo realizado e procedimentos para sua oitiva), portanto, a própria fixação de prazo para a manifestação, mediante lei ordinária de autoria parlamentar, afeta o gozo das prerrogativas de autonomia e de autogoverno das Cortes de Contas (…).[315]

A reforma de 2021 deixou claro que o acordo de não persecução civil poderá ser formalizado em qualquer momento do processo, ou mesmo antes dele, ainda na fase de investigação, consoante se extrai da redação do §4º do art. 17-B, *in verbis*:

> §4º O acordo a que se refere o caput deste artigo poderá ser celebrado no curso da investigação de apuração do ilícito, no curso da ação de improbidade ou no momento da execução da sentença condenatória. (Incluído pela Lei nº 14.230, de 2021)

De acordo com a redação acima, o acordo poderá ser formalizado mesmo após o trânsito em julgado da ação de improbidade, pois a lei autoriza sua celebração na fase de cumprimento/execução da sentença condenatória. O STJ adota entendimento semelhante, *in verbis*:

> PROCESSUAL CIVIL E ADMINISTRATIVO. IMPROBIDADE. ACORDO. NÃO PERSECUÇÃO CÍVEL. ÂMBITO RECURSAL. POSSIBILIDADE.
> 1. Conforme a jurisprudência da Primeira Turma do STJ, a homologação judicial dos acordos de não persecução cível em sede de ação de improbidade administrativa, previsto na Lei n. 13.964/2019, pode ser levado a efeito na instância recursal.
> 2. A Lei n. 14.230/2021, que alterou significativamente o regramento da improbidade administrativa, incluiu o art. 17-B à Lei nº 8.429/92, ***trazendo previsão normativa explícita quanto à possibilidade do acordo em exame até mesmo no momento da execução da sentença***.
> 3. Hipótese em que a empresa, ora embargante, foi condenada pela prática do ato ímprobo previsto no art. 10 da Lei de Improbidade Administrativa (consistente na contratação de serviço de coleta de lixo por preço superior ao que seria devido), sendo-lhe imposto o ressarcimento do dano ao erário e a proibição de contratar com o poder público pelo período de 5 (cinco) anos.
> 4. As partes deliberaram pela celebração de acordo de não persecução cível, com a fixação de multa civil no importe de R$ 2.500.000,00 (dois milhões e quinhentos mil reais), em substituição à condenação de proibição de contratar com o Poder Público, pelo prazo de 5 (cinco) anos.
> 5. Homologação do acordo. Embargos de divergência prejudicados. (Acordo nos Embargos De Divergência em Agravo Em Recurso Especial nº 102.585 – RS, relator Ministro Gurgel de Faria, Primeira Seção, julgado em 09.03.2022, DJe de 06.04.2022.) (Grifamos)

---

[315] ADI nº 7.236. Rel. Min. Alexandre de Moraes. Decisão de 27 de dezembro de 2022, p. 22.

Naturalmente que as condições de um acordo firmado em uma etapa processual avançada em que já houve decretação de indisponibilidade ou mesmo uma sentença condenatória serão menos favoráveis ao réu do que as presentes, quando ele for firmado *initio litis*. E, se o acordo for firmado antes do ajuizamento da ação de improbidade, não vemos razão para o seu ajuizamento, e, muito menos, para qualquer homologação judicial, conforme comentaremos mais adiante.

A LIA permitiu um amplo espaço de liberdade para a negociação do acordo de não persecução, notadamente em relação às medidas que podem ser adotadas em substituição às sanções previstas na LIA. Assim, a solução pela via do acordo pode estipular a adoção de mecanismos e procedimentos internos de integridade, de auditoria e de incentivo à denúncia de irregularidades e a aplicação efetiva de códigos de ética e de conduta no âmbito da pessoa jurídica, se for o caso, bem como de outras medidas em favor do interesse público e de boas práticas administrativas. A enumeração das medidas é exemplificativa e o mais elogiável é o seu caráter prospectivo: elas se voltam para evitar futuras práticas desonestas. O papel dissuasório ganha destaque. Em razão dessa ampla discricionariedade, não vislumbramos, por exemplo, qualquer vedação à aplicação no acordo de alguma das sanções previstas na LIA. Todas poderiam ser aceitas pelo demandado. Daí porque respeitosamente divergimos da compreensão do Centro de Apoio Operacional às Promotorias de Proteção à Moralidade Administrativa (CAOPAM) MP da Bahia, no sentido de que a pena de suspensão dos direitos políticos não pode estar prevista no ANPC.[316]

Se o acordo for descumprido, o particular que o firmou ficará impedido de celebrar novo acordo pelo prazo de cinco anos, contado do conhecimento pelo Ministério Público do efetivo descumprimento. Muito embora a LIA não seja clara, o MP a que ela se refere quando menciona o conhecimento do descumprimento é o MP que formalizou o acordo de não persecução civil, ainda que por promotoria ou procuradoria distinta daquela que realizou o ajuste.

17-B.3) Polêmicas e peculiaridades do artigo:

17-B.3.1) Pessoa jurídica interessada e acordo de não persecução civil: A LIA prevê a competência exclusiva do Ministério Público para a celebração do acordo de não persecução civil. Tal previsão, ao que nos parece, decorre da regra legal de legitimidade exclusiva do MP para o ajuizamento da ação de improbidade.

---

[316] ORIENTAÇÃO nº 8: É possível a estipulação, em acordo de não persecução cível (ANPC), das obrigações de perda de bens e valores acrescidos ilicitamente ao patrimônio, ressarcimento do dano, multa civil, perda da função pública, proibição de contratar e proibição de obter benefícios fiscais e creditícios. Não é possível o estabelecimento de obrigação de suspensão dos direitos políticos. ORIENTAÇÃO nº 11: Não é possível a estipulação, em acordo de não persecução cível (ANPC), de obrigação de suspensão dos direitos políticos, pois se trata de direito fundamental de natureza indisponível. Por esse motivo, se o órgão de execução avaliar, à luz da gravidade dos fatos, que a suspensão dos direitos políticos constitui consequência proporcional ao ato ímprobo objeto da investigação ou da ação judicial, deverá buscar a aplicação dessa e das demais sanções por meio de sentença condenatória, sendo descabida a celebração de acordo de não persecução. Disponível em: https://infomail.mpba.mp.br/wp-content/uploads/2020/03/enunciados-acordo-de-n%C3%A3o-persecu%C3%A7%C3%A3o-c%C3%ADvel-2.pdf. Acesso em: 20 dez. 2022.

Aquele que pode ajuizar a ação de improbidade é o mesmo que detém competência para negociar o acordo.

No entanto, o STF decidiu que a pessoa jurídica interessada também tem o direito de ajuizar a ação de improbidade.[317] Sua legitimidade ativa foi restaurada judicialmente. Por mais que a LIA não tenha mencionado a prerrogativa de a pessoa jurídica interessada celebrar o acordo de não persecução civil, ela, uma vez que teve sua legitimidade ativa assegurada, não pode ser excluída da negociação. Vamos supor que o MP celebre um acordo com o réu para encerrar uma ação de improbidade e que a pessoa jurídica interessada não participe das negociações e do ajuste. Naturalmente que o desfecho do acordo não poderá vincular uma pessoa que dele não participou, e, muito menos, impedir aquele que possui legitimidade ativa de propor uma ação de improbidade, notadamente se não teve qualquer participação no acordo. Quem tem poder para ajuizar uma ação de improbidade e, portanto, para pedir a condenação do réu às sanções da LIA, também deve ter o poder de transigir sobre as sanções. Caso a pessoa jurídica interessada não possa celebrar o acordo de não persecução civil, teremos uma situação de total insegurança jurídica. O MP faria o acordo e a pessoa jurídica continuaria a poder ajuizar a ação de improbidade.

Por essa razão, como a pessoa jurídica interessada voltou a ter, por decisão judicial, a prerrogativa de ajuizar a ação de improbidade administrativa, ela também deve ter o direito de participar das negociações e de celebrar o acordo de não persecução civil. O ideal é que o MP e a pessoa jurídica interessada participem conjuntamente do acordo, a fim de que a solução se torne definitiva e não haja supervenientes surpresas.

Outra polêmica oriunda do restabelecimento da legitimidade ativa da pessoa jurídica interessada refere-se ao descumprimento do acordo. Segundo o texto da LIA, na hipótese de descumprimento do ajuste, "o investigado ou o demandado ficará impedido de celebrar novo acordo pelo prazo de 5 (cinco) anos, contado do conhecimento pelo Ministério Público do efetivo descumprimento". A LIA parte da premissa de que o conhecimento do descumprimento pelo MP é o marco temporal para o início dos cinco anos da proibição de celebração de novo acordo pelo fato de referida instituição ser a única com legitimidade para o acordo. Contudo, como, segundo o que defendemos, a pessoa jurídica também pode formalizar o acordo, se o ajuste for formalizado pelo MP e pela pessoa jurídica interessada, o prazo de cinco anos deverá ser contado a partir do conhecimento pelo Ministério Público ou da pessoa jurídica, o que ocorrer primeiro. Quem pode formalizar o acordo, deve ter ciência do descumprimento. Não faria sentido que o conhecimento pelo MP do descumprimento de um acordo formalizado exclusivamente pela pessoa jurídica interessada iniciasse o prazo dos cinco anos. Quem formalizou o acordo tem o direito de saber do seu descumprimento e o

---

[317] STF. Plenário. ADIs nº 7.042 e 7.043. Rel. Min. Alexandre de Moraes. Data do julgamento: 31.08.2022.

prazo de cinco anos deve ser computado nesses termos, vale dizer, a contar do conhecimento de quem formalizou o ajuste. Se foram MP e a pessoa jurídica os que formalizaram o ajuste, os cinco anos devem ser contados a partir da data de quem tomou conhecimento primeiro.

17-B.3.2) Definição do ressarcimento integral: Uma das condições para a celebração do acordo de não persecução civil é do dever de integral ressarcimento do dano. Assim, para o que o acordo possa ser concluído, será necessário identificar o montante total a ser ressarcido. E a primeira questão que se coloca é acerca de quem define esse montante. De acordo com a LIA, por mais que o MP possa negociar o ajuste, e, conforme defendemos, também a pessoa jurídica interessada, o Tribunal de Contas competente participa da identificação do valor total devido a título de ressarcimento. É que, na perspectiva da LIA, muito embora a Corte de Contas não participe da negociação, o referido órgão será ouvido para se manifestar sobre o valor do dano a ser reparado (art. 17-B, §3º). A LIA não chega a mencionar qualquer vinculação ao entendimento do Tribunal de Contas sobre o montante da reparação. Entretanto, qualquer divergência entre o valor constante na proposta de acordo e o cálculo que o Tribunal de Contas informar só poderá ensejar um ajuste se a parte investigada ou ré concordar.

Se, a despeito da diferença entre os valores, o investigado ou réu, mesmo assim, optar por formalizar o acordo contendo um montante menor de dano ao erário do que aquele apurado pela Corte de Contas, sua validade e eficácia dependerão da aprovação pelo órgão competente do MP ou da PJ interessada que o firmar. Ademais, se o pacto for formalizado e a ação de improbidade tiver sido distribuída, o ajuste também dependerá de uma decisão judicial de homologação. Essa decisão judicial será necessária para afastar o entendimento consubstanciado no ato administrativo da Corte de Contas no sentido de que o dano era maior do que o valor considerado pelas partes do acordo. Em suma, se a ação for ajuizada, o Poder Judiciário é que definirá, de maneira definitiva, o montante do dano integral a ser reparado. A homologação judicial fará coisa julgada quanto ao valor, impedindo cobranças supervenientes pela Corte de Contas, pela PJ interessada ou pelo MP.

17-B.3.3) Órgão do MP competente para apreciar as promoções de arquivamento de inquéritos civis e para aprovar os acordos de não persecução civil: Se a ação de improbidade ainda não foi ajuizada, a LIA menciona que, no prazo de 60 dias a contar da celebração do acordo de não persecução civil, o Ministério Público terá de aprová-lo no seu órgão competente para apreciar as promoções de arquivamento de inquéritos civis. Trata-se de um controle dos atos praticados pelo membro do MP que celebrou o acordo. No âmbito do Ministério Público da União, essa competência é exercida pelas Câmaras de Coordenação e Revisão.[318]

---

[318] Nesse sentido, o art. 171 da LC nº 7/1993: "Art. 171. Compete às Câmaras de Coordenação e Revisão:
(...)
IV – homologar a promoção de arquivamento de inquérito civil ou peças de informação ou designar outro órgão do Ministério Público para fazê-lo";

Nos estados, o tema da revisão de arquivamento de inquérito civil é apreciado pelo Conselho Superior de cada MP.[319]

A homologação do acordo é condição para que ele produza eficácia. Por outro lado, a rejeição do ajuste pelo órgão superior não enseja uma automática apuração de falta disciplinar pelo membro do MP. Eventual aferição do cometimento de infração disciplinar pelo membro do MP que celebra um acordo de não persecução civil depende de indícios mínimos de que ele agiu dolosamente ou em uma situação de erro grosseiro.

17-B.3.4) Acordo de não persecução civil e homologação judicial: A LIA apresenta a homologação judicial do acordo de não persecução civil como um dos requisitos a serem observados para a celebração do pacto.[320] Trata-se, na redação da lei, de requisitos cumulativos. Em razão da redação do texto legal, fica a impressão de que a homologação sempre terá de ocorrer. No entanto, é possível imaginar a celebração de um acordo de não persecução civil antes do ajuizamento da ação de improbidade e sem que ela precise ser distribuída. Tal como ocorre no caso de termos/compromissos de ajustamento de condutas, muitas vezes eles são formalizados, de maneira a impedir o ajuizamento de uma ação civil pública. O mesmo raciocínio deve valer para o caso da improbidade administrativa. Um acordo pode ser firmado após o ajuizamento de uma ação de improbidade, mas, também, pode ser celebrado antes de a ação ser distribuída. E, se essa última hipótese ocorrer, não há, como regra, razão para o superveniente ajuizamento da ação.

Por mais que a redação dos incisos do art. 17-B, §1º possa gerar dúvidas sobre a necessidade de existência de uma ação de improbidade, mesmo nas hipóteses em que o acordo tiver sido formalizado antes do ajuizamento da ação, entendemos que o referido artigo não obriga que a ação sempre seja protocolizada. Na nossa compreensão, a melhor intepretação sobre a observância cumulativa dos incisos do art. 17-B, §1º é a seguinte: Se o acordo de não persecução civil for formalizado antes do ajuizamento da ação, os dois primeiros requisitos (incisos I e II do art. 17-B, §1º) terão de ser cumpridos. Assim, o ente federativo lesado deveria ter sido ouvido e o órgão competente do MP deverá homologá-lo para que o acordo produza efeitos. A homologação judicial, requisito mencionado pelo inciso III do art. 17-B, §1º, todavia, nem sempre ocorrerá. É até possível que, a despeito da formalização do acordo, a ação de improbidade seja ajuizada, a fim de, por exemplo, permitir a condenação por alguma conduta não contemplada especificamente no escopo do ajuste, mas que com ele se relacione. Contudo, não existe a obrigatoriedade de ajuizamento de uma ação de improbidade após o acordo de não persecução

---

[319] Lei nº 8.625/1993: art. 30. Cabe ao Conselho Superior do Ministério Público rever o arquivamento de inquérito civil, na forma da lei.

[320] A lei menciona que a celebração do ANPC depende da sua homologação judicial, tal como se ela fosse um requisito para a formalização do ajuste. Contudo, o mais correto tecnicamente seria dizer que, quando ela for cabível, a homologação judicial será, na realidade, uma condição para a eficácia do acordo, notadamente porque referido pacto é invariavelmente firmado antes da sua homologação.

civil ter sido celebrado. E, sabendo que, via de regra, a ação de improbidade não precisará ser ajuizada nessas hipóteses, haja vista que o tema foi solucionado por um acordo homologado no âmbito do MP, de maneira a caracterizar a ausência do interesse de agir, não teremos uma situação de homologação judicial, dada a inexistência de qualquer ação judicial.

Quando o inciso III do art. 17-B, §1º, da LIA menciona a necessidade de homologação judicial para as hipóteses de o acordo ter sido formalizado antes ou depois do ajuizamento da ação de improbidade, isso apenas significa que a homologação judicial deverá ocorrer se – e tão somente se – excepcionalmente a ação de improbidade administrativa for ajuizada após o acordo, conforme acima mencionamos. Mas o usual é que ela não precise ser ajuizada. Nesse caso, não teremos a homologação judicial. Essa a leitura que fazemos do texto legal, norma que, a bem da verdade, possui uma redação confusa.

Demais disso, é importante destacar que não aceitamos que, com amparo em uma elástica interpretação da noção de independência funcional, um membro do MP diverso daquele que celebrou o acordo, mas integrante do mesmo Ministério Público, possa distribuir uma ação de improbidade sobre os mesmos fatos como se o acordo não existisse.

Por fim, caso o acordo seja celebrado após o ajuizamento da ação de improbidade administrativa, não haverá a necessidade de sua homologação no âmbito do MP, mas tão somente pela autoridade judicial.

17-B.3.5) Oitiva do ente federativo lesado e lesão que atinge pessoa não integrante da Administração: A redação do art. 17-B, §1º, I da LIA prescreve que o "ente federativo lesado" deve ser necessariamente ouvido em momento anterior ou posterior à propositura da ação. É bem possível, contudo, que a pessoa lesada não seja efetivamente um "ente federativo". Se a vítima de uma conduta ímproba for uma sociedade de economia mista, por exemplo, ela será uma pessoa lesada integrante da Administração Pública de um dado ente federativo, mas com ele não se confundirá. Nesses casos, a oitiva deve ser garantida à pessoa jurídica integrante da Administração Pública que foi lesada, e não à Administração Pública direta do ente federativo lesado. No exemplo apresentado, a palavra deve ser dada à estatal, e não ao ente da federação que a referida sociedade de economia mista integra.

Outra questão que merece ser comentada sobre o tópico da oitiva do "ente federativo lesado" diz respeito a situações em que a pessoa lesada sequer faz parte da Administração Pública. Nós já vimos que é plenamente possível que a vítima de uma conduta ímproba seja uma pessoa privada que, por exemplo, receba subvenção, benefício ou incentivo, fiscal ou creditício, de entes públicos ou governamentais. Também pode ser sujeito passivo aquela entidade privada para cuja criação ou custeio o erário haja concorrido ou concorra no seu patrimônio ou receita atual. Nesses casos, quem deverá ser ouvido?

Em tais casos, a lesão atinge a pessoa privada, mas, também, o poder público que fez o repasse, que concedeu a subvenção ou que criou ou custeou o patrimônio ou receita da pessoa atingida pela improbidade. Por essa razão, a interpretação extensiva deve ter lugar para obrigar a oitiva da pessoa da Administração Pública que efetuou os repasses, as subvenções ou que criou ou custeou a pessoa privada, mas, também, a pessoa privada que foi efetivamente lesada. A palavra "ente federativo lesado" diz muito menos do que procurou dizer, o que exige sua interpretação de maneira a alcançar o resultado pretendido com o texto.

17-B.3.6) O significado da expressão ressarcimento integral: O texto legal exige expressamente que o acordo de não persecução civil acarrete o ressarcimento integral do dano. Por sua vez, a Resolução nº 179 do CNMP não faz alusão expressa a "ressarcimento integral".[321] O texto menciona, apenas, a necessidade de ressarcimento ao erário. Podemos cogitar que a intenção original do projeto tenha sido a de condicionar o acordo ao ressarcimento integral, mas não é isso o que está escrito na referida norma jurídica em vigor.[322] Dessa forma, antes da reforma da LIA de 2021, que passou a exigir expressamente o ressarcimento integral como efeito do acordo na ação de improbidade, havia espaço para a tese de que o ressarcimento poderá não ser integral em um caso concreto. Isso parece algo absurdo em uma primeira leitura, mas efetivamente não é. O ressarcimento parcial pode ser a medida mais adequada em algumas circunstâncias. Pode ocorrer, por exemplo, de o infrator não ter recursos para recompor integralmente o prejuízo sofrido pelo erário e, ainda assim, as condições previstas no acordo representarem a melhor solução, inclusive para a sociedade, para o encerramento do conflito. Em lugar de se insistir judicialmente em uma condenação que não resultará na recomposição integral do erário, pode ser mais proveitoso celebrar um ajuste em que se obtenha a recomposição parcial e a sujeição do infrator a outras medidas punitivas. Feito esse registro, atualmente, contudo, o acordo deve observar os termos da LIA e ser feito com o ressarcimento integral do dano. O ônus de provar a ocasional desproporcionalidade dessa exigência legal no caso concreto é incumbência das partes celebrantes do acordo.

Aparentemente, é fácil definir o que é ressarcimento integral. Seria a entrega à vítima da exata quantia correspondente à lesão por ela sofrida. Se o dano ao erário foi de um milhão de reais, o integral ressarcimento deveria corresponder a um milhão de reais.

Contudo, a realidade torna o que seria simples bem mais complexo. Nem sempre é fácil identificar qual foi o efetivo dano causado ao erário. Quando são diversas as condutas praticadas por um longo período de tempo e envolvendo inúmeros agentes públicos, pode ser, a depender do caso, inviável calcular o exato montante do prejuízo sofrido pelo erário. Diante dessa constatação, o valor previsto na ação pode acabar não correspondendo ao total do dano sofrido.

---

[321] Resolução nº 179 do CNMP. Art. 1º, §2º É cabível o compromisso de ajustamento de conduta nas hipóteses configuradoras de improbidade administrativa, sem prejuízo do ressarcimento ao erário e da aplicação de uma ou algumas das sanções previstas em lei, de acordo com a conduta ou o ato praticado.

[322] Participei, na condição de Conselheiro do CNMP, da votação que aprovou a Resolução nº 179/2017 e, na ocasião, não houve debate no Plenário sobre se o ressarcimento poderia ser parcial ou se deveria ser integral.

O texto original da LIA estipulava em seu art. 17, §2º[323] que o poder público poderia, quando a condenação na ação de improbidade atingisse um montante insuficiente de ressarcimento ao erário, promover ações necessárias à complementação dessa reparação. Assim, era possível afirmar não existir coisa julgada material no que diz respeito ao valor mencionado na sentença de improbidade administrativa a título de ressarcimento integral ao erário. Entretanto, referido art. 17, §2º, foi revogado expressamente pela Lei nº 14.230/21. Assim, não há mais essa possibilidade de ajuizamento de uma ação superveniente, após o juízo da improbidade ter fixado definitivamente o montante do dano integral, seja em virtude da homologação judicial de um acordo de não persecução civil ou em razão de uma condenação. Agora, podemos dizer que aquilo que for decidido pelo juiz da ação de improbidade quanto ao montante do ressarcimento integral é definitivo e não pode ser complementado ou alterado em outra ação. Uma mudança elogiável, pois proporciona segurança jurídica e facilita a concentração do debate a respeito do valor a ser ressarcido em uma única ação: na ação de improbidade.

17-B.3.7) Confissão e o acordo de não persecução civil (ANPC): Diversamente do que ocorre com o instituto da colaboração premiada, que é caracterizado como meio de obtenção de prova, a celebração do ANPC não depende da confissão do investigado ou réu.[324] A LIA, ao tratar do tema, não apresenta essa exigência e, salvo melhor juízo, seria até contraproducente, caso existisse. O que interessa como resultado do acordo é a recomposição do erário, se for o caso, e que o demandado sofra alguma sanção. Condicionar a formalização do ajuste à confissão poderia, por exemplo, dificultar a celebração do pacto e, por conseguinte, a celeridade da punição e a própria recomposição do erário. Por outro lado, mesmo não sendo uma condição para a celebração do ANPC, a confissão pode, no entanto, ser considerada uma atenuante no momento do estabelecimento das obrigações no referido do ajuste. Com entendimento semelhante, temos a Orientação nº 3 do Centro de Apoio Operacional às Promotorias de Proteção à Moralidade Administrativa (CAOPAM) do Ministério Público da Bahia, a saber:

> ORIENTAÇÃO Nº 3
> Para a celebração do acordo de não persecução cível (ANPC) é conveniente, mas não é necessário que o investigado ou réu confesse formalmente a prática do ato ímprobo, bastando que ele manifeste seu assentimento às obrigações impostas, aceitando-as voluntariamente.[325]

---

[323] Art. 17 (…) §2º A Fazenda Pública, quando for o caso, promoverá as ações necessárias à complementação do ressarcimento do patrimônio público.

[324] O tema pode ser polemizado. De acordo com o entendimento do Ministério Público de São Paulo, consubstanciado na Nota Técnica CAOPP/MPSP nº 02/2020, "O acordo de não persecução cível somente poderá ser celebrado quando estiverem presentes, cumulativamente, os seguintes pressupostos: 1. confissão da prática do ato de improbidade administrativa (art. 5º, V, da Resolução 1193/2020-CPJ)". p. 8. Disponível em: https://mpsp.mp.br/documents/portlet_file_entry/20122/2678080.pdf/1c10598f-cdef-0ba7-01d7-afb598a483d8,. Acesso em: 20 dez. 2022.

[325] Disponível em: https://infomail.mpba.mp.br/wp-content/uploads/2020/03/enunciados-acordo-de-n%C3%A3o-persecu%C3%A7%C3%A3o-c%C3%ADvel-2.pdf. Acesso em: 20 dez. 2022.

17-B.3.8) Colaboração premiada na ação de improbidade: O instituto da colaboração premiada ingressou no ordenamento jurídico brasileiro com toda força no âmbito do Direito Penal e tem como objetivo permitir que aquele que confessar e colaborar espontaneamente com a identificação da dinâmica do crime possa ter alguma isenção ou tipo de vantagem em relação à sanção que lhe será aplicada.

A colaboração premiada encontra previsão em diversas leis do Direito Penal, sendo a primeira referência do período democrático brasileiro o art. 8º parágrafo único da Lei nº 8.072/1990, *in verbis*:

> Art. 8º
> Parágrafo único. O participante e o associado que denunciar à autoridade o bando ou quadrilha, possibilitando seu desmantelamento, terá a pena reduzida de um a dois terços.

No âmbito penal, o tema também aparece no art. 25, §2º, da Lei nº 7.492/86 (Lei de crimes do colarinho branco), no art. 16, parágrafo único, da Lei nº 8.137/90 (Lei de crimes contra a ordem tributária), no art. 1º, §5º, da Lei nº 9.613/98 (Lei contra a lavagem de dinheiro), nos arts. 13 a 15 da Lei nº 9.807/99 (Lei de proteção à testemunha e à vítima de crime), no art. 41 da Lei nº 11.343/06 (Lei antitóxico) e no art. 4º da Lei nº 12.850/2013 (Lei da organização criminosa).

Na Lei Anticorrupção, o que faz as vezes da colaboração premiada é o acordo de leniência. O art. 16 da Lei nº 12.846/13 prevê que a autoridade máxima do órgão poderá celebrar acordo de leniência quando a colaboração for capaz de identificar os demais envolvidos na infração, quando couber, e de proporcionar a obtenção célere de informações e documentos que comprovem o ilícito sob apuração. A pessoa jurídica que colaborar precisa admitir sua participação no ilícito, ser a primeira a se manifestar sobre seu interesse em cooperar para a apuração do ato ilícito e precisa cessar completamente seu envolvimento na infração investigada a partir da data de propositura do acordo. O acordo de leniência isentará a pessoa jurídica da sanção de publicação extraordinária da decisão condenatória, da pena de proibição de receber incentivos, subsídios, subvenções, doações ou empréstimos de órgãos ou entidades públicas e de instituições financeiras públicas ou controladas pelo poder público, pelo prazo mínimo de 1 (um) e máximo de 5 (cinco) anos, e reduzirá em até 2/3 (dois terços) o valor da multa aplicável.

O STJ possui decisão contrária ao emprego da colaboração premiada no âmbito da improbidade administrativa, mas tal entendimento se extrai de um julgado que remonta a fatos de um período em que a LIA ainda proibia, no seu art. 17, §1º, a celebração de acordo ou transação na improbidade. Vejamos a divulgação do resultado do julgamento:

Informativo nº 674. 31 de julho de 2020.
SEGUNDA TURMA
REsp nº 1.464.287-DF, Rel. Min. Mauro Campbell Marques, Segunda Turma, por unanimidade, julgado em 10.03.2020, DJe 26.06.2020

Destaque
Os benefícios da colaboração premiada, previstos nas Leis ns. 8.884/1994 e 9.807/1999, não são aplicáveis no âmbito da ação de improbidade administrativa.
Informações do Inteiro Teor
A delação premiada - espécie de colaboração premiada - é um mecanismo por meio do qual o investigado ou acusado, ao colaborarem com as autoridades apontando outras pessoas que também estão envolvidas na trama criminosa, obtêm benefícios na fixação da pena ou mesmo na execução penal.
Embora o instituto tenha sido consolidado, com a promulgação da Lei n. 12.850/2013, ressalta-se que o ordenamento jurídico já trazia previsões esparsas de colaboração premiada - gênero do qual a delação premiada é espécie -, dentre as quais os alegados arts. 13 a 15 da Lei n. 9.807/1999, bem como o art. 35-B da Lei n. 8.884/1994 (vigente à época da interposição do recurso, revogado pelo art. 87 da Lei n.12.529/2011 - atual Lei Antitruste). Assim, por meio de interpretação sistemática desses dispositivos, observa-se que os mecanismos ali citados são restritos às finalidades previstas nos respectivos diplomas normativos.
No que se refere à Lei n. 9.807/1999 - que instituiu o Programa Federal de Assistência a Vítimas e a Testemunhas Ameaçadas -, o benefício se restringe ao processo criminal e pressupõe que o réu esteja sofrendo algum tipo de ameaça ou coerção em virtude de sua participação na conduta criminosa.
Por sua vez, a Lei Antitruste, ao prever o acordo de leniência, restringe seus benefícios a eventuais penalidades impostas em decorrência da prática de crimes contra a ordem econômica, "tipificados na Lei n. 8.137, de 27 de dezembro de 1990, e nos demais crimes diretamente relacionados à prática de cartel, tais como os tipificados na Lei n. 8.666, de 21 de junho de 1993, e os tipificados no 88 do Decreto-Lei n. 2.848, de 7 de dezembro de 1940 - Código Penal".
Por fim, ***é necessário consignar que a transação e o acordo são expressamente vedados no âmbito da ação de improbidade administrativa (art. 17, §1º, da Lei n. 8.429/1992)***.
(Grifamos)

No âmbito do STF, por sua vez, o tema da possibilidade de utilização da colaboração premiada na improbidade administrativa está sendo debatido no ARE nº 1.175.650,[326] processo em que se reconheceu a repercussão geral do tema, nos seguintes termos:

> CONSTITUCIONAL E PROCESSO CIVIL. RECURSO EXTRAORDINÁRIO COM AGRAVO. AÇÃO CIVIL PÚBLICA POR ATO DE IMPROBIDADE ADMINISTRATIVA. UTILIZAÇÃO DE COLABORAÇÃO PREMIADA. ANÁLISE DA POSSIBILIDADE E VALIDADE EM ÂMBITO CIVIL. REPERCUSSÃO GERAL RECONHECIDA. 1. Revela especial relevância, na forma do art. 102, §3º, da Constituição, a questão acerca da utilização da colaboração premiada no âmbito civil, em ação civil pública por ato de improbidade administrativa movida pelo Ministério Público em face do princípio da legalidade (CF, art. 5º, II), da imprescritibilidade do ressarcimento ao erário (CF, art. 37, §§4º e 5º) e da legitimidade concorrente para a propositura da ação (CF, art. 129, §1º). 2. Repercussão geral da matéria reconhecida, nos termos do art. 1.035 do CPC. (ARE nº 1175650 RG. Tribunal Pleno Relator: Min. Alexandre De Moraes. Julgamento: 25.04.2019. Publicação: 07.05.2019)

---

[326] STF. Rel. Min Alexandre de Moraes. O último andamento do feito quando este texto foi redigido noticia pedido de vista do Ministro Gilmar Mendes em 15.12.2022, oportunidade em que o tema estava sendo julgado no Plenário Virtual do STF e já contava com os votos dos Ministros Dias Toffoli, Roberto Barroso, Rosa Weber e Edson Fachin acompanhando o relator.

No referido processo, o relator propôs a seguinte tese:

> É constitucional a utilização da colaboração premiada, nos termos da Lei 12.850/2013, no âmbito civil, em ação civil pública por ato de improbidade administrativa movida pelo Ministério Público, observando-se as seguintes diretrizes:
> (1) Realizado o acordo de colaboração premiada, serão remetidos ao juiz, para análise, o respectivo termo, as declarações do colaborador e cópia da investigação, devendo o juiz ouvir sigilosamente o colaborador, acompanhado de seu defensor, oportunidade em que analisará os seguintes aspectos na homologação: regularidade, legalidade e voluntariedade da manifestação de vontade, especialmente nos casos em que o colaborador está ou esteve sob efeito de medidas cautelares, nos termos dos §§6º e 7º do artigo 4º da referida Lei 12.850/2013.
> (2) As declarações do agente colaborador, desacompanhadas de outros elementos de prova, são insuficientes para o início da ação civil por ato de improbidade;
> (3) A obrigação de ressarcimento do dano causado ao erário pelo agente colaborador deve ser integral, não podendo ser objeto de transação ou acordo, sendo válida a negociação em torno do modo e das condições para a indenização;
> (4) O acordo de colaboração deve ser celebrado pelo Ministério Público, com a interveniência da pessoa jurídica interessada;
> (5) Os acordos já firmados somente pelo Ministério Público ficam preservados até a data deste julgamento, desde que haja previsão de total ressarcimento do dano, tenham sido devidamente homologados em Juízo e regularmente cumpridos pelo beneficiado.

Na nossa perspectiva, a tese defendida pelo relator Ministro Alexandre de Moraes e acima descrita está correta e tem total fundamento no nosso arcabouço normativo. O instituto da colaboração premiada, que também tem a função de servir de meio de obtenção de prova, deve poder ser empregado no âmbito da improbidade administrativa. A ausência de previsão legal específica nesse sentido não é impeditiva para a sua formalização, especialmente diante da possibilidade de celebração de acordo de não persecução civil e do fato de a Lei nº 8.429 integrar um microssistema legal de enfrentamento à corrupção. Aliás, a própria Lei Anticorrupção, Lei nº 12.846, estipula, em seu art. 21, que o rito da Ação Civil Pública previsto na Lei nº 7.347/85 será adotado no caso da ação de responsabilização judicial. Nesse sentido, dada a unicidade e coerência que se exige de um microssistema estatal punitivo, seria ilógico que o réu em uma ação penal não pudesse, na esfera da improbidade administrativa, se valer dos benefícios decorrentes da colaboração premiada formalizada naquele âmbito. A vedação poderia comprometer, até mesmo, a formalização do acordo na esfera penal, o que é indesejado do ponto de vista do interesse público.

Sob outro enfoque, a LIA prevê que o magistrado deverá considerar as atenuantes na aplicação das sanções. Para o que nos interessa quanto a esse tema específico, vale rememorar o que previsto no art. 65, III, "b" e "d" do Código Penal quanto às atenuantes, *in verbis*:

> Código Penal
>
> *Circunstâncias atenuantes*
> Art. 65 – São circunstâncias que sempre atenuam a pena: (Redação dada pela Lei nº 7.209, de 11.7.1984)

(...)
III – ter o agente:(Redação dada pela Lei nº 7.209, de 11.7.1984)
(...)
b) procurado, por sua espontânea vontade e com eficiência, logo após o crime, evitar-lhe ou minorar-lhe as conseqüências, ou ter, antes do julgamento, reparado o dano;
(...)
d) confessado espontaneamente, perante a autoridade, a autoria do crime;

A confissão espontânea e a ação do investigado ou do réu voltada para a eficiente redução das consequências do ilícito são circunstâncias que necessariamente devem atenuar as sanções a serem aplicadas em uma ação de improbidade administrativa. E essa diminuição também deveria poder decorrer de uma colaboração do demandado sucedida de um acordo, tal como ocorre na colaboração premiada.

Em suma, entendemos que a colaboração premiada pode ser formalizada na ação de improbidade dentro dos limites estabelecidos para o ANPC, que impõe o ressarcimento integral do dano, e com observância de parâmetros difundidos no Direito Penal para que a tal instituto possa gerar os resultados pretendidos, tais como a necessidade de confissão espontânea da prática do ilícito, a colaboração efetiva e voluntária e com a investigação e com o processo, a identificação dos demais coautores e partícipes da dinâmica ímproba, a revelação da estrutura hierárquica e da divisão de tarefas para a prática da improbidade, a prevenção de novas condutas ímprobas.

ARTIGO 17-C

Art. 17-C. A sentença proferida nos processos a que se refere esta Lei deverá, além de observar o disposto no art. 489 da Lei nº 13.105, de 16 de março de 2015 (Código de Processo Civil): (Incluído pela Lei nº 14.230, de 2021)

I - indicar de modo preciso os fundamentos que demonstram os elementos a que se referem os arts. 9º, 10 e 11 desta Lei, que não podem ser presumidos; (Incluído pela Lei nº 14.230, de 2021)

II - considerar as consequências práticas da decisão, sempre que decidir com base em valores jurídicos abstratos; (Incluído pela Lei nº 14.230, de 2021)

III - considerar os obstáculos e as dificuldades reais do gestor e as exigências das políticas públicas a seu cargo, sem prejuízo dos direitos dos administrados e das circunstâncias práticas que houverem imposto, limitado ou condicionado a ação do agente; (Incluído pela Lei nº 14.230, de 2021)

IV - considerar, para a aplicação das sanções, de forma isolada ou cumulativa: (Incluído pela Lei nº 14.230, de 2021)

a) os princípios da proporcionalidade e da razoabilidade; (Incluído pela Lei nº 14.230, de 2021)

b) a natureza, a gravidade e o impacto da infração cometida; (Incluído pela Lei nº 14.230, de 2021)

c) a extensão do dano causado; (Incluído pela Lei nº 14.230, de 2021)

d) o proveito patrimonial obtido pelo agente; (Incluído pela Lei nº 14.230, de 2021)

e) as circunstâncias agravantes ou atenuantes; (Incluído pela Lei nº 14.230, de 2021)

f) a atuação do agente em minorar os prejuízos e as consequências advindas de sua conduta omissiva ou comissiva; (Incluído pela Lei nº 14.230, de 2021)

g) os antecedentes do agente; (Incluído pela Lei nº 14.230, de 2021)

V - considerar na aplicação das sanções a dosimetria das sanções relativas ao mesmo fato já aplicadas ao agente; (Incluído pela Lei nº 14.230, de 2021)

VI - considerar, na fixação das penas relativamente ao terceiro, quando for o caso, a sua atuação específica, não admitida a sua responsabilização por ações ou omissões para as quais não tiver concorrido ou das quais não tiver obtido vantagens patrimoniais indevidas; (Incluído pela Lei nº 14.230, de 2021)

VII - indicar, na apuração da ofensa a princípios, critérios objetivos que justifiquem a imposição da sanção. (Incluído pela Lei nº 14.230, de 2021)

§1º A ilegalidade sem a presença de dolo que a qualifique não configura ato de improbidade. (Incluído pela Lei nº 14.230, de 2021)

§2º Na hipótese de litisconsórcio passivo, a condenação ocorrerá no limite da participação e dos benefícios diretos, vedada qualquer solidariedade. (Incluído pela Lei nº 14.230, de 2021)

§3º Não haverá remessa necessária nas sentenças de que trata esta Lei. (Incluído pela Lei nº 14.230, de 2021)

17-C.1) Tema central do dispositivo: Requisitos da sentença e dosimetria. A reforma legal de 2021 introduziu o art. 17-C com o objetivo de detalhar o que o juiz deve considerar na sua sentença. O roteiro é traçado para que a sentença não origine surpresas comprometedoras ao direito de defesa ou mesmo medidas capazes de originar dificuldades econômicas. Há um reforço do pragmatismo jurídico no texto do art. 17-C, a fim de que as consequências da sentença sejam mencionadas quando se decidir com base em valores abstratos. O contexto em que o gestor público atuou também deve ser objeto de análise no momento da sentença. Impede-se, ainda, o reconhecimento da solidariedade dos réus, bem como a remessa necessária, regras que são consequências da aplicação dos princípios do direito administrativo sancionador na ação de improbidade.

17-C.2) Explicação do dispositivo: A redação original da LIA não trazia detalhes do que o juiz sentenciante deveria considerar em sua sentença. E essa vagueza facilitou a construção de uma doutrina e jurisprudência capazes de originar condenações desproporcionais à gravidade das condutas, presunções desprovidas de comprovação efetiva e solidariedades com condições de ampliar, sobremaneira, a responsabilidade patrimonial dos réus. A redação do art. 17-C pode ser referenciada como exemplo acadêmico de *backlash* legislativo. Surgiu, portanto, como nítida reação legislativa às intepretações dispensadas à redação original da LIA. Substituiu-se a incerteza e a excessiva discricionariedade judicial por um rigor maior na fundamentação da condenação. Avanço elogiável, na medida em que o novo texto evita injustiças, a vulgarização indevida da condenação por improbidade e exige do julgador uma atuação orientada pelo caso concreto. O art. 17-C procura, nesse contexto, impedir condenações amparadas em narrativas genéricas, principiológicas e, por vezes, alicerçadas em vazios discursos moralistas de enfrentamento à corrupção. Corrupção precisa ser seriamente combatida, e nenhum país cresce econômica e socialmente com dignidade moral e civilizatória quando imperam práticas corruptas e desonestas. No entanto, essa luta reclama do sistema punitivo estatal uma eficiência pautada pela técnica, pelo rigor científico, pela consideração da realidade e do contexto em que as decisões são tomadas, pelo prestígio à função dissuasória da sanção em lugar do protagonismo exclusivo do seu caráter retributivo, pela coerência do sistema, pela proporcionalidade das sanções e, sobretudo, pelo respeito aos princípios do direito administrativo sancionador. Enfim, corrupção não se resolve com impulsos punitivistas vagos dissociados da técnica, e a reforma de 2021 representa, quanto ao art. 17-C, essa evolução.

Nos termos do at. 17-C *caput*, a sentença proferida em uma ação de improbidade administrativa deverá conter os elementos essenciais descritos no art. 489 do CPC, quais sejam:

I – o relatório, que conterá os nomes das partes, a identificação do caso, com a suma do pedido e da contestação, e o registro das principais ocorrências havidas no andamento do processo;
II – os fundamentos, em que o juiz analisará as questões de fato e de direito;
III – o dispositivo, em que o juiz resolverá as questões principais que as partes lhe submeterem.

Em relação especificamente aos fundamentos da sentença a serem considerados na ação de improbidade, o art. 489 do CPC também prescreve o seguinte:

Art. 489
§1º Não se considera fundamentada qualquer decisão judicial, seja ela interlocutória, sentença ou acórdão, que:
I – se limitar à indicação, à reprodução ou à paráfrase de ato normativo, sem explicar sua relação com a causa ou a questão decidida;
II – empregar conceitos jurídicos indeterminados, sem explicar o motivo concreto de sua incidência no caso;
III – invocar motivos que se prestariam a justificar qualquer outra decisão;
IV – não enfrentar todos os argumentos deduzidos no processo capazes de, em tese, infirmar a conclusão adotada pelo julgador;
V – se limitar a invocar precedente ou enunciado de súmula, sem identificar seus fundamentos determinantes nem demonstrar que o caso sob julgamento se ajusta àqueles fundamentos;
VI – deixar de seguir enunciado de súmula, jurisprudência ou precedente invocado pela parte, sem demonstrar a existência de distinção no caso em julgamento ou a superação do entendimento.
§2º No caso de colisão entre normas, o juiz deve justificar o objeto e os critérios gerais da ponderação efetuada, enunciando as razões que autorizam a interferência na norma afastada e as premissas fáticas que fundamentam a conclusão.
§3º A decisão judicial deve ser interpretada a partir da conjugação de todos os seus elementos e em conformidade com o princípio da boa-fé.

Além dos elementos essenciais, a sentença da ação de improbidade também deverá:

I – indicar de modo preciso os fundamentos que demonstram os elementos a que se referem os arts. 9º, 10 e 11 desta Lei, que não podem ser presumidos;
II – considerar as consequências práticas da decisão, sempre que decidir com base em valores jurídicos abstratos;
III – considerar os obstáculos e as dificuldades reais do gestor e as exigências das políticas públicas a seu cargo, sem prejuízo dos direitos dos administrados e das circunstâncias práticas que houverem imposto, limitado ou condicionado a ação do agente;
IV – considerar, para a aplicação das sanções, de forma isolada ou cumulativa:
a) os princípios da proporcionalidade e da razoabilidade;
b) a natureza, a gravidade e o impacto da infração cometida;
c) a extensão do dano causado; (Incluído pela Lei nº 14.230, de 2021)
d) o proveito patrimonial obtido pelo agente;
e) as circunstâncias agravantes ou atenuantes;
f) a atuação do agente em minorar os prejuízos e as consequências advindas de sua conduta omissiva ou comissiva;
g) os antecedentes do agente;

V – considerar na aplicação das sanções a dosimetria das sanções relativas ao mesmo fato já aplicadas ao agente;
VI – considerar, na fixação das penas relativamente ao terceiro, quando for o caso, a sua atuação específica, não admitida a sua responsabilização por ações ou omissões para as quais não tiver concorrido ou das quais não tiver obtido vantagens patrimoniais indevidas;
VII – indicar, na apuração da ofensa a princípios, critérios objetivos que justifiquem a imposição da sanção.

O §1º do art. 17-C exige que a ilegalidade seja qualificada para que configure improbidade administrativa. O elemento subjetivo é fundamental para evitar uma indevida banalização do reconhecimento de condutas ímprobas. A prática da ilegalidade não é, assim, suficiente para caracterizar a improbidade.

Nos dois últimos parágrafos do art. 17-C, há forte influência dos princípios do direito administrativo sancionador. O §2º se preocupa com a restrição da responsabilidade de acordo com o princípio da intranscendência, vale dizer, ele impede a responsabilidade solidária e predica que o réu apenas será responsabilizado no limite da sua participação e dos benefícios que diretamente receber. O §3º, por sua vez, estipula que não haverá remessa necessária nas sentenças das ações de improbidade, o que se coaduna com o princípio da presunção da inocência.

No Direito Processual Civil, o anacrônico instituto da remessa necessária se funda, essencialmente, na ideia de que uma sentença de improcedência contra o poder público pode contrariar o interesse público, tendo em vista que ela pode desconstituir um ato que gozava de presunção de legitimidade e veracidade. Ocorre que o órgão de acusação na ação de improbidade não possui, por força da presunção de inocência do réu, qualquer presunção a seu favor[327] e a absolvição do réu também não contraria presumidamente o interesse público. Daí o descabimento do reexame necessário em matéria de improbidade.[328]

17-C.3) Polêmicas e peculiaridades do artigo:

17-C.3.1) A efetividade da regra que determina considerar, na aplicação das sanções, a dosimetria relativa ao mesmo fato já aplicada ao agente: O inciso V do art. 17-C estabelece que o juiz deverá considerar na sentença que proferir na ação de improbidade a dosimetria das sanções que já foram aplicadas ao agente pelo mesmo fato. A intenção do legislador foi muito boa, ao tentar materializar a proibição de *bis in idem* em harmonia com o princípio da proporcionalidade. Em lugar de proibir expressamente a dupla punição, o que seria de difícil

---

[327] No mesmo sentido, confira-se o art. 17, §19, da LIA.
[328] A previsão legal de inocorrência de reexame necessário na ação de improbidade torna o debate superado. No entanto, é preciso salientar que o STJ já reconheceu a sujeição da sentença que concluir pela carência ou pela improcedência de ação de improbidade administrativa ao reexame necessário. Nesse sentido: STJ. Primeira Seção. EREsp nº 1.220.667-MG, Rel. Min. Herman Benjamin, por unanimidade, julgado em 24.05.2017, DJe 30.06.2017. E também é necessário destacar que, pouco tempo depois, em 2019, o tema da obrigatoriedade ou não do reexame necessário em ação de improbidade foi afetado pelo STJ ao rito dos recursos repetitivos. *Confira-se*: ProAfR no REsp nº 1.601.804-TO, Rel. Min. Napoleão Nunes Maia Filho, Primeira Seção, por unanimidade, julgado em 17.12.2019, DJe 19.12.2019 (Tema 1042).

operacionalização na hipótese da variedade de instâncias punitivas, a lei exige que o magistrado, na sua avaliação quanto às sanções a serem adotadas, considere o que já foi aplicado ao réu pelos mesmos fatos. Um avanço inegável.

17-C.3.2) Circunstâncias agravantes e atenuantes: A LIA também prevê que o magistrado deve considerar na sentença que proferir as circunstâncias agravantes e atenuantes. Ocorre que a própria lei de improbidade não menciona quais seriam essas circunstâncias. Por essa razão, devemos nos socorrer das hipóteses previstas no Código Penal e ajustá-las, no que couber, à improbidade administrativa. Segue a redação do Código Penal sobre o tema:

Código Penal

Circunstâncias atenuantes
Art. 65 – São circunstâncias que sempre atenuam a pena: (Redação dada pela Lei nº 7.209, de 11.7.1984)
I – ser o agente menor de 21 (vinte e um), na data do fato, ou maior de 70 (setenta) anos, na data da sentença; (Redação dada pela Lei nº 7.209, de 11.7.1984)
II – o desconhecimento da lei; (Redação dada pela Lei nº 7.209, de 11.7.1984)
III – ter o agente:(Redação dada pela Lei nº 7.209, de 11.7.1984)
a) cometido o crime por motivo de relevante valor social ou moral;
b) procurado, por sua espontânea vontade e com eficiência, logo após o crime, evitar-lhe ou minorar-lhe as conseqüências, ou ter, antes do julgamento, reparado o dano;
c) cometido o crime sob coação a que podia resistir, ou em cumprimento de ordem de autoridade superior, ou sob a influência de violenta emoção, provocada por ato injusto da vítima;
d) confessado espontaneamente, perante a autoridade, a autoria do crime;
e) cometido o crime sob a influência de multidão em tumulto, se não o provocou.
Art. 66 – A pena poderá ser ainda atenuada em razão de circunstância relevante, anterior ou posterior ao crime, embora não prevista expressamente em lei. (Redação dada pela Lei nº 7.209, de 11.7.1984)

Circunstâncias agravantes
Art. 61 – São circunstâncias que sempre agravam a pena, quando não constituem ou qualificam o crime:(Redação dada pela Lei nº 7.209, de 11.7.1984)
I – a reincidência; (Redação dada pela Lei nº 7.209, de 11.7.1984)
II – ter o agente cometido o crime: (Redação dada pela Lei nº 7.209, de 11.7.1984)
a) por motivo fútil ou torpe;
b) para facilitar ou assegurar a execução, a ocultação, a impunidade ou vantagem de outro crime;
c) à traição, de emboscada, ou mediante dissimulação, ou outro recurso que dificultou ou tornou impossível a defesa do ofendido;
d) com emprego de veneno, fogo, explosivo, tortura ou outro meio insidioso ou cruel, ou de que podia resultar perigo comum;
e) contra ascendente, descendente, irmão ou cônjuge;
f) com abuso de autoridade ou prevalecendo-se de relações domésticas, de coabitação ou de hospitalidade, ou com violência contra a mulher na forma da lei específica; (Redação dada pela Lei nº 11.340, de 2006)
g) com abuso de poder ou violação de dever inerente a cargo, ofício, ministério ou profissão;
h) contra criança, maior de 60 (sessenta) anos, enfermo ou mulher grávida; (Redação dada pela Lei nº 10.741, de 2003)
i) quando o ofendido estava sob a imediata proteção da autoridade;
j) em ocasião de incêndio, naufrágio, inundação ou qualquer calamidade pública, ou de desgraça particular do ofendido;

l) em estado de embriaguez preordenada.
Agravantes no caso de concurso de pessoas
Art. 62 – A pena será ainda agravada em relação ao agente que: (Redação dada pela Lei nº 7.209, de 11.7.1984)
I – promove, ou organiza a cooperação no crime ou dirige a atividade dos demais agentes; (Redação dada pela Lei nº 7.209, de 11.7.1984)
II – coage ou induz outrem à execução material do crime; (Redação dada pela Lei nº 7.209, de 11.7.1984)
III – instiga ou determina a cometer o crime alguém sujeito à sua autoridade ou não-punível em virtude de condição ou qualidade pessoal; (Redação dada pela Lei nº 7.209, de 11.7.1984)
IV – executa o crime, ou nele participa, mediante paga ou promessa de recompensa. (Redação dada pela Lei nº 7.209, de 11.7.1984)

17-C.3.3) Antecedentes: A LIA menciona que o juiz deverá considerar os antecedentes do réu no momento que sentenciar. Entretanto, a lei de improbidade não define o que seriam os antecedentes do réu para os fins da improbidade administrativa. Mais uma vez, precisamos do auxílio do Direito Penal. Ocorre que o Código Penal e de Processo Penal não definem o que seriam antecedentes. Coube aos doutrinadores e aos tribunais construir uma definição. Na visão de Cezar Roberto Bittencourt,

> Por antecedentes devem-se entender os fatos anteriores praticados pelo réu, que podem ser bons ou maus. São maus antecedentes aqueles fatos que merecem a reprovação da autoridade pública e que representam expressão de sua incompatibilidade para com os imperativos ético-jurídicos. A finalidade desse modular, como os demais constantes do artigo 59, é unicamente demonstrar a maior ou menor afinidade do réu com a prática delituosa.[329]

No STJ, a expressão "antecedentes" recebe o seguinte significado:

> PENAL E PROCESSUAL. HABEAS CORPUS SUBSTITUTIVO DE RECURSO. NÃO CABIMENTO. TRÁFICO. DOSIMETRIA. MAUS ANTECEDENTES. CONSIDERAÇÃO DEVIDA. EXISTÊNCIA DE CONDENAÇÃO DEFINITIVA NÃO GERADORA DE REINCIDÊNCIA. DECURSO DO PRAZO DEPURADOR (ART. 64, I, CP). CONCEITO MAIS AMPLO. MAJORANTE DO ART. 40, III, DA LEI N. 11.343/2006. (...) HABEAS CORPUS NÃO CONHECIDO.
> (...)
> 2. O conceito de maus antecedentes, por ser mais amplo, abrange não apenas as condenações definitivas por fatos anteriores cujo trânsito em julgado ocorreu antes da prática do delito em apuração, mas também aquelas transitadas em julgado no curso da respectiva ação penal, além das condenações transitadas em julgado há mais de cinco anos, as quais também não induzem reincidência, mas servem como maus antecedentes. Precedentes.
> (...)
> 5. Habeas corpus não conhecido.
> (HC nº 337.068/SP, relator Ministro Nefi Cordeiro, Sexta Turma, julgado em 16.06.2016, DJe de 28.06.2016.)

---

[329] BITENCOURT, Cezar Roberto. *Tratado de direito penal*: parte geral. v. 1. Rev. ampl. e atual. de acordo com a Lei n. 12.694, de 2012. 18. ed. São Paulo: Saraiva, 2012. p. 758.

No âmbito do STF, temos, por exemplo, o seguinte precedente:

EMENTA: DIREITO PENAL. RECURSO EXTRAORDINÁRIO COM REPERCUSSÃO GERAL. DOSIMETRIA. CONSIDERAÇÃO DOS MAUS ANTECEDENTES AINDA QUE AS CONDENAÇÕES ANTERIORES TENHAM OCORRIDO HÁ MAIS DE CINCO ANOS. POSSIBILIDADE. PARCIAL PROVIMENTO. 1. A jurisprudência do Supremo Tribunal Federal *só considera maus antecedentes condenações penais transitadas em julgado que não configurem reincidência*. Trata-se, portanto, de institutos distintos, com finalidade diversa na aplicação da pena criminal. 2. Por esse motivo, não se aplica aos maus antecedentes o prazo quinquenal de prescrição previsto para a reincidência (art. 64, I, do Código Penal). 3. Não se pode retirar do julgador a possibilidade de aferir, no caso concreto, informações sobre a vida pregressa do agente, para fins de fixação da pena-base em observância aos princípios constitucionais da isonomia e da individualização da pena. 4. Recurso extraordinário a que se dá parcial provimento, mantida a decisão recorrida por outros fundamentos, fixada a seguinte tese: Não se aplica ao reconhecimento dos maus antecedentes o prazo quinquenal de prescrição da reincidência, previsto no art. 64, I, do Código Penal. (Grifamos) (RE nº 593818. Órgão julgador: Tribunal Pleno. Relator: Min. Roberto Barroso. Julgamento: 18.08.2020. Publicação: 23.11.2020).

Em virtude do que se extrai da jurisprudência e literatura da esfera penal, a adequação do referido instituto para o âmbito da improbidade administrativa nos leva a concluir que os maus antecedentes devem ser considerados quando se estiver diante de condenações por improbidade administrativa ou penais transitadas em julgado que não configurem reincidência.

ARTIGO 17-D

Art. 17-D. A ação por improbidade administrativa é repressiva, de caráter sancionatório, destinada à aplicação de sanções de caráter pessoal previstas nesta Lei, e não constitui ação civil, vedado seu ajuizamento para o controle de legalidade de políticas públicas e para a proteção do patrimônio público e social, do meio ambiente e de outros interesses difusos, coletivos e individuais homogêneos. (Incluído pela Lei nº 14.230, de 2021)

Parágrafo único. Ressalvado o disposto nesta Lei, o controle de legalidade de políticas públicas e a responsabilidade de agentes públicos, inclusive políticos, entes públicos e governamentais, por danos ao meio ambiente, ao consumidor, a bens e direitos de valor artístico, estético, histórico, turístico e paisagístico, a qualquer outro interesse difuso ou coletivo, à ordem econômica, à ordem urbanística, à honra e à dignidade de grupos raciais, étnicos ou religiosos e ao patrimônio público e social submetem-se aos termos da Lei nº 7.347, de 24 de julho de 1985. (Incluído pela Lei nº 14.230, de 2021)

17-D.1) Tema central do dispositivo: Ação de improbidade e ação civil pública. O objetivo maior do art. 17-D introduzido na LIA pela Lei nº 14.230/21 é o de diferenciar a ação de improbidade da ação civil pública. A primeira tem nítido caráter repressivo, sancionatório, uma função punitiva, enquanto essa última tem como função controlar a legalidade de políticas públicas, proteger o patrimônio público e social, meio ambiente e outros interesses difusos. O ponto de contato entre essas duas espécies de ação é a preocupação de ambas com a tutela de interesses difusos. Entretanto, são ações que não devem ser confundidas.

17-D.2) Explicação do dispositivo: Tradicionalmente, a ação de improbidade é denominada de ação civil pública de improbidade administrativa. Tal nomenclatura aparece em variados julgados e decorre do fato de as duas ações se ocuparem, como dito acima, da tutela de interesses difusos da sociedade. Entretanto, o emprego da expressão "ação civil pública de improbidade administrativa" não é algo tecnicamente acertado. É que a expressão nos leva à falsa impressão de que a ação de improbidade seria uma espécie de ação pertencente ao gênero das ações civis públicas. O problema é que a espécie de um gênero deve apresentar todas as características do gênero, sob pena de termos um equívoco na classificação. E há diferenças relevantes entre essas duas ações. Por exemplo, i) os que são legitimados para a propositura de uma ação civil pública não são os mesmos que os legitimados para a propositura de uma ação de improbidade administrativa; ii) o produto obtido com a condenação do réu em uma ação civil pública é destinado a um fundo específico,[330] enquanto que o produto arrecadado com a condenação na ação de improbidade é destinado à pessoa lesada;[331] iii) os pedidos a serem formulados em uma ação civil pública são os de condenação em dinheiro ou de cumprimento de obrigação de fazer ou não fazer. Na ação de improbidade, os pedidos são de condenação do réu a uma sanção e, eventualmente, também o de ressarcimento ao erário.

Duas espécies de ação que, portanto, não devem ser confundidas. Daí porque a LIA se preocupou em deixar bem claro que o objetivo da ação civil pública é o de corrigir problemas e ilegalidades em relação às políticas públicas. Os agentes públicos, inclusive políticos, até podem ser responsabilizados em uma ACP por danos ao meio ambiente, ao consumidor, a bens e direitos de valor artístico, estético, histórico, turístico e paisagístico, a qualquer outro interesse difuso ou coletivo, à ordem econômica, à ordem urbanística, à honra e à dignidade de grupos raciais, étnicos ou religiosos e ao patrimônio público e social. Contudo, a responsabilização no âmbito de uma ACP se dá com amparo no art. 3º da Lei nº 7.347/83, vale dizer, mediante a condenação em dinheiro ou o cumprimento de obrigação de fazer ou não fazer. Já o objetivo da ação de improbidade é outro. Seu propósito é o de reprimir condutas ímprobas mediante a aplicação de sanções aos réus pela autoridade judicial. Sua função é a de prevenir novos ilícitos, de punir quem os praticou e de recompor o erário. Enquanto que o aspecto objetivo predomina na ação civil pública, na ação de improbidade se dispensa maior atenção ao aspecto subjetivo do ilícito.

17-D.3) Polêmicas e peculiaridades do artigo:

17-D.3.1) Ajuizamento de uma ação de improbidade para o controle de legalidade de políticas públicas e para a proteção do patrimônio público e social, do meio ambiente e de outros interesses difusos, coletivos e individuais homogêneos: Uma ação de improbidade, como comentamos acima, não deve ter como pedido principal o controle de legalidade e a proteção de bens jurídicos a serem tutelados por meio de uma ACP. Para essas providências, a ação civil pública é o caminho correto. Contudo, é plenamente possível que o pedido de condenação do réu a sanções em uma ação de improbidade seja acompanhado de pedidos secundários, por exemplo, de invalidação de atos e contratos. Nesse mesmo sentido:

> *Jurisprudência em teses do STJ*. Edição nº 186. Improbidade Administrativa – III.
> 1) É lícita a cumulação de pedidos de natureza condenatória, declaratória e constitutiva na ação civil pública por ato de improbidade administrativa.

---

[330] Lei nº 7.347/85. Art. 13. Havendo condenação em dinheiro, a indenização pelo dano causado reverterá a um fundo gerido por um Conselho Federal ou por Conselhos Estaduais de que participarão necessariamente o Ministério Público e representantes da comunidade, sendo seus recursos destinados à reconstituição dos bens lesados.

[331] Art. 18. A sentença que julgar procedente a ação fundada nos arts. 9º e 10 desta Lei condenará ao ressarcimento dos danos e à perda ou à reversão dos bens e valores ilicitamente adquiridos, conforme o caso, em favor da pessoa jurídica prejudicada pelo ilícito.

Demais disso, caso todas as sanções estejam prescritas, a ação de improbidade poderá prosseguir em relação ao pedido de ressarcimento ao erário.[332]

17-D.3.2) Ação de improbidade e sua natureza civil: O art. 17-D estipula no seu *caput* que a ação de improbidade "não constitui ação civil". Precisamos ter cuidado com essa referência. Ela não significa, por exemplo, que estejamos diante de uma ação penal. Uma ação de improbidade não é uma ação penal. Essa referência legal tem como objetivo, na realidade, destacar que não estamos diante de uma pura ação civil pública em que os pedidos são formulados predominantemente para a invalidação de atos e o pagamento de indenizações. A ação de improbidade é tradicionalmente considerada uma ação de natureza civil e política, tendo em vista o caráter de suas sanções. E, mesmo após a reforma legal de 2021, essa deve ser considerada a sua natureza.

---

[332] No mesmo sentido, temos a seguinte decisão: STJ. PRIMEIRA SEÇÃO. REsp nº 1899407 / DF. Recurso Repetitivo. Tema Repetitivo 1089. Relatora: Ministra Assusete Magalhães. Data do Julgamento: 22.09.2021. Data da Publicação/Fonte: DJe 13.10.2021.

ARTIGO 18

Art. 18. A sentença que julgar procedente a ação fundada nos arts. 9º e 10 desta Lei condenará ao ressarcimento dos danos e à perda ou à reversão dos bens e valores ilicitamente adquiridos, conforme o caso, em favor da pessoa jurídica prejudicada pelo ilícito. (Redação dada pela Lei nº 14.230, de 2021)

§1º Se houver necessidade de liquidação do dano, a pessoa jurídica prejudicada procederá a essa determinação e ao ulterior procedimento para cumprimento da sentença referente ao ressarcimento do patrimônio público ou à perda ou à reversão dos bens. (Incluído pela Lei nº 14.230, de 2021)

§2º Caso a pessoa jurídica prejudicada não adote as providências a que se refere o §1º deste artigo no prazo de 6 (seis) meses, contado do trânsito em julgado da sentença de procedência da ação, caberá ao Ministério Público proceder à respectiva liquidação do dano e ao cumprimento da sentença referente ao ressarcimento do patrimônio público ou à perda ou à reversão dos bens, sem prejuízo de eventual responsabilização pela omissão verificada. (Incluído pela Lei nº 14.230, de 2021)

§3º Para fins de apuração do valor do ressarcimento, deverão ser descontados os serviços efetivamente prestados. (Incluído pela Lei nº 14.230, de 2021)

§4º O juiz poderá autorizar o parcelamento, em até 48 (quarenta e oito) parcelas mensais corrigidas monetariamente, do débito resultante de condenação pela prática de improbidade administrativa se o réu demonstrar incapacidade financeira de saldá-lo de imediato. (Incluído pela Lei nº 14.230, de 2021)

18.1) Tema central do dispositivo: Destinação do produto da condenação e sua liquidação. O artigo 18 trata da destinação dos montantes arrecadados nos autos da ação de improbidade a título de ressarcimento dos danos e de perda ou reversão dos bens e valores ilicitamente adquiridos. Esses valores e bens deverão ser destinados à pessoa jurídica prejudicada pelo ilícito. O artigo não cuida de condenações fundadas no art. 11 da LIA (ato que atente contra os princípios da Administração), especialmente porque, nesses casos, não se está diante de dano a ser ressarcido ao erário e nem mesmo diante de uma perda de bens ou valores ilicitamente adquiridos.

18.2) Explicação do dispositivo: A reforma legal de 2021 manteve a lógica da redação original da LIA no sentido de que a pessoa jurídica prejudicada pelo ilícito deverá ser a destinatária dos valores obtidos na ação de improbidade a título de ressarcimento ao erário ou de perda de bens e valores adquiridos ilicitamente. O art. 18 refere-se exclusivamente a condenações com fundamento nos artigos 9º e 10.

Na hipótese de a sentença ter reconhecido o dano (*an debeatur*), mas não ter apurado o seu montante (*quantum debeatur*), ele terá de ser aferido por meio de liquidação. O tema da liquidação da sentença aparece nos artigos 509 a 512 do CPC, sendo de destaque o fato de que ela pode ocorrer de duas formas: i) por arbitramento, quando determinado pela sentença, convencionado pelas partes ou exigido pela natureza do objeto da liquidação; ii) pelo procedimento comum, quando houver necessidade de alegar e provar fato novo.

Sobre o tema, contudo, a LIA prevê que "a pessoa jurídica prejudicada procederá" à liquidação do dano. E também ela deverá deflagrar o "procedimento para cumprimento da sentença referente ao ressarcimento do patrimônio público ou à perda ou à reversão dos bens". Incumbe, assim, à pessoa jurídica lesada tomar as providências necessárias para a célere execução do julgado. Se ela ficar inerte por seis meses a contar do trânsito em julgado, caberá ao Ministério Público proceder à respectiva liquidação do dano e/ou ao cumprimento da sentença no que concerne ao ressarcimento do patrimônio público, à perda ou à reversão dos bens, sem prejuízo de eventual responsabilização pela omissão verificada.

Se a sentença proferida na ação de improbidade possuir uma parte líquida e outra ilíquida, a pessoa jurídica lesada poderá promover simultaneamente a execução daquela e, em autos apartados, a liquidação dessa.

Por fim, a LIA também prevê que o juiz poderá conceder o parcelamento do montante total devido em até 48 parcelas mensais corrigidas monetariamente, desde que o réu demonstre incapacidade financeira de saldá-lo de imediato.

18.3) Polêmicas e peculiaridades do artigo:

18.3.1) Destinatário do valor da multa: O art. 18 da LIA prevê que, nas hipóteses de condenação pelos arts. 9º e 10, a pessoa jurídica prejudicada pelo ilícito será a destinatária dos valores referentes ao ressarcimento dos danos e à perda ou à reversão dos bens e valores ilicitamente adquiridos. O artigo 18 nada menciona sobre a destinação do valor da multa eventualmente aplicada ao réu, o que, aliás, também pode decorrer de uma condenação com base no art. 11 da LIA. Por essa razão, surge a dúvida sobre quem deve ser o destinatário da pena de multa aplicada ao réu. Também a pessoa jurídica lesada? Ou será que ela pode ter outra destinação?

O art. 17, *caput* da LIA prevê que a ação de improbidade seguirá o procedimento comum previsto no Código de Processo Civil. Por sua vez, o CPC prevê, em diversas passagens, a obrigação de uma das partes ao pagamento de uma multa. E a lógica adotada pela legislação processual, que podemos identificar, por exemplo, nos artigos 258, 523, §1º, 537, §2º, é a de que o destinatário da multa é a pessoa prejudicada pelo comportamento danoso. No caso da ação de improbidade, a pessoa jurídica vítima da conduta ímproba é a que sofreu os efeitos danosos do ilícito. Assim, por mais que a LIA não tenha previsto expressamente, o produto obtido com a multa deve ser destinado à pessoa jurídica lesada, independentemente de a conduta estar prevista nos artigos 9º, 10 ou 11 da LIA. No mesmo sentido, confira-se o seguinte julgado:

DIREITO ADMINISTRATIVO. IMPROBIDADE ADMINISTRATIVA. MALVERSAÇÃO DE VERBAS PÚBLICAS. EMBARGOS DE DECLARAÇÃO. (...) EMBARGOS PARCIALMENTE ACOLHIDOS. 01. Pretende o embargante o aclaramento do acórdão no tocante aos seguintes pontos: a) a destinação dos valores a serem pagos a título de ressarcimento ao erário, nos moldes do art. 18 da Lei nº 8.429/92; b) a destinação do produto da arrecadação da multa civil, a ser revertida em proveito da entidade lesada, sem qualquer vinculação da receita ao Fundo de que trata a Lei nº 7.347/85, à luz da jurisprudência pátria; (...) a destinação da multa civil e do ressarcimento ao erário deve ser convertida em benefício da União Federal, ente público lesado, porquanto mantida a sentença no ponto, conforme determinado no acórdão que julgou os recursos de apelação. (...) 7. Embargos da União parcialmente acolhidos.
(TRF3 – 3ª Turma. APELAÇÃO CÍVEL. ApCiv nº 0002682-38.2006.4.03.6000. Data do julgamento: 18.03.2022. Data da publicação: 24.03.2022)

Discordamos da aplicação subsidiária da solução prevista na Lei nº 7.347/85, Lei da ACP, que prevê a destinação do produto da condenação em uma ACP a um fundo.[333] Em se tratando de uma multa decorrente da celebração de um acordo de não persecução civil, a sua destinação também deve ser a mesma: deve reverter em proveito da pessoa jurídica lesada. E não deve o referido acordo, sob pena de ofensa ao princípio da separação dos poderes, impor que o valor da multa seja destinado a um propósito específico, tal como a aquisição de medicamentos ou a reforma de uma praça pública. A destinação dos recursos deve ser decidida exclusivamente pelo administrador público, não cabendo ao Ministério Público fazer ou impor escolhas no acordo de não persecução que não são de sua atribuição, por mais que a intenção seja das melhores.

18.3.2) Destinação dos valores obtidos com a condenação ou acordo na improbidade a fundos públicos: Os fundos criados pelo poder público também podem ser lesados, em razão de condutas ímprobas. Eles são desprovidos de personalidade jurídica própria, mas isso não impede que se tornem destinatários dos recursos desviados. A redação do art. 18, ao mencionar que os bens e valores serão destinados à pessoa jurídica vítima da lesão, previu situação que é a mais corriqueira. No entanto, sua *ratio* é a de recompor o patrimônio de quem foi efetivamente lesado. Cada fundo público possui propósitos específicos que são identificados no ato de sua criação. Se os valores desviados fossem, em virtude de uma intepretação literal do art. 18, destinados à pessoa jurídica que ele integra, e não ao próprio fundo lesado, isso prejudicaria, sobremaneira, a vontade do legislador quando da criação do referido órgão, qual seja, a de que ele tivesse seus recursos próprios para serem utilizados em objetivos específicos. Daí porque a finalidade do art. 18 da LIA é melhor alcançada com a conclusão de que, mesmo não possuindo personalidade jurídica própria, os fundos, quando vítimas de condutas ímprobas, são unidades administrativas que podem ser destinatárias

---

[333] Favoravelmente à aplicação subsidiária da Lei da ACP que possibilita a destinação dos recursos obtidos a um fundo, temos a posição de Alexandre Amaral Gavronski. GAVRONSKI, Alexandre Amaral. *Efetivação das condenações nas ações de responsabilização por improbidade administrativa*: manual e roteiro de atuação. 2. ed. Brasília: MPF, 2019. p. 29.

do produto da condenação em uma ação de improbidade. Basta que tenham sido os sujeitos passivos das condutas ilícitas reconhecidas na ação de improbidade administrativa.

18.3.3) Abatimento dos serviços efetivamente prestados: O §3º do art. 18 da LIA prevê a necessidade de abatimento do valor do serviço efetivamente prestado para se apurar o valor devido a título de ressarcimento. A regra é justa e evita o enriquecimento sem causa do poder público. Se, por exemplo, o poder público pagou um milhão de reais por um serviço de engenharia que custaria duzentos mil reais, o dano ao erário foi de oitocentos mil reais. O Estado deveria, de acordo com o preceito legal, pagar pelo custo do serviço.

E o cálculo do valor do serviço deve, como regra, considerar única e exclusivamente os custos para a sua realização. Não se deve, portanto, incluir no valor do serviço o que seria o lucro do empresário que praticou a improbidade administrativa.

A Lei nº 14.133/21 prevê no seu artigo 149 que, em caso de nulidade contratual, a Administração deve indenizar o contratado pelo que ele houver executado até a data em que o ajuste for declarado ineficaz, salvo comprovada má-fé, senão vejamos:

> Art. 149. A nulidade não exonerará a Administração do dever de indenizar o contratado pelo que houver executado até a data em que for declarada ou tornada eficaz, bem como por outros prejuízos regularmente comprovados, desde que não lhe seja imputável, e será promovida a responsabilização de quem lhe tenha dado causa.[334]

A Lei de Licitações, Lei nº 14.133, trabalha, portanto, com a premissa de que, nos casos de nulidade, não haverá o dever de pagamento por parte do poder público e, por conseguinte, não teremos o seu enriquecimento sem causa, quando o contratado estiver de má-fé. A má-fé do contratado desobrigaria, nessa perspectiva, o poder público do pagamento, mesmo daquilo que foi executado até a declaração da nulidade contratual.

O reconhecimento de uma conduta ímproba também pode acarretar a nulidade de um contrato firmado pela Administração para, por exemplo, a execução de uma obra, a prestação de um serviço ou a entrega de um bem. A Lei de Improbidade Administrativa, contudo, não segue o mesmo raciocínio que o estampado na Lei de Licitações. O art. 18, §3º, da LIA, estipula que os serviços efetivamente prestados deverão ser descontados do valor apurado para fins de ressarcimento ao erário. Essa regra legal não excepciona os casos de má-fé, como faz a Lei de Licitações. Na improbidade administrativa, havendo ou não má-fé, a Administração continua, via de regra, obrigada a pagar pelos serviços efetivamente prestados. Aliás, se estamos diante de uma condenação por improbidade que impõe o ressarcimento ao erário, é porque houve má-fé, notadamente porque já

---

[334] Este artigo é inspirado no parágrafo único do art. 59 da Lei nº 8.666/93.

não há mais a modalidade culposa de improbidade. Portanto, eventual tese no sentido de que o abatimento do valor do serviço prestado em relação ao montante a ser ressarcido nunca deveria ocorrer nas hipóteses de má-fé tornaria o art. 18, §3º, da LIA letra morta. Não foi esse, ao que tudo indica, o desejo da reforma legal de 2021. Confira-se o seguinte julgado do STJ que obriga a Administração Pública a pagar pelos serviços que lhe foram efetivamente prestados, mesmo nos casos de invalidação contratual, sob pena de seu enriquecimento sem causa:

> PROCESSUAL CIVIL E ADMINISTRATIVO. ART. 535 DO CPC/1973. VIOLAÇÃO. INEXISTÊNCIA. AÇÃO POPULAR. DISPENSA DE LICITAÇÃO. INTERESE DE AGIR. PERDA SUPERVENIENTE NÃO CONSTATADA. LESIVIDADE AO PATRIMÔNIO PÚBLICO. AFERIÇÃO NA VIA ESPECIAL. IMPOSSIBILIDADE. ERÁRIO. RESTITUIÇÃO INTEGRAL. ENRIQUECIMENTO SEM CAUSA DA ADMINISTRAÇÃO. CASO CONCRETO. CONSTATAÇÃO.
> (...) "O entendimento prevalecente no STJ sinaliza para a impossibilidade de devolução de todos os valores pagos no âmbito do contrato anulado, se verificada a efetiva prestação dos serviços contratados, em ordem a se evitar o enriquecimento sem causa da Administração Pública" (REsp 1121501/RJ, Rel. Ministro Sérgio Kukina, PRIMEIRA TURMA, julgado em 19.10.2017, DJe 08.11.2017).
> 7. Agravo interno parcialmente provido para afastar a condenação ao ressarcimento integral dos valores recebidos pela execução do contrato reputado nulo.
> (AgInt no AREsp nº 1.055.944/SP, relator Ministro Gurgel de Faria, Primeira Turma, julgado em 16.05.2019, DJe de 30.05.2019)

De todo modo, conforme destacamos nos nossos comentários constantes no item 10.3.6, o tema é extremamente complexo e qualquer conclusão dissociada do caso concreto, seja no sentido do descabimento de qualquer pagamento pelo serviço prestado ou no sentido de que o pagamento deve sempre ser integral, pode ser precipitada.

ARTIGO 18-A

Art. 18-A. A requerimento do réu, na fase de cumprimento da sentença, o juiz unificará eventuais sanções aplicadas com outras já impostas em outros processos, tendo em vista a eventual continuidade de ilícito ou a prática de diversas ilicitudes, observado o seguinte: (Incluído pela Lei nº 14.230, de 2021)

I - no caso de continuidade de ilícito, o juiz promoverá a maior sanção aplicada, aumentada de 1/3 (um terço), ou a soma das penas, o que for mais benéfico ao réu; (Incluído pela Lei nº 14.230, de 2021)

II - no caso de prática de novos atos ilícitos pelo mesmo sujeito, o juiz somará as sanções. (Incluído pela Lei nº 14.230, de 2021)

Parágrafo único. As sanções de suspensão de direitos políticos e de proibição de contratar ou de receber incentivos fiscais ou creditícios do poder público observarão o limite máximo de 20 (vinte) anos. (Incluído pela Lei nº 14.230, de 2021)[335]

18-A.1) Tema central do dispositivo: Unificação e cumulação das sanções. O artigo 18-A foi inserido na LIA para disciplinar a unificação e o somatório de penas no âmbito da ação de improbidade administrativa. A omissão da redação original da lei de improbidade quanto a esses temas originou profunda divergência capaz de ensejar insegurança jurídica. A condenação por improbidade administrativa pode atingir quem já foi condenado anteriormente e o dispositivo legal procura apresentar uma solução mais justa para as situações de continuidade delitiva ou de variedade de ilícitos autônomos (concurso material).

18-A.2) Explicação do dispositivo: A unificação das sanções dependerá de requerimento do réu e ocorrerá, nos termos do art. 18-A, no momento do cumprimento da sentença. Assim, referida medida pressupõe o trânsito em julgado da condenação, tendo em vista que a LIA proibiu a execução provisória das sanções (art.12, §9º).

O art. 18-A representa um grande avanço em prol de um sistema punitivo mais uniforme, racional e coerente. Caso uma pessoa realize várias condutas em um mesmo contexto delituoso, não é razoável que todas as penas sempre sejam somadas por tantas vezes quantas forem as condutas. Não é isso o que, por exemplo, ocorre no Direito Penal, em virtude da previsão a respeito do crime continuado estampada no art. 71 do Código Penal, *in verbis*:

---

[335] Ao apreciar o pedido de medida liminar, o relator da ADI nº 7.236 entendeu que não estariam presentes os requisitos para a suspensão do art. 18-A parágrafo único da LIA. STF. ADI nº 7.236. Rel. Min. Alexandre de Moraes. Decisão de 27 de dezembro de 2022.

Crime continuado
Art. 71 – Quando o agente, mediante mais de uma ação ou omissão, pratica dois ou mais crimes da mesma espécie e, pelas condições de tempo, lugar, maneira de execução e outras semelhantes, devem os subseqüentes ser havidos como continuação do primeiro, aplica-se-lhe a pena de um só dos crimes, se idênticas, ou a mais grave, se diversas, aumentada, em qualquer caso, de um sexto a dois terços. (Redação dada pela Lei nº 7.209, de 11.7.1984)
Parágrafo único – Nos crimes dolosos, contra vítimas diferentes, cometidos com violência ou grave ameaça à pessoa, poderá o juiz, considerando a culpabilidade, os antecedentes, a conduta social e a personalidade do agente, bem como os motivos e as circunstâncias, aumentar a pena de um só dos crimes, se idênticas, ou a mais grave, se diversas, até o triplo, observadas as regras do parágrafo único do art. 70 e do art. 75 deste Código.

No Direito Penal, portanto, quando o agente praticar mais de um ilícito da mesma espécie e com as mesmas condições de tempo, lugar, maneira de execução e outras semelhantes, cria-se uma ficção jurídica de que os subsequentes crimes decorreram de uma continuação do primeiro. E, nesse contexto, a pena de um só deles, se forem idênticos, ou do mais grave, se houver, poderá ser aumentada de um sexto a dois terços. Para os crimes dolosos contra vítimas diferentes com violência ou grave ameaça, os parâmetros mudam para uma majoração de até o triplo da pena prevista para o tipo. A lógica é perfeita, mas a sua adoção no âmbito da improbidade administrativa exige alguns ajustes. É que, no caso da improbidade administrativa, a sanção não se resume a um período de tempo de privação da liberdade, tal como ocorre no Direito Penal.

A título de ilustração, as premissas da continuidade delitiva não se encaixam perfeitamente na hipótese de aplicação da sanção de perda da função pública. Aumentar essa pena em um dado montante não faz sentido. No entanto, o incremento da pena em um percentual legalmente previsto é algo razoável em relação às sanções i) de suspensão dos direitos políticos, ii) de proibição de contratar com o poder público ou de receber incentivos, e iii) de multa.[336]

O art. 18-A prevê que, quando o juiz for unificar a pena a ser aplicada na fase de cumprimento da sentença com outras já impostas em outros processos, e o contexto for de continuidade do ilícito, ele deverá promover a maior sanção aplicada, aumentada de 1/3 (um terço), ou a soma das penas, o que for mais benéfico ao réu. A LIA não identifica quais sanções específicas podem ser majoradas, mas não é difícil concluir que tal providência se torna possível com as três mencionadas no parágrafo acima. Demais disso, a majoração em um terço pressupõe que as sanções sejam da mesma espécie: multa com multa, por exemplo. Se a pena de outro processo for a de multa e no processo de cumprimento da sentença o réu tiver sido punido com a de proibição de contratar com o poder público, não há

---

[336] De acordo com a redação do art. 72 do Código Penal, no Direito Penal, havendo concurso de crimes, as penas de multa são aplicadas distinta e integralmente. Assim, no Direito Penal a pena de multa não é alcançada pelo benefício da continuidade delitiva. Entendemos que essa restrição não se aplica no caso de improbidade administrativa por ausência de previsão nesse sentido.

que se falar em majoração em um terço de qualquer das duas sanções. As duas serão aplicadas conforme previstas no título executivo judicial.

Se, no momento de aferir a unificação das penas, o juiz verificar que não se está diante de uma continuidade delitiva, mas de novos ilícitos dissociados do primeiro que gerou a condenação em outro processo, ele deverá somar as penas. Não haverá, nesse caso, qualquer benefício ao réu, mas o somatório das penas como se estivessem em concurso material.

Em qualquer caso, o somatório das sanções de suspensão de direitos políticos e de proibição de contratar ou de receber incentivos fiscais ou creditícios do poder público observarão o limite máximo de 20 (vinte) anos (art. 18-A, parágrafo único).

O avanço do art. 18-A é inegável, mas ainda há alguns detalhes nesse tema que não foram explorados pela LIA. Nesse diapasão, ela deveria ter previsto, por exemplo, que, na hipótese de o réu já ter sido condenado em outro processo em circunstâncias que caracterizam a continuidade delitiva segundo os parâmetros do Código Penal a ser aplicado por analogia, que o juiz da ação de improbidade pendente de julgamento deveria, preferencialmente, aplicar a mesma espécie de sanção, considerando a majoração legal. Por exemplo, um dado réu foi condenado no primeiro processo a uma pena de multa. Caso a situação seja caracterizada como de continuidade delitiva, que ele seja novamente punido com a multa, e não com sanção de espécie diversa.

Outro ponto a ser destacado refere-se à situação em que a continuidade delitiva é identificada em uma única ação de improbidade. No momento de sentenciar, o juiz se depara com várias condutas ilícitas realizadas em circunstâncias semelhantes, mas não há qualquer condenação prévia. O que fazer nesse caso, uma vez que o art. 18-A só se refere à hipótese de unificação da pena na fase de cumprimento da sentença com a pena de outro processo já concluído? Comentaremos mais adiante esse tema no tópico referente às polêmicas deste artigo 18-A.

18-A.3) Polêmicas e peculiaridades do artigo:

18.A.3.1) Continuidade delitiva e unificação de penas antes da condenação: O Código Penal define a continuidade delitiva no seu artigo 71 logo acima transcrito e exige, para tanto, que os crimes de mesma espécie tenham sido praticados nas mesmas "condições de tempo, lugar, maneira de execução e outras semelhantes". Cria-se uma ficção jurídica de que estamos diante de um único ilícito, muito embora tenha sido vários os crimes praticados. A ficção é a de que os subsequentes são uma continuidade do primeiro.

A continuidade delitiva é uma ficção jurídica estudada inicialmente na Alemanha por Feuerbach e que veio a ser inserida no Código Penal da Baviera de 1813.[337] No Direito Penal, a continuidade delitiva ocasiona, como regra geral, a

---

[337] SIMÕES, Mariana Mateus Fidalgo. *O Crime Continuado*. A problemática da sua (in) aplicabilidade aos bens pessoalíssimos. 143f. Dissertação (mestrado em Ciências Jurídico Criminais) – Faculdade de Direito, Universidade de Coimbra, 2014. p. 24-25. Disponível em: https://estudogeral.uc.pt/bitstream/10316/34900/1/O%20Crime%20 Continuado%20A%20problematica%20da%20sua%20%28in%29%20aplicabilidade%20aos%20bens%20 pessoalissimos.pdf. Acesso em: 12 dez. 2022.

aplicação da pena de um só dos crimes, se idênticas, ou da mais grave, se diversas, aumentada, em qualquer caso, de um sexto a dois terços. Em se tratando de crimes dolosos contra vítimas diferentes cometidos com violência ou grave ameaça, o aumento da pena pode chegar ao triplo.

O art. 18-A da LIA representa um grande passo no sentido de termos um sistema punitivo estatal coerente e atento à proporcionalidade. Contudo, o legislador perdeu a oportunidade de expressamente tratar do emprego do instituto da continuidade delitiva no momento da condenação e anterior ao trânsito em julgado/cumprimento da sentença.

Caso um magistrado se depare com a prática de diversas condutas pelo réu em regime de continuidade delitiva, o que ele deverá fazer? Muito embora a LIA não trate expressamente dessa situação, o princípio da proporcionalidade impõe a aplicação do benefício da continuidade delitiva no momento em que for proferida a sentença condenatória. Não seria compreensível só adotar a continuidade delitiva diante da unificação de penas após o trânsito em julgado da ação de improbidade e virar as costas para o instituto no momento em que ele também é importante, vale dizer, no momento em que a sentença será proferida.

Assim, defendemos que o juiz da ação de improbidade poderá considerar a continuidade delitiva para além do que a LIA expressamente prevê. A lei disse menos do que deveria e poderia ter dito. Dessa forma, a lógica da continuidade delitiva também será aplicável quando o magistrado estiver sentenciando numa hipótese em que o réu tenha praticado variadas condutas ímprobas que se amoldem à ficção da continuidade delitiva. Isso poderá ocorrer, portanto, antes do trânsito em julgado, vale dizer, antes do cumprimento da sentença e independentemente de cotejo com sanção aplicada em outra ação de improbidade.

18-A.3.2) Valor máximo para a pena de multa: O parágrafo único do art. 18-A limitou as penas de suspensão de direitos políticos e de proibição de contratar ou de receber incentivos fiscais ou creditícios do poder público ao máximo de 20 (vinte) anos.

Não há, contudo, limitação expressa para a pena de multa no caso de concurso de condutas. O que temos é uma limitação do montante da multa em cada um dos três incisos do art. 12 da LIA e a previsão no §2º do mesmo artigo de que a multa poderá ser dobrada em virtude da situação econômica do réu. Assim, os incisos do artigo 12 preveem o seguinte:

> i) na hipótese do art. 9º desta Lei, pagamento de multa civil equivalente ao valor do acréscimo patrimonial; ii) na hipótese do art. 10 desta Lei, pagamento de multa civil equivalente ao valor do dano; iii) na hipótese do art. 11 desta Lei, pagamento de multa civil de até 24 (vinte e quatro) vezes o valor da remuneração percebida pelo agente.

A LIA considera, portanto, as condutas do art. 9º mais graves do que as do art. 10, e as deste artigo mais graves do que as do art. 11. Essa gradação pode ser identificada facilmente, mediante a leitura das penas previstas nos incisos do artigo 12 da LIA.

Esses limites expressos não são, na nossa compreensão, os únicos existentes. Entendemos que há, também, uma adicional limitação implícita do valor máximo da multa, que vai aparecer, por exemplo, nas hipóteses da responsabilidade de mais de um réu por condutas ímprobas variadas. Para ilustrar o que pensamos acerca da necessidade de consideração de um limite implícito para a pena de multa, formularemos uma situação hipotética. Vamos supor que três réus sejam condenados em uma única ação de improbidade, em razão de condutas que praticaram em conjunto relacionadas a um mesmo contexto fático. O caso envolve uma contratação direta de uma construtora para a realização de uma obra por valor superior ao do mercado. Um dos réus, Mévio, foi condenado com base no art. 9º da LIA por ter se enriquecido ilicitamente (acréscimo patrimonial) na quantia de duzentos mil reais. Ele recebeu referida vantagem econômica para facilitar a contratação da obra. Em razão da mesma contratação, o segundo réu, Tício, que não se enriqueceu indevidamente, foi condenado por ter causado dano patrimonial efetivo ao erário no montante de duzentos e cinquenta mil reais (art. 10, VIII). O terceiro réu, Caio, por sua vez, foi condenado com base no art. 11, V, por ter frustrado o caráter concorrencial de procedimento licitatório, mas não houve qualquer prova de que ele se enriqueceu ilicitamente ou de que ele foi quem causou a perda patrimonial efetiva ao erário. Esse terceiro réu possui uma remuneração de trinta mil reais.

Vamos supor que o juiz da ação de improbidade apenas tenha aplicado a cada um dos réus a pena de multa e que não haja razão para dobrá-la nos termos do que prevê o §2º do art. 12 da LIA. Nesse caso, precisamos considerar que, de acordo com a gravidade de cada uma das condutas dos três réus, a maior multa deve ser aplicada a Mévio, a segunda maior multa a Tício e a mais baixa a Caio. No entanto, a aplicação da LIA na sua literalidade não irá necessariamente gerar esse resultado. No caso concreto, por exemplo, o texto legal permite que, em tese, Mévio receba uma multa de até duzentos mil reais (valor do acréscimo patrimonial), Tício seja multado em até duzentos e cinquenta mil reais (valor do dano), e Caio no valor de até setecentos e vinte mil reais (até vinte e quatro vezes o valor da remuneração percebida pelo agente). Percebe-se, com esse exemplo, como a aplicação da lei em um caso concreto pode acarretar uma situação inaceitável, em que o réu que praticou a conduta de menor gravidade, poderia receber uma multa com limite maior do que a dos demais. Caio não pode ser obrigado a pagar setecentos e vinte mil reais de multa, enquanto que Mévio só pode ser multado em até duzentos mil reais.

Por isso é que defendemos a existência de um limite implícito em relação à pena de multa. O réu que foi condenado pelo art. 10 ou pelo art. 11 da LIA não pode ter de pagar uma multa em montante superior ao limite daquele que, em um mesmo contexto fático, foi condenado exclusivamente a pagar uma pena de multa por ter praticado uma conduta do art. 9º da LIA. Em suma, no caso concreto, em que só ocorreu a aplicação de uma única espécie de sanção, a pena de multa de Mévio, Tício ou de Caio não poderia ultrapassar duzentos mil reais para cada um.

ARTIGO 19

CAPÍTULO VI

Das Disposições Penais

Art. 19. Constitui crime a representação por ato de improbidade contra agente público ou terceiro beneficiário, quando o autor da denúncia o sabe inocente.

Pena: detenção de seis a dez meses e multa.

Parágrafo único. Além da sanção penal, o denunciante está sujeito a indenizar o denunciado pelos danos materiais, morais ou à imagem que houver provocado.

19.1) Tema central do dispositivo: Representação criminosa da prática de improbidade administrativa por quem o autor da denúncia sabe ser inocente. O artigo 19 prevê como crime o ato de comunicar por meio de uma representação o ato de improbidade, quando o seu autor tem conhecimento da inocência do representado. A responsabilidade criminal não impedirá a responsabilidade civil pelos danos, materiais, morais ou à imagem que forem causados.

19.2) Explicação do dispositivo: O artigo 19 procura evitar a vulgarização da representação pela prática de improbidade administrativa, realçando que será crime fazer tal comunicação, quando se sabe a inocência do agente público. Exige-se o dolo direto, o dolo específico para a configuração do crime. Assim, apenas teremos o crime descrito na LIA, quando houver prova de que a representação foi apresentada com a intenção de se obter um resultado ilícito.

É bem verdade que a vagueza das condutas ímprobas dificulta, sobremaneira, a demonstração do dolo do representante, no sentido do conhecimento da inocência daquele que foi objeto da comunicação. No entanto, o contexto fático pode contribuir para a conclusão da presença da intenção desonesta de quem representa.

O direito de representação tem fundamento constitucional no art. 5º, XXIV, que assegura o direito de petição aos órgãos públicos, nos seguintes termos:

> Art. 5º
> XXXIV – são a todos assegurados, independentemente do pagamento de taxas:
> a) o direito de petição aos Poderes Públicos em defesa de direitos ou contra ilegalidade ou abuso de poder;

Todos possuem, portanto, o direito subjetivo de comunicar a ocorrência de alguma irregularidade ao poder público. No entanto, o exercício desse direito não pode ocorrer de maneira desonesta, a fim de prejudicar um determinado agente público. Demonstrado o dolo específico do representante, resta configurado o crime previsto no art. 19. O tipo penal descrito pela LIA no art. 19 tem similitude, mas não identidade absoluta, com o do art. 339 do Código Penal (CP) que, inserido no capítulo dos crimes contra a administração da justiça, disciplina a denunciação caluniosa, *in verbis*:

> Denunciação caluniosa
> Art. 339. Dar causa à instauração de inquérito policial, de procedimento investigatório criminal, de processo judicial, de processo administrativo disciplinar, de inquérito civil ou de ação de improbidade administrativa contra alguém, imputando-lhe crime, infração ético-disciplinar ou ato ímprobo de que o sabe inocente: (Redação dada pela Lei nº 14.110, de 2020)
> Pena – reclusão, de dois a oito anos, e multa.
> §1º – A pena é aumentada de sexta parte, se o agente se serve de anonimato ou de nome suposto.
> §2º – A pena é diminuída de metade, se a imputação é de prática de contravenção.

A comparação entre a redação do art. 19 da LIA e a do art. 339 do CP evidencia a discrepância dos objetivos de cada um desses tipos penais. O art. 19 da LIA, que prevê uma pena de detenção de apenas seis a dez meses e multa, reprime a conduta dolosa daquele que representa por ato de improbidade contra agente público ou terceiro beneficiário, quando o autor da denúncia o sabe inocente. Por sua vez, o tipo do art. 339 do CP, que comina uma pena bem mais elevada de reclusão de até oito anos e multa, considera crime dar causa à instauração de inquérito civil ou de ação de improbidade administrativa contra alguém, imputando-lhe ato ímprobo de que o sabe inocente. Assim, é forçoso concluir que a mera representação dolosa, ainda que venha a ser arquivada sem a instauração de um inquérito civil, pode configurar crime, nos termos do art. 19 da LIA. Se ela ensejar a instauração de um inquérito civil para a apuração da prática de improbidade administrativa ou mesmo o ajuizamento de uma ação de improbidade, o crime será considerado de maior gravidade e será aquele descrito no art. 339 do CP.

Assim, o art. 19 da LIA cuida de situação menos grave do que a da denunciação caluniosa prevista no Código Penal.

19.3) Polêmicas e peculiaridades do artigo:

19.3.1) Dano moral decorrente da representação caluniosa: O art. 19 menciona em seu parágrafo único que o denunciante terá de indenizar o denunciado pelos danos materiais, morais ou à imagem que houver provocado. Para que o denunciante responda civilmente, é imperioso o reconhecimento da ocorrência do crime descrito no *caput* da art. 19 da LIA. Demais disso, caso o suposto dano resulte da referida ação criminosa, a responsabilidade civil dependerá, ainda, da demonstração da ocorrência do dano efetivo. Esse é, aliás, o entendimento do STJ sobre a matéria:

> Informativo nº 337
> 22 a 26 de outubro de 2007.

QUARTA TURMA
DANO MORAL. COMPROVAÇÃO. INQUÉRITO POLICIAL. ATIPICIDADE. DENUNCIAÇÃO CALUNIOSA.
A Turma, por maioria, entendeu que, para fins de indenização por dano moral decorrente da instauração indevida de inquérito policial, é necessária a comprovação do dano sofrido. Precedentes citados: REsp nº 866.725-MT, DJ 4/12/2006; REsp nº 802.435-PE, DJ 30/10/2006; REsp nº 316.295-AM, DJ 21/3/2005, e REsp nº 494.867-AM, DJ 29/9/2003. REsp nº 961.982-SP, Rel. Min. Fernando Gonçalves, julgado em 23/10/2007.

ARTIGO 20

Art. 20. A perda da função pública e a suspensão dos direitos políticos só se efetivam com o trânsito em julgado da sentença condenatória.

§1º A autoridade judicial competente poderá determinar o afastamento do agente público do exercício do cargo, do emprego ou da função, sem prejuízo da remuneração, quando a medida for necessária à instrução processual ou para evitar a iminente prática de novos ilícitos. (Incluído pela Lei nº 14.230, de 2021)

§2º O afastamento previsto no §1º deste artigo será de até 90 (noventa) dias, prorrogáveis uma única vez por igual prazo, mediante decisão motivada. (Incluído pela Lei nº 14.230, de 2021)

20.1) Tema central do dispositivo: Afastamento preventivo e eficácia das sanções. O *caput* do art. 20 da LIA reforça a noção de que, atualmente, a execução das sanções no âmbito da ação de improbidade administrativa depende do seu trânsito em julgado. Antes da reforma de 2021, as duas sanções nele mencionadas (perda da função pública e suspensão dos direitos políticos) eram as únicas, cuja execução dependia do trânsito em julgado.[338] As demais comportavam execução provisória, o que mudou com o art. 12, §9º, da LIA.

Antes mesmo do trânsito em julgado da ação de improbidade, condição para a execução das sanções, o juiz pode se deparar com a necessidade de adoção de providências cautelares para assegurar a instrução processual ou mesmo para evitar a prática de novos ilícitos. O art. 20, nesse contexto, ampara a atuação jurisdicional que determina o afastamento do agente público processado por improbidade administrativa.

20.2) Explicação do dispositivo: O afastamento preventivo previsto no art. 20 da LIA tem caráter cautelar e não caracteriza antecipação de uma condenação. Trata-se de medida destinada a evitar que o agente público possa inviabilizar a produção de provas ou que pratique novos ilícitos. Em sua redação original, a LIA limitava o emprego do afastamento preventivo a situações necessárias a assegurar a instrução processual. E a presença desse fundamento era exigida pelo STJ:

> III. Na forma da jurisprudência do STJ, a regra do art. 20, parágrafo único, da Lei 8.429/92, que prevê o afastamento cautelar do agente público durante a apuração dos atos de improbidade administrativa, *só pode ser aplicada se configurado risco à instrução processual, considerando que a mera menção à relevância ou posição estratégica do cargo não constitui fundamento suficiente para o respectivo afastamento cautelar.*

---

[338] No caso específico da suspensão dos direitos políticos, já comentamos neste livro que a Lei da Ficha Limpa acabou permitindo que a pena produzisse efeitos mesmo antes do trânsito em julgado da condenação na ação de improbidade.

(...)
A manutenção da eficácia da medida cautelar, de modo incondicionado e por tempo indefinido, implicaria, só por si, pela usual demora na alongada tramitação do processo, prejuízo injustificável tanto ao interesse público, primário e secundário, quanto ao interesse dos imputados, ante as garantias do devido processo legal, da duração razoável do processo e da presunção de inocência".
(STJ, AgInt no AREsp nº 12414 03 / RJ, Rel. Min. Assusete Magalhães, 2ª Turma, DJe 27.08.2020) (Grifamos)

Com a reforma legal de 2021, o afastamento preventivo do agente público em relação às suas funções também passou a poder ter como fundamento, para além da necessidade de instrução processual, o de evitar a iminente prática de novos ilícitos. De fato, seria desarrazoado que o agente público continuasse a exercer suas funções até o trânsito em julgado da ação de improbidade, quando se tem fortes indícios de que ele efetivamente praticou a conduta ímproba que lhe foi imputada e há o risco iminente de repetição do ilícito. Nesse ponto, a tutela provisória se aproxima da tutela provisória de evidência, e se torna fundamental para evitar o risco de o ilícito se repetir.

O afastamento previsto na LIA configura medida preventiva a ser deferida judicialmente. A autoridade administrativa, por sua vez, terá, no âmbito de um processo administrativo disciplinar em que se apura a prática de improbidade, competência para afastar preventivamente o agente público, desde que sua lei de regência assegure essa prerrogativa. Mas o afastamento no âmbito da ação de improbidade depende de decisão judicial.

O §2º do art. 20 da LIA limita temporalmente o afastamento preventivo ao prazo de 90 dias, prorrogáveis uma única vez por igual período, desde que por decisão motivada. Assim, nenhum afastamento preventivo deferido em uma ação de improbidade administrativa poderá durar mais de 180 dias. Esse limite é aplicável ainda que a ação de improbidade não tenha sido concluída, mesmo que a conduta ímproba seja altamente reprovável e a despeito de a instrução processual não ter se encerrado. De acordo com a lei de improbidade, os eventuais efeitos deletérios decorrentes da cessação do afastamento preventivo pelo decurso do prazo devem ser arcados pelo Estado.

Considerando que, atualmente, a execução das sanções não pode mais ocorrer de forma provisória, é muito provável que todos os afastamentos preventivos, sem exceção alguma, sejam desconstituídos antes de as sanções nas ações de improbidade terem condições de produzir os seus efeitos, vale dizer, os afastamentos cessarão seus efeitos antes do trânsito em julgado do processo, tendo em vista que tal fato não costuma ocorrer no Brasil no exíguo prazo de 180 dias. O ideal seria, em uma perspectiva *de lege ferenda*, que existissem hipóteses de suspensão do prazo de afastamento (*v. eg.*: quando a demora da instrução processual decorrer de um comportamento do demandado) ou mesmo de sua interrupção a cada condenação do réu em uma dada instância. Isso porque, de acordo com a regra *de lege lata*, independentemente da gravidade da conduta e das circunstâncias peculiares do processo, os mais desonestos e piores agentes públicos serão afastados preventivamente e, em menos de um ano, retornarão para suas funções públicas. Tal fato ocorrerá ainda que o Estado envide todos os esforços para o julgamento célere da ação de improbidade e que não haja, por conseguinte, qualquer demonstração de inércia estatal. Por essa razão, a possibilidade de prática de novos ilícitos sempre existirá, e de forma contrária ao que a LIA procurou evitar com a nova redação do §1º do seu art. 20. Situação indesejável sob qualquer ponto de vista.[339]

20.3) Polêmicas e peculiaridades do artigo:

20.3.1) Suspensão de liminar e afastamento temporário: O entendimento predominante no STJ é o de que o pedido de suspensão de liminar pode ser formulado por agente político para desconstituir uma decisão que o afastou preventivamente de suas funções. Sobre o tema, segue abaixo a jurisprudência em teses:

> **Jurisprudência em teses do STJ**. Edição nº 188: Improbidade Administrativa – V.
> 11) O agente político eleito tem legitimidade ativa para ajuizar pedido de suspensão com o objetivo de sustar efeitos de decisão que o afastou cautelarmente do cargo para apuração de atos de improbidade administrativa.

20.3.2) Parcelas devidas ao agente público afastado. A situação das parcelas de natureza indenizatória e das vantagens remuneratórias de caráter *pro labore faciendo*: O §1º do art. 20 da LIA estabelece que o afastamento do agente público ocorrerá sem prejuízo da sua remuneração. A ideia central aqui é a de que aquele que foi afastado não sofra da mesma forma que aquele que foi punido, notadamente porque não se está diante de uma punição antecipada. Medida cautelar não é julgamento antecipado da lide, o que desautoriza impedir que o agente público receba sua remuneração.

O texto assegura a percepção da remuneração integral, mas não o pagamento de parcelas de caráter indenizatório. Por essa razão, o agente afastado não deverá receber, por exemplo, diárias, auxílio-saúde, auxílio-alimentação, auxílio-moradia dentre outras parcelas que tenham como objetivo recompor perdas que o agente público tem relacionadas, em alguma medida, com o desempenho das funções do cargo. Durante o afastamento, não há correlação entre as despesas contraídas pelo servidor e o desempenho das funções do cargo, o que nos permite concluir que a indenização não deve ser paga. É importante destacar que alguns afastamentos previstos na legislação do servidor público são concedidos, mas são considerados como se ele em exercício estivesse. É o caso, por exemplo, da licença para tratamento da saúde pelo período de até 24 meses e da licença para capacitação (art.

---

[339] No período anterior ao da reforma legal de 2021, que fixou um prazo máximo para o afastamento preventivo, o STJ já reconhecia que o prazo máximo de afastamento preventivo de um prefeito seria de 180 dias, mas que, excepcionalmente, o prazo poderia ser aumentado. AgInt na SLS nº 2.790/ES, relator Ministro Humberto Martins, Corte Especial, julgado em 01.12.2020, DJe de 14.12.2020.

102, VIII, "b" e "e" da Lei nº 8.112/90). Portanto, mesmo sem exercer as funções do cargo, poderá, a depender do tipo de afastamento, eventualmente receber algumas parcelas indenizatórias. De todo modo, nas hipóteses de afastamento preventivo da LIA, não se considera o agente público como se em exercício estivesse. Daí porque as parcelas indenizatórias não são pagas no período do afastamento cautelar.

O mesmo não deve ser dito em relação às parcelas *pro labore faciendo*. Há vantagens que são pagas ao servidor com um caráter remuneratório, mas que decorrem do desempenho efetivo das suas atividades. É o caso, por exemplo, de uma gratificação por desempenho. Muito embora o agente público não esteja no exercício de suas atividades durante o período do afastamento preventivo, o caráter remuneratório das referidas vantagens justifica a sua manutenção. Essa foi a vontade expressa do legislador quando afirmou categoricamente "sem prejuízo da remuneração". E, para a apuração do montante efetivamente devido ao agente público, o cálculo deve ser feito em cada caso concreto, sendo um justo parâmetro a média percebida na sua função a título de vantagem *pro labore faciendo*.

20.3.3) Medidas cautelares atípicas: A LIA prevê expressamente algumas medidas cautelares a serem possivelmente deferidas em uma ação de improbidade. Contudo, o juiz não fica limitado a expedir as medidas cautelares expressamente mencionadas. Pode ser necessário deferir alguma medida cautelar inominada. É o caso, por exemplo, da proibição de frequentar determinados lugares, de se comunicar com algumas pessoas relacionadas à improbidade, do recolhimento dos passaportes do réu, a fim de evitar que fuja do país, ou mesmo a suspensão da carteira de motorista, dentre outras possíveis medidas. O STJ adota o mesmo entendimento, *in verbis*:

> Informativo nº 695
> 10 de maio de 2021.
> SEGUNDA TURMA
>
> Improbidade administrativa. Fase de cumprimento de sentença. Requerimento de medidas coercitivas. ***Suspensão de CNH e apreensão de passaporte.*** Previsão feita no art. 139, IV, do CPC/2015. ***Medidas executivas atípicas.*** Aplicação em processos de improbidade. Observância de parâmetros. Análise dos fatos da causa. Possibilidade.
> Destaque
> São cabíveis medidas executivas atípicas de cunho não patrimonial no cumprimento de sentença proferida em ação de improbidade administrativa.
> Informações do Inteiro Teor
> Há no Superior Tribunal de Justiça julgados afirmando a possibilidade da adoção das chamadas medidas atípicas no âmbito da execução, desde que preenchidos certos requisitos. Nesse sentido: "O propósito recursal é definir se a suspensão da carteira nacional de habilitação e a retenção do passaporte do devedor de obrigação de pagar quantia são medidas viáveis de serem adotadas pelo juiz condutor do processo executivo (…) O Código de Processo Civil de 2015, a fim de garantir maior celeridade e efetividade ao processo, positivou regra segundo a qual incumbe ao juiz determinar todas as medidas indutivas, coercitivas, mandamentais ou sub-rogatórias necessárias para assegurar o cumprimento de ordem judicial, inclusive nas ações que tenham por objeto prestação pecuniária (art. 139, IV)" (REsp nº 1.788.950/MT, Rel. Ministra Nancy Andrighi, Terceira Turma, DJe 26.04.2019).
> Há, também, decisão da Primeira Turma indeferindo as medidas atípicas, mas mediante

expressa referência aos fatos da causa. Afirmou-se no julgado: "O TJ/PR deu provimento a recurso de Agravo de Instrumento interposto pelo Município de Foz do Iguaçu/PR contra a decisão de Primeiro Grau que indeferiu o pedido de medidas aflitivas de inscrição do nome do executado em cadastro de inadimplentes, de suspensão do direito de dirigir e de apreensão do passaporte. O acórdão do TJ/PR, ora apontado como ato coator, deferiu as indicadas medidas no curso da Execução Fiscal. Ao que se dessume do enredo fático-processual, a medida é excessiva. Para além do contexto econômico de que se lançou mão anteriormente, o que, por si só, já justificaria o afastamento das medidas adotadas pelo Tribunal Araucariano, registre-se que o caderno processual aponta que há penhora de 30% dos vencimentos que o réu aufere na Companhia de Saneamento do Paraná-SANEPAR. Além disso, rendimentos de sócio-majoritário que o executado possui na Rádio Cultura de Foz do Iguaçu Ltda.-EPP também foram levados a bloqueio" (HC nº 45.3870/PR, Relator Min. Napoleão Nunes Maia Filho, Primeira Turma, DJe 15.08.2019).

Além de fazer referência aos fatos da causa, essa última decisão, da Primeira Turma, foi proferida em Execução Fiscal. Diversamente, no caso dos autos trata-se de cumprimento de sentença proferida em Ação por Improbidade Administrativa, demanda que busca reprimir o enriquecimento ilícito, as lesões ao erário e a ofensa aos princípios da Administração Pública. Ora, se o entendimento desta Corte – conforme jurisprudência supra destacada – é no sentido de que são cabíveis medidas executivas atípicas a bem da satisfação de obrigações de cunho estritamente patrimonial, com muito mais razão elas devem ser admitidas em casos onde o cumprimento da sentença se dá a bem da tutela da moralidade e do patrimônio público. Superada a questão da impossibilidade de adoção de medidas executivas atípicas de cunho não patrimonial pela jurisprudência dessa Corte, não há como não considerar o interesse público na satisfação da obrigação um importante componente na definição pelo cabimento (ou não) delas à luz do caso concreto.

Os parâmetros construídos pela Terceira Turma, para aplicação das medidas executivas atípicas, encontram largo amparo na doutrina se revelam adequados, também, no cumprimento de sentença proferida em Ação por Improbidade.

Conforme tem preconizado a Terceira Turma: "A adoção de meios executivos atípicos é cabível desde que, verificando-se a existência de indícios de que o devedor possua patrimônio expropriável, tais medidas sejam adotadas de modo subsidiário, por meio de decisão que contenha fundamentação adequada às especificidades da hipótese concreta, com observância do contraditório substancial e do postulado da proporcionalidade" (REsp nº 1.788.950/MT, Rel. Ministra Nancy Andrighi, Terceira Turma, DJe 26.04.2019).

Consigne-se que a observância da proporcionalidade não deve ser feita em abstrato, a não ser que as instâncias ordinárias expressamente declarem o artigo 139, IV, do CPC/2015, inconstitucional. Não sendo o caso, as balizas da proporcionalidade devem ser observadas com referência ao caso concreto, nas hipóteses em que as medidas atípicas se revelem excessivamente gravosas, por exemplo, causando prejuízo ao exercício da profissão. (STJ. REsp nº 1.929.230-MT, Rel. Min. Herman Benjamin, Segunda Turma, por unanimidade, julgado em 04.05.2021).

Em relação a essas medidas atípicas, não precisamos considerar o mesmo limite temporal que o previsto no §2º do art. 20. O efeito da medida pode ser maior, pois os seus objetivos e impactos não são os mesmos que os do afastamento preventivo.

20.3.4) Afastamento preventivo de prefeito e mandato: A LIA menciona que o juiz poderá determinar o afastamento preventivo de qualquer agente público. O texto não exclui qualquer autoridade dessa ampla expressão. É possível, portanto, que os agentes políticos que foram eleitos, por exemplo, sejam afastados por decisão judicial. A soberania popular, a democracia e o republicanismo legitimam a ocupação do mandato após a vitória em uma eleição, mas não a qualquer custo e a qualquer tempo. A prática de condutas ímprobas autoriza, por exemplo, que excepcionalmente os mandatários sejam afastados temporariamente do seu mandato, nos termos do art. 20 da LIA. Não se trata de cassação de mandato, mas de medida necessária para a instrução processual ou para evitar a prática de novos ilícitos. Nesse mesmo sentido, confira-se a posição do STJ:

> AGRAVO INTERNO NA SUSPENSÃO DE LIMINAR E DE SENTENÇA. AFASTAMENTO DE PREFEITO. PRORROGAÇÃO DO PRAZO POR MAIS 180 DIAS. GRAVE LESÃO À ORDEM E À ECONOMIA PÚBLICAS NÃO DEMONSTRADA.
> 1. A suspensão de liminar é medida excepcional de contracautela cuja finalidade é evitar grave lesão à ordem, à saúde, à segurança ou à economia públicas.
> 2. A jurisprudência do Superior Tribunal de Justiça é no sentido de que "o deferimento do pedido de suspensão está condicionado à cabal demonstração de que a manutenção da decisão impugnada causa grave lesão a um dos bens tutelados pela legislação de regência".
> 3. *O afastamento temporário de prefeito municipal decorrente de investigação por atos de improbidade administrativa (art. 20, parágrafo único, da Lei n. 8.429/1992) não tem o potencial de, por si só, causar grave lesão aos bens jurídicos protegidos pela Lei n. 8.437/1992.*
> 4. *O STJ considera razoável o prazo de 180 dias para afastamento cautelar de prefeito. Todavia, também entende que, excepcionalmente, as peculiaridades fáticas do caso concreto podem ensejar a necessidade de alongar o período de afastamento, sendo o juízo natural da causa, em regra, o mais competente para tanto* (AgRg na SLS nº 1.854/ES, relator Ministro Felix Fischer, Corte Especial, DJe de 21.03.2014).
> 5. No presente caso, as decisões mencionadas apresentam fundamentação idônea e têm prazo determinado. A prorrogação do afastamento do cargo de prefeito está fundada em elementos probatórios contemporâneos, que apontam para indícios de interferência na instrução processual. Portanto, a excepcionalidade prevista pela legislação de regência não foi devidamente demonstrada. A insatisfação do requerente com a decisão impugnada e o evidente interesse pessoal de retornar ao cargo de prefeito aparentam transcender o interesse público em discussão.
> Agravo interno improvido.
> (AgInt na SLS nº 2.790/ES, relator Ministro Humberto Martins, Corte Especial, julgado em 01.12.2020, DJe de 14.12.2020.) (Grifamos)

20.3.5) Jurisprudência em teses do STJ.

Jurisprudência em teses do STJ. Edição nº 40: Improbidade Administrativa – II.
6) O afastamento cautelar do agente público de seu cargo, previsto no parágrafo único do art. 20 da Lei n. 8.429/92, é medida excepcional que pode perdurar por até 180 dias.[340]
Jurisprudência em teses do STJ. Edição nº 186: Improbidade Administrativa – III.
10) No cumprimento de sentença proferida em ação de improbidade administrativa podem ser adotadas subsidiariamente medidas executivas atípicas de cunho não patrimonial, se houver indícios de que o devedor possui patrimônio expropriável e se a decisão for fundamentada, observados os princípios do contraditório e da proporcionalidade.
Jurisprudência em teses do STJ. Edição nº 187: Improbidade Administrativa – IV.

---

[340] Esta tese agora precisa se ajustar ao que previsto no art. 20, §2º, da LIA.

6) O afastamento cautelar de agente público durante a apuração dos atos de improbidade administrativa se legitima como medida excepcional se configurado risco à instrução processual, não é, portanto, lícito invocar relevância, hierarquia ou posição do cargo para a imposição da medida.

Jurisprudência em teses do STJ. Edição nº 188: Improbidade Administrativa – V.

11) O agente político eleito tem legitimidade ativa para ajuizar pedido de suspensão com o objetivo de sustar efeitos de decisão que o afastou cautelarmente do cargo para apuração de atos de improbidade administrativa.

ARTIGO 21

Art. 21. A aplicação das sanções previstas nesta lei independe:

I - da efetiva ocorrência de dano ao patrimônio público, salvo quanto à pena de ressarcimento e às condutas previstas no art. 10 desta Lei; (Redação dada pela Lei nº 14.230, de 2021)

II - da aprovação ou rejeição das contas pelo órgão de controle interno ou pelo Tribunal ou Conselho de Contas.

§1º Os atos do órgão de controle interno ou externo serão considerados pelo juiz quando tiverem servido de fundamento para a conduta do agente público. (Incluído pela Lei nº 14.230, de 2021)

§2º As provas produzidas perante os órgãos de controle e as correspondentes decisões deverão ser consideradas na formação da convicção do juiz, sem prejuízo da análise acerca do dolo na conduta do agente. (Incluído pela Lei nº 14.230, de 2021)

§3º As sentenças civis e penais produzirão efeitos em relação à ação de improbidade quando concluírem pela inexistência da conduta ou pela negativa da autoria. (Incluído pela Lei nº 14.230, de 2021)

§4º A absolvição criminal em ação que discuta os mesmos fatos, confirmada por decisão colegiada, impede o trâmite da ação da qual trata esta Lei, havendo comunicação com todos os fundamentos de absolvição previstos no art. 386 do Decreto-Lei nº 3.689, de 3 de outubro de 1941 (Código de Processo Penal). (Incluído pela Lei nº 14.230, de 2021) (Vide ADI 7236)[341]

§5º Sanções eventualmente aplicadas em outras esferas deverão ser compensadas com as sanções aplicadas nos termos desta Lei. (Incluído pela Lei nº 14.230, de 2021)

21.1) Tema central do dispositivo: Comunicabilidade de instâncias e improbidade desacompanhada do dano. Um dos objetivos do art. 21 da LIA é o de salientar que a condenação por improbidade administrativa não depende, necessariamente, da ocorrência de dano ao erário. Essa é uma das grandes novidades no enfrentamento à corrupção introduzidas pela Carta de 1988 e pela Lei nº 8429/92: a condenação por improbidade não tem como propósito exclusivo recompor a eventual perda sofrida pelo erário e invalidar o ato lesivo. Ainda que nenhum dano tenha ocorrido, mesmo assim a condenação poderá advir. Naturalmente que a imposição do dever de ressarcimento ao erário dependerá da

---

[341] Ao apreciar o pedido de medida liminar, o relator da ADI nº 7.236 entendeu que estariam presentes os requisitos para a suspensão do §4º do art. 21 da LIA. STF. ADI nº 7.236. Rel. Min. Alexandre de Moraes. Decisão de 27 de dezembro de 2022.

presença do dano, assim como a condenação por conduta do art. 10, na medida em que o próprio dispositivo legal refere-se à improbidade que causa dano ao erário.

Outro objetivo nuclear do art. 21 é o de disciplinar a comunicabilidade de instâncias em matéria de improbidade e o de esclarecer que a decisão judicial na ação de improbidade se sobrepõe a qualquer outra decisão administrativa, ainda que oriunda de um órgão autônomo de envergadura constitucional como o Tribunal de Contas da União. Por essa razão, o réu poderá ser condenado, ainda que suas contas sejam aprovadas pelo órgão de controle interno ou externo. E a rejeição das contas por esses órgãos também não impede a improcedência dos pedidos na ação de improbidade.

21.2) Explicação do dispositivo: Em seu art. 37, §4º, a Constituição de 1988 inovou ao ampliar o rol de sanções a serem aplicadas, em razão da prática da improbidade administrativa, o que foi regulamentado pela LIA em 1992. Até então, a repressão estatal à corrupção na esfera cível se materializava por meio de duas medidas: i) invalidação do ato lesivo ao erário, e ii) ressarcimento do prejuízo sofrido pelo erário. Ao mesmo tempo em que a LIA avançou ao inovar nas sanções a serem possivelmente aplicadas ao réu, ela preservou a intenção de a ação de improbidade também servir de instrumento para a recomposição do prejuízo sofrido pelo erário.

Ainda que o dano ao erário não seja uma condição legalmente imposta para a condenação do demandado por improbidade, se acontecer uma lesão ao patrimônio público resultante de uma ação ou omissão dolosa, o ressarcimento integral deverá ocorrer. Na sua literalidade, a LIA impõe o ressarcimento ao erário quando se está diante de uma lesão ao patrimônio público. Assim, havendo lesão ao patrimônio público, resta à parte autora da ação de improbidade pleitear a condenação do demandado ao dever de ressarcimento ao erário e, ao magistrado, o dever de aplicar essa medida. O mesmo dever de recompor o patrimônio público não está previsto para as condenações por improbidade administrativa que atentem contra os princípios da Administração Pública.

É fundamental destacar que o ressarcimento ao erário não depende, como regra, do ajuizamento de uma ação de improbidade. Para tanto, basta, na ausência de uma composição amigável, o ajuizamento de uma ação de ressarcimento pela vítima do dano. O pedido de ressarcimento ao erário há de ser feito na ação de improbidade apenas quando o dano tiver relação com a conduta ímproba. Sendo assim, a aplicação da medida de ressarcimento ao erário na ação de improbidade depende inexoravelmente de uma condenação por improbidade. Nesse mesmo sentido, Alexandre de Moraes sustenta que:

> Nos termos da Lei 8.429/92, somente haverá a possibilidade de imposição de ressarcimento ao erário público se o agente público ou o beneficiário for condenado pela prática do ato de improbidade administrativa, não se confundindo, portanto, com as demais hipóteses de dever de ressarcimento motivadas pela prática de outro atos que não os definidos pela referida lei.[342]

---

[342] MORAES, Alexandre de. A necessidade de ajuizamento ou de prosseguimento de ação civil de improbidade administrativa para fins de ressarcimento ao erário público, mesmo nos casos de prescrição das demais

Um dos grandes problemas atuais do sistema punitivo estatal brasileiro é a excessiva sobreposição de instâncias e a falta de cooperação e uniformidade de entendimento entre as variadas esferas punitivas. Nessa matéria, tivemos um avanço importante com a reforma da LIA de 2021, porque ela passou a exigir, no §1º do seu art. 21, que o juiz considere os atos do órgão de controle interno ou externo que serviram de fundamento para a conduta do agente público. Se o agente praticou sua conduta com amparo em um parecer ou decisão do seu órgão de controle interno, por exemplo, será muito difícil comprovar o seu dolo. E, ausente o dolo, não há improbidade administrativa. Por essa razão, não podemos desprezar o que levou o agente público a decidir em um determinado sentido e nem mesmo as decisões dos órgãos de controle. Essas circunstâncias não vinculam o juiz, mas precisam ser por ele analisadas.

Da mesma forma, se uma prova foi produzida em uma determinada instância punitiva, o ideal é que ela possa ser aproveitada no âmbito da ação de improbidade administrativa. Nesse sentido, o §2º do art. 21 estipula que "as provas produzidas perante os órgãos de controle e as correspondentes decisões deverão ser consideradas na formação da convicção do juiz". O texto não prevê uma força vinculante da decisão tomada pelo órgão de controle, mas obriga o juiz da ação de improbidade a, quando for decidir, considerá-las de acordo com o seu próprio e livre convencimento motivado. Assim, o juiz não está obrigado a seguir a conclusão do órgão administrativo de controle sobre os mesmos fatos, mas, também, não pode deixar de considerar em sua análise as decisões e provas que foram por ele produzidas.[343]

No que concerne ao tema da comunicabilidade de instâncias, a LIA avançou, reforçando a necessidade de se estabelecer uma maior interdependência entre as variadas esferas punitivas. De fato, as sanções previstas na Lei nº 8.429 são autônomas em relação àquelas estabelecidas por outras instâncias punitivas, mas, com a reforma promovida pela Lei nº 14.230/21, houve uma ampliação das hipóteses de vinculação daquilo que foi decidido em uma determinada instância para o âmbito da improbidade administrativa. A redação original da LIA muito pouco abordava sobre o tema da comunicabilidade de instâncias, restringindo-se a mencionar que a aplicação das sanções independe da decisão do órgão de controle interno ou do Tribunal ou Conselho de Contas. E o art. 935 do Código Civil era o principal dispositivo legal que se tinha de matéria-prima legislativa para impor o efeito vinculante de algumas decisões criminais. Segue o texto:

> Art. 935. A responsabilidade civil é independente da criminal, não se podendo questionar mais sobre a existência do fato, ou sobre quem seja o seu autor, quando estas questões se acharem decididas no juízo criminal.

---

sanções previstas na Lei 8.429/92. *In*: CAMPBELL, Mauro (Coord.). *Improbidade Administrativa*. Temas atuais e controvertidos. São Paulo: Gen-Forense, 2017. p. 34.

[343] O STJ está decidindo se a redação dada ao art. 21 da LIA pela reforma de 2021 se aplica a fatos ocorridos antes da sua entrada em vigor. STJ. AREsp nº 2.031.414, rel. Min. Gurgel de Faria. Primeira Turma.

Assim, para que uma decisão judicial pudesse impedir uma condenação por improbidade administrativa, isso dependeria de o juiz criminal já ter decidido sobre a existência do fato (materialidade inexistente) ou sobre quem foi o seu autor (prova da inocorrência da autoria). Em situações de absolvição criminal por ausência de provas, por exemplo, a ação de improbidade poderia ensejar uma condenação ao réu, ainda que pelas mesmas condutas que foram avaliadas na esfera criminal. Confira-se o julgado abaixo no mesmo sentido:

> II – Diante da relativa independência entre as instâncias cível e criminal, *a absolvição no juízo criminal apenas vincula o juízo cível quando reconhecer a inexistência do fato ou atestar não ter sido o increpado seu autor*. Nos demais casos, como por exemplo a absolvição por ausência de provas de autoria ou materialidade, ou ainda quando reconhecida a extinção da punibilidade pela prescrição, subsiste a possibilidade de apuração dos fatos na esfera cível. III – A verificação da existência de sentença absolutória no juízo criminal, e ainda seus fundamentos, demanda reexame de provas, vedado nesta seara recursal, nos termos do Enunciado Sumular 7/STJ, máxime quando o juízo monocrático ainda não se pronunciou sobre o mérito da causa, oportunidade em que poderá conhecer dos argumentos postos pelo agravante. IV – Agravo regimental improvido. (STJ, 1ª Turma, Rel. Min. Francisco Falcão, AgRg nos EDcl no REsp nº 1160956 / PA, DJ 07.05.12)

Tínhamos muito pouco no direito positivo brasileiro em termos de comunicabilidade de instâncias em relação à ação de improbidade administrativa. Mesmo diante de uma absolvição criminal por ausência de provas, deveria, segundo sempre sustentamos, existir algum tipo de repercussão dessa conclusão no julgamento da ação de improbidade. Caso contrário, abre-se um espaço indesejado para um sentimento de vale-tudo e insegurança jurídica, em que o Estado pode desprezar o nível de produção de provas e tudo o que foi avaliado em uma determinada instância punitiva.

Com a reforma de 2021 da LIA, tivemos três avanços notáveis nessa matéria específica. O *primeiro* deles aparece no §3º do art. 21 que prevê a vinculação dos efeitos, também, da sentença civil na ação de improbidade. Agora, não só as sentenças penais, mas, também, as civis "produzirão efeitos em relação à ação de improbidade quando concluírem pela inexistência da conduta ou pela negativa da autoria". Se o juiz de uma ação cível concluir que o fato não ocorreu ou que o réu não foi quem o praticou, isso impede que a ação de improbidade prossiga e impõe a improcedência do pedido, como decorre do art. 17, §11, da LIA.[344]

O *segundo* avanço em relação à comunicabilidade de instâncias decorre do que consta no §4º do art. 21. Referido dispositivo legal prevê que, independentemente do fundamento da absolvição criminal contido no art. 386 do Código de Processo Penal,[345] se ela se referir aos mesmos fatos e for confirmada por decisão colegiada, impedirá o trâmite da ação de improbidade administrativa.

---

[344] Art. 17 (…) §11. Em qualquer momento do processo, verificada a inexistência do ato de improbidade, o juiz julgará a demanda improcedente.

[345] Art. 386. O juiz absolverá o réu, mencionando a causa na parte dispositiva, desde que reconheça:
I – estar provada a inexistência do fato;

Especificamente em relação ao art. 21, §4º, da LIA, é preciso salientar que o relator da ADI nº 7.236 suspendeu sua eficácia, invocando os seguintes fundamentos:

> Nada obstante o reconhecimento dessa *"independência mitigada"* (Rcl nº 41.557, Rel. Min. Gilmar Mendes, Segunda Turma, DJe de 10.03.2021), a comunicabilidade ampla pretendida pela norma questionada acaba por corroer a própria lógica constitucional da autonomia das instâncias, o que indica, ao menos em sede de cognição sumária, a necessidade do provimento cautelar.[346]

Em linhas gerais, a decisão acima teve como *ratio* e objetivo preservar a lógica preexistente à alteração legal de uma rígida independência das instâncias, em que a comunicabilidade ficava adstrita às hipóteses de negativa da autoria e da materialidade na esfera penal. Ousamos discordar dessa percepção, bem como da premissa de que o reforço da interdependência das instâncias compromete o enfrentamento da corrupção. Ao revés, o fortalecimento da comunicabilidade traz racionalidade punitiva, segurança jurídica, previsibilidade e eficiência processual.[347]

Sobre outro prisma, a LIA não esclarece como se dá esse impedimento de tramitação da ação, e nem mesmo o que deve ocorrer, se a decisão colegiada absolutória for posteriormente reformada, e o réu for condenado criminalmente com trânsito em julgado. Trataremos desse tema em item próprio mais adiante, quando comentaremos as peculiaridades e polêmicas deste artigo.

Sob outro enfoque, muito embora o §4º do art. 21 da LIA só se refira expressamente ao impedimento de tramitação da ação de improbidade, entendemos que a absolvição criminal por decisão colegiada também impede a realização de investigações a respeito dos mesmos fatos no âmbito de um inquérito civil, ao menos pelo prazo que subsistir referida absolvição. A absolvição criminal por órgão colegiado enseja, assim, uma proibição ampla de persecução estatal em relação aos mesmos fatos.

II – não haver prova da existência do fato;
III – não constituir o fato infração penal;
IV – estar provado que o réu não concorreu para a infração penal;
V – não existir prova de ter o réu concorrido para a infração penal;
VI – existirem circunstâncias que excluam o crime ou isentem o réu de pena (arts. 20, 21, 22, 23, 26 e §1º do art. 28, todos do Código Penal), ou mesmo se houver fundada dúvida sobre sua existência;
VII – não existir prova suficiente para a condenação.

[346] STF. ADI nº 7.236. Rel. Min. Alexandre de Moraes. Decisão de 27 de dezembro de 2022, p. 25-26.

[347] É bem verdade que o art. 21, §4º, poderia ter recebido uma redação melhor. Poderia, por exemplo, ter deixado de fora da vinculação entre as instâncias as hipóteses de absolvição do art. 386, III, do CPP (não constituir o fato infração penal). Isso porque, mesmo que o réu seja absolvido, porque uma conduta não configura crime, ele pode, em tese, ser punido por improbidade. Assim, a referência genérica a todo e qualquer fundamento de absolvição contido no art. 386 do CPP não é, do ponto de vista técnico, a melhor solução normativa. Por outro lado, concordamos com a ampliação da vinculação da instância penal em relação à da improbidade quando, por exemplo, não existir prova suficiente para a condenação criminal (art. 386, VII do CPP). Em suma, uma interpretação conforme à Constituição poderia calibrar melhor a vinculação entre as instâncias do que a desconstituição total do §4º do art. 21.

O *terceiro*, e também significativo, avanço no tema da comunicabilidade de instâncias decorre do que previsto no §5º do art. 21. Nele há menção de que "sanções eventualmente aplicadas em outras esferas deverão ser compensadas com as sanções aplicadas nos termos desta Lei". Dessa forma, se o réu já foi punido com uma multa ou com a suspensão dos seus direitos políticos em outra instância punitiva, isso deve ser considerado no âmbito da ação de improbidade. O ideal é que o juiz da ação de improbidade já adote essa providência no momento em que vai sentenciar, citando expressamente a compensação realizada. Contudo, será possível realizar a medida também na fase de cumprimento da sentença.

21.3) Polêmicas e peculiaridades do artigo:

21.3.1) Cobrança de multa pelo Tribunal de Contas e ação de improbidade: Nos termos do que prevê o art. 71, inciso VIII, da Carta de 1988, o Tribunal de Contas pode aplicar aos administradores públicos multa proporcional ao dano causado ao erário em casos de ilegalidade de despesa ou irregularidade de contas. Tal preceito não alcança o Chefe do Poder Executivo de qualquer dos entes da federação, haja vista que, em relação a ele, conforme reconhecido pelo STF, a Corte de Contas apenas exerce uma função opinativa.[348]

No caso específico do Tribunal de Contas da União, a matéria é regulamentada pelos arts. 57 a 61 da Lei nº 8.443/92 e pelos artigos 267 a 269 do Regimento Interno do TCU. Em nenhum desses dois diplomas há regramento sobre a possibilidade de compensação da multa aplicada pela Corte de Contas com eventual multa decorrente da ação de improbidade. É o art. 21, §5º, da LIA que prevê a possibilidade de compensação entre as sanções. Assim, o juiz da ação de improbidade deverá abater o valor cobrado pelo Tribunal de Contas da multa que vier a aplicar na sentença. Evita-se, com isso, a sobreposição desproporcional de uma mesma espécie de sanção em relação a um mesmo fato.

Em período anterior ao da reforma de 2021, o STJ decidiu pela possibilidade de aplicação simultânea de multa pela Justiça Eleitoral e pelo juízo da ação de improbidade em razão de um mesmo fato. E, sem mencionar qualquer compensação do valor da multa aplicada por uma das instâncias, reconheceu a inocorrência de *bis in idem*. Senão vejamos:

Informativo nº 576
5 a 19 de fevereiro de 2016.
SEGUNDA TURMA
DIREITO ADMINISTRATIVO. APLICAÇÃO DE MULTA ELEITORAL E SANÇÃO POR ATO DE IMPROBIDADE ADMINISTRATIVA.
A condenação pela Justiça Eleitoral ao pagamento de multa por infringência às disposições contidas na Lei n. 9.504/1997 (Lei das Eleições) não impede a imposição de nenhuma das sanções previstas na Lei n. 8.429/1992 (Lei de Improbidade Administrativa - LIA), inclusive da multa civil, pelo ato de improbidade decorrente da mesma conduta. Por expressa disposição legal (art. 12 da LIA), as penalidades impostas pela prática de

---

[348] RE nº 729744. Tribunal Pleno. Relator: Min. Gilmar Mendes. Julgamento: 10.08.2016. Publicação: 23.08.2017. RE nº 848826 RG. Tribunal Pleno. Relator: Min. Roberto Barroso. Julgamento: 27.08.2015. Publicação: 03.09.2015.

ato de improbidade administrativa independem das demais sanções penais, civis e administrativas previstas em legislação específica. *Desse modo, o fato de o agente ímprobo ter sido condenado pela Justiça Eleitoral ao pagamento de multa por infringência às disposições contidas na Lei das Eleições não impede sua condenação em quaisquer das sanções previstas na LIA, não havendo falar em **bis in idem**.* (Segunda Turma, AgRg no AREsp nº 606.352-SP, Rel. Min. Assusete Magalhães, julgado em 15.12.2015, DJe 10.02.2016). (Grifamos)

Em razão do que atualmente prevê art. 21, §5º, da LIA, introduzido pela Lei nº 14.230/21, o entendimento exteriorizado no julgado acima não mais se sustenta, tendo em vista que a compensação entre as sanções, inclusive entre as multas aplicadas, é uma medida que agora se impõe *ex vi legis*.

21.3.2) Aplicação das sanções no caso de aprovação das contas pelo Tribunal de Contas e dolo: O art. 21 da LIA estipula que a aplicação de sanções na ação de improbidade independe da aprovação ou rejeição das contas pelo órgão de controle interno ou pelo Tribunal ou Conselho de Contas. A regra faz total sentido, especialmente se considerarmos que, por mais que sejam relevantes, as decisões das Cortes de Contas são decisões administrativas que podem ser revistas pelo Poder Judiciário no controle de legalidade que lhe compete quando provocado. Como uma decisão administrativa não pode vincular a atuação jurisdicional, o juiz da ação de improbidade está livre para, com a devida motivação, valorar as provas da maneira que entenda seja a mais correta. Mesmo diante da aprovação de contas de um administrador e do reconhecimento de que determinadas despesas foram consideradas válidas pelo Tribunal de Contas, o desfecho na ação de improbidade pode ser no sentido da condenação.

De todo modo, mesmo que o magistrado possa adotar posição contrária à da Corte de Contas, pode existir uma dificuldade na demonstração do dolo, elemento fundamental para a condenação por improbidade. Se a Corte de Contas não tiver vislumbrado qualquer irregularidade na atuação do administrador, o juiz da ação de improbidade terá, por razões naturais, grande dificuldade no reconhecimento do dolo do réu e na desconstituição da decisão administrativa absolutória.

21.3.3) Efeitos da condenação na ação de improbidade superveniente à absolvição por decisão colegiada nos autos da ação penal: O art. 21, §4º, da LIA prevê que a absolvição criminal fundada em qualquer motivo (inclusive o de ausência de provas) e oriunda de decisão colegiada impede o trâmite da ação de improbidade.[349] Referida regra tem como objetivo fazer com que essa decisão criminal de absolvição vincule a instância da improbidade. A lei, contudo, não é clara sobre o real significado da expressão "impede o trâmite da ação da qual trata esta lei". Isso significa que a ação de improbidade deve ficar suspensa até que a ação criminal transite em julgado, que ela deve ser imediatamente extinta sem resolução do mérito ou que a extinção deve se dar com a improcedência do

---

[349] Conforme comentamos anteriormente, ao apreciar o pedido de medida liminar, o relator da ADI nº 7.236 entendeu que estariam presentes os requisitos para a suspensão do §4º do art. 21 da LIA. STF. ADI 7.236. Rel. Min. Alexandre de Moraes. Decisão de 27 de dezembro de 2022.

pedido? Na nossa visão, a primeira solução é a que melhor se adequa ao espírito da lei.

Quando o legislador mencionou que a absolvição criminal colegiada impede a tramitação da ação de improbidade, pretendeu, a nosso sentir, que o juiz mantivesse a ação de improbidade suspensa até o trânsito em julgado da ação penal. Nesse período de suspensão da ação de improbidade para se aguardar o trânsito em julgado da ação penal, a prescrição também deve ficar suspensa, mormente porque o direito do Estado de perseguir o réu na esfera da improbidade também fica temporariamente suspenso.

Sob outro prisma, pode acarretar grande ineficiência processual uma eventual interpretação, no sentido de que a expressão legal "impede o trâmite da ação" já deve ensejar, mesmo antes da ocorrência do trânsito da ação penal, a extinção imediata da ação de improbidade. É que, ausente o trânsito em julgado da ação penal, torna-se possível que a decisão colegiada absolutória na esfera penal seja reformada e, nesse caso específico de condenação criminal superveniente, a simples retomada do trâmite da ação de improbidade anteriormente suspensa, com a consequente retomada da fluência do respectivo prazo prescricional, seria a melhor e mais eficiente alternativa.

Por outro lado, se absolvição criminal transitar em julgado, a ação de improbidade que se encontrava suspensa deve ser julgada improcedente, tendo em vista que ela não poderá prosseguir e que nenhuma nova ação de improbidade poderá será ajuizada pelos mesmos fatos, em virtude dos efeitos vinculantes do julgado criminal.

21.3.4) Prova emprestada e sua utilização na ação de improbidade: A prova emprestada é aquela produzida em um processo e transportada para outro. Ela tem sido tranquilamente admitida no Direito brasileiro, desde que seja válida na origem e seja novamente submetida ao contraditório no processo para o qual for emprestada. Nesse sentido, o STJ possui entendimento sumulado:

> Súmula nº 591
> É permitida a "prova emprestada" no processo administrativo disciplinar, desde que devidamente autorizada pelo juízo competente e respeitados o contraditório e a ampla defesa.
> (Súmula nº 591, Primeira Seção, julgado em 13.09.2017, DJe de 18.09.2017.)

O CPC possibilita a prova emprestada no seu artigo 372, *in verbis*:

> Art. 372. O juiz poderá admitir a utilização de prova produzida em outro processo, atribuindo-lhe o valor que considerar adequado, observado o contraditório.

Especificamente em relação às provas produzidas no âmbito do processo penal e o seu empréstimo para as ações de improbidade, o STJ publicou o seguinte entendimento:

Jurisprudência em Teses – Edição n 40 – IMPROBIDADE ADMINISTRATIVA – II
10) Nas ações de improbidade administrativa é admissível a utilização da prova emprestada, colhida na persecução penal, desde que assegurado o contraditório e a ampla defesa.

No mesmo sentido, temos o entendimento do STF:

> Ementa
> Direito Processual Penal. Inquérito. Prova emprestada. 1. É assente na jurisprudência desta Corte a admissibilidade, em procedimentos administrativos ou civis, de prova emprestada produzida em processo penal, mesmo que sigilosos os procedimentos criminais. 2. Agravo regimental provido.
> (Inq nº 3305 AgR. Primeira Turma. Relator: Min. Marco Aurélio. Redator do acórdão: Min. Roberto Barroso. Julgamento: 23.02.2016. Publicação: 01.07.2016)

No caso específico da prova emprestada para o âmbito da ação de improbidade administrativa, sua utilização não só é recomendável, como, também, se torna obrigatória nas hipóteses previstas no art. 21, §2º, *in verbis*:

> §2º As provas produzidas perante os órgãos de controle e as correspondentes decisões deverão ser consideradas na formação da convicção do juiz, sem prejuízo da análise acerca do dolo na conduta do agente.

Dessa forma, se existirem provas produzidas perante os órgãos de controle, elas deverão necessariamente ser transportadas para a ação de improbidade administrativa, a fim de que o juiz possa considerá-las na formação da sua convicção.

Na hipótese de a prova ter sido considerada nula no âmbito de um processo judicial, a nulidade contaminará a prova e a tornará inadmissível em qualquer processo administrativo. Esse é o entendimento do STF exteriorizado, por exemplo, no ARE nº 1.316.369,[350] oportunidade em que foi assentada a seguinte tese:

> São inadmissíveis, em processos administrativos de qualquer espécie, provas consideradas ilícitas pelo Poder Judiciário.

E o STJ também não admite que haja uma seleção daquilo que será emprestado. A prova como um todo deve ser disponibilizada nos autos da ação de improbidade, e não apenas os trechos que forem escolhidos pelo órgão de acusação. Nesse sentido, vejamos o seguinte precedente:

> RECURSO ESPECIAL. ART. 305 DO CPM. NULIDADE. INTERCEPTAÇÃO TELEFÔNICA. PROVA EMPRESTADA. QUEBRA DA CADEIA DE CUSTÓDIA DA PROVA. FALTA DE ACESSO À INTEGRALIDADE DAS CONVERSAS. EVIDENCIADO PELO TRIBUNAL DE ORIGEM A EXISTÊNCIA DE ÁUDIOS DESCONTINUADOS,

---
[350] STF. Plenário. Rel.: Min. Edson Fachin. Data do julgamento no Plenário Virtual: 09.12.2022.

SEM ORDENAÇÃO, SEQUENCIAL LÓGICA E COM OMISSÃO DE TRECHOS DA DEGRAVAÇÃO. FILTRAGEM ESTABELECIDA SEM A PRESENÇA DO DEFENSOR. NULIDADE RECONHECIDA. PRESCRIÇÃO CONFIGURADA. RECURSOS PROVIDOS. DECRETADA A EXTINÇÃO DA PUNIBILIDADE.
(…) 2. É dever o Estado a disponibilização da integralidade das conversas advindas nos autos de forma emprestada, sendo inadmissível a seleção pelas autoridades de persecução de partes dos áudios interceptados.
3. A apresentação de parcela do produto extraído dos áudios, cuja filtragem foi estabelecida sem a presença do defensor, acarreta ofensa ao princípio da paridade de armas e ao direito à prova, porquanto a pertinência do acervo probatório não pode ser realizado apenas pela acusação, na medida em que gera vantagem desarrazoada em detrimento da defesa.
4. Reconhecida a nulidade, inegável a superveniência da prescrição, com fundamento no art. 61 do CP.
5. Recursos especiais providos para declarar a nulidade da interceptação telefônica e das provas dela decorrentes, reconhecendo, por consequência, a superveniência da prescrição da pretensão punitiva do Estado, de ofício.
(REsp nº 1.795.341/RS, relator Ministro Nefi Cordeiro, Sexta Turma, julgado em 07.05.2019, DJe de 14.05.2019.)

Ainda de acordo com a jurisprudência do STJ, a prova emprestada não precisa se restringir aos processos em que haja partes idênticas. Senão vejamos:

> a prova emprestada não pode se restringir a processos em que figurem partes idênticas, sob pena de se reduzir excessivamente sua aplicabilidade, sem justificativa razoável para tanto. 10. Independentemente de haver identidade de partes, o contraditório é o requisito primordial para o aproveitamento da prova emprestada, de maneira que, assegurado às partes o contraditório sobre a prova, isto é, o direito de se insurgir contra a prova e de refutá-la adequadamente, afigura-se válido o empréstimo.
> (STJ. Corte Especial. EMBARGOS DE DIVERGÊNCIA EM RESP Nº 617.428 – SP. Rel. Ministra Nancy Andrighi. Data de julgamento: 04 de junho de 2014)

ARTIGO 22

Art. 22. Para apurar qualquer ilícito previsto nesta Lei, o Ministério Público, de ofício, a requerimento de autoridade administrativa ou mediante representação formulada de acordo com o disposto no art. 14 desta Lei, poderá instaurar inquérito civil ou procedimento investigativo assemelhado e requisitar a instauração de inquérito policial. (Redação dada pela Lei nº 14.230, de 2021)

Parágrafo único. Na apuração dos ilícitos previstos nesta Lei, será garantido ao investigado a oportunidade de manifestação por escrito e de juntada de documentos que comprovem suas alegações e auxiliem na elucidação dos fatos. (Incluído pela Lei nº 14.230, de 2021)

22.1) Tema central do dispositivo: Investigação da improbidade administrativa pelo Ministério Público. O artigo 22 predica de que forma o Ministério Público poderá dar início a uma investigação da prática de improbidade administrativa. Há a preocupação de assegurar ao investigado o direito de se manifestar no procedimento de apuração da conduta ímproba, bem como de juntar documentos.

22.2) Explicação do dispositivo: De acordo com o art. 22, o MP pode instaurar um inquérito civil ou procedimento assemelhado, bem como requisitar a instauração de um inquérito policial: *i)* de oficio; *ii)* a requerimento de autoridade administrativa, ou *iii)* mediante representação nos termos do art. 14 da LIA.

Assim, tomando conhecimento de uma conduta ímproba, o MP terá atribuição para não apenas investigar o ato e ajuizar a respectiva ação, como, também, poderá provocar a instância disciplinar e penal. O membro do MP poderá requisitar a instauração de inquérito policial para a apuração dos fatos na esfera criminal. No âmbito da esfera da improbidade administrativa, poderá o *parquet* instaurar inquérito civil ou procedimento investigativo assemelhado.

De acordo com o §1º do art. 23 da LIA, a instauração do inquérito civil ou de processo administrativo para apuração da prática da improbidade suspende o curso do prazo prescricional pelo prazo de até 180, caso o procedimento investigativo não tenha se encerrado antes.

O prazo máximo de duração do inquérito civil será de 365 dias corridos, prorrogável, uma única vez, por igual período, mediante ato fundamentado a ser submetido à revisão da instância competente do Ministério Público, conforme sua lei orgânica.

A parte que está sendo investigada em um inquérito civil ou procedimento administrativo possui o direito de se manifestar e de juntar documentos. Para tanto, também deve ter o direito de acesso aos documentos acostados no procedimento investigativo, tal como reconhecido pelo STF em matéria penal, *in verbis*:

> Súmula Vinculante 14
> É direito do defensor, no interesse do representado, ter acesso amplo aos elementos de prova que, já documentados em procedimento investigatório realizado por órgão com competência de polícia judiciária, digam respeito ao exercício do direito de defesa.

22.3) Polêmicas e peculiaridades do artigo:

22.3.1) Procedimentos investigativos assemelhados: O inquérito civil, enquanto procedimento investigativo de natureza civil, encontra-se disciplinado pela Resolução CNMP nº 23/2007. Em seu art. 16, há menção de que "Cada Ministério Público deverá adequar seus atos normativos referentes a inquérito civil e a procedimento preparatório de investigação cível aos termos da presente Resolução". Assim, independentemente do nome atribuído por um determinado Ministério Público para o seu procedimento investigativo, ele deverá seguir o que prevê a Resolução nº 23 do CNMP.

22.3.2) Investigação da improbidade pela pessoa jurídica interessada: O art. 22 da LIA, ao se referir à investigação da conduta ímproba, apenas se refere ao Ministério Público. Referido preceito procura harmonizar-se com a redação da Lei nº 14.230/21 que apenas atribuiu ao MP a legitimidade ativa para a propositura de uma ação de improbidade. Contudo, a decisão do STF que restabeleceu a legitimidade ativa da pessoa jurídica interessada para a propositura da ação de improbidade possibilita, na nossa compreensão, que ela também realize a apuração do ilícito. Sobre o tema, é importante destacar que o §1º do art. 23 da LIA menciona o inquérito civil, mas, também, se refere ao emprego de um processo administrativo para apuração de uma conduta ímproba. Tal previsão fortalece o argumento de que não apenas o MP pode realizar investigação a respeito da prática da improbidade. Aquele que pode ajuizar a ação de improbidade deve ter a prerrogativa de diligenciar para apurar a prática da improbidade. Tal missão não é exclusiva do MP. Como a pessoa jurídica voltou a poder ajuizar a ação de improbidade com base no entendimento do STF, ela também deve ter a prerrogativa de investigar aqueles fatos, e pode fazer isso por meio de um processo administrativo, tal como o mencionado pelo art. 23, §1º da LIA. São poderes implícitos que devem ser reconhecidos a quem tem legitimidade para a propositura de uma ação de improbidade.

O mesmo raciocínio que autoriza o MP a realizar investigações na seara criminal com fundamento na teoria dos poderes implícitos (*implied powers*)[351]

---

[351] No julgamento do RE nº 593.727, o STF entendeu que o MP pode realizar investigações na esfera criminal. Um dos fundamentos adotados para se chegar a essa conclusão foi a teoria dos poderes implícitos, segundo a qual quando a Constituição da República concede os fins para uma instituição, ela também lhe dá os meios para se atingir referido fim. A teoria dos *implied powers* tem origem em julgado da Suprema Corte norte-americana de 1819 intitulado Mc Culloch vs. Maryland. No STF, a tese assentada foi a seguinte: "O Ministério Público dispõe de competência para promover, por autoridade própria, e por prazo razoável, investigações de natureza penal, desde

também legitima a pessoa jurídica interessada a realizar investigações em matéria de improbidade administrativa que lhe diga respeito, a fim de que possa adequadamente exercer sua competência de ajuizar referida ação. Portanto, o art. 22 da LIA deve ser interpretado de forma extensiva para poder legitimar a pessoa jurídica interessada a instaurar um processo administrativo e a apurar a prática de improbidade administrativa no seu âmbito.

---

que respeitados os direitos e garantias que assistem a qualquer indiciado ou a qualquer pessoa sob investigação do Estado, observadas, sempre, por seus agentes, as hipóteses de reserva constitucional de jurisdição e, também, as prerrogativas profissionais de que se acham investidos, em nosso País, os Advogados (Lei 8.906/94, artigo 7º, notadamente os incisos I, II, III, XI, XIII, XIV e XIX), sem prejuízo da possibilidade – sempre presente no Estado democrático de Direito – do permanente controle jurisdicional dos atos, necessariamente documentados (Súmula Vinculante 14), praticados pelos membros dessa instituição". STF. Plenário. Rel.: Min. Cezar Peluso. Red. Para acórdão: Min. Gilmar Mendes. Data do julgamento: 14.05.2015. Data da publicação: 08.09.2015.

ARTIGO 23

CAPÍTULO VII

Da Prescrição

Art. 23. A ação para a aplicação das sanções previstas nesta Lei prescreve em 8 (oito) anos, contados a partir da ocorrência do fato ou, no caso de infrações permanentes, do dia em que cessou a permanência. (Redação dada pela Lei nº 14.230, de 2021)[352]

I - (revogado); (Redação dada pela Lei nº 14.230, de 2021)

II - (revogado); (Redação dada pela Lei nº 14.230, de 2021)

III - (revogado). (Redação dada pela Lei nº 14.230, de 2021)

§1º A instauração de inquérito civil ou de processo administrativo para apuração dos ilícitos referidos nesta Lei suspende o curso do prazo prescricional por, no máximo, 180 (cento e oitenta) dias corridos, recomeçando a correr após a sua conclusão ou, caso não concluído o processo, esgotado o prazo de suspensão. (Incluído pela Lei nº 14.230, de 2021)

§2º O inquérito civil para apuração do ato de improbidade será concluído no prazo de 365 (trezentos e sessenta e cinco) dias corridos, prorrogável uma única vez por igual período, mediante ato fundamentado submetido à revisão da instância competente do órgão ministerial, conforme dispuser a respectiva lei orgânica. (Incluído pela Lei nº 14.230, de 2021)

§3º Encerrado o prazo previsto no §2º deste artigo, a ação deverá ser proposta no prazo de 30 (trinta) dias, se não for caso de arquivamento do inquérito civil. (Incluído pela Lei nº 14.230, de 2021)

§4º O prazo da prescrição referido no caput deste artigo interrompe-se: (Incluído pela Lei nº 14.230, de 2021)

I - pelo ajuizamento da ação de improbidade administrativa; (Incluído pela Lei nº 14.230, de 2021)

II - pela publicação da sentença condenatória; (Incluído pela Lei nº 14.230, de 2021)

III - pela publicação de decisão ou acórdão de Tribunal de Justiça ou Tribunal Regional Federal que confirma sentença condenatória ou que reforma sentença de improcedência; (Incluído pela Lei nº 14.230, de 2021)

IV - pela publicação de decisão ou acórdão do Superior Tribunal de Justiça que confirma acórdão condenatório ou que reforma acórdão de improcedência; (Incluído pela Lei nº 14.230, de 2021)

V - pela publicação de decisão ou acórdão do Supremo Tribunal Federal que confirma acórdão condenatório ou que reforma acórdão de improcedência. (Incluído pela Lei nº 14.230, de 2021)

---

[352] Ao apreciar o pedido de medida liminar, o relator da ADI nº 7.236 entendeu que não estariam presentes os requisitos para a suspensão do art. 23, *caput*, §4º, II, III, IV e V, e §5º da LIA. STF. ADI nº 7.236. Rel. Min. Alexandre de Moraes. Decisão de 27 de dezembro de 2022.

§5º Interrompida a prescrição, o prazo recomeça a correr do dia da interrupção, pela metade do prazo previsto no caput deste artigo. (Incluído pela Lei nº 14.230, de 2021)

§6º A suspensão e a interrupção da prescrição produzem efeitos relativamente a todos os que concorreram para a prática do ato de improbidade. (Incluído pela Lei nº 14.230, de 2021)

§7º Nos atos de improbidade conexos que sejam objeto do mesmo processo, a suspensão e a interrupção relativas a qualquer deles estendem-se aos demais. (Incluído pela Lei nº 14.230, de 2021)

§8º O juiz ou o tribunal, depois de ouvido o Ministério Público, deverá, de ofício ou a requerimento da parte interessada, reconhecer a prescrição intercorrente da pretensão sancionadora e decretá-la de imediato, caso, entre os marcos interruptivos referidos no §4º, transcorra o prazo previsto no §5º deste artigo. (Incluído pela Lei nº 14.230, de 2021)

23.1) Tema central do dispositivo: Prescrição. O artigo 23 cuida da forma de cálculo do prazo prescricional para o ajuizamento da ação de improbidade administrativa. Nele, há regras sobre a suspensão e interrupção do prazo prescricional, bem como sobre o prazo máximo de duração do inquérito civil, findo o qual a ação de improbidade deverá ser ajuizada no prazo de 30 dias, se não for o caso de arquivamento do inquérito civil.

23.2) Explicação do dispositivo: A redação original do art. 23 da LIA não poderia ter sido pior. Prescrição é um instituto que não está presente em todos os países. Contudo, onde a prescrição existe, ela usualmente varia de acordo com a gravidade da conduta praticada. Tem sido assim no direito sancionador. Quanto mais grave o ilícito, mais tempo se levará para que ele se torne prescrito.

O cidadão comum conta com essa lógica: quanto mais grave o ilícito que lhe for imputado, por mais tempo poderá ser responsabilizado. O problema é que a redação original da LIA fugia completamente dessa lógica. De acordo com o texto original do seu art. 23, pouco importava a gravidade da conduta ímproba. Interessava unicamente saber quem a praticou. E isso é muito ruim, especialmente pelas três seguintes razões: *i)* Em primeiro lugar, porque, ao tratar da prescrição, a LIA não enumerava todos os agentes públicos que poderiam praticar improbidade administrativa, e isso dificultava a identificação do prazo prescricional aplicável em inúmeros casos concretos; *ii)* Em segundo lugar, porque não se fazia qualquer referência ao prazo prescricional aplicável ao particular que cometesse a improbidade. Em razão dessa lacuna, a solução teve de vir dos tribunais, que passaram a aplicar ao particular o mesmo prazo prescricional apropriado para o agente público com quem aquele conjuntamente agia.[353] O problema dessa solução

---

[353] Jurisprudência em teses do STJ. Edição nº 38: Improbidade Administrativa – I.
  6) O termo inicial da prescrição em improbidade administrativa em relação a particulares que se beneficiam de ato ímprobo é idêntico ao do agente público que praticou a ilicitude.

é que ela não resolvia a dúvida sobre o correto prazo prescricional a ser adotado nas situações em que o particular atuasse em conjunto, por exemplo, com um agente público ocupante de mandato eletivo (calculava-se a prescrição a partir do término do mandato) e um servidor público (calculava-se a contar do dia da ciência do fato); *iii)* Em terceiro lugar, porque a escolha do sujeito ativo desonesto, e não da conduta para o cálculo do prazo prescricional, gerava situações iníquas. A título de ilustração, dois agentes públicos distintos poderiam ter praticado a mesma conduta em conjunto e um responderia por um prazo prescricional diverso do outro. Algo que não faz o menor sentido.

Com a reforma de 2021, houve profunda alteração no modelo de cálculo da prescrição para o ajuizamento da ação de improbidade. Substituiu-se a variação do cálculo da prescrição, em razão do sujeito ativo por um prazo fixo de prescrição a contar da data da ocorrência do fato ou, no caso de infrações permanentes, do dia em que cessou a permanência. Esse modelo foi inspirado no art. 1º da Lei nº 9.873/99 que disciplina o prazo prescricional para o exercício do poder de polícia no âmbito federal, *in verbis*:

> Art. 1º Prescreve em cinco anos a ação punitiva da Administração Pública Federal, direta e indireta, no exercício do poder de polícia, objetivando apurar infração à legislação em vigor, contados da data da prática do ato ou, no caso de infração permanente ou continuada, do dia em que tiver cessado.

No caso específico da improbidade administrativa, a prescrição ocorrerá no prazo de oito anos do fato ou da cessação da permanência da infração. Oito anos é prazo razoável para a descoberta de uma conduta ímproba e, mesmo no caso de reeleição, o mais provável é que a conduta desonesta possa ser descoberta tempestivamente pelo novo governante. A regra anterior que considerava a cessação do vínculo com o cargo e o dia da ciência do fato como marcos temporais para o início da prescrição gerava muitas incertezas. Por exemplo, como devia ser calculada a prescrição quando o agente público se exonerava de um cargo em comissão e passava a ocupar outro na mesma administração? Deixava, por exemplo, de ser Secretário Municipal de Transportes para ser Secretário Municipal de Obras Públicas de um mesmo governo na prefeitura. Dúvidas também havia sobre o dia exato da ciência do fato: seria da ciência pela autoridade competente ou de qualquer autoridade? Esses temas encontravam soluções episódicas nos tribunais, e não havia um ambiente de segurança jurídica, em relação ao prazo prescricional na ação de improbidade. Ao majorar para oito anos e fixar um termo inicial mais preciso para o cômputo da prescrição, tivemos uma enorme evolução nessa matéria.

O §1º do art. 23 da LIA prevê que a instauração do procedimento investigativo para apuração da improbidade suspende o curso do prazo prescricional. Essa suspensão terá duração de, no máximo, 180 dias corridos. Por sua vez, o prazo prescricional voltará a fluir após a conclusão do procedimento investigativo ou após os 180 dias, o que ocorrer primeiro.

De todo modo, a apuração do ato de improbidade no procedimento investigativo deve ser concluída no prazo de 365 dias corridos. Admite-se uma única prorrogação, pelo mesmo prazo, desde que por meio de ato motivado e revisto pela instância competente do Ministério Público, conforme dispuser a respectiva lei orgânica. Ausente previsão na lei orgânica do MP sobre o tema, o ideal é que a revisão seja feita pelo mesmo órgão do MP com competência para autorizar o arquivamento do inquérito civil. É que, pela lógica, o órgão que pode autorizar citado arquivamento, também pode aprovar, em sentido oposto, o prosseguimento das investigações pelo prazo máximo legalmente permitido.

Em se tratando de apuração em procedimento investigativo no âmbito da pessoa jurídica interessada, as mesmas regras previstas no art. 23 para o inquérito civil devem ser a ele empregadas. A reforma da lei de improbidade de 2021 possui um texto que parte da premissa de que apenas o MP poderia ajuizar a ação de improbidade e, portanto, apenas ele poderia investigar referida conduta. Contudo, como já defendemos neste livro, o restabelecimento da legitimidade ativa da pessoa jurídica interessada também lhe assegura a prerrogativa de instaurar um procedimento investigativo para apurar a prática da improbidade no seu âmbito. E esse procedimento instaurado pela pessoa jurídica deve observar os mesmos prazos que os aplicáveis ao inquérito civil conduzido pelo MP.

Em seu §3º, o art. 23 estipula que, se for o caso de ajuizamento da ação de improbidade administrativa, ela deve ser proposta no prazo de 30 dias do encerramento do prazo do inquérito civil, que, por sua vez, terá duração máxima, na hipótese excepcional de prorrogação, de 730 dias corridos. Após o decurso desses 30 dias de prazo, a ação de improbidade não mais poderá ser ajuizada. Trata-se, na nossa compreensão, de um arquivamento implícito que impede o ajuizamento da ação de improbidade, tendo em vista razões de segurança jurídica e da proteção da confiança. O Estado terá, assim, o prazo máximo de oito anos a contar da conduta desonesta para distribuir a ação de improbidade, mas terá, no máximo, 730 dias corridos para apurá-la e mais 30 dias após a conclusão da apuração para protocolizar a ação de improbidade. A demora estatal na condução da investigação poderá, portanto, impedir o ajuizamento da ação de improbidade. Em suma, teremos cinco mais prováveis desfechos após o prazo máximo legalmente previsto de tramitação do procedimento investigativo, a saber:

i) Conclusão pela prática de improbidade seguida do ajuizamento da respectiva ação no prazo de 30 dias do prazo para conclusão do procedimento investigativo;

ii) Conclusão pela ausência da prática de improbidade seguida da promoção de arquivamento do procedimento investigativo. O arquivamento terá de passar pela aprovação do órgão ministerial competente ou, no caso da pessoa jurídica interessada, pela autoridade superior competente. A ação de improbidade não será ajuizada, salvo se o órgão revisor desautorizar o arquivamento;

iii) Conclusão pela prática da improbidade administrativa desacompanhada do ajuizamento da respectiva ação no prazo de 30 dias a contar do tempo máximo para a conclusão do procedimento investigativo. A hipótese é de arquivamento implícito do procedimento investigativo e a ação de improbidade não deverá ser ajuizada. Caso a ação de improbidade tenha sido intempestivamente ajuizada, ela deverá ser julgada improcedente, nos termos do art. 17, §11, da LIA, haja vista que o arquivamento implícito do procedimento investigativo impõe o reconhecimento da inexistência do ato de improbidade. Por seu turno, o arquivamento, ainda que implícito, terá de ser aprovado pelo órgão ministerial competente ou, no caso da pessoa jurídica interessada, pela autoridade superior competente. Contudo, o órgão de revisão apenas poderá verificar, nesse caso específico, se eventual ação de improbidade foi ou não ajuizada dentro do prazo legal de 30 dias a contar do prazo máximo de conclusão do procedimento investigativo. Nessa situação peculiar de decurso *in albis* do prazo para o ajuizamento da ação, o órgão revisor não mais poderá fazer qualquer avaliação sobre a prática ou não da conduta ímproba, tendo em vista que a inércia estatal impede a verificação da sua prática;

iv) Conclusão pela ausência da prática de improbidade desacompanhada da promoção de arquivamento do procedimento investigativo. A hipótese é de arquivamento implícito do referido procedimento e a ação de improbidade não deverá ser ajuizada. O arquivamento terá de ser aprovado pelo órgão ministerial competente ou, no caso da pessoa jurídica interessada, pela autoridade superior competente. Valem os mesmos comentários feitos na alternativa três acima em relação ao limite cognitivo do órgão revisor, notadamente se nenhuma ação tiver sido ajuizada em 30 dias do prazo máximo para conclusão do procedimento investigativo;

v) Ausência de qualquer conclusão e ausência de ajuizamento da ação de improbidade no prazo de 30 dias. A hipótese é de arquivamento implícito do inquérito civil e a ação de improbidade não deverá ser ajuizada. O arquivamento terá de ser aprovado pelo órgão ministerial competente ou, no caso da pessoa jurídica interessada, pela autoridade superior competente. Valem os mesmos comentários feitos na alternativa três acima em relação ao limite cognitivo do órgão revisor.

Em relação ao tema da interrupção do prazo prescricional para o ajuizamento da ação de improbidade, ele foi disciplinado pelo §4º do art. 23. Na redação original da LIA, não havia previsão expressa da interrupção do prazo prescricional. Contudo, os tribunais já admitiam a distribuição da ação de improbidade como marco interruptivo da prescrição. Nesse sentido, confira-se o seguinte julgado do STJ do período anterior ao da reforma legal de 2021:

> ADMINISTRATIVO E PROCESSUAL CIVIL. IMPROBIDADE ADMINISTRATIVA. (...) PRESCRIÇÃO DA PRETENSÃO CONDENATÓRIA. INTERRUPÇÃO COM O

AJUIZAMENTO DA AÇÃO DE IMPROBIDADE NO PRAZO DE 5 ANOS. ART. 23 DA LEI N. 8.429/1992. (…)
1. Recurso especial no qual se controverte a respeito da competência da Justiça Federal para o julgamento de prefeito, em razão de utilização irregular de verbas federais transferidas por meio de convênio firmado com o governo federal, bem como se discute a ocorrência de prescrição da pretensão condenatória, em razão de a citação não ter sido realizada no prazo de 5 anos depois do término do mandato.
(…)
4. A pretensão condenatória do Ministério Público foi manifestada com o ajuizamento da ação de improbidade, no prazo de 5 anos previsto no art. 23, I, da Lei n. 8.429/1992. Não há falar, então, que a pretensão tenha sido alcançada pela prescrição tão somente porque a citação não ocorreu no prazo de 5 anos do término do mandato.
5. É que, na melhor interpretação do art. 23, I, da Lei n. 8.429/1992, tem-se que a pretensão condenatória, nas ações civis públicas por ato de improbidade, tem o curso da prescrição interrompido com o mero ajuizamento da ação dentro do prazo de cinco anos após o término do exercício do mandato, de cargo em comissão ou de função de confiança.
6. Assim, à luz do princípio da especialidade (art. 2º, §2º, da Lei de Introdução às normas do direito brasileiro - DL n. 4.657/1942) e em observância ao que dispõe o art. 23, I, da Lei n. 8.429/1992, o tempo transcorrido até a citação do réu, nas ações de improbidade, que já é amplo em razão do próprio procedimento estabelecido para o trâmite da ação, não justifica o acolhimento da arguição de prescrição, uma vez que o ajuizamento da ação de improbidade, à luz do princípio da actio nata, já tem o condão de interrompê-la.
Recurso especial parcialmente conhecido e, essa parte, improvido.
(REsp nº 1.391.212/PE, relator Ministro Humberto Martins, Segunda Turma, julgado em 02.09.2014, DJe de 09.09.2014.)

Com a atual redação legal, em linhas gerais, além do ajuizamento da ação de improbidade, a publicação do provimento condenatório em cada instância judicial será um marco interruptivo. A regra segue, em parte, a lógica do Direito Penal.[354] O art. 117, IV, do Código Penal estabelece que o curso da prescrição se interrompe com a "publicação da sentença ou acórdão condenatórios recorríveis", o que inspirou o modelo de interrupção contido nos incisos do §4º do art. 23 da LIA, a saber.

> §4º O prazo da prescrição referido no caput deste artigo interrompe-se: (Incluído pela Lei nº 14.230, de 2021)
> I – pelo ajuizamento da ação de improbidade administrativa; (Incluído pela Lei nº 14.230, de 2021)
> II – pela publicação da sentença condenatória; (Incluído pela Lei nº 14.230, de 2021)
> III – pela publicação de decisão ou acórdão de Tribunal de Justiça ou Tribunal Regional Federal que confirma sentença condenatória ou que reforma sentença de improcedência; (Incluído pela Lei nº 14.230, de 2021)
> IV – pela publicação de decisão ou acórdão do Superior Tribunal de Justiça que confirma acórdão condenatório ou que reforma acórdão de improcedência; (Incluído pela Lei nº 14.230, de 2021)
> V – pela publicação de decisão ou acórdão do Supremo Tribunal Federal que confirma acórdão condenatório ou que reforma acórdão de improcedência. (Incluído pela Lei nº 14.230, de 2021)

---

[354] No direito penal, o primeiro marco interruptivo da prescrição é o recebimento da denúncia (Art. 117, I), enquanto que na ação de improbidade o mero ajuizamento da ação já satisfaz esta função.

O magistrado deverá, de ofício ou em razão de requerimento formulado nos autos, declarar a prescrição intercorrente.

Uma vez interrompida a prescrição, ela voltará a fluir pela metade do prazo previsto no *caput* do art. 23, vale dizer, passará a ser de quatro anos. Enquanto que o Código Penal reduz à metade o prazo prescricional em favor do menor de 21 anos ao tempo do crime e ao maior de 70 anos no momento da sentença, a reforma da lei de improbidade de 2021 vulgarizou a previsão da redução do prazo de prescrição pela metade. O prazo prescricional é o de quatro anos entre cada instância punitiva. Somos contrários a essa regra. Ela dificulta, sobremaneira, a manutenção de condenações em ações de improbidade, pois quatro anos entre cada instância não é um prazo fácil de ser cumprido em toda e qualquer localidade do país, notadamente diante da quantidade de ações que são distribuídas diariamente no Brasil.[355]

A suspensão e a interrupção da prescrição atingem todos os que concorreram na prática da improbidade. E quando se estiver diante de atos de improbidade conexos que sejam objeto do mesmo processo, a suspensão e a interrupção relativas a qualquer deles estendem-se aos demais. A LIA iguala a situação dos réus no que diz respeito à interrupção e suspensão da prescrição (art. 23, §6º).

23.3) Polêmicas e peculiaridades do artigo:

23.3.1) Ressarcimento ao erário e sua imprescritibilidade: Existe profunda polêmica na literatura sobre se o art. 23 da LIA abrangeria a medida de ressarcimento a erário.[356] Caso se parta da premissa de que o ressarcimento ao erário é uma medida imprescritível, nenhum preceito desse dispositivo legal poderia ser aplicado em relação a esse dever.

Um dos fundamentos para a conclusão da imprescritibilidade é o da impossibilidade de um bem público ser usucapido. A proibição de usucapião de bens públicos está prevista nos arts. 183, §3º, e 191, parágrafo único da Constituição da República, e no art. 102 do Código Civil. É também entendimento sumulado do STF, *in verbis*:

> Súmula nº 340 do STF
> Desde a vigência do Código Civil, os bens dominicais, como os demais bens públicos, não podem ser adquiridos por usucapião.

O raciocínio seria o seguinte: Como os bens públicos não podem ser usucapidos, ao particular caberia, a todo e qualquer momento, restituí-los ao poder público.

---

[355] Segundo dados extraídos do Justiça em Números 2022, no ano de 2021 foram distribuídas novas 27,7 milhões de ações em todo o Judiciário brasileiro, estando pendentes 77.3 milhões de processos. CONSELHO NACIONAL DE JUSTIÇA. *Justiça em Números 2022*. Brasília: CNJ, 2022, p. 104-105. Disponível em: https://www.cnj.jus.br/wp-content/uploads/2022/09/justica-em-numeros-2022-1.pdf. Acesso em: 12 dez. 2022.

[356] Para um aprofundamento teórico deste tema específico, a fim da identificação de como cada tribunal e cada autor pensa especificamente a respeito da imprescritibilidade ou não da medida de ressarcimento ao erário, confira o livro coordenado por André de Carvalho Ramos: PAULA, Allan Versiani de; AMARAL, Ana Lúcia; ARAÚJO, Sergei Medeiros; ROTHENBURG, Walter Claudius; RAMOS, André de Carvalho (Coords.). *A imprescritibilidade da ação de ressarcimento por danos ao erário*. Brasília: Escola Superior do Ministério Público da União, 2011.

Sem prejuízo do argumento da imprescritibilidade do patrimônio público, o principal fundamento da tese da imprescritibilidade do ressarcimento ao erário é a parte final do art. 37, §5º, da CRFFB, *verbis*:

> §5º A lei estabelecerá os prazos de prescrição para ilícitos praticados por qualquer agente, servidor ou não, que causem prejuízos ao erário, ressalvadas as respectivas ações de ressarcimento.

A ressalva prevista na parte final do §5º acima transcrito é compreendida por grande parte da doutrina e por inúmeras decisões judiciais[357] como o preceito que justifica a imprescritibilidade do dever de ressarcimento ao erário.

De acordo com Wallace Paiva Martins Jr.[358], Emerson Garcia,[359] Maria Sylvia Di Pietro[360] Carvalho Filho,[361] José Roberto Pimenta Oliveira[362] e José Afonso da Silva,[363] por exemplo, o dever de ressarcimento ao erário é imprescritível, nos termos do art. 37, §5º, da CRFB. A gravidade da lesão aos cofres públicos seria de tamanha expressão, a ponto de justificar o dever de ressarcimento ao erário a qualquer tempo. Enquanto que as demais sanções poderiam estar prescritas com base no disposto no art. 23 da LIA, o dever de ressarcimento não estaria submetido a qualquer prazo prescricional por vontade do próprio constituinte.

Em sentido contrário, também temos a posição de parte expressiva da doutrina. Por todos a favor da prescrição da pena de ressarcimento ao erário, citamos a posição de Carlos Ari Sundfeld e Rodrigo Pagani,[364] Rita Tourinho,[365] Ada Pellegrini Grinover,[366] Marino Pazzaglini Filho,[367] Nelson Nery Júnior e Rosa Maria de Andrade Nery.[368] Um dos principais argumentos dessa corrente doutrinária é o de

---

[357] STF. Tribunal Pleno. RE nº 852.475. Relator: Min. Alexandre de Moraes. Redator do acórdão: Min. Edson Fachin. Julgamento: 08.08.2018. Publicação: 25.03.2019; STF. Plenário. ARE nº 1.175.650 RG. Relator: Min. Alexandre De Moraes. Julgamento: 25.04.2019. Publicação: 07.05.2019; STJ. Primeira Seção. REsp nº 1.899.407/DF, relatora Ministra Assusete Magalhães, julgado em 22.09.2021, DJe de 13.10.2021.

[358] MARTINS JR., Wallace Paiva. *Probidade Administrativa*. 4. ed. São Paulo: Saraiva, 2009. p. 385.

[359] GARCIA, Emerson; ALVES, Rogério Pacheco. *Improbidade administrativa*. 8. ed. São Paulo: Editora Saraiva, 2014. p. 293.

[360] DI PIETRO, Maria Sylvia Zanella. *Direito Administrativo*. 29. ed. Revista, atual. e ampl. Rio de Janeiro: Forense, 2016. p. 1000.

[361] CARVALHO FILHO, José dos Santos. *Improbidade Administrativa* – Prescrição e outros prazos extintivos. São Paulo: Grupo GEN, 2019. p. 250.

[362] OLIVEIRA, José Roberto Pimenta. *Improbidade administrativa e sua autonomia constitucional*. Belo Horizonte: Forum, 2009. p. 409.

[363] SILVA, José Afonso da. *Curso de Direito Constitucional Positivo*. 28. ed. São Paulo: Editora Malheiros, 2008. p. 673.

[364] SUNDFELD, Carlos Ari; SOUZA, Rodrigo Pagani de. A prescrição das ações de ressarcimento ao Estado e o art. 37, §5º da Constituição. *A&C – Revista de Direito Administrativo & Constitucional*, Belo Horizonte, ano 17, n. 68, p. 143-144, abr./jun. 2017.

[365] TOURINHO, Rita Andréa Rehem Almeida. *A prescrição e a Lei de Improbidade Administrativa*. Disponível em: http://jus2.uol.com.br/doutrina/texto.asp?id=5054. Acesso em: 12 dez. 2022.

[366] GRINOVER, Ada Pellegrini. Ação de improbidade administrativa: decadência e prescrição. *Interesse Público*, ano 8, n. 33, p. 55-92, 2005.

[367] PAZZAGLINI FILHO, Marino. *Lei de Improbidade Administrativa comentada*: aspectos constitucionais, administrativos, civis, criminais, processuais e de responsabilidade fiscal. 5. ed. São Paulo: Atlas, 2011. p. 236-238.

[368] NERY JÚNIOR, Nelson; NERY, Rosa Maria de Andrade. *Constituição Federal Comentada e legislação constitucional*. 2. ed. rev., atual., e ampl. São Paulo: Editora Revista dos Tribunais, 2009. p. 359.

que a Constituição da República não previu expressamente a imprescritibilidade do ressarcimento ao erário. Quando o constituinte pretendeu tornar algo imprescritível, fez-se a devida menção de forma direta e expressa. Como exemplo, podem ser lembradas as três únicas previsões constitucionais de ações imprescritíveis: ação penal pela prática de racismo (art. 5º, XLII, da CRFB); ação penal pela prática de crime por grupos armados, civis ou militares, contra a ordem constitucional e o Estado Democrático (art. 5º, XLII, da CRFB), e a ação sobre direitos relacionados a terras tradicionalmente ocupadas por índios (art. 231, §4º, da CRFB). Ausente qualquer referência constitucional expressa de que o ressarcimento ao erário na ação de improbidade é imprescritível, o intérprete não poderia chegar a essa conclusão.

Outro ponto a ser destacado é o de que a imprescritibilidade origina um ambiente de profunda insegurança jurídica, na medida em que se torna possível punir o suposto infrator a qualquer tempo. E não é só isso. Por se tratar de uma medida com efeitos patrimoniais, herdeiros do suposto infrator ficarão eternamente sujeitos a responderem patrimonialmente nas forças da herança.

Também é preciso destacar que a imprescritibilidade do ressarcimento ao erário pode comprometer o devido processo legal. O excessivamente longo decurso de tempo entre a prática de uma conduta e o ajuizamento da respectiva ação de improbidade pode inviabilizar o direito de ampla defesa. Como o réu poderá defender-se de fatos ocorridos há mais de 30 anos? Quem guarda documentação de tantos anos atrás para exercer o seu direito de defesa?

Na jurisprudência do STJ, há uma predominância do entendimento de que o dever de ressarcimento ao erário é imprescritível, nos termos do que preconiza o art. 37, §5º, da CRFB. Vejamos algumas ementas sobre o tema:

> PROCESSO CIVIL. RECURSO ESPECIAL. AÇÃO DE IMPROBIDADE CUMULADA COM RESSARCIMENTO AO ERÁRIO. PRESCRIÇÃO. NÃO OCORRÊNCIA.
> 1. *Nos termos da jurisprudência existente nesta Corte as ações de ressarcimento ao erário são imprescritíveis, consoante expressamente disposto no artigo 37, §5º da CF*, ainda que as punições atinentes à prática de improbidade estejam prescritas, o que não é o caso dos autos, na medida em que a demanda foi ajuizada dentro dos cinco anos previstos no artigo 23, I, da Lei n. 8.429/92 (o Prefeito deixou o cargo em 31.12.1996 e a ação foi proposta em 12.06.2000).
> (…) 5. Recurso especial não provido, divergindo do relator.
> (REsp nº 1314597/SP, Rel. Ministro Napoleão Nunes Maia Filho, Rel. p/ Acórdão Ministro Benedito Gonçalves, PRIMEIRA TURMA, julgado em 04.10.2016, DJe 09.11.2016) (Grifamos)
> PROCESSUAL CIVIL. AÇÃO CIVIL PÚBLICA. ATO DE IMPROBIDADE. AÇÃO PRESCRITA QUANTO AOS PEDIDOS CONDENATÓRIOS (ART. 23, II, DA LEI Nº 8.429/92). PROSSEGUIMENTO DA DEMANDA QUANTO AO PLEITO RESSARCITÓRIO. IMPRESCRITIBILIDADE.
> 1. *O ressarcimento do dano ao erário, posto imprescritível, deve ser tutelado quando veiculada referida pretensão na inicial da demanda, nos próprios autos da ação de improbidade administrativa ainda que considerado prescrito o pedido relativo às demais sanções previstas na Lei de Improbidade.*
> (…)
> 3. A aplicação das sanções previstas no art. 12 e incisos da Lei 8.429/92 se submetem ao prazo prescricional de 05 (cinco) anos, exceto a reparação do dano ao erário, em razão da

imprescritibilidade da pretensão ressarcitória (art. 37, §5º, da Constituição Federal de 1988). Precedentes do STJ: AgRg no REsp 1038103/SP, SEGUNDA TURMA, DJ de 04/05/2009; REsp 1067561/AM, SEGUNDA TURMA, DJ de 27/02/2009; REsp 801846/AM, PRIMEIRA TURMA, DJ de 12/02/2009; REsp 902.166/SP, SEGUNDA TURMA, DJ de 04/05/2009; e REsp 1107833/SP, SEGUNDA TURMA, DJ de 18/09/2009.
4. Consectariamente, uma vez autorizada a cumulação de pedidos condenatório e ressarcitório em sede de ação por improbidade administrativa, a rejeição de um dos pedidos, in casu, o condenatório, porquanto considerada prescrita a demanda (art. 23, I, da Lei nº 8.429/92), não obsta o prosseguimento da demanda quanto ao pedido ressarcitório em razão de sua imprescritibilidade.
5. Recurso especial do Ministério Público Federal provido para determinar o prosseguimento da ação civil pública por ato de improbidade no que se refere ao pleito de ressarcimento de danos ao erário, posto imprescritível.
(REsp 1089492/RO, Rel. Ministro LUIZ FUX, PRIMEIRA TURMA, julgado em 04/11/2010, DJe 18/11/2010) (Grifamos)
ADMINISTRATIVO – RECURSO ESPECIAL – AÇÃO CIVIL PÚBLICA – LICITAÇÃO – CONTRATAÇÃO SEM CERTAME LICITATÓRIO – PRESCRIÇÃO – AFASTAMENTO - MATÉRIA CONSTITUCIONAL – NÃO-APLICABILIDADE – AÇÃO CIVIL PÚBLICA RESSARCITÓRIA - IMPRESCRITIBILIDADE - RECURSO ESPECIAL PROVIDO.
(...)
4. MÉRITO. IMPRESCRITIBILIDADE DA AÇÃO CIVIL PÚBLICA RESSARCITÓRIA.
"A ação de ressarcimento de danos ao erário não se submete a qualquer prazo prescricional, sendo, portanto, imprescritível. (REsp 705.715/SP, Rel. Min. Francisco Falcão, Primeira Turma, julgado em 2.10.2007, DJe 14.5.2008). Precedente do Pretório Excelso.
Recurso especial provido.
(REsp nº 1056256/SP, Rel. Ministro Humberto Martins, SEGUNDA TURMA, julgado em 16.12.2008, DJe 04.02.2009)

Em sua *Jurisprudência em Teses*, o STJ corrobora a imprescritibilidade das ações em que se postula o ressarcimento ao erário pela prática de improbidade. Vejamos:

Jurisprudência em teses do STJ. Edição nº 38: Improbidade Administrativa – I.
Tese 7) A eventual prescrição das sanções decorrentes dos atos de improbidade administrativa não obsta o prosseguimento da demanda quanto ao pleito de ressarcimento dos danos causados ao erário, que é imprescritível (art. 37, §5º, da CF).

No STF, mesmo antes de referida corte decidir a matéria pelo seu plenário em sede de repercussão geral, também havia várias decisões reconhecendo a imprescritibilidade do dever de ressarcimento ao erário nas ações de improbidade, *in verbis*:

Ementa: EMBARGOS DE DECLARAÇÃO NOS EMBARGOS DE DECLARAÇÃO NO AGRAVO REGIMENTAL NO AGRAVO DE INSTRUMENTO. IMPRESCRITIBILIDADE. REPARAÇÃO DE DANOS. IMPROBIDADE ADMINISTRATIVA E ILÍCITO PENAL. PRESCRITIBILIDADE. ILÍCITO CIVIL. PRAZO. OFENSA INDIRETA. AI INTERPOSTO SOB A VIGÊNCIA DO CPC DE 1973. ARTIGO 1.033 DO CPC/2015. INAPLICABILIDADE. EMBARGOS ACOLHIDOS, EM PARTE, PARA PRESTAR ESCLARECIMENTOS. *I – A imprescritibilidade prevista no art. 37, §5º, da Constituição Federal, diz respeito apenas a ações de ressarcimento de danos decorrentes de ilegalidades tipificadas como de improbidade administrativa e como ilícitos penais. É prescritível a ação de reparação de danos à Fazenda Pública decorrente de ilícito civil* (RE n° 669.069-RG/MG, Relator Ministro Teori Zavascki). II – Ressarcimento de danos decorrente de ilícito civil causador de prejuízo material ao erário. Aplicação do prazo prescricional comum para ações da espécie. Impossibilidade da análise da legislação infraconstitucional. Ofensa constitucional indireta. Precedentes. III – Inaplicável o art. 1.033 do CPC/2015, em razão de o agravo de instrumento ter sido interposto sob a vigência do CPC/1973. IV – Embargos de declaração parcialmente acolhidos para prestar esclarecimentos, sem modificação do acórdão embargado. (AI n° 481650 AgR-ED-ED, Relator: Min. Ricardo Lewandowski, Segunda Turma, julgado em 21/08/2017, ACÓRDÃO ELETRÔNICO DJe-195 DIVULG 30.08.2017 PUBLIC 31.08.2017) (Grifamos)

EMENTA Agravo regimental no recurso extraordinário. Alegada ausência de esgotamento de instância, em virtude da não interposição de embargos de divergência. Não ocorrência. Medida cautelar preparatória de futura ação de ressarcimento. *Imprescritibilidade pacificamente reconhecida pela Corte.* 1. Não há que se falar em ausência de esgotamento de instância, pois o recurso de embargos de divergência, dado seu caráter facultativo, não se enquadra dentre os recursos ordinários, a que alude o verbete da Súmula n° 281 da Corte. 2. A discussão sobre a natureza da ação civil pública em tela, se de improbidade administrativa ou de ressarcimento por supostos danos causados ao erário, bem como sobre sua eventual imprescritibilidade, não prescinde da análise dos fatos e das provas dos autos, a qual é incabível na via extraordinária, a teor do disposto na Súmula n° 279 da Corte. 3. Agravo regimental não provido. (RE n° 601707 AgR, Relator(a): Min. Dias Toffoli, Primeira Turma, julgado em 29.10.2013, ACÓRDÃO ELETRÔNICO DJe-233 DIVULG 26.11.2013 PUBLIC 27.11.2013) (Grifamos)

CONSTITUCIONAL. AGRAVO REGIMENTAL NO AGRAVO DE INSTRUMENTO. AÇÃO CIVIL PÚBLICA. CONCESSIONÁRIA DE SERVIÇO PÚBLICO. CONTRATO. SERVIÇOS DE MÃO-DE-OBRA SEM LICITAÇÃO. RESSARCIMENTO DE DANOS AO ERÁRIO. ART. 37, §5°, DA CF. PRESCRIÇÃO. INOCORRÊNCIA. 1. *As ações que visam ao ressarcimento do erário são imprescritíveis* (artigo 37, parágrafo 5°, in fine, da CF). Precedentes. 2. Agravo regimental a que se nega provimento. (AI n° 712435 AgR, Relatora: Min. Rosa Weber, Primeira Turma, julgado em 13.03.2012, ACÓRDÃO ELETRÔNICO DJe-071 DIVULG 11.04.2012 PUBLIC 12.04.2012 RTJ VOL-00222-01 PP-00603 RT v. 101, n. 921, 2012, p. 670-674) (Grifamos)

EMENTA: MANDADO DE SEGURANÇA. TRIBUNAL DE CONTAS DA UNIÃO. BOLSISTA DO CNPq. DESCUMPRIMENTO DA OBRIGAÇÃO DE RETORNAR AO PAÍS APÓS TÉRMINO DA CONCESSÃO DE BOLSA PARA ESTUDO NO EXTERIOR. RESSARCIMENTO AO ERÁRIO. INOCORRÊNCIA DE PRESCRIÇÃO. DENEGAÇÃO DA SEGURANÇA. I – O beneficiário de bolsa de estudos no exterior patrocinada pelo Poder Público, não pode alegar desconhecimento de obrigação constante no contrato por ele subscrito e nas normas do órgão provedor. II – Precedente: MS 24.519, Rel. Min. Eros Grau. III – *Incidência, na espécie, do disposto no art. 37, §5°, da Constituição Federal, no tocante à alegada prescrição.* IV – Segurança denegada. (MS n° 26210, Relator: Min. Ricardo Lewandowski, Tribunal Pleno, julgado em 04.09.2008, DJe-192 DIVULG 09.10.2008 PUBLIC 10.10.2008 EMENT VOL-02336-01 PP-00170 RTJ VOL-00207-02 PP-00634 RT v. 98, n. 879, 2009, p. 170-176 RF v. 104, n. 400, 2008, p. 351-358 LEXSTF v. 31, n. 361, 2009, p. 148-159) (Grifamos)

Ementa: AGRAVO REGIMENTAL NO AGRAVO DE INSTRUMENTO. DIREITO CONSTITUCIONAL E DIREITO PROCESSUAL CIVIL. AÇÃO DE RESSARCIMENTO DE DANO AO ERÁRIO. ART. 37, §5°, DA CONSTITUIÇÃO FEDERAL. IMPRESCRITIBILIDADE. REPERCUSSÃO GERAL PRESUMIDA. AGRAVO REGIMENTAL DESPROVIDO. 1. A repercussão geral é presumida quando o recurso versar questão cuja repercussão já houver sido reconhecida pelo Tribunal ou quando impugnar decisão contrária a súmula ou a jurisprudência dominante desta Corte (artigo 323, §1º, do RISTF). 2. *O Pleno do Supremo Tribunal Federal, no julgamento do MS 26.210, Relator o Ministro Ricardo Lewandowski, DJ de 10.10.08, fixou entendimento no sentido da imprescritibilidade da ação de ressarcimento de dano ao erário.* (...) RECURSO DESPROVIDO.' 4. Agravo regimental desprovido. (AI nº 848482 AgR, Relator: Min. Luiz Fux, Primeira Turma, julgado em 27.11.2012, ACÓRDÃO ELETRÔNICO DJe-035 DIVULG 21.02.2013 PUBLIC 22.02.2013) (Grifamos)

No STF, em um primeiro momento, a controvérsia em torno da imprescritibilidade do ressarcimento ao erário apareceu em repercussão geral quando do julgamento do RE nº 669.069. Nesse recurso, o STF teve de decidir sobre o prazo prescricional de uma ação ajuizada pela União em face da Viação Três Corações Ltda. para a cobrança de prejuízos sofridos, em razão de uma colisão de veículos. As circunstâncias fáticas não diziam respeito a qualquer conduta de improbidade administrativa, mas, mesmo assim, o tema da prescritibilidade do ressarcimento na improbidade chegou a, em um primeiro momento, ser debatido no plenário do STF. A despeito de, inicialmente, o relator Min. Teori Zavascki ter feito considerações sobre a imprescritibilidade do ressarcimento ao erário nas ações de improbidade, ele próprio concluiu seu voto definitivo nos autos sem tratar da referida matéria. É que seria ofensivo ao devido processo legal decidir, em sede de repercussão geral, que o ressarcimento ao erário na ação de improbidade seria imprescritível, se esse tema específico não foi objeto de qualquer controvérsia nos autos.

Consoante a leitura das ementas dos dois acórdãos lançados no RE nº 669.069 (um que apreciou o recurso extraordinário interposto e o segundo que decidiu os embargos de declaração), é possível constatar que o STF restringiu, acertadamente, o alcance da expressão "ação de ressarcimento ao erário". Sem entrar no mérito do dever de ressarcimento ao erário na ação de improbidade, restou decidido que é prescritível a ação movida pelo Estado para recompor o seu patrimônio decorrente de ilícito civil. O caso concreto se referia a um acidente de veículos, e não a uma hipótese de improbidade administrativa. Vejamos o teor das referidas ementas, *verbis*:

> CONSTITUCIONAL E CIVIL. RESSARCIMENTO AO ERÁRIO. IMPRESCRITIBILIDADE. SENTIDO E ALCANCE DO ART. 37, §5º, DA CONSTITUIÇÃO. 1. *É prescritível a ação de reparação de danos à Fazenda Pública decorrente de ilícito civil.* 2. Recurso extraordinário a que se nega provimento.
> (RE 669069, Relator: Min. TEORI ZAVASCKI, Tribunal Pleno, julgado em 03/02/2016, ACÓRDÃO ELETRÔNICO REPERCUSSÃO GERAL - MÉRITO DJe-082 DIVULG 27-04-2016 PUBLIC 28-04-2016)
> PROCESSUAL CIVIL. EMBARGOS DE DECLARAÇÃO NO RECURSO EXTRAORDINÁRIO. RESSARCIMENTO AO ERÁRIO. DANO DECORRENTE DE ILÍCITO CIVIL. *PRESCRITIBILIDADE. SENTIDO ESTRITO DA EXPRESSÃO "ILÍCITO CIVIL", DELIMITADO PELO ACÓRDÃO EMBARGADO.* FIXAÇÃO DO TERMO INICIAL DO PRAZO PRESCRICIONAL. MATÉRIA INFRACONSTITUCIONAL. MODULAÇÃO DE EFEITOS DA TESE FIRMADA NO ACÓRDÃO EMBARGADO. NÃO DEMONSTRAÇÃO DE MOTIVO RELEVANTE DE INTERESSE SOCIAL OU DE SEGURANÇA JURÍDICA.

REDISCUSSÃO DE QUESTÕES DECIDIDAS. IMPOSSIBILIDADE. EMBARGOS DE DECLARAÇÃO REJEITADOS. (RE nº 669069 ED, Relator: Min. Teori Zavascki, Tribunal Pleno, julgado em 16.06.2016, ACÓRDÃO ELETRÔNICO DJe-136 DIVULG 29.06.2016 PUBLIC 30.06.2016) (Grifamos)

Após o plenário do STF ter decidido que não apreciaria no RE nº 669.069 a controvérsia sobre a prescrição do dever de ressarcimento ao erário na ação de improbidade administrativa, tendo em vista que esse não era o tema dos autos, a matéria foi submetida pelo Min. Teori Zavascki à sistemática da repercussão geral no RE nº 852.475 (Tema 897 da RG). Foi nesse recurso extraordinário, portanto, que o STF decidiu se a medida de ressarcimento ao erário seria imprescritível na improbidade. Vejamos a ementa do reconhecimento do Plenário do STF de que se estaria diante de uma temática com repercussão geral:

> Ementa: ADMINISTRATIVO. RECURSO EXTRAORDINÁRIO. AÇÃO CIVIL PÚBLICA. ATO DE IMPROBIDADE ADMINISTRATIVA. PRETENSÃO DE RESSARCIMENTO AO ERÁRIO. PRESCRITIBILIDADE (ART. 37, §5º, DA CONSTITUIÇÃO FEDERAL). REPERCUSSÃO GERAL CONFIGURADA. 1. Possui repercussão geral a controvérsia relativa à prescritibilidade da pretensão de ressarcimento ao erário, em face de agentes públicos, em decorrência de suposto ato de improbidade administrativa. 2. Repercussão geral reconhecida.
> (RE nº 852475 RG, Relator(a): Min. Teori Zavascki, julgado em 19.05.2016, PROCESSO ELETRÔNICO DJe-108 DIVULG 25.05.2016 PUBLIC 27.05.2016)

O parecer do MPF nesse RE nº 852.475 foi no sentido da imprescritibilidade da pena, *in verbis*:

> CONSTITUCIONAL E ADMINISTRATIVO. RECURSO EXTRAORDINÁRIO. TEMA 897 DA REPERCUSSÃO GERAL. AÇÕES DE RESSARCIMENTO DO ERÁRIO. IMPROBIDADE ADMINISTRATIVA. IMPRESCRITIBILIDADE. ARTIGO 37, §5º, DA CONSTITUIÇÃO. PROVIMENTO PARCIAL DO RECURSO.
> 1– Proposta de Tese de Repercussão Geral (Tema 897): São imprescritíveis as ações de ressarcimento do erário fundadas na prática de ato de improbidade administrativa, independentemente de prévia declaração do ato como ímprobo e do agente que o pratique, servidor público ou não.
> 2– Recurso extraordinário interposto com fundamento no art. 102, III, a, da Constituição, sob o argumento de ofensa aos arts. 1º, 18, 29, 30, V, §5º, e 39 da Carta Magna, com a pretensão de cassar o acórdão recorrido e afastar a extinção do processo por prescrição.
> 3 – *Não cabe ao legislador nem ao intérprete restringir o alcance da norma advinda do §5º do art. 37 da Constituição, para excluir da garantia da imprescritibilidade as ações de ressarcimento de danos decorrentes da prática de atos de improbidade administrativa.* Admitir a indevida restrição implica afronta ao texto constitucional, mitigação do princípio da moralidade administrativa e desproteção do patrimônio e do interesse públicos.
> 4 – *A tutela da moralidade administrativa impede a equiparação do dano civil, cuja reparação foi reconhecida como prescritível no julgamento do RE 669.069, ao dano decorrente da prática de improbidade administrativa, cujo ressarcimento é imprescritível.*
> 5 – A imprescritibilidade constitucional da ação ressarcitória não está condicionada a prévio reconhecimento do ato causador do dano como improbidade administrativa.
> 6 – É imprescritível a ação de ressarcimento, independentemente do agente causador do dano, seja servidor público ou não. A regra da imprescritibilidade existe para proteção do patrimônio público em face de todos, não apenas dos agentes públicos.

7 – Parecer pelo provimento parcial do recurso extraordinário a fim de que seja reconhecida a imprescritibilidade da ação de improbidade administrativa proposta pelo recorrente na parte relativa ao ressarcimento ao erário. (Grifamos)

Em 2018, o plenário do STF decidiu o RE nº 852.475 e concluiu, por apertada maioria,[369] pela imprescritibilidade das ações de ressarcimento ao erário fundadas na prática de ato doloso tipificado na Lei de Improbidade Administrativa. Vejamos a ementa do julgado:

> Ementa
> DIREITO CONSTITUCIONAL. DIREITO ADMINISTRATIVO. RESSARCIMENTO AO ERÁRIO. IMPRESCRITIBILIDADE. SENTIDO E ALCANCE DO ART. 37, §5 º, DA CONSTITUIÇÃO. 1. A prescrição é instituto que milita em favor da estabilização das relações sociais. 2. Há, no entanto, uma série de exceções explícitas no texto constitucional, como a prática dos crimes de racismo (art. 5º, XLII, CRFB) e da ação de grupos armados, civis ou militares, contra a ordem constitucional e o Estado Democrático (art. 5º, XLIV, CRFB). 3. O texto constitucional é expresso (art. 37, §5º, CRFB) ao prever que a lei estabelecerá os prazos de prescrição para ilícitos na esfera cível ou penal, aqui entendidas em sentido amplo, que gerem prejuízo ao erário e sejam praticados por qualquer agente. 4. A Constituição, no mesmo dispositivo (art. 37, §5º, CRFB) decota de tal comando para o Legislador as ações cíveis de ressarcimento ao erário, tornando-as, assim, imprescritíveis. 5. *São, portanto, imprescritíveis as ações de ressarcimento ao erário fundadas na prática de ato doloso tipificado na Lei de Improbidade Administrativa.* 6. Parcial provimento do recurso extraordinário para (i) afastar a prescrição da sanção de ressarcimento e (ii) determinar que o tribunal recorrido, superada a preliminar de mérito pela imprescritibilidade das ações de ressarcimento por improbidade administrativa, aprecie o mérito apenas quanto à pretensão de ressarcimento. (STF. Tribunal Pleno. RE nº 852475. Relator: Min. Alexandre De Moraes. Redator do acórdão: Min. Edson Fachin. Julgamento: 08.08.2018. Publicação: 25.03.2019). (Grifamos)

Restou assentada a seguinte tese: "São imprescritíveis as ações de ressarcimento ao erário fundadas na prática de ato doloso tipificado na Lei de Improbidade Administrativa".

Sem embargo do entendimento pacificado no STF, pensamos que o dever de ressarcimento ao erário deveria prescrever. Imprescritibilidade é medida extremamente séria e que depende de previsão expressa constitucional. Na mesma linha do que sustenta Celso Antônio Bandeira de Mello, pensamos que o reconhecimento da imprescritibilidade ofende o direito de defesa, bem como a segurança jurídica e o princípio da proteção da confiança, quando ausente previsão constitucional expressa que a autorize.[370]

Em um Estado de Direito, são inaceitáveis regras jurídicas que, a pretexto de prestigiar o interesse público, fulminam direitos fundamentais. A imprescritibilidade do dever de ressarcimento a erário na improbidade administrativa inviabiliza o devido processo legal, tendo em vista que ninguém terá condições de se

---
[369] Cinco ministros ficaram vencidos: os Ministros Alexandre de Moraes (Relator), Dias Toffoli, Ricardo Lewandowski, Gilmar Mendes e Marco Aurélio.
[370] MELLO, Celso Antônio Bandeira de. *Curso de Direito Administrativo*. 30. ed. São Paulo: Malheiros, 2013.

defender de alegações fundadas em fatos ocorridos em um passado excessivamente remoto. O cidadão não pode ser punido com a intranquilidade eterna pelo fato de o Estado ser ineficiente para apurar condutas ímprobas, especialmente quando lesivas ao seu patrimônio. É ilógico autorizar o Estado a perseguir pessoas por meio de ações de improbidade ajuizadas 30, 40 ou 50 anos após a suposta prática da conduta. O problema ainda não parece ser tão sério, porque a LIA ainda não é tão antiga. Mas quanto mais tempo ela se distanciar da data de sua entrada em vigor, ficarão mais fortes os argumentos a favor da prescritibilidade.

E a situação é completamente diversa da impossibilidade de usucapião de bens públicos. É que o ressarcimento ao erário pressupõe a prática de um ilícito, circunstância que não é requisito para a ocorrência da usucapião, que só exige a posse mansa por um determinado período de tempo. O dever de ressarcimento ao erário na improbidade pressupõe, por sua vez, a análise da prática de uma conduta ímproba ocorrida há muitos anos. Como fazer prova de fatos ocorridos há mais de trinta anos? Já no caso da usucapião de bens públicos, a conjuntura fática que fundamenta o pedido normalmente ainda está ocorrendo no momento em que o pleito é formulado. Dito de outra forma, no dever de ressarcimento ao erário, pretende-se debater fatos ocorridos há muitos anos atrás e imputar um dever patrimonial decorrente da suposta prática de uma conduta desonesta verificada no passado remoto. Em se tratando da usucapião, os fatos se iniciaram no passado distante, mas normalmente se protraem para o presente, pois ainda há, via de regra, a posse do bem público que se pretende usucapir. Situações distintas que não deveriam merecer o mesmo tratamento.

Fica aqui o desejo de que, em algum momento do futuro, possamos ter uma nova compreensão do STF sobre a matéria e que estipule um prazo prescricional para o dever de ressarcimento ao erário, ainda que superior ao da regra geral.

23.3.2) Arquivamento do procedimento investigativo não autorizado pelo órgão revisor e prazo para ajuizamento da ação de improbidade: Em sua atividade de controle, é plenamente possível que o órgão revisor reprove a promoção de arquivamento do procedimento investigativo. Nesse caso, novas diligências deverão ser tomadas ou a ação de improbidade terá de ser ajuizada no estado em que a investigação se encontra. De todo modo, se for o caso de ajuizamento da ação de improbidade, ela deverá ser distribuída dentro de 30 dias após o prazo máximo legalmente permitido para o Estado investigar (365 ou 730 dias corridos a depender da ocorrência ou não de prorrogação da duração do procedimento investigativo). Em hipótese alguma, a ação de improbidade poderá ser distribuída fora desse prazo, e a decisão do órgão revisor não suspende nem interrompe o seu curso regular. Toda a duração do procedimento investigativo deve observar o prazo máximo legalmente fixado, e isso inclui o tempo de análise da promoção de arquivamento pelo órgão de revisão e todas as medidas após eventual desautorização do arquivamento.

23.3.3) Suspensão do prazo prescricional a partir do início das tratativas para a formalização do acordo de não persecução civil: A Lei nº 14.230 alterou, e, em grande parte, para melhor, o tema da prescrição em matéria de improbidade. Além de ter aprimorado a forma de cálculo do prazo prescricional, estabeleceu marcos que interrompem e outros que suspendem a prescrição. Só não apoiamos a regra da redução pela metade do prazo prescricional quando ela é interrompida. De todo modo, além dos marcos interruptivos previstos para o momento posterior ao do ajuizamento da ação de improbidade, há, também, previsão de suspensão do prazo prescricional para a etapa que precede sua distribuição. Referida suspensão ocorrerá na hipótese de instauração do inquérito civil ou de processo administrativo para a apuração de condutas ímprobas e terá duração máxima de 180 dias corridos.

Entretanto, especificamente em relação ao acordo de não persecução civil, o que temos na LIA é unicamente a regra que possibilita as partes requererem ao juiz a interrupção do prazo para a contestação por período não superior a 90 (noventa) dias. Não há, infelizmente, regra expressa na LIA prevendo eventual suspensão do prazo prescricional pelo fato de as partes estarem negociando um acordo de não persecução civil. Durante as negociações do acordo, não faz sentido algum que o prazo prescricional possa fluir, notadamente porque não há inércia estatal na persecução. Essa lacuna deve ser, segundo defendemos, colmatada pelo art. 34 da Lei nº 13.140/15, nos seguintes termos:

> Art. 34. A instauração de procedimento administrativo para a resolução consensual de conflito no âmbito da administração pública suspende a prescrição.
> §1º Considera-se instaurado o procedimento quando o órgão ou entidade pública emitir juízo de admissibilidade, retroagindo a suspensão da prescrição à data de formalização do pedido de resolução consensual do conflito.

No mesmo sentido, temos a posição sustentada pelo Centro de Apoio Operacional às Promotorias de Proteção à Moralidade Administrativa do MP da Bahia:

> ORIENTAÇÃO Nº 16
> O art. 34 da Lei Federal nº 13.140/2015, segundo o qual "A instauração de procedimento administrativo para a resolução consensual de conflito no âmbito da administração pública suspende a prescrição", aplica-se ao acordo de não persecução cível (ANPC). A data da suspensão passa a correr a partir do momento em que o investigado ou réu manifesta interesse em dar início às tratativas que poderão resultar no acordo de não persecução.[371]

Diante das razões acima expostas, o prazo prescricional não pode fluir durante o período em que as partes estiverem, antes ou após o ajuizamento da ação de improbidade, negociando formalmente os termos de um acordo de não persecução civil. A suspensão deve se iniciar no momento em que o investigado ou réu manifesta interesse em dar início às tratativas e subsistirá até a formalização do acordo, ou, na sua ausência, até que ocorra manifestação de qualquer das

---

[371] Disponível em: https://infomail.mpba.mp.br/wp-content/uploads/2020/03/enunciados-acordo-de-n%C3%A3o-persecu%C3%A7%C3%A3o-c%C3%ADvel-2.pdf. Acesso em: 20 dez. 2022.

partes de que o acordo não será formalizado. Diante da lacuna legal e para que não haja dúvidas, o ideal é que as partes, ao início das negociações, formalizem a concordância com a suspensão do prazo prescricional durante o período das tratativas e, se houver ação de improbidade em tramitação, que tal anuência seja informada ao juízo para sua homologação.

23.3.4) Direito intertemporal e aplicação do prazo prescricional introduzido pela Lei nº 14.230 em relação a fatos anteriores: A Lei nº 14.230 promoveu profunda alteração no regime prescricional da ação de improbidade administrativa. Houve mudança do critério adotado para o cálculo da prescrição (agora se adota a data do fato ou a cessação da permanência), ocorreu um incremento no número de anos (agora a prescrição ocorre em oito anos), e passamos a ter a previsão de marcos interruptivos e de suspensão do prazo prescricional.

O novo regramento, no entanto, poderá ser tanto favorável quanto desfavorável aos réus que praticaram condutas ímprobas em momento anterior ao do advento da reforma de 2021. Tudo dependerá dos detalhes do caso concreto. Por exemplo, se um Governador tiver praticado uma conduta ímproba em novembro de 2020 e ele já estiver em seu segundo mandato que se encerra em 31 de dezembro de 2022, a prescrição para o ajuizamento da ação de improbidade ocorrerá em 1º de janeiro de 2028 (cinco anos a contar de 1º de janeiro de 2023) de acordo com a redação original do art. 23 da LIA. Se aplicarmos a regra prescricional atual introduzida pela Lei nº 14.230/21, a prescrição apenas ocorrerá em novembro de 2028 (oito anos após o fato). Portanto, nesse primeiro exemplo, a aplicação da regra original da prescrição seria mais benéfica ao réu. Por outro lado, se mudássemos o exemplo e considerássemos que o Governador praticou a improbidade em outubro de 2017, ainda no seu primeiro mandato, a regra prescricional posterior à reforma já seria a mais benéfica. É que, de acordo com a redação original da LIA, nesse segundo exemplo a prescrição continuaria a ocorrer em 1º de janeiro de 2028 (cinco anos após o término do vínculo, incluindo o segundo mandato). Contudo, a prescrição passaria a ocorrer em outubro de 2025 (oito anos após o fato) se adotássemos a redação posterior à reforma de 2021, um prazo mais benéfico para o réu. Ora a redação original da LIA é mais vantajosa, ora é mais prejudicial ao réu.

Uma infelicidade que a reforma de 2021 não tenha estipulado uma regra formal de transição para a matéria, tal como fez o Código Civil que entrou em vigor em janeiro de 2003. Em seu art. 2028, o Código Civil previu o seguinte sobre o tema:

> Art. 2.028. Serão os da lei anterior os prazos, quando reduzidos por este Código, e se, na data de sua entrada em vigor, já houver transcorrido mais da metade do tempo estabelecido na lei revogada.

A lógica da regra de transição do Código Civil não se aplica perfeitamente ao Direito Administrativo Sancionador. É que referido Código cuida da prescrição, como regra, nas relações entre particulares. Nessas circunstâncias, o incremento do prazo prescricional pode beneficiar um particular. No caso da LIA, o aumento do prazo prescricional sempre prejudicará o réu, agente público ou particular, tendo em vista que ele eleva o tempo que o Estado possui para punir alguém.

Sob outro prisma, a ausência de uma regra de transição sobre a matéria exige uma construção teórica sobre como lidar com o prazo prescricional das condutas ímprobas praticadas antes do advento da Lei nº 14.230/21.

Na nossa perspectiva, há duas premissas inexoráveis a serem observadas. A primeira delas é a de que ninguém pode ser surpreendido com uma nova lei que aumenta o prazo que o Estado possui para ajuizar uma ação de improbidade. Se uma conduta ímproba prescreveria em 15 de março de 2025 com base nas regras legais da época do fato, nada justificaria o aumento do prazo prescricional. A segunda premissa é a de que o tema deve observar, por força do que dispõe o art. 1º, §4º, da LIA, os princípios constitucionais do Direito Administrativo Sancionador. E, nesse caso, os princípios da segurança jurídica e da proteção da confiança impedem a frustração de uma expectativa legítima que o réu possui de, no máximo, responder por uma conduta pelo prazo prescricional legalmente previsto na época em que a conduta foi praticada.

Entendemos, portanto, que, em nenhuma hipótese, a nova regra legal pode ser aplicada a fatos ocorridos antes do seu advento, quando isso acarretar, no caso concreto, o aumento do prazo prescricional da ação de improbidade. A nova regra prescricional deve ser empregada aos fatos ocorridos antes da entrada em vigor da Lei nº 14.230/21, desde que essa solução seja mais favorável ao réu do que a resultante da incidência do prazo prescricional previsto na regra legal da data do fato. A aplicação da regra prescricional da época da conduta ímproba só se justifica se a nova regra legal for desfavorável ao réu.

Independentemente da data em que um fato ocorreu, uma pessoa não pode ser perseguida pelo Estado por mais tempo que o próprio Estado entenda ser o correto, o justo, o proporcional à luz da segurança jurídica. Assim, no Direito Administrativo Sancionador, sempre deve prevalecer a aplicação da regra mais favorável ao réu. O brocardo latino *tempus regit actum* não pode justificar o que seria excessivamente injusto, vale dizer, perseguir no sistema punitivo quem, na perspectiva estatal, já não mais deve responder em virtude do longo decurso do tempo. E ninguém pode ser perseguido pelo Estado por mais tempo do que seria quando do cometimento da conduta.

Sem embargo do que entendemos e pensamos ser a solução mais apropriada em termos de regime de transição diante de uma nova regra legal sobre prescrição no Direito Administrativo Sancionador, o STF já decidiu o tema especificamente em relação à Lei nº 14.230/21. De acordo com o entendimento do STF exteriorizado no ARE nº 843.989[372], a Lei nº 14.230/21 não retroage para desconstituir ações de improbidade que já transitaram em julgado. Se ainda não houve o trânsito em julgado, a regra legal superveniente (Lei nº 14.230/21) será aplicável imediatamente

---

[372] STF. Plenário. Rel. Min. Alexandre de Moraes. ARE 843.989. Data do julgamento: 18.08.2022.

para alcançar os fatos anteriores ao seu advento, de acordo com o STF, não porque retroagiria, mas pelo princípio da não ultratividade da redação original da LIA na parte que foi revogada. Assim, ausente o trânsito em julgado da ação de improbidade, os dispositivos da LIA passariam a ser imediatamente aplicados aos processos em tramitação.

Em relação especificamente ao tema da prescrição, o STF decidiu que: "O novo regime prescricional previsto na Lei 14.230/2021 é IRRETROATIVO, aplicando-se os novos marcos temporais a partir da publicação da lei". Assim, de acordo com o STF, a nova regra prescricional não desconstituirá condenações que transitaram em julgado, mas incidirá a partir da entrada em vigor da nova lei. Ao longo do seu voto, o relator Ministro Alexandre de Moraes dá destaque a uma manifestação do presidente da comissão de juristas[373] que apresentou proposta de anteprojeto de lei sobre o tema, Ministro Mauro Campbell Marques, nos seguintes termos:

> O anteprojeto também estabeleceu que as alterações propostas no prazo prescricionais somente seriam aplicadas aos fatos ocorridos após a eventual vigência (art.23-C do PL). (Breves Considerações sobre o Anteprojeto de Reforma da Lei de Improbidade Administrativa: A proposta da Comissão de Juristas Nomeada pela Câmara dos Deputados. Edição Comemorativa. 30 ANOS DO STJ. Superior Tribunal de Justiça).[374]

Muito embora a tese assentada não seja muito clara por não ter detalhado esse ponto específico (se a regra prescricional da nova lei produz efeitos imediatos para alcançar as condutas ímprobas praticadas antes e após o seu advento na hipótese de não ter havido coisa julgada), a referência à manifestação do Ministro Mauro Campbell nos faz crer que a posição do relator, aprovada pelo Plenário do STF, é no sentido de que a nova regra prescricional não alcança fatos anteriores à sua entrada em vigor. Uma lei nova que reduza o prazo prescricional em um dado caso concreto não poderia, à luz do voto do relator, fazer surgir uma inércia estatal que não existiu e a prescrição não poderia se consumar retroativamente.

O problema de a nova regra prescricional só alcançar fatos ocorridos após a sua entrada em vigor é que tal conclusão não se harmoniza com o entendimento do STF exarado no mesmo processo em relação ao tema da modalidade culposa. Em se tratando de conduta culposa, a nova lei vai alcançar a referida conduta, caso o processo não tenha transitado em julgado. A mesma solução deveria ser adotada para a regra prescricional, qual seja, ausente o trânsito em julgado, a nova regra prescricional deveria atingir as condutas anteriores à Lei nº 14.230, desde que não tivesse havido coisa julgada.

---

[373] Por meio de ato de 22.02.2018, a Presidência da Câmara dos Deputados criou uma comissão de juristas para a elaboração de anteprojeto de lei para a reforma da Lei de Improbidade Administrativa. O PL nº 10.887/2018 foi apresentado pela referida comissão presidida pelo Ministro Mauro Campbell Marques do Superior Tribunal de Justiça, e que teve os seguintes integrantes: Cassio Scarpinella Bueno, Emerson Garcia, Fabiano da Rosa Tesolin, Fábio Bastos Stica, Guilherme de Souza Nucci, Marçal Justen Filho, Mauro Roberto Gomes de Mattos, Ney Bello, Rodrigo Mudrovitsch, Sérgio Cruz Arenhart.

[374] STF. Plenário. Rel. Min. Alexandre de Moraes. ARE nº 843.989. Data do julgamento: 18.08.2022, p. 46 do voto do relator.

Dessa forma, o STF adotaria uma interpretação coerente, ao assentar, para todos os casos, que as regras introduzidas pela Lei nº 14.230/21 terão eficácia para atingir os processos em andamento, inclusive em relação a fatos ocorridos antes da sua entrada em vigor.

Sob outro enfoque, e com a devida vênia ao entendimento do STF no sentido de que a situação é de irretroatividade, pensamos que, quando uma nova lei atinge, de alguma maneira, fatos ocorridos antes da sua entrada em vigor, há retroatividade. Irretroativa, *a contrario sensu*, é a norma legal que não pode atingir fatos ocorridos antes da sua entrada em vigor. Houve, ao que tudo indica e com todo o respeito, uma certa confusão entre aplicação imediata de uma nova regra legal a um processo em andamento e aplicação da nova lei em relação a fatos anteriores à sua entrada em vigor. Parece-nos que o correto seria reconhecer que as regras sobre prescrição da Lei nº 14.230 aplicam-se aos processos em andamento quando da sua entrada em vigor, mas que também alcançam fatos a ela anteriores alusivos a ações que ainda não transitaram em julgado. Essa última característica é suficiente para, a nosso sentir, afirmarmos que estamos diante de uma situação de retroatividade normativa. O STF parece ter considerado apenas aquele primeiro efeito (aplicação imediata de uma nova regra legal a um processo em andamento) quando afirmou que a Lei nº 14.230/21 é irretroativa.

Por fim, nosso entendimento é o de que a regra legal prescricional aplicável a um caso concreto deve sempre ser a mais favorável ao réu ou investigado. O Estado não pode invocar o princípio da proteção da confiança em seu favor,[375] na medida em que referido princípio, enquanto dimensão subjetiva da segurança jurídica, apenas tutela o cidadão diante do Estado e não o inverso. E se o Estado quis reduzir o prazo prescricional quando editou uma nova lei, é porque entendeu como intolerável a superação do tempo de inércia previsto na lei mais favorável para que alguém seja punido. Assim, não importa quando a conduta foi praticada, mas o tempo que o Estado passou a ter para perseguir alguém. E sem falar no fato de que o princípio da não ultratividade rememorado pelo STF no julgamento do ARE nº 843.989 também deveria valer para impedir a subsistência da regra prescricional revogada quando prejudicial ao investigado.

De todo modo, o entendimento do STF no ARE nº 843.989 parece ser no sentido menos favorável ao réu e mais garantidor do direito do Estado de perseguir aquele que responde por improbidade. Essa conclusão decorre do fato de que a aludida decisão aparentemente prestigiou a ideia de que o Estado não pode ser surpreendido com um prazo menor de prescrição. Para nós, contudo, quem não pode ser surpreendido negativamente com um incremento do prazo prescricional é apenas o cidadão. O Estado, por sua vez, foi quem redigiu a nova norma jurídica. Ele não foi surpreendido com a sua criação. Em suma, a interpretação conjunta das

---

[375] Para um aprofundamento no tema, vale conferir o que escrevemos no livro ARAÚJO, Valter Shuenquener de. *O Princípio da Proteção da Confiança*. Uma Nova Forma de Tutela do Cidadão Diante do Estado. 2. ed. Niterói: Editora Impetus, 2016.

teses 2, 3 e 4 assentadas no ARE nº 843.989[376] gera uma incerteza quanto ao alcance do julgado e abre espaço para que o tempo diga como se dará o cumprimento do citado *decisum*: se a nova regra prescricional, quando mais benéfica, também alcançará fatos anteriores ainda não atingidos pela coisa julgada, ou se ela apenas atingirá condutas praticadas após a entrada em vigor da Lei nº 14.230. Torcemos que a primeira alternativa prevaleça, por ser ela mais consentânea com uma visão técnica e justa do direito administrativo sancionador.

23.3.5) Controvérsias do período da redação original do art. 23 da LIA: Neste tópico, apresentaremos algumas das variadas polêmicas que havia no período da redação original do art. 23 da LIA sobre o tema da prescrição da ação de improbidade. Entendemos que a apresentação do tema, ainda que se refira ao regime legal anterior, é oportuna para facilitar a compreensão das razões que levaram à edição de um novo regime de prescrição introduzido pela Lei nº 14.230/21.

23.3.5.1) *Prescrição no caso de mais de um mandato*: A LIA entrou em vigor em 1992, ano em que ainda não existia no Brasil a possiblidade de reeleição. Reeleição é algo que só se tornou possível no Brasil com a EC nº 16 de 1997. Por essa razão, a LIA não cuidou do prazo prescricional para o ajuizamento da ação de improbidade nesses casos e a matéria teve de ser estudada pela doutrina e analisada pelos tribunais.

Em relação ao ocupante de cargo eletivo, a lógica da regra contida na redação original do art. 23, I, da LIA era a de que, enquanto o infrator estivesse no poder, estivesse desempenhando seu mandato, o ilícito não seria revelado. A partir do dia em que encerrasse seu mandato, data em que terminaria o seu vínculo com o poder, é que começaria a fluir o prazo prescricional para o ajuizamento da ação de improbidade. Com base nesse raciocínio, prevaleceu a compreensão de que, nos casos de reeleição, o prazo prescricional deveria ser contado a partir do final do segundo mandato. No mesmo sentido, temos, por exemplo, a posição doutrinária de Emerson Garcia e Rogério Pacheco Alves[377], bem como de Carvalho Filho.[378]

O STJ também decidia dessa mesma forma, in *verbis*:

> PROCESSUAL CIVIL. ADMINISTRATIVO. AÇÃO CIVIL PÚBLICA. IMPROBIDADE ADMINISTRATIVA. ART. 142 DA LEI N. 8.112/91. FALTA DE PREQUESTIONAMENTO. ART. 23 DA LEI N. 8.429/92 (LEI DE IMPROBIDADE ADMINISTRATIVA – LIA). PRAZO PRESCRICIONAL. EX-PREFEITO. REELEIÇÃO.

---

[376] 2) A norma benéfica da Lei 14.230/21 – revogação da modalidade culposa do ato de improbidade administrativa –, é IRRETROATIVA, em virtude do artigo 5º, inciso XXXVI, da Constituição Federal, não tendo incidência em relação à eficácia da coisa julgada; nem tampouco durante o processo de execução das penas e seus incidentes;
3) A nova Lei 14.230/2021 aplica-se aos atos de improbidade administrativa culposos praticados na vigência do texto anterior da lei, porém sem condenação transitada em julgado, em virtude da revogação expressa do texto anterior; devendo o juízo competente analisar eventual dolo por parte do agente;
4) O novo regime prescricional previsto na Lei 14.230/2021 é IRRETROATIVO, aplicando-se os novos marcos temporais a partir da publicação da lei.

[377] GARCIA, Emerson; ALVES, Rogério Pacheco. *Improbidade administrativa*. 8. ed. São Paulo: Editora Saraiva, 2014. p. 750-751.

[378] CARVALHO FILHO, José dos Santos. *Improbidade administrativa* – Prescrição e outros fatos extintivos. 2. ed. São Paulo: Atlas, 2016. p. 124.

TERMO A QUO. TÉRMINO DO SEGUNDO MANDATO. MORALIDADE ADMINISTRATIVA: PARÂMETRO DE CONDUTA DO ADMINISTRADOR E REQUISITO DE VALIDADE DO ATO ADMINISTRATIVO. HERMENÊUTICA. MÉTODO TELEOLÓGICO. PROTEÇÃO DESSA MORALIDADE ADMINISTRATIVA. MÉTODO HISTÓRICO. APROVAÇÃO DA LIA ANTES DA EMENDA CONSTITUCIONAL N. 16/97, QUE POSSIBILITOU O SEGUNDO MANDATO. ART. 23, I, DA LIA. *INÍCIO DA CONTAGEM DO PRAZO PRESCRICIONAL ASSOCIADO AO TÉRMINO DE VÍNCULO TEMPORÁRIO*. A REELEIÇÃO, EMBORA NÃO PRORROGUE SIMPLESMENTE O MANDATO, IMPORTA EM FATOR DE CONTINUIDADE DA GESTÃO ADMINISTRATIVA, ESTABILIZAÇÃO DA ESTRUTURA ESTATAL E PREVISÃO DE PROGRAMAS DE EXECUÇÃO DURADOURA.
(...)
4. Método histórico de interpretação. A LIA, promulgada antes da Emenda Constitucional n. 16, de 4 de junho de 1997, que deu nova redação ao §5º do art. 14, da Constituição Federal, considerou como termo inicial da prescrição exatamente o final de mandato. No entanto, a EC n. 16/97 possibilitou a reeleição dos Chefes do Poder Executivo em todas as esferas administrativas, com o expresso objetivo de constituir corpos administrativos estáveis e cumprir metas governamentais de médio prazo, para o amadurecimento do processo democrático.
5. A Lei de Improbidade associa, no art. 23, I, o início da contagem do prazo prescricional ao término de vínculo temporário, entre os quais, o exercício de mandato eletivo. De acordo com a justificativa da PEC de que resultou a Emenda n. 16/97, a reeleição, embora não prorrogue simplesmente o mandato, importa em fator de continuidade da gestão administrativa. Portanto, o vínculo com a Administração, sob ponto de vista material, em caso de reeleição, não se desfaz no dia 31 de dezembro do último ano do primeiro mandato para se refazer no dia 1º de janeiro do ano inicial do segundo mandato. Em razão disso, o prazo prescricional deve ser contado a partir do fim do segundo mandato.
(...) se, por dois mandatos seguidos, pôde usufruir de uma estrutura mais bem planejada e de programas de governo mais consistentes, colhendo frutos ao longo dos dois mandatos – principalmente, no decorrer do segundo, quando os resultados concretos realmente aparecem – deve responder inexoravelmente perante o titular da res publica por todos os atos praticados durante os oito anos de administração, independente da data de sua realização.
(...) (REsp nº 1107833/SP, Rel. Ministro Mauro Campbell Marques, SEGUNDA TURMA, julgado em 08.09.2009, DJe 18.09.2009)[379] (Grifamos)

Também na sua "Jurisprudência em teses", o STJ corrobora o entendimento acima, que atualmente fica prejudicado pela redação atual do art. 23 da LIA, *verbis*:

Jurisprudência em teses – Edição nº 38: Improbidade Administrativa – I Tese 1 No caso de agentes políticos reeleitos, o termo inicial do prazo prescricional nas ações de improbidade administrativa deve ser contado a partir do término do último mandato.

23.3.5.2) Prescrição no caso de mais de um mandato e há uma interrupção (lapso temporal) entre os dois mandatos: Há situações em que os mandatos dos ocupantes de cargos eletivos são exercidos com uma interrupção. Isso ocorre, por exemplo, quando o reeleito não consegue assumir imediatamente o seu cargo no segundo mandato. Como a prescrição era computada nesses casos de acordo com a redação original da LIA?

---
[379] Decisão publicada no Informativo nº 406 do STJ.

Aqui vale lembrar que, conforme acima destacado, o fundamento do deslocamento do termo *a quo* do prazo prescricional para o término do último mandato decorre do fato de o exercício do poder impedir a apuração da conduta ímproba. Enquanto o agente público estava no seu cargo, ainda que em virtude de uma reeleição, a prescrição não poderia fluir, porque seria elevada a probabilidade de as condutas ímprobas ainda não terem sido reveladas. Esse mesmo raciocínio era empregado nas hipóteses em que os mandatos eram interrompidos. A despeito da interrupção entre os mandatos, o agente público estaria exercendo o poder e a infração ainda poderia ser escondida. O STJ já decidiu a matéria, nos seguintes termos, *verbis*:

> PROCESSO CIVIL E ADMINISTRATIVO. PRESCRIÇÃO. REELEIÇÃO. PREFEITO MUNICIPAL. **INTERREGNO ENTRE MANDATOS**. ELEIÇÃO ANULADA. POSSE DO PRESIDENTE DA CÂMARA POR DETERMINAÇÃO DA JUSTIÇA ELEITORAL. NOVO PLEITO. POSSE COM CONCLUSÃO DO MANDATO NA REELEIÇÃO. MANDATOS CONSECUTIVOS. **TERMO INICIAL DA PRESCRIÇÃO. TÉRMINO DO SEGUNDO MANDATO. INEXISTÊNCIA DE PRESCRIÇÃO**. PRECEDENTES. APLICAÇÃO DA LEI DE IMPROBIDADE ADMINISTRATIVA AOS AGENTES POLÍTICOS. POSSIBILIDADE. PRECEDENTES. ELEMENTO SUBJETIVO. DOLO CARACTERIZADO. CONTRATO SEM LICITAÇÃO DE PESSOA VEDADO PELA LEI ORGÂNICA. VIOLAÇÃO DOS PRINCÍPIOS DA IMPESSOALIDADE, MORALIDADE E LEGALIDADE. PRECEDENTES. REVISÃO DA DOSIMETRIA DAS PENAS. IMPOSSIBILIDADE REEXAME DE MATÉRIA FÁTICO-PROBATÓRIA. SÚMULA 7/STJ.
> 1. Cinge-se a controvérsia dos autos, a saber se ocorreu ou não a prescrição da ação civil pública, por improbidade administrativa, uma vez que *houve um lapso temporal entre o primeiro mandato de prefeito municipal, cumprido integralmente, e o segundo*, após anulação do pleito eleitoral, com posse provisória do Presidente da Câmara, por determinação da Justiça Eleitoral.
> 2. Reeleição pressupõe mandatos consecutivos. A legislatura corresponde a um período, atualmente, em caso de prefeitos, de quatro anos. *O fato de o Presidente da Câmara Municipal ter assumido provisoriamente, conforme determinação da Justiça Eleitoral, até que fosse providenciada nova eleição, não descaracterizou a legislatura, esta correspondente ao período de 01 de janeiro de 2005 a 31 dezembro de 2008.*
> 3. Não ocorrendo a prescrição, prevalece o entendimento jurisprudencial pacífico desta Corte, no sentido de que, no caso de agente político detentor de mandato eletivo ou de ocupantes de cargos de comissão e de confiança inseridos no polo passivo da ação, inicia-se a contagem do prazo com o fim do mandato. Exegese do art. 23, I, da Lei 8.429/92. Precedentes.
> (…) Recurso especial improvido.
> (REsp nº 1414757/RN, Rel. Ministro Humberto Martins, SEGUNDA TURMA, julgado em 06.10.2015, DJe 16.10.2015)[380] (Grifamos)

Esse entendimento também deveria ser empregado naqueles casos em que o agente que respondia pela regra da redação original do inciso I do art. 23 da LIA[381] mudava de cargo em comissão em uma mesma administração. Por exemplo, vamos supor que um particular se tornasse Secretário municipal de Saúde

---

[380] Decisão publicada no Informativo nº 571 do STJ.
[381] A redação original do art. 23, I, da LIA era a seguinte:
Art. 23. As ações destinadas a levar a efeitos as sanções previstas nesta lei podem ser propostas:
I – até cinco anos após o término do exercício de mandato, de cargo em comissão ou de função de confiança;

do Prefeito X e que, depois de três anos, ele fosse exonerado do cargo para, em seguida, ocupar o cargo de Secretário Municipal de Obras do mesmo Prefeito X. Tendo permanecido por mais cinco anos no cargo de Secretário Municipal de Obras do mesmo Prefeito X, não seria razoável que, à luz da redação original do art. 23, a prescrição para o ajuizamento da ação de improbidade começasse a fluir após a exoneração do cargo de Secretário municipal de Saúde. Por mais que a lei fosse omissa quanto a esse tipo de situação específica, o objetivo do dispositivo original, e já revogado, só era alcançado com o deslocamento do termo inicial do prazo prescricional para o término do vínculo do agente com aquela administração municipal específica, o que se deu após a exoneração do cargo de Secretário municipal de Obras do Prefeito X.

23.3.5.3) Prescrição da ação em face do particular (terceiro) que pratica o ato de improbidade: A redação original do art. 23 da LIA também era omissa quanto ao prazo prescricional aplicável ao particular que induzisse ou concorresse com o agente público na prática da improbidade administrativa. Em razão do silêncio, prevaleceu na doutrina[382] e na jurisprudência[383] a compreensão de que o particular responderia pelo mesmo prazo prescricional aplicável ao agente público que por ele foi induzido ou que com ele concorreu na prática da improbidade administrativa.

Esse entendimento, contudo, não solucionava todos os casos em que particulares eram réus. Poderia existir uma situação em que o particular tivesse induzido mais de um agente público na prática de improbidade. Induziu, *verbi gratia*, um prefeito e um auditor fiscal do município, esse último ocupante de um cargo efetivo. Em se tratando, como no exemplo, de agentes públicos de espécies distintas, cada agente público responderia de acordo com uma regra específica do art. 23. O prefeito responderia pela regra prescricional do art. 23, I, e o auditor fiscal pela regra do art. 23, II, da LIA. E, nessa hipótese, qual seria a regra prescricional aplicável ao particular?

Considerando o entendimento do STJ, que estava alicerçado na ideia de que se deveria, à luz da regra original da LIA, aplicar ao particular o mesmo prazo prescricional que o do agente público, a solução mais razoável para o caso acima seria a que prestigiasse a regra prescricional mais favorável ao infrator no caso concreto, nos termos da lógica *in dubio pro reo*.[384] Na dúvida entre aplicar o inciso I ou o II da redação original do art. 23, que fosse empregada a regra mais favorável ao réu. Todas essas dificuldades interpretativas reforçam a importância

---

[382] Por todos nesse sentido, José dos Santos Carvalho Filho. CARVALHO FILHO, José dos Santos. *Improbidade Administrativa* – Prescrição e Outros Prazos Extintivos. São Paulo: Atlas, 2012. p. 164.

[383] Jurisprudência em teses. Edição nº 38: Improbidade Administrativa – I. Tese 6) O termo inicial da prescrição em improbidade administrativa em relação a particulares que se beneficiam de ato ímprobo é idêntico ao do agente público que praticou a ilicitude.

[384] Em sentido contrário, Emerson Garcia e Rogério Pacheco Alves sustentam que, nesses casos, o prazo prescricional a ser aplicado é o maior, sob o fundamento de que o particular teria compactuado também com a prática da improbidade regida pelo maior prazo prescricional. GARCIA, Emerson; ALVES, Rogério Pacheco. *Improbidade Administrativa*. 4. ed. Revista e ampliada. Rio de Janeiro: Lumen Juris, 2008. p. 507.

da profunda mudança legislativa ocorrida em 2021 no que concerne ao regramento da prescrição.

23.3.6) Jurisprudência em teses do STJ.

Jurisprudência em teses do STJ. Edição nº 38: Improbidade Administrativa – I.
6) O termo inicial da prescrição em improbidade administrativa em relação a particulares que se beneficiam de ato ímprobo é idêntico ao do agente público que praticou a ilicitude.[385]
7) A eventual prescrição das sanções decorrentes dos atos de improbidade administrativa não obsta o prosseguimento da demanda quanto ao pleito de ressarcimento dos danos causados ao erário, que é imprescritível (art. 37, §5º, da CF).
14) No caso de agentes políticos reeleitos, o termo inicial do prazo prescricional nas ações de improbidade administrativa deve ser contado a partir do término do último mandato.[386]
Jurisprudência em teses do STJ. Edição nº 186: Improbidade Administrativa – III.
4) Ao particular aplica-se o mesmo regime prescricional previsto na Lei de Improbidade Administrativa para o agente público. (Súmula nº 634/STJ)[387]

---

[385] Tese que não se justifica mais em razão da modificação do art. 23 pela Lei nº 14.230/21. Atualmente, o prazo prescricional é o mesmo para todos os potenciais sujeitos ativos.

[386] Tese superada em razão da alteração do art. 23 da LIA pela Lei nº 14.230/21.

[387] Tese que não se justifica mais em razão da modificação do art. 23 pela Lei nº 14.230/21. Atualmente, o prazo prescricional é o mesmo para todos os potenciais sujeitos ativos.

ARTIGO 23-A

Art. 23-A. É dever do poder público oferecer contínua capacitação aos agentes públicos e políticos que atuem com prevenção ou repressão de atos de improbidade administrativa. (Incluído pela Lei nº 14.230, de 2021)

23-A.1) Tema central do dispositivo: Capacitação em matéria de improbidade administrativa. O artigo impõe ao poder público o dever de capacitar, de forma contínua, seus agentes públicos, inclusive agentes políticos, que atuem com prevenção ou repressão de atos de improbidade.

23-A.2) Explicação do dispositivo: A nítida intenção do dispositivo introduzido pela reforma de 2021 foi a de estimular o poder público a capacitar seus agentes no tema da improbidade administrativa. Os destinatários são aqueles que atuam com "prevenção ou repressão de atos de improbidade administrativa". Com essa redação, fica difícil excluir uma categoria específica de agentes públicos, tendo em vista que praticamente todos possuem, ao menos em alguma intensidade, a função de prevenir a prática de condutas desonestas.

23-A.3) Polêmicas e peculiaridades do artigo:

23-A.3.1) Medidas para sanar a inércia: A ausência de capacitação pode ser corrigida pela via judicial. A inércia do poder público em relação à determinação legal de capacitação contínua nessa matéria pode ser objeto de requerimento administrativo e mesmo de ação judicial. A LIA garante a discricionariedade sobre o modo da capacitação, mas não quanto à sua realização, que é compulsória.

23-A.3.2) Periodicidade da capacitação contínua: A expressão "contínua capacitação" é vaga, mas possui um núcleo de certeza determinada. Ela exige uma constância no aperfeiçoamento e uma periodicidade predeterminada. O ideal é que o administrador público avalie, no seu âmbito de atuação, qual a periodicidade mais apropriada para o seu contexto, sendo a capacitação anual um bom parâmetro geral.

ARTIGO 23-B

Art. 23-B. Nas ações e nos acordos regidos por esta Lei, não haverá adiantamento de custas, de preparo, de emolumentos, de honorários periciais e de quaisquer outras despesas. (Incluído pela Lei nº 14.230, de 2021)

§1º No caso de procedência da ação, as custas e as demais despesas processuais serão pagas ao final. (Incluído pela Lei nº 14.230, de 2021)

§2º Haverá condenação em honorários sucumbenciais em caso de improcedência da ação de improbidade se comprovada má-fé. (Incluído pela Lei nº 14.230, de 2021)

23-B.1) Tema central do dispositivo: Honorários, custas e demais despesas processuais na ação de improbidade. O artigo disciplina aspectos processuais da ação de improbidade administrativa, notadamente alusivos ao pagamento de custas, honorários e quaisquer outras despesas nos autos da referida ação.

Demais disso, o art. 23-B também evita uma litigância desonesta ao impor a condenação em honorários sucumbenciais, em caso de improcedência acompanhada do reconhecimento da má-fé.

23-B.2) Explicação do dispositivo: As regras processuais previstas no art. 23-B distanciam-se do que o CPC prevê sobre o tema como norma geral e procuram evitar dificuldades para o ajuizamento da ação de improbidade. No art. 82, *caput* do CPC, há previsão de que as partes devem ordinariamente antecipar o pagamento das despesas processuais, *in verbis*:

> Art. 82. Salvo as disposições concernentes à gratuidade da justiça, incumbe às partes prover as despesas dos atos que realizarem ou requererem no processo, antecipando-lhes o pagamento, desde o início até a sentença final ou, na execução, até a plena satisfação do direito reconhecido no título.

Entretanto, na ação de improbidade, não se adiantam custas, emolumentos e honorários, a fim de facilitar o trabalho da parte autora na ação, usualmente distribuída pelo Ministério Público. Do ponto de vista do réu, a regra que desloca para o final do processo o pagamento das mais variadas despesas processuais também é benéfica, tendo em vista que reforça o princípio da presunção de inocência.

Também com o objetivo de contribuir para o enfrentamento à corrupção e de fortalecer o MP e a pessoa jurídica interessada, essa última legitimada pelo STF, na sua decisão de ajuizar uma ação de improbidade administrativa, não serão devidos honorários advocatícios, quando da improcedência do pedido, salvo na hipótese de comprovação da má-fé. As hipóteses de má-fé estão elencadas no art. 80 do CPC, *in verbis*:

Art. 80. Considera-se litigante de má-fé aquele que:
I – deduzir pretensão ou defesa contra texto expresso de lei ou fato incontroverso;
II – alterar a verdade dos fatos;
III – usar do processo para conseguir objetivo ilegal;
IV – opuser resistência injustificada ao andamento do processo;
V – proceder de modo temerário em qualquer incidente ou ato do processo;
VI – provocar incidente manifestamente infundado;
VII – interpuser recurso com intuito manifestamente protelatório.

A previsão contida no art. 23-B da LIA a respeito dos efeitos da litigância de má-fé em relação aos honorários sucumbenciais na ação de improbidade é inspirada no modelo da Lei de Ação Civil Pública, senão vejamos:

> Lei nº 7.347/85
> Art. 17. Em caso de litigância de má-fé, a associação autora e os diretores responsáveis pela propositura da ação serão solidariamente condenados em honorários advocatícios e ao décuplo das custas, sem prejuízo da responsabilidade por perdas e danos.

23-B.3) Polêmicas e peculiaridades do artigo:

23-B.3.1) Má-fé e responsabilidade da parte: Um dos efeitos da atuação de má-fé da parte autora é a sua condenação ao pagamento de honorários advocatícios, mas esse não é o único desdobramento para aquele que litigar de má-fé em uma ação de improbidade. O art. 17 da LIA predica que a ação tramitará pelo rito do procedimento comum previsto no CPC. Por sua vez, referido Código estabelece em seu artigo 79 a responsabilidade daquele que litiga de má-fé, nos seguintes termos:

> CPC
> Art. 79. Responde por perdas e danos aquele que litigar de má-fé como autor, réu ou interveniente.

Assim, caso haja má-fé em uma ação de improbidade, aquele que litigar dessa forma ficará obrigado a responder por perdas e danos sofridos pela parte contrária e será, ainda, obrigado a pagar uma multa, nos termos do que preconiza o art. 81 do CPC:

> Art. 81. De ofício ou a requerimento, o juiz condenará o litigante de má-fé a pagar multa, que deverá ser superior a um por cento e inferior a dez por cento do valor corrigido da causa, a indenizar a parte contrária pelos prejuízos que esta sofreu e a arcar com os honorários advocatícios e com todas as despesas que efetuou.

ARTIGO 23-C

Art. 23-C. Atos que ensejem enriquecimento ilícito, perda patrimonial, desvio, apropriação, malbaratamento ou dilapidação de recursos públicos dos partidos políticos, ou de suas fundações, serão responsabilizados nos termos da Lei nº 9.096, de 19 de setembro de 1995. (Incluído pela Lei nº 14.230, de 2021) (Vide ADI 7236)[388]

23-C.1) Tema central do dispositivo: Responsabilidade dos partidos políticos e de suas fundações. O artigo destina-se a afastar a aplicação da lei de improbidade administrativa em relação às condutas desonestas que envolvam recursos públicos dos partidos políticos ou de suas fundações. Nesses casos, a Lei nº 9.096/95, Lei dos Partidos Políticos, será empregada em lugar da Lei nº 8.429.

23-C.2) Explicação do dispositivo: Nada justifica essa previsão legal que se afasta da lógica da Lei nº 8.429 de alcançar todas as espécies de agentes públicos, inclusive os agentes políticos. A Lei nº 8.429 é uma lei abrangente que não admite prerrogativa de foro, que comina penas severas e que pode acarretar a inelegibilidade. Fica a pergunta no ar: Por qual razão técnica os administradores dos recursos dos partidos políticos ou de suas fundações não serão responsabilizados pela Lei nº 8.429? Estamos diante de agentes públicos e de recursos públicos, o que deveria atrair a incidência da Lei nº 8.429. O preceito representa profundo e inexplicável retrocesso no enfrentamento à corrupção e foi acertadamente impugnado pela CONAMP na ADI nº 7.236.[389]

Temos, quanto a este tópico, o mesmo pensamento de Rafael Oliveira, no sentido da inconstitucionalidade da regra do art. 23-C, a saber:

> Entendemos que o artigo 23-C da LIA, inserido pela Lei 14.230/2021, é inconstitucional em razão da violação aos princípios constitucionais da isonomia, da razoabilidade e da proporcionalidade, além da afronta ao artigo 37, caput e §4º, da CRFB.
> Não há, em verdade, qualquer fundamento razoável para estabelecer tratamento diferenciado e menos gravoso aos dirigentes partidários e demais autores dos atos ilícitos praticados contra os partidos políticos, uma vez que os recursos públicos, compreendidos no fundo partidário, merecem a mesma proteção dos demais recursos do erário.
> O afastamento da incidência da LIA, na hipótese, configuraria tratamento privilegiado odioso e desproporcional para determinado grupo de pessoas, além de acarretar uma

---

[388] Ao apreciar o pedido de medida liminar, o relator da ADI nº 7.236 entendeu que estariam presentes os requisitos para a interpretação do art. 23-C da LIA conforme à Constituição. STF. ADI nº 7.236. Rel. Min. Alexandre de Moraes. Decisão de 27 de dezembro de 2022.

[389] STF. ADI nº 7.236. Rel. Ministro Alexandre de Moraes. Requerente: Associação Nacional dos Membros do Ministério Público – CONAMP.

diminuição indevida da proteção dos recursos públicos, com o afastamento indevido das sanções de improbidade tipificadas no artigo 37, §4º, da CRFB e no artigo 12 da LIA.[390]

De acordo com o art. 37 da Lei nº 9.096, em caso de desaprovação das contas do partido, tal fato implicará exclusivamente a sanção de devolução da importância apontada como irregular acrescida de multa de 20%. E o pagamento desse montante deverá ser feito por meio de desconto nos futuros repasses de cotas do fundo partidário a, no máximo, 50% (cinquenta por cento) do valor mensal. Um tratamento bem mais brando do que o previsto na LIA para situações que podem estar relacionadas a desvios de expressivas quantias de recursos de origem pública.

Em boa hora o relator da ADI nº 7.236, ministro Alexandre de Moraes, concedeu liminar para interpretar o art. 23-C conforme à Constituição, nos seguintes termos:

> ao possibilitar um tratamento diferenciado aos autores de ilícitos de improbidade contra recursos públicos dos partidos políticos, ou de suas fundações, a referida previsão coloca-se em potencial conflito com o princípio da isonomia, pois os tratamentos normativos diferenciados somente são compatíveis com a Constituição Federal quando verificada a existência de uma finalidade razoavelmente proporcional ao fim visado (CELSO ANTONIO BANDEIRA DE MELLO. *Princípio da isonomia: desequiparações proibidas e permitidas*. Revista Trimestral de Direito Público, nº 1, p. 79), o que, em linha de princípio, não se observa na hipótese dos autos.
> Pela mesma razão, considerado o caráter majoritariamente pecuniário das sanções previstas na Lei dos Partidos Políticos, a descaracterização das sanções mais graves estabelecidas pela Lei de Improbidade Administrativa tem o condão de violar os princípios da vedação à proteção insuficiente e, portanto, da proporcionalidade (...)
> *Diante de todo o exposto, presentes os requisitos para concessão de medida, conferindo interpretação conforme ao art. 23-C, da Lei 8.429/1992, incluído pela Lei 14.230/2021, no sentido de que os atos que ensejem enriquecimento ilícito, perda patrimonial, desvio, apropriação, malbaratamento ou dilapidação de recursos públicos dos partidos políticos, ou de suas fundações, poderão ser responsabilizados nos termos da Lei 9.096/1995, mas sem prejuízo da incidência da Lei de Improbidade Administrativa.*[391]

Em suma, a previsão legal de responsabilização de acordo com a Lei dos Partidos Políticos, Lei nº 9.096/95, não impede a condenação do sujeito ativo pelos mesmos fatos em uma ação de improbidade administrativa, nos termos da Lei nº 8.429/92. Interpretação elogiável que evita um infundado retrocesso.

---

[390] OLIVEIRA, Rafael Carvalho Rezende. *A inconstitucionalidade do artigo 23-C da Lei de Improbidade Administrativa.* Disponível em: https://www.conjur.com.br/2022-mai-08/rezende-oliveira-inconstitucionalidade-artigo-23-lia. Acesso em: 21 dez. 2022.

[391] STF. ADI nº 7.236. Rel. Min. Alexandre de Moraes. Decisão de 27 de dezembro de 2022, p. 27.

ARTIGO 24

CAPÍTULO VIII
Das Disposições Finais
Art. 24. Esta lei entra em vigor na data de sua publicação.

24.1) Tema central do dispositivo: Vigência da Lei nº 8.429. O artigo 24 cuida de um tema aparentemente simples, qual seja, a data de entrada em vigor da Lei nº 8.429.

24.2) Explicação do dispositivo: A Lei nº 8.429/92 foi publicada no dia 03 de junho de 1992, data em que a LIA entrou em vigor para punir condutas ímprobas. Tendo sido sancionada em 02 de junho de 1992 e tendo entrado em vigor no dia seguinte, data em que foi publicada, chama atenção o fato de não ter existido uma *vacatio legis* nessa lei tão relevante. Não houve qualquer período posterior à sua publicação para a acomodação e amortecimento das novidades introduzidas pela LIA. E isso muito provavelmente decorre do fato de a Constituição de 1988 já ter previsto, em seu art. 37, §4º, as sanções a serem aplicadas, em razão da prática de improbidade administrativa.

24.3) Polêmicas e peculiaridades do artigo:

24.3.1) Aplicação retroativa da Lei nº 8.429: No Direito Penal, não há dúvidas de que a lei penal não pode retroagir na sua parte que for mais gravosa. A retroatividade da lei penal só é permitida caso o objetivo seja o de favorecer a situação do réu. Sobre o tema, o Código Penal prevê que:

> *Art. 1º* – Não há crime sem lei anterior que o defina. Não há pena sem prévia cominação legal.
> *Art. 2º* (...)
> Parágrafo único – A lei posterior, que de qualquer modo favorecer o agente, aplica-se aos fatos anteriores, ainda que decididos por sentença condenatória transitada em julgado.

No mesmo sentido, o art. 5º, inciso XL, da Constituição da República estabelece, como direito fundamental do cidadão, que:

> XL – a lei penal não retroagirá, salvo para beneficiar o réu;

A improbidade administrativa, contudo, não é crime, o que pode dificultar a tese da incidência imediata do Código Penal nessa matéria. Entendemos, por outro lado, que as mesmas razões que justificam a existência de um artigo no Código Penal proibindo a retroatividade de lei superveniente aos fatos que agrave a situação do réu, também estão presentes no caso da improbidade.

Ser réu em uma ação de improbidade é algo muito sério. Talvez mais grave até do que tornar-se réu em uma ação penal, porque as sanções da LIA são muito contundentes e, ainda, desacompanhadas, na prática, de um sistema garantista como há no âmbito do Direito Penal. A retroatividade da Lei nº 8.429 a fatos ocorridos antes da sua entrada em vigor em 1992 ofenderia o princípio da proteção da confiança, dimensão subjetiva da segurança jurídica. Sobre o tema, já defendemos que:

> a despeito da controvérsia que possa existir na caracterização de quando uma norma é retroativa, retroatividade é algo a ser evitado por todo e qualquer ordenamento jurídico. Ela gera incertezas, instabilidade e pode, até mesmo, provocar injustiças. (...) GABBA já advertia que "*retroattività ed ingiustizia sono una sola cosa*".[392] A desconstituição de uma situação jurídica causada por uma norma com vigência pretérita provoca usualmente sentimentos de iniquidade.[393]

Na jurisprudência, o STJ já teve a oportunidade de se manifestar sobre o tema em um processo envolvendo o ex-presidente da República Fernando Collor de Mello. O ex-presidente foi acusado da prática de improbidade por fatos ocorridos em 1990, ano posterior à promulgação da Constituição da República de 1988, mas anterior à entrada em vigor da LIA.

No primeiro grau de jurisdição, os pedidos formulados pelo MPF foram julgados improcedentes. No TRF da 1ª Região, o recurso de apelação interposto foi desprovido com o reconhecimento de que a LIA apenas disciplina fatos futuros, não podendo retroagir para impor sanções e prejudicar direitos. Em razão dessa decisão, foi interposto recurso especial ao STJ, distribuído à 2ª Turma, com pedido de que a LIA fosse aplicada a fatos anteriores à sua entrada em vigor, mas posteriores à Constituição de 1988.

No REsp nº 1.129.121, a 2ª Turma apreciou o recurso em que o MPF sustentava a possiblidade de retroatividade da LIA e o principal fundamento dessa tese era o de que o ordenamento jurídico brasileiro, mesmo antes do advento da LIA, já reprimia condutas ímprobas. Por essa razão, não haveria surpresa ou qualquer ofensa à segurança jurídica com a retroatividade da LIA.

A relatora do recurso, Min. Eliana Calmon, votou pela retroatividade da LIA em relação ao pedido de ressarcimento ao erário, por considerá-lo imprescritível. Contudo, sustentou que a conduta precisaria ter ocorrido após a Carta de 1988, na medida em que ela já previa as sanções pela prática de improbidade (art. 37, §4º). A posição da relatora ficou vencida, e pode ser assim sintetizada por meio de trecho de fls. 5 de seu voto:

> Dessa forma, filio-me à corrente jurisprudencial desta Corte, no sentido de que a Lei de Improbidade Administrativa pode – e deve – ser aplicada a fatos ocorridos durante a vigência da Constituição Federal de 1988, com o intuito de dar efetividade aos dispositivos

---

[392] GABBA, C. F. *Teoria dela Retroattività dele Leggi*. Vollume Primo. Torino: Unione Tipografico-Editrice, 1884. p. 9.
[393] ARAÚJO, Valter Shuenquener de. *O Princípio da Proteção da Confiança*. Uma Nova Forma de Tutela do Cidadão Diante do Estado. 2. ed. Niterói: Editora Impetus, 2016. p. 194-195.

constitucionais que buscam resguardar a Administração Pública de condutas contrárias aos princípios norteadores da atuação estatal.

Em seu voto, a relatora destacou que o tema não era inédito no STJ e que o tribunal já havia autorizado a retroatividade da LIA, nos seguintes termos:

> PROCESSUAL CIVIL – EMBARGOS DECLARATÓRIOS – OMISSÃO CONFIGURADA NO JULGAMENTO DE PRIMEIROS EMBARGOS – IMPROBIDADE ADMINISTRATIVA - APLICAÇÃO DA LEI N. 8.429/92 A FATOS OCORRIDOS ANTES DE SUA VIGÊNCIA.
> 1. A questão apontada pelo embargante como omissa é relevante, e consiste em saber se preceitos da Lei de Improbidade Administrativa (Lei n. 8.429/92) podem ser aplicados a fatos ocorridos em 1988, ou seja, antes da vigência da referida lei.
> 2. Apenas para fins de suprir esta omissão, enfrento a questão, asseverando que a resposta é positiva, ou seja, que os preceitos da Lei n. 8.429/92 podem ser aplicados a fatos ocorridos antes de sua vigência, podendo a ação civil pública ser ajuizada posteriormente pelo Ministério Público, máxime quando os fatos ocorreram na vigência da Constituição de 1988. Embargos de declaração acolhidos, sem efeitos infringentes. (EDcl nos EDcl no REsp nº 593264/MG, Rel. Ministro Humberto Martins, SEGUNDA TURMA, julgado em 16.08.2007, DJ 28.08.2007 p. 224)[394]
>
> PROCESSUAL CIVIL E ADMINISTRATIVO. AÇÃO CIVIL PÚBLICA. IMPROBIDADE ADMINISTRATIVA. AUSÊNCIA DE CITAÇÃO DO MUNICÍPIO. LITISCONSÓRCIO FACULTATIVO. NULIDADE. NÃO-OCORRÊNCIA. INDISPONIBILIDADE DE BENS. LESÃO AO ERÁRIO PÚBLICO. APLICAÇÃO DA LEI N. 8.429/92 A FATOS OCORRIDOS ANTES DE SUA VIGÊNCIA. SÚMULA 7/STJ. RECURSO ESPECIAL IMPROVIDO.
> 1. Na ação civil pública de improbidade administrativa proposta pelo Ministério Público, a falta de citação do Município interessado, por se tratar de litisconsorte facultativo, a teor do disposto no artigo 17, §3º, da Lei n. 8.429/92, com a nova redação dada pelo artigo 11 da Lei n. 9.366, de 1.996, não tem o condão de provocar a nulidade do processo.
> 2. Os preceitos da Lei n. 8.429/92 podem ser aplicados a fatos ocorridos antes de sua vigência. A indisponibilidade dos bens pode recair sobre tantos bens quantos forem necessários ao ressarcimento do dano, mesmo sobre aqueles adquiridos antes do ato de improbidade administrativa, independente de comprovação de que eles tenham sido adquiridos de forma ilícita (art. 7º da Lei n. 8.429/92).
> 3. O Tribunal de origem reconheceu o periculum in mora e a necessidade em se assegurar integral ressarcimento dos bens diante da comprovação de atos de improbidade administrativa cometidos pelo recorrente, baseando-se em fatos e provas contidos nos autos, o que não pode ser afastado, uma vez que, para tanto, faz-se necessário, obrigatoriamente, o reexame do conjunto probatório, o que é vedado ao Superior Tribunal de Justiça, de acordo com a Súmula n. 7/STJ.
> 4. Recurso especial improvido.
> (REsp nº 886524/SP, Rel. Ministro João Otávio De Noronha, SEGUNDA TURMA, julgado em 23.10.2007, DJ 13.11.2007 p. 524).[395]

---

[394] Acórdão: Vistos, relatados e discutidos os autos em que são partes as acima indicadas, acordam os Ministros da Segunda Turma do Superior Tribunal de Justiça "A Turma, por unanimidade, acolheu os embargos de declaração, sem efeitos modificativos, nos termos do voto do Sr. Ministro-Relator." Os Srs. Ministros Herman Benjamin, Eliana Calmon e Castro Meira votaram com o Sr. Ministro Relator. Ausente, ocasionalmente, o Sr. Ministro João Otávio de Noronha.

[395] Acórdão: Vistos, relatados e discutidos os autos em que são partes as acima indicadas, acordam os Ministros da Segunda Turma do Superior Tribunal de Justiça, por unanimidade, negar provimento ao recurso nos termos do voto do Sr. Ministro Relator. Os Srs. Ministros Castro Meira, Humberto Martins, Herman Benjamin e Eliana Calmon votaram com o Sr. Ministro Relator. Presidiu o julgamento o Sr. Ministro Castro Meira.

Contudo, a maioria dos ministros da 2ª Turma do STJ entendeu, no Caso Collor apreciado no REsp nº 1.129.121, que a retroatividade da LIA com o propósito de agravar a situação da parte e de aplicar sanções compromete a segurança jurídica e instabiliza as relações sociais, daí porque ela seria inadmissível. E a tese da imprescritibilidade do ressarcimento ao erário não tem o condão de fazer retroagir uma lei mais gravosa para alcançar condutas praticadas antes da sua entrada em vigor.

O Min. Humberto Martins em seu voto-vista no REsp nº 1.129.121 sustentou, por exemplo, o seguinte:

> Se a norma jurídica não está em vigor, obviamente os fatos não recebem a sua incidência, não podendo ser regrados por ela. Pensar de modo diferente, para aceitar que norma posterior disciplinasse fatos que ocorreram no passado, significaria reconhecer a possibilidade da retroatividade da lei de improbidade administrativa, atentando contra a estabilidade das relações sociais, a segurança jurídica, e, inconcebivelmente, admitir que as pessoas estejam sujeitas a regras que virão a ser criadas.[396]

De acordo, ainda, com o Ministro Humberto Martins, o máximo que poderia ocorrer naquele caso seria o ajuizamento de uma ação com pedido de restituição do prejuízo sofrido pelo erário, mas essa ação deveria ter como fundamento o Código Civil de 1916 ou eventual outra lei específica que autorizasse referida pretensão, notadamente porque a Lei nº 8.429 não existia quando ocorreram os fatos. Vale dizer, a causa de pedir teria de ser uma lei existente quando da ocorrência dos fatos, *in verbis*:

> Antes da Lei n. 8.429/92, especificamente quanto à questão do ressarcimento ao erário, o Código Civil de 1916, em seu art. 159, já disciplinava, de maneira genérica, que aquele que, por ação ou omissão voluntária, negligência ou imprudência, violasse direito, ou causasse prejuízo a outrem, ficaria obrigado a reparar o dano. A Lei 3.502/58, por sua vez, previa a perda dos bens e valores correspondentes ao enriquecimento ilícito.
> Todavia, é preciso que se compreenda que, para os fatos ocorridos antes da entrada em vigor da Lei n. 8.429/92, em que pese ser possível o ajuizamento de uma ação visando ao ressarcimento pelos prejuízos causados ao erário, a demanda não poderia ser interposta com fulcro na lei de improbidade administrativa, haja vista a impossibilidade de retroação desta. Assim, ainda que se possa pleitear o ressarcimento ao erário em razão de fatos ocorridos antes da vigência da Lei de Improbidade Administrativa, a ação não pode ter como causa de pedir a Lei n. 8.429/92, mas sim o Código Civil de 1916 ou qualquer outra legislação especial que estivesse em vigor à época dos fatos.[397]

Segue a ementa do julgado:

> ADMINISTRATIVO. LEI DE IMPROBIDADE ADMINISTRATIVA. APLICAÇÃO RETROATIVA A FATOS POSTERIORES À EDIÇÃO DA CONSTITUIÇÃO FEDERAL DE 1988. IMPOSSIBILIDADE.

---

[396] STJ. Segunda Turma. REsp nº 1129121/GO, Rel. Ministra Eliana Calmon, Rel. p/ Acórdão Ministro Castro Meira, julgado em 03.05.2012, DJe 15.03.2013, fls. 15 do voto-vista do Min. Humberto Martins.

[397] STJ. Segunda Turma. REsp nº 1129121/GO, Rel. Ministra Eliana Calmon, Rel. p/ Acórdão Ministro Castro Meira, julgado em 03.05.2012, DJe 15.03.2013, fls. 16 do voto-vista do Min. Humberto Martins.

1. A Lei de Improbidade Administrativa não pode ser aplicada retroativamente para alcançar fatos anteriores a sua vigência, ainda que ocorridos após a edição da Constituição Federal de 1988.
2. A observância da garantia constitucional da irretroatividade da lei mais gravosa, esteio da segurança jurídica e das garantias do cidadão, não impede a reparação do dano ao erário, tendo em vista que, de há muito, o princípio da responsabilidade subjetiva se acha incrustado em nosso sistema jurídico.
3. Consoante iterativa jurisprudência desta Corte, a condenação do Parquet ao pagamento de honorários advocatícios no âmbito de ação civil pública está condicionada à demonstração de inequívoca má-fé, o que não ocorreu no caso.
4. Recurso especial provido em parte, apenas para afastar a condenação do recorrente em honorários advocatícios.
(REsp nº 1129121/GO, Rel. Ministra Eliana Calmon, Rel. p/ Acórdão Ministro Castro Meira, SEGUNDA TURMA, julgado em 03.05.2012, DJe 15.03.2013)[398] (Grifamos)

Correta a posição atual do STJ. Por mais que o texto constitucional tivesse previsto, desde 1988, quais sanções poderiam ser aplicadas, em virtude da prática da improbidade, a matéria só foi regulamentada em 1992 por meio da LIA. A Constituição encerra, quanto ao tema, norma de eficácia limitada, e depende de um detalhamento como o realizado pela LIA para alcançar o resultado pretendido. Retroagir para prejudicar é algo inadmissível, seja no Direito Penal ou em matéria de improbidade administrativa. No mesmo sentido, confira-se a posição de Emerson Garcia e Rogério Pacheco Alves, *verbis:*

> Não será possível a edição de norma que venha a reger situações fáticas ou jurídicas anteriores à data de sua promulgação sempre que comprometer: a) a segurança jurídica no domínio das relações sociais, infringindo o direito adquirido, a coisa julgada e o ato jurídico perfeito (art. 5º, XXXVI, da CR/1988); b) a liberdade da pessoa, com a retroatividade de lei penal maléfica ao réu (art. 5º, XL, da CR/1988); e c) o patrimônio do contribuinte, com a cobrança de tributos em relação a fatos geradores ocorridos antes do início da vigência da lei que os houver instituído ou aumentado (art. 150, III, a, da CR/1988).
> De qualquer modo, ainda que a matéria não esteja ao abrigo das mencionadas exceções, a retroatividade haverá de ser expressa, pois a presunção é a de que o Legislador estabelece a disciplina das relações jurídicas a serem constituídas, já que o próprio princípio da legalidade pressupõe que a lei preexista à conduta a ser regulada. Inexistindo qualquer preceito na Lei nº 8.429/1992 que disponha sobre sua retroatividade, somente os atos praticados ulteriormente à sua promulgação estarão sujeitos às sanções por ela instituídas.[399]

Especificamente quanto ao enriquecimento indevido tipificado pelo art. 9º da LIA, é preciso rememorar que, mesmo antes da entrada em vigor da Lei nº 8.429, o ordenamento jurídico brasileiro já reprimia esse tipo de conduta. Muito embora o

---

[398] Acórdão: Vistos, relatados e discutidos os autos em que são partes as acima indicadas, acordam os Ministros da Segunda Turma do Superior Tribunal de Justiça, prosseguindo no julgamento, após o voto-vista do Sr. Ministro Herman Benjamin e as retificações de votos dos Srs. Ministros Castro Meira, Humberto Martins e Mauro Campbell Marques, a Turma, por maioria, dar parcial provimento ao recurso, nos termos do voto do Sr. Ministro Castro Meira, que lavrará o acórdão. Vencida a Sra. Ministra Eliana Calmon. Votaram com o Sr. Ministro Castro Meira os Srs. Ministros Humberto Martins, Herman Benjamin e Mauro Campbell Marques.
[399] GARCIA, Emerson; ALVES, Rogério Pacheco. *Improbidade Administrativa*. 6. ed. rev. e ampl. e atualizada. Rio de Janeiro: Lumen Juris, 2011. p. 212-213.

art. 37, §4º, da CRFB não seja autoaplicável e que a sua eficácia decorra da entrada em vigor da lei de improbidade administrativa, já existiam leis reconhecendo a gravidade de condutas desonestas que acarretavam o enriquecimento ilícito. As Leis nº 3.164/57 e 3.502/58 previam que, além das sanções penais cabíveis, os atos que acarretassem enriquecimento ilícito poderiam ensejar na esfera cível, apenas, o sequestro e a perda de bens. E na esfera administrativa as penalidades aplicáveis seriam aquelas previstas no estatuto dos servidores de cada nível de governo. Com a Lei nº 8.429, que observa os parâmetros punitivos estabelecidos pela Constituição da República de 1988, é que se concretizou a ampliação das medidas a serem adotadas contra os que praticarem improbidade administrativa.

24.3.2) Improbidade praticada de forma permanente ou em continuidade delitiva: É possível que a prática da improbidade administrativa ocorra de forma semelhante ao que no Direito Penal é denominado de crime permanente ou de crime continuado. O crime permanente é aquele em que a consumação se protrai no tempo, sendo exemplo didático o crime de sequestro, na medida em que ele subsistirá enquanto a vítima continuar em poder do criminoso. No crime continuado, por sua vez, temos mais de uma ação ou omissão criminosa da mesma espécie, mas em semelhantes condições de tempo, lugar, maneira de execução e outras. Caso a improbidade esteja ocorrendo com um caráter permanente ou pelos parâmetros da continuidade delitiva, é razoável aplicar à hipótese a Súmula nº 711 do STF por analogia, *in verbis*:

> Súmula 711
> A lei penal mais grave aplica-se ao crime continuado ou ao crime permanente, se a sua vigência é anterior à cessação da continuidade ou da permanência.

O STJ também chegou a conclusão semelhante. Em seu voto-vista no REsp nº 1.129.121,[400] o Min. Castro Meira sustentou, no que foi acompanhado pela maioria dos ministros integrantes da 2ª Turma, que a LIA alcança condutas ímprobas que se iniciaram antes da sua existência, mas que persistiram após a sua entrada em vigor.

Sem embargo de a Lei nº 8.429/92 ser muito tímida no tema da continuidade delitiva[401] e das infrações de caráter permanente, há na literatura entendimento de que é desejável adotarmos institutos do Direito Penal voltados para a justiça material no âmbito do Direito Administrativo Sancionador e, em especial, na ação de improbidade. Sobre o tema, vale conferir o que sustenta Fábio Medina Osório:

> A continuidade infracional é utilizada para favorecer os interesses do agente, eis uma possibilidade que decorre logicamente do sistema punitivo. (...) As definições plasmadas

---

[400] REsp nº 1.129.121/GO, Rel. Ministra Eliana Calmon, Rel. p/ Acórdão Ministro Castro Meira, SEGUNDA TURMA, julgado em 03.05.2012, DJe 15.03.2013.
[401] A continuidade delitiva é mencionada no art. 18-A, I, da LIA quando ela procura disciplinar a unificação de penas em matéria de improbidade administrativa. E o tema da infração permanente é mencionado em rápida passagem apenas no *caput* do artigo 23 que cuida da prescrição.

> no Código Penal pátrio, notadamente no art. 71 do Código Penal [que disciplina o crime continuado], reproduzidas neste espaço, permitem, no mínimo, a constituição de ferramenta extraordinária, para resolução de problemas análogos dentro do Direito Administrativo Sancionador, a partir de comprometimento com critérios isonômicos, de justiça material e de interdição à arbitrariedade do Estado.
> (…) No enfrentamento do silêncio da legislação aplicável à matéria, pensamos que o Direito brasileiro pode e deve socorrer-se do critério de exacerbação da pena mais grave, até porque, no caso, não se pode olvidar a ideia de que a alternativa a essa opção seria a aplicação, pura e simples, do concurso material, que é, logicamente, desfavorável ao réu ou aos acusados em geral.[402]

Em suma, na hipótese de improbidade praticada à luz da continuidade delitiva ou de forma permanente, a lei mais grave deve ser aplicada se a sua vigência for anterior à cessação da conduta ímproba que se protrai no tempo.

24.3.3) Retroatividade ou irretroatividade da reforma promovida pela Lei nº 14.230/21: A Lei nº 14.230/21 promoveu profunda alteração no texto da Lei nº 8.429, introduzindo normas jurídicas favoráveis e desfavoráveis aos réus. Como ela não estabeleceu qualquer regra sobre direito intertemporal, houve questionamento no STF sobre a retroatividade das mudanças. A matéria foi apreciada no ARE nº 843.989.[403] Segundo o STF, a Lei nº 14.230/21 não retroage para desconstituir ações de improbidade que já transitaram em julgado. Por outro lado, se a ação de improbidade ainda não transitou em julgado, as regras criadas pela Lei nº 14.230/21 terão aplicação imediata para atingir os fatos anteriores e posteriores ao seu advento. Na perspectiva do STF, a nova lei não retroagiria. A redação original da Lei nº 8.429 é que não poderia ter efeitos para além da sua revogação, em virtude do princípio da não ultratividade. Assim, ausente o trânsito em julgado da ação de improbidade, os dispositivos da LIA passariam a ser imediatamente aplicados aos processos em tramitação. Segue a tese assentada quando do julgamento do ARE nº 843.989 ora referido:

> 1) É necessária a comprovação de responsabilidade subjetiva para a tipificação dos atos de improbidade administrativa, exigindo-se – nos artigos 9º, 10 e 11 da LIA – a presença do elemento subjetivo – DOLO; 2) A norma benéfica da Lei 14.230/2021 – revogação da modalidade culposa do ato de improbidade administrativa –, é IRRETROATIVA, em virtude do artigo 5º, inciso XXXVI, da Constituição Federal, não tendo incidência em relação à eficácia da coisa julgada; nem tampouco durante o processo de execução das penas e seus incidentes; 3) A nova Lei 14.230/2021 aplica-se aos atos de improbidade administrativa culposos praticados na vigência do texto anterior da lei, porém sem condenação transitada em julgado, em virtude da revogação expressa do texto anterior; devendo o juízo competente analisar eventual dolo por parte do agente; 4) O novo regime prescricional previsto na Lei 14.230/2021 é IRRETROATIVO, aplicando-se os novos marcos temporais a partir da publicação da lei.

---

[402] OSÓRIO, Fábio Medina. *Direito Administrativo Sancionador*. 6. ed. Revista, atualizada. 2ª tiragem. São Paulo: Thomson Reuters Brasil, 2019. p. 357-358.
[403] STF. Plenário. Rel. Min. Alexandre de Moraes. ARE nº 843.989. Data do julgamento: 18.08.2022.

Ao tratarmos do tema do direito intertemporal e a prescrição da ação de improbidade, já apresentamos nossa respeitosa divergência ao entendimento do STF quando a Corte sustenta não existir retroatividade no caso. É que, segundo pensamos e aprofundamos na aludida oportunidade em que comentamos o tema, quando uma nova lei surge e produz efeitos em relação a fatos ocorridos antes da sua entrada em vigor, há retroatividade.

De todo modo, entendemos que nenhuma regra introduzida após a ocorrência de uma conduta ímproba pode surpreender o réu com o agravamento da sua situação. E a decisão do STF no ARE nº 843.989 não impede essa conclusão. O Supremo Tribunal Federal basicamente apenas vedou que a Lei nº 14.230 desconstitua a coisa julgada. Assim, a aplicação imediata da Lei nº 14.230/21 a ações de improbidade em tramitação e que se refiram a fatos anteriores ao seu advento pode correr, mas isso não pode, em hipótese alguma, acarretar para o réu uma solução mais desfavorável do que a que decorreria da aplicação da norma jurídica existente quando da prática da conduta. O entendimento contrário ofende a segurança jurídica, bem como a sua dimensão subjetiva que se materializa por meio do princípio da proteção da confiança.

24.3.4) Adoção das alterações da Lei nº 14.230 para desconstituir uma demissão aplicada em processo administrativo disciplinar com o fundamento da prática de improbidade: Já vimos neste livro que a Administração Pública pode, ao final de um processo administrativo disciplinar, aplicar a pena de demissão a um servidor público pela prática de improbidade administrativa. O que deve ser feito, no entanto, se o servidor tiver sido demitido administrativamente com fundamento na modalidade culposa de improbidade? A Lei nº 14.230 terá o efeito de desconstituir a demissão aplicada? Entendemos que a desconstituição da demissão fundada em decisão administrativa será medida inexorável no caso, em razão de três principais fundamentos: i) a nova lei produz efeitos imediatos segundo o entendimento do STF no ARE nº 843.989; ii) a lei nova não mais prevê a hipótese da improbidade administrativa na modalidade culposa (a conduta tornou-se insuscetível de condenação por improbidade), iii) e não há que se falar em trânsito em julgado no caso, pois a decisão tomada (demissão) foi meramente administrativa. Ao julgar o ARE nº 843.989, o STF impediu que a Lei nº 14.230/21 retroaja para desconstituir a coisa julgada, mas, em relação aos demais casos em que não houve o trânsito, o STF previu a incidência imediata das regras da Lei nº 8.429.

O entendimento no sentido da impossibilidade da desconstituição da demissão acarretaria uma situação inusitada em que o ato administrativo teria uma força normativa mais densa do que um ato jurisdicional, tal como uma sentença. Isso porque a sentença condenatória proferida na ação de improbidade que ainda não transitou pode ser reformada, por exemplo, se ela, antes do advento da Lei nº 14.230, acarretar a condenação de alguém na modalidade culposa, tendo em vista que tal conduta não é mais punível. Seria ilógico impedir que um ato administrativo também não pudesse ser desconstituído, em virtude de uma nova lei mais benéfica àquele que foi punido.

O fato de um ato administrativo ter encerrado o seu ciclo de formação não impede que ele seja submetido ao controle jurisdicional, notadamente por força da superveniência de lei punitiva mais benéfica em um ponto específico.

A tese de que o ato administrativo de demissão seria um ato jurídico perfeito insuscetível de desconstituição, com todo o respeito, não se sustenta. Além dos argumentos já ventilados, essa tese impediria o controle jurisdicional de todo e qualquer ato administrativo que já se aperfeiçoou (encerrou o seu ciclo de formação), o que é inadmissível. Sob outro enfoque, a tutela ao ato jurídico perfeito tem como objetivo preservar a expectativa legítima do cidadão de não ver desconstituída por norma superveniente uma relação jurídica deflagrada por um ato de vontade que seja válido e encerrado de acordo a lei do seu tempo. Tal instituto protege o cidadão em face do Estado, impedindo que esse último o prejudique com a mudança das regras depois de a relação jurídica ter se formado. Ato jurídico perfeito não existe para prejudicar o cidadão diante de uma mudança normativa que possa lhe beneficiar, nem mesmo para manter punição plasmada em ato administrativo que deixou de ser objeto de preocupação estatal. É, aliás, esse raciocínio que, por exemplo, legitima o instituto da revisão da sanção no processo administrativo disciplinar. Fato superveniente pode, portanto, minorar ou eliminar a sanção aplicada.

Assim, entendemos que as novidades introduzidas pela Lei nº 14.230 produzem efeitos imediatos e podem eventualmente desconstituir uma demissão aplicada administrativamente a um servidor com base na redação original da Lei nº 8.429.[404]

---

[404] A Advocacia-Geral da União editou parecer aprovado pelo Presidente da República em 09 de novembro de 2022, sustentando a impossibilidade de a Lei nº 14.230/21 alcançar demissões aplicadas administrativamente sob o fundamento de que a desconstituição do referido ato ofenderia o ato jurídico perfeito. Com a aprovação presidencial e sua publicação, o parecer passou a ter efeitos vinculantes em relação à Administração Pública federal. Disponível em: https://www.in.gov.br/en/web/dou/-/despacho-do-presidente-da-republica-442916526. Acesso em: 17 nov. 2022.

ARTIGO 25

Art. 25. Ficam revogadas as Leis nºs 3.164, de 1º de junho de 1957, e 3.502, de 21 de dezembro de 1958 e demais disposições em contrário.

Rio de Janeiro, 2 de junho de 1992; 171º da Independência e 104º da República.

FERNANDO COLLOR

Célio Borja

Este texto não substitui o publicado no DOU de 3.6.1992

25.1) Tema central do dispositivo: Revogação expressa de leis anteriores. O artigo 25 cuida da revogação expressa de duas leis (Lei nº 3.164/57 e 3.502/58) e da revogação tácita de disposições legais em sentido contrário.

25.2) Explicação do dispositivo: As duas leis expressamente revogadas não cuidavam especificamente de improbidade administrativa, mas eram utilizadas para o enfrentamento à corrupção no Brasil. Eram leis de uma época em que esse combate no âmbito cível ficava adstrito à invalidação do ato lesivo ao erário e à determinação de sua recomposição.

A Lei nº 3.164/57, também chamada de Lei Pitombo Godói-Ilha, previa no seu artigo 1º o seguinte:

> São sujeitos a sequestro e à sua perda em favor da Fazenda Pública os bens adquiridos pelo servidor público, por influência ou abuso de cargo ou função pública, ou de emprêgo em entidade autárquica, sem prejuízo da responsabilidade criminal em que tenha aquêle incorrido.

Por sua vez, a Lei nº 3.502/58, a denominada Lei Bilac Pinto, estipula no seu art. 1º que:

> O servidor público, ou o dirigente, ou o empregado de autarquia que, por influência ou abuso de cargo ou função, se beneficiar de enriquecimento ilícito ficará sujeito ao seqüestro e perda dos respectivos bens ou valores.

A revogação dessas duas leis, que foram extremamente relevantes no seu tempo, simboliza a necessidade de substituição de um modelo de sistema punitivo por outro mais eficiente. O regime antigo sendo substituído por uma nova forma de enfrentamento de práticas desonestas, em que não só o patrimônio desfalcado deve ser recomposto e o ato lesivo invalidado, mas o sujeito ativo que praticou a conduta ímproba também deve ser punido como forma de se dissuadir e de se evitar novos ilícitos.

POSFÁCIO

Foi com enorme satisfação e sentimento de responsabilidade que aceitei o convite formulado pelo professor e juiz federal Valter Shuenquener de Araujo para o posfácio desta obra *Lei de Improbidade Administrativa. Comentada com as alterações da Lei nº 14.230/2021*, publicada pela editora Fórum, sediada em Belo Horizonte/MG.

Esta obra de autoria do professor Valter Shuenquener de Araujo da escola de Direito Público da UERJ tem como uma de suas virtudes apresentar uma visão ampla e contemporânea do tema da improbidade administrativa, permeada por uma extensa pesquisa na jurisprudência e na literatura. O texto é atual e dotado de uma profundidade ímpar na análise dos tópicos que se propõe a debater. Além disso, cada artigo da Lei nº 8.429/1992 foi comentado com a explicação do seu conteúdo central e das suas polêmicas e peculiaridades.

O livro oferece ao leitor uma análise técnica e minuciosa das principais controvérsias existentes no Direito brasileiro relacionadas à aplicação da Lei de Improbidade Administrativa. O relevante tema da improbidade administrativa ganha, com este trabalho, uma nova e especial contribuição acadêmica, fruto de um texto didático permeado de informações relevantes e atuais para quem precisa estudar ou trabalhar com a matéria.

Com o passar dos anos, percebe-se que o enfrentamento à corrupção no Brasil já não mais se resume à aplicação de sanções na esfera penal, tendo a Lei de Improbidade Administrativa, de natureza eminentemente cível, um papel de destaque como ferramenta eficiente para a prevenção e repressão de condutas desonestas. Tal fenômeno não passa despercebido pelo Superior Tribunal de Justiça, que, cotidianamente, julga processos dessa natureza e se torna o protagonista e incentivador da consolidação de uma jurisprudência capaz de prevenir e de reprimir condutas ímprobas.

A recente reforma legal promovida pela Lei nº 14.230/2021, que foi integralmente analisada neste livro com profundidade e riqueza de detalhes pelo autor, descortina um novo cenário, mais maduro e racional, no que tange ao modo como o Estado deve combater a desonestidade qualificada. Nessa perspectiva, a reforma fortalece a crença de que a punição por improbidade administrativa é uma medida grave, e que não pode ser vulgarizada pelo sistema judicial.

Sem acolher uma visão excessivamente punitivista, e sem exagerar em um garantismo inconstitucionalmente exacerbado, o autor procura interpretar a Lei de Improbidade Administrativa de maneira equilibrada e capaz de proporcionar um sistema punitivo justo e eficiente. Como instrumento estatal a ser manejado para coibir práticas desonestas, a Lei nº 8.429/1992 não pode, de um lado, punir o inábil e, de outro, absolver o corrupto. Com efeito, a aplicação da Lei de Improbidade Administrativa na sua medida correta é capaz de pavimentar o caminho para a redução de práticas espúrias no âmbito da Administração Pública brasileira.

    Temos, assim, um excepcional material para os profissionais do Direito, que aborda tanto aspectos materiais quanto processuais da improbidade administrativa e que certamente ocupará lugar de destaque no estudo do tema improbidade administrativa no nosso país.

Ministro Mauro Campbell Marques
Ministro do Superior Tribunal de Justiça

REFERÊNCIAS

AGRA, Walber de Moura. *Comentários sobre a Lei de Improbidade Administrativa*. Belo Horizonte: Fórum, 2017.

AGRA, Walber de Moura. *Comentários sobre a Lei de Improbidade Administrativa*: de acordo com as alterações promovidas pela Lei n° 14.230/2021. 3. ed. Belo Horizonte: Fórum, 2022.

ALVARENGA, Aristides Junqueira. Reflexões sobe improbidade administrativa no Direito brasileiro. *In*: BUENO, Cássio Scarpinella; PORTO FILHO, Pedro Paulo de Resende (orgs.). *Improbidade Administrativa, Questões Polêmicas e Atuais*. São Paulo: Malheiros Editores, 2001.

AMORIM JR., Sílvio Roberto de Amorim. *Improbidade Administrativa. Procedimento, sanções e aplicação racional*. Belo Horizonte: Fórum, 2017.

ARAÚJO, Valter Shuenquener de. O princípio da interdependência das instâncias punitivas e seus reflexos no Direito Administrativo Sancionador. *Revista Jurídica da Presidência*, Brasília, v. 23, n. 131, p. 629-653, out.2021/jan.2022. DOI: http://dx.doi.org/10.20499/2236-3645.RJP2022v23e131-1875. Acesso em: 19 jan. 2022.

ARAÚJO, Valter Shuenquener de. *O Princípio da Proteção da Confiança*. Uma Nova Forma de Tutela do Cidadão Diante do Estado. 2. ed. Niterói: Editora Impetus, 2016.

ASSIS, Araken de. *Medidas de Urgência na ação por improbidade administrativa. In*: MARQUES, Mauro Campbell (coord.). *Improbidade Administrativa*. Temas atuais e controvertidos. São Paulo: Gen-Forense, 2017. p. 39-55.

BITENCOURT, Cezar Roberto. *Tratado de direito penal*: parte geral. v. 1. Rev. ampl. e atual. de acordo com a Lei n. 12.694, de 2012. 18. ed. São Paulo: Saraiva, 2012.

BRASIL. Ministério Público Federal. Secretaria de Cooperação Internacional. *Tratados internacionais em matéria penal*: em celebração aos 10 anos da unidade de cooperação internacional do MPF. Secretaria de Cooperação Internacional. Brasília: MPF, 2016. Disponível em: https://memorial.mpf.mp.br/nacional/vitrine-virtual/publicacoes/tratados-internacionais-em-materia-penal-vol-1. Acesso em: 12 dez. 2022.

BRASIL. *Cartilha cooperação jurídica internacional em matéria civil*. Secretaria Nacional de Justiça; elaboração, redação e organização: Camila Colares Bezerra, Ricardo Andrade Saadi. Brasília: Ministério da Justiça, Secretaria Nacional de Justiça (SNJ), Departamento de Recuperação de Ativos e Cooperação Jurídica Internacional (DRCI), 2012. Disponível em: https://www.tjsp.jus.br/Download/Corregedoria/CartasRogatorias/Documentos/CartilhaExpedCRCivel.pdf. Acesso em: 12 dez. 2022.

BUENO, Cássio Scarpinella; PORTO FILHO, Pedro Paulo de Resende (orgs.). *Improbidade Administrativa, Questões Polêmicas e Atuais*. São Paulo: Malheiros Editores, 2001.

CÂMARA, Alexandre Freitas. *Lições de Direito Processual Civil*. Volume III. 16. ed. Rio de Janeiro: Editora Lumen Juris, 2010.

CAPEZ, Fernando. *Curso de Processo Penal*. 19. ed. São Paulo: Saraiva, 2012.

CARDOSO, Marcelo Luiz Coelho. *Improbidade Administrativa Ambiental*: de acordo com as Leis 8.429/1992 e 14.230/2021. São Paulo: Dialética, 2022.

CARVALHO FILHO, José dos Santos. *Improbidade Administrativa* – Prescrição e Outros Prazos Extintivos. São Paulo: Atlas, 2012.

CARVALHO FILHO, José dos Santos. *Improbidade administrativa* – Prescrição e outros fatos extintivos. 2. ed. São Paulo: Atlas, 2016.

CARVALHO FILHO, José dos Santos. *Improbidade Administrativa* – Prescrição e outros prazos extintivos. São Paulo: Grupo GEN, 2019.

CARVALHO FILHO, José dos Santos. *Manual de Direito Administrativo*. 26. ed. São Paulo: Atlas, 2013.

CARVALHO FILHO, José dos Santos. *Manual de Direito Administrativo*. 31. ed. São Paulo: Gen/Atlas, 2017.

CARVALHO FILHO, José dos Santos. *Manual de Direito Administrativo*. 32. ed. rev. e atual. São Paulo: Atlas, 2018.

CONSELHO NACIONAL DE JUSTIÇA. *Justiça em Números 2022*. Brasília: CNJ, 2022. Disponível em: https://www.cnj.jus.br/wp-content/uploads/2022/09/justica-em-numeros-2022-1.pdf. Acesso em: 12 dez. 2022.

COSTA NETO, Nicolao Dino de Castro e. Improbidade Administrativa: Aspectos Materiais e Processuais. In: SAMPAIO, José Adércio Leite; RAMOS, André de Carvalho. *Improbidade Administrativa*. 10 anos da Lei nº 8.429/92. Belo Horizonte: Del Rey, 2002.

DAL POZZO, Augusto Neves; OLIVEIRA, José Roberto Pimenta (Coords.). *Lei de Improbidade Administrativa Reformada – Lei 8.429/92 e Lei 14.230/21*. São Paulo: Revista dos Tribunais: 2022.

DIONÍSIO, Pedro de Hollanda. *O Direito ao Erro do Administrador Público no Brasil*. Contexto, fundamentos e parâmetros. Rio de Janeiro: Mundo Jurídico, 2019.

DI PIETRO, Maria Sylvia Zanella. *Direito Administrativo*. 22 ed. São Paulo: Atlas, 2009.

DI PIETRO, Maria Sylvia Zanella. *Direito Administrativo*. 23. ed. São Paulo: Atlas, 2010.

DI PIETRO, Maria Sylvia Zanella. *Direito Administrativo*. 29. ed. Revista, atual. e ampl. Rio de Janeiro: Forense, 2016. p. 1000.

DI PIETRO, Maria Sylvia Zanella. *Direito Administrativo*. 26. ed. São Paulo: Atlas, 2013.

DUTRA, José. Câmara dos Deputados. *Relatório do PL 1.446/1991 na Comissão de Constituição e Justiça e de Redação*. Disponível em: https://www.camara.leg.br/proposicoesWeb/prop_mostrarintegra;jsessionid=BE32E18255F0C8E37BF761AEE2982162.proposicoesWebExterno2?codteor=1141402&filename=Dossie+-PL+1446/1991. Acesso em: 02 maio 2020.

FARIA, Luzardo; BIANCHI, Bruno Guimarães. Improbidade administrativa e dano ao erário presumido por dispensa indevida de licitação: uma crítica à jurisprudência do Superior Tribunal de Justiça. *Revista de Direito Administrativo e Constitucional*, Belo Horizonte, ano 18, n. 73, p. 163-187, jul./set. 2018.

FAZZIO JR., Waldo. *Corrupção no Poder Público*. São Paulo: Atlas, 2002.

FAZZIO JR., Waldo Fazzio. *Improbidade Administrativa*. Doutrina, Legislação e Jurisprudência. 4. ed. Revista, atualizada e ampliada. São Paulo: Gen/Atlas, 2016.

FERREIRA, Sérgio D'Andrea. A probidade na Administração Pública. *Revista da Escola da Magistratura Regional Federal da 2ª Região*, Rio de Janeiro, v. 5, n. 1, p. 23-37, set. 2002.

FREITAS, Vladimir Passos de. *Os imprecisos limites do recebimento de presentes por autoridades*. Disponível em: https://www.conjur.com.br/2016-set-11/segunda-leitura-imprecisos-limites-recebimento-presentes-autoridades. Acesso em: 02 maio 2020.

GABBA, C. F. *Teoria dela Retroattività dele Leggi*. Vollume Primo. Torino: Unione Tipografico-Editrice, 1884.

GARCIA, Emerson; ALVES, Rogério Pacheco. *Improbidade Administrativa*. 4. ed. Revista e ampliada. Rio de Janeiro: Lumen Juris, 2008.

GARCIA, Emerson; ALVES, Rogério Pacheco. *Improbidade Administrativa*. 6. ed. rev. e ampl. e atualizada. Rio de Janeiro: Lumen Juris, 2011.

GARCIA, Emerson; ALVES, Rogério Pacheco. *Improbidade administrativa*. 8. ed. São Paulo: Editora Saraiva, 2014.

GARCIA, Flávio Amaral. *Licitações e Contratos Administrativos*. Casos e polêmicas. 5. ed. São Paulo: Malheiros: 2018.

GAVRONSKI, Alexandre Amaral. *Efetivação das condenações nas ações de responsabilização por improbidade administrativa*: manual e roteiro de atuação. 2. ed. Brasília: MPF, 2019.

GODOY, Arnaldo Sampaio de Moraes. A responsabilização do advogado público por confecção e emissão de pareceres no contexto da improbidade administrativa. In: CAMPBELL, Mauro (Coord.). *Improbidade Administrativa*. Temas atuais e controvertidos. São Paulo: Gen-Forense, 2017. p. 57-76.

GRINOVER, Ada Pellegrini. Ação de improbidade administrativa: decadência e prescrição. *Interesse Público*, ano 8, n. 33, p. 55-92, 2005.

HUNGRIA, Nelson. *Comentários ao Código Penal*. 5. ed. v. 9. Rio de Janeiro: Forense, 1981.

JUSTEN FILHO, Marçal. *Reforma da Lei de improbidade Administrativa*: Comparada e Comentada: Lei 14.230, de 25 de outubro de 2021. Rio de Janeiro: Forense, 2022.

LIMA, Mário Marcio Saadi. *Empresa Semiestatal*. Belo Horizonte: Fórum, 2019.

MARTINS JR., Wallace Paiva. *Probidade Administrativa*. 4. ed. São Paulo: Saraiva, 2009.

MARTINS JR., Wallace Paiva. *Probidade Administrativa*. São Paulo: Saraiva, 2001.

MATTOS, Mauro Roberto Gomes de. *O limite da improbidade Administrativa*. O direito dos administrados dentro da Lei nº 8.429/92. Rio de Janeiro: América Jurídica, 2004.

MEIRELLES, Hely Lopes. *Direito Administrativo Brasileiro*. 42. ed. São Paulo: Malheiros, 2016.

MELLO, Celso Antônio Bandeira de. *Curso de Direito Administrativo*. 30. ed. São Paulo: Malheiros, 2013.

MELLO, Oswaldo Aranha Bandeira de. *Princípios Gerais de Direito Administrativo*. São Paulo: Malheiros, 2007.

MENDES, Gilmar Ferreira; CARNEIRO, Rafael de A. Araripe. *Nova Lei de Improbidade Administrativa*. Inspirações e Desafios. São Paulo: Almedina, 2022.

MORAES, Alexandre de. A necessidade de ajuizamento ou de prosseguimento de ação civil de improbidade administrativa para fins de ressarcimento ao erário público, mesmo nos casos de prescrição das demais sanções previstas na Lei 8.429/92. In: CAMPBELL, Mauro (Coord.). *Improbidade Administrativa*. Temas atuais e controvertidos. São Paulo: Gen-Forense, 2017.

MUDROVITSCH, Rodrigo De Bittencourt; NÓBREGA Guilherme Pupe da. *Lei de Improbidade Administrativa Comentada* – 2022. Rio de Janeiro: Lumen Juris, 2022.

NEIVA, José Antonio Lisbôa. *Improbidade Administrativa*. Legislação comentada artigo por artigo. Doutrina, Legislação e Jurisprudência. Niteroi: Impetus, 2009.

NERY JÚNIOR, Nelson; NERY, Rosa Maria de Andrade. *Constituição Federal Comentada e legislação constitucional*. 2. ed. rev., atual., e ampl. São Paulo: Editora Revista dos Tribunais, 2009.

NEVES, Daniel Amorim Assumpção; OLIVEIRA, Rafael Carvalho Rezende. *Improbidade Administrativa*. Direito Material e Processual. 8. ed. Revista e atualizada. São Paulo: Gen-Forense, 2020.

NEVES, Daniel Amorim Assumpção; OLIVEIRA, Rafael Carvalho Rezende. *Comentários à reforma da lei de improbidade administrativa*: Lei 14.230, de 25.10.2021 comentada artigo por artigo. Rio de Janeiro, 2022.

NIETO, Alejandro. *Derecho administrativo sancionador*. Madrid: Tecnos, 1994.

OLIVEIRA, José Roberto Pimenta. *Improbidade administrativa e sua autonomia constitucional*. Belo Horizonte: Forum, 2009.

OLIVEIRA, Rafael Carvalho Rezende. *A inconstitucionalidade do artigo 23-C da Lei de Improbidade Administrativa*. Disponível em: https://www.conjur.com.br/2022-mai-08/rezende-oliveira-inconstitucionalidade-artigo-23-lia. Acesso em: 21 dez. 2022.

OSÓRIO, Fábio Medina. *Direito Administrativo Sancionador*. 6. ed. Revista, atualizada. 2ª tiragem. São Paulo: Thomson Reuters Revista dos Tribunais, 2019.

OSÓRIO, Fábio Medina. *Teoria Da Improbidade Administrativa*. 6. ed. São Paulo: Thomson Reuters Revista dos Tribunais, 2022.

PAULA, Allan Versiani de; AMARAL, Ana Lúcia; ARAÚJO, Sergei Medeiros; ROTHENBURG, Walter Claudius; RAMOS, André de Carvalho (Coords.). *A imprescritibilidade da ação de ressarcimento por danos ao erário*. Brasília: Escola Superior do Ministério Público da União, 2011.

PAZZAGLINI FILHO, Marino. *Lei de improbidade administrativa comentada*. São Paulo: Atlas, 2002.

PAZZAGLINI FILHO, Marino. *Lei de Improbidade Administrativa comentada*: aspectos constitucionais, administrativos, civis, criminais, processuais e de responsabilidade fiscal. 5. ed. São Paulo: Atlas, 2011.

PEREIRA Jr., Jessé Torres. *Comentários à lei das licitações e contratações da administração pública*. 4. ed. rev., atual. e ampl. Rio de Janeiro: Renovar, 1997.

PROLA JÚNIOR, Carlos Humberto. Improbidade administrativa e dano moral coletivo. *Boletim Científico da Escola Superior do Ministério Público da União*, Brasília-DF, Ano 8, n. 30/31, jan./dez. 2009. Disponível em:

file:///C:/Users/WINDOW~1/AppData/Local/Temp/ A6.Carlos%20Humberto%20 Prola%20Junior%20-%20 %20Improbidade% 20administrativa% 20e%20dano%20moral%20coletivo.pdf Acesso em: 12 abr. 2020.

SCHIER, Paulo Ricardo. Denúncia anônima em processo disciplinar na experiência dos tribunais superiores: entre os direitos fundamentais e o dever de investigação da administração pública. Paulo Ricardo Schier. *Anais do IX Simpósio Nacional de Direito Constitucional da Academia Brasileira de Direito Constitucional*. Disponível em: https://www.abdconst.com.br/revista3/pauloschier.pdf. Acesso em: 26 nov. 2022.

SIMÕES, Mariana Mateus Fidalgo. *O Crime Continuado*. A problemática da sua (in) aplicabilidade aos bens pessoalíssimos. 143f. Dissertação (mestrado em Ciências Jurídico Criminais) – Faculdade de Direito, Universidade de Coimbra, 2014. Disponível em: https://estudogeral.uc.pt/bitstream/10316/34900/1/O%20 Crime%20Continuado%20A%20problematica%20da%20sua%20%28in%29%20aplicabilidade%20aos%20 bens%20pessoalissimos.pdf. Acesso em: 12 dez. 2022.

SILVA, José Afonso da. *Curso de Direito Constitucional Positivo*. 28. ed. São Paulo: Editora Malheiros, 2008.

SUNDFELD, Carlos Ari; SOUZA, Rodrigo Pagani de; PINTO, Henrique Motta. Empresas semiestatais. *Revista de Direito Público da Economia*, Belo Horizonte, Ano 9, n. 36, out./dez. 2011. Disponível em: https:// edisciplinas.usp.br/pluginfile.php/1780793/mod_resource/content/1/carlos%20ari%20sundfeld%3B%20 rodrigo%20pagani%20de%20souza%3B%20henrique%20motta%20pinto.%20empresas%20semiestatais.pdf. Acesso em: 30 mar. 2020.

SUNDFELD, Carlos Ari; SOUZA, Rodrigo Pagani de. A prescrição das ações de ressarcimento ao Estado e o art. 37, §5º da Constituição. *A&C – Revista de Direito Administrativo & Constitucional*, Belo Horizonte, ano 17, n. 68, p. 139-152, abr./jun. 2017.

TEBET, Simone. *Parecer da Relatora do PLS nº 349/2015*. p. 11-12. Disponível em: https://legis.senado.leg.br/ sdleg-getter/documento?dm=4407699&ts=1567532405606&disposition=inline. Acesso em: 04 maio 2020.

THEODORO JÚNIOR, Humberto. *Curso de Direito Processual Civil*, Vol. II. 46. ed. Rio de Janeiro: Forense, 2011.

THEODORO JÚNIOR, Humberto. *Sequestro* – Ação de Representação a Ato de Improbidade Administrativa – Lei nº. 8.429/92. In: THEODORO JÚNIOR, Humberto. *Tutela Jurisdicional de Urgência* – Medidas Cautelares e Antecipadas. 2. ed. Rio de Janeiro: Ed. América Jurídica, 2001.

TINÔCO, Lívia Nascimento. Lei da Ficha Limpa e a inelegibilidade decorrente da condenação por improbidade administrativa. In: ANPR. *Pontos Controvertidos sobre a Lei da Ficha Limpa*. Belo Horizonte: Del Rey, 2016. p. 139-156.

TOURINHO, Rita Andréa Rehem Almeida. *A prescrição e a Lei de Improbidade Administrativa*. Disponível em: http://jus2.uol.com.br/doutrina/texto.asp?id=5054. Acesso em: 12 dez. 2022.

ANEXO 1:
EXPOSIÇÃO DE MOTIVOS DA LEI Nº 8.429

LEI Nº 8.429, DE 2 DE JUNHO DE 1992

Dispõe sobre as sanções aplicáveis aos agentes públicos nos casos de enriquecimento ilícito no exercício de mandato, cargo, emprego ou função na administração pública direta, indireta ou fundacional e dá outras providências.

EXPOSIÇÃO DE MOTIVOS Nº EM. GM/SAA/0388, DE 14 DE AGOSTO DE 1991, DO SENHOR MINISTRO DE ESTADO DA JUSTIÇA.

Excelentíssimo Senhor Presidente da República.

Tenho a honra de submeter à superior consideração de Vossa Excelência o anexo anteprojeto de lei que "Estabelece o" procedimento para a suspensão dos direitos políticos, a perda da função pública, a indisponibilidade dos bens e o ressarcimento ao erário, nos casos de enriquecimento ilícito no exercício de cargo, emprego ou função da administração pública direta, indireta ou funcional e dá outras providências.

Trata-se, Senhor Presidente, de proposta legislativa destinada a dar execução ao disposto no art. 37, §4º, da Constituição, onde se estabelece que "os atos de improbidade administrativa importarão a suspensão dos direitos políticos, a perda da função pública, a indisponibilidade dos bens e o ressarcimento ao erário, na forma e gradação previstas em lei, sem prejuízo da ação penal cabível".

A medida, a todos os títulos da maior relevância política e administrativa, insere-se no marco do processo de modernização do País, que Vossa Excelência vem perseguindo com obstinação e sem desfalecimentos, em ordem a resgatar, perante a sociedade, os mais gratos compromissos de campanha que, por decisão majoritária do povo brasileiro, transformam-se em plano de governo.

Sabendo Vossa Excelência que uma das maiores mazelas que, infelizmente, ainda afligem o País, é a prática desenfreada e impune de atos de corrupção, no trato com os dinheiros públicos, e que a sua repressão, para ser legítima, depende de procedimento legal adequado – o devido processo legal – impõe-se criar meios próprios à consecução daquele objetivo sem, no entanto, suprimir as garantias constitucionais pertinentes, caracterizadoras do estado de Direito.

Assim, de maneira explícita, o texto proposto define, claramente, quais os casos de enriquecimento ilícito, para os fins da lei, com o que se garante o respeito ao princípio da legalidade, pedra angular do estado de Direito.

De outra parte, e com finalidade didática e preventiva, impõe-se a todo agente público – também conceituado com precisão no texto em referência – o dever de apresentar declaração de bens e valores, como condição prévia indispensável á posse e ao exercício sem cargo, emprego ou função pública, definindo-se, outrossim, a abrangência dessa declaração, que há de ser anualmente atualizada.

Com relação ao procedimento tendente a apurar os casos de enriquecimento ilícito, está ele disciplinado com a devida minúcia, não apenas para orientar os aplicadores de lei, como também para garantir ao Estado a certeza de sua correta e criteriosa observância, sem margem a desmandos e arbitrariedades.

De outro lado, como não poderia deixar de ser, a proposta atribui competência expressa ao Ministério Público para promover inquérito civil ou policial destinado à apuração de enriquecimento ilícito, de ofício, a requerimento de autoridade administrativa ou mediante representação formulada nos termos previstos na própria lei.

Esses, Senhor Presidente, em linhas gerais, os pontos mais importantes do anexo anteprojeto de lei, que, se merecer a aprovação de Vossa Excelência, poderá ser enviado ao Congresso Nacional, que certamente, o acolherá, fazendo-lhe os aperfeiçoamentos julgados necessários.

Aproveito o ensejo para renovar a Vossa Excelência as expressões do meu mais profundo respeito. - Jarbas Passarinho, Ministro da Justiça.

Este texto não substitui o original publicado no Diário do Congresso Nacional - Seção 1 de 17/08/1991

Publicação:
Diário do Congresso Nacional – Seção 1 – 17.8.1991, Página 14124 (Exposição de Motivos)

ANEXO 2:
JUSTIFICATIVA DO PL Nº 2.505/2021
(NÚMERO ANTERIOR: PL Nº 10.887/2018) –
PL QUE ORIGINOU A LEI Nº 14.230/2021[1]

JUSTIFICATIVA

A Lei de Improbidade Administrativa – Lei nº 8.429, de 2 de junho de 1992 –completou 25 (vinte e cinco) anos de vigência regulando condutas cujo objeto são o bem público e o agir com responsabilidade perante a administração pública.

A disciplina regulatória do afazer administrativo, também objeto de outros diplomas legislativos, está abrangida por este diploma legal em sua dimensão proibitiva e punitiva, servindo para a contenção de condutas danosas para o Estado e para a preservação do bom administrar.

Após o seu jubileu de prata, a Lei de Improbidade Administrativa – LIA carece de revisão para sua adequação às mudanças ocorridas na sociedade e também para adaptar-se às construções hermenêuticas da própria jurisprudência, consolidadas em decisões dos Tribunais.

Seguindo este desiderato, a Presidência da Câmara dos Deputados criou e instalou a Comissão de Juristas para a Reforma da Lei de Improbidade Administrativa, sob a presidência do Ministro do Superior Tribunal de Justiça Mauro Campbell Marques, encarregada de não apenas discutir os pontos necessários para aprimoramento e adaptação da lei, mas também de receber propostas e contribuições de todas as instituições do Sistema de Justiça e da sociedade civil.

Após as análises, debates e deliberações, a Comissão consolidou suas compreensões no presente texto, que agora segue para tramitação no Parlamento da República.

O texto apresentado representa revisão redacional de adaptação de linguagem, retificando pequenas falhas perceptíveis, além de correções de técnica legislativa, principalmente no Capítulo I que cuida das Disposições Gerais.

A fusão de conteúdo de parágrafos e a consequente revogação de alguns dispositivos – sem prejuízo de tratamento do objeto – tornou-se obrigatória em função da clareza do texto. Foram especificadas as hipóteses de concorrência para o ato de improbidade e a extensão da multa civil também ao patrimônio dos herdeiros – no limite da transmissão – considerando a jurisprudência dominante

---

[1] Disponível em: https://www.camara.leg.br/proposicoesWeb/prop_mostrarintegra?codteor=1687121&filename= PL%202505/2021%20(N%C2%BA%20Anterior:%20pl%2010887/2018). Acesso em: 13 dez. 2022.

e a necessidade de onerar o patrimônio do ímprobo, mesmo na sua ausência, em razão de atos adrede praticados. O mesmo tratamento será aplicado à sucessão da pessoa jurídica, por idênticas razões.

Na caracterização do ato de improbidade, o presente texto intenta introduzir algumas modificações não apenas estilísticas e redacionais, como também de conteúdo.

Bastante significativa é a supressão do ato de improbidade praticado mediante culpa.

De um atento exame do texto, par e passo da observação da realidade, conclui-se que não é dogmaticamente razoável compreender como ato de improbidade o equívoco, o erro ou a omissão decorrente de uma negligência, uma imprudência ou uma imperícia. Evidentemente tais situações não deixam de poder se caracterizar como ilícitos administrativos que se submetem a sanções daquela natureza e, acaso haja danos ao erário, às consequências da lei civil quanto ao ressarcimento.

O que se compreende neste anteprojeto é que tais atos desbordam do conceito de improbidade administrativa e não devem ser fundamento de fato para sanções com base neste diploma e nem devem se submeter à simbologia da improbidade, atribuída exclusivamente a atos dolosamente praticados.

Neste sentido, a estrutura e a abrangência dos artigos 9º e 10º da LIA permanecem em essência inalterados, subtraindo-se a possibilidade da ocorrência de improbidade administrativa por atos culposos.

Quanto à aplicabilidade do art. 11 deste diploma legal, compreendeu-se – desde uma franca observação da realidade – que inúmeras alegações de improbidade são impingidas a agentes públicos e privados que praticaram atos protegidos por interpretações razoáveis, quer da doutrina, quer do próprio Poder Judiciário. Não são incomuns ações civis públicas por atos de improbidade administrativa ajuizadas em razão de o autor legitimado possuir uma interpretação acerca de princípios e regras destoante da jurisprudência dominante ou em desconformidade com outra interpretação igualmente razoável, quer seja dos setores de controles internos da administração, quer dos Tribunais de Contas.

Em razão dessa situação de fato, assaz corriqueira, o texto faz incluir o conceito de "interpretação razoável da lei, regulamento ou contrato". Cuida-se de cláusula aberta que deverá ser objeto de preenchimento de seu sentido deôntico por parte dos intérpretes da lei e colmatado pelo Poder Judiciário. A cláusula aberta da razoabilidade da interpretação é necessária, haja vista a total impossibilidade de previsão de interpretações tidas por razoáveis, quando do momento legislativo de criação da norma.

O presente anteprojeto também prevê a possibilidade de ressarcimento por dano não patrimonial. Isso se vem ao encontro de posição já consolidada na doutrina e jurisprudência, no sentido de que o dano suportado pela administração ou por toda a sociedade não é somente o dano quantificável ou redutível a pecúnia, mas também aquele que se traduz em perda de natureza não material.

Assim, fica explicitada na proposta de reforma e adequação do diploma a possibilidade de, no bojo de ação regulada por esta lei, buscar-se ressarcimento ou punir, com base em sanções por improbidade, aquele que causa dano imaterial em razão do cometimento de ato ímprobo.

Demais disso, o texto também altera, de maneira direta, a lógica e o sistema de sanções por atos de improbidade.

Algum paralelo foi feito com o processo penal, na medida em que se optou por um modelo elástico e aberto, baseado em parâmetros mínimos e máximos a serem aplicados pelo magistrado mediante fundamentação e justificação tal e qual o processo de dosimetria estabelecido nos processos criminais.

Conforme projeto, podem ser aplicadas as seguintes sanções quando for o caso de ocorrência do art. 9º: "... perda dos bens ou valores acrescidos ilicitamente ao patrimônio, perda da função pública, suspensão dos direitos políticos de quatro a doze anos, pagamento de multa civil de até três vezes o valor do acréscimo patrimonial e proibição de contratar com o Poder Público ou receber benefícios ou incentivos fiscais ou creditícios, direta ou indiretamente, ainda que por intermédio de pessoa jurídica da qual seja sócio majoritário, pelo prazo de quatro a doze anos;"

No caso da incidência do citado artigo, a suspensão de direitos políticos dar-se-á, quando aplicada, de 4 (quatro) a 12 (doze) anos, devendo o juiz fixar fundamentadamente, especificando as razões pelas quais opta por prazo inserido neste interregno. A multa civil obedece o máximo de três vezes o valor do acréscimo patrimonial, e as proibições de relacionamento com o poder público também devem ser fixadas no mesmo intervalo.

A necessidade de fundamentação no processo de escolha e fixação da consequência jurídica pela prática de ato ímprobo permanece claramente posta, inclusive por força do Código de Processo Civil.

Nos casos do art. 10º, o interregno passa a ser de 4 (quatro) a 10 (dez) anos, multa civil de até duas vezes o valor do dano e demais proibições de relacionamento com o poder público no mesmo interregno.

Estabelecida a amplitude para suspensão de direitos políticos e proibições de relacionamento com o poder público no mesmo patamar, o anteprojeto dá coerência à estrutura sancionatória.

Já nas hipóteses de ocorrência de improbidade administrativa prevista no art. 11, a sanção de suspensão de direitos políticos obedece ao espaço temporal de 4 (quatro) a 6 (seis) anos para ambas as sanções, deixando a multa civil a ser fixada em valor até 100 (cem) vezes o valor da remuneração do agente.

Desta maneira, o que se tem a intenção de fazer é um claro escalonamento de potencialidades delitivas – no plano das sanções – para evitar sanções graves para fatos de menor ofensa e sanções brandas para fatos extremamente lesivos.

Também se reafirmou no texto a posição da jurisprudência segundo a qual o afastamento do serviço público – em razão da reprovabilidade do ato ímprobo – se dá não apenas da função exercida à época dos fatos ou em razão da qual os atos foram cometidos.

Nega-se a viabilidade do vínculo jurídico com a administração como um todo, usando-se a seguinte redação: "**A sanção de perda do cargo público atinge todo e qualquer vínculo do agente público ou político com o Poder Público**."

Da mesma forma, torna-se, por 5 (cinco) anos, inviável a participação do ímprobo na administração pública. Esta é a redação: "A perda da função ou cargo público implicará a inabilitação para o exercício de qualquer função pública pelo prazo de cinco anos, sem prejuízo, quando for o caso, dos efeitos da suspensão dos direitos políticos".

Todo o sistema aponta para a necessidade de afastar o agente ímprobo do exercício do múnus público, preservando o patrimônio e a coisa pública.

A proposta de nova previsão jurídica para o art. 12 também prevê que as limitações da pessoa jurídica de contratar com o Poder Público possam ser regionalizadas, desde que o juiz assim o fundamente.

Tal se dá em razão da necessária compartimentalização de responsabilidades, que podem ou não ter abrangência universal.

Da mesma maneira, considerando potencialidade e universalidade, é possível que a multa seja aumentada até o triplo. Questões que envolvem pessoas jurídicas de grande porte necessitam ser pensadas desde a potencial probabilidade de a sanção ter força punitiva e construtiva de boas práticas, o que a torna inviável se fixada em baixo valor.

Perseguindo o desiderato de proporcionalidade entre ato e sanção, consequências jurídicas e ofensividade do ato, o anteprojeto inova criando a possibilidade de que atos ímprobos de baixa ofensividade sejam apenados de forma distinta daqueles atos ofensivos a uma maior gama de valores da administração pública ou que causem prejuízos relevantes.

Sem prejuízo do ressarcimento, devido, atos de baixa relevância serão apenados com multa, sem suspensão de direitos políticos ou proibições de relacionamento com o poder público ou desligamento da função ou do cargo público.

Existem atos administrativos que são meramente irregulares, jamais atos de improbidade administrativa, e entre aqueles ilícitos caracterizáveis como atos de improbidade existem os que não implicam relevante dano ao erário, embora sejam atos que ofendam a moralidade e às vezes ao patrimônio administrativo. Possuem baixo poder ofensivo – ou baixa relevância, ou baixa significância –, mas são ontologicamente atos de improbidade.

Desta maneira, merecem sanções previstas nesta lei, mas de forma proporcional à ofensa perpetrada, e não nos moldes da sanção aplicável aos relevantíssimos atos de improbidade.

O texto fez incluir a seguinte redação em parágrafo do artigo 12, deste anteprojeto: "**Em se tratando de atos de menor ofensa aos bens jurídicos tutelados por esta lei, além do ressarcimento do dano e da perda dos valores obtidos, quando for o caso, a sanção se limitará à aplicação de multa, nos termos do caput deste artigo**".

No Capítulo V deste anteprojeto algumas modificações foram necessárias, quer para compatibilizar o texto legal com as pacificações jurisprudenciais, quer para corrigir questões que se fizeram relevantes ante a prática destas ações nestes 25 (vinte e cinco) anos de aplicação.

O pedido cautelar preparatório ou incidental de indisponibilidade de bens pode ser processado a qualquer momento, e "**concedido independentemente da demonstração de perigo de dano ou de risco ao resultado útil do processo, desde que o juiz se convença da probabilidade da ocorrência dos atos descritos na petição inicial à luz dos seus respectivos elementos de instrução, após a oitiva do réu em 5 (cinco) dias.**"

Inclui-se, assim, a ideia do necessário contraditório, mantendo-se a possibilidade de cautela nos termos da jurisprudência da consolidada no Superior Tribunal de Justiça.

Isso, obviamente, sem prejuízo de a cautela ser concedida inaudita altera pars, quando a medida for necessária por receio de frustração da indisponibilidade.

Da mesma maneira, incorporam-se as posições da jurisprudência em relação a bens de família, amplitude da cautela, bens de terceiro e bens no exterior.

O sentido é consolidar todas as alterações legislativas sobre o assunto, e que tendem a garantir mais efetividade na realização da cautela. Inovações previstas pela Lei nº 13.105, de 16 de março de 2015, foram inseridas no texto para concatenar todo o sistema.

Ainda quanto às questões processuais, entendeu-se por bem manter a legitimidade exclusiva do Ministério Público para a propositura das ações de improbidade administrativa.

Isso se deu por consideração à natureza do provimento requerido no seio de ações desta natureza. Não é razoável manter-se questões de estado ao alvedrio das alterações políticas e nem tratar questões de ato de improbidade como se administrativas fossem. Há um viés político-institucional que deve ser observado, o que torna salutar e necessária a legitimação exclusiva.

Obviamente, as ações de ressarcimento são de titularidade do ente público lesado, e mesmo com a titularidade exclusiva para a ação de improbidade do Ministério Público, os entes não perdem a legitimidade para as ressarcitórias.

Estabeleceu-se no anteprojeto, também, a possibilidade de acordo de não persecução cível, que, de forma similar à transação, permite a inclusão – no plano da norma – de instituto de consensualidade e cooperação que permite a conciliação antes ou depois da propositura da inicial.

De outro lanço, para não comprometer a própria correção do acordo, determinou-se a necessária aprovação de órgão superior do Ministério Público com o fito de permitir à instituição a tutela de questão relevante. Este é o texto da proposta: "O acordo celebrado pelo órgão do Ministério Público com atribuição, no plano judicial ou extrajudicial, deve ser objeto de aprovação, no prazo de até 60 (sessenta) dias, pelo órgão competente para apreciar as promoções de arquivamento do inquérito civil." Quanto à estrutura e liquidez da sentença, foi proposta disciplina detalhada na lei para garantir a modernidade da Lei de Improbidade Administrativa, obedecendo à novel disciplina do Código de Processo Civil brasileiro.

Quanto à quantificação e liquidação do dano, inclusive aquele não patrimonial, o anteprojeto acolhe o que de mais moderno se construiu na processualística civil brasileira.

Da mesma maneira – compatibilizando o moderno processo civil e a jurisprudência do Superior Tribunal de Justiça com a Lei de Improbidade Administrativa – o texto cuida dos efeitos das decisões cíveis ou criminais no processamento das ações de improbidade, acolhendo a compreensão acerca dos efeitos de decisão anterior que nega autoria e nega o próprio fato.

Já a disciplina da prescrição foi fatalmente modificada para excluir as diversas espécies de critérios de dies a quo, estabelecendo prazo prescricional de 10 (dez) anos a contar do fato, de maneira unificada, para dar mais homogeneidade à aplicação da lei.

Assim como em outros ramos do sistema jurídico, optou-se por uma hipótese de suspensão do prazo prescricional – por 3 (três) anos – que é exatamente o mesmo da instauração de inquérito civil. O prazo máximo da suspensão é de 3 (três) anos, o que implica, no máximo, uma prescrição de 13 (treze) anos a contar do fato, qualquer que seja ele ou quaisquer que sejam seus agentes.

Já a prescrição para o ressarcimento do dano passa a ser vintenária – 20 (vinte) anos –, também a contar do fato, o que não se estende ao que tenha sido apropriado do poder público, o que é – evidentemente – imprescritível.

Considerando o escopo da lei, fez-se previsão da inexistência de honorários sucumbenciais inclusive nas ações derivadas em que haja acordo patrimonial.

O trabalho da Comissão foi guiado pelo desejo de avançar no aperfeiçoamento de uma legislação contributiva para a probidade pública, para a moralidade e para a honestidade da administração – jungida pela racionalidade – e somando esforços na construção de uma sociedade melhor.

A moralidade pública é princípio constitucional da mais elevada importância para o cumprimento da boa administração pública e zelo ao bem comum do povo. Diante de sua grande relevância e do que expomos acima, reconhecendo a necessidade e conveniência do teor deste não só à administração pública, mas a toda sociedade brasileira, principalmente levando em consideração o atual cenário econômico e político em que o Brasil se encontra, é que apresentamos a presente proposição legislativa; solicitando de nossos nobres pares o apoio para aprovação desse projeto.

Sala das sessões, de   de 2018.
ROBERTO DE LUCENA
Deputado Federal (PODEMOS/SP

Esta obra foi composta em fonte Palatino Linotype, corpo 10,5
e impressa em papel Offset 75g (miolo) e Supremo 250g (capa)
pela Artes Gráficas Formato.